安徽省志

Chorography of Anhui Province

审计志

Auditing

(1983—2007)

安徽省地方志编纂委员会办公室
Compilatory Commission of Anhui Chorography

方志出版社
Publishing House of Local Records

图书在版编目（CIP）数据

安徽省志．审计志：1983—2007／安徽省地方志编纂委员会办公室编．—北京：方志出版社，2016.5
ISBN 978-7-5144-1760-9

Ⅰ．①安…　Ⅱ．①安…　Ⅲ．①安徽省—地方志②审计—工作概况—安徽省—1983—2007　Ⅳ．①K295.4

中国版本图书馆CIP数据核字（2015）第255615号

安徽省志·审计志（1983—2007）

编　　者：安徽省地方志编纂委员会办公室
责任编辑：王笃银

出 版 人：冀祥德
出 版 者：方志出版社
地址　北京市朝阳区潘家园东里9号（国家方志馆4层）
邮编　100021
网址　http://www.fzph.org
发　　行：方志出版社发行中心
电话（010）67110500
经　　销：各地新华书店
印　　刷：安徽新华印刷股份有限公司

开　　本：889×1194　1/16
印　　张：33.75
字　　数：674千字
版　　次：2016年5月第1版　2016年5月第1次印刷
印　　数：0001~1500册

ISBN 978-7-5144-1760-9　定价：380.00元

曾任安徽省地方志编纂委员会成员

企业审计现场

社会保障审计现场

计算机联网审计现场

专项审计调查现场

民生工程审计现场

跟踪审计现场

经济责任审计现场

计算机审计培训现场

1984 年 5 月 17 日，首届安徽省审计工作会议在合肥召开

2007 年 8 月，安徽省审计厅机关及厅属单位、市审计局局长集中培训

总 凡 例

一、《安徽省志（1986—2005）》以马克思列宁主义、毛泽东思想、邓小平理论、“三个代表”重要思想和科学发展观为指导，坚持辩证唯物主义和历史唯物主义，全面、客观、系统地记述1986—2005年间安徽省自然、政治、经济、文化、社会等方面的情况。

二、本志贯彻国务院《地方志工作条例》《安徽省地方志工作条例》，依法修志。

三、本志遵循中国地方志指导小组《地方志书质量规定》，力求存真求实、客观公正、全面系统，寓观点于记述之中。

四、本志各分志名称为《安徽省志·××志（1986—2005）》。

五、本志记述的地域范围为2005年的安徽省行政区域；时间上限为1986年，下限为2005年，少数分志的时限根据情况作适当上溯或下延，特色分志不设时限。

六、本志采用述、记、志、传、图、表、录等体裁，以志为主。各分志一般为篇章节条目体，部分为章节条目体，个别分志根据实际需要采用条目体。

七、入志人物坚持生不立传的原则。除人物志外，各分志坚持以事系人、人随事出的原则，不设人物录、人物简介。

八、本志采用规范书面语体文、记述体。表述力求严谨、朴实、简洁、流畅。语言文字、标点符号、计量单位等使用规范，按国家规定执行。

九、本志资料由各承编单位搜集整理，文中不注明出处。

十、本志采用省统计部门公布的法定数据，没有列入统计范围的，采用业务主管部门的统计数据。

十一、本志所涉组织、机构、法律法规、文件、会议等专有名称，第一次使用时用全称，简称括注于全称之后。各类译名以新华通讯社译文为准。

十二、本志所用地图均以安徽省测绘部门和有关部门绘制或审定的为准。

十三、本志设总凡例，各分志设凡例。

凡　　例

一、本志记述的时间上限为 1983 年安徽省审计机关成立，下限止于 2007 年。

二、本志全面记述安徽省审计厅（局）机关以及组织全省审计机关开展的审计工作，省辖各市审计局工作只作简要介绍。

三、本志的计量单位，采用国家公制标准，如：米、千米；千克、吨；平方米、立方米；千伏、千伏安等。但土地计量面积，考虑到广大农村基层习惯，且计量面积较小，如果采用公制的“公顷”，则小数点后保留尾数太多，或取舍后影响数值准确，本志保留了旧制“亩”。

四、组织机构、会议、文件、著作等名称一般用全称。名称过长或审计常用语，第一次出现时用全称，重复出现时用简称。

五、本志所列有关审计工作成果的图表，其项目以规范的审计统计口径为准，所列数据均源于各级审计机关历年统计报表。

目　录

Main Contents

概　　述

审计是社会经济发展的产物。中国在西周初期出现古代审计的萌芽。据《周礼》记载:“宰夫考其出入,而定刑赏”,朝廷通过宰夫对官府郡都县鄙的治理情况进行考察,评价官吏任期功过得失,从而决定对其赏罚的裁度,这种“考其出入”,即是最早的审计活动。西周王朝为巩固其统治,把负责审计的宰夫之职与负责财计的司会分开,宰夫独立行使监督职权,这是中国最早国家审计的雏形。据此,西周在官计制度中体现出审计的监督功能,成为中国古代审计的开端。

春秋战国时期,各诸侯国相继开始实行上计制度,以考核地方官吏政绩。上计制度中述职、考核的范围和内容,多与国家财政收支、官吏经济责任相关。为保证上计报告的真实性,各地出现一批专门负责审核上计报告的官吏,如相、内史、御史等。这一时期的审计职能与上计制度密切关联。

秦代沿用春秋战国时期的上计制度。为强化中央集权,秦朝建立起从中央到地方的御史组织系统,行使包括审计监督在内的政治经济监察职权。中央设御史大夫,协助丞相处理全国政务并兼理审计。御史大夫之下设侍御史和监御史,协助御史大夫专职监督全国民政、财政及财物等审计事项。地方各郡设监御史,负责对该郡的政治经济实施监察;各县设有县丞,负责对该县的政治经济进行监察。各县还普遍设有御官,直属朝廷管理,就地行使稽查职权。这样的御史组织系统构成自上而下的财计监督体系,使国家对财政经济活动的监督管理包括审计职能得以加强。

汉代沿用秦朝的御史组织建制和上计制度。西汉初期,由朝廷派遣监御史,行使对诸侯国及郡都的监察、审计等职权。以后,西汉废止常驻地方的监御史,改由丞相府派遣丞相史监察地方的财政经济活动。对地方的审计监督则由州刺史负责。州刺史的工作受中央御史中丞的监督。东汉时期,朝廷不再设置主管上计事务的计相、主计等职务,原来由皇帝或丞相受计的职权,也下放至司徒;原来由官吏郡丞、长史、郡守等负责的上计职权,也改由他们的下属负责。可见东汉时期上计制度有所削弱,因而审计职能也随之有所削弱。

魏晋南北朝时期,上计制度从初期的基本承续到后来的逐渐弱化。这一时期除沿袭秦朝御史组织建制外,在中央政权组织尚书台统管的办事机构中,设置了一个具有核对、考核、审查等审计监督职能的机构——比部,为以后各朝形成独立的审计机构具有一定影响。

隋朝,比部作为中央设置的审计机构,从统管财政的户部分离出来,划归尚书省刑部统管，审计的功能由监察和行政向司法性质转变，比部的审计监督职权得到加强。

唐代繁荣的社会经济曾经促使审计监督有所发展。唐代的比部仍然设在尚书省刑部之下。比部依据国家法典、财政财务计划，审核中央和地方各部门的经费支出、各级官吏的俸禄支出、工程营建支出及军费开支；审核赋敛、税收等各项财政收入；审核公库系统仓储粮食和财物的支纳给受等。方法上通常采取定期报送审计，对京师仓库的审计通常3个月进行一次；对州、县则每年审计一次。比部在州、县两级司法部门设置审计人员，审计职权一直延伸到州、县。朝廷还在一些财计部门建立内部审核制度，如度支部在编制国家总决算过程中，对下属部门和地方上报的账簿均要进行审核。据此，逐步形成内部审核与外部审核结合、审计与监察结合的监督模式。但是唐后期安史之乱以后，国家财政管理混乱，比部的审计职能难以履行，审计监督有所弱化。

两宋期间，朝廷对负责审计监督的机构改革和调整，审计的地位和作用发生变化。北宋初年，天下财计归三司（亦称"三部"，即盐铁、度之、户部）。三司之下各设勾院，勾院作为专职审计机构，其职责是"勾稽天下所申三部金谷百物出纳账籍，以察其差殊而关防之"。在三司之下，勾院之外，又设置了一些执掌审计的机构，如都磨勘司、马步军专勾司等，使审计职权分散，降低了审计的独立性和权威性，影响了审计监督的实际效果。宋神宗元丰三年（公元1080年）改制，废除三司，原三司之下的审计工作合并入刑部之下所设的比部，审计制度得以恢复。元丰改制后，作为最高财政机构的户部，内部也设有审计机构。南宋建炎元年（公元1127年），为避与高宗赵构名讳，诸军、诸司的专勾司改为审计司（因"勾"与"构"同音），这是"审计"一词在中国历史上第一次出现。太府寺下设25个官司，审计司为其中之一，负责核查粮料院发给文武百官和诸司、诸军的俸料等。南宋时期，太府寺所属机构调整合并，其中仍保留审计司。以后，审计司（院）与登闻检院、登闻鼓院、粮料院、官告院、进奏院合称"六院"，隶属于京师太府寺。审计司（院）的设置，直至宋末未改。南宋审计机构的设立，在中国审计史上具有标志性意义。

辽、西夏、金、元仿唐宋之制，财政管理部门和御史台行使审计职能。元代御史监察的审计职能得到加强，还出现了具有审计职能的新型机构和职官——检校所和照磨官。

到了明代，国家政治格局体现君主的高度集权和专制，审计制度有所变化。明初沿用唐宋旧制，由比部行使审计职权。以后比部取消，设都察院，审计职能置于其中，行使外部审计职权；同时，亦有部分审计职权划归主管计财的机构户部行使。作为中央政府部门的六科（吏、户、礼、兵、刑、工），每科设给事中2人。六科的给事中具有一定的监督财政财务的审计职能，其中的户科、工科的作用更大。明代审计监督的独立性有所加强。户部作为财政管理机关，对财赋收支进行核查，也成为审计监督体系的补充。

清代继续沿用明朝的审计体制，分设都察院及六科给事中。都察院侧重于地方和军队的监察审计监督，给事中侧重于中央机关的监察审计等事宜。雍正元年（公元

1723年),将六科给事中并入都察院,审计权统一于都察院,使都察院的地位和权威有所提高,审计职能也随之加强。清朝末年,在筹备立宪时,曾有设立审计院的计划,并起草了《审计院官制草案》。缘于辛亥革命推翻了清王朝的封建统治,建立审计院的计划成为空文。

综上所述,中国古代审计在不同历史时期,其主流形式可分为官计审计、上计审计、比部审计、三司勾磨审计和科道审计五个发展阶段。中国古代审计发展史为中国现代审计的发展提供了宝贵资源。

民国时期的审计建制经历了较大变化。民国初年,中央政府在湖南、广东、湖北、江西、云南、吉林、贵州等地相继成立审计机构。1912年9月,北京政府国务院成立中央审计处,隶属于国务总理;审计处负责全国会计监察事务,各省成立审计分处。审计处及审计分处的主要职责是监督政府除机密费以外的国家一切财政收支。1914年,根据《中华民国约法》,审计处改为审计院,隶属于大总统。经大总统批准,审计机构执行《审计处暂行章程》,随后实施《审计条例》。同年10月,北京政府以大总统申令公布施行《审计法》,这是中国近代史上第一部通过国家立法程序制定的审计法律。这部《审计法》较为全面地明确了审计的范围、内容、程序、方法和要求,确立了审计在监督国家财政方面的法律地位。

孙中山在广州执政时期,广东革命政府设内政、外交、财政、建设、军政5个部,审计、法制2个局和秘书、参谋、参军3个处及会计司。审计局独立行使审计职权,负责审核各级政府机关、学校、部队与公营企业的财务收支和特别会计的收支计算;稽察营缮工程及财政采购;考核财务使用效能,并定期公告。1924年,孙中山公布实施《海陆军审计条例》,并将审计局改为审计处,负责“审定各陆海军及机关之计算决算,编制审计报告,呈报大元帅”。鉴于当时的特殊局势,这一时期审计工作的重点是审核营缮工程、财物采购和军费支出等。1925年7月广州国民政府正式成立后,实行监审合一的监督机制,审计职权由监察院行使。11月,广州国民政府公布《审计法》,同时还公布了《审计法施行规则》。这部《审计法》体现了孙中山的民主思想,在内容上也比北京政府公布的《审计法》有较大进步。

南京国民政府借鉴北京政府和南方革命政府时期的审计制度,在中央先后设立审计院、监察院审计部,在部分省、市和公营企事业单位设审计处和审计办事处,并颁布了《审计法》和一系列审计法规,加强了审计工作;1931年,南京国民政府撤销审计院,改为审计部,隶属于监察院。1937年11月,国民政府正式移驻重庆。次年5月,国民政府颁布了修订后的《审计法》和《审计法施行细则》。修订后的《审计法》规定审计部在各省、直辖市设审计处或审计办事处;审计人员独立行使其审计职权,不受干涉等;还对事前审计和事后审计作出了具体规定。1946年5月国民政府回迁南京,审计部增加了一些内设机构和派出机构。在1947年1月国民政府公布的《中华民国宪法》中,对审计职权的行使、审计长的任命以及审计长的职责等,作出了原则规定。这一时期国民党政权摇摇欲坠，审计职能也随之衰微。

中华民国时期，吸取了资本主义国家审计制度和先进做法，政府审计有所发展，内部审计和会计师审计制度也逐步建立并有所发展。南京国民政府时期，铁路、银行等一些重要的公营企业、部分政府部门和一些社会团体还设置了内部审计机构，开展内部审计活动；随着资本主义工商业发展，会计师事务所应时而生，1930年，南京国民政府颁布由立法院通过了《会计师条例》，并于1933年成立了会计师的全国性组织——中国会计师协会。

1927年至1949年，中国共产党领导下的革命根据地为克服和制止乱收乱支、贪污浪费现象，开展清理财政收支、查处贪污以及厉行节约、反对浪费等活动。1932年8月17日，中华苏维埃临时中央政府人民委员会通过的《财政部暂行组织纲要》规定，在中央政府财政部下设审计处，各省财政部之下设审计科，行使审计监督权。1934年2月，中华苏维埃第二次全国代表大会通过的《中华苏维埃共和国中央苏维埃组织法》规定，在中央执行委员会之下设立直属的审计委员会，独立于财政部，与中央人民委员会、中央革命军事委员会、临时最高法庭并列；地方建立审计委员会（或分会），隶属于中央审计委员会，同时接受省和中央直属市执行委员会和主席团的指导。同年，中央执行委员会公布《中华苏维埃共和国中央政府执行委员会审计条例》，对中央审计委员会与地方审计委员会的关系、审计的内容、审计报告原则、复查原则、委托审查原则等进行了规定。与此同时，履行内部审计职能的机构在财政系统、国家银行等重要部门也相继得到发展，形成外部审计与内部审计互补的审计体系。1937年，中华苏维埃临时中央政府在陕北设立国家审计委员会，发布了关于建立预决算的制度和审计制度。1939年1月，陕甘宁边区通过立法程序制定的《陕甘宁边区政府组织条例》规定在边区政府下设审计处，赋予其审计职权，确立了审计工作的法律地位。1940年，中央财政经济部撤销，在党中央机关、军队系统、边区党政机关按系统分别设立三个财经处，在财经处内设审计科。1941年9月后，边区财经处撤销，审计处始行独立，各分区、县市开始设审计员，1946年陕甘宁边区颁布了《陕甘宁边区审计暂行规定》。1948年10月，陕甘宁边区政府、陕甘宁晋绥联防军司令部和中国共产党西北中央局联合颁布《陕甘宁晋绥边区暂行审计条例》；山东省和晋冀鲁豫边区、华北人民政府也颁布了有关审计的规程或制度。这一时期，各解放区都将支出预决算作为审计工作的重点。

抗日战争时期，财政经济形势极度艰巨与困难，陕甘宁边区的审计机构经历了多次变化。变化的形式主要有：或是独立的审计机构，如苏维埃临时中央政府设立的审计委员会，边区各级政府设立的审计处、审计分处、审计科和审计员；或是隶属于中央财政经济部，如中央财政经济部审计处；或是隶属于同级政府，如边区政府审计处；或是隶属于财政部门，如财政厅下属的审计科等。

鄂豫皖革命根据地于1931年7月召开的第二次全区苏维埃代表大会，成立边区苏维埃政府，下设12个委员会，当时没有设立专门的审计机构，履行监督职能的是工农监察委员会，审计监督职能包含在其工作范围之中。《鄂豫皖苏维埃临时组织大纲》规定：工农监察委员会机构与各级苏维埃平行，其主要工作是"工厂检查，会计检查，苏维埃各种工作检查，官僚腐化分子检查"。当时边区政府的经济工作重点是筹集粮款并合理安排使用，审计工作则根据各项粮财制度规定的开支标准进行核查。

1949年中华人民共和国成立后，沿袭革命根据地、解放区的做法，中央和许多地方在财政部门及其他一些政府部门先后设立审计机构，配备审计人员，制定审计法规制度，开展审计工作。1950年以后，中央强调学习苏联经验，包括建立高度集中统一的计划经济体制，以及监察工作模式，原有的审计机构陆续撤销，对国家财政收支的监督工作主要由财政部门内部的监察机构承担。1982年12月4日，第五届全国人民代表大会第五次会议通过修改后的《中华人民共和国宪法》（以下简称宪法）规定实行独立的审计监督制度。根据修改后的宪法，中华人民共和国审计署（以下简称审计署）于1983年9月15日成立，安徽省审计局（以下简称省审计局）于1983年10月5日成立，到1984年年底全省审计机关完成组建任务。至2007年年底，安徽审计大致经过"边组建、边工作""抓重点、打基础""积极发展、逐步提高""突出重点、科学发展"四个发展历程。

一、1983年至1985年，审计机关"边组建、边工作"。

根据宪法规定和国务院及省委文件，1983年10月安徽省审计局成立，地点设在省政府南楼三楼，内设办公室、人事教育处、财政金融审计处、工业交通审计处、基本建设审计处、商粮外贸审计处、农林水利审计处、行政事业审计处等8个处室。局机关行政编制70人，至1983年年底，省审计局机关实有人数26人，其中局领导5人。1983年11月，中国共产党安徽省委员会（以下简称省委）组织部、省人事局、省审计局联合发出《关于加快各级审计机关组建工作的通知》，要求各地市审计局在年底以前建立起来，县（市、区）审计局一般应在年底、最迟春节以前建立起来。到1984年年底，全省审计机关基本完成组建任务。与此同时，省审计局加快部门单位的内部审计机构和社会审计组织建设步伐。

1983年12月，省审计局召开第一次地市审计局长座谈会，副省长侯永到会讲话。审计机关成立之初，在各级政府和上级审计机关的双重领导下，组建审计机关的同时，认真履行宪法赋予的职责，积极开展审计工作。

1984年，全省审计业务工作起步，围绕中共十二大提出的以提高经济效益为中心的精神，开展全省酿酒行业和教育经费的效益审计、世界银行贷款项目审计，促进酿酒行业的生产经营和教育经费管理、世界银行贷款项目管理。同年，省审计局组织审计淮北市教育经费，查出该市财政部门的贪污腐败分子，移交司法机关依法惩办，该犯被判处死刑，在全国引起震动。

1985年，贯彻落实中国共产党中央委员会（以下简称党中央）、中华人民共和国国务院（以下简称国务院）关于纠正新的不正之风的指示，查处一批典型违纪案件。同年，各级审计机关查处滥发奖金、实物补贴和用公款制发服装的不正之风，对严重违纪单位、严重违反财经法规、拒不执行审计结论和决定的单位及有关责任人，依据《国务院关于违反财经法规处罚的暂行规定》予以处罚。

二、1986年至1993年，审计机关“抓重点、打基础”。

到1992年年底，安徽省建立省、地（市）、县（区）审计机关120个，配备审计工作人员2587人；设立内部审计机构2269个，配备内部审计人员6025人；组建审计事务所111个，配备和聘用社会审计人员938人。形成国家审计、内部审计和社会审计所组成的审计体系。

政府审计围绕治理整顿、维护社会经济秩序和深化改革等中心工作，以维护财经纪律为重点，对重点行业和企业开展审计监督，逐步在社会上产生越来越大的影响，为审计工作走向法制化、规范化、制度化奠定了基础。

（一）抓住重点、热点和难点问题开展审计监督

1986年，根据国家控制固定资产投资规模和消费基金盲目增长的要求，重点审计省直单位11个楼堂馆所工程和一批计划外项目，在全省普遍开展自筹基本建设资金来源审计。

1987年，围绕“双增双节”和深化改革的要求，重点查处一些部门、单位挖占国家收入和挤占挪用专项资金问题，狠抓工交和商粮外贸等行业审计，促进改善管理、提高效益。

1988年，为了进一步稳定经济、深化改革和促进党风廉政建设，重点开展12个县（市）财政决算审计和一些中央及省属大型企业的财务收支审计，推行厂长（经理）任期终结审计和承包经营审计，加强对执法机关规费罚没款收支与使用情况的检查，查处行政机关挪用资金搞非生产性开支、铺张浪费和违反控购规定等问题。

1989年，围绕治理整顿和深化改革，全省审计机关开展23个县级财政审计，对省政府决定停缓建的590个基建项目跟踪审计，参与全省范围的清理整顿公司工作，对其中影响较大的24个公司进行财务和经营审计。

1990年，全省重点开展财政审计、重点项目审计和农业专项资金审计，审计59个市县1989年财政决算；在对3个国家重点基建项目和3个省重点基建项目审计基础上，审计338个停缓建和94个新开（复）工基建项目；开展全省性水利事业费、水费和农业税减免、扶贫物资审计；对执法机关罚没收入的管理和使用情况进行检查和整顿。

1991年至1992年，围绕加强宏观调控、提高经济效益和促进廉政建设，全省审计机关着重审计重点部门、重点单位、重点项目和重点资金。根据国务院和省政府要求，把促进搞好国有大中型企业和发展农业作为审计工作的重点任务，开展黄淮海农业综合开发项目资金、支援不发达地区发展资金和重点贫困县扶贫资金、水毁工程及江河治理专项资金的审计或调查；开展企业承包经营审计，调查向企业“乱收费、乱摊派、乱集资”等问题。两年分别审计112个和61个财税部门、246个和288个金融保险机构；

安徽省遭受特大洪涝灾害之后，针对救灾款物这一社会各界关注的问题，全省审计机关连续两年开展救灾款物审计，促进救灾款物的科学管理与合理分配。

1993 年上半年，根据省政府“摸清全省财政家底”的要求，省审计局组织开展财政状况较好和较差的 3 个省辖市财政决算审计。

（二）坚持为改革开放和发展经济服务开展审计监督

全省审计机关抓住事关宏观调控、具有全局意义的问题开展审计或调查，及时将有关报告和信息反馈给领导机关。1986 年至 1992 年，全省审计机关上报的报告、信息被审计署和省委、省政府以及各级党政领导机关采用 900 多条。

加强教育经费审计。1989年至1991年，连续3年开展全省性教育经费审计，省政府、省人大常委会多次向全省批转审计综合报告，要求教育部门落实审计意见。

加强农业资金审计。1985 年至 1993 年，开展 20 项（次）农业资金审计，省政府 12 项（次）批转审计综合报告；1991 年，中共中央办公厅、国务院办公厅采用省审计局的安徽省农业综合开发资金投入和使用中存在问题的信息；1993 年，中共中央办公厅采用全省农业资金总体投入审计的信息。

加强国有大中型企业审计。1988 年，审计机关对 68 个国有大中型企业留利分配和使用情况调查，反映的问题被主管工业的省领导在全省经济和体制改革工作会议上引用，信息为审计署采用。同年，省政府采纳全省农资销售行业审计针对化肥、农药等销售价格问题提出的建议，有关部门对化肥销售实行全省统一价格，保护农民群众利益；1991 年，9 个省辖市和部分行署审计机关选择一些亏损较多、产品积压较多及资金占用较多的企业进行审计调查。

加强财政决算审计。1990 年，省审计局组织全省审计 36 个赤字市县财政决算，当年摘掉 8 个“赤字县”帽子，其余市县的赤字数额也有所减少，审计结果受到省委、省政府重视，在省七届人大常委会第二十一次会议上受到好评。

（三）主动贴近地方经济工作中心开展审计监督

全省审计机关完成审计署统一部署任务的同时，根据当地社会经济工作的实际需要，安排审计和调查项目，努力完成党政领导交办的审计任务。

1986 年，全省调查 8 个省辖市蔬菜生产、经营效益和亏损补贴使用情况，摸清蔬菜产销中菜地面积不足、生产供不应求、菜地建设费和亏损补贴管理使用方面的问题，调查结果引起省市有关党政领导的重视，各地都多次召开会议研究解决办法和措施，使“菜篮子”工程取得实效。

1987 年，全省调查 900 多个行政事业单位的行政经费增长情况，发现人员超编、物价上涨导致开支增加，该压缩的行政性购置费大幅上升等情况，引起省政府领导关注。

1989 年，全省审计机关开展全省范围的粮食、食品、外贸审计，声势浩大的专项审计，得到省人大常委会和省政府的重视支持。

各级审计机关积极完成本级党委、政府交办的审计任务，主动了解本级党委、政府关于经济工作的决策部署，掌握经济运行基本趋势和主要情况，主动向党委政府请示汇报。努力争取本级党委、政府和上级审计机关的支持，协调与社会各界的关系，不断扩大审计的社会影响。

（四）坚持依法审计、实事求是地开展监督

全省审计机关坚持依法审计原则，对严重违反国家财经法规、损害国家利益的行为，认真查实、坚决揭露、严肃处理。1986年、1988年和1991年，省审计局先后制定《加强审计监督促进经济体制改革若干政策性问题的意见》《审计工作要为深化改革服务的意见》和《审计工作在增强国营大中型企业活力中发挥促进作用的几点意见》，受到省委、省政府的肯定和重视，得到主管部门和企业的普遍好评。

（五）加强审计工作的制度化、法制化和规范化建设

通过不断探索实践和总结提高，使各项审计业务工作逐步符合制度化、法制化和规范化要求，全省审计机关先后推出行政事业单位定期审计、厂长（经理）任期终结审计和承包经营审计、建设项目开工前资金来源审计、世界银行贷款项目审计、农业资金审计、财政审计、金融保险机构财务收支审计和审计过渡户制度。

1986年，推行自筹基建资金来源审计制度。1986年至1988年年底，审计自筹基建项目2725个，制止乱拉资金1.68亿元。1989年，跟踪审计全省内外90个基本建设缓建、停建项目。1991年至1993年，省审计局组织审计淮南铁路一复线、马钢二期工程等大型基本建设项目。

1987年，省政府以地方行政法规发布省审计局拟定的《安徽省国营企业厂长（经理）任期终结审计暂行规定》。

1989年，省政府发布《安徽省全民所有制工业企业承包经营审计暂行办法》。

1990年，根据省人大常委会决议，全省审计机关开展6个赤字市县财政审计，省财政厅和省审计局针对财政赤字问题，对各行署、市和县（区）人民政府发出《关于加强财税管理问题的联合通知》。

省审计局不断加强审计工作规范化建设，先后制定《安徽省审计工作程序实施细则》《安徽省审计机关行政诉讼应诉工作管理办法（试行）》《安徽省审计项目操作规程和质量规范》《安徽省审计项目质量考核试行办法》等各项内部制度，制定内部审计和社会审计工作程序。其中，1986年省审计局会同省财政厅、中国人民银行安徽省分行联合下发通知，要求各级审计机关在同级工商银行设立“审计专户（待解户）”，统一收缴审计查出的应缴违纪款项；1991年全省审计机关统一开展“审计质量年”活动。

（六）加强审计队伍建设，树立廉洁公正审计形象

安徽省审计机关贯彻执行党的基本路线，坚持“两手抓、两手硬”，初步建立一支有理想、有道德、有文化、有纪律、能战斗的审计队伍。

加强组织建设和思想建设。1986年省审计局制发《安徽省审计工作人员守则》，1988年制发《安徽省审计局关于廉洁奉公的若干规定》，1989年制发《安徽省审计局

审计人员在审计工作中六项纪律》,要求审计人员忠于职守、秉公执法、客观公正、清正廉洁。

加强业务建设。全省审计机关先后建立审计计划管理、审计统计管理、审计工作程序、审计结论和决定审理、审计法规汇编、审计信息管理、审计档案管理等工作制度,创办《审计简报》《审计要情》《安徽审计通讯》和《审计信息》《内审社审动态》等内部工作刊物,发行《安徽审计》杂志和全国第一家省级审计专业报纸《审计导报》。

同时,审计机关推动社会审计组织和部门单位的内部审计机构的建立,形成国家审计、社会审计、内部审计相互关联的审计体系。

三、1994年至2000年,审计机关“积极发展、逐步提高”。

1994年6月,安徽省审计局更名为安徽省审计厅(以下简称省审计厅)。全省审计机关以1994年、2000年机构改革为契机,不断优化和巩固组织机构。省审计厅两次机构改革后,业务部门由7个增加到16个,审计人员不断增加,独立的审计体制和专业化队伍基本建立。审计领域逐步拓宽,从开展企业审计,覆盖到财政、行政事业、金融、投资、农业、外资等领域,审计方式方法也进行了深入研究与探索。

1995年《中华人民共和国审计法》实施,为审计法制化、规范化发展奠定良好的法制基础和环境。全省各级审计机关贯彻“全面审计,突出重点”的工作方针,突出重点领域、重点部门、重点资金审计。按照“求深、求高、求精、求新”的要求,推进各项审计工作不断深化和发展。审计机关加强“人、法、技”建设,基础工作不断强化,审计工作水平和质量不断提高,审计工作影响力进一步扩大。

(一)突出本级预算执行情况审计,加强财政收支监督

1994年,全省重点审计47个市县(区)财政税务部门的预算外资金和财政信用资金的管理使用情况以及财政决算,延伸111个乡镇财政。根据省政府领导要求,省审计厅对省财政厅信托投资公司审计,查清该公司信贷资金总量、运用及其效益情况。

1995年,省政府成立省本级预算执行审计协调小组,副省长汪洋任组长,省审计厅首次开展省本级预算执行审计。参照《中央预算执行情况审计监督暂行办法》,结合安徽省实际,制定《安徽省预算执行情况审计监督暂行办法》,省政府印发全省。当年安徽省审计3个地市、37个县(市)、166个乡镇财政和7个县级税务部门。

1996年,全省审计164个财政、税务部门、1145个预算执行单位,探索从账户入手摸清家底的审计方法。

1997年,全省审计218个财税部门,784个一级预算单位,延伸审计(调查)1500多个企事业单位。按照“同级审”和“上审下”相结合的方式,省审计厅对财政增收较快的六安、安庆两地市本级1996年财政决算开展审计,调查六安地区5县1市1996年财政收入情况,调查结果专题汇报省政府领导。

1998年,审计财税及有关部门793个,延伸审计1018个一级预算单位。省审计厅总结同级审经验,制定《安徽省本级预算执行审计操作试行办法》《安徽省财政审计工

作考评暂行办法》，具体规范审计方案、审计操作各环节和两个报告的内容。省审计厅还组织审计宣城行署、黄山市、阜阳市财政决算及省财政厅所属安兴公司财务收支。

1999年，省本级预算执行审计重点是预算暂付资金、粮食专项资金和世行贷款项目资金，有些重点资金审计追溯到1992年，延伸外省市和用款单位，实行全程跟踪审计。省审计厅还审计合肥市、巢湖市、池州市1998年财政决算。

2000年，省本级审计省财政厅、地税局、水利厅、广播电视厅4个预算执行部门和2项专项资金。全省加大财政决算审计力度，审计覆盖面达到年初确定的1/3的要求。

（二）深化重点国有企业审计，促进提高经济运行质量和效益

1994年，为促进企业转换经营机制和国有资产保值增值，全省审计1644家企业。根据省政府领导要求，省审计厅全面审计全省盈利1000万元以上的26家预算内国有大中型企业1993年资产负债损益的真实、合法和效益情况。

1995年，围绕省委、省政府关于搞好国有企业的工作目标，全省审计1423家国有企业资产负债损益，重点是124家国有大中型及地方重点骨干企业1994年资产负债损益情况。

1996年，审计1570家国有企业，开展全省交通、供电、农资行业审计。

1997年，按照国有企业改革“抓大放小、整体搞活”的总体要求，全省集中力量审计机械、纺织、建材行业108家重点工业企业1996年资产负债损益情况，根据省政府《关于省级扶优扶强重点支持56家大中型企业意见》，省审计厅组织部分地市调查18家省级扶优扶强工业企业，总结这些企业1996年和1997年上半年经济运行特点和成效。根据审计署部署，全省开展烟草、医药、供销社棉花系统行业审计。

1998年，按照审计署等八部委关于清查审计粮食财务挂账的部署，省审计厅实行循环式异地交叉清查审计的方式，组织审计全省各级粮食主管部门、从事政策性粮食业务的1061家国有粮食收储企业，1992年4月1日至1998年5月末的财务挂账和其他不合理占用农发行贷款情况，专项审计全省农发行89个分支机构信贷资金运营情况，调查各地财政部门粮油政策性补贴安排拨付情况及农行等金融机构。

为适应深化企业改革的需要，审计厅组织审计全省百户重点工业企业和商贸行业54家股份制企业资产负债损益情况。

1999年，全省审计和调查1011家国有重点和地方骨干企业，选择纺织、化肥、煤炭3个扭亏脱困行业中87家重点工业企业、101家外贸企业、59家商贸股份制企业的资产负债损益真实性、合法性和企业经营运作情况。

2000年，为切实减轻企业负担，促进企业扭亏增盈，推进经济结构战略性调整，实现国有企业改革和发展三年目标，审计厅组织审计百户重点企业，其中有20家上市公司及其母公司和国家重点监控的39家扭亏脱困企业。

（三）加强金融机构和固定资产投资审计，维护经济秩序

加强金融机构审计。1994年，全省审计82个保险公司。1995年审计189个金融

机构，重点审计中国银行52家分支机构和建设银行82家分支机构资产负债损益情况。1996年根据审计署授权，审计全省90个农行机构、59个中行机构1995年资产负债损益情况。1997年组织审计全省农行系统资产负债损益情况。1998年，起草《安徽省地方金融机构财务收支审计暂行规定》，以省政府文件印发。省审计厅先后审计省财产保险公司、省证券公司、省人寿保险公司、省信托投资公司，组织开展城乡信用社审计，拓宽金融审计监督领域。1999年，审计省工商银行及其直属营业部、15个二级分行以及76个县级支行资产负债损益情况。2000年组织审计全省农村信用社、省证券公司及其各地营业部资产负债损益情况。

加强国家投资建设项目审计。为深化投资体制改革，全省加强固定资产投资审计。1994年，审计全省369个固定资产投资项目。1995年，审计302个国家建设项目，省审计厅对马钢2500立方米高炉及其配套工程竣工决算项目审计，会同3个市县审计局，审计淮河干流堤防加固项目。1996年，全省审计299个固定资产投资项目。1997年，审计马鞍山、合肥市国家安居工程，在投资领域首次开展全省人防经费和住房资金专项审计。1998年，省审计厅草拟《关于加强基础设施建设项目审计监督的意见》，省政府办公厅批转各地执行；省审计厅组织审计省电力工业公司电力三峡建设基金和马鞍山二电厂、新集煤矿建设项目，开展全省财政预算基建投资执行情况调查。1999年，以检查投资使用效益为重点，全省审计273个固定资产投资项目；省审计厅还组织对芜湖长江大桥、上派至安庆220千伏输变电线路、使用国债资金的公路建设等国家和省级重点建设项目以及省检察院侦察楼等3项公益性项目审计。2000年，开展合安高速公路审计。

（四）加大农业和外资运用审计力度，促进提高资金使用效益

加强农业专项资金审计。为了管好用好农业和扶贫资金，促进农业发展，保持社会稳定，安徽省始终把农业审计作为工作重点。1994年，全省审计和调查32个县和9个国营农场第二期黄淮海农业综合开发项目，并审计30个县（市）1991年至1993年小农水补助费的安排、管理、使用情况。1995年，全省审计643个使用农业资金的单位，重点是省本级、10个省辖市和36个县（市）1993年至1994年度农业投入情况，496个扶贫资金主管部门和用款单位。1996年，审计粮棉大县专项贷款。1997年，全省审计机关以乡镇资金为突破口，检查239个乡镇1996年财政收支、各项预算外资金和专项资金收支管理情况以及农民负担情况。1998年，组织审计全省1996年、1997年小农水补助费、水利建设基金、水资源费、水利工程水费、节水打井灌溉借款等水利专项资金的筹集、分配、管理、使用情况，组织审计全省22个贫困县扶贫资金。1999年，省审计厅审计芜湖等6个市地本级平垸行洪、移民建镇资金和省林业厅、省乡镇企业局、大圩农场1998年财务收支；针对乡镇和行政村负债多的情况，为加强乡镇经济活动监督，减轻农民负担，组织审计全省132个乡镇财政财务收支，岳西等17个国家级贫困县1997年1月至1999年6月财政支援不发达地区发展资金和扶贫贷款的投入、分配使

用和管理情况。2000年，审计全省1997年至1999年农业综合开发资金的筹集、管理、使用及效益情况。

加强外资项目资金审计。1994年，全省审计17个世行、亚行贷款项目和国外援助项目330个执行单位。1995年，全省外资运用审计内容有所深化，审计219个世界银行贷款项目、8个亚洲开发银行贷款项目、2个外国政府贷款项目、1个联合国专门机构援款项目执行单位，审计22家中外合资合作企业资产负债损益，开展一些借债机构外债年检。1996年，全省审计215个国外借款、筹款项目执行单位。1997年，完成审计署授权的12个世行贷款项目和4个亚贷项目审计任务，组织审计24家中外合资合作企业资产负债损益情况。1998年，审计国际金融组织和外国政府援助项目18个，组织审计21家中外合资合作企业资产负债损益情况。1999年，全省审计270多个县以上国际金融组织贷款项目执行单位。2000年，审计世行、亚行贷款项目12个，向纪检部门移交有关案件线索。

（五）强化社会经济生活热点、难点问题审计，促进廉政建设

安徽省审计机关认真贯彻中央党风廉政建设有关精神，注重社会经济生活中热点、难点问题审计，突出政府机关、执法监督部门和经济管理部门审计，促进机关党风廉政建设。

1994年，审计调查部分地区拖欠中小学教师工资和补贴情况。1995年，重点审计全省310个县级以上公检法机关和805个所属基层执法单位、计划外生育费征收管理和使用情况、希望工程基金。1996年，审计全省职工失业保险基金和养老保险基金。1997年，全省开展教育经费专项审计和全省医院系统审计，审计文化系统县以上558个单位1996年财务收支。1998年，根据审计署统一布置，开展住房资金和公安机关收费、罚没收入专项资金审计，跟踪审计省本级接收、分配的救灾款物。1999年，根据审计署部署，省审计厅审计移交安徽省37个行业统筹的省级经办机构和其他社会保险经办机构。2000年，省审计厅完成省国际信托投资公司、中煤三建公司等4个单位领导人员任期经济责任审计。

各级审计机关以加强党风廉政建设为己任，认真做好任期经济责任审计和经济案件的查证工作，配合纪检监察和司法机关查处案件。1999年，省审计厅制定《安徽省审计机关举报制度》《关于揭露重大违法犯罪线索奖励办法》，奖励审计工作中揭露重大违法犯罪线索的人员，切实加大案件查办力度。

（六）围绕审计体系建设，大力发展内部审计和社会审计

各级审计机关依照《中华人民共和国审计法》规定，加强内审工作的指导、监督，推动内审工作巩固和发展。全省内审工作者围绕经济工作中心，突出重点，努力探索，成效显著。至2007年年底，全省建立内审机构2190个。其中，全省上市公司、国有金融单位全部设立内审机构；国有大中型企业、高等院校、三甲医院多数设立内审机构。全省内审机构共有内审人员15000余人。

1998年,制定《安徽省内部审计工作1998—2002年规划》和《安徽省内部审计工作规定(草案)》。1999年草拟《安徽省内部审计办法》,以安徽省人民政府颁布实施。

安徽省各级审计机关适应建立和完善社会主义市场经济体制的需要,依法加强社会审计的指导、监督和管理。1998年,印发《安徽省审计厅1998年社会审计工作意见》《加强对审计机关直属审计事务所指导、监督、管理的意见》,1999年围绕加强社会审计质量监督,省审计厅起草《关于监督社会审计业务质量的意见》。2000年,开展会计中介组织执业质量检查,检查32家会计师事务所1999年会计报表审计报告的真实性、合法性。

(七)强化审计队伍建设,提升审计人员整体素质

安徽省审计机关重视加强队伍建设,取得显著成效。加强思想作风建设和组织建设。坚持把建设中国特色社会主义理论和党的基本路线摆在审计机关思想建设的首要位置。1994年,省、地市两级审计机关主动与组织部门联系,加强领导班子的协管工作。1995年,全省审计系统开展学习孔繁森和"公仆杯"竞赛活动。1997年,全省审计系统开展"热爱审计、宣传审计、奉献审计"活动,掀起"争做主审、争当先进、争创成果"的热潮。1999年,省审计厅开展以讲学习、讲政治、讲正气为主要内容的党性党风教育活动,先后制定《全省审计系统创建精神文明单位考核办法》和《评选精神文明先进处室的考核办法》。

加强业务学习和培训工作。为提升审计队伍整体素质,全省审计机关按照《安徽省审计教育培训九五规划和2010年发展目标纲要》,加强审计队伍的业务教育培训工作。鼓励参加在职学历教育,提高审计干部的整体文化素质;业务培训实行"分类部署,下抓一级"的方法;为持续增强审计人员业务技能,全省审计机关普遍开展业务规范、计算机应用、新财会制度、基建预决算审计、审计法制等内容的培训活动。

强化职业道德教育和廉政建设。坚持把廉政建设贯穿审计工作始终,深化反腐倡廉思想教育,弘扬爱岗敬业奉献精神,塑造审计队伍良好职业形象。结合实际制定一系列规章和办法,主要有《审计机关党风廉政建设若干规定》《关于审计人员在执行公务中不准接受宴请和参加用公款支付的高消费娱乐活动的规定》《安徽省审计厅关于实行党风廉政建设责任制的实施办法》《关于加强厅机关因公出国(境)人员经费管理的规定》《安徽省审计厅关于落实领导干部廉洁自律"五项规定"和"约法五章"的措施》《安徽省审计厅举报制度》和《厅领导干部接待群众来访日制度》等,修改完善了审计回访制度。

四、2000年至2007年,审计机关"突出重点、科学发展"。

进入21世纪,特别是2006年1月,新一届省审计厅领导班子组建。审计厅党组立足当前、着眼长远,经过深思熟虑,决定在全省审计机关全面实施"抓建设、练内功、提效能五年行动计划",即2006年至2010年,依次开展"审计学习年""审计法制年""审计质量年""审计创新年"和'审计提升年"活动。通过以作风建设为前提、制度建设

为重点、能力建设为核心的系列活动，营造学习氛围，完善制度机制，创新方式方法，提高审计质量，提升能力水平，开创安徽审计新局面。“五年行动计划”实施后，安徽省审计干部队伍素质明显改善，审计管理水平明显提高，依法审计和服务发展的能力明显增强，审计工作的路子越走越宽，社会影响力不断扩大。

（一）强化预算执行审计，促进财政财务管理规范

全省审计机关以财政综合预算为主线，对掌管财政资金分配权、管理财政资金较多的重点部门和单位进行重点检查，预算执行审计得到深化。

预算执行审计内容进一步拓展。2002年，省本级除检查部门预算编制和执行情况外，还重点审计行政执法部门执行“收支两条线”规定和有关专项资金管理使用情况、财政转移支付情况。2003年，省政府办公厅转发审计厅关于强化省级部门预算和财务管理的意见。2004年，强化财政支出审计和针对性地检查各执收执罚部门执行“收支两条线”规定及收入解缴金库或财政专户情况。2005年，侧重检查政府非税收入的征收、使用和管理是否规范。2006年，省本级除对省财政厅及13个部门预算执行情况审计外，结合预算执行审计开展2个部门的决算审签试点。2007年，省本级及部分市县审计局将与群众息息相关的社保资金、涉农资金、住房公积金、治淮资金等专项资金管理使用情况，医院收费及财务收支情况纳入预算审计范围，取得良好效果。

预算执行审计结果进一步公开透明。2005年，省级预算执行情况审计，首次通过《安徽日报》、安徽人民广播电台等新闻媒体报道，提高审计工作透明度。2006年，省级预算执行审计工作报告，通过《安徽日报》、安徽人民广播电台等省内主要新闻媒体，向社会公开披露，《新安晚报》等媒体还进行跟踪报道。2007年，省本级预算执行情况审计向省人大常委会报告，同时首次在《安徽日报》全文公告，在社会上引起较大反响。

预算执行审计的整改力度进一步加大。2005年，省审计厅会同省财政厅、监察厅颁布《关于进一步加强省直部门财务监督管理的意见》。2006年，省审计厅向省人大常委会报告预算执行情况审计结果，同时提交上年审计发现问题整改情况的材料，对每个问题的整改落实情况作出报告。2007年，省政府办公厅转发省审计厅《关于进一步加强审计整改工作的意见》，建立健全审计整改报告、公告、联动、跟踪检查、责任追究等制度机制。

（二）强化专项资金和行业审计，促进提高财政资金使用效益

围绕“三农”问题，加强农业资金审计。2001年，为促进农村税费改革深入进行，切实减轻农民负担，推动农村经济发展，省审计厅组织审计调查全省85个乡镇2000年税费改革情况。2002年，组织审计各级财政预算内安排的支农资金管理、使用情况。2003年，组织审计或调查全省农业综合开发资金、扶贫资金、农村税费改革转移支付资金、国有土地出让金。2004年，专项审计全省农村税费改革转移支付资金的分配、拨付和使用情况。2005年，审计全省水利专项资金、环保专项资金、新安江库区移民资金等。2006年，专项审计全省扶贫资金、农业综合开发、三峡移民资金等。2007年，审计和调

查全省财政涉农资金、粮食直接补贴、良种补贴等专项资金。

围绕提高外资利用质量,加强外资利用审计。2001 年,审计 22 个利用外资项目,调查外国政府贷款和世行贷款还本付息情况。2002 年,审计 154 个外资项目单位,审计省电力公司和 30 个国贷援款项目。2004 年,审计和调查 33 个外资项目。

围绕社会稳定,加强社会保障和民生工程专项资金审计。全省审计机关围绕推进民生工程、构建和谐社会,加强对涉及群众切身利益的重点专项资金审计和调查。2001 年,组织实施普教经费审计和调查,专项审计 14 所高校专项经费和全省企业职工基本养老保险基金的征缴、支付及管理情况,调查 113 家不同经济成分的企业养老保险参保和缴费情况。2002 年,组织开展全省住房公积金及其管理机构资产负债审计,企业职工基本养老保险基金审计, 384 家不同所有制企业的缴费基数专项调查。2003 年,调查 269 个企事业单位失业保险参保和缴费情况,审计防治“非典”(传染性非典型性肺炎)、防汛救灾专项资金及社会捐赠款物。2004 年,淮河流域洪灾发生后,专项审计全省救灾资金和捐赠款物,沿淮 9 市审计机关对淮河流域蓄滞洪区运用补偿资金和移民迁建资金实施审计;开展全省检察院系统财务收支审计,国土资源部门土地出让金征管使用情况及财务收支审计,质量技术监督部门财务收支审计和全省医疗保险基金审计。2005 年,实施全省失业保险基金、再就业资金和经济补偿金、全省法院系统财政财务收支和全省农村中小学 D 级危房改造资金审计或调查。2006 年,组织全省审计机关开展城市住房公积金审计、企业职工基本养老保险基金审计和调查。2007 年,开展阳光工程补助资金、新型农村合作医疗基金、社会保障基金等专项资金的审计和调查,加大民生工程资金的审计监督力度。

(三)强化企业和投资项目审计,促进国有资产保值增值和效益提高

国有企业审计。为巩固扭亏脱困成果,推进国有企业深化改革,整顿和规范市场经济秩序, 2001 年组织审计 105 家扭亏企业、上市公司及重点企业,根据审计署授权,组织审计全省 92 家电力公司及烟草行业。2002 年,组织开展全省邮电、石油、公路行业审计。2003 年,根据审计署部署,开展全省电力系统审计,并根据省委、省政府扩大粮食补贴方式改革试点的要求,对 980 家国有粮食购销企业亏损挂账进行异地交叉清查审计。2005 年,组织开展淮北矿业集团、皖北煤电集团和省医药集团公司财务收支审计。2006 年,根据审计署授权,组织全省各市审计局对省烟草公司本级、17 个市烟草公司、3 个县烟草公司、蚌埠储运中心、华圆有限责任公司以及 17 个市烟草物流配送公司审计,组织全省审计机关对 80 家盐业公司和省盐业总公司审计。2007 年,全省审计和调查 187 家企业,省审计厅开展铜陵有色金属(集团)公司、淮南矿业(集团)有限责任公司等企业领导人的经济责任审计,徽商集团有限公司、安徽叉车集团公司、省粮油食品进出口(集团)公司等企业的财务收支审计,其中省审计厅审计徽商集团揭露会计造假、侵吞国有资产等问题,移送纪检部门查处事项 38 件。

金融企业审计。为积极推进金融体制改革,规范金融秩序,防范和化解金融风险,

2001 年根据审计署部署，组织审计中国人民保险公司安徽省分公司及其所辖 127 个分支机构，审计或调查全省 128 家城乡信用社。2002 年，根据审计署部署，组织开展全省农业发展银行系统资产负债损益审计，并审计部分农村信用社。2003 年，根据审计署部署，审计全省人寿保险公司系统。2007 年，省审计厅参加审计署组织的中国农业银行安徽省分行资产负债损益审计，并组织合肥、芜湖等 10 个市审计局审计徽商银行总行及其 10 个支行。

固定资产投资审计。2001 年，省审计厅审计全省农村电网建设与改造项目，完成上海裕安英展国际贸易大楼、沪蓉高速公路高界段、肥西 500 千伏变电所一期工程审计。2002 年，组织开展全省城市基础设施建设国债项目审计，省审计厅直接审计港口湾水库、淮北第二发电厂、淮南矿业集团张集煤矿项目。2004 年，审计 26 个公路建设项目，提出深化交通投资体制改革，开放公路建设市场等建议。2005 年，省审计厅组织审计省属 14 所高校建设项目和建设资金，淮北矿业集团许疃煤矿、广祠高速公路、合徐北高速公路等建设项目竣工决算和投资效益。2006 年，组织审计 15 个治淮建设项目、10 所高校的 15 个建设项目，省审计厅还结合淮南矿业集团张集煤矿二期工程竣工决算审计，开展效益审计试点。2007 年，全省推进投资及效益审计，安排效益审计项目 94 个，其中投资及效益审计核减投资工程款 5.6 亿元；省审计厅还组织开展全省农村公路建设项目、皖江发电有限公司安庆电厂、世行贷款基本卫生服务项目、省立医院急救中心和医院保健中心等项目的效益审计。

（四）强化经济责任审计，促进依法行政、加强干部监督

全省审计机关本着“积极稳妥、量力而行、提高质量、防范风险”的原则开展经济责任审计，工作中以服务干部监督管理和促进党风廉政建设为主线，突出审计重点，深化审计内容，讲究工作方法。2001 年 3 月成立安徽省经济责任审计局，全面推进县以下党政领导干部和企业领导人员经济责任审计，开展了铜陵、马鞍山市长和省教育厅、公安厅、水利厅厅长经济责任审计；与省纪委等有关部门研究制定《安徽省经济责任审计工作联席会议部门职责》《省级经济责任审计任务确定和执行程序（试行）》。2002 年，全省审计 1955 个领导干部经济责任。其中，省审计厅开展淮北、宿州市政府和省经贸委、省质量技术监督局、省科协以及徽商集团主要领导的经济责任审计。2004 年，全省审计 1182 名党政领导干部和 99 名国有及国有控股企业领导人员。其中，省审计厅完成合肥市、铜陵市政府，省民政厅、省高速公路总公司、上汽集团奇瑞汽车有限公司等 16 个单位主要领导干部的经济责任审计。2005 年，全省实施 1272 名党政领导干部和 70 名国有及国有控股企业领导人员的经济责任审计，省审计厅与省纪委、省委组织部、省检察院、省监察厅、省人事厅联合印发《安徽省党政领导干部任期经济责任审计结果利用办法（试行）》，中央五部委联席会议办公室转发全国推广。2006 年，全省审计 1641 名领导干部的经济责任，省审计厅与省纪委、省委组织部、省人事厅联合印发《安徽省领导干部任期经济责任专项审计和专项调查办法》《安徽省领导干部任中经济责

任审计办法》。2007 年，全省审计机关审计 1283 名领导干部的任期经济责任，省审计厅在芜湖召开全省县（市、区）委书记经济责任审计现场会；根据审计署要求，组织开展乡镇和村级领导干部经济责任审计调查；推行任中经济责任审计制度。

（五）强化人、法、技建设，促进机关效能提高

全省审计机关以“三个代表”重要思想为指导，以开展机关效能建设为契机，按照审计干部要有“辩证敏锐的思维、精湛娴熟的技能、务实严谨的作风、团结和谐的意识、廉洁从政的品质”的要求，加强审计机关作风建设、党风廉政建设和精神文明建设，着力构建和谐审计机关。

加强制度建设，促进规范管理。省审计厅结合安徽实际，积极加强地方审计立法工作。2001 年，省政府颁发《安徽省乡镇审计暂行规定》，审计厅制定《安徽省审计厅审计复核工作细则》，完善审理委员会和审计复核制度。2003 年，制定《安徽省股份制企业审计监督暂行办法》和《安徽省党政领导干部和国有企业领导人员任期经济责任审计暂行办法》，分别由省政府和省委办公厅、省政府办公厅颁布实施。为提高审计法制建设层次，省审计厅代拟《安徽省审计监督条例（草案）》（简称《条约》），于 2004 年 9 月 28 日经省政府第 16 次常务会议审议通过，2005 年 10 月 21 日省十届人大常委会第十九次会议审议通过，自 2006 年 1 月 1 日起施行。《条例》在审计监督职责等方面作出具有探索意义和前瞻性的规定，为审计工作服务地方经济建设提供重要的法规依据。2006 年，省审计厅开展“五五”普法工作，制定《安徽省审计机关开展法制宣传教育第五个五年规划的实施方案》。2007 年，省审计厅向省政府法制办报送 2008 年至 2012 年审计立法规划意见，出台《关于加强民生工程资金审计监督的意见》《关于进一步加强审计整改工作的意见》《审计日记编写规范意见》等制度，与省公安厅建立工作协作机制。

加强队伍建设，突出教育培训。为进一步提高审计干部业务素质，省审计厅先后举办全省审计局长研讨班、固定资产投资审计培训班、金融审计培训班、经济责任审计培训班、审计项目质量控制培训班、计算机技能培训班、现场审计实施软件培训班、全省审计网管人员等各类培训班。2005 年，全省选调 49 名审计业务骨干，与合肥工业大学联合举办 1 年期的计算机集中培训班。

加强信息化建设，推动计算机技术应用。各级审计机关加快审计信息化系统建设，加强审计信息化制度建设和应用软件开发。2001 年，制定《安徽省审计厅审计信息化系统建设规划》。2003 年，制定《全省金审工程建设二期规划和技术规范》《计算机网络安全及保密管理规定》等制度。2004 年，省审计厅建成内网和外网两个信息网络平台并投入使用，实现全省审计系统的网络信息连接，开通视频通讯系统、短信服务系统。2005 年，省审计厅召开全省审计信息化工作暨应用成果交流展示会，制定全省审计信息化建设 5 年发展规划，全面部署审计署开发的《审计现场实施系统》的应用推广工作。2006 年，省审计厅完成与 10 个市审计局专网互联，实现与大部分市审计机关的数

据交换和信息传递，为全面构建全省审计专网奠定基础。2007年，省审计厅内网与审计署内网互联，实现公文、业务数据与涉密信息双向交互，省审计厅机关网上公文流转全面启动。

加强作风建设，推进廉洁从审。全省审计机关深入学习中共十六大、十七大精神，切实加强机关党的建设和队伍建设。举办科学发展观、共产党员理想信念、党风廉政建设系列专题讲座，使广大审计人员始终保持坚定的理想信念和昂扬向上的精神状态。组织机关干部赴国有大型企业参观学习，增强服务发展的自觉性。大力开展革命传统教育，激发爱岗敬业、甘于奉献的热情。实行审计执法公示制度，加大审计回访力度，审计机关作风进一步好转，审计政务公开得到进一步落实。2006年，省审计厅机关被省委、省政府评为第七届精神文明单位，被省文明委评为创建文明行业工作先进单位，被省直文明委评为“三优文明机关”，被省政府评为行风建设先进单位。2007年，审计厅印发《关于进一步加强审计机关精神文明建设的指导意见》。

审计机关成立以来，在各级党委、政府和上级审计机关领导下，以邓小平理论和“三个代表”重要思想为指导，认真贯彻落实科学发展观，围绕党委、政府经济工作中心，积极履行宪法和法律赋予的神圣职责，取得显著成效。截至2007年年底，全省审计机关审计158602个单位（项目），查出违规问题金额746.2421亿元，审计依法作出处理，上缴财政55.1916亿元，减少财政拨款或补贴77840万元。移送司法、纪检监察机关和有关部门查处960件，建议给予行政处分196人。向各级党委、政府和上级审计机关提交审计报告和信息64717篇，被各级领导和有关部门批示采用36077篇。审计工作为促进依法行政，维护经济秩序，推进廉政建设，保障社会经济又好又快发展做出了积极贡献。

第一章　审计职权和体制

1982年4月,全国人大常委会通过宪法修改草案,确定国家设立审计机关。1983年10月5日,安徽省审计局成立(1994年6月,安徽省审计局更名为安徽省审计厅)。

第一节　审计机关权限

《中华人民共和国宪法》第九十一条及国务院文件规定,审计机关职权:(一)检查被审计部门和单位的各种账目、资财以及有关文件、资料等,被审计部门和单位必须如实提供,不得拒绝或隐匿。(二)参加被审计部门和单位的有关会议。对审计中发现的问题,进行调查并取得证明材料。被审计部门、单位和有关人员,必须积极配合,不得设置任何障碍。(三)责成被审计部门和单位纠正和制止一切不正当的收支,限期改进工作,改善经营管理,提高经济效益。(四)通知有关部门,对违反财经法纪的予以经济制裁,包括依法追缴非法所得,处以罚款和扣缴款项等。对严重违反财经纪律的,可采取停止财政拨款、停止银行贷款和冻结银行存款等紧急措施,通知有关部门执行。有权建议对有关责任人员给予行政处分,触犯刑律的,由司法机关依法惩处。(五)对阻挠、拒绝和破坏审计工作的,有权采取封存账册和冻结资财等必要的临时措施,追究直接责任人员和有关领导人的责任。(六)通报违反财经法纪的重大案件,表扬遵守和维护财经法纪成绩显著的部门、单位和个人。

1988年11月,国务院发布《中华人民共和国审计条例》,第十五条、第十六条、第十七条进一步规定审计机关的主要职权:

第十五条　审计机关在审计过程中有下列监督检查权:

(一)要求被审计单位报送财政预算、财务计划、决算、会计报表以及有关资料;

(二)检查被审计单位的有关账目、资产、查阅有关文件资料,参加被审计单位的有关会议;

(三)对审计中的有关事项,向机关、团体、企业事业单位和有关人员进行调查,上述单位和人员应当提供有关资料及证明材料;

(四)对正在进行的严重损害国家利益、违反财经法规行为,提请有关主管部门作出临时的制止决定。制止无效时,通知财政部门或者银行暂停拨付有关款项;

(五)对阻挠、破坏审计工作的被审计单位,可以采取封存有关账册、资产等临时措施。

第十六条 对违反财经法规的被审计单位，审计机关可按下列规定处理：

（一）警告、通报批评；

（二）责令纠正违反国家规定的收支；

（三）责令退还或者没收非法所得；

（四）收缴侵占的国家资产；

（五）对违反规定使用财政拨款或者银行贷款、严重危害国家利益的被审计单位，作出停止财政拨款或者停止银行贷款的决定；

（六）按照有关法规的规定处以罚款。

被审计单位拒不缴纳应缴的违法款项、罚款的，审计机关可以通知银行扣缴。

第十七条 对前条被审计单位的直接责任人员和单位负责人，审计机关认为应当给予行政处分的，移送监察或者有关部门处理。情节严重、构成犯罪的，提请司法机关依法追究刑事责任。

1994年8月31日，第八届全国人民代表大会常务委员会第九次会议通过《中华人民共和国审计法》，于1995年1月1日起实施。《中华人民共和国审计法》第四章详细阐述审计机关的权限：

第三十一条 审计机关有权要求被审计单位按照规定报送预算或者财务收支计划、预算执行情况、决算、财务报告、社会审计机构出具的审计报告，以及其他与财政收支或者财务收支有关的资料，被审计单位不得拒绝、拖延、谎报。

第三十二条 审计机关进行审计时，有权检查被审计单位的会计凭证、会计账簿、会计报表以及其他与财政收支或者财务收支有关的资料和资产，被审计单位不得拒绝。

第三十三条 审计机关进行审计时，有权就审计事项的有关问题向有关单位和个人进行调查，并取得有关证明材料。有关单位和个人应当支持、协助审计机关工作，如实反映情况，提供有关证明材料。

第三十四条 审计机关进行审计时，被审计单位不得转移、隐匿、篡改、毁弃会计凭证、会计账簿、会计报表以及其他与财政收支或者财务收支有关的资料，不得转移、隐匿所持有的违反国家规定取得的资产。

审计机关对被审计单位正在进行的违反国家规定的财政收支、财务收支行为，有权予以制止；制止无效的，经县级以上审计机关负责人批准，通知财政部门和有关主管部门暂停拨付与违反国家规定的财政收支、财务收支行为直接有关的款项，已经拨付的，暂停使用。采取该项措施不得影响被审计单位合法的业务活动和生产经营活动。

第三十五条 审计机关认为被审计单位所执行的上级主管部门有关财政收支、财务收支的规定与法律、行政法规相抵触的，应当建议有关主管部门纠正；有关主管部门不予纠正的，审计机关应当提请有权处理的机关依法处理。

第三十六条 审计机关可以向政府有关部门通报或者向社会公布审计结果。

审计机关通报或者公布审计结果，应当依法保守国家秘密和被审计单位的商业秘密，遵守国务院的有关规定。

1995年，省审计厅、省委组织部、省人事厅、省机构编制委员会办公室《关于安徽省审计厅驻省直部门审计处职责范围等有关问题的通知》，规定驻省直部门审计处职责范围：

（一）对驻在部门直属国有企业的资产、负债和损益情况进行审计；

（二）对驻在部门直属事业单位的财务收支及经营活动进行审计；

（三）对驻在部门的行业经济活动和经济效益等问题进行审计调查；

（四）对驻在部门直属企事业单位和行业（系统）的内部审计工作进行指导和监督；

（五）办理省审计厅领导交办的审计事项；

（六）办理驻在部门领导交办的审计事项。

1997年10月，《审计法实施条例》及有关法规赋予审计机关的审计监督权限比较广泛，主要包括：

1. 要求报送资料权，即有权要求被审计单位按照审计机关的规定提供预算或者财务收支计划、预算执行情况、决算、财务会计报告，运用电子计算机储存、处理的财政收支、财务收支电子数据和必要的电子计算机技术文档，在金融机构开立账户的情况，社会审计机构出具的审计报告，以及其他与财政收支或者财务收支有关的资料；

2. 检查权，即有权检查被审计单位的会计凭证、会计账簿、财务会计报告和运用电子计算机管理财政收支、财务收支电子数据的系统，以及其他与财政收支、财务收支有关的资料和资产；

3. 调查取证权，即有权就审计事项的有关问题向有关单位和个人进行调查，并取得有关证明材料；经县级以上人民政府审计机关负责人批准，有权查询被审计单位在金融机构的账户；有证据证明被审计单位以个人名义存储公款的，经县级以上人民政府审计机关主要负责人批准，有权查询被审计单位以个人名义在金融机构的存款；

4. 行政强制措施权，即对被审计单位正在进行的违反国家规定的财政财务收支行为，有权予以制止或通知暂停拨付款项、责令暂停使用款项；对被审计单位转移、隐匿、篡改、毁弃会计凭证、会计账簿、财务会计报告以及其他与财政收支或者财务收支有关的资料，或者转移、隐匿所持有的违反国家规定取得的资产的行为，经县级以上人民政府审计机关负责人批准，有权封存有关资料和违反国家规定取得的资产；

5. 提请协助权，即有权提请公安、监察、财政、税务、海关、价格、工商行政管理等机关予以协助；

6. 移送权，即需要给予有关责任人员行政处分或者纪律处分的，有权移送纪检监察机关；需要追究有关责任人员刑事责任的，有权移送司法机关；有权建议有关主管部门纠正被审计单位执行的违法规定；有权向有关立法机关、政府及有关部门提出修改完善有关法律法规、政策措施和加强与改进宏观调控的建议；

7. 处理处罚权，即对被审计单位违反国家规定的财政财务收支行为，有权依法予以处理处罚；

8. 通报或公布审计结果权，即审计机关可以向政府有关部门通报或者向社会公布审计结果。

2005年10月21日，安徽省第十届人民代表大会常务委员会第十九次会议通过《安徽省审计监督条例》，于2006年1月1日起施行。该条例第八章对审计机关权限作出具体规定：

第三十四条 审计机关依法进行审计监督时，有权要求被审计单位按照审计机关规定的期限和要求，提供下列与财政收支、财务收支有关的情况和资料：

（一）财政收支或者财务收支的报告；

（二）在银行和非银行金融机构设立账户的情况；

（三）内部审计机构出具的审计报告和委托社会审计机构出具的审计证明文件；

（四）与财政收支或者财务收支有关的计算机应用系统资料；

（五）与审计事项有关的其他情况和资料。

审计机关依法实施审计监督检查，被审计单位不得拒绝、拖延提供或转移、隐匿、篡改、毁弃与财政收支、财务收支有关的资料，不得提供虚假的会计信息资料，不得转移、隐匿所持有的违反国家规定取得的资产。

第三十五条 审计机关有权就审计事项的有关问题向有关单位和个人进行调查，并取得相关证明材料，被调查的单位和个人应当配合和协助，不得拒绝。

审计机关就审计事项进行调查时，经县级以上审计机关负责人批准，有权依法查询被审计单位在金融机构开设的账户和存款情况，有关金融机构应当予以协助，并提供证明材料。

第三十六条 审计机关对被审计单位正在进行的违反国家规定的财政收支、财务收支行为，有权予以制止；制止无效的，经县级以上审计机关负责人批准，通知财政部门和有关主管部门暂停拨付与违反国家规定的财政收支、财务收支行为直接有关的款项，已经拨付的，暂停使用。采取暂停拨付款项措施不得影响被审计单位合法的业务活动和生产经营活动。

第三十七条 审计机关发现被审计单位转移、隐匿、篡改、毁弃与财政收支、财务收支有关资料的，有权予以制止，责令改正或者采取措施予以补救，并可以依法进行证据登记保存；必要时，经县级以上审计机关负责人批准，有权暂时封存被审计单位与违反国家规定的财政收支或者财务收支有关的账册资料。

审计机关发现被审计单位转移、隐匿违法取得的资产的，审计机关有权予以制止或者提请本级人民政府予以制止，必要时可以依法申请人民法院采取保全措施。

第三十八条 审计机关有权检查被审计单位运用计算机管理财政收支、财务收支的会计核算系统及其有关的其他业务管理系统。被审计单位开发、设计会计核算和财务管理计算机软件,应当设置符合国家标准或者行业标准的数据接口,并留有审计数据接口和必要的工作空间,便于审计机关实施审计。

审计机关发现被审计单位的计算机信息系统不符合国家标准或者行业标准的,可以责令限期改正或者更换,并建议有关部门予以处理。

第三十九条　审计机关实施审计,对审计事项作出评价,出具审计报告;对被审计单位违反国家规定的财政收支、财务收支行为,需要依法给予处理、处罚的,作出审计决定,出具审计决定书;需要由其他有关部门处理、处罚的,出具审计移送处理书。

第四十条　审计机关依法作出的审计决定,自送达之日起生效。

被审计单位或者协助执行审计决定的有关部门应当自审计决定生效之日起30日内,将审计决定的执行情况书面报告审计机关。

第四十一条　审计机关应当自审计决定生效之日起3个月内,检查审计决定执行情况。

审计机关应当将审计决定的执行情况向本级人民政府和上一级审计机关报告,并接受同级人民代表大会常务委员会监督。

第四十二条　审计机关应当按照法律、法规和国家的有关规定,向政府有关部门通报或者向社会公布审计结果。

第四十三条　审计机关根据工作需要,可以根据有关规定聘请特约审计员,也可以聘请具有审计专业技术资格和相关专业知识的人员参加审计工作。

审计机关不得将其职责范围内的审计事项委托社会审计机构办理,法律、行政法规另有规定的,从其规定。

2006年2月28日,第十届全国人民代表大会常务委员会第二十次会议通过关于修订《中华人民共和国审计法》的决定,修订后的《中华人民共和国审计法》于2006年6月1日起执行。修订后的《中华人民共和国审计法》对审计机关权限作如下修改:

第三十一条修改为:审计机关有权要求被审计单位按照审计机关的规定提供预算或者财务收支计划、预算执行情况、决算、财务会计报告,运用电子计算机储存、处理的财政收支、财务收支电子数据和必要的电子计算机技术文档,在金融机构开立账户的情况,社会审计机构出具的审计报告,以及其他与财政收支或者财务收支有关的资料,被审计单位不得拒绝、拖延、谎报。

被审计单位负责人对本单位提供的财务会计资料的真实性和完整性负责。

第三十二条修改为:审计机关进行审计时,有权检查被审计单位的会计凭证、会计账簿、财务会计报告和运用电子计算机管理财政收支、财务收支电子数据的系统,以及其他与财政收支财务收支有关的资料和资产,被审计单位不得拒绝。

第三十三条增加一款,作为第二款:“审计机关经县级以上人民政府审计机关负责人批准,有权查询被审计单位在金融机构的账户。”

增加一款,作为第三款:“审计机关有证据证明被审计单位以个人名义存储公款的,经县级以上人民政府审计机关主要负责人批准，有权查询被审计单位以个人名义在金融机构的存款。”

第三十四条第一款修改为：“审计机关进行审计时，被审计单位不得转移、隐匿、篡改、毁弃会计凭证、会计账簿、财务会计报告以及其他与财政收支或财务收支有关的资料，不得转移、隐匿所持有的违反国家规定取得的资产。”

增加一款，作为第二款：“审计机关对被审计单位违反前款规定的行为，有权予以制止；必要时，经县级以上人民政府审计机关负责人批准，有权封存有关资料和违反国家规定取得的资产；对其中在金融机构的有关存款需要予以冻结的，应当向人民法院提出申请。”

第二款改为两款，作为第三款、第四款，修改为：“审计机关对被审计单位正在进行的违反国家规定的财政收支、财务收支行为，有权予以制止；制止无效的，经县级以上人民政府审计机关负责人批准、通知财政部门和有关主管部门暂停拨付与违反国家规定的财政收支、财务收支行为直接有关的款项，已经拨付的，暂停使用。”

“审计机关采取前两款规定的措施不得影响被审计单位合法的业务活动和生产经营活动。”

增加一条，作为第三十七条：“审计机关履行审计监督职责，可以提请公安、监察、财政、税务、海关、价格、工商行政管理等机关予以协助。”

第二节　审计机关职责

安徽省审计厅是主管审计工作的省人民政府组成部门。根据宪法第九十一条的规定，审计机关的主要任务是：（一）对财政预算和信贷计划的执行、财政决算和信贷收支计划的执行结果，进行审计监督。（二）对各级行政机关、人民团体、事业单位的财务收支进行审计监督。（三）对国营企业、基本建设单位、金融保险机构以及县以上人民政府管理的相当于国营的集体经济组织的财政收支进行审计监督。（四）维护国家财经法纪，对严重的贪污盗窃、侵占国家资财、严重损失浪费，损坏国家利益等行为进行专案审计。（五）贯彻审计法规，制定审计规章制度，参与重要的财政、财务等方面的研究制定工作。（六）向本级政府和上级审计机关作审计工作报告和重大的专案审计报告。

1994 年 11 月 22 日，安徽省人民政府办公厅《关于印发安徽省审计厅职能配置、内设机构和人员编制方案的通知》，明确审计的职能转变。重点是：强化审计监督职能，维护国家财经法规，监督国家资金的管理和使用，充分发挥其在国民经济宏观管理中的作用；按照统一领导、分级审计的原则，加强对省政府各部门特别是经济管理部门和行署，地级市财政收支的直接审计；减少统一部署的审计项目，重点审计占有、使用国有资产数额较多和接受国家财政补贴较多的省属国有企业、中央驻皖企业以及省重点建设项目。一般国有企业逐步改由审计事务所进行审计，审计机关在必要时进行抽审。

依据宪法和《中华人民共和国审计法》的规定，省审计厅对省人民政府（以下简称省政府）各部门和本级、下级人民政府的财政收支，对国家的金融机构和企事业组织的财务收支，以及其他应当接受审计的财政收支、财务收支，进行审计监督。审计监督工作实行统一领导、分级审计的原则。

省审计厅的主要职责是：

（一）组织领导全省的审计工作，执行国家有关审计工作的方针、政策和法规，制定审计业务规章制度，确定审计工作重点，组织行业和专项资金、国家管理的各种预算资金的审计。

（二）直接进行下列审计：

1. 省政府各部门、经济实体、金融机构、中央驻皖单位和接受财政拨款单位的财政、财务收支及其资金使用效益。

2. 省政府各部门、经济实体及其与其他单位合资的固定资产投资项目的财务收支和投资效益。

3. 省政府各部门、经济实体、专业银行和行署、地级市、县（市）借用的外资、进口贷款和国外援助款项的使用及其经济效益。

4. 省政府各部门及其所属单位预算外资金的收支及其使用效益。

5. 省级预算执行情况和财政收支，并受省政府委托，承办每年向省人民代表大会常务委员会提出预算执行和其他财政收支的审计工作报告的具体事宜。

6. 行署、地级市的财政收支和财政预算外资金。

7. 省政府各部门、经济实体所属的重点企事业组织（包括有国有资产的中外合资经营企业、中外合作经营企业、国有联营企业和其他企业）的财务收支和经济效益。

8. 省政府及省政府各部门派驻的省外、境外、国外机构和国家投资控股的境外、国外企业的财务收支及其经济效益。

9. 社会集资和债务发行的审批、管理使用情况。

10. 除以上规定的审计事项外，对其他法律、行政法规规定应当由审计机关进行审计的事项，依照《中华人民共和国审计法》和有关法律、行政法规的规定进行审计监督。

（三）处理被审计单位对行署、地级市审计机关审计决定的申诉。

（四）协同行署、地级市政府办理审计机关负责人的考核任免事项。

（五）对审计中发现的宏观管理方面的问题，进行专题审计并向省政府反映情况，提出建议；对违反党纪、政纪及国家有关法律的，及时提请有关部门立案审理。

（六）指导和监督注册审计师协会和审计事务所的工作。

（七）指导内部审计工作。

（八）参与研究重要的财政经济法规。

（九）承办省政府交办的其他审计事项。

1997 年 10 月，国务院令发布《中华人民共和国审计法实施条例》，具体规定审计机关职责：审计机关对与本级人民政府财政部门直接发生预算缴款、拨款关系的国家机关、军队、政党组织和社会团体、依法进行审计监督；对与本级人民政府财政部门直接发生预算缴款、拨款关系的企业和事业单位，依法进行审计监督。

2000年政府机构改革，根据《中共中央、国务院关于安徽省人民政府机构改革的通知》，设置安徽省审计厅，为主管审计工作的省人民政府组成部门，并进行职能调整。

划出的职能：

将指导和管理社会审计的职能划归省财政厅。

新增的职能：

1. 依据《中华人民共和国审计法》《中华人民共和国预算法》规定，审计监督省级预算执行情况和其他财政收支。

2. 依据《中华人民共和国中国人民银行法》《中华人民共和国商业银行法》规定，根据审计署授权，负责商业银行和国有金融机构在安徽省的分支机构的资产、负债和损益状况的审计实施；负责对区域性金融机构在安徽省的分支机构和省级地方国有金融机构及地方非国有金融机构的审计监督。

3. 组织对党政领导干部和国有企业及国有控股企业领导人员的任期经济责任审计。

4. 审计监督社会保障资金和环境保护资金。

5. 发现大案要案线索，参与大案要案审计查证。

转变的职能：

将省审计厅派驻省直部门审计机构调整为派出审计机构，其人、财、物由省审计厅直接管理，被审计单位负责提供必要的办公条件。

依据《中华人民共和国审计法》规定和以上职能调整，省审计厅的主要职责是：

（一）执行国家审计工作方针、政策，参与研究拟定审计、财经方面的地方性法规；指导、协调监督全省各级审计机关的审计业务。

（二）向省政府、审计署报告和向有关部门通报审计情况，提出制定和完善有关政策法规、宏观调控措施的建议。

（三）直接进行下列审计：省级财政预算执行情况和其他财政收支；省直各部门、事业单位及下属单位的财务收支。；地方税务局、工商行政管理局、质量监督局等省级垂直管理部门的财务收支；市级人民政府预算的执行情况和决算。；有关金融机构的资产、负债和损益状况；省政府部门管理和受省政府委托由社会团体管理和社会保障基金、环境保护基金、社会捐赠资金及其他有关基金、资金的财务收支。；国际组织和外国政府援助、贷款项目的财务收支；其他法律法规规定应由省审计厅进行的审计。

（四）向省长提交省级预算执行情况的审计结果报告；受省政府委托，向省人大常委会提出省级预算执行情况和其他财政收支审计工作报告。

（五）组织实施对贯彻执行国家财经方针政策和宏观调控措施情况的行业审计、专项审计和审计调查；依法受理被审计单位对审计机关审计决定的复议申请。

（六）与市级人民政府共同领导市级审计机关，协助办理市级审计机关负责人的任免事项。

（七）根据有关法律法规和国务院、省政府规定，对设有稽察特派员的省属国有大型企业和省重大建设项目配合进行审计监督；组织对其他省属国有企业和省建设项目进行审计监督。

（八）根据有关规定，组织市审计机关对党政领导干部和国有企业、国有控股企业领导人员进行任期经济责任审计；承办省本级直属单位党政领导干部任期经济责任审计和国有企业及国有控股企业领导人员进行任期经济责任审计。

（九）办理大要案审计查证，配合、协助有关部门查处经济案件。

（十）承担厅机关及派出机构审计干部队伍建设；指导审计系统教育培训工作；监督社会审计组织的审计业务质量。

（十一）承办省政府交办的其他审计事项。

第三节　审计领导体制

1982 年 12 月，《中华人民共和国宪法》确定在中国实行独立的审计监督制度。宪法规定审计机关实行双重领导体制，地方各级审计机关对本级人民政府和上级审计机关负责，以地方人民政府领导为主，审计业务以上级审计机关领导为主。

1988 年 11 月发布的《中华人民共和国审计条例》规定："地方各级审计机关负责人（包括正职和副职）的任免，应当事前征得上一级审计机关的同意。"

1995 年 1 月 1 日颁布实施的《中华人民共和国审计法》规定："省、自治区、直辖市、设区的市、自治州、县、自治县、不设区的市、市辖区的人民政府的审计机关，分别在省长、自治区主席、市长、州长、县长、区长和上一级审计机关的领导下，负责本行政区域内的审计工作。地方各级审计机关对本级人民政府和上一级审计机关负责并报告工作，审计业务以上级审计机关领导为主。审计机关负责人依照法定程序任免。审计机关负责人没有违法失职或者其他不符合任职条件情况的，不得随意撤换。"

1997 年 10 月 21 日发布的《中华人民共和国审计法实施条例》规定："审计署在国务院总理的领导下，主管全国的审计工作，履行审计法和国务院规定的职责。地方各级审计机关在本级人民政府行政首长和上一级审计机关的领导下，负责本行政区域内的审计工作，履行法律、法规和本级人民政府规定的职责。省、自治区人民政府设立的地区行政公署审计机关，对地区行政公署和省、自治区人民政府审计机关负责并报告工作，审计业务以省、自治区人民政府审计机关领导为主。地方各级审计机关正职和副职负责人的任免，应当事先征求上一级审计机关负责人的意见。"

2006 年 6 月 1 日起实施的修订后的《中华人民共和国审计法》中规定："审计机

关根据工作需要，经本级人民政府批准，可以在其审计管辖范围内设立派出机构，派出机构根据审计机关的授权，依法进行审计工作。地方各级审计机关负责人的任免，应当事先征求上一级审计机关的意见。”

安徽省审计厅是国家审计机关，也是省政府的组成部门。审计厅在省长的领导下，主管全省的审计工作，对省政府负责并报告工作。审计厅对安徽省人民政府和审计署负责，受省政府和审计署双重领导，以省政府的领导为主，审计业务受审计署领导。审计厅主要领导干部的任免、调动和奖惩，应由省委事前与审计署商定。

第二章　机构队伍

1982年8月23日,国务院下达筹建审计机关的通知。9月15日,省政府召开会议,确定省财政厅承担筹备任务。财政厅党组确定党组成员、副厅长任印传负责,以监察处为主,人事处参加,组成五人筹备组,由监察处副处长张朗照具体负责筹备。11月19日,省政府办公厅批复筹备组意见。1983年10月5日,安徽省审计局成立。

第一节　机构编制和职责

安徽省审计厅(局)成立于1983年10月,在省政府和审计署领导下,贯彻审计署"边组建、边工作""抓重点、打基础""积极发展、逐步提高"和"加强、改进、发展、提高"的工作方针,审计干部队伍不断壮大、人员素质不断提高。省审计厅筹建时,人员主要是省财政厅从事财政监察工作的21人。自1984年起,省审计厅采取组织选调、向有关单位商调、吸收大中专毕业生和军队转业干部、录用新公务员、公开选拔等方式补充人员,到2007年12月,省审计厅在职人员162人,是成立之初的7.7倍。经过25年发展,培养造就了具有较高政治理论素养和开拓创新精神、掌握现代科学知识、熟悉审计业务、作风优良的审计队伍,审计人员专业知识结构逐步优化,形成以财务会计、审计专业为主,兼有法律、经济管理、财政金融、贸易、建筑工程、计算机应用等专业的人才队伍。

机构编制　1983年10月,根据安徽省编制委员会《关于省审计局内部机构设置的批复》,省审计局机关行政编制70名。内设办公室、人事教育处、财政金融审计处、工业交通审计处、基本建设审计处、商粮外贸审计处、农林水利审计处、行政事业审计处。

1985年1月,省编制委员会、财政厅、军队转业干部安置工作小组《关于安置军队转业干部增加行政编制的通知》,增加省审计局团职军转干部专项行政编制1名。

当年,经国务院批准,国家专项增加安徽省各级审计机关行政编制640名。新增编制分三年使用,1987年配齐。11月,省编委、人事局、财政厅、审计局《关于增加全省各级审计机关行政编制和经费开支问题的通知》,增加省审计局机关行政编制65名,派出审计人员15名,合计80名。

12月,省编制委员会《关于省审计局增设外资审计处和综合处的批复》,同意省审计局增设外资审计处和综合处,各定行政编制8名。所需16名行政编制从新增编制数内解决。

1988 年 9 月，省编委《关于同意省审计局设立内部审计社会审计指导处的批复》，同意省审计局增设内部审计社会审计指导处，所需编制在省审计局机关行政编制内解决。

根据审计署、劳动人事部、财政部文件通知，在三年内（1988—1990 年）安徽省审计机关增加 990 人事业编制。其中省审计局机关和派出机构 120 人。

1994 年 6 月，根据《中共安徽省委、安徽省人民政府关于实施省直党政机构改革方案的通知》，省审计局更名为省审计厅，内设 12 个职能处室和机关党委。

10 月 20 日，根据安徽省机构编制委员会、审计厅《关于省审计厅驻部门审计机构和人员编制的通知》，省审计厅在省直 24 个部门设立派出机构，机构名称统一称为：安徽省审计厅驻 ××× 厅（委、局）审计处，均为处级建制。

1994 年安徽省审计厅驻部门审计处人员编制一览表

表 2–1

序号	部门	编制
1	省计划委员会	3
2	省教育委员会	4
3	省科学技术委员会	4
4	省公安厅	4
5	省民政厅	4
6	省司法厅	4
7	省劳动厅	4
8	省建设厅	4
9	省交通厅	4
10	省水利厅	4
11	省农业厅	3
12	省林业厅	4
13	省商务厅	4
14	省对外贸易经济合作厅	4
15	省广播电视厅	4
16	省卫生厅	3
17	省体育运动委员会	3
18	省计划生育委员会	3
19	省新闻出版局	3

续表 2-1

序号	部门	编制
20	省环境保护局	4
21	省机械工业局	4
22	省医药管理局	3
23	省地质矿产局	3
24	省粮食局	4
合计		88

说明:公安厅、司法厅审计编制从公安、司法专项编制中解决,计入“三定”方案核定的编制总额

11 月 12 日,根据安徽省机构编制委员会、中共安徽省纪律检查委员会、中共安徽省委组织部和安徽省监察厅《关于省直机关纪检、监察机构设置和人员编制的通知》,省审计厅设置纪检监察室,单列编制 2 名。领导职数 2 名,其中,纪检组长 1 名,处级职数 1 名。

11 月 22 日,经安徽省机构编制委员会办公室审核,省政府办公厅《关于印发安徽省审计厅职能配置、内设机构和人员编制规定的通知》,批复省审计厅机关行政编制 150 名,设 12 个职能处室和机关党委(含纪检、监察编制)。其中,厅长 1 名,副厅长 4 名;处级领导职数 36 名(含机关党委专职书记 1 名)。省审计厅在省政府有关部门设立 24 个审计派驻机构,行政编制 88 名。纪检(监察)等派驻机构设置及领导数,按有关规定执行。

2000 年 8 月,根据安徽省人民政府办公厅《关于印发安徽省审计厅职能配置、内设机构和人员编制规定的通知》,省审计厅内设 12 个职能处(室)和机关党委、纪检监察室及 8 个派出审计室。省编委核定审计厅机行政关编制 120 名(含派出审计机构人员 40 名)。离退休干部服务人员编制单列 3 名。机关后勤行政管理服务人员编制单列 19 名(含派出审计机构)。

8 月,省编办《关于下达纪检监察行政编制的通知》,分配省审计厅纪检监察行政编制 4 名,其中:纪检组组长 1 名,纪检组副组长兼监察室主任 1 名。

根据省人事厅《关于核定安徽省审计厅国家公务员职位的通知》,核定审计厅机关公务员职位 87 个。其中领导职位 37 个,厅长 1 名,副厅长 4 名,纪检组长 1 名;正处领导职数 14 名(含纪检副组长兼监察室主任和机关党委专职副书记),副处领导职位 17 名。核定审计厅 8 个派出审计机构公务员职位 40 个。其中领导职位 16 个,正处领导职位 8 个,副处领导职位 8 个。

2001 年 2 月,省编办《关于下达军转干部单列编制的通知》,同意省审计厅单列编制 2 名,用于安置机关工作的军转干部。

3月7日，根据省机构编制委员会办公室《关于设立安徽省经济责任审计局的批复》，成立安徽省经济责任审计局，同时撤销省审计厅经济责任审计处。该局为省审计厅直属处级机构，局长1名，副局长2名，单列编制10人。2004年4月，省编办《关于省经济责任审计局局长职级高配的批复》，省经济责任审计局局长按副厅级高配。

省经济责任审计局其主要职责是指导全省经济责任审计工作；组织实施省直党政机关及其所属事业单位领导干部经济责任审计和省属国有企业、国有控股企业领导人员任期经济责任审计；承担省纪检、监察、司法机关要求协助配合的经济案件查处工作。

12月，省编办《关于下达军转干部专项行政编制的通知》，同意给接收功臣模范军转干部的省审计厅机关增加1名专项行政编制。

2005年4月，省编办《关于下达2004年度军队转业干部专项行政编制的通知》，按2004年接收军转干部的实际人数，给审计厅增加1名军转干部专项行政编制。

2006年4月，省编办《关于下达2005年度军队转业干部专项行政编制的通知》，按2005年接收军转干部的实际人数，给审计厅增加1名军转干部专项行政编制。

12月，省编办《关于核销省审计厅省定地方编制的通知》，审计厅机关现有行政编制127名，省定地方编制34名（机关单列编制12名、离退休服务人员单列编制3名、机关后勤行政管理服务人员单列编制19名）。根据中编办文件要求，经省编委会研究决定，核销审计厅机关省定地方编制34名，相应增加审计厅机关行政编制34名。省定地方编制核销后，审计厅机关共有行政编制161名（含纪检监察人员编制4名；机关工勤人员使用的行政编制，控制在行政编制总数10%以内）。

2007年4月，省编办《关于下达2006年度军队转业干部专项行政编制的通知》，按2006年接收军转干部的实际人数，给审计厅增加2名军转干部专项行政编制。

12月，省编办《关于省审计厅增设总审计师等问题的批复》。同意审计厅设置总审计师（副厅级）1名。同意省审计厅经济责任审计局副局长按正处级高配。

截至2007年底，审计厅机关共有行政编制163名，其中公务员编制145名；厅级领导职数8名，厅级非领导职数1名，处级领导职数48名，处级非领导职数29名。实有159人，其中公务员141人。其中，分年度编制和实有人员情况详见下表：

1983—2002年省审计厅机关人员编制统计表

表2-2

时间	编制数（人）	实有人数
1983年	70	21
1984年	70	55
1985年	151	63
1986年	179	89
1987年	179	97

续表 2-2

时间	编制数（人）	实有人数
1988 年	179	103
1989 年	179	142
1990 年	179	149
1991 年	179	141
1992 年	179	138
1993 年	189	168
1994 年	150	152
1995 年	150	152
1996 年	150	150
1997 年	150	150
1998 年	150	152
1999 年	150	150
2000 年	146	150
2001 年	159	158
2002 年	159	160
2003 年	159	158
2004 年	159	159
2005 年	160	161
2006 年	161	159
2007 年	163	162

内设处室职责

1983 年 8 月省编办核定省审计局各部门编制和主要职责一览表

表 2-3

内设机构	编制数（人）	工作范围
局领导	6	
办公室	14	秘书工作、文书、档案、打字、行政事务管理、老干部服务、会计出纳、信访、计划生育等
人事教育处	8	干部管理、劳动工资、机关纪检、党团、保卫、干部培训、知青等
财政金融审计处	8	对财政预算和信贷计划执行情况，财政决算和信贷计划的执行结果，金融保险机构的财务收支进行审计监督
工业交通审计处	9	对国营工交企业，县以上人民政府管理的相当于国营的集体经济组织的财务收支进行审计监督，并考核其经济效益
基本建设审计处	7	对基本建设单位的财务收支进行审计监督，并考核其经济效益

续表 2-3

内设机构	编制数（人）	工作范围
商粮外贸审计处	6	对国营商业、粮食、外贸等经济组织的财务收支进行审计监督，并考核其经济效益
农林水利审计处	6	对农牧渔业、林业、水利等经济组织的财务收支进行审计监督，并考核其经济效益
行政事业审计处	6	对机关、团体、文化教育、卫生体育、科研、政法、公安等部门的财务收支进行审计监督
合计	70	

1994 年 6 月省编办核定省审计厅各部门主要职责：

（一）办公室　协助厅领导组织管理机关工作，协调机关各处室的工作关系；制定厅机关各项工作制度，起草有关文件和报告；负责会议组织，文电处理、档案、信访、保密及机关行政事务管理等工作；负责机关离退休人员管理工作。

（二）综合处　组织协调起草审计规章，参与研究财政经济法规；复核审理、修改审计结论和决定、审计意见书；承担审计法规宣传、执法检查和厅法律事务工作；协调被审计单位对行署、地级市审计机关审计决定的复审工作；负责协调、编制厅机关审计项目计划和审计统计报表，管理审计事业经费等工作。根据工作需要可使用“政策法规处”印章。

（三）财政审计处　负责审计行署、地级市的财政预算和决算、预算外财政资金、财政信用资金的收支及其使用效益以及地方财税征收管理情况；承担省级预算执行情况的审计工作。

（四）金融审计处　负责审计国家金融、保险机构和非银行金融机构的财务收支及其经营活动；对社会集资发行有价证券进行审计。根据工作需要可使用“中央企事业审计处”印章。

（五）行政事业审计处　负责审计省直党群、社团和公安、司法、科技、教育、文化、卫生、新闻出版、广播电视、人事、劳动、民政等部门及其所属单位财务收支和资金使用效益，并对上述部门管理的有关专项资金进行审计。

（六）工业交通审计处　负责审计省工业、交通主管部门、行业总会和所属企事业单位的财政、财务收支及其经济效益、国有资产的保值增值，并对上述部门及其所属企事业单位管理的有关专项资金进行审计。

（七）商贸审计处　负责审计省商业、物资、粮食、供销、外贸、旅游、医药、物价、工商行政管理等部门、单位和所属经济实体的财政、财务收支及其经济效益、国有资产的保值增值，并对上述部门及其所属单位管理的专项资金进行审计。

（八）固定资产投资审计处　负责审计省直各部门管理的固定资产投资和建设项目的资金来源、预结算和竣工决算；审计施工企业和设计单位的财务收支及其经济活动,并对计划、建设、环保、人防等部门及其所属单位财政、财务收支和管理的专项资金进行审计。

(九)农业审计处 负责审计省农业、林业、水利、土地、乡镇企业等部门和农垦企业的财政、财务收支及其资金使用效益,并对农业综合开发、扶贫、以工代赈等专项资金进行审计。

(十)外资运用审计处 负责审计省直各部门和行署、地级市、县(市)借用的和使用的国外援助资金;具体组织对世界银行、亚洲开发银行等国际金融组织的贷款项目审计。

(十一)审计管理处 负责管理、指导、监督社会审计工作,指导内部审计工作。

(十二)人事教育处 负责厅机关和直属单位的人事制度、机构设置、人员编制等项改革和管理工作;协同行署、地级市政府办理审计机关负责人的考核任免事项;编制全省审计系统的教育规划,组织和指导培训工作。

(十三)机关党委 负责厅机关和所属单位的党群工作。

1994 年 11 月省编办核定省审计厅各部门主要职责:

(一)办公室 主要职责是协助处理厅机关日常政务,负责有关会议的组织和有关报告、文件以及审计机关管理制度的起草;管理厅机关文电处理、保密、信访、行政后勤和档案等项事务;管理审计事业经费,对厅直属事业单位财务收支进行审计监督,负责信息、统计工作。

(二)综合法规处 主要职责是负责编制审计工作规划、安排年度审计项目;办理中央项目转授权和省属审计项目向下级机关授权工作;划分厅机关和派出机构的审计范围;负责地方性审计法规、规章的草拟、修改和报批;组织对市审计机关和社会审计组织审计业务质量的监督检查;审核与复核厅机关和派出审计机构的审计报告、审计意见书和审计决定;受理审计复议和办理有关法律事项;组织实施审计普法教育,指导全省审计机关法制工作。

(三)财政审计处 主要职责是负责编制省预算执行情况审计方案,汇总审计结果;负责审计省级预算执行情况、省地方税务系统税收征管情况、省国库办理省级预算内外资金的收纳拨付情况;负责审计市级人民政府预算执行情况和决算;负责审计省财政厅、省地税局及其下属单位的财务收支状况;负责审计全省地税系统财务收支状况;开展专项审计和审计调查;指导全省财政审计业务。

(四)金融审计处 主要职责是根据审计署授权,负责审计国有商业银行、保险公司等中央国有金融机构在安徽的分支机构的资产、负债和损益状况;负责对国有控股的区域性金融机构在安徽的分支机构的资产、负债和损益状况进行审计监督;负责对地方国有金融机构和地方非国有金融机构进行审计监督;开展专项审计和审计调查;指导全省金融审计业务。

(五)行政事业审计处 主要职责是负责审计与省财政有拨缴款关系的省人大常

委会机关、省政府工作机构、省政协机关、省法院机关、省检查院机关和政党组织、社会团体的财政财务收支；开展专项审计和审计调查；指导全省行政事业审计业务。

（六）经贸审计处　主要职责是负责审计省政府有关部门及其下属单位的财务收支；依据有关法律法规和省政府规定，对设有稽察特派员的省国有重点大型企业配合进行审计监督；组织对其他省属国有企业的审计监督；组织对内部审计的指导和监督；开展专项审计和审计调查；指导全省经贸审计业务。

（七）农业与资源环保审计处　主要职责是负责审计由省政府主管部门和受省政府委托由社会团体管理的农林水利、扶贫开发、资源环保资金的筹集、管理和使用情况；负责审计市级人民政府管理的农林水利、资源环保资金的筹集、管理和使用情况；组织、指导全省农业与资源环保审计业务。

（八）社会保障审计处　主要职责是负责审计省政府有关部门及其下属单位的财务收支；负责审计由省政府主管部门管理和受省政府委托由社会团体管理的养老、医疗、工伤、失业等社会保险基金的财务收支以及各项福利、救灾救济、优抚安置和社会捐赠资金的筹集、管理和使用情况；开展专项审计和审计调查；指导全省社会保障审计业务。

（九）固定资产投资审计处　主要职责是负责审计省政府有关部门及其下属单位的财务收支；依据有关法律法规和国务院、省政府规定，对设有稽察特派员的省重大建设项目的预概算执行和竣工决算配合进行审计监督；组织对其他省建设项目的审计监督；负责对省国有施工企业的审计监督；开展专项审计和审计调查；指导全省固定资产投资审计业务。

（十）外资运用审计处　主要职责是根据审计署授权，审计国际组织和外国政府贷款、援助和赠款项目的财务收支；提供世界银行和亚洲开发银行援助、贷款项目的审计公证报告；负责对中方控股的中外合资、合作企业和国（境）外企业的审计；开展专项审计和审计调查；指导全省外资运用审计业务。

（十一）经济责任审计处　主要职责是根据有关规定，组织对全省党政干部和国有控股企业领导人员的任期经济责任审计；开展专项审计和审计调查；指导全省经济责任审计业务。

（十二）人事教育处　主要职责是负责办理厅机关、派出机构、直属事业单位的机构编制、人事管理、专业技术资格考评；协助市管理审计机关负责人；组织和指导审计系统的教育培训。

（十三）机关党委　主要职责是负责厅机关、派出审计室和直属单位党的工作，领导厅机关、派出审计室和直属单位共青团、工会及妇女工作，指导厅机关、派出审计室、直属单位和全省审计系统的精神文明建设。

（十四）纪检监察室　主要职责是监督省审计厅及其所属单位党的组织、党员领导干部和其他工作人员贯彻执行党的路线、方针、政策和国家法律、法规、决定、命令情况；

检查厅内设机构和所属单位党的组织及工作人员违犯党纪政纪的案件,并对所查案件提出处理意见。协助省审计厅抓好本部门及所属单位的党风廉政建设,指导全省审计系统的纪检、监察工作;受理省审计厅及所属单位党组织、党员和行政监察对象的控告和申述;完成上级审计、纪检监察机关和省审计厅交办的其他监督监察事项。

2000年8月省编办核定省审计厅派出审计室职责:

(一)计划统计审计室　主要职责是负责省发展计划委员会、统计局、粮食局、旅游局、外办及其下属单位的财政财务收支等审计工作;完成省审计厅统一组织的专项审计和审计调查;完成省审计厅交办的其他事项。

(二)经济审计室　主要职责是负责省经贸委、外贸厅、工商行政管理局、质量技术监督局及其下属单位的财政财务收支等审计工作;完成省审计厅统一组织的专项审计和审计调查;完成省审计厅交办的其他事项。

(三)科技教育审计室　主要职责是负责省科学技术厅、教育厅、省属高校及其下属单位的财政财务收支等审计工作;完成省审计厅统一组织的专项审计和审计调查;完成省审计厅交办的其他事项。

(四)劳动保障审计室　主要职责是负责省劳动和社会保障厅、人事厅、民政厅、行管局及其下属单位的财政财务收支等审计工作;完成省审计厅统一组织的专项审计和审计调查;完成省审计厅交办的其他事项。

(五)农业审计室　主要职责是负责省农业委员会、水利厅、林业厅及其下属单位的财政财务收支等审计工作;完成省审计厅统一组织的专项审计和审计调查;完成省审计厅交办的其他事项。

(六)交通建设审计室　主要职责负责省交通厅、建设厅、国土资源厅、环境保护局及其下属单位的财政财务收支等审计工作;完成省审计厅统一组织的专项审计和审计调查;完成省审计厅交办的其他事项。

(七)文化卫生审计室　主要职责是负责省文化厅、卫生厅、计生委、体育局、药品监督管理局及其下属单位的财政财务收支等审计工作;完成省审计厅统一组织的专项审计和审计调查;完成省审计厅交办的其他事项。

(八)新闻广电审计室　主要职责是负责省广播电影电视局、新闻出版局、信息产业厅及其下属单位的财政财务收支等审计工作;完成省审计厅统一组织的专项审计和审计调查;完成省审计厅交办的其他事项。

第二节　人事管理

1983年,安徽省审计机关组建后,人事管理成为审计机关的重要工作。其业务主管部门是中共安徽省委组织部和安徽省人事局(厅)。审计人事管理工作主要内容有:干部任免,人员录用和调配,干部考核、培训、工资和奖惩,审计专业技术资格评审,干部协管，审计人员出国（境）管理等。

公务员录用 1989年，为加强和充实省审计局的审计力量，解决审计任务与审计人员不足的矛盾，经省人事局同意，采取自愿报名、公开考试、严格考察、择优选调的办法，省审计局招考选调23名干部。

1993年前，省审计局机关审计干部主要来源于选调、大中专院校毕业生分配和军转干部安排。1993年8月，国务院发布《国家公务员暂行条例》，规定国家行政机关录用担任主任科员以下非领导职务的国家公务员，采用公开考试、严格考核的办法，按照德才兼备的标准择优录用。2006年，《中华人民共和国公务员法》第二十一条规定，录用担任主任科员以下及其他相当职务层次的非领导职务的公务员，采取公开考试、严格考察、平等竞争、择优录取的办法。

1996年10月，按照省委组织部、省人事厅招考国家公务员的统一部署，省审计厅成立考核小组，由人教处、固定资产投资审计处、财政审计处和省人事厅派人参与。通过笔试、面试，确定考核对象，逐人全面考核，经研究并报省人事厅批准录用程龙、黄传虎2名同志。本次公开招录中，工程审计职位笔试和面试成绩第二名的张斌同志，1997年被人事厅批准增招录用为公务员。

当年，根据省委组织部《关于公开选拔部分处级领导干部的通知》，省审计厅公开选拔1名副处级领导干部。经审计厅党组研究并征得省委组织部同意，陶飞同志任财政审计处副处长。

1997年，省审计局公开招考录用费明清、叶明胜、夏永辉、江静、王飞、杨仲林、严挺、张有权、王彰勤、吴成华10名公务员。

2004年，省审计厅公开招考录用金礼明、魏昕、黄炎、谢华、费勤艺5名公务员。

2006年，省审计厅公开招考录用林兴涛、胡薇、骆兴隆、汪姗姗、康丽慧5名公务员。

公务员交流 公务员交流包括内部交流和外部交流。

1983年，省审计局成立，来自省机械厅1人，省委办公厅1人，省医药局1人，省财政厅5人，省财贸办公室10人，省建设厅1人，省税务局1人。

1984年至2007年，审计局（厅）机关内部交流200人次，外部交流到省审计局（厅）及厅属单位244人。

省审计局（厅）机关内部交流人员统计表

表2-4

年度	人数（人）	年度	人数（人）	年度	人数（人）	年度	人数（人）
1984	4	1990	1	1996	7	2002	6
1985	5	1991	8	1997	8	2003	13
1986	0	1992	5	1998	3	2004	4
1987	1	1993	6	1999	2	2005	35
1988	5	1994	9	2000	33	2006	2
1989	0	1995	9	2001	8	2007	26

外部交流到省审计局（厅）及厅属单位人员数统计表

表 2–5

年度	交流人员数（人）	年度	交流人员数（人）	年度	交流人员数（人）	年度	交流人员数（人）
1984	16	1990	7	1996	12	2002	7
1985	13	1991	0	1997	11	2003	4
1986	28	1992	5	1998	5	2004	9
1987	6	1993	12	1999	6	2005	22
1988	12	1994	14	2000	29	2006	5
1989	6	1995	9	2001	6	2007	0

公务员考核　1983 年起，安徽省审计局每年末或翌年初考核、评价干部德才表现和工作实绩，为干部奖惩、培训、辞退、调整职务、级别和工资提供依据。考核坚持客观公正、注重实绩的原则，实行领导与群众相结合、平时与定期相结合、定性与定量相结合的方法，按照规定的权限、条件、标准和程序进行。

1994 年 4 月，省政府决定省审计局进行公务员制度试点。年底，根据《国家公务员考核暂行规定》，第一次按国家公务员考核要求对机关干部进行年度考核。考核内容为德、能、勤、绩四个方面，重点考核工作实绩。年度考核结果分为优秀、称职、不称职三个等次。2007 年《公务员考核规定（试行）》将公务员年度考核结果分为优秀、称职、基本称职、不称职四个等次。

省审计局（厅）机关考核情况一览表

表 2–6

年度	实有人数（人）	考核等次		等次人数（人）		年度	实有人数（人）	考核等次		考核等次	
1994	实有 154 人	优秀	称职	18	136	2001	实有 154 人	优秀	称职	19	135
1995	实有 136 人	优秀	称职	17	119	2002	实有 157 人	优秀	称职	19	138
1996	实有 143 人	优秀	称职	15	117	2003	实有 155 人	优秀	称职	19	136
1997	实有 150 人	优秀	称职	22	117	2004	实有 158 人	优秀	称职	19	139
1998	实有 138 人	优秀	称职	16	116	2005	实有 160 人	优秀	称职	19	141
1999	实有 133 人	优秀	称职	16	117	2006	实有 159 人	优秀	称职	19	140
2000	实有 153 人	优秀	称职	22	131	2007	实有 163 人	优秀	称职	33	130

公务员任免《中华人民共和国审计法》第十五条规定：地方各级审计机关负责人的任免，应当事先征求上一级审计机关意见。安徽省审计局（厅）正、副局（厅）长的任免由中共安徽省委决定，其职级为厅级，局（厅）长为安徽省人民政府组成人员。局（厅）长由省长提名后交省人民代表大会任免，副局（厅）长由省人民政府任免。省委、省人大常委会和省政府任免的安徽省审计厅（局）历任厅级干部有：

副局长　孙　杰　1983 年 9 月—1987 年 10 月（主持工作）

局　长　孙　杰　1987 年 10 月—1993 年 3 月

厅　长　朱成林　1993 年 3 月—1997 年 1 月

厅　长　桂建平　1997 年 1 月—2006 年 1 月

厅　长　刘战平　2006 年 1 月—

副局长　陈仲祥　1983 年 9 月—1993 年 11 月

副局长　刘茂贤　1983 年 9 月—1990 年 10 月

副局长　黄惠忠　1983 年 9 月—1988 年 2 月

副局长　武尚瑞　1987 年 8 月—1993 年 11 月

副厅长　祝德智　1990 年 1 月—1998 年 12 月

副厅长　黄庆禄　1993 年 9 月—2006 年 10 月

副厅长　汪元义　1993 年 9 月—2004 年 3 月

副厅长　王兴如　1997 年 12 月—2006 年 1 月

副厅长　郁少文　2000 年 8 月—2001 年 12 月

副厅长　戴克柱　2003 年 7 月—

副厅长　刘大群　2004 年 6 月—

副厅长　姜爱民　2006 年 12 月—

副厅长　杨寿桃　2007 年 9 月—

巡视员　王兴如　2006 年 1 月—

纪检组长　解长道　1993 年 10 月—2000 年 10 月

纪检组长　李长柱　2001 年 1 月—

经济责任审计局局长　姜爱民　2004 年 6 月—2006 年 12 月

经济责任审计局局长　刘春华　2006 年 12 月—

助理巡视员　费勤荣　1993 年 9 月—1998 年 10 月

助理巡视员　王祝山　1998 年 4 月—2005 年 7 月

助理巡视员　解长道　2000 年 3 月—2001 年 12 月

助理巡视员　王运清　2006 年 1 月—

安徽省审计厅（局）历届领导班子成员一览表

表 2–7　　第一届领导班子成员

姓名	职务	任职起止年月
孙　杰	副局长、党组副书记	1983 年 9 月—1987 年 10 月 缺正职
	局长、党组书记	1987 年 10 月—1993 年 3 月
陈仲祥	副局长、党组成员	1983 年 9 月—1993 年 11 月
刘茂贤	副局长、党组成员	1983 年 9 月—1990 年 10 月

姓名	职务	任职起止年月
黄惠忠	副局长、党组成员	1983 年 9 月—1988 年 2 月
武尚瑞	纪检组长	1987 年 4 月—1988 年 10 月
	党组成员	1987 年 4 月—1993 年 11 月
	副局长	1987 年 8 月—1993 年 11 月
祝德智	党组成员	1990 年 1 月—1993 年 10 月
	副厅长	1990 年 1 月—1998 年 12 月
杨　联	顾问	1983 年 9 月—1985 年 1 月

续表 2–7　　第二届领导班子成员

姓名	职务	任职起止年月
朱成林	局长、党组书记	1993 年 3 月—1997 年 1 月
陈仲祥	副局长、党组成员	1983 年 9 月—1993 年 11 月
武尚瑞	党组成员	1987 年 4 月—1993 年 11 月
	副局长	1987 年 8 月—1993 年 11 月
祝德智	副局长、党组成员	1987 年 8 月—1993 年 10 月
	党组副书记	1993 年 10 月—1998 年 12 月
	副厅长	1990 年 1 月—1998 年 12 月
	巡视员	1995 年 9 月—1998 年 12 月
黄庆禄	副局长、党组成员	1993 年 9 月—2006 年 9 月
汪元义	副局长、党组成员	1993 年 9 月—2004 年 6 月
解长道	纪检组长、党组成员	1993 年 10 月—2000 年 10 月
王祝山	党组成员	1994 年 4 月—1998 年 4 月
费勤荣	助理巡视员	1993 年 9 月—1998 年 10 月

续表 2–7　　第三届领导班子成员

姓名	职务	任职起止年月
桂建平	厅长、党组书记	1997 年 1 月—2006 年 1 月
祝德智	副厅长	1990 年 1 月—1998 年 12 月
	巡视员	1995 年 9 月—1998 年 12 月
	党组副书记	1993 年 10 月—1998 年 12 月
王兴如	副厅长、党组副书记	1997 年 12 月—2006 年 1 月
黄庆禄	副厅长、党组成员	1993 年 9 月—2006 年 9 月

姓名	职务	任职起止年月
汪元义	副厅长、党组成员	1993 年 9 月—2004 年 6 月
戴克柱	副厅长、党组成员	2003 年 7 月—
郁少文	副厅长	2000 年 8 月—2001 年 12 月
李长柱	纪检组长、党组成员	2001 年 1 月—
解长道	纪检组长、党组成员	1993 年 10 月—2000 年 10 月
	助理巡视员	2000 年 10 月—2001 年 12 月
王祝山	党组成员	1998 年 12 月—2005 年 7 月
	助理巡视员	1998 年 4 月—2005 年 7 月
姜爱民	省经济责任局局长党组成员	2004 年 6 月—2006 年 12 月
费勤荣	助理巡视员	1993 年 9 月—1998 年 10 月

续表 2-7　　第四届领导班子成员

姓名	职务	任职起止年月
刘战平	厅长、党组书记	2006 年 1 月—
王兴如	巡视员、党组副书记	2006 年 1 月 —
黄庆禄	副厅长、党组成员	1993 年 9 月—2006 年 9 月
戴克柱	副厅长、党组成员	2003 年 7 月—
刘大群	副厅长、党组成员	2004 年 6 月—
姜爱民	省经济责任局局长党组成员	2004 年 6 月—2006 年 12 月
	副厅长、党组成员	2006 年 12 月—
杨寿桃	副厅长	2007 年 9 月—
李长柱	纪检书记、党组成员	2001 年 1 月—
刘春华	省经济责任局局长党组成员	2006 年 12 月—
王运清	副巡视员	2006 年 1 月—

公务员奖惩　1984 年起，安徽省审计局（厅）每年都开展总结评比活动，总结工作并考核干部工作实绩和德才表现，评比机关优秀工作人员、填写奖励卡片、归入本人档案。至 2007 年底，共有 227 人次被评为机关优秀工作人员。

1990 年，沈亦青、李波被省审计局、省人事局、省财贸工会表彰为全省审计系统劳动模范。

1994 年，经省人事局同意，周仕东被省审计厅评为全省审计机关劳动模范，黄庆禄、汪海、赵明、严北英、余保山被评为全省审计机关先进工作者。

1998 年，方正被审计署通报表彰为全国粮食清查审计先进工作者。

1999年和2002年,余嗣安、谢兆治被省政府荣记一等功。

2003年,苏伟被省委组织部、省人事厅、省委老干局表彰为全省老干部工作先进工作者。

2004年,芮黄顺被省委组织部、省委宣传部、省精神文明建设指导委员会办公室、省人事厅表彰为全省“人民满意的公务员”。

2005年,王彰勤被省人事厅、省审计厅联合表彰为全省审计系统先进工作者。

1990年至2007年,省审计厅与省人事厅4次联合表彰全省审计系统先进集体和先进工作者(劳动模范),共表彰全省审计系统先进集体90个、先进工作者(劳动模范)117名。

安徽省人事厅(局)、审计厅(局)联合表彰情况一览表

表2-8 单位:个、人

表彰日期	名称	表彰单位	集体数量	个人数量
1990年3月	关于授予全省审计系统劳动模范、先进集体荣誉称号的决定	安徽省审计局 安徽省人事局 安徽省财贸工会	29	20
1994年1月	关于表彰全省审计系统先进集体、劳动模范和先进工作者的决定	安徽省审计局 (省人事局同意)	25	56
1998年2月	关于表彰全省审计系统先进集体和先进工作者的决定	安徽省人事厅 审计厅	19	23
2005年1月	关于表彰全省审计系统先进集体和先进工作者的决定	安徽省人事厅 审计厅	17	18

离退休干部管理 离退休干部管理始于审计厅机关组建。

1983年,原省财办移交离休干部5人,其中遗属2人。至2007年,离退休干部53人,其中:离休干部5人,退休干部48人;厅级10名,处级以下44人。当时,对离退休干部服务管理是一科一人一台车。2000年机构改革后,根据省政府办公厅《关于印发安徽省审计厅职能配置、内设机构和人员编制规定的通知》,离退休干部服务人员编制单列3名。

1983年以来,离退休干部管理工作坚持“政治上尊重老干部、思想上关心老干部、生活上照顾老干部”,突出思想政治工作优势,狠抓制度落实,确保老干部思想稳定、生活安定,基本做到“老干部满意,厅党组放心”。在保障政治待遇上,坚持完善5项制度:在职领导与离退休干部联系制度;一年两次座谈会、一次参观制度;每月两次政治学习日制度;每年为厅级干部订二报一刊,为处级以下干部订一报一刊制度;老干部阅文、送文阅读制度。落实生活待遇上,坚持和完善5项制度:福利待遇共享制度;医药费定期报销制度;用车制度;走访慰问制度;文化娱乐制度。

审计专业资格考评管理 安徽省审计专业职称改革工作起步于1987年。当年4月,省审计局成立职称改革工作领导小组和中级职务评审委员会。职称改革工作领导小组由五人组成，中级职务评审委员会由十一人组成。孙杰担任组长和评审委员会主任，省审计局独立开展审计专业中级以下技术职务评定工作。高级审计会计师经各地市审计局推荐，由省审计局中级职务评审委员会统一平衡，报审计署高级专业职务评审委员会评审。8月，安徽省职称改革领导小组转发《安徽省审计专业职务实施办法（试行）》，规定审计专业职务暂定为：高级审计会计师、审计会计师、助理审计会计师、审计会计员。高级审计会计师为高级专业职务，审计会计师为中级专业职务，助理审计会计师、审计会计员为初级专业职务。同年8月，中央职称改革领导小组同意审计署意见，将审计会计师简称为审计师。

1988年5月，安徽省审计局中级职务评审委员会向审计署高级职务评审委员会推荐并经评审，确认沈国柱为高级审计师。10月，省职称改革领导小组以皖职改字（88）71号文件批复，省审计局成立以孙杰为主任委员的省审计专业高级职务临时评审委员会，负责高级职务任职资格评审工作。12月，省审计专业高级职务临时评审委员会召开评审会，确认吴羡乔、周浩、徐经训、王乃英为高级审计师。1989年评审确认25人为高级审计师；1990年评审确认6人为高级审计师。

1992年，根据人事部、审计署部署，实行审计专业技术资格全国统一考试制度，停止初、中级资格评审工作。11月22日，全国首次审计人员专业技术职称资格考试在全省各行署市展开，全省3156名审计人员参加考试，其中省审计局83人。

当年，省职称改革领导小组批复，省审计局组建以孙杰为主任委员、19人组成省审计专业高级职务评审委员。1996年、1998年、2006年分别调整省审计专业高级职务评审委员，1996年成立以朱成林为主任委员、21人组成省审计专业高级职务评审委员；1998年成立以桂建平为主任委员、34人组成省审计专业高级职务评审委员；2006年成立以刘战平为主任委员、34人组成省审计专业高级职务评审委员。

1992年、1993年、1994年、1996年、1998年分别开展高级审计师评审工作。

1999年审计署、人事部批准部分省市及特派办实行高级审计师考评结合试点，2000年扩大试点，2002年正式实行考评结合制度。根据人事部、审计署《关于印发高级审计师资格评价办法（试行）的通知》，1999年至2007年，安徽省审计专业高级职务评审委员会组织召开七次评审会议，有352名考试合格人员申报、248人通过评审取得高级审计师资格。

经省审计厅和省人事厅商定，从2004年开始，审计专业技术资格考试日常事务和考务管理工作由安徽省人事考试中心（2008年改为安徽省人事考试院）具体承担，省审计厅负责考生的资格审查工作。

截至2007年年底，全省有395人通过高级审计师资格考试，1506人通过审计师资格考试，737人通过助理审计师资格考试。全省审计机关有在职人员2821人，其中高级职称271人，占9.6%；中级职称1253人，占44.4%；初级职称359人，占12.7%。

出国学习考察管理　安徽省审计厅（局）1983年10月建立后，在审计署及安徽省政府外事办公室的指导和安排下，开始与国外审计界的友好往来，开展审计工作的国际交流与合作。

1985年11月，省审计局党组副书记、副局长（主持工作）孙杰和局办公室主任祝德智随审计署赴美国考察学习14天。这是安徽省审计厅（局）机关领导干部首次走出国门、也是安徽省审计机关首次开展对外业务学习和交流。

1994年3月，省委决定省审计厅为因公临时出国（境）人员审批单位。厅党组确定主要负责人亲自分管，厅人事教育处专人办理，严格执行出国人员审查和登记制度。

1995年12月，为作好选派干部出国（境）培训考察工作，规范考察管理，省审计厅制定《安徽省审计厅关于出国（境）培训考察工作暂行规定》。

审计厅（局）认真执行中央和省关于干部因公出国考察培训和交流学习的规定，严格审批程序，做好出国人员外事教育和培训。审计干部在国（境）外都能严格执行外事纪律，培训考察后按时回国，无出走和滞留不归等情况。回国（境）后，及时将护照和通行证件上交有关部门保管，并按规定向所属地区和部门党组织汇报出国（境）培训考察情况。

安徽省审计机关干部因公出国（境），按照干部管理权限审批。正厅级领导干部出访，报安徽省委、省政府领导审批；副厅级干部出访，报省政府领导审批；省审计厅（局）机关及直属事业单位人员因公出国（境），由厅（局）人事教育处报审计厅（局）党组审批，并按规定出具因公出国及赴港澳政审手续，再报省外办审批。以上人员因公出国（境）经审批后，均需向省政府外事办公室申领出国及赴港澳任务批件，办理出国（境）护照及出国（境）签证。

至2007年12月，省审计厅32次组团，安排全省审计干部430人次出国培训考察，还派人参加审计署、省委组织部、省人事厅等省直有关部门组织的出国培训考察以及有关国际审计组织举办的业务会议和交流活动。审计厅（局）人事教育处共办理厅机关及直属单位200多人次因公出国（境）手续。通过出国（境）考察交流和培训，学习国外先进的审计技术方法，吸收借鉴国外政府审计、内部审计的成功经验。

第三节　省辖市审计机构

1983年10月14日，蚌埠市在安徽省率先成立市级审计机关。年底，宿县、阜阳、巢湖、宣城、合肥、淮北、淮南、蚌埠、马鞍山、铜陵、滁州11个地市成立审计局。12个地市审计局总编制193人，在编职工109人，内设1室4科，即办公室、财政金融审计科、企业审计科、基本建设审计科、行政事业审计科。

1984年，六安、芜湖、原安庆地区、原安庆市、原徽州地区、原黄山市等地市审计局先后成立。至此，全省17个地市审计机关全部成立，总编制921人，在编职工479人。

1985 年到 1992 年，17 个地市总编制和在编职工不断增加，逐步满足经济体制改革和社会发展对审计机关开展各项工作的需要。1985 年至 1992 年，17 个地市审计机关总编制分别为 1543 人、1593 人、1617 人、2422 人、2483 人、2488 人、2467 人、2470 人，在编职工分别为 946 人、1280 人、1400 人、1557 人、1914 人、2183 人、2237 人、2265 人。1986 年至 1989 年，各地市审计局相继增设综合科、商贸科、中企科、人事教育科、内部审计社会审计指导科等。

1987 年，徽州行署审计局、黄山市审计局合并成立黄山市审计局。

1988 年，池州行署审计局成立；同年原安庆行署审计局、原安庆市审计局合并成立安庆市审计局。

1992 年以后，17 个市总编制和在编职工维持在 2200 人至 2400 人左右。

1996 年机构改革，各市审计局一般设置以下内设机构：办公室、综合科、审计管理科、人事教育科、财政审计科、金融审计科、行政事业审计科、农业审计科、工业交通审计科、商贸审计科、固定资产投资审计科、外资审计科。

1996 年以后，部分市审计局陆续成立机关党委或机关党总支，设立总审计师（副处级），市纪委派驻纪检组、市监察局派驻监察室。

2000 年以后，各市陆续成立经济责任审计局，局长为副处级。

2002 年，各市机构改革，17 个市审计局总编制 2293 人，在编职工 2291 人。各市审计局一般设置以下内设机构：办公室、综合法规科、财政审计科、金融审计科、行政事业审计科、农业审计科、经贸审计科、社会保障审计科、固定资产投资审计科、外资审计科、经济责任审计局、人事教育科、机关党委、监察室。其中，合肥、淮南、蚌埠等市审计局还设立派出审计室或审计分局。2003 年以后，部分市审计局增设计算机审计科。

至 2007 年年底，17 个市审计局总编制 2516 人，在编职工为 2541 人。

合肥市审计局　1983 年 11 月 14 日，合肥市审计局成立，定编 30 人。12 月，市审计局设 4 科 1 室，即工业交通审计科、商粮外贸审计科、行政事业审计科、财经基建审计科和办公室。随后各县区审计局相继成立。

至 2002 年合肥市行政区划调整后，全市有肥东县、肥西县、长丰县和瑶海区、庐阳区、蜀山区、包河区 7 个县区审计局。

2002 年 9 月机构改革，市审计局机关设立 16 个内设机构，即办公室、综合处、法规审理处、财政审计处、金融审计处、行政事业审计处、经贸审计处、农业与资源环保审计处、社会保障审计处、固定资产投资审计处、外资运用审计处、计算机审计处、人事教育处、监察室、机关党总支和市经济责任审计局。下设合肥市审计局审计服务中心，承办全市审计系统的教育培训及审计咨询服务工作。

2005 年 7 月，为适应 3 个开发区开展审计工作的需要，增设合肥市审计局直属分局、建设审计室、科教文审计室。

至 2007 年年底，合肥市审计局定编 112 人，其中公务员 108 人，工勤人员 4 人。

在审计机关的促进推动下，1985 年起合肥市陆续组建内部审计机构，1987 年全省第一家社会审计组织在合肥市建立，初步形成国家审计、内部审计、社会审计相互关联的审计体系。

淮北市审计局　1983 年 12 月 13 日，淮北市审计局成立。

1984 年 3 月，市审计局定编 16 人，设立三科一室，即工交基建审计科、商粮外贸审计科、财金农水审计科和办公室。

1984 年濉溪县审计局成立，1985 年相山区、杜集区陆续建立国家审计机关，1988 年烈山区审计局成立。

1986 年 10 月，市编委同意市审计局增设中央企业审计科、行政事业审计科，财金农水审计科改为财政金融审计科。

1990 年 4 月，增设人事教育科、综合科、基本建设审计科。

2002 年机构改革，市审计局设立 11 个职能部门和 5 个派出审计室，即办公室、政策法规科、财政审计科、金融审计科、行政事业审计科、经贸审计科、农业与资源环保审计科、社会保障审计科、固定资产投资审计科、外资运用审计科、经济责任审计局；文教卫审计室、开发城建审计室、公检司法审计室、农林水审计室、经贸审计室。编制 56 人。

亳州市审计局　2000 年 6 月，地级亳州市人民政府成立。8 月，市政府设市审计局筹备组、魏超任负责人，开始组建市审计局。11 月，亳州市审计局成立，原属阜阳市审计局主管的谯城区（原县级亳州市）、涡阳县、蒙城县、利辛县审计局的审计工作，由亳州市审计局主管。市审计局设办公室、审计业务 1 组、2 组。

2001 年 6 月 29 日，市机构编制委员会批准亳州市审计局机关行政编制 26 名，其中局长 1 名，副局长 3 名，科级领导职数 8 名，后勤行政管理服务人员编制单列 7 名。内设 8 个科室，分别是：办公室、综合法规科、财政审计科、金融与固定资产投资审计科、行政事业与社会保障审计科、经贸审计科、农业与外资审计科、经济责任审计科。11 月 9 日，市机构编制委员会批准成立亳州市经济责任审计局，为亳州市审计局直属科级机构，核定编制 5 人。

2003 年 9 月，市机构编制委员会批准市经济责任审计局局长高配副处级，副局长高配正科级。

至 2007 年年底，亳州市审计队伍有 124 人，其中高级职称 3 人，中级职称 79 人。

蚌埠市审计局　1983 年 10 月 14 日，中共蚌埠市委《关于蚌埠市党政群机关机构设置的通知》批准设立市审计局，编制 25 人，内设办公室、财政金融审计科、企业审计科、基本建设审计科、行政事业审计科。此后，怀远县、固镇县、五河县和东区、西区、中区、郊区审计机构相继建立。

1986 年增设综合科，1988 年增设中企科，1989 年增设人事教育科、内部审计社会审计指导科，成立机关工会。

1991 年，市审计局面向社会公开招考 20 名机关工作人员。

1996年，增设市纪委派驻纪检组、市监察局派驻监察室、总审计师。当年机构改革，内设机构重新设置为：办公室、综合科、审计管理科、人事教育科、财政审计科、金融审计科、行政事业审计科、农业审计科、工业交通审计科、商贸审计科、固定资产投资审计科、外资审计科。

1997年，成立机关党委。

2002年5月机构改革，内设机构为：办公室、综合法规科、财政审计科、金融审计科、行政事业审计科、农业审计科、经贸审计科、社会保障审计科、固定资产投资审计科、外资审计科、派出审计一室、派出审计二室、派出审计三室、经济责任审计局、人事教育科、机关党委、监察室。

2003年，增设计算机审计科。4月，东区、西区、中区、郊区分别更名为龙子湖区、禹会区、蚌山区、淮上区，审计局也相应更名。

至2007年年底，全市审计机关有干部职工133人。市审计局74人，其中本科学历45人，大专学历23人。设有办公室、综合法规科、财政审计科、行政事业审计科、金融审计科、社会保障审计科、经贸审计科、外资审计科、农业审计科、固定资产投资审计科、计算机审计科、人事教育科、机关党委和监察室。另设经济责任审计局，为副县级事业单位，编制10人。

宿州市审计局　1983年11月26日，宿县地区行政公署审计局成立，定编8人。

1984年3月，地区行署审计局设立2个审计科，即审计一科（行政事业审计）、审计二科（企业审计）。5月，各县审计机关相继成立，有砀山县、萧县、灵璧县、泗县和埇桥区5个县区审计机关。

1999年5月，撤销地区建立省辖宿州市，宿县地区行政公署审计局更名为宿州市审计局。

2002年机构改革，市审计局设置：办公室、综合法规科、内部审计指导科、财政金融审计科、固定资产投资与外资运用审计科、农业与资源环保审计科、社会保障审计科、行政事业审计科、经济贸易审计科、监察室、经济责任审计局（副处级机构）。

至2007年年底，编制38人，其中公务员25人，事业编制10人，公勤人员3人。

阜阳市审计局　1983年12月，阜阳地区行署审计局成立，行政编制16人。行署审计局内设办公室、财政金融审计科、工业交通审计科、商粮外贸审计科、行政事业审计科和电大辅导站。随后各县、市审计局相继成立。

1996年，撤销阜阳地区建立阜阳市，审计机关相应更名为阜阳市审计局。

2000年行政区划调整，全市有颍上县、阜南县、太和县、临泉县、界首市和颍州区、颍东区、颍泉区8个县（市、区）审计机关。

2005年1月机构改革，市审计局设立11个内设机构，即办公室、综合法规科、财政金融审计科、行政事业和社会保障审计科、经贸审计科、农业与资源环保审计处、固定资产投资和外资运用审计科、人事教育科、监察室、机关党委和市经济责任审计局。

淮南市审计局 1983年10月20日,淮南市审计局成立,随后县区审计机关相继组建。

2002年10月,市审计局机构改革,市编委批准成立市经济责任审计局(局长高配副县级)。市审计局内部机构:办公室、综合法规科、人事教育科、监察室、经济贸易审计科、社会保障审计科、农业与资源环保审计科、固定资产投资审计科、财政审计科、金融审计科、行政事业审计科、外资运用审计科、经济责任审计局、党总支、审计学会、计算机审计科、审计派驻一室、审计派驻二室18个部门,下辖市审计干部培训中心,为自收自支事业单位。

2006年11月4日,市编委批复,成立淮南市审计局直属分局,正科级机构,编制5人,人员编制从审计局内部调剂。

截至2007年12月31日,编制68人。其中公务员65人,工勤人员5人,实有人员70人。内设机构19个科室(局)。

滁州市审计局 1983年12月,滁县地区行政公署批准,成立滁县地区行署审计局,1984年1月5日,滁县地区行署审计局正式办公。

1984年5月底,滁县(1985年2月改为县级滁州市)、天长县(1993年12月改为县级天长市)、嘉山县(1994年5月改为县级明光市)、来安县、全椒县、定远县、凤阳县相继成立审计局。

1992年12月20日,国务院批准撤销滁县地区,设立省辖市滁州市,同时撤销原县级滁州市;原滁县地区行署审计局更名为滁州市审计局,原滁州市审计局(县级)分设为南谯、琅琊两个区审计局。

2003年3月5日机构改革,市机构编制委员会办公室核定审计局人员编制47人,内设:滁州市经济责任审计局(副处级)和办公室、纪检监察室、综合科、财政金融审计科、行政事业审计科、农业环保审计科、经贸企业审计科、投资外资审计科、社会保障审计科9个职能科(室)。

至2007年年底,滁州市审计局编制47人,实有52人,其中业务人员27人,占53%。50岁以上15人,占28.8%;40 ~ 50岁20人,占38.5%;30 ~ 40岁15人,占28.8%;30岁以下2人,占3.9%。

六安市审计局 1983年10月17日,六安行署审计局成立,定编15人。六安地区编委六编文件批复,同意设置财政金融审计科、工商企业审计科。随后各县区审计机关相继成立,至2002年,全市有5县、3区共8个县区审计机关。

1986年11月,六安地区编委批复,同意行署审计局设置5个科:政秘科、财政金融审计科、行政事业审计科、商粮外贸审计科、工交基建审计科。

2000年3月,六安撤地设市,六安行署审计局更名为六安市审计局。

2002年9月机构改革,市审计局机关有8个内设机构,即办公室、综合法规科、财政金融审计科、行政事业审计科、经贸审计科、农业与资源环保审计科、社会保障审计科、监察室。下设六安市经济责任审计局、市投资审计局两个直属正科级事业单位，分别履行经济责任审计和政府投资审计业务。

至2007年年底，编制25人，其中公务员24人，公勤人员1人。

巢湖市审计局 1983年10月成立巢湖地区行政公署审计局，内设业务一科、业务二科及人秘科，各县（市）审计局相继于1984年上半年建立，共有编制59人，实有51人（其中行署审计局定编12人，实有9人）。大专以上学历3人，助理会计师以上职称11人。

1985年2月，行署财政局事业编制中划拨2名编制给审计局，审计编制增至14人。11月，全区编制增至89人，实有56人（行署审计局编制22人，实有13人）。

1986年，全区编制增至93人，实有80人。大专以上学历9人，助理会计师以上职称25人，行署审计局增设业务三科。

1988年8月，行署审计局增编12人，至此全区编制增至105人。巢湖行署审计局内设机构为：财政金融审计科、行政事业审计科、工交审计科、基建外资审计科、商粮贸审计科、人秘科、综合科。

1996年4月，根据地区编委"三定"方案，巢湖行署审计局编制33人，其中行政编制32人，事业编制1人，内设办公室、综合科、财政（金融）审计科、行政事业（农林水）审计科、工业交通审计科、商贸审计科、固定资产投资审计科。

1998年，无为县设立5个自收自支的农村审计所，隶属于无为县审计局，其他县（区）基本在各乡镇配备1名兼职审计员。

2000年1月12日，巢湖地区撤地设市，巢湖行政公署审计局更名为巢湖市审计局，县级巢湖市审计局更名为居巢区审计局。

2002年3月，巢湖市编委批复同意，成立巢湖市经济责任审计局，副县级建制，隶属巢湖市审计局管理，行政编制6名，内设党政干部审计科、企业领导审计科；6月，县（区）两级经济责任审计局或分局全部成立，配置事业编制30人、副科级建制，隶属县（区）审计局管理。

5月机构改革，巢湖市审计局内设办公室、综合法规科、财政金融审计科、行政事业及社会保障审计科、农业与资源环保审计科、经贸审计科、固定资产投资审计科、外资运用审计科8个职能科室；行政编制31名，机关工勤人员编制2名。

至2007年，全市审计机关审计7469个项目（单位），查出违纪违规金额328378万元，已上缴财政21942万元。审计报告、信息被批示和采用2050篇次。获"全国审计机关先进集体"1次，"安徽省审计系统先进集体"等市级先进单位称号50多次，省级、市级先进个人荣誉称号40多项（其中省级劳模3人）。多篇业务论文在全省审计科研论文评选中获奖。

芜湖市审计局 1983年12月8日，芜湖市审计局成立。

1984年1月19日，芜湖市审计局内设机构有：办公室、综合审计科、财政金融审计科、工商企业审计科。

1996年6月12日,芜湖市审计局设有:办公室、综合科、人事教育科、财政审计科、金融审计科、行政事业审计科、工业交通审计科、固定资产投资审计科、商贸审计科、中央企事业审计科、农业审计科、外资运用审计科、社审内审管理科、监察室。

2002年7月8日,芜湖市党政机构改革领导小组批准芜湖市审计局内设机构为:办公室、人事教育科、法制科、经济责任审计室、财政审计科、行政事业审计科、固定资产投资审计科、社会保障审计科、农业与资源环保审计科、金融审计科、经贸审计科、外资运用审计科、内部审计监督指导科、监察室。人员编制:公务员60名,工勤人员5名。

2004年5月,市编办批准设立芜湖市经济责任审计局;9月,市编办批准设立芜湖市审计局信息中心,编制4人,性质为社会公益类事业单位,全额财政拨款的一级预算单位。

至2007年年底,芜湖市审计局内设:经济责任审计局、办公室、监察室、人事教育科、法制科、财政审计科、行政事业审计科、固定资产投资审计科、社会保障审计科、金融审计科、经贸审计科、外资运用审计科、农业与资源环保审计科、内部审计指导监督科。领导班子职数6人,其中:局长、党组书记1人,副局长3人,纪检组长1人,总审计师1人;另设经济责任审计局长1名(副县级)。

芜湖市审计局负责市辖芜湖、繁昌、南陵县和镜湖、鸠江、弋江、三山区审计机关的业务领导。

马鞍山市审计局 1983年10月15日,马鞍山市审计局成立,定编14人。内设三个业务科,即一科、二科、三科。

1984年6月9日,当涂县审计局在原宣城地区成立,定编6人。7月1日,随当涂县划属马鞍山市管辖。

1985年,马鞍山市审计局增编至24人。

1986年,马鞍山市审计局3个业务科更名为行政事业审计科、工业交通审计科、商粮贸审计科,增设财金基建审计科、中央企事业审计科和办公室,定编增至28人。

1986年3月起,花山、雨山、金家庄、向山四区审计局相继成立,定编12人。2001年,城市区划调整,向山区审计局随区一并撤销。至2007年年末,当涂县及市属3区审计人员定编增至32人。

1988年,市审计局财金基建审计科分设为财政金融审计科和基本建设审计科。12月,市审计局定编增至58人。

1989年9月,市审计局设立综合科。

1996年机构改革,核定市审计局编制50人,内设8个职能科室,保留办公室、综合科、财政金融审计科、行政事业审计科、工业交通审计科、商粮贸审计科,撤销基本建设审计科和中央企事业审计科,设立固定资产投资审计科和外资运用审计科。

2002年机构改革,核定市审计局编制44人,内设8个职能科室,保留办公室和财政金融、行政事业、固定资产投资3个审计科，撤销综合科、工业交通、商粮贸审计科，设立综合法规科和经贸、社会保障、农业与资源环保审计科。3月18日，成立市经济责任审计局。

2005年9月，设立计算机中心，市审计局定编增至45人。

至2007年年底，市审计局拥有大专以上学历36人，占全局审计人员的82%，具有高级职称4人，中级职称25人。

铜陵市审计局 1983年11月28日，铜陵市审计局成立。

1985年年底，市审计机关内设4科1室，即财金基建审计科、工交审计科、商粮贸审计科、行政事业审计科和办公室。随后各县区审计机关相继成立，设立铜陵县审计局，铜官山区、狮子山区、铜山区、郊区审计局。

2007年，市审计局编制60人，实有55人，内设办公室、综合法规科、财政金融科、企业审计科、行政事业审计科、投资审计科、社会保障审计科、人事教育科、计算机审计科，市经济责任审计局。

安庆市审计局 1983年12月7日，安庆市审计局成立。

1984年1月6日，市编委核定市审计局编制10人。市审计局内设：办公室、工业交通科、财政贸易科、行政事业科。4月23日，市直机关党委批复，市审计局成立中共安庆市审计局支部，唐汝泉任支部书记。9月24日，增设基建审计科。12月15日，市审计局机关工会成立。

2002年12月机构改革，安庆市审计局重新定编56人，其中行政编制51人、事业编制5人。同年，市经济责任审计局成立，定编9人（含在机关定编56人内）。

2005年11月7日，安庆市审计局机关党总支成立，选举产生第一届党总支委员会，党总支委员会下设两个支部，共有党员48人。

2006年年底，安庆市政府公开招录10名聘用制审计工作人员，2007年年初10名人员正式上岗。

1983年12月底，安庆行署审计局成立。

1983年年底至1984年年初，安庆行署所辖迎江区、大观区、郊区、桐城县、怀宁县、枞阳县、潜山县、岳西县、太湖县、望江县、宿松县、青阳县、东至县、石台县、贵池县15个县区政府相继成立审计局。

1988年机构改革，撤地并市，安庆市审计局和安庆行署审计局合署办公，更名为安庆市审计局。地市合并后，青阳县、东至县、石台县和贵池县审计局划归池州行署审计局管辖。

2002年年底，安庆市经济责任审计局成立，各县区随后相继成立经济责任审计局。

池州市审计局 1984年，池州地区管辖的东至、石台、青阳县和贵池市审计局相继成立。

1988年10月21日，池州行署审计局成立，定编10人。内设4科1室，即办公室、工交审计科、财贸审计科、行政事业审计科、基建审计科（与工交审计科合署办公）。

1989年10月，九华山管理处监察审计科成立。1993年8月监察审计科更名为审计科。2002年12月，监察审计科更名为九华山管委会审计局。

2001年1月，池州撤地建市，池州行署审计局更名为池州市审计局。

2002年机构改革，市审计局机关设立4科1局1室，即办公室、综合法规科、财政（行政事业、社会保障）审计科、经贸（金融）审计科、固定资产投资（农业与资源环保、外资运用）审计科和经济责任审计局。

2005年8月，市编委批准池州市审计局增设行政事业（社会保障）审计科、农业与资源环保（外资运用）审计科。

至2007年年底，编制23人，其中公务员21人，公勤人员2人。

宣城市审计局　1983年11月10日，宣城地区行政公署审计局成立。同年12月，行署审计局内设4科1室，即工业交通审计科、商粮外贸审计科、财政金融审计科、行政事业审计科和办公室。随后各县审计机关相继成立。

1988年1月6日，绩溪县、旌德县划归宣城地区管辖，两县审计局一同划归。

2001年1月，宣城撤地设市，宣城地区行政公署审计局更名为宣城市审计局。下辖宣州区、宁国市、广德县、郎溪县、泾县、绩溪县、旌德县7个县（市、区）审计机关。

2002年9月机构改革，市审计局设立7个内设机构，即办公室、综合法规科、财政农水审计科、金融外贸审计科、经贸与社保审计科、固定资产投资审计科和经济责任审计局。

2007年年底，全市审计机关行政编制112名，事业编制35名，实有行政人员116人，事业人员31人，共147人。其中50岁以上23人，50岁以下124人；有研究生1人，大学74人，大专60人，高中以下4人；中高级专业技术职称55人，初级职称26人。其中，市审计局内设办公室、综合法规科、财政农水审计科、金融外资审计科、经贸与社会保障审计科、计算机审计科、固定资产投资审计中心、经济责任审计局。

黄山市审计局　1983年4月，安徽省政府转发《国务院关于地方各级审计机关设置和人员编制问题的通知》。根据国务院、省政府的通知和黄山市政府领导的批示，由市政府办公厅牵头组织市审计局筹建组，1984年1月，黄山市审计局成立，市审计局设置人秘科、审计科。

1984年4月，徽州行署审计局成立，设置人秘科、审计科。

1986年，徽州行署审计局设置办公室、综合法规科、财金审计科、行政事业审计科、经贸审计科、基建审计科。

1985年至1988年，屯溪区、徽州区、黄山区、祁门县、黟县、休宁县、歙县陆续成立审计局。到1994年，区级审计局内设3～5个科室：财金审计科、工交审计科、企业审计科、行政事业审计科、综合科、办公室等；县级审计局内设4～6个股室：财金审计股、工交审计股、商贸审计股、行政事业审计股、综合股、办公室等。

1987 年 11 月，撤地改市，徽州行署审计局更名为黄山市审计局。原黄山市审计局更名为黄山区审计局。

2004 年 4 月 26 日，增设经济责任审计局。

2007 年年底，全市审计机关有 87 人。其中，市审计局机关人员 25 人。

1984 年，市内各单位建立内部审计机构，至 2007 年，共有内部审计机构 65 个，配备专兼职审计人员 156 人。

1988 年，市区县陆续成立审计事务所和基建事务所 10 个，从业人员 70 余人。2000 年至 2001 年，市县（区）审计事务所和基建事务所脱钩改制。

国家审计机关、内部审计机构、社会审计组织构成黄山市审计监督体系。

第四节　先进集体与先进个人

审计署表彰全国审计机关先进集体与先进个人

2001 年表彰全国审计机关廉政勤政工作

先进单位：

安徽省合肥市审计局

先进个人：

安徽省桐城市审计局局长　何　炜

安徽省淮北市杜集区审计局副局长　赵德炬

2001 年表彰全国审计纪检监察工作先进个人

安徽省宿州市审计局纪检组长　陈志强

安徽省芜湖市审计局监察室主任　李长风

安徽省蚌埠市审计局监察室主任　杨骝昌

安徽省审计厅表彰全省先进集体与先进个人

1998 年表彰全省审计系统党风廉政建设先进

先进集体：

合肥市审计局组织人事处

芜湖市审计局监察室

五河县审计局

淮南市潘集区审计局

淮北市杜集区审计局

马鞍山市审计局工交审计科

铜陵县审计局

桐城市审计局

望江县审计局
黄山市屯溪区审计局
滁州市审计局行政事业审计科
亳州市审计局
阜阳市审计财政金融审计科
宿县行署审计局纪检组
六安行署审计局纪检组、监察室
巢湖行署审计局办公室
宣州市审计局
池州行署审计局办公室
省审计厅监察室
先进个人：
肥西县审计局纪检组组长　陆广枢
合肥市审计事务所副所长　刘德田
芜湖市审计局监察室科员　杨晓轩
繁昌县审计局局长　汤　咏
固镇县审计局局长　杨　军
怀远县审计局副局长　魏竹贤
淮南市审计局局长　孙多礼
淮南市审计局监察室副主任　张春田
濉溪县审计局党支部书记　张向阳
马鞍山市审计局助理调研员　王和珍
当涂县审计局财金审计股股长　刘乐群
铜陵市审计局工交审计科科长　姚　军
铜陵市审计事务所副科长　王千钧
安庆市审计局综合科副科长　张志国
安庆市审计事务所副所长　陈佩如
怀宁县审计局局长　周结宏
黄山市审计局助理调研员　李文修
黄山市徽州区审计局局长　叶锦泉
明光市审计局局长　项世鑫
滁州市南谯区审计局副局长　刘芙蓉
阜阳市审计局副局长　江玉春
阜阳市颍泉区审计局局长　孟继岭
阜南县审计局局长　郭国臣

泗县审计局副局长　王帮学

萧县审计局人秘股股长　许崇华

舒城县审计局局长　叶德明

霍山县审计局局长　马政权

庐江县审计局综合股股长　施家宽

和县审计局基建审计股股长　包家军

宣城行署审计局局长　杨财宝

宁国市审计局副局长　黄先品

青阳县审计局局长　尚静生

石台县审计局副局长　节建徽

省审计厅机关党委书记　戴　坤

省基建审计事务所所长　张庆华

2000 年表彰全省审计系统党风廉政建设先进单位

铜陵市审计局

芜湖市审计局

蚌埠市审计局

宿州市审计局

巢湖市审计局

淮北市审计局

池州市审计局

2002 年表彰全省审计系统党风廉政建设工作

先进单位：

合肥市庐阳区审计局

濉溪县审计局

涡阳县审计局

宿州市埇桥区审计局

怀远县审计局

颍上县审计局

淮南市八公山区审计局

明光市审计局

金寨县审计局

马鞍山市花山区审计局

庐江县审计局

繁昌县审计局

旌德县审计局

铜陵县审计局
池州市贵池区审计局
枞阳县审计局
黄山市屯溪区审计局
先进个人：
合肥市审计局纪检组长　杨永华
淮北市审计局商贸科副科长　赵　敏
亳州市审计局业务一组科员　孙　博
宿州市审计局局长　牛洪杰
蚌埠市西区审计局局长　陈淮洁
阜阳市审计局局长　杜醒中
阜阳市颍泉区审计局局长　孟继岭
淮南市审计局局长　牛多云
滁州市审计局经济责任审计科科长　李德标
定远县审计局纪检组长　杨柏林
六安市审计局综合科副科长　朱维清
寿县审计局财政股股长　朱国禹
马鞍山市审计局固定资产投资科科员　朱荣海
巢湖市审计局局长　郭宏云
芜湖市审计局纪检组长　左光明
宣城市审计局副局长　唐佑文
宁国市审计局纪检组长　谌富贵
铜陵市审计局助理调研员　洪桂兰
安庆市审计局副局长　倪桂林
池州市审计局局长　杨正尧
望江县审计局办公室主任　江洁云
黄山市审计局行政事业科科长　汪　甦
省审计厅办公室主任科员　李　梅
省审计厅监察室副主任科员　夏永辉

2004 年表彰全省审计机关党风廉政建设先进单位

铜陵市审计局
池州市审计局
马鞍山市审计局
淮北市审计局
安庆市审计局

阜阳市审计局
黄山市审计局
宣城市审计局
滁州市审计局

2006 年表彰全省审计系统党风廉政建设先进

先进单位：
安庆市审计局
池州市审计局
六安市审计局
阜阳市审计局
宣城市审计局
合肥市庐阳区审计局
淮南市潘集区审计局
怀远县审计局
宿州市埇桥区审计局
濉溪县审计局
蒙城县审计局
和县审计局
明光市审计局
芜湖县审计局
当涂县审计局
铜陵市郊区审计局
黄山市徽州区审计局

先进个人：
合肥市审计局　郑　治
淮南市审计局　牛多云
蚌埠市审计局　芦其发
宿州市审计局　邬振春
淮北市审计局　尤胜新
颍上县审计局　刘江淮
亳州市审计局　张　超
舒城县审计局　许传久
无为县审计局　刘吉玉
全椒县审计局　朱发贵
芜湖市审计局　韩　伟

广德县审计局　王晓敏

马鞍山市雨山区审计局　胡振华

铜陵市审计局　洪桂兰

黟县审计局　舒建平

枞阳县审计局　杨甲平

东至县审计局　季传宝

省厅农业审计室　周慧明

审计机关分年度获表彰情况（1986年至2007年）

1986年度

全国审计系统先进集体:淮南市审计局

先进个人

1. 省直机关表彰优秀党员:祝德智

2. 全国审计机关先进个人:高理清（马鞍山市局）、胡汉臣（绩溪县局）、杨金海（阜南县局）、陈义财（贵池县局）

1990年度

先进单位

1. 全国审计机关先进集体:芜湖市审计局、阜阳县审计局

2. 省直机关优秀党小组:省审计局财金处党小组

先进个人

省直机关表彰优秀党员:宫振友

1991年度

先进个人

1. 全省政府办公室工作人员先进个人:费勤荣（省政府办公厅、人事局）

2. 省直职工抗洪救灾先进个人:武尚瑞、王泽仁、孙守文（省直工会）

1992年度

先进单位

全省先进集体:淮南市审计局（省政府）

先进个人

省劳动模范:舒城县审计局局长徐道仓（省政府）

1993年度

全国审计机关先进集体:淮南市审计局、五河县审计局

1994年度、1995年度、1996年度,省审计厅获省政府目标考核先进单位称号,并完成省政府“三年大发展”目标任务,成绩突出,被省政府记集体三等功一次。

1997年度

全国审计机关先进集体:合肥市审计局、无为县审计局（审计署、人事部）

省审计厅获：学理论学党章先进单位（省直工委）；理论学习优秀中心组（省委宣传部、组织部）；省政府目标考核先进单位。

先进个人

全国审计机关先进个人：泾县审计局汪玲（审计署、人事部）

1998年度

省审计厅或有关内设部门获：1.（机关党委）先进基层党组织（省直工委）；2. 工会目标责任制先进单位（省直）；3. 扶贫先进单位（省政府）；4. 先进工会财务单位（省直）；5. 预算先进单位（省财政厅）；6. 省直先进厅党组；7. 信息工作先进单位（省委办公厅、省政府办公厅）；8. 省直培训工作先进单位（省直工委）；9."九五上台阶"目标管理先进单位，记集体二等功一次（省政府）。

先进个人

1. 省劳动模范：李　芳

2. 省直优秀公务员：戴　坤

3. 省直先进工会主席：王运清

4. 省直先进工会主任：胡秀兰

5. 省直优秀工作人员：赵　明

6. 省直先进党务工作者：戴　坤

7. 先进工会财务会计：王桂华

8. 省直保密工作先进个人：王广树

1999年度

省审计厅或有关内设部门获：1. 全省理论学习先进中心组（省委宣传部、组织部）；2. 省直"三优文明机关"；3. 省直先进机关党委；4. 省直先进机关工会；5. 省直先进工会财务；6. 目标考核先进单位（省政府）；7. 信息工作先进单位（省委、省政府）。

先进个人

1. 省政府一等功臣：余嗣安

2. 省直优秀公务员：张　剑

3. 省直优秀工作人员：王洪灯

4. 省直优秀工会干部：胡秀兰

5. 省直工会财务先进个人：王桂华

6. 江淮分水岭扶贫先进个人：夏登峤

7. 省支教工作先进个人：张争祥

2000年度

省审计厅或有关内设部门获：1. 全省理论学习先进单位；2. 省直"三优文明机关"；3. 省直先进机关党委；4. 省直先进工会；5. 省直先进工会财务；6. 省扶贫先进单位；7. 目标考核先进单位（省政府）

先进个人

1. 省直优秀公务员:顾福祥

2. 省直优秀工会干部:胡秀兰

3. 省直工会优秀财务会计:段开鈺

4. 省直关心妇女工作领导干部:桂建平

2001 年度

全国审计机关先进单位:芜湖市审计局、舒城县审计局

全国审计机关廉政勤政先进单位:合肥市审计局

省审计厅或有关内设部门获:1. 省直“三优文明机关”;2. 省直先进基层党组织;3.(厅办公室)省直先进基层党组织;4. 省直先进文明办;5. 全省文明单位;6. 省直读书先进单位;7.(厅机关工会)省直先进工会;8.(审计学校)省直先进工会;9. 扶贫工作先进单位;另外,厅机关选送审计署的 2 个节目获一等奖和创作一等奖。

先进个人

1. “三五”普法先进个人:刘春华(审计署)

2. “三五”普法先进个人:方化龙(省政府)

3. 全省优秀党务工作者:王运清

4. 省直优秀公务员:吴鲁滨

5. 省直优秀工作者:蔡光宜

6. 省直优秀党员:杨友山

7. 省直工会财务先进个人:李　梅

8. 省直先进工会干部:季维琼

9. 先进读书家庭:刘大群、马绪忠(省直工委)

10. 全省审计系统先进个人:赵　明

11. “三五”普法先进个人:王广树(省保密委)

2002 年度

省审计厅或有关内设部门获:第五届省级文明单位;目标管理先进单位;“三优文明机关”;优秀单位(省直工会);“八七扶贫攻坚工作”先进集体;省直计划生育先进单位。

先进个人

1. 安徽省人民满意公务员一等功臣:谢兆治(省政府)

2. 优秀公仆:吴鲁滨(省人事厅、省直工委)

3. 全省先进工作者:赵　明(省政府)

4. 优秀公仆:潘代厂(省直工委)

2003 年度

省审计厅或有关内设部门获:1. 省直机关先进党支部:经贸处党支部;2. 先进工会:厅机关工会(省直工会);3. 先进基层党组织:人事教育处党支部(省直工委);4. 第六

届“安徽省文明单位”：审计厅（省委省政府）；5.“三优文明机关”：审计厅机关（省直文明委）；6.“五四”红旗团委：审计学校团委（省直团工委）。

2004年度

省审计厅被省委省政府授予第六届“安徽省文明单位”和省直“三优文明机关”称号。

先进个人

1. 全省“人民满意的公务员”：芮黄顺

2. 省直优秀公仆：吴 宜（经贸处）、吴志彤（行政事业处）

2005年度

全国审计机关先进集体：合肥市审计局、繁昌县审计局

省审计厅或有关内设部门获：全国精神文明建设先进单位（中央精神文明建设指导委员会）；省政府目标管理先进单位；“省直机关2001—2005年度培训工作先进集体”；省直机关先进党支部：人事教育处党支部（省直工委）。

先进个人

全国审计机关先进个人：蚌埠市审计局局长高凤莲

2006年度

省审计厅或有关内设部门获：“春蕾计划”先进集体；全省“十五”人事教育培训工作先进单位（省人事厅）；全省干部档案工作先进集体（省委组织部）。

先进个人

省“十五”人事教育培训工作先进个人：周仕东

2007年度

先进单位

1. 省直机关先进集体、效能建设红旗党支部：厅新闻广电室

2. 省直先进机关党委：审计厅机关党委

先进个人

1. 省直机关劳动模范、先进工作者：朱卫明

2. 省直优秀党员：王家蓉、费明清

第三章　审计法治

第一节　审计法治工作发展阶段

审计法治工作是国家审计监督体系的重要组成部分，包括审计法治建设、审计执法管理与监督、审计普法教育以及审计法律事务管理等。自1983年10月安徽省审计局成立，审计法治工作逐步走向规范。1985年年底，省审计局成立综合处，负责审计法治工作。全省各市审计机关相继成立，分别明确审计法治工作职能部门为各审计机关的综合科（股）或办公室，安徽省审计法治工作体系逐步形成。1991年6月，为加强审计法治建设，省机构编制委员会批准，省审计局成立政策法规处，全面负责本省审计法治工作。1994年12月，根据省政府《安徽省审计厅职能配置、内设机构和人员编制方案的通知》，法规处与原综合处合并，成立新的综合处，审计法治工作由新成立的综合处承担。2000年，省审计厅成立综合法规处，明确其职责：负责地方性审计法规、规章的草拟、修改和报批；审核与复核厅机关和派出审计机构的审计报告、审计意见书和审计决定；受理审计复议和办理有关法律事项；组织实施审计普法教育工作，指导全省审计机关的法治工作等，审计法治建设进一步加强。安徽省审计法治建设经历三个发展时期：

一、探索起步时期

1985年8月29日，国务院依据宪法规定颁布《审计工作的暂行规定》，具体明确审计机关的主要任务和主要职权，为审计机关依法独立行使审计监督权提供执法依据。审计机关组建初期，审计工作处于探索阶段，审计人员开展审计工作没有相应的审计法规体系作为依据，只能根据财政部门制定的法规、制度或有关部门制定的规范性文件。由于被审计单位对审计监督制度缺乏必要的认识，审计机关履行监督职责遇到较大难度。安徽省人民政府为支持新成立的审计机关开创审计工作局面，1986年，向全省各级人民政府及省政府各部门、各直属单位发出《关于加强审计监督工作的通知》，要求各部门、各单位严格遵照国务院《关于审计工作的暂行规定》，自觉接受审计监督，主动配合审计机关依法开展审计工作。1987年，安徽省人民政府发布《安徽省国营企业厂长（经理）任期终结审计暂行规定》，安徽省政府办公厅转发省审计局《关于加强审计监督 促进企业承包经营的意见》等规范性文件，为审计机关依法独立行使审计监督权提供法规性保障，为安徽省审计法治建设奠定基础。

同时，安徽省审计局积极探索法治建设的路子，主动与有关部门联合制定相关规章，为审计监督提供工作依据。1985年，安徽省审计局与省财政厅、省工商银行联合向省人民政府提交《关于对各级行政事业单位的财务收支实行定期送达审计的报告》，对直接从省、地、市、县财政领取拨款的行政事业单位的财务收支实行按月定期送达审计制度。省政府当年批转报告，全省行政事业单位财务收支"定期送达审计制度"就此展开。1986年1月，安徽省审计局与省财政厅、中国人民银行安徽省分行联合转发审计署、财政部、中国人民银行《关于执行审计机关作出的缴款、扣款、停止财政拨款和银行贷款处理决定的联合通知》，贯彻执行上级文件规定。为及时掌握和清理违纪款项解缴情况，保证财政收入及时入库，规定全省县以上审计机关在工商银行设立"待处理审计款项"（不计息）专户，建立"审计专户"制度。"审计专户"强化审计执法手段，促进审计决定收缴财政资金的及时足额入库。3月14日，审计署第十四期《审计动态》将安徽省建立"审计专户"的做法向全国审计系统介绍。3月，中共安徽省委组织部、安徽省经济委员会、安徽省人事局、安徽省审计局联合发出《关于试行对大中型国营企业主要行政负责人调离工作时实行审计公证的通知》，试行大中型国营企业领导人"先审计，后调动"制度。为规范审计执法行为，1987年，省审计局向地、市、县审计局印发《关于加强审计取证、完善审计工作底稿的通知》，提出审计取证的法律程序和审计工作底稿内容真实性、合法性的规范要求。

二、规范化、制度化建设时期

1988年11月30日，国务院颁布《中华人民共和国审计条例》（简称《审计条例》），安徽省审计局开展一系列贯彻落实《审计条例》的工作。12月，省审计局向社会宣传安徽省贯彻实施《审计条例》概况，在《安徽日报》登载"认真学习、宣传、贯彻《审计条例》——副省长邵明就当前审计工作答记者问"文章。省审计局还结合安徽省"二五"普法教育工作，组织全省审计系统开展《审计条例》及其实施细则、《违反财政法规处罚规定》及其施行细则等有关法律法规知识的学习和培训。

1989年，国家《行政诉讼法》颁布，审计机关加强审计质量管理，建立审计报告复核制度、经常性执法检查制度、审计工作程序实施细则及行政诉讼应诉工作管理办法等。

1990年，省审计局适应审计工作法治化、制度化、规范化要求，根据《审计条例》相关规定，制定《安徽省审计工作程序实施细则（试行）》，印发全省审计机关，规范审计行为。同年，省审计局根据实施《中华人民共和国行政诉讼法》的需要，制定《安徽省审计局机关行政诉讼应诉工作管理办法（试行）》，明确行政诉讼应诉工作管理机构、确定诉讼代理人原则、相关业务处（室）职责和任务。1991年，为促进审计质量和审计执法水平提高，省审计局制定《安徽省审计项目操作规程和质量规范》及《安徽省审计项目质量考核办法》，对审计项目实施的全过程进行质量管理与控制，以减小审计风险，强化审计监督的严肃性。当年，安徽省第七届人民代表大会第十六次常务委员会上,省审计局局长孙杰受省政府委托,向大会作关于安徽省贯彻实施《中华人民共和国审计条例》情况报告,会议肯定了全省审计机关贯彻实施《中华人民共和国审计条例》的工作成绩。

1993年,国家审计署在安徽省黄山市召开“中国审计标准国际咨询研讨会”。会议邀请美国、新加坡、日本、英国、澳大利亚、亚洲开发银行的专家和国内专家教授38人参加。审计署副审计长崔建民主持会议,安徽省政府副省长汪洋会见并宴请与会代表。安徽省审计局局长朱成林、副局长陈仲祥参加会议。会议对建立一套既适合中国国情、又能与国际通行的审计标准接轨的中国审计标准提供相关的立法基础与理论准备。

三、审计法治建设趋于完善

1994年第八届全国人民代表大会第九次会议通过《中华人民共和国审计法》;1996年审计署发布《中国审计规范》;1997年国务院颁布《中华人民共和国审计法实施条例》;2006年第十届全国人民代表大会常务委员会第二十次会议通过修改《中华人民共和国审计法》的决定;2000年至2004年,审计署先后发布《中华人民共和国审计基本准则》及若干通用准则,这一系列审计法律、法规和规章制度的建立,标志着中国审计法律体系进入健全和完善的阶段。

安徽省审计法制建设在国家审计法治体系的支持下,也处于不断完善的过程之中。1995年,省政府颁布《安徽省预算执行情况审计监督暂行办法》,对促进全省财政工作目标实现,规范各级预算执行和其他财政收支的审计监督提供法规依据;1997年,省政府颁布《安徽省建设项目竣工决算审计规定》,为规范投资行为,加强建设项目审计监督,提供法规依据;1998年,省政府印发《安徽省地方金融机构财务审计暂行规定》,为维护金融秩序,促进经济与社会健康发展,加强地方金融机构财务监督提供执法依据;1999年,为建立健全内部审计制度,加强内部审计监督,省政府印发《安徽省内部审计办法》,全面规范内部审计机构和人员、内部审计机构的职权和权限、内部审计工作程序以及相关法律责任;2001年,省政府印发《安徽省乡镇审计暂行规定》,为审计乡镇政府及所属单位财政财务收支,监督与国家财政收支有关的特定事项,完善了财政财务收支审计监督体系;2002年,省政府发布《安徽省社会保障资金审计监督办法》,对社会保障资金的安全、完整,维护社会公共利益和公民的合法权益,规范审计监督行为,起到保障作用;2003年,省政府颁布《安徽省股份制企业财务审计暂行规定》,为维护市场经济秩序、促进经济建设健康发展,提供审计监督的法规依据;同年,为加强党政领导干部和国有企业领导人的管理和监督,正确评价领导干部和企业领导人员任期经济责任,促进廉政建设,保障国有资产保值增值,省委办公厅、省政府办公厅联合发布《安徽省党政领导干部和国有企业领导人员任期经济责任审计暂行办法》,规范审计管辖、审计内容和程序、审计报告和审计结果处理以及相关法律责任。

2005年,为适应社会主义市场经济体制对审计工作的要求,在科学总结安徽省历年审计工作经验的基础上,安徽省第十届人民代表大会常务委员会第十九次会议审议通过《安徽省审计监督条例》，自2006年1月1日起施行。《安徽省审计监督条例》是国家实行审计监督制度以后，安徽省人民代表大会颁布的第一部地方性审计法规，是一部全面贯彻落实审计法，紧密结合安徽实际的地方性法规。这部法规的颁布实施，是安徽审计法制工作的一件大事，也是安徽省财政经济活动和民主法制建设中的一件大事，对于加强审计监督，维护财政经济秩序，促进廉政建设，保障国民经济健康发展，开创安徽审计工作新局面，具有十分重要的意义。《安徽省审计监督条例》的颁布实施，标志着安徽省审计法制建设步入新的里程。

1983年至2007年，安徽省审计法治工作与国家审计法治建设的发展始终保持高度一致。全省审计机关根据地方经济建设实际需要，逐步建立健全一系列与国家审计法规相配套的地方性审计法规、规章和规范性文件，形成以宪法为根本、以《中华人民共和国审计法》为核心、以审计准则为主线、以不同层次审计规章和规范性文件为内容的审计法规体系。

第二节　审计法治建设

省人大常委会立法　《安徽省审计监督条例》是国家实行审计监督制度以后，安徽省人民代表大会常务委员会（以下简称省人大常委会）颁布的第一部地方性审计法规。《安徽省审计监督条例》于2002年由省审计厅提出立法计划，上报省人大常委会、省政府。经过两年多调查研究、修改论证，完成条例草案起草任务。2004年列入省政府和省人大常委会实施类立法计划。2005年10月24日，安徽省第十届人民代表大会常务委员会第十九次会议审议通过，自2006年1月1日起施行。

《安徽省审计监督条例》是一部全面贯彻落实审计法，紧密结合安徽实际的地方性法规。它科学总结安徽省审计工作基本经验，适应社会主义市场经济体制对审计工作的要求，对审计监督范围等作出具有探索意义和前瞻性的规定。这部法规的颁布实施，对于加强审计监督，维护财政经济秩序，促进廉政建设，保障国民经济健康发展，开创安徽审计新局面，具有十分重要的意义。

省委、省政府规章　1986年，安徽省政府向全省各级政府及省政府各部门、各直属单位发出《关于加强审计监督工作的通知》，要求各部门、各单位严格遵照国务院《关于审计工作的暂行规定》，自觉接受审计监督，主动配合审计机关依法开展审计工作，为新成立的审计机关依法独立行使审计监督权提供行政保障。

1987年，安徽省政府发布《安徽省国营企业厂长（经理）任期终结审计暂行规定》，为加强国营企业厂长（经理）任期业绩考核监督，保障国有企业改革健康顺利进行，提供审计法规依据。

同年，为适应改革深入和促进企业承包经营责任制健康发展，安徽省人民政府办公厅转发省审计局《关于加强审计监督 促进企业承包经营的意见》。

1989年，为正确评价承包经营企业的经营业绩，明确经济责任，保障全民所有制企业承包经营责任制健康发展，安徽省政府第六号令发布《安徽省全民所有制工业企业承包经营审计暂行办法》。该暂行办法适用交通、建筑安装、农业、物资、商业、外贸等行业的全民所有制企业审计。

1995年，省政府颁布《安徽省预算执行情况审计监督暂行办法》，为促进全省财政工作目标实现，规范本省各级预算执行和其他财政收支审计监督提供法规依据。

1997年，省政府颁布《安徽省建设项目竣工决算审计规定》，为规范投资行为，提高资金使用效益，促进廉政建设，加强建设项目审计提供法规依据。

1998年，省政府印发《安徽省地方金融机构财务审计暂行规定》，为维护金融秩序，促进经济与社会健康发展，加强地方金融机构财务监督，提供执法依据。

1999年，为建立健全内部审计制度，加强内部审计监督，省政府印发《安徽省内部审计办法》，全面规范内部审计机构和人员、内部审计机构的职权和权限、内部审计工作程序以及相关法律责任。

2001年，省政府印发《安徽省乡镇审计暂行规定》，为依法监督乡镇政府及所属单位的财政财务收支，以及与国家财政收支有关的特定事项，完善财政财务收支审计监督体系提供依据。

2002年，省政府发布《安徽省社会保障资金审计监督办法》，为社会保障资金的安全、完整和保值增值，维护社会公共利益和公民的合法权益，规范审计监督行为，起到保障作用。

2003年，省政府颁布《安徽省股份制企业财务审计暂行规定》，规范审计机关监督、管辖范围和审计内容，为维护市场经济秩序、促进经济建设健康发展，提供法规保障。

当年，为加强党政领导干部和国有企业领导人的管理和监督，正确评价领导干部和企业领导人员任期经济责任，促进廉政建设，保障国有资产保值增值，省委办公厅、省政府办公厅联合发布《安徽省党政领导干部和国有企业领导人员任期经济责任审计暂行办法》，明确规范审计管辖、审计内容和程序、审计报告和审计结果处理以及相关法律责任。

部门联合规范性文件　专业审计规范　1985年3月23日，省政府批转3月6日安徽省财政厅、安徽省审计局、安徽省工商银行联合提交的《关于对各级行政事业单位的财务收支实行定期送达审计的报告》，对全省直接从省、地、市、县财政领取拨款的行政事业单位的财务收支实行按月定期送达审计制度。

2003年8月，为适应全省县级公共财政支出改革的不断深入，加强会计核算中心各部门和单位财政收支、财务收支活动的审计监督，安徽省审计厅、安徽省财政厅联合印发《县级财政实行国库集中收付制度各部门预算执行和决算审计暂行办法》，以保障财政资金安全完整，提高财政资金的使用效益。

审计专户规定　1986年1月，安徽省审计局、安徽省财政厅、中国人民银行安徽省分行联合转发审计署、财政部、中国人民银行《关于执行审计机关作出的缴款、扣款、停止财政拨款和银行贷款处理决定的联合通知》，在贯彻执行上级文件规定的同时，为掌握和清理违纪款项解缴情况，保证财政收入及时入库，规定全省县以上审计机关在工商银行设立“待处理审计款项”（不计息）专户，建立“审计专户”制度。

经济责任审计规范 1986年3月，中共安徽省委组织部、安徽省经济委员会、安徽省人事局、安徽省审计局联合发出《关于试行对大中型国营企业主要行政负责人调离工作时实行审计公证的通知》，试行大中型国营企业领导人“先审计，后调动”制度。

1993年2月，中共安徽省委组织部、安徽省经济委员会、安徽省体改委、安徽省财政厅、安徽省审计局联合发布《关于坚持和强化“两项制度审计”的通知》，规范厂长（经理）任期终结审计和企业承包经营审计制度。

2000年，安徽省实施“安徽省经济责任审计工作联席会议制度”，省纪委、省委组织部、省监察厅、省人事厅、省审计厅五部门为联席会议组成单位。省纪委、省审计厅为联席会议牵头单位。联席会议下设办公室，承办具体工作、设在审计厅。

2000年12月，省委办公厅、省政府办公厅转发省纪委等部门《关于认真贯彻落实中办文件 进一步加强经济责任审计工作的意见》，提出：充分认识经济责任审计工作的重要意义；总结经验，积极探索，进一步规范经济责任审计工作；积极采取措施，全面强化经济责任审计监督。

2001年10月，省经济责任审计工作联席会议制定《省经济责任审计工作联席会议部门职责》和《省级经济责任审计任务确定与执行程序（试行）》，对相关部门在经济责任审计工作中的主要工作职责作出明确规定，强调要进一步增强经济责任审计工作的计划性，减少临时追加审计任务。12月，中央五部委经济责任审计工作联席会议办公室转发了该文件。

2002年4月，省编办、省审计厅贯彻中办和皖办文件，联合发文要求市县政府在机构改革中组建经济责任审计机构，充实经济责任审计力量。

2003年7月，省委办公厅、省政府办公厅印发《安徽省党政领导干部和国有企业领导人员任期经济责任审计暂行办法》，对经济责任审计管辖、审计内容和程序、审计报告和审计结果处理等作出明确规定，并将市厅级党政领导干部纳入经济责任审计范畴。

2005年3月，省纪委、省委组织部、省检察院、省监察厅、省人事厅、省审计厅联合印发《安徽省党政领导干部任期经济责任审计结果利用办法（试行）》，对经济责任审计结果的质量、审计结果的利用和有关部门的职责等作出明确规定。4月，中央五部委经济责任审计工作联席会议办公室转发了该文件。

2005年10月，省第十届人大常委会第十九次会议审议通过《安徽省审计监督条例》，该条例第六章对“任期经济责任审计监督”作出原则性规定。

2006年7月，省纪委、省委组织部、省监察厅、省人事厅、省审计厅、省国资委联合印发《安徽省领导干部任中经济责任审计暂行办法》，规定领导干部任职满三年的，可以有计划地安排任中审计。同时，省纪委、省委组织部、省监察厅、省人事厅、省审计厅、省国资委联合印发《安徽省领导干部任期经济责任专项审计和专项审计调查暂行办法》，规定根据组织部门委托，审计机关对与领导干部任期经济责任有关的特定事项，开展经济责任专项审计和专项审计调查。

2006 年 8 月，省审计厅印发《任期经济责任审计常用文书规范》，规定审计通知书、审计报告、审计决定和审计结果报告等文书的内容和格式。

依法行政规范　2007 年，为加强行政执法队伍的规范化建设，省审计厅、省政府法制办公室联合印发《关于开展审计行政执法人员资格认证的通知》，对全省审计机关行政执法资格证书有效期满的人员，重新进行资格认证。

审计机关内部管理制度　1986 年 9 月，安徽省审计局针对当时“改革、开放、搞活”新形势下出现的新情况和新问题，印发《关于加强审计监督促进经济体制改革若干政策性问题的意见》，为全省审计机关依法审计提供指导意见。

1987 年，省审计局向地、市、县审计局印发《关于加强审计取证、完善审计工作底稿的通知》，对审计取证的法律程序和审计工作底稿内容的真实性、合法性提出规范要求。

1988 年，省审计局根据省政府《安徽省国营企业厂长（经理）任期终结审计的暂行规定》，分别制定国有公交、商贸、建筑安装、农林水利企业厂长（经理）任期终结审计实施办法，对审计范围和对象、审计内容和重点以及审计程序等提出要求。

1988 年，为加强审计计划管理，提高工作效率，省审计局根据审计署《审计工作年度计划管理办法》，印发《安徽省审计工作年度计划管理实施细则》。

1989 年 4 月，省审计局依据中共安徽省委“建立检查监督机关联席会议制度”决定，向各行署、市审计局发出《关于及时向检查监督机关联席会议提供审计案件情况的通知》，要求各地市审计局及时将本地区当年审计结束和正在审计的重大违纪案件的主要案情书面报告省审计局，要求每案一报，并对专题报告内容提出具体要求。

1989 年 8 月，安徽省审计局印发《关于进一步加强“审计专户”管理的规定》，规范“审计专户”操作程序及管理要求。

1989 年 10 月，省审计局按照党和国家关于廉政建设的规定，向全省审计人员提出《安徽省审计人员在审计工作中六项纪律》，要求全体审计人员在执行公务中必须严格遵守。

1989 年 11 月，安徽省审计局向全省审计机关发出《安徽省审计工作人员守则细则》，要求审计人员坚持“依法审计、秉公办事、实事求是、客观公正”的审计行为。

1990 年 5 月，省审计局适应审计工作法治化、制度化、规范化要求，根据《中华人民共和国审计条例》规定，制定《安徽省审计工作程序实施细则（试行）》，印发全省审计机关。该《审计工作程序》明确执法过程中审计人员、审计组长、审计业务处（科、股）长、审计局长的责任，规范审计工作人员执法行为，强化审计机关依法审计必须坚持“事实清楚，证据确凿，定性准确，处理恰当，符合程序，手续完备”的原则。

1990年，省审计局贯彻《中华人民共和国行政诉讼法》，制定《安徽省审计局机关行政诉讼应诉工作管理办法（试行）》，明确行政诉讼应诉工作管理机构、确定诉讼代理人原则、相关业务处（室）职责和任务。

1991年，全省开展审计质量年活动，为促进审计质量和审计执法水平提高，促进审计工作法治化、制度化、规范化，省审计局制定《安徽省审计项目操作规程和质量规范》及《安徽省审计项目质量考核办法》，对审计项目实施全过程的质量管理与控制，明确审计项目复核审理制度，检查审计结论和决定执行情况，避免和减小审计风险，强化审计监督的严肃性。

1991年1月，安徽省审计局在行政事业单位定期审计取得成效的基础上，提出《关于加强和改进定期审计工作的意见》，巩固和完善行政事业单位“定期送达审计制度”。

1991年8月，省审计局向全省审计机关印发《安徽省农业资金审计制度》，规范农业资金审计范围、审计对象和内容，以及审计处理原则等。同年制定《安徽省农业资金审计检查办法》，作为《安徽省农业资金审计制度》的配套措施一并印发。

1991年，为加强审计工作管理，增强审计工作计划性，省审计局制定《安徽省审计工作年度计划管理办法》，规范审计计划工作的任务、责任以及年度计划包含的内容。

1996年，为加强本省使用国家或本级财政性资金、专项资金、投资基金、投资贷款和利用外资进行新建、改建、重建的基本建设或技术改造项目的审计监督，省审计厅向省政府报送《安徽省固定资产投资项目竣工决算审计规定（送审稿）》及说明报告，以期通过政府规章建立健全固定资产投资项目的审计监督机制，规范投资行为。

1999年，为规范审计机关行政处罚程序，维护审计行政相对人的合法权益，省审计厅印发《安徽省审计机关审计听证会工作暂行办法》。该《暂行办法》规定，审计机关对被审计单位处以违反国家规定的财政财务收支金额百分之五以上，且金额在十万元以上的罚款；或者对违反国家规定的财政财务收支行为负有直接责任的有关人员处以二千元以上罚款时，可以举行听证会。《暂行办法》还对听证会组织程序等相关事项作出规范。

1999年，为加强审计机关行政执法队伍建设，省审计厅印发《安徽省审计机关行政执法人员持证上岗暂行办法》，要求审计人员必须取得专项行政执法资格，领取相关行政执法证件，方可从事审计执法工作。审计人员执行公务时，应主动出示行政执法证件。

1999年，为健全审计执法责任制度，省审计厅印发《安徽省审计机关审计人员执法过错责任追究暂行办法》，明确审计人员执法过程中，如果发生规定所列行为之一者，应追究其执法过错责任。

1999年，为健全重要审计事项集体研究制度，省审计厅根据《审计署审计复核工作规则》和《安徽省审计厅审计复核工作试行办法》，制定《安徽省审计厅审计项目复核审理委员会议事规则》，明确复核审理委员会对重大或复杂审计事项进行复核审定的责任及工作程序等相关事项。

1999年，为保证审计监督廉洁公正，省审计厅印发《安徽省审计机关审计回访办法》，检查和抽查审计机关及其工作人员执行审计公务中遵纪守法、廉洁自律以及遵守职业道德情况，强化审计机关的党风廉政建设。

1999年，省审计厅印发《安徽省审计机关审计项目计划管理暂行办法》，规范每年上级审计机关统一组织的审计项目、授权项目、领导交办项目、自行安排项目和审计调查等项目的计划管理，维护审计项目计划管理的严肃性，提高工作效率，保障审计工作科学有序地进行。

2000年，省审计厅制定《安徽省审计厅关于派出审计室开展审计工作的办法（试行）》，规范审计厅派出审计室的审计监督职责、主要工作任务、审计工作程序等相关事项。为省审计厅派出审计室依照法律法规履行审计监督职能，有效开展审计监督工作提供保证。

2000年，省审计厅制定《安徽省审计厅关于加强审计工作纪律的规定》，进一步严格审计纪律，促进审计机关廉政建设，提出具体要求。

2001年，为保证审计工作质量，规范审计复核工作，省审计厅制定《安徽省审计厅审计复核工作细则》，明确审计厅业务文书逐级复核审定制度。细则规定，审计意见书、审计决定书、审计处罚决定书、审计建议书、移送处理书等以及与审计结论有关的函，应当经审计组所在业务处室和审计厅复核机构复核后，由分管厅领导审定、签发，或者提交审计厅审理委员会审定。

2001年，为提高工作效率，规范工作程序，省审计厅制定《安徽省审计厅派出审计室日常审计业务工作操作办法（试行）》，操作办法规定，各派出审计室每年11月底以前提出本部门审计项目安排建议，也可对全省审计项目安排提出建议，综合法规处提出项目计划草案，征求有关方面意见，经厅长办公会审定后执行；同时对审计质量管理、审计范围等作出规范。

2002年，为充分发挥审计监督作用，提高审计工作透明度，省审计厅制定《安徽省审计厅审计结果公告试行办法》，明确审计结果公告的主要内容、审批程序、公告审计结果事项应具备的条件以及相关责任。

2003年，为发挥审计监督作用，扩大审计社会影响，省审计厅制定《安徽省审计厅审计结果跟踪检查暂行办法》，明确审计机关依法作出的审计意见书、审计决定书、审计建议书、移送处理书、审计处理决定书、强制执行申请书等业务文书，需要被审计单位执行、采纳或有关部门配合落实的审计事项，进行跟踪检查和督促落实，并明确此项工作的责任与分工。

2004年，省审计厅印发《关于明确经济责任审计报告有关操作流程的通知》，明确经济责任审计报告复核程序、审计文书下达时间以及审计项目汇报方式。

2005年，为贯彻国务院《全面推进依法行政实施纲要》和省政府依法行政工作任务，促进依法行政和依法审计水平不断提高，省审计厅印发《安徽省审计厅2005年综合法规工作要点》，提出坚持依法行政，加强审计法治建设的18条具体措施，以加强审计项目质量管理，促进审计法治建设。

2006年，省审计厅结合任期经济责任审计特点，制定《任期经济责任审计常用文书规范》，规范经济责任审计通知书、审计报告、审计决定、审计结果报告等文书的基本要素、主要内容及结构等。

2006年，为加强和改进审计项目计划管理工作，保障审计工作科学有序和高效运行，省审计厅制定《安徽省审计厅项目计划管理办法（试行）》，明确审计项目计划管理实行"统一领导，分级负责"的原则。办法明确全省下年度审计项目计划的制定程序。

2006年，省审计厅制定《安徽省审计厅聘请外部人员参与审计工作的管理办法（试行）》，规定省审计厅各业务处室和省经济责任审计局聘请外部人员参与审计工作的条件、组织、管理及聘请人员的技能资格等。

2006年，省审计厅报送省政府法制办两项立法草案和立法说明：建议将《安徽省内部审计条例》提请省人大常委会审议，列入地方性立法；建议将修订《安徽省国家建设项目审计规定》列入2007年省政府规章实施类计划。

2007年9月，省审计厅报送省政府法制办2008年审计立法项目及2008年至2012年审计立法规划意见。包括：

提请省人大常委会审议、修改《安徽省内部审计办法》，制订《安徽省内部审计条例》，列入2008年实施类立法计划；

提请省政府修订《安徽省建设项目竣工决算审计规定》；

提请省政府制定和修订政府规章：《安徽省预算执行和其他财政收支审计监督办法》《安徽省效益审计暂行办法》。

提请省政府制定和修订规范性文件：《安徽省地方金融机构财务收支审计规定》《安徽省审计结论落实工作暂行规定》《关于社会审计机构审计质量监督暂行办法》。

2007年，省审计厅印发《关于安徽省审计厅审计日记编写规范意见（试行）》。规范审计厅参加审计或审计调查项目的所有人员，包括审计组组长、副组长、主审和成员的审计行为，提高审计质量。

第三节　审计质量控制与管理

审计复核　1991年，为提高审计工作质量和执法水平，避免审计风险，省审计局制定《安徽省审计局机关复核审计结论和处理决定的试行办法》，规定需要对被审计单位作出处理的审计项目，其《审计结论和处理决定》应经过复核部门（法规处）复核并提出复核意见。审计业务处提供起草的《审计结论和处理决定》以及审计通知书、审计报告、与查处问题有关的工作底稿、相关的证明材料、被审计单位对审计报告的书面意见,以及认定和处理问题所依据的法律、法规、规章、政策等材料。由此,建立安徽省审计局机关审计项目质量管理和控制制度。同时,省审计局加强全省审计机关审计复核审理工作指导和管理，11月向各地市审计局发文了解审计机关实行复核审理情况,促进审计复核审理制度的全面落实。

1995年,省审计厅进一步加强审计项目质量管理,严格执行审计程序,强化审计执法力度,制定《省厅机关审计项目复核审理工作的暂行办法》,明确审计项目的复核审理工作,必须坚持以事实为依据,以法律、法规、规章为准绳和依法审计与实事求是的原则;凡省厅机关各业务处直接承担的审计项目,在出具审计意见书、作出审计决定或者向有关主管机关提出处理处罚意见前,均应经省厅综合处复核。一般审计项目,经综合处复核后,送分管副厅长签发;复杂或重大审计项目,由综合处复核后,提请省厅审理委员会审定。

2001年,省审计厅根据审计署《审计机关审计复核准则》和《安徽省审计厅审计复核工作试行办法》《安徽省审计项目复核审理委员会议事规则》,制定《安徽省审计厅审计复核工作细则》,细则在完善审计复核与审定制度、规范审计行为、提高审计质量、防范审计风险等方面起到积极推动作用。

2003年,审计厅综合处复核审计文书84份,其中审计意见书70份,审计决定14份,上述文书涉及审计项目70个。复核人员在程序性复核基础上,向实质性复核发展,注意与业务处室沟通,保障审计工作质量。当年,省审计厅首次开展优秀审计项目评选工作。

2004年,全年复核审计结论性文书103份,其中:审计意见书78份,审计决定25份,涉及78个审计项目。重点复核审计项目主要事实是否清楚,适用法律、法规、规章是否准确,评价、定性、处理、处罚和移送处理是否恰当,审计程序是否符合规定等。复核工作实行“三级复核制”,对预算执行审计、重点行业及中药专项资金审计等重大审计项目,提交省审计厅厅长办公会议或厅审理委员会审定。全年召开厅长办公会议三次、审理委员会会议一次,对20多个审计项目集体审定。通过复核,严格审计程序,提高审计质量,促进审计准则的贯彻落实。

2005年,综合处复核审计结论性文书137份,其中:审计报告88份,审计决定46份,移送处理3份。通过复核,严格审计程序的执行和审计质量的提高,促进审计准则的贯彻落实。

2006年,综合法规处复核75个审计项目、120份结论性文书。复核工作由程序性向实质性复核转变,同类问题统一定性处理;重大审计项目的定性处理提前介入,对审计执法行为规范和审计质量提高起到积极促进作用。

2007年,继续开展复核审理工作。复核材料的内容和程序,严格遵照审计署6号令要求,按照“三级复核制”,深入推进审计项目复核审理工作。

审计项目质量检查 1989年3月，审计机关一手抓审计质量，一手抓审计人员作风建设，努力树立良好社会形象，省审计局组织全省开展审计质量和审计人员廉洁情况检查。检查内容有：执行审计程序情况；审计结论和审计决定的准确性情况；审计结论和审计决定的执行情况；审计为宏观决策服务情况；有无复审、复审结果与原结论有无较大出入等情况。7月，省审计局印发《关于开展审计质量检查的具体意见》，具体部署检查范围和重点、时间、方法、考评办法。

1989年3月至1990年年底，省审计局组织开展审计质量检查，就质量检查的目的、内容、方法、考评标准等，先后三次向全省审计机关发文进行部署。各地对1989年度完成的审计项目进行自查，写出自查报告。按照分级负责的原则，15个行署、市审计局对所辖县（市、区）审计局的审计质量抽查，抽查面100%。省审计局负责的重点抽查分两个阶段进行。第一阶段，检查省审计局机关各业务处；第二阶段，抽出22位业务骨干分赴全省各地重点抽查。抽查16个行署、市审计局，延伸16个县级审计局的审计质量。重点抽查采取听汇报、随机调阅审计档案、专题座谈方式。审计质量检查中，实行"三个结合"，看材料与了解情况相结合；领导与群众相结合；检查与纠正相结合。对一些政策性强、影响因素多的复杂审计项目和一些处理难度较大的审计项目进行专门解剖，提出解决办法和意见。由于各级领导重视和周密安排，全省首次审计质量检查达到预期目的，收到良好效果。

1991年1月，为增强审计人员的执法意识和质量观念，提高审计工作质量和执法水平，安徽省审计局印发《关于加强审计质量管理的几点意见》和《关于开展"审计质量年"活动实施意见》，在全省组织开展"审计质量年活动"。

1992年，省审计厅编印《"审计质量年"活动资料汇编》。

2001年，省审计厅向各市审计局印发《安徽省审计厅2001年审计项目质量检查方案》的通知，检查省辖市审计局1999年和2000年完成的审计项目。此次审计项目质量检查，主要检查审计项目档案，必要时到被审计单位验证。检查的内容主要是：审计程序规范情况；审计质量控制情况；审计执法力度和审计成果利用情况，其中审计质量控制为检查的重点。

优秀审计项目评选 1995年，全省审计机关认真贯彻执行《中华人民共和国审计法》，全面超额完成各项审计工作任务。为推动全省审计项目质量的全面提高，省审计厅组织开展"1995年度优秀项目评选活动"。经各行署、市审计局推荐，省审计厅各业务对口处室分别审核，省审计厅评选优秀审计项目委员会审定，评选出合肥市审计局《对合肥市农资公司1994年度财务收支审计》等36个审计项目为"安徽省1995年度优秀审计项目"并予以表彰。

2003年9月，省审计厅进一步推动厅机关贯彻落实审计准则，规范审计行为，在厅机关开展"2003年度优秀审计项目评选"活动。此次优秀项目评选由分别审核改为统一审核，并明确评选优秀项目的具体条件和评比办法。优秀项目评选条件是：审计工作全过程严格按照审计法及其实施条例和审计准则的规定；审计结果事实清楚，证据确凿，定性准确，评价客观公正，处理处罚适当，建议切实可行；审计揭露出重大违法违纪问题或重大经济犯罪案件线索；审计结果产生较大社会影响。评选的具体内容包括：审计方案、审计方法、审计证据、审计底稿、审计报告、审计意见和决定；审计程序、审计文书和档案、审计职权和制度；审计揭露出重大违法违纪问题或重大经济犯罪案件线索情况；审计意见和建议采纳情况；审计结果采用情况；审计产生的社会影响等。省审计厅定出要素量化评分标准，尝试在厅机关建立规范审计行为和提高审计质量水平的激励机制。省审计厅通报表彰 2003 年度厅机关优秀审计项目 5 个。

2004 年，组织开展“2003 年度全省优秀项目评选”活动，评选范围为各市县（区）审计局、省经济责任局、厅机关各业务处室完成省厅统一组织的 2003 年度审计项目。评选条件在上年省厅机关评选优秀项目条件基础上，补充“审计组在审计过程中违反廉政纪律要求的，该项目不能申报优秀项目”。

7 月，省审计厅向全省审计机关发出《关于参加审计署 2003 年度全国优秀审计项目评比工作的通知》，要求各级审计机关严格按照审计署和省厅提出的评选条件推荐优秀审计项目，省厅组织初选各单位推荐的优秀项目，确定向审计署推荐 1 个审计项目。通知下发后，各市审计局、省经济责任审计局、厅机关各业务处室分别自评、推荐。省厅优秀项目考评组按照《安徽省优秀项目评分标准（试行）》进行复评，再经厅长办公会议审议评选出 6 个项目为 2003 年度全省优秀审计项目。分别是：舒城县山七镇原镇长任期经济责任审计（舒城县审计局）；淮南市本级 2002 年度预算执行和其他财政收支审计（淮南市审计局）；安庆市政府 2002 年度财政决算及其他财政收支审计（省厅财政处）；合肥市供水集团董事长兼总经理任期经济责任审计（合肥市审计局）；蚌埠市公安局 2002 年度财政财务收支审计（蚌埠市审计局）；省供销社原主任任期经济责任审计（省厅科教室）。省审计厅通报表彰并奖励优秀项目的实施审计单位和人员。

2005 年 3 月，省审计厅转发《审计署关于开展 2004 年度全国优秀审计项目评选工作的通知》（简称《通报》），由各市审计局、省经济责任审计局、厅各业务处室按照评选要求，各推荐 1 个符合条件的审计项目，于 4 月底前将相关材料报送省审计厅综合法规处。5 月，省审计厅印发《安徽省优秀项目评选办法（试行）》，部署 2004 年度全省优秀项目评选工作。评分标准量化审计规范化、审计揭露问题、审计成效等内容。9 月，省审计厅按新办法评选全省优秀审计项目。11 月，省审计厅发出《关于 2004 年度全省优秀审计项目评选情况的通报》（简称《通报》）。全省优秀审计项目评选共有 23 个单位、31 个审计项目参评，其中省厅 6 个业务处室申报 6 个项目，9 个市审计局申报 17 个审计项目，8 个县区审计局申报 8 个审计项目。参评项目有财政审计项目 6 个，经济责任审计项目 8 个（其中 3 个企业，5 个党政机关），行政事业审计项目 5 个，社会审计保障项目 4 个，农业审计项目 3 个，企业审计项目 2 个，投资审计项目 2 个，外资审计项目 1 个。参评项目展现审计成效：严肃处理和责令纠正严重违反财经法规的问题，为维护经济秩序作出突出贡献；揭露严重经济违纪问题和违法犯罪线索，显示审计监督的震慑力；促进有关政府、部门和被审计单位建立健全相关管理制度，审计工作成为深化改革、加快发展、维护稳定的重要推动力量；注重审计成果开发利用和审计宣传，审计工作产生良好社会影响。《通报》也指出评选发现部分审计项目的质量管理问题，提出加强审计项目质量管理的意见。

2004年度全省优秀审计项目是：全省治淮项目和建设资金审计调查项目（省厅投资处）；颍上县2003年度淮河流域洪灾补偿资金审计项目（省厅劳动保障室）；安徽氯碱化工集团原负责人任期经济责任审计项目（合肥市审计局）；市本级2003年度财政预算执行审计项目（铜陵市审计局）；巢湖市原散兵水泥厂专项资金审计项目（巢湖市居巢区审计局）；安庆市开发区国有土地出让金审计调查项目（安庆市审计局）；琅琊房屋开发公司原负责人任期经济责任审计项目（滁州市琅琊区审计局）；铜陵市广播电视局原负责人任期经济责任审计项目（铜陵市审计局）；合肥市政府市长任期经济责任审计项目（省厅财政处）；蚌埠市国土资源部门财务收支及国有土地出让金审计项目（蚌埠市审计局）。

2004年度全省表彰的审计项目是：皖能集团有限公司负责人任期经济责任审计项目（省厅经贸处）；合肥市人民检察院2003年度财务收支审计项目（合肥市审计局）；宁国市2003年度城镇职工医疗保险基金审计项目（宁国市审计局）；蚌埠市新城区管委会原主任任期经济责任审计项目（蚌埠市审计局）；淮南市国土资源部门财务收支及国有土地出让金审计项目（淮南市审计局）；杨楼镇党委政府原负责人任期经济责任审计项目（阜阳市颍东区审计局）；芜湖市世行贷款种子商业化项目执行情况审计项目（芜湖市审计局）；淮南市本级2003年度财政预算执行审计项目（淮南市审计局）；池州市经贸委2003年度预算执行审计项目（池州市审计局）；海螺集团2003年度财务收支审计项目（省厅经济室）。

2006年2月，省审计厅转发《审计署地方优秀项目评选办法（试行）》，要求各地市审计局、省经济责任审计局、厅机关各处室结合审计目标管理，遵照执行。5月，省审计厅转发《审计署关于开展2005年度优秀审计项目评选工作的通知》，明确在全省2005年度优秀审计项目评选基础上，从中择优推荐1至2个优秀项目参加审计署的地方优秀审计项目评选。7月，省审计厅通报2005年度全省优秀审计项目评选情况。这次全省优秀审计项目评选，有20个单位申报31个审计项目，其中省厅7个业务处室申报7个项目，13个市审计局申报21个项目，3个县区审计局申报3个项目。参评项目有财政审计项目7个，专项资金审计项目8个，经济责任审计项目6个（其中5个党政机关，1个企业），行政事业审计项目4个，审计调查2个，企业审计项目1个，外资审计项目1个，投资审计项目1个，金融审计项目1个。

2005年度全省优秀审计项目是：省广电局2004年度预算执行及经济责任审计（省厅新广室）；铜都铜业股份有限公司亚行贷款项目审计（省厅外资处）；怀远县2003—

2004年度水利专项资金审计(蚌埠市局);原安徽池州有色金属公司董事长任期经济责任审计(池州市局);省环保局2004年度预算执行及其他财政财务收支审计(省厅农业处);省财政厅2004年度省级预算执行和其他财政财务收支审计(省厅财政处);蚌埠市2004年度失业保险基金、再就业资金审计(省厅社保处);芜湖市第二人民医院财务收支及原院长经济责任审计(芜湖市局);淮南市住房公积金管理使用情况审计(淮南市局);阜阳市中级人民法院财务收支和基本建设项目审计(阜阳市局)。

2005年度全省表彰的审计项目是:铜陵市2004年度预算执行和其他财政财务收支审计(铜陵市局);铜陵市2004年度环保资金审计(铜陵市局);颍上县原县长任期经济责任审计(阜阳市局);芜湖市2004年度教育费附加使用效益情况审计调查(芜湖市局);合肥市天然气利用工程审计调查(合肥市局);巢湖市居巢区区长任中经济责任审计(巢湖市局);安庆市中级人民法院2004年度财政财务收支审计(安庆市局);国元证券公司2003年度资产负债损益审计(省厅金融处);蚌埠市建设投资有限公司2002年至2004年财务收支审计(蚌埠市局);利辛县劳务经济发展局赴新疆拾棉花专项资金审计(亳州市局)。

通报指出,评选表彰优秀审计项目,在于促进审计项目质量不断提高。希望各级审计机关完善审计质量控制机制,建立健全审计质量保证体系;改进审计管理方法,提高审计项目管理效能;推进审计结果转化,提升审计结果在更大范围更高层次上有效运用,不断提高审计项目质量和水平。

2007年1月,省审计厅转发《审计署办公厅关于2005年度优秀审计项目评选结果分析情况的通报》(简称《通报》);4月,印发《关于开展2006年度全省优秀审计项目评选工作的通知》,要求各市审计局和省经济责任局、省厅各业务处室按规定推荐参评项目。12月,全省2006年度优秀审计项目评选结束。此次全省优秀审计项目评选,有26个单位申报42个审计项目参评,合计卷宗187卷,其中省厅9个业务处室申报9个项目84卷，17个市审计局申报25个项目80卷，8个县（市、区）审计局申报8个项目23卷。参评项目有财政审计项目7个,经济责任审计项目12个（其中党政机关9个,企业3个),财政审计与经济责任审计相结合项目3个,专项资金审计项目10个,投资审计项目4个,企业审计项目3个,外资审计项目2个,审计调查项目1个。《通报》评价参评项目展现的成效,分析项目质量问题,提出加强项目质量管理的意见。

2006年度全省优秀审计项目如下:省新闻出版局2005年度预算执行及原局长刘苹同志任期经济责任审计（省厅新闻广电审计室）;安庆市国土局菱北西路工程建设征迁补偿安置等情况专项审计（安庆市审计局）;世行贷款贫困地区林业发展项目2005年度财务收支及项目执行情况的审计（省厅外资审计处）;蚌埠新城综合开发区2005年度财政财务收支审计（蚌埠市审计局）;濉溪县残疾人联合会2005年度财政财务收支审计（濉溪县审计局）;亳州市住房公积金管理中心2005年度公积金审计和审计调查（亳州市审计局）;马鞍山市交通局2005年度部门预算执行及局长孙奇任期经济责

任审计（马鞍山市审计局）；合肥市城区2002年至2005年教育经费投入及新建住宅区配套学校建设情况审计调查（合肥市审计局）；铜陵市新苑小区经济适用房一二三期工程决算审计（铜陵市审计局）；省投资集团有限责任公司总经理钱进任期经济责任审计（省厅经济审计室）。

全省表彰的审计项目是：宿州市奎濉河治理建设管理处近期治理工程财务收支、建设管理情况审计（宿州市审计局）；安徽省盐业总公司2005年度财务收支审计（省厅经贸审计处）；皖北煤电集团公司2004年度财务收支审计（省厅农业审计室）；省农垦集团有限公司董事长丁俊光任期经济责任审计（省厅农业审计处）；池州市国土局2005年度预算执行审计（池州市审计局）；2002年至2004年度省本级福利彩票审计和审计调查（省厅劳动保障审计室）；舒城县中大商城建设工程财务收支审计（舒城县审计局）；阜阳市第一中学校长严森任中经济责任审计（阜阳市审计局）；对后其荣2004—2005年度任期经济责任的审计（芜湖市审计局）；绩溪县天地房地产开发公司灵川河段改河防洪项目投资审计（绩溪县审计局）。

2007年，省审计厅通报表彰省厅新闻广电室，上年获审计署表彰“2005年度地方表彰审计项目”——安徽省广电局2005年度预算执行及原领导人员任期经济责任审计项目，并给予奖励。

审计执法检查 1999年8月，根据省政府1999年行政执法检查计划安排，省审计厅、省政府法制局联合制定《开展审计法执法情况检查的实施方案》，下发各市、行署、县（市、区）审计局和当地政府法制局，统一部署检查目的、范围、主要内容以及检查方法和时间安排。11月13日至21日，经省政府同意，省审计厅与省政府法制局联合，检查全省审计系统开展《中华人民共和国审计法》贯彻执行情况。

2003年，按照审计署要求，省审计厅检查全省“审计专户”情况。截至当年10月，全省有“审计专户”42个，其中市级12个，县（区）级30个。

2004年，国务院和省政府相继颁布《全面推进依法行政实施纲要》（简称《纲要》）和《贯彻国务院全面推进依法行政实施纲要的意见》，明确今后十年全面推进依法行政的指导思想和具体目标。省政府明确提出，从2004年起、在未来10年内，每年都要对各地、各部门依法行政情况进行检查，并向省人大常委会专题报告。为此，省审计厅成立依法行政领导小组，下设办公室，由综合法规处承担办公室日常工作。根据省政府要求，省审计厅制定《省审计厅落实省政府依法行政工作任务的实施方案》，提出贯彻落实《纲要》、依法履行审计监督职责的具体工作目标、重点任务、相关措施和要求等，指导全省审计机关依法行政、依法审计。年底，省审计厅向省政府提交依法行政工作情况自查报告。报告内容包括，加强领导，精心规划，切实抓好《纲要》的学习宣传贯彻工作；全面审计，突出重点，积极促进法治政府建设；公开政务，完善制度，努力提高依法审计水平。12月14日，省政府检查组对省审计厅依法行政工作进行检查，给予省审计厅充分肯定和高度评价。

2005年5月,省审计厅制定《安徽省审计机关2005年依法行政工作实施意见》,要求全省审计机关明确责任,认真履行宪法和法律赋予的审计监督权,积极推进政务公开,完善制度,提高依法行政水平。12月6日,省审计厅向省政府作《关于依法行政工作自查情况的报告》,报告内容主要有:一是加强组织领导,为依法行政提供坚强的组织保证。2004年省审计厅成立依法行政工作领导小组,厅长桂建平任组长,厅党组其他成员为副组长,办公室、综合法规处、机关党委、监察室等部门负责人为领导小组成员,全面负责厅机关依法行政工作的整体部署和监督检查。并制定规划、明确要求,具体提出贯彻落实国务院《全面推进依法行政实施纲要》、依法履行审计监督职责的工作目标、重点任务、相关措施和要求,指导依法行政、依法审计工作;二是坚持依法审计,不断提高审计工作水平。省审计厅认真履行宪法和法律法规赋予审计机关的监督职责,以深化预算执行审计,加大重要专项资金审计力度,切实推进经济责任审计等审计项目为重点,安排全省年度审计计划。截至11月底,全省审计机关审计4386个单位,查处违规资金264713万元,管理不规范金额1557427万元,损失浪费金额22822万元,审计处理应上缴财政35738万元。从而促进各级各部门依法管理、依法决策和政府行为公开透明,保障国家法律法规和方针政策落到实处,维护法制统一和政令畅通;三是规范执法行为,提高审计制度建设质量。具体措施包括,加强审计法制建设,加快地方性立法的步伐;贯彻《审计机关审计项目质量控制办法》,落实审计项目复核审理制度和重大审计项目集体审定制度;继续推行行政执法责任制和执法过错责任追究制;开展全省优秀审计项目评选;实行审计组长竞争上岗;狠抓审计整改工作;四是推进政务公开,提高审计监督透明度;五是强化学习宣传,不断提高审计人员依法行政能力。自查报告也提出审计工作中存在问题的改进意见。12月14日,省政府依法行政检查组到省审计厅进行执法检查,高度评价省审计厅依法行政、依法审计工作。2005年,省审计厅(综合法规处)被省政府法制办公室评为“2003—2004年度全省政府法制工作先进单位。

2006年,为总结审计执法经验,研究解决审计执法中存在的突出问题,创造良好的审计执法环境,省审计厅于11月向省人大常委会书面请示,建议由省人大常委会牵头组织,于2007年下半年组成由省直有关部门负责人参加的若干检查组,分赴17个市和有关县,检查各地审计法执行情况。审计建议检查的内容是:各级政府重视审计监督,加强审计工作领导,充分发挥审计监督作用情况;各级人大常委会听取和审议审计工作报告及审计发现问题的整改情况;各级审计机关建立健全有关制度,推进法制宣传教育的制度化、规范化情况;各级审计机关坚持全面审计,突出重点,加强审计管理,不断提高依法审计能力的情况;各地积极稳妥地向社会公告审计结果,使审计监督与舆论监督有机结合情况;审计执法中存在的主要困难和问题;审计机关自身建设情况,尤其是市县审计机关人员编制、知识结构、年龄结构和经费保证情况。

2006年3月,省审计厅向全省审计机关印发《安徽省审计机关2006年依法行政工作实施意见》,要求全省审计机关以邓小平理论、“三个代表”重要思想为指导,以科学发展观为统领，努力实现“四个构建”目标，即构建以《中华人民共和国审计法》为主体，以《安徽省审计监督条例》为基础，符合审计客观规律和实际需要的审计法律法规体系；构建权责明确、行为规范、监督有效、公证透明的审计执法体制；构建运转协调、管理严格、廉洁高效、保障有力的审计管理体制；构建审计机关工作人员特别是领导干部尊重法律、崇尚法律、遵守法律的依法行政氛围。围绕上述目标，实施意见提出2006年依法行政的工作重点和具体措施。12月，省审计厅为贯彻落实国务院《全面推行依法行政实施纲要》和省政府《关于印发2006年度省政府推行依法行政工作安排的通知》要求，推进依法行政、依法审计工作情况进行自查，并将自查情况书面报告省政府法制办。报告反映6个方面内容：加强组织领导，切实推进依法行政工作；转变政府职能，构建公正透明的审计执法体制；加强审计执法建设，不断提高制度建设质量；规范审计执法行为，努力提高依法审计水平；完善行政监督制度，保障审计机关依法行政；推进政府工作创新，依法行政工作成效显著。

2007年10月，结合全省审计质量检查活动，省审计厅组织业务骨干检查合肥、阜阳、淮南、滁州、六安、巢湖、芜湖、宣城、黄山9个市审计局2006年度审计项目质量和执法情况。检查重点是：各级政府重视审计监督，加强对审计工作领导，充分发挥审计监督作用情况；各级人大常委会听取和审议审计工作报告以及审计发现问题的整改情况；各级审计机关坚持全面审计，突出重点，加强审计管理，不断提高依法审计能力情况；审计机关自身建设情况等。审计质量检查的重点，主要是各级审计机关贯彻执行审计署6号令和相关审计准则、防范审计风险、提高审计质量方面采取的主要措施，取得的主要成效，存在的主要问题等。检查工作肯定成绩，分析研究发现的突出问题，推动和促进审计工作进一步规范化、制度化、法制化。

第四节　审计普法

“一五”普法工作（1986年至1990年） 1985年12月16日，安徽电视台播放副省长宋明“认真学习、实施我国第一个审计法规—《审计工作暂行规定》”电视讲话，向社会宣传审计法规。

1988年12月，《安徽日报》登载“认真学习、宣传、贯彻《审计条例》——省政府副省长邵明就当前审计工作答记者问”，向社会宣传介绍安徽省贯彻实施《审计条例》概况。

1989年《中华人民共和国行政诉讼法》颁布。根据审计署和省政府要求，安徽省审计局组织全省审计机关开展《中华人民共和国行政诉讼法》的宣传学习活动，为实施《中华人民共和国行政诉讼法》进行必要的准备。主要做法有：1990年下半年，省审计局每周安排1至2次行政诉讼方面的法律知识学习，聘请司法部门专家专题讲座；举办全省审计机关负责人和业务骨干培训班，当年培训120人次；配合省政府法制局，清理历年政府规章及其他相关规范性文件；在专门的审计法制机构成立之前，明确省地（市）一级的审计法制工作由综合处（科）承担，县（市）审计局的审计法制工作由人秘股或办公室承担。诉讼代理人则根据各地实际，省审计局及部分地（市）审计局规定，作出具体行政行为的审计人员作为代理人之一，另一名代理人可聘请专职律师或法制工作人员；有的地（市）审计局明确本单位诉讼代理人，有的县审计局聘请法律顾问。复审工作一般按审计事项归口对应的业务处（科）负责；为实施行政诉讼法，建立审计报告复核制度、经常性执法检查制度、审计工作程序实施细则及行政诉讼应诉工作管理办法等。

“二五”普法工作（1991年至1995年） 1991年10月开始，省审计局按照审计署、安徽省委省政府、省“普法办公室”统一部署，制定“安徽省审计机关开展专业普法宣传教育第二个五年计划实施方案”，要求全省审计工作人员学习宪法、基本法和有关专业法律知识，按规定参加学习和考核。“二五”普法期间专业法学习的内容主要有：《审计条例》及其实施细则、《违反财政法规处罚规定》及其施行细则、《中华人民共和国行政诉讼法》《行政复议条例》《中华人民共和国国家赔偿法》《中华人民共和国会计法》《税收征收管理条例》《国家预算管理条例》等。“二五”普法实施方案要求各级审计机关充分认识学法与用法的重要性，联系审计职能和工作实际学习理解和掌握法律法规的立法宗旨与具体规定，将审计工作严格纳入法制化轨道。“二五”普法实施方案计划于1995年第三季度组织考核验收。

省审计厅五年普法工作中，多次举办全省审计执法专题讲座、新税制改革专题讲座、审计法培训班、审计法研讨班、行政复议与行政诉讼培训班，印发各种普法学习资料，强化审计人员对专业法的熟悉和掌握。省审计厅和各级审计局还通过广播、电视、报刊、杂志等形式进行宣传，促进社会各界对审计监督制度的认识和理解，营造良好的审计氛围。

1995年，省审计厅成立由厅党组副书记、常务副厅长祝德智任组长的“二五”普法考核验收小组，组织专门力量对全省审计系统“二五”普法工作情况，在各地审计机关自查总结基础上，进行检查验收。验收结果显示，各地领导重视，组织措施得力，广大审计干部积极学法用法，有3092名审计干部参加学习、参学率100%。各地按照普法“实施方案”要求，采取集中学习培训、举办各类学习班、分阶段举行法规知识考试等方式，完成“以宪法为核心，以专业法为重点”的学习目标和学习内容，“二五”普法收到预期效果。

“三五”普法工作（1996年至2000年） 1996年10月，省审计厅根据中央宣传部、司法部、审计署及安徽省委宣传部、司法厅关于在公民中开展法制宣传教育第三个五年规划的要求，印发《安徽省审计机关开展法制宣传教育的第三个五年规划实施方案》，要求各级审计机关在当地党政领导统一部署下，总结前两个五年普法工作，加大法制宣传工作力度。方案明确“三五”普法工作以《中华人民共和国审计法》为宣传教育重点，各级审计机关应结合实施方案，制定本单位的具体普法措施，认真完成“三五”普法任务。实施方案总体目标是：各级审计机关通过五年以《中华人民共和国审计法》为主要内容的法制宣传教育，进一步增强全体审计人员的法律意识和法制观念，强化依法审计意识，加强审计监督，充分发挥审计工作在宏观调控中的作用，为实现安徽省国民经济和社会发展“九五”计划和2010年远景目标作出贡献。实施方案提出开展普法工作具体实施步骤：1996年培训骨干，宣传发动，成立普法领导小组。省审计厅成立“三五”普法领导小组，厅长朱成林任组长，副厅长祝德智任副组长，人事处、办公室、管理处、机关党委和综合处负责人为领导小组成员。普法办公室设在综合处。1996年至1997年普法教育的主要内容是：审计法、行政处罚法、行政诉讼法、国家赔偿法、行政复议条例等；1998年至1999年，普法教育重点是预算、税收、金融、会计等方面的法律法规；2000年省审计厅普法领导小组统一组织全省审计机关的“三五”普法工作考核验收。

1997年6月，省审计厅举办审计法制培训班，县（市、区）审计局负责人和地（市）审计局综合科负责人约90人参加。

1998年，省审计厅在《安徽日报》组织《中华人民共和国审计法》宣传专版、在安徽电视台主办专场文艺晚会、在有关报刊组织法规知识竞赛、举办专题讲座、法制培训班等，各级审计机关也因地制宜组织形式多样、内容丰富的审计法制宣传活动，使普法教育收到明显效果。

1999年，省审计厅按照审计署和安徽省“三五”普法规划要求，印发《1999年全省审计机关法制工作的意见》，强调全面贯彻《中华人民共和国审计法》，加强质量控制，防范审计风险的重要性。省审计厅举办各县（市）审计局长和地市综合科长参加的法律知识学习班，采取宣传栏、举办专题讲座、法律知识竞赛等形式开展普法教育；要求各级审计机关有计划地组织广大审计人员学习掌握“三五”普法知识，学习的主要内容是审计署编印的《审计干部法律必读》、省政府法制局编印的《行政执法手册》以及省审计厅组织编写的《经济法规知识丛书——审计法规知识》，结合学习其他与审计相关的财经法律法规和规章，增强广大审计人员的法律意识和法制观念。

2000年，是“三五”普法工作最后一年。安徽省各级审计机关按照审计署和省政府部署，经过五年普法工作，推进审计执法工作更上新台阶。各地人大常委会和政府结合本地实际，制定一系列审计法规和规范性文件，强化审计监督制度。五年来，全省审计机关审计3.3万个单位，查处违纪违规金额201亿元，上缴财政18.81亿元，归还原渠道资金27.96亿元，促进增收节支5.23亿元，移交贪污贿赂案件近100件，提交审计报告和信息18757篇，其中各级领导机关采用批示9889篇，审计为维护财经法纪，促进廉政建设，保障经济健康发展作出积极贡献。省审计厅连续7年被省政府评为任期目标优秀单位；被省政府记集体二等功和三等功各一次；被评为省直机关“三优”文明机关。

“四五”普法工作（2001年至2005年） 2001年2月15日，省审计厅厅长桂建平应邀出席省人大常委会中心组会议，宣讲《中华人民共和国审计法》。省人大常委会主任孟富林及省人大常委会其他领导、省人大常委会办公厅及各工作委员会负责人参加会议。

2001年11月，根据审计署和省委省政府关于开展法制宣传教育第四个五年计划的要求，省审计厅印发《全省审计机关开展法制宣传教育的第四个五年规划实施方案》。实施方案提出全省审计机关“四五”普法的总体目标是：以宪法、审计法为主要内容，深入开展法制宣传教育，全面提高审计人员特别是市级审计机关领导干部的法律素质，由增强全省审计人员法律意识向提高全省审计人员法律素质转变，由注重依靠行政手段管理向注重运用法律手段管理转变，把开展法制宣传教育与推进依法审计结合起来，切实推进全省审计机关“人、法、技”建设，全面提高依法审计水平，促进安徽省“十五”时期各项改革和经济发展目标实现。具体实施步骤是：2001年培训法制宣传教育骨干，作好宣传发动工作，成立“四五”普法领导小组，作好各项准备工作；2002年至2003年，重点学习宪法、审计法及实施条例、国家审计准则以及行政处罚法、行政复议法、行政诉讼法、国家赔偿法等法律法规和规章；2003年至2004年，重点学习刑法、会计法、预算法、公司法、证券法、合同法、破产法、税收征收管理法、中国人民银行法、商业银行法、保险法、票据法，以及整顿和规范市场金融秩序、加入世界贸易组织等法律法规。实施方案要求全省审计机关在本地区党政领导统一部署下，总结前三个五年普法工作，认真完成“四五”普法任务，进一步加大法制宣传教育力度。

2002年9月，省审计厅根据审计署转发《中组部、中宣部、司法部关于加强领导干部学法用法工作的若干意见》的通知，印发《厅机关处以上领导干部学法用法实施意见》，按照“四五”普法实施方案要求的学法内容，坚持自学制度、中心组专题学习制度和集中培训制度，坚持学法与用法相结合，要求处级以上干部结合本省审计工作实际，执行好《中华人民共和国审计法》及其实施条例和《审计准则》，认真抓好地方性审计法规的贯彻落实。10月25日，党组召集厅机关中心组成员，开展“学法、守法、用法”学习讨论。12月4日，审计厅综合法规处派员参加省直机关“12·4”法制宣传日活动。

2003年3月1日，省审计厅团委组织青年到街头义务为群众提供法律咨询服务；12月3日，省审计厅综合法规处派员参加省法制工作领导小组组织的省直机关送法下基层活动和法制宣传活动。

2004年12月4日，省审计厅综合法规处全体人员参加省法制领导小组组织的“12·4”法制宣传日活动，走上街头宣传审计法律法规知识。省人大常委会副主任高福明等到现场看望宣传人员。

2005年，省审计厅成立“四五”普法检查验收领导小组，由厅长桂建平任组长，副厅长戴克柱任副组长，厅办公室、综合法规处、人事教育处、机关党委主要负责人为领导小组成员。普法办公室设在综合处。5月，省审计厅制定《安徽省审计机关“四五”普法检查验收方案》，要求各级审计机关组织自查。检查验收内容是：制定和贯彻落实

“四五”普法工作规划情况；普法依法治理工作领导机构和运作机制情况；各级审计机关领导干部学法用法情况；《审计署关于审计机关开展法制宣传教育的第四个五年规划》提出的重点法律法规学习情况；《审计署关于审计机关开展法制宣传教育的第四个五年规划》提出的“两个全面提高、两个转变”的目标实现情况；坚持法制教育与依法审计相结合，推进审计法规和审计准则的贯彻落实，提高工作质量情况。6月，各级审计机关进行自查，总结经验和成绩，查找问题和不足，全面评估“四五”普法工作成效。8月，省审计厅研究分析各地上报书面材料、组织力量抽查部分市审计局。各地自查和省厅抽查情况表明，自2001年起，全省审计机关坚持邓小平理论和“三个代表”重要思想，紧密结合审计工作实际，按照“两个转变，两个提高”目标要求，扎实开展“四五”普法宣传和依法治理工作，取得显著成效，主要体现在：一是领导重视，组织机构健全，有步骤地开展法制宣传教育工作。各市审计局建立健全组织领导机构，制定“四五”普法和实施方案，积极开展普法监督和检查指导；二是认真落实普法规划，普法宣传教育有效开展。各市审计局建立领导干部学法制度，提高依法决策水平；加强全员法制培训，提高全体审计人员法制意识。其中，省审计厅于4月和6月，两次举办培训班、组织学习审计署5号令和《财政违法行为处罚处分条例》，邀请专家到合肥授课，培训审计业务骨干约700人次；全省审计机关按照“四五”普法规划和省厅《实施方案》要求，全面完成规定的法律法规篇目学习，组织培训和宣传与审计相关的法律法规和规章，扩大审计社会影响；三是创新普法方式，普法依法治理成效显著。在省人大常委会、省政府的重视和支持下，《安徽省审计监督条例》于2005年10月21日第十届省人大常委会第十九次会议审议通过，2006年1月1日正式实施，为发挥审计监督在地方经济建设中的积极作用提供重要依据。

全省审计机关认真履行宪法和法律赋予的审计监督职责，2001年至2005年11月底，审计25461个单位（项目），查出违规资金285.16亿元，损失浪费金额14.59亿元。审计作出处理，上缴财政15.7亿元，减少财政拨款或补贴3.17亿元，归还原渠道资金19.57亿元，调整账目54.66亿元。审计监督促进各级各部门依法管理和依法决策，促进政府行为公开透明，保障国家法律法规和方针政策落实，维护法制统一和政令畅通。

“五五”普法工作（2006年至2010年） 2006年，是“五五”普法工作开局之年，省审计厅印发《安徽省审计机关开展法制宣传教育第五个五年规划的实施方案》，提出“五五”普法指导思想、工作目标、主要任务和工作重点，提高依法审计能力的措施和要求。全省审计机关“五五”普法从2006年至2010年分三个阶段：宣传发动阶段，2006年各级审计机关成立“五五”普法领导小组，制定本单位实施方案，做好宣传、发动和部署工作；组织实施阶段，2007年至2010年，全省审计机关根据“五五”普法实施方案，突出年度工作重点，分解目标任务，强化工作措施，明确责任要求。各地年度实施计划和工作方案要与“抓建设、练内功、提效能”五年行动计划的内容衔接，做到各有侧重，相得益彰；检查验收阶段，2010年，按照实施方案确定的目标任务和要求，省厅普法领导小组组织检查验收和评比总结。省厅“五五”普法领导小组由厅长刘战平任组长，副厅长戴克柱任副组长，办公室、综合法规处、人事教育处、机关党委、监察室负责人为领导小组成员，负责组织指导和监督检查全省审计机关的“五五”普法依法治理工作。

2006年，根据“五五”普法实施方案，省审计厅组织《安徽省审计监督条例》颁布一周年宣传纪念活动。10月20日，省纪委、省委组织部等17个省直单位负责人参加省审计厅组织召开的座谈会，省委常委、常务副省长任海深到会并讲话。《安徽日报》11月1日作了宣传报道。省人大常委会副主任周本立发表纪念《安徽省审计监督条例》颁布一周年广播电视讲话，向社会宣传审计监督的重要意义。全省审计机关深入学习宣传、认真贯彻修订后的《中华人民共和国审计法》和《安徽省审计监督条例》。省审计厅举办专题讲座，邀请审计署法制司负责人到皖授课，厅机关全体人员和市县审计局业务骨干约400人参加，促进全省审计人员正确行使处理处罚权，提高审计执法水平。

2007年，是全省审计机关“抓建设，练内功，提效能”五年规划的“审计法制年”。年初，省审计厅印发《全省审计机关开展“审计法制年”活动的实施方案》；召开各市审计局长、综合（法制）科长、省厅机关全体人员参加的“审计法制年”动员大会。厅长刘战平作大会动员，强调各级审计机关要以“审计法制年”活动为契机，不断提高综合法制工作水平，推进安徽省审计事业快速发展，为安徽崛起做出更大贡献；同期召开全省审计综合法制会议，全面部署“审计法制年”具体活动；5月，省厅印发《关于进一步加强审计机关领导干部学法用法工作的意见》，强调审计机关领导干部学法用法，提高依法行政、依法审计能力，全面提升审计执法水平，促进审计事业发展，服务安徽经济建设大局；7月，省审计厅印发《全省审计机关开展“审计法制年”活动情况考核办法》，量化“审计执法年”活动安排，增强审计机关工作人员依法行政意识，提高审计执法水平；11月，省厅举办全省“审计法律法规知识竞赛”，安徽省电视台、《中国审计报》《安徽日报》等媒体报道；省审计厅还在省司法厅“安徽普法网”开设“审计监督”专栏，编印法律法规知识参考资料、组织依法行政报告会等，加大普法宣传教育力度，营造良好的审计环境；12月，省审计厅进行考核。

当年，全省审计机关大力推进“抓建设、练内功、提效能”五年行动计划，深入开展“审计法制年”活动，不断加强队伍建设，维护财经秩序、落实宏观调控政策，为构建和谐社会和促进廉政建设发挥重要作用，为全省经济社会又好又快发展作出积极贡献。活动中涌现出一批勇于创新、成效显著的先进集体和踏实肯干、勤奋好学、积极进取的先进个人。省审计厅表彰34个先进集体和41名先进个人。34个先进集体是：亳州市审计局、阜阳市审计局、合肥市审计局、马鞍山市审计局、池州市审计局、芜湖市审计局、合肥市庐阳区审计局、合肥市肥西县审计局、淮北市濉溪县审计局、亳州市涡阳县审计局、宿州市泗县审计局、宿州市砀山县审计局、宿州市埇桥区审计局、蚌埠市龙子湖区审计局、阜阳市界首市审计局、阜阳市颍东区审计局、淮南市田家庵区审计局、滁州市来安县审计局、六安市裕安区审计局、六安市舒城县审计局、马鞍山市当涂县审计局、巢湖市无为县审计局、芜湖市繁昌县审计局、芜湖市三山区审计局、宣城市绩溪县审计局、宣城市泾县审计局、铜陵市狮子山区审计局、池州市石台县审计局、池州市贵池区审计局、安庆市怀宁县审计局、安庆市宜秀区审计局、黄山市祁门县审计局、黄山市歙县审计局、省厅综合法规处。41 名先进个人是：季燕（合肥市审计局）、王茂森（合肥市肥东县审计局）、陈爱岚（淮北市审计局）、徐道明（淮北市濉溪县审计局）、曹旭（亳州市审计局）、宋仁贵（亳州市利辛县审计局）、穆成利（宿州市审计局）、张波（宿州市泗县审计局）、王金夯（宿州市砀山县审计局）、杨伟（蚌埠市审计局）、刘梅（蚌埠市五河县审计局）、李雅丽（蚌埠市蚌山区审计局）、岳波（阜阳市审计局）、刘亚丽（阜阳市界首市审计局）、岳敏（阜阳市临泉县审计局）、朱新民（淮南市审计局）、李方金（淮南市八公山区审计局）、孙邦德（滁州市定远县审计局）、陈爱萌（六安市霍山县审计局）、王教斌（六安市寿县审计局）、何祥俊（马鞍山市审计局）、江万永（巢湖市审计局）、张文清（芜湖市审计局）、周翠霞（芜湖市南陵县审计局）、宋兰兰（芜湖市镜湖区审计局）、丁宏林（宣城市审计局）、黄明军（宣城市宁国市审计局）、宗文群（宣城市郎溪县审计局）、沐学文（铜陵市审计局）、汪政斌（铜陵市狮子山区审计局）、桂良友（池州市审计局）、郑浏（池州市东至县审计局）、王六四（池州市青阳县审计局）、张志国（安庆市审计局）、朱和炬（安庆市桐城市审计局）、丁旭（安庆市岳西县审计局）、夏曙（黄山市审计局）、鲁欣（黄山市屯溪区审计局）、马玉辉（黄山市徽州区审计局）、张文祥（省厅劳动保障室）、夏玲（省厅综合法规处）。

当年，省审计厅按照省政府法制办要求，逐一自查 2006 年度本级实施的行政处罚案卷，评查部分市县审计机关的行政处罚案卷，得到省政府法制办评查组的充分肯定。由于审计法制意识的增强和执法行为的逐步规范，省审计厅连续 10 年没有发生行政复议和行政诉讼案件。省审计厅（综合法规处）被省政府法制办授予 2005 至 2006 年度“全省政府法制和城市管理执法系统先进集体”称号。

第五节 审计法律事务

行政复议和诉讼 1986 年，安徽省审计局先后受理霍邱县五交化公司、六安地区百货公司、阜阳木材公司、怀远县农资公司的复审请求，并下达复审结论。

1990 年 11 月，安徽省直某单位干部 ××× 对安徽省审计局下达的“审计结论与决定”不服，提起诉讼。合肥市中市区人民法院向安徽省审计局下达《应诉通知书》。省审计局成立应诉小组、进行应诉准备。1991 年 3 月 21 日，合肥市中市区人民法院在区政府会议室公开审理此案。经过审理，5 月 17 日下达行政裁定书，裁定安徽省审计局一审胜诉。裁定书下达后，该干部不服，向合肥市中级人民法院提起上诉。合肥市中级人民法院经过审理，7 月 23 日下达裁定书，作出“驳回上诉，维持原裁定”的终审裁定。

汇编法律、法规、规章　1987年，为便于审计人员在审计业务中及时掌握和运用法律法规和规章，省审计局搜集大量法律法规和规章以及规范性文件，选择其中100余件最适用的财政、经济和审计法规、规章汇编成册，编印第一期《安徽财经审计法规》，供全省审计人员使用。

1988年，汇编《安徽财经审计法规》共4期；

1989年，汇编《安徽财经审计法规》共6期；

1990年，汇编《安徽财经审计法规》共6期；

1991年，汇编《安徽财经审计法规》共8期；

1992年，汇编《安徽财经审计法规》共10期；

1993年以后，每年均适时汇编安徽省财经审计法规若干期，提供全省审计人员使用。

建立法律法规和规章数据库　2004年，省审计厅利用办公自动化系统，建立国家和地方审计法律法规资料库，其中第一批录入地方性法规84个，供全省审计机关和审计人员查询使用。

2006年，省审计厅升级《常用财经审计法规检索软件（TRS）版》数据库，充实审计法律法规资料库，及时将本省与审计工作相关的法规、规章在内网资料库中补充和完善。

清理规范性文件　1990年，清理省审计局成立以来所发出的具有规范性要求的通知、通告、办法、规定、纪要等126份规范性文件，列出有效文件69份，失效文件45份，需作部分修改的文件12份，将文件名及文号逐一列出，报省政府法制局，抄报审计署，并告示全省审计机关，以便审计人员掌握。

2007年，省审计厅清理现行的政府规章和省审计厅印发的规范性文件；健全“审计法规自动检索资料库”，及时将本省与审计工作相关的法规、规章录入内网法规资料系统，便于审计人员工作查询，提高审计工作效率。

第四章 财政审计

1983 年 10 月 5 日,安徽省审计局成立财政金融审计处。1995 年 1 月,财政金融审计处分设,成立财政审计处,负责本级预算执行审计、下级人民政府的财政决算和预算执行情况审计监督。

财政审计包括本级预算执行审计、下级政府预算执行和决算审计以及其他财政收支审计。审计机关对本级预算执行情况审计的内容包括:财政部门组织本级预算执行情况,地税部门税收征管情况,金库办理本级预算资金收纳拨付情况,政府各部门、单位预算执行和其他财政收支情况。对下级政府预算执行和财政决算审计,主要是对下级政府贯彻执行国家财税政策和维护政令统一情况,财政部门组织财政收支及财政平衡情况,地税部门执行税收政策及税收征管情况,政府其他部门分配、使用和管理财政性资金情况的审计。

25 年来,安徽省财政审计经历了三个发展时期:

1983 年至 1995 年,为探索发展时期。这一时期财政审计主要是通过组织并参与一年一度的税收财务物价大检查,承办领导交办财务审计事项,对本级政府各部门和下级政府预算执行和财政决算,以及与财政收支有关的活动及其效益审计,实施财政审计监督。

1996 年至 2005 年,为规范化发展时期。这一时期,审计机关全面开展预算执行审计。省本级预算执行审计围绕预算资金流向,重点检查各执收执罚部门是否严格执行“收支两条线”规定,突出专项资金、基金管理使用情况审计,揭露挪用挤占行为,突出对二三级预算单位审计。审计服务宏观的能力增强,省人大常委会、省政府对预算执行审计更加重视,审计效果明显。省人大常委会、省政府多次听取预算执行审计汇报,要求审计机关按规定查处违法违纪问题,会同有关部门研究健全制度、完善机制措施、抓好整改工作,从源头上治理违反财经纪律行为。全省各市预算执行审计工作得到当地人大常委会、政府的高度重视。

全省审计机关预算执行审计,把“上审下”与“同级审”的重要内容紧密结合起来,资料共享,发挥财政审计的整体效应。把检查“同级审”质量及审计意见和审计决定落实情况作为“上审下”的重要内容,促进和推动“同级审”。

审计方法上,坚持收支并举,着重支出监督。从提高预算分配透明度、理顺上下级财政分配的角度,把省对下专项指标追加作为审计重点,不再局限于财政对省级各部门预算分配的审计，把上下级财政体制外的利益分配纳入监督范畴，保证监督内容的完整性；着眼于积极财政政策和各项财税改革措施的实施，突出专项资金、基金分配、管理和使用情况审计，揭露和处理挤占挪用行为，突出“收支两条线”、政府采购等制度执行情况审计；针对违规问题“下沉”，突出对二三级预算单位审计。查处违规行为与完善机制、促进管理相结合。坚持以预算收支真实性为基础，以规范预算分配秩序为重点，加大部门预算执行审计力度，促进调整和优化财政支出结构，加快公共财政体制建设，保证各项改革措施的落实，为改革发展稳定大局服务。

省地税系统　1998年实行省垂直管理后，审计机关及时调整审计范围，将税收收入及征管审计纳入地市“同级审”。省审计厅在开展“上审下”时，抽调当地审计机关参加，实现组织形式和内容上的创新，坚持财权、事权一致的原则，检查地税系统经费来源的合规性，遏制地税向地方政府要钱，地方政府拿钱买税的现象；引入“税收成本”观念，对各地税收成本进行调查，加强其内控制度审计，及时将审计发现的共性问题向省地税局反馈。

财政审计中，建立预算执行审计领导机制，统筹安排审计任务，统筹调配审计力量，整合审计资源，发挥系统优势。经济责任审计中，抽调部分市县审计机关人员参加，实行跨区交叉审计，加强综合分析和深度开发，宏观意识、全局意识不断增强，审计的建设性作用日益提升。

2003年，领导干部任期经济责任审计任务日益繁重。机关将“上审下”与经济责任审计相结合，形成“一次进点、分布实施、资料共享、分别报告”的工作机制。把经济责任审计重点放在财政管理和财政政策落实中存在的重大问题、事关地方经济发展的重大决策，尤其是审计对象直接作出或参与的决策等方面，注重从依法行政、加强权力制约和监督的角度分类分析问题，突出重点，明确责任。

2005年，运用计算机技术开展财政审计。凡有电子数据的被审计事项均利用计算机审计。利用税收征管软件查询系统，收集征管数据，导入AO系统开展税收征管审计；邀请国内先进地区审计机关计算机审计专业人员讲授并指导税收征管审计。

2006年起，省级预算执行审计在工作思路、方式方法、报告内容及审计整改等方面有新的突破。审计结果公开透明，向省人大常委会报告的同时向社会公开披露。审计报告反映的专项资金审计（调查）问题，以及省直部门预算执行中存在的共性问题，向社会公开披露。更加注重审计整改。向省人大常委会作工作报告时，将省本级预算执行和其他财政收支审计查出问题的整改情况作为附件，向会议报告上年度审计暴露出的问题的整改情况。审计宏观服务意识更加明确。审计不仅治标更要治本，揭露、查处问题时，还针对乱收费、部门单位固定资产管理不到位等问题提交《审计要情》以引起关注。同时，开展财政制度的合理性审计，分析评估省财政制定的契税征收手续费政策，向省财政厅提出取消计提手续费、征收经费改由财政列支的建议。

2007年，围绕加快实现“抢抓机遇、乘势而上、奋力崛起”的战略目标，实施省审计厅“抓建设、练内功、促效能”五年行动计划，取得新成效。财政审计工作得到省委、省政府和省人大常委会的充分肯定，社会影响力越来越大，在维护财经秩序、规范预算管理、完善公共财政体制方面发挥积极作用。加强民生工程资金审计。将与人民群众息息相关的社保资金、涉农资金、住房公积金、治淮资金等专项资金的管理使用情况，以及一些医院的收费及财务收支情况纳入预算执行审计范围。加强审计发现问题的整改。安徽省本级预算执行审计在揭露、查处问题的同时，促进被审计单位健全规章制度，完善内控机制，从源头上杜绝问题的反复发生。省政府办公厅转发省审计厅《关于进一步加强审计整改工作的意见》，要求建立审计整改报告制度，健全审计整改联动机制，落实审计整改责任追究制度，完善审计整改跟踪检查制度。加强审计结果公告。安徽省本级预算执行审计在向省人大常委会报告的同时，在《安徽日报》上全文公告，增加审计透明度，社会引起较大反响。

第一节　税收财务物价大检查和专项调查

税收财务物价大检查　1987年至1992年期间，审计机关组织并参与一年一度的税收财务物价大检查工作，成为财政审计的重要监督形式。

1987年11月、12月，全省审计机关开展中央企业事业单位财税大检查，省审计局组成8个检查组，抽调47人，查出各种违纪资金1854.8万元。其中，省审计局组织全省巡回检查工作，具体负责省建行、工行、投资银行大检查，查出违规资金96.19万元。

1988年，省审计局会同监察厅、财政厅转发监察部、财政部和审计署《关于对地方财政收支进行大检查的联合通知》，重点检查亳州、界首、清阳、祁门、怀远、定远、巢湖、六安、宿县、郎溪、肥西等11个县（市）财税部门，延伸检查73个行政事业单位，62个工商企业，25个乡财政、税务所，共查出违纪金额1829万元。

1989年，根据国家两部一署《联合通知》，开展1988年度税收财务物价大检查。全省审计机关组成17个检查组，重点检查23个市县财政收支。其中省辖市2个(铜陵、淮北市)，县（市、区）21个，延伸检查107个企业、135个预算单位、23个乡镇财政所和49个税务分局，查处各类违纪金额8337.91万元。淮南市、阜阳县审计机关受人大常委会委托，审计和签证同级财政决算；和县、无为、庐江县审计机关受上级审计机关委托，开展财政同级审。

1989年，参加税收财务物价大检查，检查省烟草公司、省物资储备局。

1990年10月至11月，省审计局抽调188人，组成40个检查组，开展财税大检查。检查27个中央单位和10个省属企业，查出违纪金额654.25万元。其中，省审计局检查省人民银行，收缴违纪资金20.37万元。

1991年，参与省税收财务物价大检查。

1992年，参与省税收财务物价大检查。

1997年,完成省大检办交办的大检查组织协调工作。省审计厅直接检查63个单位,其中包括潜山县三个金融单位的检查。

专项财政审计调查　1990年1月,完成省政府交办的无为县财政局人民来信反映该县财政局、审计局问题的调查核实工作,专题报省政府。

9月,办理省政协提案"对全省出现赤字的市县进行财政收支情况审计的具体措施"的第520号提案。

同年,抽调人员参与省财政厅开发处财政周转金问题调查。

1991年6月30日,办理省政协代表"开展财政决算审计,促进国民经济计划的顺利实现"的第389号建议案和"关于财政承包体制改革的几点建议"的第95号提案。

1996年,根据省政府交办,审计安兴联合总公司1995年度资产负债损益,延伸审计上海、珠海、海口三个分公司,为省政府领导了解驻外综合性窗口公司经营状况、发展前景等提供翔实资料。

根据审计署、中国人民银行、监察部《关于清理检查财政部门预算外资金有关问题的通知》,与省人行、监察厅组成联合检查组,重点抽查合肥市、马鞍山市、池州行署、宿县行署财政预算外资金。

根据审计署、中国人民银行《关于清理检查财政部门预算外资金和清理规范其账户有关问题的通知》,与省人行联合清理检查财政部门预算外资金账户。全省清理检查财政部门预算外资金账户2469个,1995年年末资金余额28.1亿元,其中省级财政部门预算外资金账户118个,1995年年末资金余额9.3亿元。

根据审计署安排,从各行署(市)抽调15人,与兰州特派办联合,审计调查六安行署、阜阳市、滁州市、安庆市、铜陵市、界首市、明光市、太湖县、铜陵县、金寨县等10个行署(市)、县(市)国税局。

1997年,按照省《关于继续清理检查预算外资金工作的通知》,抽调2人与省财政厅、物价局、会计师事务所联合,清理检查合肥市、合肥市西市区、肥东县、巢湖行署、含山县、马鞍山市、马鞍山市雨山区、滁州市、明光市、六安行署、霍邱县等地市县区预算外资金。

2005年,组织人员参加由纪检委、财政厅、人事厅、监察厅、审计厅5家组织的津补贴检查工作,承担马鞍山市、亳州市和省工商局、交通厅、林业厅的津补贴检查。当年,还组织人员参加由财政厅、监察厅、审计厅三家组织的政府采购预算执行情况的检查工作,完成水利厅、卫生厅、民政厅和国土资源厅政府采购预算执行情况的检查。

第二节　财政财务收支审计

1984年至1985年,省审计局抽调部分地市县审计人员31人,对淮北市1983年财政决算试审。

1986年，省审计局与省财政厅联合通知，统一布置阜阳、合肥等12个地市局，组织审计临泉、长丰、砀山、固镇、凤台、来安、霍邱、宿松、含山、芜湖、宁国、屯溪等12个县（市）1985年本级财政决算和税收计划执行结果及其机关经费。审计发现，1985年安徽省73个县（市）中，有36个财政赤字，引起省委省政府高度关注。审计发现有问题资金2913.3万元，5个县核减赤字，2个县核定为财政结余，5个县增加财政结余。审计提出加强财政决算审计，分批实行审计签证办法，特别是赤字县要经过审计签证上报，得到省政府领导和审计署财金局领导好评。

1987年，省审计局组织有关市审计局审计所属县级财政决算，并派员参加审计南陵县财政决算、肥东县财政决算审计工作。查清县级财政状况、存在问题、财政赤字原因，提出发展县级经济、改变落后面貌的建议。审计与县政府领导对话，向省政府领导专题报告。

1988年，为稳定经济、深化改革和促进党政机关廉政建设，重点开展12个县（市）财政决算审计。

1989年，围绕治理整顿和深化改革，全省审计机关审计23个市县1988年度财政决算，审计面24%，发现财政赤字方面存在的问题。自此，全省各级审计机关每年安排审计计划都突出财政审计重点。

1990年，根据省七届人大常委会三次会议主席团会议要求，审计全省1989年36个赤字市县（市区）的财政收支并专题向人大常委会报告。省审计局组织审计全省53个地市、县（市区）1989年度财政收支，涉及1个地区、4个省辖市、48个县（市区），查出违纪资金15180.64万元。其中，省审计局直接审计淮北市1989年财政决算，延伸3个区财政、税务局和30个行政事业单位，查出违纪资金2048.41万元。

7月至9月，组织120多人、跨地市交叉审计23个上半年未审计的赤字县财政收支，促进8个市县当年摘掉赤字帽子。次年1月24日，省审计局局长孙杰受省政府委托，向省人大常委会第二十一次会议作《关于对全省36个赤字县财政审计情况报告》。4月，省政府《政办通报》和《政务内参》转发和刊登该报告。省财政厅和省审计局还针对财政赤字问题，向各行署、市和县（市、区）人民政府发出《关于加强财税管理问题的联合通知》。

当年，全省实际审计59个市县1989年度财政决算，审计面达50%。省审计局还根据行政单位定期审计制度，审计省税务局机关办公室、机关工会、招待所1989年度的财务收支，查出违纪资金28.74万元。

1991年3月至10月，组织审计14个行署、市和27个县级财税部门，延伸财政、税务所和有关行政事业单位，查处违纪违规资金6355万元。主要问题是，截留应缴国家各项收入、越权减免税、违规退库和虚列支出等。淮南市、阜阳县审计局分别按照市、县人大常委会决定，审计或签证本级财政，探索本级财政审计。

1991年、1992年，全省审计机关围绕加强宏观调控、提高经济效益和促进廉政建设,审计重点部门、重点单位、重点项目和重点资金,两年分别审计112个和61个财税部门。其中,1991年审计合肥市本级1990年度财政收支;1992年审计宿县地区1991年度本级财政收支和安庆市1991年度本级财政收支;省审计局统一组织调查省经贸委、机械、石化、纺织、交通、轻工、煤炭、冶金、电子、建材及军工等11个工业厅局1990年至1991年预算外资金。

1992年12月23日,审计署印发《审计署关于强化审计监督的意见》,提出财政审计要着重审计财政决算是否真实和赤字原因、财政挂账情况和原因、财政信用资金管理情况等。今后逐步扩大到审计预算支出,财政部门管理的预算外资金、财政信用资金,国库管理和国有资产管理等。通过审计监督,如实反映财政情况和贯彻执行国家财政法规政策,促进改进财政管理,堵塞漏洞。审计署明确,根据国务院总理办公会议决定,在国务院常务会议或总理授权的条件下,审计署对财政部管理的国家财政收支进行审计。地方审计机关在本级政府授权的条件下,可对同级财政部门管理的财政收支进行审计。

当年,全省审计21个地、县级财税部门,查出违纪违规金额1594万元,主要是截留转移财政收入、越权减免税收、违规退库多提税收分成和税务周转金,以及管理松弛、财政信用资金使用管理漏洞。部分县审计局还审计40个乡镇财政。

1993年,根据省领导“摸清全省财政家底”的要求,省审计局安排财政状况较好和较差的3个省辖市的财政决算审计。全省审计3个省辖市、18个县(市)、3个县级区地方财政。查出违纪资金17138万元,作出处理6359万元,占违纪资金37.1%,其中,调账处理378万元,冲减财政赤字4645万元。审计还查出21个市县财税部门未纳入预算管理的各项预算外资金19.1亿元,占当年财政收入81.6%;审计查出减免税96625万元,占当年财政收入41.2%。审计为政府摸清家底,严肃财税纪律,加强财税管理,服务宏观决策起到积极作用。其中,省审计厅直接审计芜湖市、蚌埠市、马鞍山市1992年度本级财政收支。

1994年,审计省税务局1993年度机关经费及预算外资金;审计淮南市本级1993年度财政收支、财税部门预算外资金及信用资金;3月24日至4月15日,审计滁州市本级财政1993年度财政收支和预算外资金与信用资金;4月至7月,清理省直30个党政机关1993年至1994年4月账外资金,延伸205个机关职能处室和直属单位,审计预算外资金总额7705.76万元,查处账外资金3127.31万元。组织审计全省1412个行政机关,查处账外资金12614.23万元。

1995年4月至5月,审计铜陵市本级1994年度财政决算和其他财政收支;6月,审计淮北市1994年度财政决算和其他财政收支。

1997年7月至8月,审计六安行署;10月至11月,审计安庆市本级财政决算;遵照省领导指示,调查六安行署“上审下”后,其五县一市1996年财政收入真实性。

1998年,审计宣城行署(6月)、黄山市(8月)、阜阳市(9月)财政决算。10月,审计省财政厅所属安兴公司财务收支及该公司所属6个子公司、3个控股公司1997年度资产负债及经营情况。

1999年，审计合肥、巢湖、池州三个市地1998年度财政决算（含所辖县区局及各分局）和地税部门的财务收支，查处违纪资金60717.57万元。

2000年，审计淮南市政府1999年度市本级财政决算和其他财政收支以及淮南市地税局1999年度财务收支，延伸审计凤台县地税局；审计蚌埠市政府本级1999年度财政决算和其他财政收支平衡情况以及蚌埠市地税局1999年度财务收支，延伸审计该市所辖县区地税机关。

2001年8月，审计铜陵市财政决算、市地税系统财务收支和原市长陈松林任期经济责任。

10月，审计马鞍山市财政决算、市地税系统财务收支和原市长陈世礼任期经济责任。

2003年，审计安庆、六安两市2002年度财政决算和两市原市长（安庆市市长韩先聪，六安市市长倪发科）任期经济责任；组织审计6个省辖市地税系统财务收支。

2004年6月至9月，审计铜陵市政府本级2003年度财政决算和其他财政收支，结合进行铜陵市市长刘战平任期经济责任审计。9月，审计合肥市2003年度财政决算结合进行市长郭万清任期经济责任审计。

2005年8月，审计蚌埠市本级财政决算及市长花建慧任期经济责任。财政决算审计中，将蚌埠市地税局2004年度财务收支，以及市委办公室和市政府办公室财务收支列入审计范围。

2006年，省审计厅从6个市县审计机关抽调16人，审计池州市、阜阳市2005年财政决算，并根据省委组织部委托，开展两市原市长的任期经济责任审计。财政决算审计重点核实财政收支情况、财政管理制度执行情况（包括预算编制、政府集中采购、会计集中核算管理、“收支两条线”管理、工资统发等）、财政改革推进情况以及财政资金使用效益情况，审计进行评价，促进市政府及财政等部门加强和规范预算管理，建立和完善公共财政体制，提高财政资金使用效益。市长经济责任审计，围绕领导干部任职期间经济目标完成情况、重大项目决策情况和财政资金（包括政府债务）管理使用情况进行审计评价。以财政部门审计为龙头，以土地、城建、交通、规划部门重大建设项目审计为一条主线，农业、教育、科技、卫生、社保等部门社会事业发展审计为一条主线，经济开发区、工业园区经济建设为一条主线，三条主线贯穿于市长经济责任审计的全过程，检查和评价领导干部的经济责任履行情况。

2007年，省审计厅组织审计蚌埠、安庆、淮南、亳州四市地方税务局及所辖各县区地方税务局财务收支情况。检查会计信息的真实性情况，年度预算、决算和财务报告的编制是否真实、完整、合规，账证表是否相符；检查各项经费来源是否合法，核算是否规范，有无隐瞒收入、设置“小金库”或账外账问题；检查财务管理及内部控制制度是否健全、有效，专项资金管理使用是否按规定用途使用，有无挤占挪用现象；检查固定资产管理和流动资金管理情况，各项资产现金是否严格管理，负债及往来款项是否真实、合法，清理是否及时。

第三节　本级预算执行和其他财政收支审计

1996年，审计省本级1995年度预算执行和其他财政收支。按照账户入手、摸清家底、规范管理的原则，省审计厅制定15个部门预算执行和其他财政收支审计总体方案，召开9次协调会，审核有关处室审计15个部门的实施方案。开展两项审计调查：根据《关于财政审计工作中检查财政资金存款账户的通知》，调查15个部门在18家金融机构存款开户情况，掌握各部门特别是省财政厅在各金融机构开设的账户，以及1995年年末各项存款余额；调查省金库，审计税务部门和财政厅机关经费。

年初成立两个审计组，分别审计省地税局1995年税收计划完成情况和机关经费，省财政厅办公室1995年度经费和"大检办"财政收支。省本级预算执行和其他财政收支审计，省审计厅抽调21人，组成联合审计组，审计省财政厅17个业务处和有关省直单位，分别由省审计厅有关处室实施。其中：农业处负责审计农业厅、水利厅、林业厅、土地管理局；行政事业处负责审计省教委；工交处负责审计省经贸委、建材局；交通厅，公路局；投资处负责审计省计委、省建设投资公司、建设厅；商贸处负责审计粮食局、省外经贸委。

审计省农业厅1995年度预算执行情况，查出问题有：行政经费挤占事业费74.5万元，事业费挤占专项经费111万元；挪用专项经费30万元购轿车一辆；厅实体办公室没有按财政部规定纳入厅财务统一核算。据查，实体办公室1995年度下属各实体单位上缴实体办353312.39元，当年实体办列支358744.88元，其中：奖励、福利性开支292250元，占当年收入的82.72%；与下属单位财务交接遗留问题。审计提出意见和建议：加强核算基础工作和财务管理，建立财务处内部控制制度；行政经费挤占事业费74.5万元，事业费挤占专项经费111万元，作调账处理；挪用专项经费30万元购车问题，限1996年年底前归还原资金渠道；经济实体上缴收入的分配、管理、使用纳入厅财务统一核算管理；1993年7月并账时省畜牧局和植保站的遗留问题，由省审计厅驻农业厅审计处组织力量清理，并将结果报省审计厅。

审计省林业厅1995年度预算执行和其他财政财务收支。查出问题：1. 预算内资金：厅本级人员机构经费挤占独立核算二级单位专项事业费85万元；经费结余不实11.32万元。2. 预算外资金：1992年1月以前，挪借育林基金用于厅属单位经商办公司等70.35万元，到审计时尚未收回，其中50万元已难以收回；预算外收入中有131万元，未纳入财政专户存储；有违规收费问题。审计提出意见和建议：制定规章制度，从严控制会议费、医药费；认真执行财政批复预算，加强专项经费管理，严禁随意挤占。纠正经费节余不实问题，保证财务决算真实；清收被挪借的育林基金，确实无法收回的，由厅预算外收入非专项资金分期归还；预算外资金的收支管应严格执行省政府第46号令，纠正和杜绝不执行财政专户收支两条线管理和违规收费问题。

审计省土地管理局1995年度预算执行及其他财政财务收支，查出问题：征用管理费收入未及时上缴财政，直接列支1449202.71元；1995年度代征地方水利建设基金3913574元，年底账面余额3446736.02元，结存数量较大，未及时划转财政水利基金专户。审计建议：认真执行《事业行政单位预算会计制度》，正确进行会计核算；及时办理上下级之间的结算，留收收入应按规定时间及时上缴财政部门，严禁截留、坐支、挪用；强化财务管理。

审计省水利厅1995年预算执行情况，查出问题：正常防汛经费年初预算水平偏低，不能满足正常防汛工作需要；部分小农水指标下达迟，影响资金及时使用和效益；省级水利基建投资到位不及时。截至1995年年底，尚有867万元资金没拨到项目建设单位。其中，省财政厅有450万元未下拨，地（市）、县财政有417万元未下拨；分配给厅机关的人员经费偏高，比所属水文总站人均经费多2800元；行政事业性支出挤占专项经费11.46万元。审计提出意见和建议：向省政府和有关部门反映防汛经费年初预算水平偏低情况，力争提高防汛费的年初预算基数；简化小农水项目审批手续；经费分配应适当照顾基层单位。

6月12日，省政府副省长汪洋召集省审计厅厅长朱成林、副厅长祝德智和财政厅厅长匡炳文、副厅长沈卫国研究同级审报告反映的问题。20日，省政府省长回良玉、副省长汪洋听取审计厅关于省本级预算执行情况审计结果报告和审计工作报告。7月5日，省人大常委会主任孟富林、秘书长陆德生和财经委主任孙杰听取省审计厅关于省本级预算执行情况审计工作报告。7月22日，厅长朱成林受省政府委托向省人大常委会第二十五次会议作首次省本级预算执行审计工作报告。财政同级审受到省长回良玉、副省长汪洋、省人大常委会主任孟富林等领导高度评价，省人大常委会作出决议肯定同级审工作。

7月22日至26日，全国审计工作座谈会在乌鲁木齐召开，安徽省同级财政审计，"从存款账户入手、检查财政家底"的做法得到审计署肯定，被指定作重点发言，介绍经验。

1997年，省本级1996年度预算执行和其他财政收支审计。涉及省财政厅预算处等15个业务处，省地税局1996年税收计划执行和财政收支情况，三个政策性投资公司，延伸省工商局、地税局、粮食局、机械局、电子局、文化厅、技术监督局等二级单位。省本级同级审，同步组织开展全省农业综合开发、普教经费、财政工交周转金三个专题联动审计。

其中，1997年1月，审计省工商局预算执行和其他财政财务收支。查出：违规列支罚没收入50.33万元，应缴未缴专控商品消费附加费1.56万元，下属部分事业单位核算管理薄弱，1995年审计查出的工商规费收入未纳入财政预算管理，违反规定在"两费”收入中列支机关经费支出等问题未纠正。

审计省电子局1996年预算执行和其他收支。查出：虚列预算内支出7.7万元，虚列预算外支出8万元，借占住房收入19.54万元，其他业务收支未纳入财务管理等问题。

1997年2月，审计省机械局1996年预算执行和其他财政财务收支。查出：未经批准收取所属企业管理费76.9万元弥补机关经费不足；未按预算外资金和单位财务收支计划使用预算外资金79.1万元；用预算外资金弥补经费不足以及行政经费结余不真实等问题。

审计省粮食局1996年预算执行和其他财政财务收支。查出：财政退库的“应收补贴款”中多列行政经费支出143.43万元，违规列支团体人寿保险费14万元，长期投资未及时清理且无效益等问题。

2月21日至3月4日，审计安徽省能源投资总公司1996年预算执行和其他财政收支情况。查出：实收资本决算报表与账簿不符金额687.22万元；“长期投资”科目核算电力建设项目贷款23425万元；省计委拨付超收能交基金1200万元长期挂账；利息收入未缴纳营业税及附加。审计作出调账和补缴营业税及附加等处理。

7月23日，厅长桂建平受省政府委托向省人大常委会作省本级1996年财政预算执行和其他财政收支情况的审计报告。

专题联动审计综合报告受到各级政府领导高度重视，省长回良玉对《全省财政工交周转金专项审计情况的综合报告》批示，“财政工交周转金数额在逐年加大，应加强这笔资金使用管理，以期发挥更大的作用，审计厅的四点建议很好，请参阅”。

1998年，省本级1997年度预算执行情况和其他财政收支审计。省人大常委会主任孟富林提出同级审要围绕中心，服务“两权”，副主任吴昌期强调同级审要按国家预算法要求抓住“四保”，即保重点、保工资、保平衡和保稳定；抓好“四管”，即行政性收费、罚没收入、财政周转金和专项资金管理。

审计机关围绕“深化内容、规范操作、提高质量”的总体要求，坚持账户入手、下审一级的基础方法。年初审计省地税局1997年度预算执行情况、调查省国库，3月至4月审计省财政厅办理省本级1997年度预算执行情况。审计调查省经贸委、民政厅、财政厅、省地税局、省国库办理省财政预算收纳、留解、预算资金拨付情况，延伸调查省工商银行营业部在省地税纳税大厅的预储专柜、芜湖市中心支库、繁昌县支库和巢湖水泥厂。

其中，审计省经贸委1997年预算执行情况和其他财政收支时查出：省经贸委技改基金、科技基金、节能基金贷款投放余额中有1.21亿元已逾期，逾期率81.38%，1997年度专项资金存款平均余额3017万元，应拨付款项未及时拨付；资金管理不规范，部分处室掌握的资金没有全部集中到财经处；资产管理粗放，核算不完整；预算外支出控制不严，经费开支规模偏大。审计还发现该单位专项资金使用不当、将科技三项费用拨款转入有偿使用基金、违规支付委托贷款手续费、违控购置专控商品，部分二级单位漏税，

1996年度审计意见未落实等问题。

6月18日，厅长桂建平受省政府委托，在省九届人大常委会四次会议上作《审计工作报告》。省人大常委会作出决议：充分肯定审计工作；要求有关部门和单位要进一步增强法制观念，坚持依法理财，严肃财经纪律，切实纠正；审计部门要加大执法力度，对有关部门和单位落实审计意见的情况进行跟踪审计，进一步提高审计监督效果。

1999年，省本级预算执行情况和其他财政收支审计。涉及省财政厅、省地税局、教委、科委、建设厅、国库等单位。根据省长王太华、副省长汪洋指示，本级预算执行审计，同步审计省财政厅借出的预算资金、世行贷款资金、粮食资金三项专项资金，查出违纪资金52077.09万元。

全省17个地市本级预算执行审计，投入1432名审计人员，组成488个审计组，审计222个财税部门446个主管部门，729个二三级单位，延伸941个单位，查出银行账户277个，违纪资金112909.96万元，收缴1243.18万元，补缴入库12964.45万元，向有关部门提出建议1820条，被采纳1558条。

对下级政府财政决算审计，把省级下拨专项资金是否按规定使用，属于省级的收入是否足额上缴，下级政府出台的政策是否符合国家规定作为重点。加强对下级审计机关“同级审”的质量检查，促进下级审计工作质量，支持下级审计机关严格执法。

5月7日，省人大常委会第四十二次主任会议，11日省委副书记、常务副省长汪洋，6月4日省九届人大常委会第十次会议，分别听取省审计厅关于1998年省本级预算执行情况及全省农业资金审计情况汇报。省委副书记、省长王太华，省人大常委会副主任王秀志，省人大常委会副主任吴天栋，省人大常委会副主任张春生等都对省审计厅工作给予充分肯定。这一年，省政府第一次专门召开常务会议听取省级预算执行审计结果报告，省领导第一次亲自部署由审计、财政两厅组成联合审计组彻底清对三项财政资金借出及投放的来龙去脉，查清资金损失情况和原因，省财政厅党组全体成员第一次专程前往省审计厅，两厅党组举行联席会议，根据省领导指示精神，研究部署三项财政资金的联合审计，省人大常委会第一次在审议预算执行和其他财政收支审计工作报告时，向省财政厅提出质询。省人大常委会主任孟富林、省长王太华、副省长汪洋等8位省级领导对省级预算执行审计给予充分肯定，分别作出指示、批示。省九届人大常委会第十次会议要求，省政府要责成有关部门逐项整改、切实纠正审计指出的问题，省财政厅要向省人大常委会作整改情况专项报告。

2000年，省本级预算执行情况和其他财政收支审计。围绕国家积极财政政策和扩大内需的总体要求，省审计厅组成9个审计组，审计或调查2个省级财税部门、3个省级主管部门、5项专项资金。重点是财税部门执行国家财政税收政策情况，其制定政策、措施和办法的合法性、合规性、合理性和科学性，揭示问题，分析原因，提出改进意见和建议。

其中：审计省地税局1999年度省本级预算执行和其他财政财务收支，延伸直属征收分局、地税稽查局、地税信息中心、局机关服务中心等二级单位；审计调查省国库办理 1999 年度省级财政资金收支情况；根据审计署《关于在 2000 年税收审计工作中注意突出的几个重点问题的通知》，组织全省审计机关专项调查地税部门 2000 年的代征代扣及委托代征手续费情况。查处违规提退税款、截留挪用等行为；审计省财政厅办理 2000 年度省级预算执行和其他财政收支情况；重点审计的省直单位有：省广电局、财政厅、旅游局、工商局、地税局。

7 月 26 日，受省政府委托，厅长桂建平向省九届人大常委会第十七次会议作《安徽省本级 1999 年度预算执行和其他财政收支的审计工作报告》。8 月 8 日，省政府办公厅召开会议，就《安徽省人大常委会关于 < 安徽省本级 1999 年度预算执行和其他财政收支的审计工作报告 > 的决议》研究具体整改措施。

2001 年，省本级 2000 年度预算执行及其他财政收支审计。涉及省经贸委、新闻出版局、教育厅、水利厅、交通厅、卫生厅、发展计划委员会、公安厅、劳动和社会保障厅、地税局、省科技产业投资公司、体育局、财政厅、民政厅等单位。

其中，1 月 11 日至 3 月 23 日，审计省经贸委 2000 年预算执行情况和其他财政财务收支情况，延伸省企业技术开发投资有限责任公司。审计查出：部分预算资金执行不到位；占用部分预算资金；省企业技术开发投资有限责任公司直接投资比例较低；少数处室未经批准收费；以前年度担保借款，影响预算资金 85 万元；财务决算数字不准确；部分固定资产管理不严；银行账户较多；往来账款不符等问题。审计提出意见 3 条、建议 5 条，决定收缴漏缴营业税及附加 19.9 万元。

1 月 18 日至 3 月，审计省水利厅 2000 年度财政预算执行和其他财政财务收支情况，延伸厅办公室、省水文局、水利设计院。审计查出：少缴利息收入 27 万元；违背专项资金专用原则 60 万元；水费、河费和水资源费上缴不及时，2000 年年末未缴水费、河费和水资源费 465.2 万元；预算外收入未缴专户 51.98 万元；事业收支情况不准确，2000 年度水利厅办公室事业经费少列收入 152 万元，少列支出 90 万元；水利厅财务处多列拨出经费 25 万元；往来账清理不及时和账务处理等问题。审计针对问题提出处理意见和建议。

2 月 2 日至 3 月 5 日，审计省卫生厅 2000 年度预算执行和其他财政财务收支，延伸省卫生医疗器械管理站和省卫生厅产业办公室。审计查出，该厅批复预算不及时，预算调剂报批手续不健全，滞留挪用预算专项资金，行政事业费支出控制不严、超支过大，往来款项清理不及时，固定资产管理不规范，部分专项经费管理不合规等违规资金 1522.15 万元；厅产业办公室财务管理不规范，漏缴税金 11.32 万元；省卫生医疗器械管理站财务管理混乱，滞留项目资金，未及时清理解缴收入，违规办企业及漏缴税金等，涉及资金 2599.26 万元。针对该站挪用公款用于个人注册成立公司、为个人购买商业保险，弄虚作假变更注册资本的严重违纪问题，省审计厅向省卫生厅下达移交处理建议书。省卫生厅根据移交处理建议，组成调查组进行专项检查，给予有关责任人行政处理。审计决定责令省卫生医疗器械管理站将违规收入资金519万元上缴省卫生厅财政专户，清理退还15万元专项结余，收缴其偷漏税款14.68万元，向省卫生厅提出加大预算管理力度等五条建议。

2月3日至3月23日，审计省交通厅2000年度财政财务收支情况。查出问题：建设性支出中的费用性项目以拨代支、核销依据不充分；已完工程长期挂账，未及时办理竣工决算手续；违规减征1/3客货运附加费；委托贷款2214.2万元未及时清算；违规将交通建设资金用于企业还贷补助10907万元、企业注册资本12500万元；欠缴、占用13885.9万元交通建设资金；违规提取科教基金940万元；土地交建基金未及时清理；固定资产管理薄弱等问题。审计提出五条建议：规范交通财务核算和管理体制，提高全行业财务核算水平；按照《中华人民共和国预算法》《财政基建支出预算管理办法》，完善《安徽省交通系统预算外资金管理办法》，将交通建设资金纳入预算管理；完善有关规章制度；对交通改革发展中的重大问题，进行课题研究；降低偿债风险，界定政企职能，理顺产权关系，防止国有资产流失等。审计收缴36.59万元（税金18.83万元，违规投资分得投资收益收缴17.76万元）。

2月至3月，审计省发展计划委员会2000年度预算执行和其他财政财务收支。延伸省投资集团有限责任公司、省公益性项目建设管理中心、省工程咨询研究院、省经济研究所、机关服务中心等5个所属二级单位。审计查出：弥补行政经费的资金来源不合规、违规放贷和财政资金有偿使用、部分处室有账外资金等问题。审计提出建议六条。省发展计划委员会专门下发整改文件，逐条落实整改措施。

3月7日至23日，审计省体育局2000年度预算执行情况和其他财政财务收支，延伸该局所属省体育彩票管理中心。审计查出，该局部分基建项目支出挤占体育事业费，补缴土地转让营业税占用体育事业费，上级拨入专项补助经费未及时拨付，往来账户清理不及时，土地转让补偿费没有纳入收入核算等违规资金297.36万元；省体育彩票管理中心未及时提取、解缴体育彩票公益金，违规列支公益金等违规资金68万元。审计提出严格执行财经法规，切实加强体育彩票发行管理工作等五条建议。

7月10日，省政府省长许仲林主持省长办公会，听取厅长桂建平的省级预算执行审计结果汇报，会议肯定审计卓有成效的工作，要求省审计厅牵头制定加强部门预算管理的办法，从源头上、制度上防范和解决问题。7月26日，厅长桂建平受省政府委托向省九届人大常委会第二十四次会议作审计工作报告，受到充分肯定。11月初，省审计厅受省政府委托，起草省直各部门预算执行审计整改情况报告，报省人大常委会。年末，起草《关于进一步加强部门预算管理、强化审计监督的意见》。

2002年，省本级预算执行和其他财政收支审计。以财政综合预算为主线，以部门预算执行和管理为重点，突出掌管财政资金分配权和管理财政资金较多的重点部门、重点资金的审计监督。全省审计机关审计或调查151个财政部门，84个地税部门，319个预算执行单位及15个国库，延伸审计或调查大量二三级单位，查出违纪资金11.55

亿元。其中,省审计厅直接审计14个一级预算单位,占省政府组成部门和直属单位总数35%,延伸审计二三级单位77个。涉及省司法厅、文化厅、文物局、外办、林业厅、国土厅、民委、科技厅、行管局、信息产业厅、经贸委、质监局、财政厅、地税局等单位。

其中,2002年2月22日至3月29日,审计省人民政府外事(侨务)办公室2001年度预算执行情况。延伸省外事侨务工作服务中心、省华侨旅游侨汇服务公司、省中国旅行社、省对外友好协会、省海外交流协会及机关工会等6个二级机构的财务收支情况。查出收入挂账、账外设账等问题,并发现个别二级单位违法乱纪问题线索。审计查出违纪资金65万元,应纠正金额398万元,收缴违纪资金4万元,提出意见和建议3条。

2月25日至4月5日,审计省国土资源厅2001年度预算执行和其他财政财务收支情况。查出问题:超计划、超标准购地,专项资金用于自筹基建支出;预算外专项资金管理不规范;机构撤并未办理资产移交手续,部分资产产权不清、资产账实不符等。审计建议:强化资源保护和管理职能,推动基本国策的落实;加强专项资金管理;加强预算和会计核算基础工作。审计收缴62.27万元(其中罚款22万元,税金及教育附加费38.27万元)。

2月25日至4月3日,审计省文化厅(文物局)2001年度预算执行和其他财政财务收支,延伸省图书馆、省黄梅戏剧院、省博物馆和文华园宾馆。审计查出,省文化厅批复预算不及时,预算调剂手续不健全,挪用、截留、挤占专项资金,费用支出控制不严、超支过大,财务管理与会计核算不规范,往来款项清理不及时等问题;省文物局批复预算不及时,截留、滞拨文物事业费和预算专项资金,行政经费支出控制不严,超支过大,隐瞒应列收入,往来款清理不及时;省黄梅戏剧院挪用基建经费,往来款项清理不及时;省博物馆财务管理混乱,未及时确认并上缴相关收入,部分支出不合规。涉及违规资金合计1750.31万元。审计决定省文化厅将挤占、挪用、截留的479.43万元归还原资金渠道,省文物局下拨截留的文物事业费59.53万元,省博物馆上缴财政专户挂账的收入款1.8万元;对省文化厅提出严格预算管理等五项审计建议,对省文物局提出加大文物专项经费投入等四项审计建议。省文化厅逐项整改,并制定《关于进一步加强专项经费管理的意见》。

2月27日至3月26日,审计省民委2001年预算执行及其他财政财务收支情况。延伸省民族宗教干部培训中心、伊斯兰教协会、神学院和天主教协会。审计发现问题:少数预算项目编制不规范;会计核算不完整,财务管理水平有待提高;漏提漏缴工会经费;挪借资金用于虚假注册。审计建议:细化预算,强化专项资金管理;加强财务管理,完善内部控制。

2月28日至4月18日,审计省经贸委2001年度预算执行和其他财政财务收支情况,延伸省经贸投资集团有限责任公司等单位。审计查出问题:预算资金执行率有待提高;借用财政性资金350万元未归还;专项改革资金筹集1952.78万元与生产准备电使用政策不一致;收取下属单位费用不规范;下属单位部分账务处理不合规。审计提出意见 5 条，建议 4 条，决定收缴漏缴税金 28.34 万元。

3 月至 4 月，审计省质量技术监督局 2001 年度预算执行和其他财政财务收支，延伸合肥市质量技术监督局等 12 个所属单位。审计发现问题：省局系统预算内外收入清缴、返还、下拨不及时。至 2001 年年末，省局行政事业性收费、罚没收入系统汇缴户保留 1097.6 万元未清缴财政，欠拨所属单位预算内外资金 476.81 万元；省局机关欠缴局系统汇缴户预算内外资金 100.35 万元；省情报所上缴的代码收入分成 28.59 万元弥补局机关经费不足；借用资金占用量较大，部分款项长期挂账未清理。2001 年年末，省局“暂付款”科目有 43 个明细户，金额 1048.31 万元，占年末资产总额 33.40%，年末“暂存款”科目有 26 个明细户，金额 1451.01 万元。审计对该局未获省物价部门核准、向企业收取临时生产许可证费 24.06 万元、用于局机关经费开支问题，根据《安徽省预算外资金管理办法》规定，作出收缴 48125 元的处理决定。

审计省林业厅 2001 年预算执行及其他财政财务收支，揭示出专用基金使用不合规 96 万元，账务处理不合规 175.2 万元，固定资本有 2155 万元没有建立明细账和其他管理问题。审计针对问题提出处理意见和建议。

6 月 3 日，厅长桂建平向省长许仲林汇报 2001 年度省级预算执行审计结果。7 月 26 日，厅长桂建平受省政府委托向省九届人大常委会第三十一次会议作《关于安徽省本级 2001 年度预算执行和其他财政收支审计工作情况的报告》。省人大常委会高度评价审计揭露问题毫不含糊，敢于碰硬，求真务实的工作作风，为保障安徽省经济持续稳定发展和促进反腐倡廉作出积极贡献。

2003 年，省本级预算执行和其他财政收支审计。全省财政审计单位 567 个，查处违规资金 78574 万元，其中应上缴财政 2932 万元，年末上缴财政 1889 万元，向纪检监察部门移送案件线索 2 条。全省财政审计提交审计报告、信息 344 篇，被批示采用 158 篇。

其中，省审计厅直接实施省财政厅、省地税局组织 2002 年省级预算执行情况审计，涉及 14 个一级预算单位，包括：省外经贸厅、物价局、建设厅、劳动和社会保障厅、人事厅、卫生厅、广电局、财政厅、地税局、法制办、统计局、粮食局、农委、乡镇企业局，延伸审计二三级单位 79 个。

2 月 24 日至 4 月 25 日，审计省对外经济贸易合作厅 2002 年度预算执行及其他财政财务收支。重点是省外经贸厅本级和省外经贸学校，延伸与省外经贸厅有财政资金划拨关系以及有大量资金往来的省国际贸易研究所、省外贸机关服务中心、省国际电子商务中心等 8 个单位，调查与省外经贸厅有资金往来的省技术进出口公司、省服装进出口公司等 4 个单位。审计查出问题：周转金账户大量往来资金清理不及时；账外存入证券公司资金 660.18 万元未及时反映；违规收费 514.74 万元；收取下属单位现金 100.2 万元用于发放职工福利未入账反映等。审计提出意见 5 条、建议 4 条，决定收缴违规资金 47.48 万元。省外经贸厅根据审计意见及决定进行整改，出台《外经贸厅预算经费管理暂行规定》和《省外贸厅预算外资金管理暂行规定》,并将执行审计意见和决定的情况专文报告省政府和省人大财经工委。

2月25日至4月25日,审计省建设厅2002年度预算执行和其他财政财务收支。查出问题:预算外资金管理不规范、部分资金管理使用不合规、购置固定资产未执行政府采购制度、部分固定资产账实不符、成立公司未办理登记、财务管理制度不健全等。

2月25日至4月11日,审计省卫生厅2002年度预算执行及其他财政财务收支,延伸审计和调查省职业病防治所、厅三产办和产业办、厅基建办、省医疗器械站。审计查出该厅未及时批复预算,滞拨、截留、挪用专项经费和卫生事业费,专项经费管理不规范,长期挂账金额大、清理不及时,预算外收入管理不规范,厅机关经费支出控制不严,会计核算不规范等违规资金1566.73万元。审计提出四条建议。省卫生厅逐项整改并制定《专项资金管理办法》。

2月至4月,审计安徽省劳动和社会保障厅2002年度预算执行和其他财务收支,延伸省社保局、就业局、医保中心、职业介绍中心、劳动信息中心、职业技能鉴定中心、机关服务中心等厅属二级单位。审计发现问题:厅机关预算支出控制不严,占用所属单位资金。2002年度厅机关经费支出1508.43万元,超出财政预算安排338.79万元,占预算28.9%。超支经费来源于厅机关组织的其他收入和占用所属单位资金;其他收入未按规定及时解缴财政专户。2002年度厅机关办公室、就业处等处室共收取杂志费、培训费及资料费收入169.19万元,未按收支两条线规定解缴财政专户;厅属企业清理脱钩不彻底,因经济纠纷造成损失14.5万元等。厅属单位经费超支严重,福利性支出较大;占用部分专项资金,弥补行政经费不足;厅机关服务中心以修缮费名义套取现金7.27万元,发放职工福利。审计提出处理意见和建议。

3月3日至4月11日,审计省统计局2002年度预算执行和其他财政财务收支。延伸省统计计算中心、省统计科学研究所、省统计干部培训中心、省统计信息咨询中心、机关服务中心5个二级单位。查出省统计局财务管理控制缺陷、收入未按规定入账、虚列支出、转移资金、违规用公款为职工购买商业保险等问题。审计收缴违纪资金6万元,提出建议4条。省统计局多次召开党组会和局长办公会,研究具体整改措施。

3月5日至4月7日,审计安徽省农业委员会2002年度财政预算执行和其他财政财务收支。延伸省种子总站、省畜禽品种改良站、省兽医工作站、委机关服务中心等二级单位。查出预算外资金使用超过预算292.95万元,挤占挪用专项资金1005971.5元,不符合专项资金专款专用规定343504.5元,少列收入1027174.1元,少列收支198万元,农委办公大楼、农业大厦等房产已投入使用多年,至今未入账,少列固定资产430783.41元,往来账清理不及时,少缴税金等问题。

3月31日至4月11日,审计省乡镇企业局2002年度本级预算执行情况,延伸乡企培训中心、机关服务中心。审计查出:1.专项经费未及时下拨,年末结余251.71万元,其中财政拨入乡镇企业专项教育经费147万元,农业部拨给培训中心基建补助资金83.71万元（其中购置教学计算机75万元），高级职称评审费等专项预算外资金21万元。2.往来款挂账金额较大、时间长。年末暂存款余额358.72万元，其中长期挂账7笔、213.4万元，个别欠款达十年。3.单位财务和资产管理部门未设置固定资产明细账。4.2002年代收局机关服务中心经营房屋出租收入87.5万元，其中省政府行政服务中心80万元，安徽阳洁日化集团公司7.5万元，挂暂存款账户。漏缴房产税105000.00元、营业税43750.00元、城市维护建设税3062.50元、教育附加费1312.50元，合计153125.00元。5.挤占乡镇企业发展奖励专项资金45.52万元弥补经常性经费支出。审计建议：严格预算执行，提高预算资金使用效益；加强财务管理，严格执行资产管理制度，确保国家资产安全。

6月3日，省政府省长王金山主持省长办公会议，听取省审计厅关于省级2002年度预算执行和其他财政收支的结果报告，充分肯定审计工作，要求审计厅依法处理，督促整改，追究有关当事人责任，必要时移送纪检、司法部门处理。当日，厅长桂建平受省政府委托向省十届人大常委会第三次会议作《关于省本级2002年度预算执行和其他财政收支的审计工作报告》。省人大常委会审议审计工作报告认为：省审计厅依法审计，报告具体实在，内容丰富，肯定成绩，指出问题，全面反映了省级预算执行情况及各部门预算执行情况。审议意见要求，省直有关部门针对问题，将整改措施和结果报告省人大常委会；要求省政府对问题严重、屡审屡犯的部门和单位，特别是少数知法违法、执法犯法的部门和单位负责人给予严肃处理，对违法违规收入及时收缴入库；要求各级政府及其部门和单位认真贯彻《中华人民共和国预算法》和《安徽省预算审查监督条例》，增加预算编制透明度，规范财经秩序。

10月，省人大常委会听取省审计厅关于相关被审计部门整改情况报告。为支持审计机关依法审计，省人大常委会财经委组织力量对部分被审计单位进行跟踪检查。

2004年，审计2003年度省级预算执行和其他财政收支。涉及省财政厅、省地方税务局、省质监局、计生委、水利厅、地矿局、旅游局、新闻出版局、人防办、档案局、教育厅。其中：

2004年2月12日至4月9日，审计省人口计生委2003年度预算执行和其他财政收支，延伸省计生宣教中心、省计生药具管理站、省计生协会、省计生信息中心和省计生服务中心。揭示出该单位预算执行不及时、挤占专项经费，会计核算不合规等问题，查出违规资金148万元，管理不规范资金1834万元；审计确认其挂账收入122.3万元，决定将挤占经费25.89万元归还原渠道，清理委机关预算外账户，补缴税金1.61万元；提出强化专项资金管理等四条建议。省计生委党组召开专门会议制定整改措施。

2月16日至4月底，审计省地矿局2003年度预算执行和其他财政财务收支。发现该单位预算资金分配不合理、预算外资金未执行“收支两条线”政策，账外资金、滞拨专项资金、探矿权收入未按规定处理等问题。审计还发现一起诈骗案件涉及金额500万元，引起被审计单位重视，采取补救措施，避免国有资产流失。根据此事件采写的新闻稿“审出庐山真面目，480万元资金脱离虎口”被审计署网站采用。

2月18日至3月31日，审计省旅游局2003年度预算执行及其他财政财务收支，延伸省旅游培训中心、顺达旅行社、省旅游质量监督管理所、省旅游导报社、省旅游协会和局机关工会等6个二级单位。审计发现，省旅游局往来款项数额较大，长期未清理；固定资产账实不符；部分费用报销未严格执行财务制度；部分预算外收入核算违规；个别处室设有账外资金；违规占地、违章建筑等问题。审计收缴违纪资金4.97万元，提出建议4条。省旅游局认真进行了整改。

2月26日至3月25日，审计省质量技术监督局2003年度预算执行及其他财政财务收支。重点是技术监督局本级（包括系统财务和局机关财务），延伸机关服务中心、基建办、质量认证培训中心、中国方圆标志认证委员会安徽审核中心4家单位，延伸与省质量技术监督局有资金往来的省纤维检验所、省情报所、省产品质量检验所、省计量测试研究所、省锅炉压力容器检验中心、省特种设备安全检测中心、安徽国家农业标准化与监督中心等7个单位。审计查出：未向二级单位批复预算；教育培训经费安排不合规，按全系统在职人员工资为基数的教育经费80万元，一次性拨付质量认证培训中心，当年结余53.32万元，2002年结余136.72万元；局机关经费转入工会，发放职工福利；117.60万元棉花公证检验专项经费未专款专用；往来款清理不及时，部分资金挪作他用；系统收入汇缴、返还不及时。审计提出意见和建议5条，省质量技术监督局逐条整改，并将整改情况向分管副省长黄海嵩汇报，出台《安徽省质量技术监督系统综合财政预算管理暂行办法》。

审计省水利厅2003年预算执行情况，揭示省水利厅欠缴基建资金利息收入、收取水土保持补偿费手续不齐备、欠缴漏缴税金等违规金额2095万元。审计收缴1720.2万元，责令纠正374.8万元。省水利厅落实审计意见，逐条整改，规范预算执行及财务管理，完备水土保持补偿费收取手续。

6月7日，省政府省长王金山主持召开省长办公会，听取厅长桂建平同级审工作汇报。24日，厅长桂建平受省政府委托向省十届人大常委会第十次会议作《关于安徽省本级2003年度预算执行和其他财政收支情况的审计工作报告》。

2005年，审计2004年度省级预算执行和其他财政收支情况。涉及省财政厅、省地税局、省建设厅、发改委、行管局、广电局、林业厅、科技厅、环保局、省沪办等单位。审计揭露、查处问题时，针对倾向性、突出性问题，提出健全规章制度、强化执行措施、完善监督机制的意见和办法。

其中，2005年2月28日至4月5日，审计省建设厅2004年度预算执行和其他财政财务收支。查出问题：超范围拨款、挤占专项经费、转移房屋租赁收入、滞留基本建设资金、固定资产管理薄弱、财务管理及会计核算不规范等。审计建议：加强预算管理；加强财务管理；增强法制观念。

3月1日至4月19日，审计省发展和改革委员会2004年度预算执行和其他财政收支。延伸省对口支援三峡办公室、省经济研究所、省农业区划研究所、省计划培训中心4个二级单位。审计发现会计核算不合规、账外资产、部分大宗固定资产未通过政府采购、个别二级单位财务管理混乱、违纪违规等问题，提出整改意见和建议5条。省发展和改革委员会逐条整改，提高财务管理水平和资金使用效益。

3月14日至4月18日，审计省体育局2004年度预算执行及其他财政财务收支，延伸省重竞技运动管理中心、省射击水上运动管理中心和省体育彩票管理中心执行"收支两条线"规定情况。审计揭示出，挤占滞留专项经费、资产不实、收入反映不完整、部分支出不合规、执行"收支两条线"不严格等问题，查出违规金额376万元，管理不规范资金2439.44万元。审计提出加强预算管理、改进财务工作的建议。省体育局召开专门会议研究具体整改措施。

3月21日起，审计省环保局2004年度预算执行及其他财政财务情况，延伸省环境监测站、省环境监理所、省环保宣传教育中心等11个单位。发现问题：省环保局本级行政上报财政的决算报表资产类少列1701.23万元；部分收支未纳入当年预算。省环保局无预算，但从历年结余中拨款136.64万元。省水源保护办未按财政预算支出经费；虚列支出30万元；私设账外账和"小金库"。该局规财处和办公室及宣教中心等单位，私设"账外账"和"小金库"7个；以召开会议名义报销招待费，其中局机关21.79万元，所属单位3.36万元；省环保局办公室及所属部分单位，利用机关服务中心伟盛物业管理有限公司，以文印费、房屋维修费、招待费等名义虚开发票，转移财政资金168.99万元；挪用公款给私营企业使用45万元；省放射性废物库收取"放射性收储收费"106.75万元，未缴入财政专户；会计基础薄弱、核算不规范。审计还发现一起贪污挪用情况，移送蜀山区检察院处理，已批捕判刑。常务副省长任海深批示：省环保局财务管理中存在的问题，应高度重视、切实解决，结果望告。省环保局认真进行了整改。

审计省林业厅2004年预算执行情况，查出违规资金2551万元。三个审计小组按资金走向延伸审计部分市县林业专项资金。省政府政办通信采用审计反映的共性问题信息。省林业厅落实和采纳审计意见和建议，内控制度和财务管理得到加强。

6月2日，省政府省长王金山主持召开省长办公会，听取审计厅同级审结果报告。7日，省审计厅、财政厅按照省政府领导指示，联合召开省本级预算执行审计整改情况汇报会，听取省直有关部门整改情况汇报，逐项研究整改措施。当年省级预算执行审计工作报告不仅反映上年整改的结果，还将当年整改情况向人大常委会报告。16日，厅长桂建平受省政府委托向省十届人大常委会第十七次会议作《关于安徽省本级2004年度预算执行和其他财政收支情况的审计工作报告》，代表们一致认为，审计厅敢于揭露问题，敢于得罪人，对问题进行客观分析，为依法理财、严肃财经纪律、纠正不正之风发挥很大的促进作用。17日，《安徽日报》《江淮晨报》《安徽商报》《新安晚报》《合肥晚报》，安徽电子政务网、安徽人民广播电台等多家新闻媒体刊登或报道审计工作报告。

2006年元月至4月,开展2005年度省本级预算执行和其他财政收支审计。涉及省财政厅、省教育厅、省劳动和社会保障厅、省国土资源厅、省农委、省文化厅（决算审签）、省国资委、省地税局、省中小企业局、省新闻出版局、省旅游局（决算审签）、省国防工办、省政府驻深圳办事处、省政府驻海南办事处等13个部门。

其中,2006年2月16日至3月31日,审计省国土资源厅2005年度预算执行情况。查出问题:预算资金缴库不及时,国有资产被无偿使用,部分资产购置未执行政府采购规定,漏缴税金、违规收取已被取消的地质报告评审费,无依据冲销个人借款等。审计提出建议:增强法制意识,提高依法理财水平;加强预算管理,提高预算管理水平;加强收费管理,规范收费行为;加强财务监管,建立健全内控制度。

2月21日至3月17日,审计省国资委2005年度预算执行及其他财政财务收支。查出问题:未严格执行财政预算,捆绑使用财政资金;职称评审收费不规范;资金长期挂账,清理不及时。审计提出意见和建议2条,省国资委根据审计意见进行整改,解决财政专项资金长期挂账的遗留问题。

2月21日至3月31日,审计省文化厅、省文物局2005年度预算执行及其他财政财务收支。揭露该单位挤占挪用及滞拨资金、少计和坐支收入、违规收费、执行“收支两条线”不严格、财务核算控制不规范等问题,查出违规金额1943万元,管理不规范资金3555万元。审计提出严格预算管理、完善财务制度等意见和建议。省文化厅根据审计建议,制定《安徽文化厅机关财务管理办法》,修订《安徽省文化厅专项经费管理办法》,委托会计中介机构全面审计所属单位、专文要求各单位限时逐项整改审计查出问题,举办财会人员业务培训班。审计厅还对省文化厅本级2005年度决算草案进行审签试点,针对资金结余及部分收支反映不完整、少列支出等问题,分别向省文化厅、省财政厅下达决算草案审签意见书。

2月22日至4月17日,审计省旅游局2005年度预算执行及其他财政财务收支,审查省旅游局2005年度决算报表（草案）。审计按资金流向延伸省旅游质量监督管理所、省旅游协会及其下属星雨旅游咨询服务中心。审计发现,该单位将国有资产收益长期挂账、滞留应当下拨的财政资金、挪用专项资金、国家旅游项目补助资金拨付不及时、收入不入账等10个方面的问题。审计决定收缴违纪款65.17万元,处罚1万元,提出4条建议。省旅游局重视审计意见和建议,采取措施整改。

2月至3月,审计省劳动和社会保障厅2005年预算执行和其他财政财务收支。发现该单位未按会计制度核算经费收支、扶持生产等专项资金未按规定纳入规定账目统一核算、人员支出过大、工会经费挤占专项经费等问题。

审计省农业委员会2005年度预算执行及其他财政财务收支,查出农委（含下属单位）违纪违规金额2758.71万元。其中:滞留禽流感资金205万元,少计收入1438万元,扩大成本费用238万元和漏缴税费、挪借专项资金、房产不入账、基层单位财务会计工作薄弱等问题。审计对违纪违规问题作出处理处罚,并对管理问题和不足提出改进意见和建议。

审计省中小企业发展局2005年度预算执行情况，揭示该单位资产管理和核算不规范、挤占专项经费、多报财政专项资金、其他资金收入未完全纳入综合财政预算等问题。审计提出加强预算和专项资金管理，加强资产管理和核算，加强企业专项资金和核算的检查指导等建议。省中小企业发展局接受审计意见，研究整改问题。

6月27日，受省政府委托，厅党组书记、厅长刘战平向省第十届人民代表大会常务委员会第二十四次会议作审计工作报告。省人大常委会对审计工作报告给予充分肯定。

2007年，审计省级预算执行和其他财政收支情况。

审计财政厅2006年组织省级预算执行和其他财政收支情况，从预算管理、专户资金使用、耕地占用税征收及经费管理、国库资金管理等四个方面揭示省级预算执行中存在的问题和应关注事项，查出不规范资金126002万元。审计提出建议，省财政厅采取措施整改，制定《加快省级预算资金拨付的意见》。

审计地税系统2006年度财务收支，揭示其财政资金管理和使用中存在的问题，促进地税系统严格执行国家有关法律法规和财务规章制度，加强财务管理，规范财务收支行为。

其中，3月5日至4月9日，审计省交通厅2006年度预算执行。查出问题：无依据提取教育基金，专项结存资金未作预算安排，交通建设资金筹集不到位，申请减免的水利基金未及时安排使用，农村公路建设资金来源少，还贷付息压力大等。审计建议：细化预算管理，提高预算管理水平；落实惠农政策，加大农村公路建设投入；加强财务监管，建立健全内控制度。据此采写的"我省农村公路建设资金筹措渠道单一，缺口严重"被省委省政府采用，并得到省领导批示。

3月12日至4月10日，审计省人口计生委2006年度预算执行和其他财政收支，延伸省计生宣教中心、省计生学校（在池州市）、省计生药具管理站，调查青阳、枞阳两县实施农村部分计划生育家庭奖励扶助制度等有关事项。审计查出：省人口计生委管理不规范资金218万元；其他财政收支有问题金额689万元；二级单位2006年度预算执行中的不规范金额29万元；以前年度预算执行中的不规范金额120万元；其他财政收支方面的问题金额171万元。省人口计生委采纳审计建议，对流动人口婚育证明印制发行预算管理和省计生信息中心财务管理不规范、省计生宣教中心以前年度专项预算未执行等问题，出台整改措施，向审计组提交整改报告，上缴全部违规款项14万元。

3月15日至4月23日，审计省统计局2006年度预算执行和其他财政财务收支。延伸所属省城调队、省统计信息咨询中心、省统计干部培训中心、省统计计算中心、省统计科学研究所5个二级单位。审计发现，省统计局及其所属单位截留挪用应交预算收入、未经物价部门许可自行定价收取出售资料款、固定资产账实不符、未经财政部门批准自行采购应当实行政府采购的货物等问题。审计收缴违纪资金8.25万元，提出建议3条。省统计局按省审计厅意见整改问题，制定4个管理制度要求所属单位执行。

3月16日至4月20日，审计省工商行政管理局2006年度预算执行，重点审计省局本级，延伸工商大厦管理处、工商企业信息咨询中心、《安徽工商行政管理》编辑部等单位。审计查明：未按规定编制预算执行方案，费用捆绑打包使用；挤占挪用行政性经费；“以拨代支”；未按规定将行政性收费缴入国库；转移固定资产出租收入，部分用于发放机关福利；经费开支及固定资产管理不规范。审计提出建议4条。

审计安徽省农业科学院2006年预算执行及其他财政财务收支，并进行年度决算审签。重点审计院本级、作物所、植保所和三家企业。审计发现该院资产管理、企业资产清算、会计基础工作、执法执纪和“企事不分”等违纪和管理不规范问题1768万元，提出整改意见和建议，引起该院领导重视。

8月，安徽省十届人大常委会第三十二次会议听取并审议省审计厅厅长刘战平受省政府委托所作《关于安徽省本级2006年度预算执行和其他财政收支的审计工作报告》。委员们一致认为，审计部门坚持依法审计，敢于揭露问题，反映问题实事求是，提出的建议切实可行。要求加大重点专项资金监督，建立健全责任追究制，公布审计结果，接受社会和舆论监督。对违纪违规比较严重的单位，人大常委会将采取质询等监督手段，责成有关单位整改。

第五章　金融审计

安徽金融审计根据审计署授权，负责对国有商业银行、保险公司等中央国有金融机构在安徽的分支机构的资产、负债和损益状况进行审计监督；负责对国有控股的区域性金融机构在安徽分支机构的资产、负债和损益状况进行审计监督；负责对地方国有金融机构和地方非国有金融机构进行审计监督；开展专项审计和审计调查；指导全省金融审计业务。

1983年至1994年，安徽金融审计由省审计厅财政金融审计处履行。1995年省审计厅金融审计处成立，金融审计职能由审计厅金融审计处履行。

安徽省金融审计在防范金融风险、促进经济安全、增加国家财政收入、维护国家财经法纪、改善政府宏观调控、打击经济犯罪等方面，发挥了其他监管机构无可替代的作用。

25年来，安徽省金融审计大致经历三个发展时期。

1983年省审计局成立至1998年，金融审计以财务收支审计为主。这一时期审计的主要内容是国有金融机构的财务收支情况，重点核实金融企业的盈亏真实性。审计目标是通过收缴、罚款来增加财政收入，收缴、罚款的数额大小成为评判审计成果的重要标准。审计方式由审计署授权省级审计机关，再层层授权下级审计机关，对所在地的国有金融机构及分支机构进行审计。审计手段是手工审计，通过翻阅报表、纸质账簿和凭证进行。当时，国有金融机构未进行股份制改革，金融业务以传统的存贷款业务为主，这种层层授权的审计方式涉及面广，为核实金融机构盈亏状况、查处财务收支违法违规行为起到一定作用。

这一时期，安徽审计机关根据审计署授权，对四大国有商业银行及其分支机构开展自上而下的广泛审计，同时对省证券公司进行全面审计。随着中国金融体制改革和金融业务发展，仅仅对财务收支、盈亏情况进行审计所隐含的揭露问题不充分、审计风险大的弱点逐渐显现，已不适应金融改革和金融审计发展的需要。

1999年至2002年，金融审计进入以摸清家底、核实盈亏、查处大要案线索为主要目标的资产质量审计时期。这一时期，审计署提出金融审计的目标要从单纯增加财政收入中走出来，金融审计目标是摸清家底，核实盈亏，强化审计中发现大要案线索意识，防范和化解潜在的金融风险。审计方式以信贷资产质量为主线，重点检查业务经营合规性，内控制度的健全有效性，努力发现大要案线索。审计组织方式采取由审计署统一组织,各省参与实施的方式。审计手段上,逐渐实现手工审计向计算机辅助审计过渡。

这一时期,金融审计取得显著成果,发现和查处一批有较大影响的金融案件,维护财经法纪的严肃性,扩大了审计影响力。安徽省参加审计署统一组织的中国人民保险公司安徽省公司、中国人寿保险公司安徽省公司以及农业发展银行安徽省分行的资产负债损益审计,取得较好审计成果。

2003 年起,金融审计进入新的发展时期,紧紧围绕“风险、效益、管理”为中心开展工作。通过审计,促进金融企业加强管理,防范风险,提高效益。金融审计已经赋予效益审计的内容,进入风险审计为中心的效益审计阶段。金融审计不仅关注单个金融企业的经营风险,还关注整个金融行业面临的突出问题和重大风险,关注金融影响宏观经济运行所面临的问题和风险。审计方法上,以检查企业内控制度为切入点,关注整个金融业务过程,以揭露违法犯罪经济案件线索为突破口,通过审计提出金融企业防范风险、加强管理、提高效益、规范发展的意见和建议,发挥金融审计促进金融更好地服务于经济、推动经济发展的作用。审计组织方式以总行（公司）为龙头,加强对其全部业务数据和财务数据的集中分析,根据数据分析疑点进行重点审计,充分运用审计信息化手段,实现金融领域违规违纪问题的准确查处和违法犯罪行为的精确打击。

这一时期,安徽金融审计的典型项目有:国元证券公司审计、农业银行安徽省分行审计、徽商银行审计、全省部分农村信用社审计等。安徽金融审计取得显著效果,审计收缴金额居各行业审计之首。

1999 年以后,审计署改变授权方式,明确地方审计机关以开展地方金融机构审计监督为主,审计中央金融企业需经审计署授权。由此,安徽审计工作重心转向地方证券公司、信托公司审计,重点仍然是财务收支审计,极少关注金融企业经营中的业务风险。为配合党风廉政建设,安徽的金融审计主要开展地方金融企业领导人的任期经济责任审计,参与审计署统一组织的农业银行审计,自主安排徽商银行及部分农村信用社审计。

25 年来,安徽金融审计或调查 48 个项目,审计省市县金融分支机构 2641 个,查出违纪金额 64.92 亿元,收缴资金 1.1 亿元,发现 3 起涉嫌经济犯罪案件线索、涉案金额 0.33 亿元,按规定移送公安机关查处。

随着中国金融体制改革深入,金融领域发生天翻地覆的变化,金融审计面临前所未有的机遇和挑战,向绩效审计发展是金融审计的重要方向。安徽金融审计适应形势发展,围绕“风险、管理、效益”的目标,开展国有大型金融机构审计,不断开拓绩效审计探索之路,实现工作转型和创新。

审计内容和重点方面,着眼于金融风险防控,注重金融环境、金融业务过程以及业务对国民经济的影响,评价金融机构经营效益,考量其业务过程和经营风险。由过去的财务收支转向关注金融企业业务设计和运作过程,考察金融环境及其对经济的影响,揭示金融影响国民经济运行存在的薄弱环节和问题,提出意见和建议,维护国家经济安全运行。

审计方式方法方面，实行以总行（公司）为龙头，在大量数据分析基础上，有重点地开展计算机审计。随着现代信息化发展，国有金融机构的经营数据都已实现集中管理。审计通过集中分析业务数据，发现可能出现问题的业务种类、机构分布，进行核实查证并确定审计重点。这种审计方式方法，有利于提高审计效率，提升审计效果，发现手工审计无法发现的问题。同时逐步转变监督方式，从合规性监督转向防范风险与提高效率有机结合的效益监督，加强金融创新的前瞻性研究和金融风险的预警防范。转变过去套法规条文式的传统财务审计模式，引入效益审计模式，灵活采取审计或调查方式，建设性地开展审计工作，寓服务于审计监督过程中。农村金融审计把眼光从金融机构本身扩展开来，看到整个农村金融体系各要素，如政府、农村企业、农户在农村经济发展中存在的问题，关注农村金融发展的薄弱环节，从宏观政策层面提出建设性的改进意见，发挥绩效审计的建设性作用。

审计领域方面，加大对农村金融的关注程度。农村金融对我国新农村建设具有重大的支持作用，加强农村金融的审计监督也十分重要。安徽审计机关先后组织市县审计机关对所属区域农村信用社、农村保险、担保机构等农村金融机构进行审计，给予业务指导，并不断创新金融审计方式方法，为地方经济发展服务。

第一节 商业银行审计

1985 年 7 月，组织全省审计农业银行安徽省分行 1984 年财务决算。查出问题：虚列各项支出 636.6 万元；多提应付未付利息 1227.36 万元；截留水毁等专项资金 175.45 万元；扩大成本开支范围 52.11 万元。各地审计机关依法分别作出相应处理。

1987 年 4 月至 5 月，组织全省审计建设银行安徽省分行 1986 年财务决算。查出问题：虚列费用减少利润 418.7 万元；应列未列收入 425.8 万元；少缴各项税金 146 万元。各地审计机关依法作出处理决定，对欠缴税款问题补缴征收机关，其他问题调整会计账目。

1988 年 7 月至 10 月，组织全省审计工商银行安徽省分行 1986 年财务决算。查出问题：虚列支出 140 万元；挤占成本费用利润减少 643.81 万元；应列未列收入 112.23 万元；挪用信贷资金进行基建 223.05 万元；少缴税款 190.96 万元。审计决定欠缴的税款补缴征收机关，其他问题调整会计账目。

1990 年 3 月至 4 月，审计农业银行安徽省分行本级 1988 年财务收支。查出问题：少缴“两金”16.28 万元；少缴税金 7.82 万元；超标准发放奖金、补助 8.67 万元；多提呆账准备金 32.4 万元。审计收缴少缴的税金和“两金”，对超标准发放奖金、补助罚款 1 万元，其他问题调账处理。

12 月，组织全省审计农业银行安徽省分行系统 1989 年财务收支。查出问题：虚列支出84.58万元；挤占成本费用684.87万元；少缴税款及“两金”243.33万元；截留隐瞒收入85.8万元；挪用信贷资金79.32万元。各地审计机关依法收缴399.88万元，对会计核算、财务管理方面的问题提出审计建议。

1991年4月，审计交通银行合肥分行1990年财务收支。查出问题：少缴奖金税1.38万元；挤占成本3.91万元。审计收缴违规资金5.29万元。

9月，审计中国银行合肥分行1990年财务收支。查出问题：少缴“两金”2.74万元；少缴各项税金74.29万元；扩大成本开支范围3.2万元。审计收缴少缴的税金和“两金”，其他问题调账处理。

10月至11月，审计建设银行安徽省分行本级1990年第4季度及1991年前3季度财务收支。查出问题：应列未列营业收入49.5万元；挤占成本200.91万元；少缴营业税及附加3.86万元；少缴能交基金5.61万元；超标准发放奖金、补贴26.68万元；贷款呆账准备金未按规定提取和折旧提取不足等问题。审计收缴少缴的营业税及附加和能交基金，对超标准发放奖金、补贴罚款2.67万元，其他问题调账处理。

10月至11月，审计工商银行安徽省分行本级1990年及1991年前3季度财务收支。查出问题：少缴“两金”3.6万元；少缴营业税及附加3.6万元；超标准发放奖金、补贴7.48万元；扩大成本开支范围17.8万元。审计收缴少缴的营业税及附加和“两金”，对超标准发放奖金、补贴罚款0.75万元，其他问题调账处理。

1992年8月至9月，审计农业银行安徽省分行本级及所属二级机构1991年财务收支。审计发现未及时缴纳税金以及会计处理和固定资产采购方面的问题，并提出改进建议。

1993年9月至10月，审计工商银行安徽省分行本级1992年及1993年1月至9月财务收支。查出问题：应列未列收入38.9万元；挤占成本165.3万元；超标准发放奖金、补贴20.17万元；“小金库”资金6.22万元；欠缴税金3.05万元。审计对应列未列收入罚款4.63万元，对超标准发放奖金、补贴罚款2.02万元，对挤占成本罚款1.76万元，对“小金库”资金余额1.37万元收缴并罚款0.62万元，对欠缴的税金予以收缴，其他问题调账处理。

1995年3月至5月，审计中国银行安徽省分行本级1994年资产负债损益。查出问题：少列收入561.19万元；挤占成本3.16万元；少提应付未付利息和折旧102.46万元；少缴营业税及附加29.16万元，少缴所得税103.23万元。审计收缴少缴的各项税金及附加，其他问题调整账目。

7月至8月，审计建设银行安徽省分行本级及其直属机构1994年资产负债损益。查出问题：少计收入2155.82万元；多列支出13.25万元；违规收费167.53万元用于弥补职工集资炒股亏损；违规将租赁费和手续费收入65.78万元发给职工；欠缴税金926.3万元。审计对违规弥补炒股亏损和违规将租赁费和手续费收入发给职工问题罚款46.66万元，对欠缴的税金予以收缴，其他问题调整相关会计账目。

1997年6月23日至7月23日，审计中国农业银行安徽省分行本级1996年资产负债损益。查出问题：少计收入144.42万元；多列支出75.1万元；漏缴欠缴各项税费123.51万元；应收款长期挂账、不良贷款清收不力等。审计收缴欠缴的各项税费123.51万元，相关问题调账处理并及时清收不良贷款。

1998年，省审计厅起草《安徽省地方金融机构财务审计暂行规定（草案）》，多次向省人行、财政、税务、征管、法院、检察院等部门征求意见，配合省政府法制局做好《暂行规定》出台前的准备工作。12月，省政府第18次常务会议通过并颁布实施《安徽省地方金融机构财务审计暂行规定》。

1999年3月下旬，根据审计署统一安排，组织全省审计工商银行安徽省分行系统1998年资产负债损益。查出问题：多计收入6025万元；少计收入6762万元；多计支出2147万元；少计支出7236万元；违规经营、设账外账、信贷资产质量较差等。审计分析产生问题的原因，并根据审计署统一要求对违规问题进行处理。

当年，组织全省审计316家农村信用社及其县级联合社1998年资产负债损益。查出问题：资本充足率低；不良贷款比重大；高风险信用社多；亏损面大等。各地审计机关依法作出上缴财政673万元、调整账务7811万元的处理，针对问题向政府和有关部门提出改进意见和建议。

2005年8月至10月，组织全省审计203个农村信用社（含联社）2004年资产负债损益，专项调查475个农村信用社有关情况。审计查出，少计收入1774.5万元，少计支出2526.35万元，违规购建固定资产1276万元，超范围经营及违规拆出资金30571.7万元，违规吸存175万元，违规贷款15013万元，账外经营228.9万元，以及隐性不良贷款金额大、资产质量不高、信贷资产管理薄弱等问题。审计调查发现，部分农村信用社资产风险大；部分农村信用社资本充足率不高，抗风险能力较弱；部分市辖信用社农业贷款比例不高，支农力度不够；党政机关事业单位及个人拖欠农村信用社贷款多，亟待加强清收力度。审计分析问题成因，从加大政府支持力度、加快体制改革步伐、加强监督管理等方面提出建议。

2007年4月4日至6月30日，审计农业银行安徽省分行本级2006年资产负债损益。发现问题：省分行机关从营业费用中计提应付工资，为员工缴纳个人所得税164.65万元；营业部总务处收取房租形成“小金库”18万元；漏缴各项税金49.79万元；历史费用挂账，造成银行资产和损益不真实8176.84万元；省分行营业部抵债房产出租收入114.46万元，未按规定纳入账内核算；省分行所属金城物业公司核算不规范金额250.26万元。审计决定补收职工个人所得税164.65万元；对营业部“小金库”处以3万元罚款；补收税金49.79万元；其他问题调整有关会计账目。本次审计发现两起涉嫌经济犯罪案件线索，涉及金额3250万元，按规定移送公安机关查处。

7月6日至9月30日，省本级及10个市审计徽商银行股份有限公司总行及10个分行2006年资产负债损益。发现问题：改制过程中内部职工突击入股、发放奖金福利等违规总额 30462.76 万元；改制中部分股权未办理规范转让手续、利润分配依据不足等违规额 10197.65 万元；不良资产分类不准确达 29252.14 万元；账外核算资金 597.59 万元、余额 59.62 万元；部分贷款业务违规或不规范造成损失或风险隐患 17534.58 万元；无真实贸易背景或不规范票据业务 51983.40 万元，隐含较大风险；部分存款业务违规金额 2084.18 万元；财务收支不实，违规开支成本费用，扩大成本开支范围，欠缴税金等 22407.00 万元；贷款控制、财务管理、计算机信息系统等方面存在有待完善的问题。审计处理：以各种名目违规发放的现金和股权奖励一律追回；高管人员每人 2000 元的新春团拜会慰问金 6.80 万元，10 位高管人员每人 2 万元年终决算会议费共 20 万元退回；违规发放的贷款，徽商银行应进一步追查并明确责任；总行及营业部虚构发票内容的购物卡 181.69 万元，处以 181.69 万元罚款，发放给个人的部分应补缴个人所得税；欠缴的税金 888.72 万元补缴入库；其他收支不实、核算不清等问题调整账务。审计还提出健全公司治理制度、加强成本控制、防范经营风险、做大做强企业等意见和建议。

第二节　非银行金融机构审计

1988 年，组织全省审计安徽省保险公司系统 1986 年和 1987 年财务决算。查出问题：虚列支出 62.3 万元；挤占成本费用导致利润减少 550.69 万元；漏欠税款 81.11 万元。各地审计机关依法对欠缴的税款按规定补征入库，其他问题调整账目。

1992 年 8 月，审计中国人民保险公司安徽分公司本级 1991 年及 1992 年上半年财务收支情况。查出问题：挤占成本 23.21 万元；超标准发放奖金补贴 9.8 万元；欠缴“两金”0.47 万元；欠缴各项税金 2.22 万元。审计收缴欠缴的“两金”及各项税金，对超标准发放奖金补贴问题罚款 0.98 万元。

1993 年 8 月，审计安徽省国际信托投资公司 1992 年和 1993 年上半年财务收支。查出问题：应列未列和转移收入 134.6 万元；挤占成本 147.18 万元；重复分配利润 120 万元；少缴漏缴税款 7.32 万元。审计对转移收入和挤占成本问题处以 6.89 万元罚款，欠缴税金予以收缴，其他问题调整会计账目。

1994 年 5 月，审计省信托投资公司 1993 年和 1994 年 1 季度资产负债损益情况。查出问题：擅自发行融资债券，自定费用标准发放员工奖金，转移利润，侵占国家资产；设账外账，给存款单位和个人发吸存费和手续费；挤占成本 76.78 万元；转移收入 7.58 万元。审计对前两项问题处以罚款 12.9 万元，其他问题调整会计账目。

5 月至 6 月，审计中国人民保险公司安徽分公司本级 1993 年财务收支及“约法三章”执行情况。查出问题：应列未列收入 41.84 万元；挤占成本 5.88 万元；超标准发放奖金补贴 44.13 万元；欠缴“两金”99.93 万元；欠缴营业税及附加 20.44 万元。审计收缴以上欠缴“两金”及营业税和附加，其他问题调整会计账目。

1996 年 6 月 4 日至 7 月 20 日，审计安徽省国际信托投资公司 1995 年资产负债损益。

查出问题:账外核算资金 70.59 万元;少列手续费收入 6.19 万元;多摊销保险费 94.15 万元;多列支人员费用 78.38 万元;少计利息支出 557.37 万元;少计税金及附加 60.56 万元。审计处理:核算错误要求调账处理,补缴营业税及附加 60.56 万元,对少计收入和多列支人员费用问题罚款 22.39 万元。

1997 年 3 月 26 日至 5 月 28 日,审计安徽省国际信托投资公司 1996 年资产负债损益。查出问题:违规自营证券余额 963.4 万元;违规核算存贷款、投资 10740.2 万元和拆出资金不实 1595 万元;虚增资产、负债 465 万元;少计收入 70.59 万元;少缴和欠缴各项税金及附加 398.59 万元。审计对以上错误做法要求调账处理,补缴营业税及附加 398.59 万元,对违规自营证券问题罚款 5 万元,对少计定存利息 14.02 万元予以没收。

1998 年 3 月至 5 月,组织实施省财产保险公司系统部分机构 1997 年资产负债损益审计。查出问题:转移隐瞒收入 297.5 万元;挤占成本费用 299.6 万元;虚列支出 77.6 万元;少缴漏缴税金 216.7 万元;设"小金库"69.2 万元。审计处理:对相关问题调账处理,对转移隐瞒收入和"小金库"问题罚款 54 万元,收缴少缴欠缴税金 216.7 万元。

10 月 22 日至 1999 年 1 月 16 日,审计安徽省信托投资公司 1997 年资产负债损益。查出问题:账外收益 296.86 万元;收益挂账 39.31 万元;坐支其他收入 12.39 万元;挤占成本、多列支出 150.33 万元;少缴漏缴税金 64.71 万元;证券盈利 203.13 万元未纳入损益核算;"其他应收款" 503.14 万元长期挂账;虚拟资金自营证券、自营业务与代理业务混合操作等。审计处理:对以上有关问题进行调账处理,收缴各项税金及附加 126.04 万元,对账外收益罚款 10.63 万元。

12 月 28 日至 23 日,审计安徽银信物业投资有限责任公司自成立以来的业务经营和关联往来情况。查出问题:短期投资和短期借款核算欠真实、完整;注册资本未全部到位;在建工程 1237.3 万元存在资金风险。审计处理:对以上问题进行调账处理,要求公司清理投资、挽回损失。

1999 年 3 月 3 日至 5 月 20 日,审计安徽省信托投资公司合肥分公司 1997 年资产负债损益。查出问题:"其他应收款" 核算长期投资、在建工程 2175.23 万元;少计收入 1012.28 万元;未经批准核销投资损失 112.44 万元;少计营业税及附加、所得税 186.27 万元。审计处理:对以上有关问题调账处理,收缴少缴的税金及附加。

2000 年 8 月至 11 月,审计省证券公司所属 15 个市证券交易营业部 1999 年资产负债损益情况。审计发现违规行为金额 821 万元,主要是会计决算不完整 449 万元,少列资产 119.35 万元,少计收入 31.97 万元,混淆计税收入与非计税收入 175.21 万元,违规向客户返还佣金 25.88 万元,多列利息支出 20.47 万元,其他问题 34.59 万元。审计要求责任单位及时纠正,责令限期交纳应当上缴的财政收入 32.19 万元。

2001 年 4 月 3 日至 8 月 20 日,审计中国人民保险公司安徽分公司本级 1999 年和 2000 年资产负债损益情况。查出问题:少列保费收入 179.46 万元;少计少列其他营业收入 255.72 万元;超比例多给予车辆险无赔款优待 75.59 万元,给予新车优待 34.49 万元，造成少收保费110.09万元；冲减保费收入301.98万元；多计支出455.07万元；少列支出341.76万元；漏缴各项税金及附加91.0万元；"小金库"69.32万元；违规委托和接受保险代理和超范围经营等。审计处理：对漏缴税金及附加予以收缴，对"小金库"处以罚款69.32万元，其他问题调整会计账目。

2002年10月至2003年5月，审计华安证券公司2001年资产负债损益。查出问题：少计收入192.53万元；少计成本费用2745.51万元；漏缴各项税金28.01万元；违规使用银行资金，从其他非金融机构融入大量资金，资产管理业务隐含很大风险，挪用客户保证金和为客户透支，违规为机构客户开设个人账户进行股票买卖等问题。审计处理：收缴欠缴的各项税金，对为客户透支违规取得利息收入问题罚款24万元。审计还对控制风险、业务创新，加强会计基础工作等提出改进建议。

2003年4月至8月，审计中国人寿保险公司安徽分公司及所属17个市分公司和74个县支公司2002年资产负债损益情况。查出问题：少计收入224.79万元；多计支出696.49万元；违规营销展业409.68万元；违规承保2291.92万元；违规赔付2254.04万元；违规运用保险资金182.96万元；违规购建固定资产399.27万元；扩大佣金支出范围435.2万元；欠缴各项税金及附加172.61万元；设"小金库"81.26万元；个人截留保费收入、涉案金额11.24万元；债权债务长期挂账、账实不符、虚列固定资产购置费支出、不良资产清收力度不够等。审计处理：冲转或调整有关会计纪录；没收"小金库"余额并罚款25.12万元；涉案人员移交纪委立案处理。

2004年8月9日至12月21日，审计国元证券公司2003年资产负债损益。查出问题：擅自向社会公众发售"委托代理国债组合投资"债券12400.8万元；5个营业部将其他业务收入存放账外经营、资金余额75.52万元；代理客户买卖中违规向中间人支付费用684.82万元。审计处理：对违规发售债券行为处以124万元罚款；没收五个营业部账外经营账户余额75.52万元；对违规向中间人支付费用问题，补征营业税及附加37.66万元。

第三节　中国人民银行和政策性银行审计

1991年4月至5月，审计中国人民银行安徽省分行本级1990年财务收支。查出问题：外管局罚没款8万元未上缴财政；挤占成本14.36万元；少缴"两金"5.8万元；以及超标准发放奖金、津贴以及会计核算不正确等问题。审计收缴应上缴未上缴的罚没款和"两金"22.36万元，对超发奖金罚款0.36万元，其他问题调账处理。

2002年4月25日至6月30日，审计农业发展银行安徽省分行本级2001年资产负债损益。查出问题：以贷收贷1283.06万元；粮棉购销企业不合理占用10494.65万元；少缴各项税金及附加209.24万元；粮棉贷款潜亏数额大、不良贷款比例高、财务核算与管理不规范、收支不实等。审计收缴欠缴的税金及附加，收支不实问题调账。审计还就落实国家粮棉流通政策、提高信贷资产质量和加强固定资产管理等方面提出建议。

第四节 专项审计和调查

1989年3月，审计安徽省国际信托投资公司1988年专卖汇问题。查出问题：违规经营外汇收入177.55万元；违规取得尿素差价收入10.72万元。审计收缴差价收入10.72万元和外汇收入中的74.58万元。

9月至10月，审计调查安徽省1989年3季度信贷计划执行情况。查出问题：非银行金融机构欠缴、未缴存款准备金情况严重；专业银行存款备付金严重不足，库存现金超限额；财政性资金划分范围不明；专业银行资金不足，占用汇差和税款；信贷资金自给率低，资金缺口大。审计调查就整顿金融秩序、强化监督措施、改进财政性存款交存办法提出建议。

1992年3月至4月，审计工商银行安徽省分行信托投资公司1991年贷款发放与收回情况。查出问题：部分贷款投向违反规定；贷款逾期率高；信贷管理制度执行不严。审计提出改进建议。

1993年9月至10月，调查工商银行安徽省分行1993年1月至8月份信贷资金情况。查出问题：违章拆借资金1843.25万元；挪用信贷资金16422.5万元；贷款利率超上限贷款6640万元。审计就信贷资金使用、执行利率政策等提出意见和建议。

9月至10月，调查建设银行安徽省分行1月至8月份信贷资金情况。查出问题：违章拆借资金，占用信贷资金，贷款利率违反国家政策。审计就存在问题提出改进建议。

2006年6月至10月，组织全省专项调查124家中小企业信用担保机构2005年的机构设置、运营、风险及效益情况。调查发现：规模总体偏小、信用担保实力不足、抗风险能力差；部分担保机构出资人出资不到位或出资不实；未建立分散风险的整体机制；担保机构业务管理不完善，行业管理滞后；经营风险控制不严；存在不适当的行政干预问题。审计调查分析问题成因，从完善政策、制度和加强管理方面提出意见和建议。

2007年8月2日，省审计厅与开发银行安徽省分行建立政府类贷款项目联合监督检查机制，以开行“关于建立国家开发银行政府类贷款项目联合监督检查工作机制的通知”印发各市县政府、省直有关单位及各市审计局执行。

10月10日至22日，按照联合监督检查机制的要求，省审计厅与开行联合监督检查铜陵、安庆、阜阳、亳州、合肥的开行贷款项目和投融资平台。调查发现，部分地方财政配套资金未足额到位、财政资金回流，套取开行贷款挪作他用等问题。审计提出整改意见和建议，得到地方政府和项目管理单位重视，取得良好成效。

第六章　经贸审计

1983年10月，省审计局内设工业交通审计处（以下简称工交处）、商粮外贸审计处（以下简称商贸处）。1986年5月，遵照审计署、财政部文件，成立中央企业审计处（以下简称中企处），1995年2月中企处并入工交处。2000年机构调整，工交处、商贸处合并为经贸审计处。根据安徽省人民政府办公厅《关于印发安徽省审计厅职能配置、内设机构和人员编制规定的通知》，经贸审计处的职能是：负责审计省政府有关部门及其下属单位的财务收支；依据有关法律法规和省政府的规定，对设有稽查特派员的省国有重点企业配合进行审计监督；组织对其他省属国有企业的审计监督；组织对内部审计的指导和监督；开展专项调查和审计调查；指导全省经贸审计业务。

25年来，安徽企业审计从严肃财经法纪为重点的探索时期，转入资产负债损益审计为重点的提高时期，再进入以经济责任审计为重点、审计与专项审计调查相结合的全面发展时期。

1984年至1990年，审计机关围绕国家关于严肃财经法纪、纠正经济领域不正之风的工作部署，重点审计国有企业的违纪违规问题，开展全省酿酒、化肥、纺织行业的经济效益审计。在淮南等地开展国营企业厂长（经理）离任审计基础上，省审计厅1987年制定《安徽省国营企业厂长（经理）任期终结审计暂行规定》，成为全国较早在全省推行国有企业领导人员任期经济责任审计制度的省份。1989年省政府发布《安徽省全民所有制工业企业承包经营审计暂行规定》。这两项规定奠定了企业审计的制度化基础。

1990年至1993年，推行国有企业领导人员任期经济责任审计和国有企业承包经营审计，正确评价国有企业领导人员任期经济责任，完善承包经营的奖惩兑现，为国有企业改革服务，维护国家利益。

1994年至2001年，安徽省企业审计围绕促进企业扭亏脱困、提高经济效益，审计100多户重点工业企业资产负债损益，扩大审计影响，创出企业审计的路子；按照审计署部署开展深化企业审计试点，从单个企业审计发展到烟草、交通、电力、粮食等行业的资产负债损益审计，企业审计规范化迈出重要步伐。

2002年以来，按照审计署要求，以国有企业领导人员任期经济责任审计为中心，遵循“摸家底、揭隐患、促发展”的思路，开展国有企业领导人员的经济责任审计，并开展审计与专项审计调查相结合的新探索。

25年来，安徽省企业审计始终坚持为安徽省经济建设服务的指导思想，认真履行职责，维护国家财经法纪，促进企业加强管理，提高经济效益，为安徽经济持续健康快速发展做出贡献。

第一节　企业财务审计

企业经济效益审计　1984年2月22日至3月22日，为探索审计路子，省审计局同省轻工厅商定，选择嘉山县明光酒厂开展经济效益审计试审。

这次试审，从合肥、蚌埠、淮南、宿县、巢湖抽调13人，会同滁县审计局联合组成审计组。通过审计，调增利润51.5万元，利税总额达636.4万元，比上年增长17%。审计结果显示，该厂经济效益与生产发展没有同步增长，表现在：产品总成本上升过快。1983年比1982年净增104.8万元，升高12.7%，影响成本升高的因素是原材料价格，平价粮供应不足，议价芋干和红粮用量加大，升高成本53.4万元；生产成本高达123.9万元，产量没有达到设计9500吨的生产能力，实际产量8100吨，占设计能力85.3%；配套工程建设不足影响生产能力；重生产、轻管理和经济核算，忽视劳动管理和职工培训、队伍素质较差等。审计结束时召开通报会，分管副县长主持，企业车间主任以上全体干部以及县财政、银行、税务、经委等负责同志参加。

1985年，为探索经济效益审计的路子，省审计局统一组织审计14家小氮肥厂1985年上半年经济效益，其中省审计局直接审计南陵、东至两个化肥厂。审计结果显示，企业资金被大量占用，成本上升幅度大，亏损增加，利润下降，效益差。审计前，企业将效益下降归因于原材料涨价等外部因素。审计查明，引起效益下降的原因是，消耗上升占成本升高额36.9%；车间经费和管理费增加占31.7%；原材料和煤电涨价占31.4%。审计认为降低成本的关键在于降低消耗和改善管理，提出九条改进意见和五条建议。两厂领导和主管部门采纳审计意见，取得很好成效。省政府领导王郁昭、宋明高度评价该项审计。

1986年，省审计局组织审计16家大中型国营工业企业1985年财务决算，其中省审计局直接审计省电力公司决算的真实性、合规性以及局机关遵守财经纪律情况。审计查出问题：保证金长期挂账未处理；用更改资金购买进口高级小汽车；"营业外支出"列支离休干部包机赴广州等五市游览费用；乱发奖金、补贴和实物；"历年税金结余"长年挂账未处理；错提能源交通重点建设基金；服务和福利部门人员工资列入成本。

1987年，继续探索企业经济效益审计。组织审计53家预算内国营工业企业（亏损33家，盈利下降20家）1986年经济效益情况，分析效益下降原因，提出改进建议，引起省政府重视。副省长邵明在1988年全省审计工作会议上说："企业审计由过去的个别项目审计发展到行业的效益审计，去年开展的对53户企业经济效益下降的审计，分析了亏损的主客观原因，审计综合报告在省政府内参上作了转载"。

5月,省审计局审计芜湖汽车发动机厂1986年效益下降情况。审计发现,企业产品性能和质量不稳定影响生产和销售;经营管理不善,损失浪费严重;财经制度执行不严,成本利润不实,违纪金额42.14万元;与附属单位经济往来以及承包存在一些问题。审计分析认为,该企业1986年比1985年利润减少152.2万元中,主观原因影响92.1万元,是造成利润下降的主要原因。

6月至8月,根据审计署下达任务,省审计局调查驻安徽省的中央企业后,确定审计省邮电局通讯电缆厂盈利下降情况。审计查出违纪金额21.1万元，1986年利润调整为181.6万元,比1985年下降28.7%,其中主观原因影响利润减少51.98万元,占下降额71%。

企业财务收支审计　1987年,省审计局组织103名审计人员,审计安徽省24家石油企业1986年业务经营和财务收支情况,查出违纪金额1153.42万元,其中应上缴财政299.52万元,调整账务增加利润162.5万元。审计查出:平价油顶高价油销售;层层扣留农业专项用油指标;违反财经纪律现象严重;基础工作薄弱、内控制度不健全,账目差错产生有问题资金325.26万元;不少企业账账、账实、账证不符。省政府副省长邵明对审计反映的“平价油顶高价油销售”问题作出批示,“粮食三挂钩的平价油,农民不要的,尽快以找补差价款方式处理掉”。

6月至7月,省审计局审计省出口商品基地建设公司1986年业务经营及财务收支。重点审计1986年投资、扶持出口商品生产、开展租赁业务、外汇使用及财务收支情况。审计查出:部分资金投放使用不合理,用于非出口商品生产投资219万元,占投放总额16.7%;应列未列当年收入、长期挂账103.13万元;乱挤乱摊费用69.27万元;漏缴各项税金2.66万元;企业内部管理不严,会计基础工作薄弱,不能适应工作发展需要。

1988年5月至6月,审计马鞍山钢铁公司1987年财务收支。按照省政府实行为期五年的承包经营方案,马钢公司4月份与马鞍山市政府签订承包经营合同书。省审计局根据审计署指令性计划审计该公司,查出挤占成本360.93万元,少进成本654.6万元;营业外支出多列160.67万元;隐瞒收入260万元。审计调查承包经营情况显示,由于市场价格变动,成本开支增大,承包经营配套措施不完善等因素,企业完成1988年承包经营合同目标困难。

5月至7月,组织审计全省县以上85家农资公司1987年财务收支和执行经营政策情况。重点审计化肥、农药、薄膜等计划销售、价格政策和财经法纪执行情况,调查部分基层社化肥供应情况。全省查出财务违纪总额2092万元(包括企业自查524万元),其中上缴财政346万元,调账增利446万元。审计查出政策性问题有:化肥统配部分未落实,给群众的专项化肥未及时兑现;执行价格政策不严、以平价转议价销售或平议互转,牟取非法收入,不执行核批价格,巧立名目、乱加价、乱收费,违纪金额278万元,占违纪总额13%;审计针对化肥、农药等销售价格违规问题,提出加强支农商品价格检查和市场管理等建议。有关主管部门采纳审计建议,对化肥销售实行全省统一价格,保护农民群众利益。

当年，全国审计铁路部门 1 个路局、23 个分局，主要审查有无乱收费、乱加价和违反财经纪律问题。省审计局直接审计蚌埠铁路分局，查出违反规定多收费 43.5 万元，挤占成本 85.4 万元，欠缴税金 58.3 万元等问题。

1989 年 6 月至 7 月，根据审计署授权，审计安徽省石油勘探总公司 1988 年财务收支，查出违纪金额 328.44 万元。审计决定，收缴欠漏的税费和违价收入，调账处理挤占成本、隐瞒劳务收入等问题。

当年，审计署授权审计中国康华发展总公司下属二级公司江淮康华开发公司。省审计局组织审计该公司财务收支及业务经营情况，重点是有无官商不分、倒买倒卖、哄抬物价、牟取暴利以及乱发钱物等问题。审计 4 个多月，查出该公司转手倒卖生铁、镀锌板、双排座汽车以及违控非法经营吉普车，违规使用外汇额度等问题并向审计署和省委省政府领导汇报。

当年，审计机电部四十三所财务收支情况。

1990 年，组织审计安徽省金属材料公司 77 个单位的业务经营和财务收支。查出违纪金额 1021 万元，审计决定收缴财政 181 万元，调账增利 217 万元。

当年，省审计局审计化工部第三设计院 1989 年及 1990 年 1 季度、合肥水泥研究院 1989 年及 1990 年上半年财务收支。审计查出：化工部第三设计院少计事业收入，违规列支事业支出，超标准发放奖金、津贴，漏缴奖金税，挪用生产性资金用于非生产性基本建设；合肥水泥研究院转移事业收入 30 万元，虚列课题成本 17 万元，虚列专项基金支出 10 万元，少缴各项税费 12.25 万元。

当年，审计宁国水泥厂 1989 年和 1990 年上半年财务收支及业务经营情况。发现企业生产、统配计划完成、企业管理和财务核算方面存在一些问题，审计决定调账处理 659.91 万元，收缴能交基金等 18 万元。

1991 年 3 月，审计省经济委员会散装水泥办公室 1990 年财务收支。发现该单位人员经费支出偏高、财务管理乱、开支超标，少交奖金税、无依据增加奖励基金和职工福利费、收支不入账等问题。

5 月至 6 月，组织审计 17 个一二类旅行社 1989 年和 1990 年财务收支及经营情况。审计发现：削价问题普遍；有的旅行社挤占成本、漏缴税款和少交宣传费；有的旅行社境外拖欠款；个别旅行社未向工商和税务部门办理注册和纳税手续；财务管理薄弱等问题。

当年，审计安徽省邮电局 1990 年财务收支和业务经营情况。查出该单位未按规定计算收入、漏缴税金、专项基金使用不当等问题。审计收缴少缴的税费 66.82 万元，调账处理专项基金使用不当等问题。

当年，审计省交通厅 1990 年及 1991 年上半年行政经费和车辆购置附加费的财务收支。审计发现，超标准发放防暑降温费和市内交通费、预算外资金列支困难补助费和抚恤金、医疗费包干超标发放、车购费出借资金多、超标准拨给厅机关福利费等问题。

当年，实施省建材局1990年及1991年上半年财务收支报送审计。查出该局机关固定资产管理不规范、职工个人借款过多且清欠不及时、挪用水泥提价收入等问题。

当年，审计省地矿局1990年财务收支。查出问题：挤占地质勘探费47.32万元；漏缴税金、“两金”11.44万元；超标准发放奖金、补贴、实物，漏缴奖金税3.68万元；违规购置专控商品4.18万元；设置“小金库”1.39万元；挤占事业发展基金17.53万元；龙桥铁矿勘探项目没有免税依据，未缴税金和“两金”。审计对发现的问题依法作出处理。

当年，审计省地震局1990年财务收支。查出挤占事业费2.8万元、预算外资金结余长期挂账、漏缴能交基金和国家预算调节基金等问题。

1992年3月至6月，组织开展省电力局、合肥、蚌埠、淮南、淮北、安庆市供电局和省三电办1991年财务收支及生产经营行业审计，其中省审计局直接审计省电力局和省三电办。审计查出，省电力局机关在上网手续费中列支职工投保费9.8万元；挪用省三电办来煤加工差价款960万元用于职工危房改造、建设宾馆等；扩大范围多提来煤加工手续费146.6万元用于发放职工奖金、福利；将集资电按议价电销售多收差价款795万元；少缴工资调节税4.93万元等问题，审计对以上问题依法作出处理。

当年，组织审计全省84家医药商业企业1991年业务经营和财务收支，其中省审计局直接审计省医药公司和省中药材公司财务收支及业务经营。审计反映，1991年药品生产供大于求，市场竞争激烈、降价回扣风普遍，价格政策难以执行到位，企业利润流失严重，违纪违规现象普遍。审计查出违纪违规金额1757.42万元，其中应上缴财政235.63万元，调账增利458万元。

当年，审计全省70个烟草商业企业、4个烟厂和1个烟草复烤厂1991年财务收支及生产经营。省审计厅直接审计烟草物资供应和销售公司，查出烟草物资供应公司会计核算不完善，应收未收货款占用资金多，错计销售成本9万元，用流动资金为职工办理家庭集体财产保险等问题；查出销售公司少计收入、少缴税金等问题。

当年，审计安徽石油勘探总公司1991年及1992年上半年财务收支及生产建设。审计查出，该公司挤占生产成本12.29万元；漏缴税金15.87万元；违反价格政策、多收原油销售价款163.28万元；多列工程款转集体企业形成账外“小金库”；擅自扩大投资规模，超计划支出481.7万元，挪用生产建设资金90万元，无计划购置高级轿车等问题。

当年，开展省石化厅、省国防科工办、省冶金厅1991年至1992年5月行政经费及预算外资金、专项资金报送审计。

1993年，审计“安徽海外旅游总公司1992年财务收支和业务经营情况；开展安徽外贸旅游服务公司1992年财务收支及业务经营审计。

5月至6月，根据审计署授权，审计安庆石化总厂财务收支和生产经营情况，查出违纪资金4168万元，审计收缴489万元。审计还专题调查该厂转换经营机制、影响企业活力的内外部环境因素，写出《安庆石化厂尿素涨库告急》和《安庆石化厂外部环境亟待改善》两份调查报告，报省政府和有关部门。副省长汪洋对审计机关既审又帮的做法表示赞赏，指出企业审计要不断探索新路子，好经验要及时总结推广。

当年，结合省纪委交办的人民来信，省审计局审计安徽电力开发总公司财务收支。审计查出，该公司用办电资金661.85万元归还购买股票的贷款，补助部分县计委建宿舍60万元，用办电资金1058.2万元参与房地产开发和向省国托融资；有账外资金24.7万元，申能股票5万股（购入价140万元）；小汽车等资产42.5万元未及时入账；挪用办电资金625万元。

当年，组织审计省邮电管理局及其所属通讯电缆厂、电讯器材一厂、邮电科研所、邮票公司5个单位1992年财务收支及业务经营。审计查出，漏计营业收入4.84万元，少计商品增值额13.45万元，漏缴固定资产投资方向调节税8.88万元，预算外收入漏缴“两金”0.2万元，挤占成本9.8万元，账外资金11.13万元，违规购置控购商品22.17万元等。审计依法作出处理。

1994年5月，审计省交通厅1993年行政经费、交建资金等财务收支。查出该单位违反规定使用交通建设专项资金248.8万元，从基建自筹资金中不当提取奖励基金34万元等问题。

6月，审计马钢集团公司、马鞍山钢铁股份有限公司1993年资产负债损益。查出集团公司，挤占成本费用271.7万元，多进工程成本100万元，收入挂账290.77万元，少计提固定资产投资方向调节税15.1万元等问题。审计收缴少缴的税费、调账处理收入成本不实等问题；查出马鞍山钢铁股份有限公司返利款挂账、少计收入及多提折旧等问题，审计收缴漏缴的产品税、城市维护建设税、企业所得税等45.64万元。

7月，审计合肥水泥研究设计院1993年财务收支及有关经济活动。查出该单位少计设计收入158万元，少缴营业税5.2万元，超标准发放奖金30.9万元，漏缴奖金税14.26万元。审计收缴漏缴的税费19.43万元。

当年，审计省建材局1993年行政经费收支和预算外资金使用管理情况。审计发现，该单位委贷资金管理薄弱，1993年实际收息占协议利息的三分之一，以及预算外收入漏缴“两金”4.1万元问题。

当年，审计省对外贸易经济合作厅1993年财务收支。审计查出：占用所属外贸企业部分专项资金拨给财务公司融资；挪用出口奖励金18.25万元；利息收入少缴“两金”；部分处室收费项目未取得合法手续，也没有纳入单位统一管理和核算。

当年，审计省国防科工办1993年行政事业经费、专项资金和工会经费财务收支。

1995年3月至6月，审计全省124家国有大中型及地方重点骨干企业1994年扭亏增盈企业的资产负债损益，调查扭亏增盈存在的困难和问题。审计发现：部分企业扭亏减亏情况失实，报表反映124家企业扭亏减亏73家、审计核实仅为52家；产权归属不清，国有资产流失严重，管理混乱、家底不清，资产盘亏毁损等净损失1.3亿元。部分企业技改投资失败、效益低下导致资产流失1582.42万元；部分企业长期投资效益差、自我约束机制不健全等。审计调查揭示企业扭亏增盈面临的困难是:营运资金紧张,负债结构不合理;技改投资少,发展后劲不足;社会保障制度不健全,企业负担过重。

1996年5月,审计海南黄山贸易公司1995年及1996年1月至5月财务收支,调查所属安徽分公司截至1996年5月31日的资产负债情况。审计发现,该公司长期投资项目潜亏严重,财务管理薄弱,往来款项清理不及时,资金被无偿拆借,管理费用开支较大,连年亏损等问题。

6月至7月,根据省政府会议纪要和省政府领导指示,审计上海安徽裕安实业总公司1995年资产负债损益,调查其所属上海裕安大厦管理公司、上海裕安展示销售公司、上海裕安房地产开发公司等12家企业。审计查出公司资产负债率高,房产利用率不高,所属子公司大多经营不善,利润反映不真实,会计核算不规范及欠缴税金等问题。

6月至9月,全省审计131家地方重点骨干企业1995年资产负债损益情况,其中省审计厅直接审计安徽叉车集团公司等单位。10月,省审计厅向省政府提交《关于对全省重点企业1995年度资产负债损益审计情况的综合报告》。报告从核实盈亏真实性和加强企业经营管理的角度,分析全省国有企业改革存在的问题和原因,针对问题提出审计建议。省委《信息快报》、省政府《政务信息》(专报)、新华社安徽分社《安徽内参》分别摘要刊登审计报告内容。省政府副省长汪洋10月25日批示,"请审计厅提供虚报瞒报数额较大的企业名单及手段和金额"。省政府副秘书长诸宗智在呈报省长回良玉的阅示意见中认为:"报告材料写得很好,基本反映了我省国有企业当前的基本情况,对审计中发现的问题分析及提出的建议都很有针对性和操作性。建议省政府针对这些问题,责成有关部门会同各地市,先抓好这131家企业,其中对效益好的企业要扶优扶强,再增效益。对目前存在的一些问题和困难的企业,要一个一个地研究落实,经过努力,要使其中的绝大多数尽快改变面貌"。省长回良玉阅后批示:"请煦春、元和同志(省经贸委负责人)阅。审计厅围绕热点、难点问题开展审计,反映问题很客观,提的建议也从实际出发,很有参考价值,望能认真研究,强化企业的各项工作"。省经贸委接到省长批示后,组织企业管理处、经济运行处、综合处按照省长、秘书长要求,认真研究、贯彻落实。

1997年1月,审计省汽车工贸集团公司及下属公司1996年资产负债损益。查出该公司少计成本127.7万元,多计成本、少计收入14.32万元,费用挂账形成潜亏353.69万元,调整所有者权益10.61万元;查出其下属股份公司少计收入、多计费用影响利润31.74万元,少计成本影响利润63.13万元,费用挂账形成潜亏120.3万元。

3月至4月,审计省纺织物资公司1996年财务收支。审计查出:少计销售收入10万元,少计其他业务收入12.08万元,多计费用19.17万元,漏缴营业税及附加费9.6万元,漏缴其他税费6.66万元等。

4月,审计省皮革塑料公司1996年财务收支。发现问题:少缴税金及附加费7.25万元,多提仓储费、防洪基金22万元,多转销售成本30.13万元,在管理费中列支职工福利费等。

6月，审计（香港）黄山有限公司1996年至1997年6月资产负债损益情况，调查该公司长期投资项目。查出公司流动资金不足，经营压力大，投资项目收益低，应收账款催收不力，内部管理粗放、经营业绩不佳等问题。审计专题向省政府和副省长张平报告。

6月至7月，审计安徽海螺集团1996年资产负债损益。发现少计当年利润1568.07万元、以前年度利润747.72万元；工资基金结余1100.21万元转财务账外形成存款利息收入54.79万元；少计漏计各种税金9.93万元；账外资产260万元等。审计收缴"小金库"利息收入，其他问题要求调账。

9月，审计铜陵有色金属（集团）公司1996年及1997年上半年财务收支。发现该公司存在中晚期矿山多、出矿品位下降，生产能力急剧下滑；企业负担重，富余人员多、办社会服务性机构开支大；资金紧缺制约生产发展；主产品价格下滑，能源等原材料价格持续上涨，致使企业效益大幅下滑等困难。审计还查出企业少缴税费63.3万元，会计行为不规范，基础工作薄弱，长期投资效益低等问题。

9月，受省政府副省长黄岳忠及省委组织部委托，审计马钢总公司、马钢股份有限公司1995年至1996年生产经营及财务收支。发现部分矿山剥离量欠账、影响后续生产和效益；对外投资管理薄弱、收益低，存在潜在损失；企业拖欠、政府摊派行为导致往来长期挂账；在建工程管理分散，资金难以保证；欠税漏税多等问题。

9月至10月，审计安庆石化总厂1996年1月至1997年8月财务收支。发现漏计税金83.96万元、多列、少冲成本费用206.32万元，会计核算不规范，多列长期投资等。

1997年，组织审计全省108家重点工业企业1996年资产负债损益。其中，机械行业46家，纺织行业31家，建材行业31家。企业财务决算报表反映，108家企业资产1135306万元，负债786579万元，所有者权益348727万元，亏损4173万元；资产负债率69.28%，剔除不可比因素，比上年增加4.69个百分点；国有资产保值增值率101.51%，剔除非经营因素，保值增值率94.17%。审计核实，资产1128855万元，负债814123万元，所有者权益314732万元，亏损18326万元。1996年，46家机械企业实现工业总产值276792万元，比上年增加19886万元，增长率7.74%；31家建材企业实现工业总产值129391万元，与上年持平；31家纺织行业企业实现工业总产值320887万元，比上年下降22120万元，下降幅度6.44%。

108家企业最大特点是技术改造投入大。46家机械企业技改投资12657万元；31户建材企业技改投资15894万元；31户纺织企业技改投资13630万元；与上年比，建材企业增长27.55%，纺织企业增长159.62%，只有机械企业下降27.49%。技改投资占全部投资63.74%，比上年提高1.63个百分点。

审计查出问题：企业经济总量和效益下滑；部分企业虚报利润瞒报亏损问题严重；资金流向不合理，财务状况趋紧；技改项目效益低，质量不高；拖欠税费严重，108家企业1996年年末拖欠税款23066万元，占全年应缴税金的51.84%，比上年末增加5813万元，增幅33.69%。

审计从宏观上剖析制约企业效益增长的内外因素，包括产业和产品结构不合理、经营管理机制不健全、企业负担过重、外部环境不理想等问题。审计为安徽调整优化产品与产业结构，加强行业指导与管理，改善发展环境，发挥促进作用。副总理吴邦国在国务院减轻企业负担部级联席会议上说："安徽省108家重点企业审计，从检查企业账目入手，揭露和反映经营管理中的问题比较实在，发挥了其他部门不可替代的作用。"在全国经贸工作会议上，吴邦国副总理再次提到这次审计。

1998年3月，省审计厅统一布置审计112家地方重点国有及国有控股企业1997年资产负债损益。112家企业中有轻工行业86家，机械行业23家，其他行业3家。审计核实企业盈亏真实性，调查成本和资金管理。发现112家企业资产不实金额2.32亿元、负债不实金额5.11亿元，违反国家财经法规问题金额4.21亿元，大部分企业虚报经营业绩、瞒报亏损和潜亏挂账。1999年全省审计工作会议上，省委副书记、常务副省长汪洋指出："去年全省审计机关对112家重点企业进行了审计，揭示了这些企业资产负债损益方面的问题，使有关方面对此有了真实、客观的认识，也为解决这些问题提供了依据；审计部门从宏观上分析了制药企业效益增长的原因，对推动经济结构调整、促进企业加强管理有着重要的参考作用。"副省长黄岳忠在审计综合报告上批示："请省经委对这份审计综合报告认真阅研，并将此审计摘发材料送各地负责同志参阅。"

4月，审计省化肥联合开发总公司1997年财务收支。查出该公司少计收入72.76万元；挤占成本20.33万元，少计成本费用21.54万元。审计建议加大清欠力度，减少经营风险。

5月至6月，审计东方航空股份公司安徽分公司1997年财务收支。东方航空股份公司安徽分公司是中国东方航空股份有限公司二级核算单位，不具有独立法人资格，负责执行总部的经营计划，利润全额上缴。审计发现少计收入63.36万元；调整土地摊销期限挤占、多摊和少冲成本747.9万元；少计漏缴税金313.87万元；超标准发放工资，费用结算向三产单位倾斜等问题。

7月，审计省交通建设投资开发总公司1997年财务收支。查出问题：未遵循权责发生制计算收入，截至1997年12月20日，应计未计利息收入229.32万元；多列费用47.64万元；少代扣代缴营业税6.54万元；未将省交通厅移交的贷款5557万元纳入公司财务统一核算；专控商品未办控购手续等。

10月，审计省轻工总会1997年及1998年上半年财务收支。查出房租收入漏缴税金2.76万元，向下属企业集中税后利润，办公楼缺口资金长期挂账，固定资产核算管理不规范等。

当年，根据审计署制发的企业财务收支真实性审计试点意见，省审计厅选定国家大型一类企业安徽叉车集团作为深化企业审计试点单位。审计摸清企业家底，揭示企业资产损益不实702万元，少计漏计税金339万元，会计核算不规范等问题。审计中，探索内部控制测试、书面承诺、审计统计抽样、函证外调等方法，试点情况形成书面材料在全国深化企业审计研讨会上交流。

当年，开展江淮汽车集团有限公司审计调查，省粮食局财务收支、全椒县粮食系统审计，省化工进出口公司、省粮食局实业公司、省机械设备进出口公司、合肥小汽车修理厂审计。

1999年3月至5月，审计省高速公路总公司1997年、1998年财务收支。查出：少计收入180万元；挤占、虚列、多计成本费用530.44万元，其中挤占车辆通行费60万元，下属公司虚列、多计费用470.44万元；少计漏计国家有关税费304.48万元；会计核算不规范，违规出借资金等问题。

3月至10月，审计省粮食局1992年至1998年财政财务收支，专项审计该局信息站各种财务收支，延伸审计和调查军转办、海口安丰公司等直属企事业单位。审计发现，该局执行国家政策性粮油业务管理，使用政策性粮油资金和各种预算外资金，以及实行政企分开等方面存在一些问题；对外借款和投资监控不健全，内控制度不完善、经费管理失控，大量资金体外循环，违纪违规问题严重。审计收缴违纪款517.24万元。

3月至7月，审计省粮食局及所属粮食大厦有限责任公司、宏达经济发展公司（含安港）和禾宜工贸公司（含控股公司及百川汇），1992年至1998年财务收支和执行国家有关粮食政策情况。审计查出，省粮食局及所属公司欠缴财政和滞留各种政策性粮油资金，挤占挪用政策性补贴资金，私设“小金库”，国有资产流失，“白条”支付工程款，违规买卖股票和汽车等问题，其中应上缴财政金额上亿元。

省委省政府领导充分肯定和高度评价审计工作。省政府省长王太华作出重要指示；省委副书记方兆祥指出，审计厅是非常负责任的、加强审计监督是非常必要的；副省长汪洋指出，“粮食政策性很强，审计难度很大，而且时间跨度长，经过你们认真艰苦的工作，出色地完成了任务。你们交了个清楚账、明白账。这对政府了解情况，帮助政府工作，具有十分重要的意义”；副省长张平指出，“这次审计厅对省粮食局和所属粮食企业的审计，做了大量、卓有成效的工作，把省粮食局基本收支情况搞清楚了。现在，审计部门是政府的最后一张‘王牌’，审计工作性质、审计力量和审计所处的位置，决定了只有审计部门才能做到，只有审计部门能站在国家立场、公正立场、有能力做这些工作，我非常感谢审计部门。审计在建设和发挥政府宏观调控方面具有不可替代的作用。审计不仅是对国有资产的管理和保护，也是对我们干部的爱护。没有审计监督，漏洞会越来越大，经济行为会越来越乱”。

当年，审计省公路局1998年财务收支。查出：动用养路资金600万元修建“黄山职工培训中心”，公路系统内外单位无偿占用养路资金3866.95万元，动用养路费弥补交通厅机关及所属院校经费972万元；漏计固定资产投资方向调节税470.05万元，通行费收入未计水利建设基金57.37万元；会计核算不规范，包括会计科目使用不当、漏计长期投资、内部往来余额不符；未经审批动用养路资金新建“培训中心大厦”；以“道班费”名义动用养路资金修建“省公路检测中心综合楼”；有大量资金存款不用、每年还贷款支付高额利息；固定资产管理不完善；将出国费用、宿舍区电费差额补助等列养路费支出；保险公司返还保险费未纳入局财务核算等。审计还发现交通厅下属环宇公司少计投资收益和利润、少计缴企业所得税等问题。

当年，审计淮北矿业集团、皖北煤电公司、国投新集能源股份有限公司 1998 年资产负债损益。审计发现三家煤炭企业少计收入、虚列成本、少计费用、少计漏计税金等问题。

2000 年 10 月 26 日至 11 月 15 日，根据审计署授权，审计淮南田家庵发电厂 1999 年财务收支。查出挤占成本费用 356.67 万元等问题，审计收缴漏缴的企业所得税、增值税、营业税、固定资产投资方向调节税等 193.75 万元。

10 月至 11 月，审计徽商集团有限公司 1999 年财务收支。发现企业固定资产未按规定管理核算，账实不符数额大；债权未及时清理清算；漏计漏缴税金以及账务处理不合规金额 3655.49 万元等问题。

当年，继续开展百户重点企业资产负债损益审计，其中有 20 家上市公司及其母公司和国家重点监控的 39 家扭亏脱困企业。审计发现，企业资产质量不高、不良资产数额 12.56 亿元，占审计资产的 9%；部分企业人为调节损益，虚报瞒亏，会计信息失真；企业负债过重，资金周转困难；部分企业投资效益差，损失严重；企业欠缴税金和职工养老保险、事业保险基金普遍；改制运作不规范，有的国有资产流失。审计 100 家重点企业查出违纪违规金额 3.68 亿元，拖欠银行债务 5.84 亿元，逃废银行债务 1.59 亿元。审计发现案件线索 7 件，移送司法、纪检部门立案查处 3 件。

当年，审计省旅游局 1999 年财政财务收支。发现：部分事业费没有按实列支和有效管理；挤占事业费 85.27 万元，其中机关人员福利性补助款挤占 28.42 万元，福利性设施支出挤占 56.85 万元；内控制度不健全，财务审核、费用支出控制不严；会计基础薄弱、账务处理不规范，核算混乱；不合理占用资金量大、占用期长，借款长期不报销甚至不还；违反旅行社上交质保金专户存储管理规定；部分处室有账外资金并自行开支；没有有效监督管理省旅游集团公司及部分二级单位的财政资金和财务核算。

2001 年，继续组织开展 105 家扭亏企业、上市公司及重点企业审计。审计揭示出企业虚盈实亏、内控制度不严、会计信息失真、虚假会计信息呈增长趋势等问题。审计结果引起省政府领导重视，省政府办公厅专门发出《关于全省百户重点企业审计情况通报》。《通报》按语称：全省 105 家重点国有企业 2000 年资产负债损益审计，初步摸清这些企业的财务和资本运营状况，总结扭亏脱困工作中好的做法和经验，但也发现部分企业虚盈实亏、管理不严和违纪违规等问题。副省长黄岳忠批示，要求通报百户国有重点企业的审计情况，制止虚盈实亏行为，加强企业内部控制，规范对外投资核算管理。

2 月 14 日至 4 月 28 日，根据省政府领导批办人民来信，审计省非金属矿公司 1993

年至2000年财务收支。审计核查8年的财务资料，与20余人谈话，赴上海、徐州、巢湖、丰台等地调查。发现该单位管理混乱、账实不符、收入不入账、虚开票据、资产损失严重，违纪违规金额830余万元；查出利用职务之便侵占公司利益犯罪案件线索3起，移交检察机关处理。审计提出7条意见、3条建议，向其主管部门省经贸委提出加强监督管理的审计建议书。

3月至6月，审计安徽商之都有限责任公司2000年财务收支。查出：该企业私设“小金库”，部分投资、投资收益和收支事项未按规定核算管理；企业资金管理分散，财务监控能力弱，票据使用缺乏有效监控，接受捐赠的固定资产不入账，“赠券”管理失控，被盗后重复使用，造成严重经济损失；公司对外担保和经营中涉及多项诉讼案件，需要承担连带责任，潜在风险大。

5月至7月，审计省旅游集团有限公司2000年资产负债损益情况。包括公司本部及所属中国旅游服务公司安徽省公司、安徽省中国国际旅行社、安徽省旅游涉外汽车总公司、安徽省旅游宣传中心4个全资子公司。查出注册资金与账面实收资本差异大、少数公司少缴税金、一些投资无法收回等问题。

6月5日至8月16日，根据省政府领导批办人民来信，审计省冶金供销总公司1995年至2000年财务收支。审计核查6年的财务资料，购销合同、协议，核实有关经营业务，调查上海、浙江、蚌埠、繁昌、濉溪等有关单位和人员，与有关人员调查谈话。审计发现该单位管理制度流于形式，公司部分经营业务体外循环潜在损失763.90万元、潜在风险585万元；投资直接损失239万元，难以收回194.60万元；会计信息失真，合同管理混乱，造成288.68万元债权难以收回等问题。审计提出改进意见4条、建议5条。

6月26日至8月22日，审计安徽省房地产综合开发集团公司2000年财务收支。查出注册资本金缺口577.6万元；漏计收入627.31万元；多列成本243.41万元；少计成本费用466.1万元；少计税金63.16万元；房改售房净损失153.66万元直接计入损益；开发产品转作自用固定资产未作销售，少计利润295.41万元等问题。审计提出建议：实施资本经营，增强自身实力；强化市场开发，加快资金周转；清理整顿子公司，规范母子公司关系；强化风险意识，防止国有资产流失；加强会计基础工作。

2002年5月30日至6月28日，审计省工程建设标准定额总站2001年财务收支。发现：预算执行结构性失衡、挤占经费支出、虚报注册资本金、资产账实不符、产权不清、部分资产及债权、债务未作账务反映等。审计建议：加强资产和财务管理；强化规费收缴工作。审计决定收缴税费59276.52元。

7月18日至8月19日，根据审计署授权，审计芜湖卷烟厂2001年财务收支的真实合法效益性，延伸审计芜湖烟草分公司、芜湖迎客松大酒店、芜湖卷烟材料厂、芜湖都宝铝箔工业公司等4家单位。审计发现，该厂少缴税金、未经批准无偿划转国有资产6938.98万元、未经国家烟草专卖局批准转让专用设备1台、承担债务担保连带清偿责任463.96万美元、应收账款有待清理、下属企业产权不清晰、会计核算不规范等问题。

审计提出意见4条、建议4条，决定收缴101.95万元税金，未经批准无偿划转国有资产6938.98万元问题，报省烟草专卖局审批，未取得审批前调增净资产。

8月至12月，全省公路行业2001年财务收支审计。省审计厅负责直接审计省公路局本级及所属企业事业单位，授权各市审计局审计辖地公路局。审计查出：债务负担重，收费还贷能力弱，部分收费站仅能收费还息，工程管理薄弱，资产管理松弛，挪用侵占规费等问题。审计建议：拓展筹资渠道，调整投资结构，研究收费还贷政策增强可操作性，创新机制、加强工程项目管理，强化行业内部管理。

其中，8月22日至11月25日，省审计厅审计省公路局2001年财务收支。查出问题：未经批准收费；漏缴水利基金；多数长期投资未反映；应收未收投资收益；超范围使用规费资金；计划审批程序不完整；部分规费征缴未执行“收支两条线”规定；拖欠应上缴的通行费收入；动用养路费资金兴办企业；将养路费资金借给企业等问题。审计建议：拓宽融资渠道、多方筹集建设资金；强化“收支两条线”管理；规范经济关系；加强资产和财务管理。审计收缴93.9868万元（其中罚款18.92万元，补缴水利基金73.1968万元，补缴税金1.87万元）。

11月19日至2003年1月22日，根据省委组织部交办，审计省投资集团有限责任公司1998年9月至2002年9月资产负债损益。重点是该公司资产负债损益的真实合法效益性及国有资产保值增值情况，延伸所属开发投资有限公司、农村经济发展公司、林艺花卉示范中心、天峰实业有限公司及其部分下属公司共12个单位，调查芜湖、安庆、铜陵、合肥4地市27个单位的股权投资、债权投资（贷款）及其他资金往来，涉及资金量24亿元。审计查出：对外投资收益不高，监管机制有待完善；财务管理薄弱，账簿设置不完整，权益反映不全面，不及时与项目单位核对投资贷款变化情况，银行存款核算不严格，多列投资收益300万元，少缴税费3361567.99元。集团公司及所属公司设置账外账，涉及资金人民币5405.41万元、美元369.62万元。审计提出七条建议，决定收缴税费336.16万元，要求公司彻底清理账外资金、追究有关人员账外资金损失的责任。

2003年，审计海南黄山实业贸易公司截至2003年6月30日资产负债损益情况。审计查出公司长期投资损失，应收款、股票等账面资产减值以及会计核算不规范等问题。

8月25日至9月30日，审计省交通厅组织建设的马芜等4条高速公路吸引资金建设经营情况。查出问题：芜宣路转让价低于工程概算；马芜、亳阜、芜宣路项目资本金不符合项目法人资格条件；芜宣路投资方自有资金不足，合同规定还款期较长；亳阜、庐铜路部分合同条款不明确；经营项目可行性研究报告的编制和转让合同签订程序有待规范；环宇中心持有马芜路股权计算不合理等问题。审计提出建议：加强公路重大招商引资项目管理；处理路权转让善后事宜；对芜宣路投资方进行调研；督促落实项目资本金。

10月14日至11月12日，根据省政府交办，审计华东冶金地质勘查局2001年至2003年6月财务收支。查出问题：欠发职工职务补贴；用预算资金投资债券；地勘经费分配和固定资产管理不当；违反银行账户管理规定；划拨出资不到位等问题。审计建议：完善社保体系建设，规范经济关系，加强资产和财务管理，提高企业经济效益。

2004年6月17日至8月31日，审计安徽海螺集团有限责任公司2003年财务收支。该项目抽调芜湖、铜陵、宣城、池州市审计局和审计事务所33人参加。重点审计海螺集团公司、海螺水泥股份有限公司、海螺型材科技股份有限公司本部和宁国、铜陵、池州、白马山、枞阳、荻港六大水泥厂，延伸审计建材股份有限公司、宁昌塑料包装有限公司，调查上海海螺建材国际贸易有限公司。此次审计查出违纪违规金额6.03亿元，并分别向海螺集团有限责任公司、海螺水泥股份有限公司、芜湖海螺型材科技股份有限公司出具审计决定和审计意见书。审计查出问题：海螺集团公司合并报表虚增销售收入128638.30万元；集团公司、水泥股份、建材股份公司（三者证券业务统一由集团公司证券部负责）累计少计提短期投资跌价准备金15957.20万元；违规挪用股票账户资金；股票投资核算不规范；违规向海螺创业公司提供38500万元；截留转移股票投资收益513.2万元，用于中高层管理人员发放奖金；海螺水泥股份有限公司 挤占管理费用55.90万元；多计提职工福利费、工会经费325.40万元；少计收入149.91万元；基建亏损63万元计入损益；少计企业所得税及其他税费1594.10万元。芜湖海螺型材科技股份有限公司多提多列工资基金933.20万元，漏缴企业所得税242万元；管理费用中列支个人所得税42.8万元，漏缴企业所得税14.1万元。审计决定，分别收缴513.2万元、1594.1万元、256.1万元，并提出审计建议9条。

11月24日至2005年1月10日，根据副省长黄海嵩对人民来信的批示，审计省医药（集团）股份有限公司2002年、2003年财务收支。重点是企业改制情况和2002年、2003年业务经营情况。审计查出违纪资金1208.5万元。企业改制方面的问题有：纳入评估范围的资产不完整，将一全资子公司120万元净资产作为长期投资和资本公积另行入账；部分职工实际出资不到位；资产评估结果差错，少计医药（集团）股份公司净资产74.9万元；改制前的企业收益93.5万元未按规定处理，并将40.1万元用于改制后的职工股分红。审计查明经营中问题有：房租收入30万元未纳入公司财务核算；漏缴房产税、营业税及附加费4.7万元；会计核算不规范。审计决定，改制评估中漏计的120万元净资产和评估差错而少计的74.9万元净资产调整账项；责成部分职工补缴出资或变更公司工商注册登记；清退或用以后年度分红抵补职工不当分红；未入账的房租收入调整入账并补缴税金10万元。

8月至12月，审计淮南矿业集团2003年财务收支。涉及淮南矿业集团本部及多种经营、分公司和子公司等几十个独立核算单位。审计查出：少缴税金、基金；费用支出不合规；票据不合规；收入未入账等问题。审计收缴违纪资金901.04万元，提出意见和建议12条。淮南矿业集团依据审计意见和建议，制定《关于规范劳务费使用的通知》《关于全面从紧强化成本管理的通知》等 7 个规范企业管理、费用开支、劳动用工等办法，响应审计所提“矿业集团应积极申报财务公司、充分利用财务公司融通资金、节约资金成本”的建议，成立财务公司。

2005 年 8 月至 9 月，审计省粮油储运公司 2004 年财务收支，延伸全资子公司省同辉粮油储运有限公司和 4 个参股公司（蚌埠市国粮粮油储运贸易有限公司、天长市国源粮油储运有限公司、省国丰粮油工贸有限公司、省国丰粮油储运有限公司）。审计摸清企业经营收支及资产负债损益情况，查出以个人名义储蓄核算公款、少缴税金、账务处理不规范、部分资金未纳入统一核算、原始凭证不合规等问题。审计决定收缴税款 33.23 万元、罚款 5 万元。

10 月 19 日至 12 月 25 日，审计省路桥集团公司及所属 4 个全资子公司 2001 年至 2004 年财务收支。查出：少计收入，少计或多计成本，漏缴税金，费用支出无合规发票，抽逃资本金，工程项目管理不严造成损失，改制企业经营决策监管缺位导致风险等问题。审计建议，强化内部控制和会计核算，优化资源配置，并建议有关部门重视路桥集团公司困难，给予必要的政策帮扶。

2005 年年末至 2006 年年初，组织有关市县审计省地方海事局本级、13 个市海事局、48 个县海事处以及海事系统所属部分企业。省审计厅负责组织协调和汇总工作，各市审计局负责辖区内市级和各县（市、区）海事行业及市海事局所属单位的审计。审计发现，安徽省海事系统加快水运基础设施建设与资金短缺的矛盾突出，以费养人、事企不分问题普遍，所属企业亏损严重。审计分析指出，“既有历史遗留下来的，也有发展过程中产生的；既有体制、外部环境的因素，也有指导思想的偏差以及内部管理不规范的原因”。审计建议：坚持科学发展观，加快交通行业全面可持续发展；深化改革，运用市场机制，拓宽融资渠道；加强水运行业管理。省政府副省长黄海嵩批示：“请交通厅对审计提出的问题和困难要认真研究、解决，为航运事业发展提供资金支持”。

其中，2015 年 10 月 25 日至 12 月 28 日，省审计厅审计省地方海事局 2004 年财务收支。查出：违反规定发放福利，部分规费解缴未执行“收支两条线”规定，违反票据规定，漏缴税金，水运建设计划项目资金到位率低、项目资金拨付滞后、无计划及超计划拨付资金，资产管理不规范等问题。

当年，省审计厅组织宿州市审计局和社会审计人员，审计皖北煤电集团财务收支。审计中运用 AO 软件开展计算机审计，查出违纪违规金额 30985 万元，包括账外资产 2811 万元，成本不实 17523 万元等问题。

当年，审计淮北矿业（集团）有限责任公司 2004 年财务收支。发现：长期投资效益差，存在潜在损失；潜亏挂账多、不良资产 21148.48 万元；多计资产 2409.53 万元、少计资产 1297.41 万元；少计收入与收益 1844.97 万元、多计收入 155.08 万元；多计成本费用 5090.46 万元、少计成本费用 1844.19 万元；少计缴税费基金 941.15 万元；违规出借资金及发放奖金津贴。审计决定收缴欠缴的税费。

当年，审计省政府办公厅2004年和2005年1月至9月财务收支。发现预算外资金未实行“收支两条线”，部分工程支出、设备采购未执行政府采购，资产管理薄弱。审计提出强化预算，加强财务管理，健全内部控制和监督等建议。省政府办公厅认为审计报告事实清楚，定性准确，已组织研究整改。

2006年，抽派人员到纪委协查“安徽锦龙金页策划有限公司”2004年6月至2005年5月财务收支情况。

当年，根据审计署委托，审计航天集团下属的皖安机械厂。揭示出该企业对外投资决策程序不合规、出资不到位、经济担保承担连带责任造成损失等重大经济决策问题，并向审计署提交调查报告。

2007年，审计安徽叉车集团公司2006年财务收支，延伸其下属安徽合力深圳销售公司、安徽合力武汉销售公司、宝鸡叉车厂和安徽合力山东销售公司，调查企业近几年改革改制情况。审计关注企业改革改制决策的审批程序，企业关闭、设立、资产处置过程，国有资产保值增值情况，了解企业多元化持股后效益情况。审计揭示出企业改革改制审批程序不完善、部分个人出资未到位、多列成本费用、少计收入、少计漏缴税金、企业内部票据管理和会计核算不规范等问题。

6月29日至9月26日，审计省公路管理局2006年财务收支。查出：部分规费收入未严格执行“收支两条线”规定；无偿出借资金给所属企业；部分单位产权不明晰；公路整体运行状况较差，债务负担沉重；招商引资和改革中未正确处理各方利益关系等问题。

7月至12月，组织全省审计省市县三级公路管理机构，以及公路系统所属部分企事业单位2006年财务收支情况。审计发现：公路建设债务重且融资能力弱；还贷性公路收费站效益差；对外合作项目造成中方利益损失；“收支两条线”规定未有效执行；规费征收不到位且难度加大；养路费支出结构失衡；部分工程未履行招投标程序；公路系统事企改制改革不彻底且管理不规范等问题。审计分析认为，投资需求与资金短缺是问题的直接原因，体制性障碍是问题的根本原因。审计建议：深化改革构建有序、高效的公路管理体制；拓宽渠道筹措建设资金；创新机制，提高收费公路运行效益；强化行业内部管理，维护财经法纪。

企业承包经营审计　随着经济体制改革不断深入和企业厂长（经理）负责制与承包经营责任制的实施，厂长（经理）个人收益同企业发展目标挂钩，调动了厂长（经理）积极性和潜能，把国营企业向良性循环方向推进。为保证承包经营合同的切实履行，维护承发包双方及经营者的合法权益，界定经济责任并奖惩兑现，由地位超脱、相对独立的审计机关依法监督并作出公正评价，由此产生了承包经营审计。

1987年2月，合肥市审计局实施首批承包经营责任制企业的承包经营期前审计。省审计局总结合肥市经验向全省推广，并草拟《关于加强审计监督，促进企业承包经营的意见》，上报省政府。省政府办公厅8月24日批转全省各地执行。此后，承包经营审计在安徽省全面开展起来。

1989年4月10日，省政府颁布《安徽省全民所有制工业企业承包经营审计暂行办法》。随着省政府第6号令的贯彻落实，承包经营审计步入快速发展轨道。1989年3月至6月，全省开展企业承包经营审计1847家。

1990年，组织全省审计614家商贸企业1989年承包经营情况，占应审计对象的49.04%；已审企业全面完成和基本完成承包经营任务的占79.28%；已审计企业1989年实现利润17392万元，超过承包利润指标的26.05%。但也发现一些问题：承包基数偏低、承包形式不尽合理，利润分配向企业倾斜，企业间留成利润差异大，消费基金增长过快，企业经营行为短期化，部分地方承包合同未兑现、影响经营积极性，承包合同条款不完善，一些主管部门享受政府机关和企业双重经济待遇等。

当年，审计省物资局及其所属企业1989年承包经营情况。审计反映，该局所属10家企业中，7家完成承包任务，3家未完成。10家企业实现利润1764.9万元（审计数），比上年下降30.3%；上缴利税（所得税、调节税）933.1万元，比上年下降31%，但是比当年财政下达承包任务数756.18万元超过176.92万元，超23.4%。按照承包合同规定，财政按50%返还分成款88.46万元。

当年，审计省纺织品进出口公司1988年至1989年承包经营期中情况，审计揭示企业经营管理和财务核算方面的问题。

当年，总结企业承包经营审计经验，向省政府报送《关于贯彻执行省人民政府第六号令和全省工业企业承包经营审计情况的综合报告》，省委《信息快报》予以刊登。

1991年，鉴于1990年第一轮企业承包经营期满，全省审计机关、社会审计、内部审计，开展1128家国营企业的承包经营审计。

其中，省审计局审计省物资局及其所属企业和省纺织品进出口公司1990年承包经营情况。审计反映1128家企业，完成承包指标701家单位，占62.15%，实际上缴利税总额超过承包指标5.41%，企业生产发展和科技进步得到有力推进，职工收入增加，生活福利改善，第一轮承包经营取得良好效果。审计认为，有些问题需要引起重视：承包经营责任制不完善、影响职工积极性；有的部门以包代管、未能全面履行职责；财经制度调整与经济改革不同步、影响企业活力；国有商贸企业主渠道作用未能充分发挥；一些承包企业法纪观念淡薄，缺乏自我约束机制。省政府《政办通报》摘录刊用该审计综合报告。

1992年，审计省轻工业品进出口公司1991年承包经营情况。审计反映，该公司1991年实现利润546万元，取得较好经济效益，企业出口额、出口收汇额、上缴外汇额度都超额完成承包指标。存在问题是，职工生活区费用列入生产成本10000元，供货出口奖励金未转生产发展基金74.2万元，少缴"两金"19万元。

当年，组织开展全省963家商贸企业1991年承包经营审计。审计结果表明，1988年以来，安徽审计机关已连续五年审计商贸企业承包经营情况，企业遵纪守法观念得到加强，违纪金额逐年下降。1991 年开始，不少商贸企业实行第二轮承包，但上年承包中的某些问题尚未完全解决。发包方的责任和义务仍然没有明确规定，部分主管部门通过参与发包，侵占企业利益。审计还反映，搞好搞活国营大中型企业的政策和措施未完全落实到位，企业内部约束机制不够健全，承包经营企业外部环境有待改善，近 1/3 企业的经营成果不真实。

1994 年，组织开展全省 430 家商贸企业 1993 年承包经营审计。审计结果反映，1993 年全面完成承包指标的企业占 62%，未完成的占 38%，全省查出违纪违规金额 5565 万元，其中收缴财政 332 万元。查出问题：部分企业盈亏不实，亏损潜亏严重；承包企业的经济效益逐年下降；企业短期行为突出，不重视生产积累和发展后劲；国有资产流失 6410 万元，占年初全部资产的 6.7%，主要手法是利用新旧会计制度转换，将国家资本金转为企业资本金，将历史遗留的呆坏账直接冲减国家资本金等。

第二节　行业审计

1989 年，根据省人大常委会和省政府决定，全省开展外贸、粮食、食品三个行业盈亏审计，实际审计 901 家粮食企业，283 家食品企业和 258 家外资企业。这项审计任务的圆满完成，为促进三个行业改善经营管理，严肃财经纪律，完善改革措施发挥积极作用，得到省人大常委会、省政府肯定。

1993 年，组织审计安徽省 35 家邮电企业 1992 年财务收支和业务经营。

1995 年，全省审计 93 个县级以上农业生产资料公司 1994 年资产负债损益情况，调查农业生产资料流通体制改革情况和存在问题。审计查出违纪金额 2377.31 万元，其中多转成本 298.03 万元、乱列费用 327.51 万元，隐瞒收入和利润 213.92 万元，擅自提价牟取利润 202.66 万元，其他各种违纪资金 1335.19 万元；应收缴财政 323.18 万元，增盈抵亏金额 417.82 万元。审计反映，企业在执行国家化肥、农药购销政策方面，存在：化肥资源短缺，供需矛盾突出，经营主渠道作用未能充分发挥；化肥等农业生产资料淡季储备制度未得到很好落实；化肥等农资流通市场混乱，未能得到有效整顿；化肥等农业生产资料价格上涨过快的势头未得到有效遏制，农民负担加重；化肥代销制度尚未完全推行。审计反映企业财务收支与经营资金使用方面，盈亏不实、“三角债”困扰、农资经营资金缺口、经营周转困难等。

当年，审计省邮电管理局及 10 个市县邮电局 1994 年财务收支和业务经营，查出违纪资金 1553 万元，应收缴资金 134 万元，调账处理资金 1419 万元。审计还发现企业存在一些困难和问题：建设资金严重短缺，资产负债率逐年上升；经济效益不高，基层企业亏损面大；新业务的会计处理不规范，违纪违规问题仍有发生。

当年，审计 96 个航运部门各项航运、航道规费的征收、解缴、管理、使用情况。

1996 年 4 月至 6 月，组织审计全省交通行业和公路养路费与车辆购置附加费 1995

年财务收支情况。涉及省交通厅、15个行署、市及16个县的交通和公路部门，查出违纪违规金额21745.11万元。审计查出：漏征规费2183.18万元，擅自减征免征规费1747.32万元，隐瞒截留规费1302.22万元，拖欠车购费和养路费1176.58万元，少数地方未按规定办理规费专户；挤占规费2160.06万元，挪用交通规费5197.7万元，养路事业费、运管费超支严重，养路工程包干结余分配不合理；有偿使用资金投向不尽合规；漏缴税金166万元，少计缴"两金"495.32万元，少数单位私设"小金库"，重复计提消费基金等；规费收支计划不合理；财务管理与核算不规范；国有资产管理薄弱；资金紧张，贷款负担沉重。

当年，组织审计全省农业生产资料企业1995年度和1996年1季度化肥经营情况，调查60家省属化肥生产企业和30%的基层供销社1995年化肥生产、销售情况。审计查出：企业多转成本、乱列费用1075万元，隐瞒收入677万元，虚增收入749万元，高价牟利718万元，偷漏税款157万元。调查发现，一些地方化肥供应，特别是零售环节渠道不畅、价格偏高、经营市场混乱。流通渠道不畅，环节多、渠道乱，基层供销社困难多、负担重；1995年化肥销售价格比上年上涨近39%，供需矛盾突出，生产和流通企业违规提价销售；经营市场混乱，一些单位和个人违反化肥专用政策，私自经营化肥，扰乱化肥市场；部分统配肥没有兑现到农民手中，调控肥平议差价款没有返还给农民，个别地方调控肥供应以次充好、坑农害农。

1997年3月至6月，组织审计全省医药局及所属163家工业、商业企业1996年财政财务收支的真实合法效益及其经营情况。审计查出违纪违规金额16565.19万元，不少企业是"厂长利润、经理成本"，资产负债损益严重失真。这次审计为支持主管部门理顺医药经营管理体制，整顿医药市场，维护医药生产和流通秩序，作出积极努力。审计还发现：企业的产业产品结构、品种结构不合理，低水平重复生产，导致全省医药行业亏损总额超过一亿元，主要经济指标在全国行业排名下滑；企业损益失真、潜亏严重，163家企业中，盈亏资产不实的113家，占69.3%，163家企业明亏潜亏挂账4.77亿元；药品购销活动中，给予和收受折让（回扣）现象严重。其中29家工业生产企业支付发票明示以外的回扣款3120.66万元，较上年同期增长114.68%；药品加价不合理，利润分配悬殊。调查显示，价格利润50%以上分配给医疗机构，少数医疗机构和医药经营单位违反国家药品价格政策，擅自提价销售药品；国有企业药品市场占有率低，医药经营市场混乱；企业自我约束机制不健全，违纪违规现象普遍。

3月至7月，组织审计省烟草公司、5个大中型烟厂及其所在地烟草公司和3个烟草收购和卷烟销售的14家企业1996年资产负债损益。审计查出违纪违规金额11052.86万元，其中应上缴财政822万元。14家烟草企业欠缴税费153626.75万元，其中烟草工业企业占欠缴税额82.64%，消费税欠缴占全部欠缴的84.8%；审计还发现，为规避国家税收和行业考核需要，工商企业利益相互转移；对外投资效益低；"三产"无偿占用主业资产和资金，主业无偿向"三产"提供辅助生产的产品和劳务，废旧物资无偿赠给“三产”，违反专卖法规、“三产”从事主业经营等问题。

4月至6月，组织审计供销社棉花系统81家棉花经营企业1996年度和1997年1季度执行棉花政策、业务运营及资产负债损益情况。审计查出违纪违规金额15658万元，收缴财政842万元。审计查出问题：棉花调销不畅，大量压库；经济效益滑坡，部分企业潜亏大；个别地区棉花市场秩序较乱；省级棉花储备制度没有落实，缺乏棉花市场宏观调控力度；棉花经营企业社会负担重；部分企业挤占挪用棉花专项收购资金、隐瞒销售收入、虚列成本费用、收购压级压价等。

1998年，根据审计署部署，组织审计全省商贸行业54家股份制企业1997年资产负债损益，调查企业改制情况。54家股份制企业中，商业行业40家，粮食行业6家，供销行业3家，外贸行业3家，物资行业2家。审计发现：8家企业国有资产流失247万元；54家企业违纪违规总额2345万元；54家企业中，47家潜亏7104万元；不少企业资产结构失衡，债务负担沉重，经营资金短缺；职工股未到位和退股；54家企业中有5家379名下岗职工未得到妥善安置。副省长卢家丰批示：“请将这份审计综合报告复印分送商务厅、供销社、物资集团公司等单位负责同志阅，报告既肯定了成绩，也指出了问题，既分析了原因，也提出了一些意见和建议，其中很多意见是十分中肯的，希望能引起重视，要抓住扩大内需的有利时机，继续深化流通企业改革，加强管理，提高素质，大力开拓城乡市场，特别是农村市场，使我省流通企业尽快摆脱困境，步入良性循环”。

1999年4月至8月，组织审计全省外贸系统101家企业1998年资产负债损益，省审计厅直接审计省轻工进出口公司。审计发现，大多数外贸企业经济运行质量与效益下滑，不少地市外贸企业亏损加大，大多数县级外贸企业生存困难；部分企业经营机制不活、资金短缺、财务状况趋紧、发展后劲不足；一些企业资产负债率过高、偿债能力低下、不良资产多、潜亏数额大，有的已资不抵债；对外投资决策不慎，低效、无效投资数额大、遗留问题多以及外贸专业人员流失制约企业正常经营和发展等。省外经贸委党组扩大会议和全省外贸工作会议通报，要求全省外贸企业，针对问题认真整改。

5月至8月，根据省政府领导指示，组织审计59家商贸股份制企业1998年财务收支的真实合法效益性和股份制运作情况。审计查出违纪违规金额2605.62万元。审计发现：19家企业资本金不到位、抽逃现象严重，股权设置不规范；资产负债率高，亏损严重；转制缓慢，资产结构失衡，潜亏突出；部分企业国有资产流失、侵占国有股权益。审计还反映改制面临的困难：政府职能转变滞后，行政干预多，没有根本实现政企分开；综合配套改革滞后，制度执行不力；市场疲软，企业负债经营，自我积累、发展能力弱；历史包袱沉重以及职工观念更新慢，对改制的心理准备和预期脆弱等。各地市党政领导都充分肯定审计工作，要求有关部门认真整改、落实审计意见。

当年，遵照省政府要求，审计全省45家小化肥生产企业1998年资产负债损益。45家企业中，省属企业27家，地方企业18家，有15家已列入1999年国家和省重点脱困规划。审计查出45家企业违纪违规资金26323万元，审计还反映，该行业的问题和困难有：部分企业技改项目决策不当形成不良资产1.2亿元；国有资产流失和损失浪费突出，包括对外投资失误、主业向三产让利；部分企业会计信息失真、潜亏严重。45家企业中虚盈实亏7家、少报亏损29家，累计潜亏2.7亿元。省政府副省长黄岳忠12月27日批示："小化肥企业存在的问题有内、外部原因。从审计的情况看，小化肥企业内部管理失控要比其他行业还要突出，这与多年来的体制不顺不无关系。现在关系理顺了，责任明确了，重点要做好衔接工作，各市、地不能接而不管。由石化局、财政厅针对审计暴露的问题下发一个通知，所在市、县政府要加强领导，做好工作。"省委《安徽信息》《信息快报》和省政府《昨日信息》摘要采用审计情况，为省委省政府宏观决策和国有资产监督管理提供真实准确的参考依据。全国审计工作会议上，审计长李金华也充分肯定安徽省开展百户重点企业审计，为促进国有企业深化改革和摆脱困境发挥的积极作用。

当年，组织审计全省纺织行业36家企业1998年资产负债损益，调查企业改革脱困与棉纺压锭情况。这36家是资产和销售额达到2000万元的国有工业企业和部分棉纺压锭企业，涉及棉纺、丝绸、印染、缫丝、麻纺、化纤和热电业。审计反映，36家企业资产负债率平均78.6%，最高152.4%，潜亏严重、拖欠税款、欠缴社会保障基金数额大，对外投资损失浪费等。审计查出36户企业违纪违规资金3.2亿元，表现在多计少计收入，多计少计成本费用，会计账目差错，漏计税金，私设"小金库"等。副省长黄岳忠要求省纺织总会"正视问题，加强管理"，省直各有关单位采取措施整改。

2000年3月至11月，全省开展县级以上81家盐业公司1999年资产负债损益审计，延伸审计或调查盐政管理和部分盐业市场。查出违纪违规金额5365.37万元，其中：挪用国家储备盐等专项资金862.88万元，违规处置国有资产造成流失321.25万元等问题。审计反映，安徽省盐业管理体制不顺，宏观调控能力弱，食盐价格机制不完善，碘盐基金"三证管理"和盐政管理薄弱，部分企业投资效益差、损失严重，资产质量不高、潜亏严重以及会计信息失真等。审计后，省盐业管理体制变动，各地盐业公司与地方脱钩，并入新成立的省盐业总公司。

5月至11月，组织审计全省物资系统81家重点企业1999年资产负债损益。查出问题：90%物资企业经济运行质量与效益持续下滑，经营萎缩、生存困难；资产负债率高、不良资产多、潜亏数额大，制约企业发展；有些企业领导以权谋私，侵蚀国家资产；内部管理混乱，违纪违规问题普遍。审计查出81家企业违纪违规金额14770.07万元，主要是收入和成本费用不实、偷漏税金、账实不符等；企业改制不彻底、走回头路；"三乱"现象屡禁不止，企业外部经营环境亟待改善。2001年2月，审计署办公厅《审计工作通讯》反映了本次审计情况。

从8月开始，根据审计署授权，全省审计78个市县烟草公司。揭示出会计信息失真、投资损失严重、非法账外贷款等问题，共查出违纪违规资金4792.4万元，收缴审计专户485.02万元，挽回经济损失448.84万元，促进增收节支1275.93万元，审计提出建议220条。根据省政府省长许仲林指示，省审计厅发出《关于做好全省烟草行业审计工作有关问题的通知》，依法对问题作出处理。

当年，根据审计署《关于加强和改进授权审计工作的意见》的通知，全省组织339人，组成92个审计组，审计92家县级以上供电企业，查出违纪违规资金4.66亿元，收缴审计专户4998万元，追回挤占挪用资金3331万元，移交司法机关案件7件，提出审计建议430条。审计综合报告省政府和审计署，省政府副省长黄岳忠批转给省电力公司主要负责人，要求：组织力量对审计提出的问题和建议进行研究，抓紧整改；“收支两条线”管理一定要坚决，采取信息化手段，如电子商务结算，管起来；清收电费，要防止水分，对以前年度死欠电费要研究解决办法，当年电费要采取措施收缴到位。省电力公司认真进行整改，并于2002年2月9日向省审计厅报送整改情况专项报告。

2002年，审计全省邮政企业2001年财务收支，省审计厅直接审计省邮政局。查出问题：挤占成本费用、少计当期利润283万元；违规将补充养老金2484.96万元转入合肥市邮政局，用于个人邮政储蓄获取利息72.82万元；2000年以来挪用生产资金1555.16万元为机关和部分直属单位建职工住房；2001年省邮政通信发展有限公司无依据将评估增值资产1192.45万元，冲减实收资本；会计核算、账簿设置不规范，会计报表失真等。审计决定：补充养老金2484.96万元转存合肥市邮政局，作个人储蓄所获利息72.82万元，全额收缴入审计专户；少计当期利润283万元，以及挪用生产资金1555.16万元和评估增值资产1192.45万元调整会计科目。审计建议，依法核算、披露信息，加强管理、优化资产结构，提高资金使用效率，严格界定产权关系，维护国有资产权益等。

当年，根据审计署授权，审计中石化安徽所属石油行业存续公司，省审计厅直接审计中石化安徽石油总公司。审计披露，石油存续公司重组改制不彻底，内部控制制度不健全，资产质量不高，管理薄弱，部分财务收支反映不实等问题。

2003年3月至12月，根据审计署部署，组织开展全省国电系统财务收支和经济责任审计，省审计厅承担省电力公司的资产负债损益审计。审计查出：企业会计信息失真；资产质量不高，存在不良资产和潜亏现象；某些项目投资、担保、借款决策失误；少数主业与“三产”单位经济关系不清，“三产”单位侵占主业利益；有些单位财务管理薄弱、内部控制不严等。审计署有关领导评价：安徽省对电力审计很重视，精心组织、措施得力、调度有力。开展审前调查，编印文件汇编，举办培训会和阶段性汇报会，组成督查组。对问题定性准确，将全省发现的同类问题汇总成统一工作底稿，是个经验，值得推广。

当年，根据审计署授权，组织审计省电信公司及其下属的合肥市、芜湖市、蚌埠市和六安市电信公司2002年财务收支，省审计厅直接审计省电信公司。审计发现，省电信企业收入结算、成本核算、对外投资、收益处理、企业并购、“三产”管理方面存在问题。省电信公司根据审计意见全面整改，制定新的规章制度，加强内部管理。

2006年，组织审计安徽省盐业总公司系统2005年财务收支。省审计厅直接审计省盐业总公司，组织部分地市审计人员延伸调查定远东兴盐矿等食盐生产企业。审计查出 80 家盐业企业在食盐专营管理、专项资金使用等方面违纪违规金额达 7055 万元。

当年，根据审计署授权，组织审计全省烟草行业 2005 年财务收支，其中省审计厅直接审计省烟草公司并延伸审计皖南烟叶公司等单位。审计披露该行业损益、支出不实，打假经费支出不合规，关联企业业务核算、罚没烟处理不规范等问题。

第三节　企业专项审计

1987 年 7 月至 11 月，审计省经贸委以及 12 家专业公司 1986 年"以进养出"外汇使用情况。结果表明：安徽开展"以进养出"外汇业务增加适销对路产品、扩大出口货源、增加外汇收入效果良好；进口国内不能生产的紧缺原材料，解决了企业原材料不配套而影响产品出口问题；换购调动了出口商品生产者和组织者积极性，有利于扩大农副产品出口货源，活跃市场。审计发现的问题和不足是，对效益好、创汇率高的出口商品生产，政府重点扶持不够；省公司和地市外贸局层层挪用换购物资的现象普遍，有的单位将换购钢材转内销，提价出售从中获利；大量进口钢材等换购物资库存积压。

1988 年 9 月至 10 月，根据审计署部署，开展安徽名烟、名酒价格放调情况定期审计。重点是提价前后有无弄虚作假、隐瞒转移库存、低价套购以及库存增值的账务处理情况。审计反映，多数地市调价增值没有按规定转为国家流动资金，安庆市糖业烟酒公司提前提价，宁国县糖业烟酒公司低价卖酒给内部职工等问题。

1991 年，组织审计粮食行业 202 个粮食建仓单位修建简易仓棚专项资金使用情况。修建粮食简易仓棚，是中央为缓解储粮难而采取的紧急措施。商务部 1990 年下达安徽省修建粮食简易仓棚容量为 10 亿斤。审计查出违纪违规金额 3247.81 万元，其中应上缴财政 5.3 万元，调账减亏 621.92 万元。具体是将粮食简易仓棚改建成粮食仓库；自行增加仓容 11427 万斤、扩大开支 731.33 万元；违反专款专用规定，挤占费用 476.56 万元；虚列费用挂账 310.1 万元。

安徽省 1991 年遭遇百年未遇的特大洪涝灾害，国家下拨大量修复资金，为了解其使用和公路恢复情况，1992 年 2 月至 8 月，根据审计署、省政府审计救灾款物的要求，省审计厅组织审计合肥、巢湖、黄山等 11 个地市 1991 年水毁公路修复资金使用情况。审计查明，该工程项目资金计划有缺口、超支严重。计划、工养部门与财务部门衔接不够；配套资金不落实，少数项目资金下拨不及时；乱挤水毁工程成本、多提工程包干结余，管理费和道班房支出挤入水毁资金等问题，违纪金额 22.83 万元。省政府《政办通报》摘登审计报告。

当年，为便于省政府领导了解救灾粮指标分配和使用情况，组织力量两次跟踪审计 82 个粮食部门救灾粮指标的分配、供应和节余情况。

当年，审计和调查全省 124 家国有大中型和重点骨干工业企业 1991 年亏损及亏损原因。审计反映，1991 年企业为挽回和弥补特大洪涝灾害损失，适应市场、技术进步、发展生产、扩大销售方面作出积极努力，取得一定成绩，但效益不佳，销售成本仍比上年上升 7.4 个百分点。造成 1991 年亏损增大，效益下降的原因有：124 家企业供求关系、产品结构、销售不利等造成积压、削价损失 1.17 亿元；国家调整能源、原材料价格影响效益；技术落后、设备老化、产品质量次消耗高；资金不足、周转缓慢困扰企业生产经营；包袱沉重、管理不善、潜亏数额大等。

1993 年 8 月至 9 月，全省范围开展 1993 年夏粮收购资金和坚决不打“白条”情况专项审计。审计和调查全省 16 个地市、23 个县（市）的粮食、财政、银行及 59 个基层收购粮站，查清全省夏粮收购资金筹措到位和兑现情况。审计反映，定购任务基本完成，议价任务有很大缺口；收购资金兑现较好，全省基本无“白条”；部分地市存在“户交村结”问题。违纪问题表现在：有的银行对农副产品收购贷款收取高利息；个别银行、粮食企业截留挪用收购资金；粮站违反规定代扣款项，个别粮站以议抵平套取定购小麦价外加价款；预购定金未发到农户，乡村干部截留挪用。

当年，组织专项审计省土产、粮油、畜产、医药保健、五金矿产 5 家进出口公司 1988 年至 1990 年超亏挂账情况。至 1990 年年底，安徽省级外贸企业超亏挂账 11 个公司，超亏挂账面 84.6%，挂账总额 6.13 亿元，其中超亏挂账亿元以上的有畜牧、粮油、土产公司。通过政府政策扶持和各公司的努力，到 1992 年，挂账金额下降到 5.36 亿元。审计分析超亏挂账的原因是：政策性因素造成超亏挂账 3.55 亿元，占超亏挂账总额 74.6%；经营管理不善造成亏损 0.5 亿元，占超亏挂账总额 10.5%；费用、税率上升增亏 0.71 亿元，占超亏挂账总额 14.9%。

当年，组织审计和调查宿县、阜阳、合肥、淮南、安庆、滁县等地市及所辖 35 个县（市）审计局对粮食部门 1991 年底以前的老财务挂账和 1992 年新财务挂账情况。审计查出违纪违规金额 4347.94 万元，包括乱挤乱摊成本费用 2140 万元，隐瞒截留利润 206 万元，其他 722 万元。审计确认，安徽粮食企业财务挂账 29.22 亿元。对 6 个地市和所辖 35 个县（市）536 户粮食企业分析，政策性因素造成财务挂账占 64.5%，经营性因素占 8%，老挂账利息、加罚息、“三乱”等因素占 27.5%。

1998 年 6 月上旬至 8 月下旬，根据审计署部署，省审计厅统一组织，抽调 1500 余人，组成 98 个审计组，对全省各级粮食主管部门及从事政策性业务的 1061 家收储企业 1992 年 4 月 1 日至 1998 年 5 月末，新增财务挂账和其他不合理占用贷款情况实施异地交叉清查审计。截至 1998 年 5 月末，1061 家企业账面资产总额 236.02 亿元，负债总额 286.6 亿元，资产负债率 121.4%；企业上报新增财务挂账总额 97.11 亿元，占全省粮食系统汇总报表上报财务挂账总额 110.96 亿元的 87.51%。审计确认，新增财务挂账占用农发行贷款 84.4 亿元。其他不合理占用农发行贷款 36.80 亿元。新增财务挂账和不合理占用农发行贷款的主要原因是政企不分、监督不力、管理不善。

1999 年 4 月，根据审计署授权，专项审计安徽海螺集团宁国水泥厂项目“拨改贷”资金转国家资本金情况。审计发现，原“拨改贷”资金使用主体变更。审计要求海螺集团向国家建材局等有关部门汇报，调整账务并明确转增的国家资本金是中央财政资金，国家建材局为出资人。

当年，省审计厅抽调 203 人，组成 63 个审计组，审计全省 92 个公路收费站点 1997、1998 年通行费收支情况。查出违纪违规资金 41770 万元，提出审计建议 200 多条，审计信息被各级党委政府信息刊物采用。其中省审计厅直接审计省公路局、省高速公路总公司，查出违纪违规资金 1.64 亿元，追回挤占挪用的专项资金 4314 万元，收缴审计专户 848 万元。

审计结果显示，安徽车辆通行费收入逐年递增，资金筹集成效显著。全省收费公路 2633 公里，累计投入资金 113 亿元，1991 年以来累计收取通行费 400255 万元，保证了安徽公路建设发展的需要。92 个收费站均经省政府批准成立，没有违规站点，收费票据和收费标准全省统一，未发现违规收费问题。省交通主管部门制发《安徽省车辆通行费征收管理实施办法》《安徽省车辆通行费收费站管理办法》和《安徽省车辆通行费使用管理暂行规定》，行业管理进一步规范化。但审计也发现问题：挤占挪用 1997 年和 1998 年全省车辆通行费 8619.54 万元；1998 年年底全省收费站共有 5885 名职工，平均每个站点 64 人，工作效率低，收费成本高；工程项目路段家底不清，资金、债务核算混乱；超收分成造成部分资金分流；收费路段贷款偿还率低，截至 1998 年年底全省累计归还贷款本息 90031 万元，其中归还本金 39972 万元，还本付息占通行费收入 33%，低于规定还款 85% 的比例。审计建议减员增效，收费站实行定编定员、按编进人、把好进人关。

这次审计为规范通行费资金管理、促进收费还贷政策落实发挥了积极作用。省委副书记、省长王太华批示："通行费审计查出的问题应认真解决，重要的是理顺体制，严格实行收支两条线管理，专户收存，清理人员，下岗分流，减员增效，（省交通厅）要同省财政厅一起研究整改意见。"省政府副秘书长诸宗智主持召开省财政厅、物价局、纠风办、交通厅、审计厅等部门负责人会议，专题研究全省公路收费站问题。决定以省政府名义通报审计结果，要求各有关部门尽快提出整改意见。

当年，为促进省政府 83 号令的贯彻落实，审计全省 1992 年至 1998 年新型墙体材料专项用费。查出问题：各地违规减免，造成专项用费欠收严重，1998 年 17 个市征收率仅 22.02%；专项用费征管体制不顺，规划部门未向墙改办提供征收资料，国税部门未启动粘土砖企业的代征工作，少数地市资金专户管理违规；专项用费被挪用拆借，1992 年至 1998 年专项用费被挪用拆借 487 万元，占征收总额 9.37%；专项用费使用效果不明显，支持的项目运营状况不理想，专项用费结余闲置多。

2001 年，组织部分审计机关跟踪审计全省 25 个公路收费站车辆通行费的征收管理和使用情况。这是继 1999 年全省 92 个公路收费站全面审计，2000 年 11 月 41 个收费站审计调查的跟踪审计。审计结果表明，连续两年的审计和调查，收费管理工作得到加强，审计意见和建议得到落实，"三乱"现象得到有效控制，但仍然存在收费项目和收费标准不合规,通行费收入管理、使用不规范,贷款偿还率低等问题。

2003年,根据省政府决定,组织全省1300多名审计人员,清查审计全省895家国有粮食购销企业。审计以农发行贷款为主线,以粮油库存占用为重点,摸清粮食企业真实情况,为省政府决策提供依据。审计发现全省粮食流通企业存在的主要问题有:粮食库存账实不符;擅自销售陈化粮,造成大量亏损挂账;挤占挪用收购资金,粮食主管部门仍然向企业乱收费、乱集资、乱摊派;部分企业虚购虚销套取资金和补贴;资产负债损益不实;会计信息失真等问题。审计分析产生问题的原因并提出改进管理的建议。省委常委、副省长任海深指出:"这次全省粮食清查审计工作很重要,意义十分重大。你们精心组织,认真实施,不仅摸清了家底,核实了总额,同时也分清了性质,明确了责任。你们做得很好,圆满完成了省政府交办的任务。"审计长李金华在全国审计工作会议上肯定了安徽粮食清查审计工作,副审计长余效明在全国审计培训班的讲话中称赞"安徽摸索出了地方国有粮食企业财务挂账审计清理的一整套办法,在全国推广"。

第四节 审计调查

1983年11月,审计署要求省审计局派人调查航天航空部在黄山开会违反财经纪律的问题,省审计局及时派员调查。省政府副省长侯勇及新华社、人民日报社等媒体记者听取审计调查报告,侯勇副省长充分肯定并指示"如实上报"。

1984年,配合审计署和国家工商总局调查蒙城、太和、阜阳三县集市贸易乱收费问题。

1985年3月至6月,审计署和交通部联合组织领导,省审计局与交通厅联合组成审计组,抽调545人,组成91个审计组,调查197个单位1984年公路养路费使用管理情况。查出安徽省养路费收支有问题金额2104万元。包括:收入方面940万元,其中少收养路费511万元,截留114万元,长期拖欠315万元;支出方面1164万元,其中各级政府和部门用于公路建设和其他支出443万元,交通厅系统借占挪用343万元,公路部门不合理占用养路费378万元。审计还反映,养路费支出不讲核算,工程管理混乱,吃"大锅饭",支出缺乏控制,乱挤乱摊成本,物资管理缺乏制度,滥发奖金和实物等问题。

7月,省粮食局向省政府反映"中央分配我省贫困地区修建公路、水利工程的以工代赈粮被部分地市转议价销售"问题。省政府省长王郁昭批示审计机关对13个县(区)进行"以工代赈粮"专项审计调查。调查发现:执行国家计委规定,将以工代赈粮直接发给群众为民工劳务报酬补贴814万斤;未执行国家计委规定,变卖以工代赈粮的有11个县,已变卖和将要变卖粮食9015.82万斤,占1985年使用总指标63.6%。变卖收入,除部分县粮油议价公司和霍山县财政得到80.5万元外,绝大部分交给工程公司用于工程费用和购置工程用雷管、炸药等。10月15日,省政府办公厅文把审计报告批转各地市。

1986年,调查8个市蔬菜经营效益情况。调查摸清蔬菜产销中菜地不足、生产供不应求以及菜地建设费和亏损补贴管理使用问题,引起省和有关市党政领导重视,多次召开会议研究解决办法和措施,促进“菜篮子工程”建设。

当年,配合省大检办开展财经纪律检查工作。

1988年7月至8月,调查全省冶金、机械、轻工行业68家企业1985年至1987年留利分配和使用情况。调查反映,68家企业三年共实现利润3.25亿元,年人均创利1480.7元;留利1.02亿元,占利润总额31.4%,年人均留利466.3元。到1987年年底有10家企业实行承包经营。调查结果显示,企业三年实现利润、留利水平、人均留利均呈现下降趋势,三行业中冶金行业留利水平偏低,1987年仅28.2%。审计查出问题:还贷任务影响国家税收和企业留利;留利分配比例不合理,消费基金大于积累基金;留利基金用于非生产性开支多;部分企业投资效益不佳;摊派现象屡禁不止。

7月至9月,调查安徽省部分县粮食合同定购“三挂钩”政策兑现情况。为调动农民种粮售粮积极性,促进农业生产发展,安徽省规定“每定购100公斤原粮奖售优质标准化肥(尿素)12公斤(综合价每吨565元),平价柴油3公斤(其中定购稻谷2公斤),预购定金按原统购价20%发放”的“三挂钩”政策。审计调查反映,挂钩物资比例太小,与农民实际需要的化肥量相差太多,农民卖粮吃亏;农资价格上涨过猛;少数地区粮食定购任务加码超过标准;柴油票证发放办法有待改善;预购定金发放率低,其中芜湖县1987年实发预购定金占应发数25%,蒙城县仅20%。

9月,调查省外经贸委及其所属纺织、轻工、丝绸等进出口公司承包经营情况。安徽外贸企业自1988年4月以来,按条块结合、“双轨”承包,全面推行承包经营责任制。省外经贸委既承包省政府下达的年度计划和中央一定三年不变的基数,又向所属省公司发包。审计调查发现:外贸企业对推行承包经营责任制的思想和组织准备不足,有关清产核资、库存盘点、债权债务清理等都没有办理,承发包双方责权利不明,很多承包经营协议无法签署;承包指标受物价上涨严重冲击,承包任务难以承受;部分地市县出口商品生产单位不能从外汇留成中得到实惠,影响出口商品生产、供货单位的积极性;企业资金不足,亏损补贴不落实。

当年,按照审计署、交通部部署,省审计局、省交通厅联合调查全省1987年车辆购置附加费收、交、管、用情况,个别问题追踪到1988年。结果表明,安徽省1987年共征车辆41751辆、征收车购费3312万元,实交交通部3336万元(含1986年12月份应交数),比前两年总和多236万元。发现问题:车购费征收宣传不够,生产厂家不愿代征,认为征收车购费影响销路;代征单位不按规定计费、缴费;有的代征单位不给车主车购费收据;个别地方监理部门擅自征收车购费不上缴;少数地方权力部门不缴或少缴车购费;分成资金没有按规定用途使用,存在浪费行为等。

1989年4月,根据省政府省长傅锡寿批示,省审计局组织调查临泉、太和、沛河、繁昌、芜湖县、东至及池州化肥厂的化肥成本，分析碳铵生产成本上升原因。调查反映，1998年碳铵成本每吨比1987年增加33.8元，增长17.3%，1989年一季度较1988年一季度增加80元，增长37%，比1988年4季度增加44.42元，增长17.7%。碳铵成本上升的原因包括：原料、燃料、电、包装袋成本上升；辅助材料价格大幅度上升；电力拉电限电使企业开工不足；费用上升，其中工资及福利费比上年上升13.9%，修理费上升43%，利息支出上升69.4%；乱挤乱摊成本费用，七家化肥厂中有五家乱挤乱摊成本，总金额60多万元。

当年，组织专项调查省名烟名酒价格放调情况。调查放调价格前后有无弄虚作假、隐瞒转移库存、低价套购以及库存增值是否按规定转作国家流动资金等。审计反映，46个被审计单位中有27家库存增值未按规定转作国家流动资金；部分单位执行价格政策不严格，提前或超过国家规定价格销售。

1990年5月至6月，调查11家中央驻皖的教育、科研事业单位职工消费基金。调查反映，消费基金增长、职工总收入中工资增长幅度小，奖金补贴增长大，工资收入比重下降，职工收入增长快于创收增长，消费基金增长高低悬殊。影响消费基金增长的因素主要是：单位自立名目，提高标准、扩大范围发放补贴；违反规定发放奖金补贴；奖金、补贴的资金渠道增多。

当年，调查68家商贸企业1989年职工消费基金。调查发现：安徽诸多企业1989年利润大幅下降、上缴利税减少、乱发钱物使消费基金增长，68家中有49家消费基金增长，占72.1%，超过效益增长；多渠道、超标准、超范围发放奖金、补贴、实物等乱发钱物现象普遍；行业间、企业间职工收入差别明显。

1991年6月至7月，组织调查部分省辖市外贸企业留利水平情况。调查反映：留利水平增长率大于承包的主要经济指标增长率，企业留利与盈亏挂钩不紧密；企业间留利悬殊大；企业留利来源不合规、挪用生产性资金进行非生产性建设；留利分配倾向职工福利、奖励基金，消费基金增长过快。

1992年3月至9月，配合清理预算外资金，组织专项调查省经贸委、省机械厅、石化厅、交通厅、轻工业厅、煤炭厅、冶金厅、电子工业厅、纺织工业厅、省建材局及国防工办等11个单位1990、1991年预算外资金。调查反映，11个工业厅局预算外资金来源渠道多，增长快，支出大，流向广。预算外资金成为机关事业单位财务收支的重要部分。发现问题："三乱"普遍存在，加重企业负担。有5个厅局两年来以管理费、资助费、支援费、会议费等向下属单位摊派收费237万元；侵占挪用专项资金严重，两年挪用568万元；预算外资金管理不严，多数单位没有专户存储，甚至没有集中管理，支出随意，消费性支出不断上升；很多经营性收费漏缴税费。

1993年，应省政府要求，专项调查蚌埠卷烟厂和合肥钢铁公司资金外流情况。

1994年5月至6月，组织调查合肥、淮北、淮南、蚌埠、安庆、芜湖、铜陵、马鞍山、黄山市和宣城行署1993年实行产权制度改革的126家国有商业企业。调查反映，中小型商业企业实行“国有民营”改制的占60%。按照“小放开”“多形式”原则,股份制是改制的主要形式,包括组建企业集团、租赁、风险抵押承包,外资嫁接、连锁店等多种形式,取得一定效果,为探索建立现代企业制度,全面推行企业制度改革积累了经验。发现问题:指导力度不够,影响产权制度改革的进程和运作规范化;国有资产及财政收入流失普遍;社会保障、金融等配套制度改革滞后,制约企业产权制度改革的顺利推进和向纵深发展;改制前的债权债务、亏损等历史遗留问题不容忽视。

7月至8月,组织调查全省29个地市县粮食企业和部门1993年至1994年上半年执行粮食购销政策及业务经营情况。调查反映,国有粮食企业稳定粮食市场,平抑粮油价格,保证市场供应,取得较好经济效益。发现问题:1994年完成定购任务难度大,截至审计时,仅完成计划任务的35.87%。主要原因是自然灾害、粮食减产,粮食政策调整后,有些地方放任自流;经营管理弱化,监督检查不够,企业内部承包管理失控,粮油产销衔接不顺;企业历史包袱沉重。

1995年9月至12月,组织调查全省20家首批现代企业制度试点企业。调查显示,以改制促进效益全面增长的局面尚未形成,改制没有达到省定时间进度要求。存在的困难和问题是,资产负债率高,过度负债经营;部分试点企业效益状况堪忧;多元投资结构难以形成,募股不规范;核算不规范;社会保障制度不健全,分离分流难度大。

当年,组织调查10个市1994年至1995年上半年蔬菜基地建设基金的征收、管理和使用情况。审计反映,不少部门菜改费未按规定征收,调查10个市的实际收费仅占应收数的55.27%。菜改费多头管理,缺乏统一的核算制度。

1996年8月至10月,调查省内国家级现代企业试点单位和全国扶优扶强1000家重点企业中的6家企业,落实国家有关转机建制和扶优扶强政策情况,企业改组、改制、改造和加强管理的措施、效果以及存在问题和困难。调查反映,6家企业特点是,建立科学规范的领导体制和组织机构取得进展;有效地进行资产负债结构调整;加大了技术改造投资和改造步伐。存在困难和问题是,经济效益明显下降,运行质量不高。原因是原材料价格上涨过猛,财务费用激增,市场供求、税率变动影响;现代企业制度试点进展不快,未取得实质性突破;扶优扶强政策未得到明显体现;企业筹措资金困难,技术改造资金缺口大;对外合作经营权益受损;改制中清产核资损失大,对外投资无收益。

9月至11月,组织调查首批现代企业制度试点的10家企业近一年来的实施情况。调查反映,安徽省试点企业在重点难点问题上尚未取得突破。企业存在的困难和问题是,国有资产运营、管理和监督制度尚未建立;债务重组遇到阻力,债务负担重的问题没有缓解;部分试点企业经济效益堪忧,运行质量不高;试图解决的富余人员安置、企业办社会等难点重点问题没有突破;个别企业清产核资损失大,资产评估后未及时调整账目。

1997年,组织调查18家省级扶优扶强重点工业企业。调查反映,18家企业一年来经济运行特点是,探索寻求公有制与市场经济相结合的多种所有制实现形式;优化资本结构取得阶段性成果；企业加大技改投入，发展后劲增强；企业改革、改组、改造和加强经营管理相结合，经营管理向高层次推进。存在的困难和问题是，部分扶优扶强政策措施未落实到位；优势企业兼并收购破产企业缺乏流动资金；尚未形成正常的增资机制；安置分流富余人员压力大。

1998年，随着企业经营体制改革深化，股份制企业应运而生。为了解情况，组织调查全省65家工业企业改制及运营情况。其中，省审计厅调查巢湖水泥厂。调查反映，安徽企业改制取得初步成效，改制企业的法人治理结构和科学运作方式初步建立；投资主体多元化、社会化，扩充了企业资本金；投资决策机制转变、效益观念增强；存量资产质量提高，价值更为实在。审计调查也揭示，股份制企业存在一些问题：部分企业改制不规范，企业募股资金投向与招股说明书承诺变化大，企业分派股利存在短期行为等。省委副书记、常务副省长汪洋同志批示："对改制企业的完善和总结提高工作，建议请有关部门继续抓住不放。不能抓抓放放，一曝十寒，否则会有许多后遗症。"副省长黄岳忠批示："加强对股份制企业审计非常必要，审计部门要把这次审计反映的情况反馈给当地政府和经贸委。"副省长卢家丰批示："我省国有企业改革，今年在完善、提高方面做了不少工作，但也确乎存在一些值得注意的问题。请省体改委根据中央和省委的要求，结合我省改制情况对今年的改革深化和巩固、完善提高问题，进行研究，提出意见，继续推进我省国企改革和发展。"

当年，组织调查15家省级重点企业集团1997年经济运行情况。调查揭示，企业集团改制内部运作不规范、合并会计报表不规范，扶优扶强政策措施尚未落实到位，资产重组面临诸多制约集团发展的不利因素。省政府副省长黄岳忠批示："15家企业集团1997年年末对外投资累计133亿元，当年投资收益率不到5%，国有资产的投资效益太低。"审计调查报告被省委《信息快报》《信息交流》，省政府《每日动态》采用7篇（次）。

1999年4月至5月，根据审计署要求，调查香港中旅在皖投资的黄山国际大酒店和黄山太平索道有限公司1998年资产负债损益情况。调查摸清企业基本情况，核实企业财务管理等方面存在的问题，找出原因并提出改进意见和建议，受到审计署好评。

2003年年末，调查省属大型企业现状、各市开展企业审计情况。

2007年，为建立省属企业审计资料库，调查部分省属企业基本情况。调查的单位包括：安徽军工集团公司、安徽民航管理公司、安徽叉车集团公司、安徽省新华发行集团公司。省审计厅根据编制审计项目计划的需要，调研铜陵有色金属（集团）公司、安徽叉车集团公司和安徽军工集团控股有限公司等9家省属国有和国有控股企业。调查摸清企业所属全资及控股公司、内部机构设置和人员编制、财务机构设置和会计人员情况；企业经营管理、财务管理模式和会计核算方式，企业使用的会计软件和会计资料量情况，企业近年来经营成果、财务状况和有关经济指标完成情况和财务报告等；调查掌握了企业改革和发展面临的主要困难和问题；搜集并建立企业审计资料库。

第七章　农业与资源环保审计

党中央、国务院对“三农”问题高度重视，省委、省政府把“三农”工作放在重中之重的战略地位。作为农业大省，安徽省在全国率先实行农村土地家庭联产承包责任制、农村税费改革和农村综合改革，发挥了示范作用。审计机关高度重视农业审计，一直把加强农业专项资金审计作为工作重点，促进规范资金分配，加强资金管理，提高资金效益，促进农业发展、农村繁荣、农民增收。环境保护是我国的基本国策，资源合理开发使用，事关科学发展、可持续发展。审计机关不断拓展审计领域，发挥监督职能作用，认真组织环保资源审计，促进经济社会全面发展，人与自然、人与环境协调发展。

安徽省审计机关围绕经济建设和党委、政府工作中心，认真贯彻“依法审计、服务大局、围绕中心、突出重点、求真务实”的工作方针，以强化管理、提高资金使用效益、服务安徽农业和资源环保工作为目标，认真履行审计监督职责。一是坚持抓专项资金审计。把扶贫资金、农业综合开发资金审计作为专项资金审计的抓手，探索专项资金审计内在规律，促进规范管理。围绕安徽“三农”改革实际，连续5年开展乡镇资金审计，促进“三乱”问题解决。统一组织环保专项资金审计、土地出让金审计等。二是坚持抓审计调查。连续4年开展农村税费改革审计调查，促进改革政策落实、提出完善改革措施，为党委、政府宏观决策服务。开展农民种粮补贴、良种补贴、“阳光”工程补贴资金审计调查。省委、省政府领导非常重视审计结果，多次对审计报告和审计信息作出重要批示，要求有关部门和单位认真整改审计查出的问题。三是积极参与和认真实施相关部门的预算执行审计和经济责任审计。先后开展省水利厅、省农委、省乡企局、省环保局、省纪检委、省民委、省农垦集团、安徽农业管理干部学院等单位预算执行审计和经济责任审计，促进部门预算执行和规范。

“九五”到“十一五”期间，安徽省农业和农村经济发展有两大基本任务：实现由农业大省向农业强省跨越；确保如期实现小康。为促进这两大任务的顺利完成，先后制定安徽省“九五”“十五”“十一五”农业与资源环保审计工作规划，确定扶贫、水利、农业综合开发等与农业和农村经济发展密切相关的专项资金作为审计重点，其中把扶贫资金审计作为重中之重。审计机关在1994年至2000年国家实施“八七”扶贫攻坚计划期间，连续7年组织扶贫资金审计，审计扶贫、财政、发改委等部门1030个（次），审计资金总额32.78亿元，查出资金管理部门和使用单位截留、挤占、挪用等违纪违规资金2.92亿元，促进扶贫资金投入到位6932.8万元，归还原资金渠道2684.2万元。

农村税费改革是继农村大包干后第二次大范围的农村改革。安徽省是全国唯一的试点省，为促进改革试点的顺利实施，2001年至2004年，连续三年统一组织市县（市、区）审计机关，专项调查农村税费改革情况。调查发现一些地方农业税计税面积不准、亩产不实、征管不规范、转移支付资金被挤占挪用等问题。省委、省政府领导对审计厅提交的审计调查报告和审计信息分别作出重要批示，达到促进改革、完善改革和巩固改革成果的目的。

根据党中央、国务院对新农村建设的要求，审计厅围绕省委、省政府有关新农村建设的总体部署，组织开展种粮补贴、良种补贴和“阳光”工程补贴审计、水利建设专项资金审计、淮河流域蓄滞洪区运用补偿审计、三峡移民资金审计、农业项目效益审计等。

农业与资源环保审计经过十多年的实践摸索，到20世纪90年代中期，初步积累了一些经验。随着《中华人民共和国审计法》的颁布实施，对农业与资源环保审计提出更高要求。由于农业审计范围广，内容多，有关“三农”经济活动分散在多个职能部门，农业与资源环保审计机构仅负责对部分农业经济活动进行监督，导致两方面的矛盾：审计机关各职能处（科）从各自的职责出发，会造成对同一部门（单位）重复审计；审计机关各职能部门监督侧重点不同，确定的审计目的、重点不同，甚至运用的审计标准也不同，一定程度上削弱了审计效果。

审计机关开始探索有安徽特色的审计新思路，开展“大农业”审计。为此，安徽省审计机关打破内部分工界限，统一制定审计规划、安排审计项目、组织审计力量，对涉农经济活动进行系统、全面、连续的审计监督。通过连续几年审计，摸清安徽省农业投入家底，全面揭示“三农”经济活动中存在的问题，分析存在问题的原因，提出针对性强的审计建议，促进安徽省“三农”工作健康发展。

1998年，是探索“大农业”审计的第一年，在统一组织全省各市县审计机关摸清农业投入家底的基础上，开展水利、扶贫、农业综合开发资金审计、乡镇审计、农业外资项目审计、重点水利工程项目审计。这些审计项目涉及审计机关内部三个处（科）室。采取召开专门会议、研究方案、协调参审处（科）室职责、确定责任领导的方式，取得良好审计效果。2007年，统一组织省本级和17个省辖市、108个县（市、区）2006年财政涉农资金投入管理和使用情况专项调查。调查财政、农业、林业、水利、民政、卫生、教育等部门近2000个单位，调查资金267.14亿元。调查摸清全省各级财政涉农资金投入规模、结构、来源等总体情况，揭示出农业投入政策落实不到位、资金拨付不及时、结存数额大、挤占挪用资金等问题，发挥了宏观参谋作用。

农业、农村和农民问题，是关系中国改革开放和现代化建设全局的重大问题。农村的问题和矛盾大多集中在财务方面。尤其是20世纪80年代末90年代初，向农民乱收费、乱罚款、乱集资等侵害农民利益的问题突出，影响农村干群关系、社会稳定和基层政权稳固。农村经济活动和行为迫切需要加强监督和规范。但当时法律规定，县级以上政府设立审计机关，乡镇没有审计机构，开展乡镇资金审计被认为“名不正”“言不顺”。

1995年下半年，五河县按照县委、县政府要求，联合有关部门对全县20个乡镇涉农资金进行全面审计。省审计厅及时总结五河县的做法和经验，将调查情况向常务副省长和分管农业副省长专报。省政府两位领导对调查报告及时作出批示，以政办通报全文转发调查报告，对安徽省乡镇资金审计发展起了重要推动作用。1997年开始，省审计厅连续五年组织市县审计机关开展乡镇资金审计。审计乡（镇）村是否严格依法组织收入、有无截留挤占挪用农业专项资金、有无向农民乱收费、乱罚款、乱集资等侵害农民利益行为。5年共审计乡镇918个，审计调查行政村2298个，农户9086个，查出各类违纪违规资金12.78亿元，决定退还农民应得款1.47亿元，移交纪检监察机关处理案件49件/70人。审计有效地规范乡镇经济运行秩序，遏制加重农民负担等损农坑农行为，促进农村党风廉政建设和干群关系改善。

1998年开始，连续多年统一组织的乡镇资金审计深受农村干群欢迎，全省近三分之一的县（市、区）设立了乡镇审计机构。省审计厅经过调研论证，制定《安徽省乡镇审计暂行规定》，经省政府批准于2001年9月在全省施行。

2005年8月，为适应安徽农村、农业经济和县乡财政体制变化，出台《关于进一步加强乡镇资金审计工作的意见》，充实和完善乡镇资金审计的内容和形式，规范和强化乡镇资金审计监督工作。审计厅还在实践总结和理论研究基础上，编写《乡镇审计》一书，指导审计实践。

2007年，安徽省猪肉价格持续快速上涨，食品价格居高不下，民众备感压力。审计厅及时组织省生猪良种繁育体系建设专项调查，了解项目立项、专项资金分配、使用及实际效果，存在问题，促进整改，推动这项民生工程的顺利实施，促进生猪生产，稳定物价。

农业与资源环保审计，存在“反映难”“处理难”问题。一些地方审计机关“重审计”“轻报告”“轻处理”，未能依法处理和如实上报发现的问题，影响审计职能作用发挥。省审计厅针对这种情况，认真研究对策，采取有效措施解决“反映难”“处理难”问题。采取全省统一开展扶贫资金和国土资源等项目审计的方法，要求各省辖市审计局下审1至2个县（市、区）。省审计厅直接开展宿松县扶贫资金、滁州市和霍邱县水利资金、合肥市环保资金、财政支农资金、国土资金，宣城市三峡外迁移民补助资金等项目审计。“上审下”，一定程度上缓解了审计“反映难”“处理难”问题，有利于上级审计机关掌握第一手资料，加深对问题的认识和理解，提出更有针对性的意见和建议。同时，注重时效、关口前移。对时效性强的项目提前介入，关口前移，更好地发挥审计监督作用。1999年长江流域发生洪涝灾害，国家实施平垸行洪、移民建镇工程。这项工程必须在第二年汛期前完成搬迁，省政府与有关市县政府签订了责任状。安徽审计机关针对该项目时间要求紧的特点，组织力量实施项目建设跟踪审计。结果表明，有的市县上报省政府的项目建设进度与实际情况差距较大，审计机关及时把真实情况报告省政府，得到省政府领导重视，采取了相应补救措施。并且加强了对项目实施和审计决定落实情况的督查。省审计厅经常派员到各市县审计现场督查，解决项目实施中遇到的问题，确保审计质量，并加大审计决定落实情况的检查力度，保证审计执法的严肃性。经过连续多年的审计和整改情况督察，违纪违规问题得到有效遏制，促进了有关单位建章立制、强化管理、提高效益。

第一节 财务收支审计

部门财务收支审计 1985年，审计省水产局1985年上半年财务收支。发现问题：超发上半年经费包干结支资金，每人30元，计款1470元；动用事业费，春节前后发放食物，计款2966.02元；1984年在京水产品展销，工作人员每人制装一套价值101.59元，共计2549.95元。

1989年，审计省林业厅1988年经费收支。发现问题：挪用育林基金、林业专项事业费、林业周转金122.5万元用于所属单位经商；动用林业发展基金168004.70元购买商品房，挪用林业周转金8.4万元购置职工宿舍。审计处理意见：取得财政拨专款或用自有资金弥补挪用的专项资金并清理暂付款项。

1990年8月，审计省农经委1989年行政事业经费收支。发现问题及处理意见：乡镇企业管理费应按规定范围使用，不得挪用；各项收支应根据经济业务内容，按规定资金渠道列支。

9月1日至13日，审计省农经委1989年经费收支。发现问题和处理意见：纠正违规平均包干发放夜餐费3060元；用公款装修干部个人住房列修缮费，应由个人支付。

当年，审计省农机局1990年行政事业经费。发现问题及处理意见：农机事业费列支价值358元的吸尘器，未办控购手续；应商得财政部门同意，试行经费包干和从下属承包单位纯收入中提取服务费并用于事业发展、弥补经费不足；医药费超支大，应采取措施、从严掌握。

1991年，审计省水利厅1989年行政经费、水利事业费等。发现问题及处理意见：1989年发钱发物折款8.08万元，人均270元；“更新改造基金”列支管道费6万元应调账；账表不符；1989年年底预算外收入结转26.85万元，按规定征收“能交基金”和“预算调节基金”共1.21万元；核销周转金5万元用于购买桑塔纳轿车，核销10万元周转金用于建煤气管道集资，虽为历年节余经费，不属财政发放的“多种经营周转金”，应转回原科目用于发展水利事业；1989年医疗费超支严重，人均1196元；购置桑塔纳汽车21.12万元，其中从水利费中列支3.62万元，资金来源不当，应予调账；1989年拨给厅劳动服务公司人员经费29.45万元，公费医疗经费2.45万元，计31.9万元。下拨经费人数和省编委核定编制人数不符。

1992年，审计省林业厅1991年行政经费和1989年至1991年省级育林基金。发现问题及处理意见：厅机关经费列支职工人身保险1200元和收回外借人员代垫费用

2328元挂暂存款,计3528元,应冲减经费支出;将国营林场开发公司、服务公司历年上交款结余的42865.79元长期挂暂存款,应按规定纳入预算外资金管理;将1989年育林基金利息收入结余的75893.15元转预算外收入,应纳入育林基金账户专款专用;挤占挪用育林基金458942元,应严格执行育林基金管理制度。

1994年,审计省农业厅1993年至1994年5月财务收支。发现问题:挪用专项资金85万元兴办省优质农产品开发服务中心等5个经济实体;占用专项资金利息22.2万元,购上海桑塔纳轿车一部;扣预算经费19万元抵作上缴款,变预算内资金为预算外资金;基地站下属企业省优质农产品开发服务中心,参加泰国农产品展览会期间,用财政专款购置一部摄像机,价值14640元,未入固定资产账;省优质农产品基地管理站擅自从潜山、凤阳等12个“八五”商品粮、优质棉基地县中按投资额1%比例,收取管理费25.4万元。

当年,审计省农经委1993年至1994年财务收支。发现问题:1993年账外资金增加91.97万元,上年结转64.41万元,合计156.38万元;挤占挪用专项资金24.06万元;财务管理混乱。

当年,审计省乡镇企业局1993年至1994年财务收支。发现问题:预算外收入漏计国家能交基金和预算调节基金63456.73元;擅自购置专控商品25754.50元(录放机1台、照相机1台、摄像机1台,空调1台);预算外收入102.2万元未纳入财务核算,形成账外资金;省乡镇企业协会坐支利息收入,用于个人福利、送礼等。违纪违规金额合计172885.26元。

1997年9月至11月,审计省乡镇企业局1996年1月至1997年8月财政财务收支。审计查明:有25张收据金额7270元的收入未入账;空调、BP机共计33602元未办理控购手续;1996年1月至1997年8月,违规现金收取乡镇企业管理费、利息收入、返还管理费210.32万元;收费依据不充分、收费过高,加重乡镇企业负担;未落实上次支农周转金审计意见。审计决定:白条抵收入问题,根据财政部规定,全部更换成行政事业收款收据。未落实审计意见问题的,根据《财政部支农周转金管理办法》,收缴资金占用费10000元至审计专户。

1999年3月22日至5月25日,审计省乡镇企业局1998年财务收支。发现问题:培训中心项目前期基建财务无账,管理失控;基建会计核算不合规;项目资金被长期占用;违反规定筹集基本建设资金;局机关未建固定资产明细账;会计信息不真实。审计针对上述问题责成该单位认真纠正和整改。

2000年3月13日至4月1日,审计原省农业厅1999年财政财务收支,延伸省种子管理站等下属单位。发现问题:预算执行不及时、专项资金预算执行不到位1386.98万元;挤占挪用农牧事业专项资金、农业外资管理费等226.68万元;变更资金用途1065.53万元;未经报批购买商住楼9130平方米,基建计划报批手续不全,资金结算不及时;会计核算不规范,经费报销依据不充分、手续不完善。审计决定:省农业厅归还委托省种子公司借款150万元购买职工宿舍款，并对省种子管理站处以5%罚款7.5万元；省种子管理站1999年将34.76万元种子工程款挪用于非政策性经营，应立即归还原资金渠道，并根据《国务院关于违反财政法规处罚的暂行规定》给予5%罚款1.738万元。

2002年，审计省农机局财务收支。查出该局挪用农业救灾柴油补贴和油价调节基金等违规违纪问题。审计提交“我省农机安全生产存在一些隐患”信息被省政府《政务要情》采用。

事业单位财务收支审计 1985年，审计省水利厅排灌站1985年上半年财务收支。审计发现问题及处理：赴京参加展销会开支23.39万元，手续不全，应补齐待审；职工上函（电）大和高中自学补习班费用应严格控制，不得突破指标；排灌队变卖固定资产23.4万元，以合同形式借给“利民电器厂”作生产基金，不符合规定。

1988年4月18日至26日，复审淠史杭灌区管理总局1985、1986两年水利事业费和水费收支。复审结论和处理决定：六安行署审计局根据省审计局授权，1987年10月起审计淠史杭灌区管理总局1985年、1986年水利事业费和水费收支。审计查清该局1985、1986两年财务收支和管理状况，分析存在问题的原因，依法处理问题并提出了建议；淠河、史河、杭埠河三个分局1985年、1986年两年所收农业水费167万元，应按10%返还库区16.7万元。复审决定从水费收入中缴地区审计局8万元，拨交库区使用；总局下属单位多而分散，应尽快健全和完善目标管理责任制；建议建立内部审计机构或设置专职内审人员，加强内部审计监督。

当年，审计省水利厅物资供应总站1991年财务收支。延伸总站所属合肥、芜湖、蚌埠三个储运站，审计收缴应缴纳的房产税、营业税、城建税、教育费附加等48624.84元。

当年，根据省政府交办，审计安徽农业管理干部学院2006年10月31日资产负债情况。涉及院本级、所属桑蚕原种场、后勤集团和基建财务。审计查出有问题资金1208万元，指出该院资产管理、会计核算方面存在的问题和不足，调整该院10月末总资产5996.12万元、负债3227.07万元、所有者权益2769.05万元，分别比报表数增加1945.50万元、405.08万元和1540.42万元。审计清查的财产资料，为该院完成财政部门布置的财产清查工作提供了真实可靠的数据，并提出改进意见和建议。

当年，根据省委组织部委托，审计安徽工商管理学院常务副院长钱凌任职期间财政财务收支。审计发现：坐支招生费；对部分职工的社会保险、住房公积金采取个人参保、学院根据个人缴纳票据每月给予补助等违规问题。

涉农企业财务收支审计 1988年，对省机械公司1988年1月至10月份税收财务物价大检查。查处挤占成本和漏计建筑税等20527.37元。

1989年，审计省农垦工商联合总公司1988年财务收支。发现问题：挤占挪用生产发展基金39.5万元，其中22.95万元购职工宿舍；发放场长资金17.7万元；支付普济圩全国决算会议费、敬亭山茶叶会议费5.55万元；漏缴能源交通重点建设基金7.19万元；预算内科目列支国库券2.66万元。

1994年,审计省农业机械公司1991年至1993年财务收支。发现问题:漏计欠缴固定资产投资方向调节税34212.18元;挤占成本、影响利润50476元;少计漏计“两金”50476元。

1996年,审计省农垦总公司1994年至1996年6月财政支农周转金。发现问题:部分支农周转金未投放到项目单位,敬亭山茶场1994年计划50万元,实际投放30万元,另外20万元滞留在总公司;以财政支农周转金抵扣各项目单位应还总公司的借款,如1994年总公司将应付华安公司的支农周转金抵扣该公司欠总公司的其他借款本息151440元、“两金”23299.88元;少数项目缺乏可行性研究,推迟项目效益期;部分企业借用财政支农周转金未归还。截至1996年6月底,各企业向总公司借用支农周转金3067.9万元,已到期2217.9万元,其中应还未还890万元、待处理1327.9万元。

1997年3月4日至27日,审计省农业投资公司1995年、1996年财政财务收支。发现问题:投放计划执行不到位,改变资金投向用于非农业项目,两年向非农业项目投资3405.89万元;1994年向市交通银行参股122.46万元,到1996年年底仍未收回;在银行滞留2200万元,未能发挥资金作用;为职工垫付个人保险费每人1万元,合计26亿万元;应缴未缴个人所得税10136.50元;1996年两笔股利收入68.89万元错记业务收入;挤占费用、减少利润220919元等问题。审计收缴应缴未缴个人所得税10136.50元和挤占费用而漏缴的所得税72903.34元。

当年, 审计省农垦总公司1995年至1996年财政财务收支。发现问题:1996年年底,总公司账面滞留各类专项资金15412326元,未及时拨付;专控商品未办控购手续215920元;内部银行、财会公司成立手续不完备,奖励基金提取发放不当,擅自核销坏账损失等。审计收缴两单位漏缴的各税142668.38元。

2002年11月5日至30日,审计安徽黄山大厦资产负债损益。发现问题:少计营业外收入46821.83元;多列费用78068.55元;漏提漏缴各项税金;取得和使用发票不合规;往来款数目大、结算不及时;部分原材料采购成本过高。审计责成该单位整改。

第二节　专项审计

扶贫资金审计　为促进实现农业大省向农业强省跨越,确保如期实现小康,安徽审计机关把扶贫、水利、农业综合开发等与农业和农村经济发展密切相关的专项资金作为审计重点,其中,扶贫资金审计是重中之重。1994年至2000年国家实施“八七”扶贫攻坚计划期间,连续7年开展扶贫资金审计。

1986年,审计安徽省老区建设发展资金。1980年至1985年,国家拨给安徽“支援经济不发达地区发展资金”3610万元,分配给金寨等15个县。审计发现:缺乏调查研究,盲目上项目,资金投放失当。岳西县中关乡,既无资金又无技术,投资17万元办陶瓷厂,结果产品质量低劣,滞销积压,厂闭人散。潜山县1982年至1985年乡镇企业投资32.8

万元，其中7.1万元无效益，占21.6%。金寨、霍邱等县投放的资金中，有149万元用于国营工业企业，不符合资金使用要求。截留挪用资金。金寨县南溪区自查上报挪用6.5万元，用于区委盖房、弥补医药费超支、招待、建知青商店等非生产性开支。该县乡镇企业局为购买汽车，挪用2355.74元购买5立方米杉木拉关系。霍邱县用1万元发展资金给县广播局购买电子游艺机1台。定远县连江乡余陈村原支部书记李功平，白条报销贪污架设电线款4000余元（已处理）。制度不健全，账务混乱。资金回收率低。省政府办公厅转发省审计局《关于我省老区发展资金审计情况的报告》。

1989年，组织太湖、阜阳等30个县（市）审计1986年以来农业税减免和扶贫物资管理、分配、使用情况。审计1607个资金分配单位和受益农户，审计总金额3881.2万元，占应审总额5630.5万元的69%。审计查出违纪金额632.3万元，占审计总额16.3%。同时开展扶贫物资审计的阜阳、歙县等24个县（市），审计扶贫化肥4800吨，扶贫钢材1925吨，查出克扣扶贫用化肥394吨，钢材500公斤。主要问题：截留挪用农业税减免指标530.63万元，其中弥补行政事业经费不足458.15万元；减免不及时、未结算到户95.96万元；账外存储0.97万元；干部和非贫困户侵占使用扶贫化肥。

1991年，组织金寨等17个重点贫困县审计所在县1988年至1990年3年财政投放的支援经济不发达地区发展资金。审计48个县级资金主管部门和482个项目用款单位，审计总金额4095.81万元，占应审总额94.5%，查出违纪金额102.16万元，违纪率2.5%，与1986、1988年查出的违纪率6%、3.5%相比，分别下降3.5和1个百分点。查出问题：挤占挪用发展资金；损失浪费严重；有偿使用资金回收率低；基层财务管理薄弱。《安徽政办通报》1991年第76期刊用该审计报告。

1992年，审计岳西等17个重点贫困县1989年至1991年扶贫以工代赈资金。1989年至1991年三年国家安排安徽省17个县中低档工业品以工代赈5071.2万元，1990年至1991年安排工业品以工代赈6060万元，1991年安排粮食以工代赈5135.70万元，三批以工代赈合计16266.90万元。其中：省级配套资金4313.75万元，县级配套资金3481.45万元。此次审计县级主管单位93个，项目用款单位238个，审计总金额12520.12万元，占应审资金总额76.96%，其中查出违纪违规资金173.34万元，占审计总金额1.38%。

1994年，调查金寨等13个重点贫困县1992年至1993年扶贫专项贴息贷款。调查81个贷款管理部门和211个用款单位，调查资金总额20513万元，占应审资金65.8%。发现问题：落实政策方面，省财政贴息不到位，影响政府信誉；部分资金投向不合理，扶贫资金未扶贫；管理方面，项目实施计划与贷款到位不衔接；资金使用分散，不能发挥规模效益；项目管理缺乏科学性，造成损失浪费；经营管理不善，流动资金不足，企业效益低下；资金沉淀多，回收难。1993年年底，13个县贷款余额52855万元，逾期沉淀贷款21520万元，占贷款余额40.7%。

1995年4月至7月，组织全省17个重点贫困县审计所在县1993年至1994年财政支援经济不发达地区发展资金、扶贫信贷资金的扶贫以工代赈分配、管理、使用情况。审计496个单位,审计资金总额71218万元,占两年投放额96%,查出违纪违规资金3989万元,占审计资金总额5.6%。

1996年,审计17个重点贫困县1995年支援经济不发达地区发展资金。审计总金额1950万元,查出违纪违规资金130万元,占审计总金额6.67%。

1997年4月至6月,根据审计署部署和省扶贫领导小组要求,组织审计省本级、六安行署、阜阳市、安庆市和全省22个贫困县1994年至1996年财政支援不发达地区发展资金、扶贫以工代赈和扶贫贷款投入、分配、管理、使用情况。审计462个单位,审计总金额129268万元,查出违纪违规金额6894万元。其中,发展资金违纪违规779万元,以工代赈违纪违规1391万元,扶贫贷款违纪违规4724万元。审计发现,扶贫资金投入和分配方面:资金到位迟,扩大扶贫范围1440万元。其中省计委1994年分配给15个非贫困县市第六批扶贫以工代赈资金455万元;省农发行1994年、1996年两年批复贷给阜阳、合肥两个非贫困市工业项目扶贫贷款900万元;六安三年投放市直企业发展资金85万元。扶贫贷款投入种养业的比例偏低,7个国定县1994年至1996年投入种养业的贷款额占实际投放贷款额30%左右。扶贫资金管理使用方面:太湖县未经审批,调整以工代赈项目计划120万元;六安、阜南、霍山三县自行调整扶贫贷款项目741万元。有的农行利用与农发行分家之际,转移不良资产;阜南、六安、岳西三市县以新贷抵陈贷、以贷扣息金额182万元;临泉县财政部门经县扶贫领导小组同意,将1995年省财政拨入扶贫贷款贴息资金342.2万元投放给企业有偿使用,国家贴息政策未落实。扶贫资金效益方面:项目效益不均衡,扶贫贷款逾期沉淀严重,17个国定县1994年至1996年到期应收回贷款15395万元,逾期未收回贷款13906万元,占90%。原因除自然灾害和市场影响外,更有管理不善、监督不力的人为因素。各地审计机关依法作出处理,提出改进意见和建议,促进扶贫资金投入到位885万元,督促挪用资金归还原资金渠道690万元。

1998年7月至10月,组织审计22个贫困县1997年中央和省财政安排的股票售表收入资金在内的支援经济不发达地区发展基金、1996年至1997年中央财政安排的扶贫以工代赈资金管理使用情况。审计335个单位,审计金额61509万元,查出违纪违规金额4927万元,占审计总金额8.0%。其中:发展基金违纪违规2773万元,占发展资金审计额11.2%;以工代赈资金违纪违规金额2154万元,占以工代赈资金审计额5.85%。审计发现:发展资金未足额到位,有偿使用比例偏高,有的县多收和扣收资金占用费;省下达的以工代赈项目计划被霍邱、宿松、枞阳、郎溪、绩溪县擅自调整以工代赈项目计划1394万元;发展资金和以工代赈资金拨付不及时、使用分散、超范围,甚至改变资金用途;部分扶贫项目工程进度缓慢、资金闲置、效益差,甚至损失浪费;修包工程量、多报工程款,不按规定招投标和预决算;财务管理不善等问题。各地审计机关依法作出处理,提出改进意见和建议。审计促进扶贫资金投入到位1342万元,督促挤占挪用资金归还原渠道 352 万元。省政府领导对审计报告作出批示。

1999 年 7 月上旬，根据审计署部署，组织六安、安庆、阜阳、合肥、巢湖行署（市）审计局组成 17 个审计组，历时三个月，审计全省 17 个国定贫困县 1997 年至 1999 年 6 月财政支援不发达地区发展资金，以工代赈资金和扶贫贷款的投入、分配、使用和管理情况。涉及财政、计委、扶贫办、农发行、农行、交通、水利、部门和单位 284 个，审计全面采用“上审下”方式，抽查 51 个贫困乡镇和 102 个行政村，实地走访调查 510 户贫困农户，审计资金总额 16.65 亿元。查出违纪违规金额 26756.3 万元（其中财政抵扣占用 8868.8 万元，主管部门抵扣滞留 2929.6 万元，擅自改变投向 8839.2 万元），占审计总金额 16.1%，促进扶贫资金投入到位 2313.26 万元，督促归还原资金渠道 4182 万元。审计查处违纪违规贷款行为 1809.5 万元，收缴财政 112.5 万元，移送纪检、检察部门处理案件 2 件。审计发现问题：投入和分配方面，配套资金缺额过大，17 个县 1997 年、1998 年两年应配套资金 27602 万元，实际配套 3899.69 万元，占计划的 14.1%，其中霍山、金寨、宿松、阜南等 8 个县财政资金未配套；扶贫范围过广，改变资金投向 8839 万元；有偿使用过多，违规有偿使用 2495.4 万元。拨付和使用方面，资金拨付迟缓滞留；抵扣占用资金严重，财政抵扣占用 8868.85 万元，主管部门抵扣滞留 2265 万元；挤占挪用仍有发生；发现违纪案件 2 件；部分扶贫项目投资闲置、效益差。管理方面，主管部门违规收费收息；部分扶贫贷款期限偏短、抵扣贷款；财务管理不规范。审计提出建议：加大整改和清查工作力度；完善扶贫资金管理制度；提高扶贫工作透明度；提高行政工作效率。

2003 年 6 月，根据审计署安排，组织 8 个市、20 个县（市、区）审计机关，采取“上审下”“交叉审”与“同级审”相结合方法，审计和调查全省 19 个国家扶贫开发重点县（市、区）2001 年、2002 年中央和地方财政安排的财政扶贫资金（含以工代赈资金）及扶贫贴息贷款的管理使用情况。审计 272 个单位，抽查扶贫项目 2032 个，审计和调查资金总额 62643.89 万元，查出违纪违规金额 6698.77 万元（其中财政部门 246.83 万元，扶贫主管部门 4597 万元，用款单位 1854.94 万元），占审计资金总额 10.7%。审计促进财政扶贫资金投入到位 633 万元，归还原资金渠道 1551.32 万元。查出问题，财政扶贫资金方面：部分县财政扶贫资金拨付不及时，结存数额大。泾县 2002 年收到上级拨入财政扶贫资金 1190.3 万元，截至 2003 年 3 月底，结存扶贫资金 650 万元，占应拨资金 54.6%；擅自改变扶贫项目计划和投向。潜山县 2001 年、2002 年未办理报批手续调整扶贫计划 227 个，其中：2001 年省批复以工代赈项目 36 个，该县实际安排项目 148 个；2002 年省批以工代赈项目 34 个，该县实际安排 149 个；违规收取管理费和赞助费。无为县向以工代赈项目实施单位收取资料费、赞助费 25.36 万元，县水务局向以工代赈和财政发展资金项目实施单位收取项目前期设计费 15.45 万元。潜山县以工代赈办向扶贫项目单位收取工作经费 25.07 万元；挤占挪用财政扶贫资金问题突出。利辛县良种棉加工厂 2002 年挪用扶贫资金培训费 5 万元，购置昌河采访车一辆。霍邱县 2001 年挪用扶贫资金 30 万元建党校培训中心楼。利辛县财政局 2001 年、2002 两年分别将扶贫资金 100 万元借给县蔬菜办兑付农民蘑菇款，200 万元借给县水利安装工程公司用于非扶贫项目;管理不严造成损失浪费。利辛县财政局 2002 年 11 月拨付西潘楼镇财政所种草养畜项目资金 15 万元,该项目负责人提取现金 8.47 万元,分发给 6 个上访群众,财政扶贫资金变成安抚资金;虚列支出套取项目资金。霍山县交通指挥部用 4 张虚假单据套取资金 26.18 万元,转入指挥部大城关建设账上,用于县城基础设施建设;扶贫资金专户管理及核算不规范。扶贫贴息贷款方面:扶贫贴息贷款投向不合理，2001 年投放安庆市恒基房地产有限公司用于光彩大市场建设 4000 万元、安徽大学 5000 万元、皖西学院 2000 万元、寿西湖农场 100 万元、淮南市国营东风湖农场 100 万元。2002 年年底省农业银行收回各市未落实的贴息贷款计划指标,经自行调整后,下达 2002 年扶贫贴息贷款追加计划 38234 万元,投放合肥工业大学 1 亿元、安徽大学 5000 万元、全国光彩事业大别山发展基地建设 5000 万元。六安市裕安区农业银行计划外贷给皖西学院 3 年期扶贫贴息款 2000 万元、贷给裕丰种子公司 35 万元;违规调整扶贫贴息贷款利率;弄虚作假,虚报国家扶贫贷款和财政贴息。霍山县农业银行 2002 年上报 2001 年发放扶贫贷款贴息二年期贷款 1377 万元、三年期贷款 918 万元,实际上 2001 年没有发放二年期和三年期的扶贫贴息贷款,虚报国家财政贴息 67.47 万元。审计提出建议:严格控制扶贫资金投向和范围;强化扶贫计划和项目管理,维护扶贫项目计划的严肃性,未经批准不得随意调整计划;建立健全责任追究制度;完善资金配套制度。

2006 年 7 月至 9 月,审计安徽省 20 个国定贫困县、10 个省定贫困县以及 16 个重点扶贫乡镇县 2003 年至 2005 年扶贫专项资金,延伸审计和调查分配管理使用扶贫资金的项目主管部门和建设单位。审计抽调 235 人、组成 47 个审计组,安排 12 个市审计机关对贫困县实施“上审下”。

其中,财政扶贫资金审计 579 个单位,延伸 5876 个扶贫项目,审计资金总额 154916.13 万元,查出违纪违规资金 15254.32 万元,促使资金到位 1399.77 万元,归还原资金渠道 998.93 万元,上缴财政 22.9 万元。审计建议给予党纪政纪处分 5 人。

扶贫贴息贷款审计 174 个单位,延伸 492 个扶贫项目,审计贷款金额 129914 万元,查出违纪违规资金 3778.97 万元,不良贷款金额 63971 万元,占累计贷款余额 57.56%,虚报扶贫贴息贷款金额 11.22 万元。审计发现：1. 挤占挪用扶贫资金。利辛县 2004 年至 2005 年挪用项目资金 200.8 万元用于项目计划外的乡镇打井。泾县财政局挪用扶贫资金 167.98 万元,用作农村合作医疗配套资金。肥东县陈集乡政府虚假报账,虚列财政扶贫资金支出 51.15 万元。 2. 项目库建设不规范,计划调整频繁,缺乏整体规划布局。合肥市长丰和肥西二县未建立完整规范的扶贫规划和项目库。长丰县 2005 年安排新集机耕桥等五个扶贫项目在“十五”安排的以工代赈计划项目之外。 3. 市县配套资金不落实,项目预算不实。2003 年至 2005 年全省扶贫项目配套资金计划 7.5 亿元。除少数县乡落实部分配套资金外,绝大部分县乡没有落实。2003 年至 2005 年淮南市凤台县、潘集区财政扶贫发展资金和以工代赈项目计划配套 2446 万元,实际配套79.82万元，占计划3.26%。4.资金拨付迟缓，财政滞留资金。淮南市凤台、潘集项目区，有264万元未拨付到项目单位。宿州市2003年至2005年收到省财政拨入扶贫资金9305.48万元，同期拨出扶贫资金6570.51万元，至2005年年底滞留欠拨扶贫资金2734.97万元，延伸至2006年7月财政仍滞留欠拨扶贫资金1402.73万元。5.资金投向不合规。寿县2003年以“古城旅游景点道路”项目，申报财政投入70万元，修建路面宽6米、长5公里的城区内外旅游道路，实际用于寿县城区东大街路面改建。2005年该县又申报“城区旅游景点建设”项目，获得财政资金40万元后，将该项目调整为县博物馆布展项目。青阳县2003年至2005年，财政下拨扶贫资金322万元，安排44个扶贫项目，其中投入在5万元以下的项目24个。6.扶贫贴息贷款方面，扶贫贴息贷款未按计划投放。阜阳市2003年至2005年扶贫贴息贷款计划9500万元，实际投放6200万元，占计划65%，小额扶贫贴息贷款实际投放190万元，占计划的3%，与计划相差较大；扶贫贴息贷款“扶富不扶贫”、投向不合规。凤台县农行2003年至2005年投放扶贫贴息贷款5笔计800万元。该县投放到县第一中学、县医院、县精忠中学等扶贫范围外的单位，个别项目先放款后补办手续。7.核算管理不规范。专户管理不严，资金混存混用。预付工程款报账不及时，财务管理弱，报账审核不严。审计提出意见：加强扶贫开发工作领导；强化扶贫开发规划和项目库建设；加强项目管理；建立和完善检查考核机制等。

水利资金审计 1985年9月17日至10月15日，审计省长江修防局1984年水利事业费决算。抽查宿松县长江修防段、无为县水利局和无为大堤建设管理局，实地察看冲填、闸站、堤坝等工程。省长江修防局1984年特大防汛费和岁修费支出1578.1万元，审计发现问题：无为县水利局以拨代支现象突出，挪用凤凰闸材料变价款6万元建办公楼，越权处理县农机公司移交的物资和往来款113196元；长江修防局机关招待所动用水利事业费买灶具、床、被单等；无为县水利局和无为大堤建管局，将跨年工程和历年工程结余款，转入材料户和工管经费。审计还发现：现金管理不严，宿松县修防段，以总账代替明细账，不设现金日记账，年终账面现金余额1564.14元；违反现金管理规定，普遍以现金支票支付差旅费和收现金不作现金收入，支出作暂付款或经费支出；白纸条支付现金数额大、手续不全；扩大开支范围，提高标准滥发实物；材料物资管理制度不健全。

1988年6月至9月，全省审计60个县级以上水利主管部门“小型农田水利和水土保持补助费”使用效益情况。审计资金总额4689.3万元，查出违纪资金441.45万元，占审计总金额9.94%。查出问题：挤占挪用小农水补助费182.1万元，用于非生产性购置和基建75.6万元；挪作行政事业单位业务经费、人员工资106.5万元。一些县把小农水补助费用于机关小汽车燃料费、邮电费、水电费、交通费、修缮费、洗理费、奖励工资和水利志编写费，用于国营排灌站亏损补贴13万元；借给单位或个人长期占用48.2万元；滥发钱物和吃喝招待；弄虚作假，转移资金，虚列支出，经商办厂，买国库券等162.9万元。

当年，调查金寨、霍山两县梅山、响洪甸、佛子岭（含磨子潭）三个电站1986年、1987年发电水费返还和使用情况。审计查明，水费提成返还情况：1986年三个水电站总发电量398842.65千瓦，扣除厂用电量655.28千瓦，供电量398187.37千瓦。按每变电0.013元提取水费，应提取517.64万元，扣除省电力局留用15%77 .65万元，电站线损3 .44万元，应返还85% 436.55万元。其中：应返还金寨县309.52万元，霍山县127.03万元。当年实际返还408.94万元，其中金寨县286.68万元，霍山县122.26万元，当年欠两县27.61万元。加上1985年前欠款35.34万元，合计欠款62.95万元；1987年三个水电站总发电量456340.06千瓦，扣除厂用电量704.42千瓦，供电量455635.64千瓦。提取水费592.32万元，扣除省电力局留用15%、88.85万元，电站线损1.97万元，应返还85%、501.5万元。其中：应返还金寨县310.35万元，霍山县191.15万元。当年实际返还金寨县341.87万元，霍山县178.81万元。年末结欠43.77万元（含1986年末欠款62.95万元），其中：梅山电站5万元，响洪甸电站20.28万元，佛子岭电站18.49万元。2. 水费使用情况：1981年实行水费提取返还以来，截至调查日，三个水电站返还金寨、霍山县水费2790.9万元，其中：金寨1833.2万元，霍山957.7万元；共支出2624.7万元，其中金寨1782万元，霍山842.7万元。总支出中直接或间接用于库区人民脱贫的资金2311.5万元，占支出88.03%，挤占挪用资金313.2万元，占总支出11.97%。

1990年3月，审计全省水利系统1989年防汛、岁修专项经费和水费征收管理使用效果情况。涉及70个县以上水利主管部门和132个管理单位。三项资金审计总金额5979.36万元，占当年财政预算拨款和实收水费77%。共查出违纪金额457.59万元，占总金额7.7%。

1992年，审计1991年水利以工代赈资金。1991年国家安排安徽省49160万元工业品及粮食以工代赈，该资金除安排城市防洪建设1510万元外，重点是沿淮、沿江灾情较重的县（市）水毁及江河治理工程资金40150万元，资金量占96%。审计涉及43个县（市）、县级主管部门73个，工程项目522个，抽查部分商品物资供应单位。审计总金额25508.48万元，占应审资金66.4%，查出违纪违规资金2088.45万元，占审计总额8.2%。查出问题：挤占挪用1878.83万元；商业物资供应部门在购货券转换货币资金环节收取手续费；项目前期工作不到位，影响工程建设进度及资金使用；一些基层项目单位财务核算管理制度不健全。

1994年5月至6月，组织舒城、广德等30个县（市）审计1991年至1993年小农水补助费的安排、管理、使用情况。联合省水利厅调查黄山、宿县、凤台、明光等地，共审计资金主管部门44个，资金使用单位128个，审计资金总额7161.19万元，查出违纪金额609.62万元，占审计总金额8.51%。

1998年3月，根据审计署部署，全省审计机关462人，组成93个审计组，历时三个月，审计全省1996年、1997年小农水补助费、防汛、岁修、水利建设基金、水资源费、水利工程水费、节水打井灌溉贷款等水利专项资金的筹集、分配、管理、使用情况，抽审部分水利工程项目。涉及财政、税务、计划、水利、交通、土地、农业发展银行、保险公司等单位。审计省本级、16个地市、61个县（市、区），992个单位，审计金额23.17亿元，查出违纪违规金额1.25亿元。审计促进水利专项资金投入到位1078.05万元，挤占挪用资金归还原渠道4121.06万元，上缴财政769.67万元，规范管理1362.21万元，贷款计划落实115万元，查处违纪违规贷款253.97万元。审计反映，部分地方财政预算内水利专项资金投入增长稳定性差，预算安排没有完全到位，挤占挪用虚列转移情况严重；水利建设基金政策落实不到位，筹集、管理、使用问题较多；水资源费等未足额收取，截留、挤占、挪用普遍；水费欠收严重，投入水利工程支出比例低；部分节水打井灌溉贷款未按规定投放使用；部分水利专项资金投资项目未按计划完成，有的工程决算不真实，高估冒算、虚列工程支出。审计将情况综合上报省政府。

2002年6月3日至7月2日，根据省政府副省长张平指示，省审计厅授权六安市审计省淠史杭灌区管理总局、梅山、响洪甸、佛子岭三个电站以及六安市所辖金寨、霍山、舒城、寿县、金安区、裕安区、叶集实验区2000年至2001年库区经济发展扶持资金的征收、解缴、使用、管理情况，延伸18个乡镇和16个使用库区扶持资金的项目单位。审计发现：六安市所辖县区和省淠史杭灌区管理总局2000年征收水费6063.46万元，应计提库区扶持资金606.34万元，实际上缴省财政厅445.84万元，漏缴库区扶持资金160.5万元；2001年六安市所辖县区和淠史杭管理总局征收水费5410.97万元，应上缴库区扶持资金541.1万元，截至2002年6月底，实际上缴省财政厅50万元，欠缴491.1万元，占应上缴90%。其中省淠史杭管理总局欠缴75.99万元、六安市所辖县区欠缴415.11万元；梅山、响洪甸、佛子领三个电站2000年、2001年应计提和缴纳库区扶持资金1283.37万元，但三个电站均未提未缴；少数地方库区扶持资金使用管理不规范，“两费”超支和超范围使用库区扶持资金；部分库区扶持资金没有专户存储；没有分项核算工程成本。

2005年7月11日至28日，审计滁州市2003年、2004年水利专项资金管理使用情况，延伸天长市、全椒县。发现问题：挤占挪用防汛、抗旱经费。市水利局机关在防汛费列支市防汛指挥部人员防汛期间食宿费用13.59万元，列支抗洪先进表彰费用2.3万元，白条支付抗洪部队慰问款19万元；2003年、2004两年，全椒县水利局机关和所属防汛抗旱物资储运站人员经费分别挤占水利专项支出59.42万元、10.47万元。2003年天长市财政局从中央特大抗旱经费和特大防汛费中分别借出40万元、10万元，用于水库除险加固项目前期经费；挪用项目资金购买小汽车。2003年天长市水利局未经批准，在高邮湖大堤加固项目前期费中，购猎豹牌小汽车支出20.3万元；市财政局违规从水利建设基金专户转出1000万元，帮助中国银行滁州支行完成存款考核任务（资金后来转回原存款户）；违反规定提取和支出征收水利建设基金业务费。市分管领导批准市财政局按15%比例提取水利建设基金超收业务费13.8万元；2003年、2004年天长市政府领导批准市财政局在提取征收业务费5%之外，支付天长市地税局业务费43

万元;征收水利建设基金滞留未用。至2004年年末,水利建设基金结余1046.05万元,未按规定纳入预算管理,也未用于水利事业建设。市地税局和天长市财政局征收的水利建设基金分别有275.02万元和219.45万元未解缴预算管理;滞拨部分项目资金。截至审计时,中央预算内投资100万元未拨付项目建设;部分建设项目超概算。黄栗树水库除险加固工程的防汛调度楼和基地管理用房分别超概算144.84万元、41.65万元;驷马山引江灌区滁州市汊河集枢纽工程管理用房超概算34.86万元;部分建设项目工程款支付不合规;部分建设工程未严格执行招投标制。2001年10月,省水利厅批复滁州市城西水库除险加固工程勘测费、设计费和大坝内部观测工程的概算分别为61.2万元、67.29万元、145.99万元。该项目指挥部没有公开招标就分别与滁州市水利勘测队、水利勘测设计院和南京市水利科学研究院签订60万元、62.79万元、90万元的工程合同;市水利局驷马山续建配套工程指挥部违规预提工程监理费0.44万元、建管费2.65万元,前期工作统筹费6.82万元、审计费3万元,列"待摊投资"。市水利局向来安、全椒、定远、凤阳县、天长市、南谯区水利局违规收取前期工作费21.8万元;个别项目列支不当。2003年市财政局追加指标,将不属于水利支出项目的渔业专项支出4万元和果林苗木项目支出5万元列入"水利支出";配套资金长期不到位。2003年至2004年,省发改委下达市水利投资计划,应由市配套的项目资金11305.43万元未到位。

三峡移民资金审计　移民安置工作要使移民"移得出、安得稳、能致富",各级党委政府高度重视,出台一系列政策,做了大量细致工作。审计工作围绕移民安置政策,多次审计移民专项资金,保障资金安全,促进移民工作政策完善。

1999年,长江全流域发生大水以后,国家实施平垸行洪、移民建镇工程。这项工程时间要求紧,必须在第二年汛期前完成搬迁,省政府与有关市县政府签订责任状。审计机关针对该项目特点,多次集中组织力量开展项目跟踪审计。审计发现有关市县的项目建设实际进度与上报省政府的情况差距较大,及时向省政府报告,为省政府采取相应措施发挥积极作用。

2000年,根据省政府领导指示,省审计厅组织繁昌、枞阳等22个县(市、区),审计2000年10月底,中央安排及省配套移民建镇资金的分配、管理、使用情况,调查部门和单位178个,审计总金额36420.47万元,查出违纪违规金额1009.05万元,促进归还原资金渠道744.73万元。审计发现:进度缓慢;部分统建房造价高;中央移民建镇资金被基础设施建设占用,补助给移民户的比例偏低;部分中央移民建镇资金被挤占挪用;少数地方项目管理不规范等问题。审计提出意见和建议:采取措施落实项目计划;加快结算确保移民资金足额补助到户;慎重选择移民建房方式,保证项目顺利实施;实行政务、村务公开,让移民放心满意;重视和加强移民建镇基础工作。

10月10日至24日,省审计厅调查省对口支援三峡库区移民领导小组办公室(以下简称生三峡办)、长丰县三峡办的移民外迁安置资金管理使用情况。调查肯定三峡库区移民外迁安置卓有成效的工作,也指出问题:生产安置费和基础设施费没有足额拨付，截至2000年9月底，省三峡办应拨付资金966.81万元，实际拨付470万元，有496.81万元未拨付；部分移民安置资金使用不合规；建房工程款支付手续不健全；移民资金管理不规范；建房没有考虑移民传统生活习惯，少数统建房存在质量问题。审计提出意见和建议，副省长卢家丰作出批示，省三峡办派员督促整改、建制、加强管理。

2002年9月，组织部分市审计省对口支援办公室及5市7县27个移民安置点2000年至2002年8月底三峡移民外迁资金的投入、管理、使用情况，调查移民建房和土地情况。审计资金总额1.5亿元，查出违规存放资金、挤占挪用移民培训费、超范围使用补助费332万元。审计促进资金拨付到位21万元，归还原资金渠道273万元。审计发现，执行政策及安置问题：理解政策有偏差，执行政策随意；平均发放困难户补助费；部分移民资格审查复核不严。资金使用问题：补助费支出超范围；挤占移民培训费；移民资金多头开户、协议存款；会计核算不合规。审计依法作出处理、提出意见和建议。审计综合报告审计署后，有关信息被新华社采用，中央领导吴邦国、温家宝等作出批示。

10月8日至20日，审计省对口支援三峡办公室三峡移民外迁资金投入、管理、使用情况。发现问题：国家移民局欠拨安徽移民资金；将移民资金与银行协议存款；生产安置费未及时结算；部分支出票据不合规。审计建议：向国家移民局申请催要欠拨的移民资金；尽快下拨土地补偿资金，解决农场职工生产生活问题；规范财务管理和审批手续，健全内部控制制度。

2003年，根据审计署南京特派办移送信访举报，省政府副省长任海深指示，审计厅与省计委联合调查枞阳县1999年至2003年6月30日移民建镇国债资金使用情况。调查组听取县政府汇报，审查县财政局、民政局、铁铜乡会计账目，听取举报人情况反映，实地查看铁铜乡地理环境。调查结果表明：枞阳县政府如实上报铁铜乡174户移民计划，没有虚报移民户数。枞阳县政府按照省计委下达铁铜乡174户移民计划，1999年安置铁铜乡移民88户，全部是玉板洲的移民。其中41户在函山镇统一建房安置，47户疏散安置自购自建住房。2000年至2002年安排铜板洲洲头新丰村危房户4户，共移民92户。枞阳县计委上报安庆市和省计委将尚未安置的82户移民计划调整到其他乡镇。关于铁铜乡174户移民国债资金，到2003年6月底总收入326.11万元，支出229.96万元，结存96.15万元。调查表明，铁铜乡移民资金专户存储管理，不存在套取国债资金问题。调查组在充分调查核实的基础上，再次听取举报人意见，并就举报人反映的情况一一列举事实作出回答和说明，举报人对调查结果表示信服。审计提出建议：加强移民计划管理，尽快落实82户移民计划；加强移民国债资金使用管理和监督；加强移民政策宣传、接受群众监督。

2005年1月19日至21日，根据省人大常委会委员管淑琪转来的黟县西武乡汪慎源等村民人民来信，反映库区移民资金被截留和挪用等问题，进行专项调查。省审计厅派员走访省库区办，深入黟县，听取该县库区办的情况汇报，检查资金计划与账目，抽查碧阳镇，冒雪走访部分移民户和汪慎源本人。来信反映的问题和诉求是：上级下拨黟县的库区移民资金630万元被县、乡镇、村及干部层层截留和挪用,移民没有得到实惠。他本人要求:“所有移民资金要按人均1万元分配到户,不能用于其他项目建设,我家11口人就要分配11万元”。审计查明的情况是:黟县库区移民是1954年至1976年间修建新安江水库时,从歙县、浙江桐庐和淳安等地直接或从江西间接迁入的移民有630人,现有移民1168人。1998年至2003年计划安排移民资金730.76万元,其中省级资金480万元,中央资金100.76万元,地方配套150万元。该县库区办和以工代赈办账面实际到位资金575.76万元(其中省级资金475万元,中央资金100.76万元),已经拨付使用554.76万元,结存21万元。审计查明,库区移民资金支出情况是:基础设施项目248.19万元,教育基础设施7处27.1万元,卫生院建设2万元,全县移民开发性农业项目补助146.49万元,发放移民特困补助67万元,管理费20.78万元,移民统计信息工程2万元,村村通电话补助6.2万元、广播电视补助10万元,转回县财政局用于全县农业产业化15万元,借给渔亭镇10万元用于小城镇建设,抵顶该镇移民开发性农业项目补助。调查结果表明,项目实施和资金使用总体情况较好,但与国家有关政策规定不完全相符。审计组会同省库区办、县审计局向汪慎源本人作了政策解释和说服工作。

2006年,根据审计署授权,组织部分市县审计芜湖市、巢湖市、铜陵市、滁州市及所辖南陵县、芜湖县、含山县、和县、铜陵县、来安县、全椒县和天长市2004年至2005年底三峡库区移民外迁安置资金的投入、管理和使用情况,调查移民的生产生活安置和生活状况。审计总金额19261.66万元,查出违纪违规资金313.03万元,促进资金拨付到位29.50万元,归还原资金渠道257.70万元。审计查出:1.挤占挪用移民资金。含山县三峡办从移民资金中挪借2万元给县农委临时周转,原东山乡挪用15.19万元支付乡政府办公楼工程款,该县仙踪镇虚列移民征地补偿款6.6万元;和县白桥镇政府虚列移民征地款35万元,用于镇政府开支。2.迟缓拨付、滞留资金。和县2004年收到省财政追加三峡移民资金484.50万元,至审计时仍有200.70万元滞留在县财政。3.部分房屋存在治理问题。和县白桥镇耿庄移民点住宅建成后地基下沉。芜湖县个别移民房屋出现非主体结构性工程质量问题。4.平均发放困难户补助费。5.财务管理不规范,项目建设监管不力。铜陵县三峡办将移民资金22万元转出专户管理。审计提出建议:树立大局观念、做好思想工作;完善和落实移民外迁安置政策和帮扶措施;认真处理移民建房存在的问题;加强移民安置资金的使用和管理。

农业综合开发资金审计　农业综合开发与提升农业生产力,发展农村经济,提高农民收入密切相关。安徽审计机关一直将农业综合开发资金审计作为工作重点,配合国家、省级验收,实行全程跟踪审计监督与服务。

1991年3月,根据审计署和省统计局部署,省审计厅组织相关县(市),审计立项以来的黄淮海农业综合开发资金筹集、分配、管理和使用情况。计划安排34个县(市)、实际25个,占计划73.5%。审计涉及93个县级主管部门,331个资金使用单位。34个县(市)竣工或即将竣工子项目347个,共改造低产田409.2万亩,造林54.3万亩。

25个县审计总金额20407万元（占计划投资47.7%），查出违纪资金876.7万元，违纪率4.3%。查出问题：上级财政资金到位迟，县级配套资金不足，项目工程滞后。截至1991年3月底，落实资金比计划短缺12022万元，占计划投资28.1%；挤占挪用项目资金639.1万元，占违纪金额72.9%。其中借出或放贷244.5万元，用于经商和办企业；修建办公室、宿舍93.8万元；人员经费挤占74.3万元；购置汽车25.8万元；其他挪用200.7万元；虚列转移144.9万元，占违纪金额16.5%；请客招待、发钱发物11.5万元；其他违纪81.2万元；项目贷款安排随意，项目评估论证不够、手续不全、把关不严；一些项目缺乏技术指导，有些工程质量差，损失浪费较大；基层财务管理混乱，内控制度不严。

1992年4月至6月，根据审计署方案，安徽省有黄淮海开发项目的县（市），对上年未实施审计的一期黄淮海农业综合开发资金筹集、分配、管理和使用情况审计。计划安排审计27个县（市）、23个县（市），实际审计65个县级主管部门，157个资金使用单位。审计金额10158.69万元，查出违纪资金197.38万元，违纪率1.94%，较上年下降2.36个百分点。

1993年，省政府省长傅锡寿在省黄淮海开发第五次现场会上说："加强审计是强化领导和规范管理的重要措施，实践证明，农业综合开发审计作用很大，今后，要从资金到位、使用、偿还实行全过程审计，确保黄淮海开发项目顺利实施。"

1994年，审计省农业综合办公室二期黄淮海项目资金的筹集、分配、管理情况。审计发现：中央和省级"黄淮海"资金在开发年度内如数到位，但拨付滞后，影响资金下拨650万元；超提项目管理费60万元；违反专项资金管理规定，动用"黄淮海"资金利息368789元购三星吉普车一部；黄淮海专项资金和其他资金多处混存，利息收入未单独反映。

1995年，组织开发区39个县（市）审计局，跟踪调查所在地农业综合开发三期黄淮海项目。调查的29个县（市）改造中低产田80万亩，新增改善浇灌面积73万亩，新增改善除涝面积61万亩，扩大良种种植44万亩，新增农机作业44万亩，扩大林网庇护64万亩，推广农业新技术29万亩，农民技术培训20万人次。审计调查资金总额12243万元，占到位资金93.8%，查出违纪违规资金457.2万元，占调查资金3.73%。

1996年，审计1994年至1996年三期黄淮海农业综合开发项目运行和资金运用情况。审计12个县（市）中，有5个县（市）是上审下，7个为同级审。当年审计结束10个县（市）。审计总金额14658.66万元（占到位资金82%），查出违纪违规资金625.65万元（占调查资金4.3%）。调查显示：改造中低产田108.87万亩，新增改善浇灌面积46.38万亩，新增改善除涝面积46.46万亩，扩大良种种植32.4万亩，新增农机作业102.34万亩，扩大林网庇护32.88万亩，推广农业新技术45.8万亩，农民技术培训16.96万人次。

1997年，根据审计署部署，全省组织16个地市、60个农业综合开发县（市、区）审计机关180人，并抽调农垦总公司内审人员，组成60个审计组，审计215个项目执行单位,调查黄淮海项目（1994—1996 年）、江淮及阜阳地区项目（1995—1996 年）以及 1996 年新建项目。审计机关按照审计署方案,结合本级预算执行审计进行,审计总金额 80868 万元,查处违纪违规金额 5448.02 万元,占审计总金额 6.74%。其中,财政资金违纪违规 1522.94 万元,农业信贷资金违纪违规 3925 万元。审计发现:财政资金到位迟,工程建设滞后;农业综合开发项目贷款资金未落实,全省缺口 3934 万元;挤占挪用、抵扣、提高有偿资金占用费;财政有偿资金和农贷资金回收矛盾大,濉溪县到期应回收贷款 675 万元,实际回收 40 万元,回收率 6%;基层乡镇和项目建设单位会计核算水平有待提高。各地审计机关履行监督职责,促进财政资金投入到位 3061 万元,落实贷款 626.88 万元,督促挪用资金归还原渠道 358.66 万元。审计依法作出处理并提出加强和改进工作的意见和建议。审计综合报告省政府后,省政府省长回良玉和分管副省长都批示有关部门抓好整改。

2000 年 3 月至 6 月,省审计厅组织 17 个地市、71 个县市区(含部分世行项目县)审计局,采用上审下与同级审相结合的方法,审计和调查全省 1997 年至 1999 年农业综合开发资金筹集、管理、使用及效益情况。审计资金总额 108815 万元,抽查项目及单项工程 3335 个,查出违纪违规金额 7815 万元,占审计资金总额 7.1%。审计摸清全省农业综合开发资金管理使用情况,促进国家相关政策的贯彻落实,规范资金管理,提高资金使用效益,促进财政资金到位 2217 万元、贷款计划落实 276 万元,归还原资金渠道 1441 万元,处理违纪违规贷款 40 万元,上缴财政 29 万元。审计发现问题:项目资金结算滞后。1997 年至 1999 年全省县级财政收到上级拨入财政资金 56220 万元,本级财政配套资金 7134 万元,合计 63354 万元,但工程结算不及时,实际结算资金 47809 万元,占 75%;少数市县财政配套资金未落实;财政有偿资金的管理使用有待加强;农业综合开发专项贷款缺口大,沉淀多;农业综合开发专项资金被挪用挤占现象仍时有发生;部分乡镇财务管理和会计核算不规范;建设、管护仍有差距。

审计针对问题提出意见并将情况综合报告省政府,分管副省长作出批示,《安徽信息》、中办《每日汇报》采用信息,省财政厅印发《关于做好 1997—1999 年度农业综合开发项目资金审计整改工作的通知》,要求各级政府认真整改。

2003 年 3 月至 6 月,根据审计署安排,组织 16 个地市、58 个县（市、区）,采取上审下、交叉审与同级审相结合的办法,审计 68 个县（市、区）2000 年至 2002 年农业综合开发资金筹集管理和使用情况。审计资金总额 6.98 亿元,抽查工程建设项目 505 个,查出违纪违规金额 3005.19 万元。审计促进财政资金投入到位 4480 万元,归还原资金渠道 338 万元。发现问题:资金拨付结算不及时。68 个县（市、区）收到上级拨入财政资金 7.45 亿元,拨付资金 5.7 亿元,账面结存资金 1.75 万元,占应拨资金 23.5%;部分县（市区）财政配套资金不能足额到位。68 个县（市、区）计划筹集项目配套资金 13327 万元,实际筹集配套资金 6168 万元,占应配套资金 46%。其中,六安市本级及所辖金安、裕安、叶集区、霍山县财政应配套 713.5 万元,实际配套 249 万元,有 464.5 万元未配套到位，占应配套资金 65%。阜阳市 2000 年至 2002 年农业综合开发项目计划配套 1568.6 万元，实际完成 391.96 万元，占计划 25%；财政有偿资金不能按时足额回收，管理使用不规范。2000 年至 2002 年，68 个县（市、区）到期应回收财政有偿资金 35274 万元，实际回收 23093 万元，占应回收总额 65.47%。滁州市 2000 年至 2002 年全市应回收有偿资金 5084.25 万元，实际回收 1699.2 万元，逾期未回收金额 3385.05 万元，占应回收资金 66.58%；农业综合开发专项贷款落实比例低。68 个县（市、区）2000 年至 2002 年农业综合开发专项贷款计划 14297 万元，实际落实 1876 万元，占计划 13%。如萧县 2000 年至 2002 年按批复计划，应安排专项贷款 2319 万元，实际均未到位；个别地方挤占挪用项目资金。2000 年，萧县王寨项目区以购树苗名义报账，将现金 8 万元缴镇财政平衡预算。淮南市潘集区平圩镇、古沟乡、高皇镇挪用项目资金 33.36 万元发放工资；基层项目单位资金管理和核算不规范；部分项目工程建设质量低，效益差，甚至损失浪费。抽审 224 个工程建设项目计划投资 6.5 亿元，抽查结果显示，部分项目立项不当或管理不善，未发挥效益、造成损失浪费。合肥市原郊区农业高新技术示范园项目，计划投资 1500 万元，到位财政资金 500 万元，实际使用 400 万元建成温室大棚全部拆除，大棚损失约 176 万元，基础设施损失约 164 万元，总计损失 340 万元。审计提出建议：完善项目管理机制，提高管理水平；完善资金管理机制，提高使用效益；完善监督制约机制，严格奖惩制度。

2006 年 3 月，抽调 427 人，组成 85 个审计组，审计安徽省 2003 年至 2005 年国家批准立项建设的农业综合开发项目资金。涉及 89 个县（市、区）178 个部门单位，审计资金总额 13.81 亿元。通过检查项目资料与会计账目，实地查验工程项目，随机走访农户，审计查出违纪违规、管理不规范资金 5060.29 万元，地方配套资金不到位 6259.14 万元，促进资金投入到位 3310.37 万元。审计发现：1．挤占项目资金。巢湖市居巢区财政占用项目资金 227.97 万元；铜陵县、滁州市琅琊区分别以项目资金归还以前年度财政有偿资金和占用费 224.7 万元、191.64 万元；萧县、涡阳等 5 个县农业综合开发部门挤占项目资金弥补行政经费 59.47 万元；庐江县将科技推广资金借给项目外的万乐米业公司 194.8 万元、灵璧县将 2003 年冯庙镇项目 11.12 万元、2004 年黄湾镇项目 115.61 万元，用于项目区外道路建设等。2．配套资金不到位，虚假配套。截至 2006 年 3 月末，全省农业综合开发项目配套资金未到位 6259.14 万元。其中，省级财政 2003 年至 2004 年产业化项目有偿资金配套未到位 3638 万元，宿州、六安、蚌埠、安庆和宣城市财政少配套资金 446.6 万元，五河县、池州市贵池区等 21 个县级财政未落实配套资金 1631.04 万元。3．有偿资金投放不足。合肥市 485.65 万元有偿资金未按计划投放项目单位；六安市裕安区 2003 年天裕米业项目未办理抵押手续，财政滞留项目资金 176.2 万元；阜南县 2004 年秸秆养牛项目 180 万元财政有偿资金未投放。有偿资金回收难度加大，截至 2006 年 3 月末，各县（市、区）到期应回收有偿资金 26034.31 万元，实际回收 15872.54 万元，实际回收占到期应回收有偿资金 60.97%。4．执行县级报账制不彻底，会计核算不规范。亳州市谯城区未按规定报账，以拨作支将无偿资金 80.2 万元，直接付给济人药业公司产业化项目单位；石台县 2003 年农业、林业项目支出 118 万元、2004 年农机补贴 23.79 万元直接拨付乡镇，由乡镇支付给建设单位和农户。5．项目建设慢，工程招投标不规范。安庆市宜秀区白泽湖土地治理计划投资 375 万元，实际完成 30.41 万元；天长市 2003 年秦栏镇农贸市场项目计划投资 111 万元，完成 13.3 万元；亳州市谯城区 2004 年土地治理项目预付工程款给施工单位，后进行招投标走过场；长丰县 2004 年下塘镇土地治理项目，两个水利工程、两个中标单位擅自转包给其他施工单位，并将县农业综合部门拨付的资金提现转付施工单位。6．项目论证不充分，损失严重。宿州市埇桥区 2003 年东都生态科技公司波尔山羊养殖项目投资 127 万元，当时每只山羊价格 1.5 万元，审计时市场价 500 元左右，仅此一项亏损近 96 万元；绩溪县 2003 年丝业公司借款 176.2 万元，2004 年该企业破产。

审计提出意见和建议：加大农业综合开发投入，使投入与财政收入增长同步或略快于财政收入增长，发挥财政资金导向作用，完善和创新投入政策和机制；改进和完善配套政策，落实项目资金，使“配套资金”变为“配套项目”，将农业综合开发分为中央、省、市、县（市、区）项目，以利于落实责任，规范管理，强化监督；调整农业综合开发的财政有偿投入政策，加大无偿资金投入比重；加强农业综合开发项目管理，项目运行公开、公平、公正，资金运行安全、规范、高效。建立项目权责利相统一的约束机制。使农业综合开发项目成为农民的阳光工程、满意工程、民心工程和建设社会主义新农村的亮点工程。

审计揭示农业项目实施中的突出问题，引起主管部门重视，促进农业项目问题的整改和提高。省委常委、副省长赵树丛作出批示。2006 年 6 月 9 日，《中国审计报》头版刊登“突出监督重点，创新监督机制，安徽审计为新农村建设保驾护航”的新闻报道。

环境保护资金审计　环境保护是中国的一项基本国策，审计机关从林业专项资金、排污费专项资金和其他环保专项资金入手，服务于国家环境保护政策的贯彻执行。

1986 年 10 月至 1987 年 1 月，组织审计 45 个县育林基金的征收、上缴、管理和使用情况。1984 年、1985 年，安徽省林业部门征收育林基金 1632.9 万元，支出 1769.5 万元（包括 1984 年以前结存）。其中造林育林 640.4 万元，占支出 36.2%；间接用于造林育林 178.3 万元，占总数 10.1%；护林及森林病虫害防治 17.5 万元，占总数 1%。查出挤占挪用和其他违纪金额 933.3 万元，占支出总数 52.7%。其中，1984 年、1985 年两年应征育林基金 1898.3 万元，实征 1632.9 万元，漏征 265.4 万元；未按规定比例足额上缴。全省应缴省、地两级林业部门育林基金 600 万元，实缴 320.4 万元，少缴约 280 万元；管理混乱，扩大开支范围，挤占挪用 933.3 万元；动用育林基金吃喝招待、乱补贴。

1999 年 5 月至 6 月，组织全省 30 个县市审计机关，抽调近 100 人，组成 30 个审计组，审计 1997、1998 年林业基建投资、林业事业专项经费、造林补助费、林业项目贴息贷款、育林基金、维简费、林业保护建设费等专项资金。涉及县市财政局、林业局、农行等主管部门以及林业工作站、木竹检查站、林业公安派出所、国有林场、苗圃的基层林业单位149个。审计金额19701万元,查出违纪违规金额4283万元。审计发现:财政预算内林业生产资金,县级投入少,到位情况差,挤占挪用时有发生;林业项目贴息贷款计划未完全落实,少数贷款被挪用;育林基金、维简费、林业建设保护费征管用问题突出,征收管理不规范,未按规定比例足额上交,挤占挪用和不合理开支数额大;征收森林植被恢复费的国家政策没有得到认真贯彻落实,部分地区林业部门违规收费。审计作出处理:归还原资金渠道344万元,上缴财政97万元,促进资金规范管理1600万元,促进资金投入到位95万元。审计提出建议:增加林业投入,保证林业资金及时足额到位;作好育林基金及各项林业规费征管工作,落实国家林业扶植政策;强化林业专项资金使用管理、专款专用;加强内部监督,严肃财经法纪。

2000年5月8日,根据审计署办公厅文件通知,审计合肥市1998年、1999年排污费征收、解缴、分配、管理、使用情况。涉及合肥市财政局、环保局、环境监理处、环境检测站、环境科研所、环保产业中心、环保公司、绿宝实业公司、合肥郊区环保局等单位,审计总金额4228.39万元,查出违纪违规金额730.12万元。审计抽查污染源治理项目10个、项目投资7000多万元,其中排污费1531万元。发现问题:排污费漏收少收,合肥市1998年、1999年两年应征收排污费3648.18万元,实际征收3226.23万元,少收421.95万元,占应征数11.57%;截留排污费收入,合肥市郊区环保局1998年、1999年两年截留排污费123.31万元;挤占挪用排污费,合肥市环保局1998年、1999年两年挤占挪用排污费539.2万元,占两年收入的16.7%;违规豁免以前年度挪借的环保治理资金;擅自提高污染源治理专项基金的贷款利率;部分污染治理项目未发挥效益。审计提出意见和建议:依法足额征收排污费、规范管理、严格控制支出;提高排污费使用效益。副省长黄岳忠批示:“治污经费本来就很紧张,征收、管理、使用几个环节又不规范,如何得了!请财政厅、环保局就排污费征收、管理、使用立出政府规章,切实贯彻执行。”合肥市环保局等单位依据审计意见全面整改。

2005年,抽调324人,组成119个审计小组,审计全省2004年环保专项资金排污费、污水处理费的征收、管理、使用情况。涉及313个财政、环保、建设等项目资金主管部门,延伸和抽查107个环保建设项目。审计查出违纪违规资金9701.96万元。其中:弥补经费2625.9万元,滥发奖金补贴1079.6万元,截留坐支843.39万元,平衡预算和不按预算拨款327.1万元,隐瞒转移资金141.35万元,建房购车79.24万元,虚报冒领61万元,经商办企业52.76万元,私设小金库30.15万元,虚列支出18.43万元,其他违纪违规5409.24万元。审计决定收缴243.8万元,归还原资金渠道2189.71万元,促进资金投入到位1010.26万元。发现问题:排污费漏征少征。2004年合肥市应征排污费企业2035户,申报缴纳排污费1661户,占应征排污费户数81%。实际征收排污费1962.65万元,少收226.4万元,其中欠费201.98万元,减免缓缴24.42万元;淮北市杜集区环保局2004年未开征排污费;代征污水处理费缺乏监督、漏征少征。2004年淮南市应征污水处理费2850.67万元，实际征收1339.79万元，少征收1510.88万元，征收率47%。截至2004年年末，该市污水处理费欠征累计5784.6万元；宿州市污水处理费应征621.68万元，实际征收65.63万元，征收率10.6%；挤占挪用环保专项资金。马鞍山市县区环保局超标准以排污费专项资金弥补经费支出643.48万元；巢湖市环保部门挤占环保专项资金220.46万元；地方和企业自筹资金未落实、项目建设进度慢。亳州市安徽雪丰畜禽发展有限公司申报集约化养猪防治项目计划总投资836.2万元。省财政厅、环保局及地方财政安排调剂排污染治理资金23万元。该单位实际治污工程支出20.8万元，编制可行性报告费用2.6万元，计23.4万元，实际治污工程投资与申报项目相差甚远；合肥市城市污水处理一期工程概算8499.73万元，其中地方自筹3699.27万元，截至2004年年底仅到位600万元，占地方自筹资金16.22%；以前年度环保贷款没有及时清理。蚌埠市环保局以前年度发放776.69万元环保贷款已超期，有些已超期18年；项目资金管理不强。其他问题：违规购买商业保险，转移资金发放补贴，公款私存。审计提出建议：政府财政部门要加大环境保护投入；环保部门要认真执行《排污费征收使用管理条例》等相关规章制度，完善城市污水处理费收费机制；理顺管理体制、完善项目管理等。

国有土地使用权出让金审计　1993年5月至10月，抽调399人，审计和调查全省606个市县及乡镇土地土地管理部门1991年和1992年财务收支。省审计局直接审计省土地管理局。审计总金额5.36亿元，查处违纪金额4723.8万元，其中应上缴财政1772.7万元，归还原资金渠道2091.9万元。审计发现：各类开发区未经审批用地29110.9亩；有些地方政府越权审批土地、非法交易炒买炒卖土地；1991年、1992年两年少征耕地占用税6101.6万元，占应征的41.4%；土地补偿费征管不严，挪借问题突出；隐匿收入、虚列支出、公款私存；审计606个土地管理部门、有200多个单位截留坐支罚没收入；擅自提高收费标准，扩大收费范围，全省土地部门违规收费400多万元；乡镇土地管理体制不顺，机构不健全；财务管理薄弱，账务不健全，票据领用、核销手续不完备，土地资料管理不善，档案残缺等问题。审计机关针对问题提出改进建议。

1996年，审计黄山市1994年、1995年国有土地使用权出让金。黄山市1994年、1995年新批国家建设用地项目24件，其中省政府审批4件，市本级审批20件。新批用地项目中，划拨用地5件，出让用地19件。1994年、1995年两年出让土地面积1428.43亩，其中土地管理局办理980.43亩，旅游度假区办理448亩。两年应收土地出让金5192.27万元，实收土地出让金3864.04万元、占应收额74.42%，欠收709.84万元、占应收额13.67%；减免土地出让金618.38万元、占应收额11.91%。1994年、1995年两年，市土地局、旅游度假区管委会代征土地出让金共上缴市财政500万元，其余3364.04万元由两单位列收列支。审计查出：征收的土地出让金3608.56万元未纳入财政预算管理；挪用出让金124.95万元；国有土地使用权出让手续不合法；违规减免出让金618万元。

4月至6月，根据审计署部署，安徽省采取上审下办法，审计安庆、黄山两个地级市，宿州、宣州、亳州、六安、巢湖五个县级市1994年、1995年两年审批利用国有土地和征收管理使用国有土地使用权出让金情况。审计发现：土地征用和出让未批先用，未征先出让，违规出具国有土地使用证；已出让的土地部分未能有效开发利用、闲置撂荒；非土地管理部门收取土地出让金；出让金未及时足额征收到位，收入未纳入财政预算内管理数额大；土地部门多提取业务费；挤占挪用等问题。

2003年6月至12月，根据省政府要求，组织蚌埠、芜湖、马鞍山、铜陵、淮南、安庆、滁州、巢湖市审计局，专项调查市本级及所辖繁昌、铜陵等10个县（市、区）2001年、2002年国有土地使用权出让金征管使用情况，国有土地审批管理和征地补偿费政策落实情况。审计查出违纪违规资金78751万元，其中违规减免7880万元，挤占挪用4341万元，用地单位拖欠缓缴66530万元等问题。其中：1.用地单位拖欠缓缴出让金。2001年、2002年，蚌埠市用地单位欠缴出让金13239.41万元，缓征出让金3252.17万元；滁州市政府领导批准缓征仁达、西涧、顺风、宏宇、兴隆和置业五家房地产公司出让金506.19万元；含山县用地单位拖欠出让金544.1万元。2.违规减免出让金。淮南市2001年、2002年减免出让金4572万元；滁州市领导批准减免出让金471.75万元；蚌埠市2001年、2002年减免出让金9883.85万元；凤台县减免1438.2万元；庐江县减免庐江中学、县直机关事务管理局、县机电设备公司3单位31.26万元。3.截留挪用出让金。滁州市2002年调用出让金500万元平衡预算，2001年将出让金340万元转国有资产营运公司用作政府对康佳公司的投资；蚌埠市高新区在出让金中拨付该区投资公司注册资本200万元；淮南市将土地出让金671.5万元拨给市体育局用于游泳馆、射击场及其餐饮部建设和运动员、教练员奖金；凤台县将出让金230万元用于县政务中心建设和借给有关企业周转。4.出让金征收管理不规范，未纳入财政专户核算、未全部列入基金预算，先征后返、多头征收，以实物抵顶出让金。5.部分土地未批先用。巢湖市经济技术开发区1992年至2002年共征用土地2050亩，报批1587.3亩，未报批462.7亩；蚌埠市高新区2001年、2002年实际出让土地34宗，其中未报批22宗。6.用地单位违规使用土地。2001年，马鞍山市划拨人民日报华东分社国际金融报社用地6.6亩，该社与马鞍山市志民房地产公司签订合约，由该社划出土地4.179亩给铜陵市志民房地产开发公司开发商品房2栋，由马鞍山市志民房地产开发公司办理协议出让，缴纳出让金51.13万元，并出资建设面积约2200平方米新闻综合楼，交该社无偿使用。7.国家征地补偿政策未落实到位。2001年，蚌埠市郊区长青乡财政所收到省劳教所补偿款307.52万元，至2002年年底仍未下拨；滁州市扬子、清流和凤凰三个办事处收取征地补偿费5022.4万元，支付农民4574.33万元，集体提留151.2万元作投资收益，有296.87万元未发到农民手中；淮南市合徐高速连接线项目，征用集体土地727.1亩，每亩仅向农民发放征地补偿费、安置费和青苗补偿费等征地费用5700元，其中每亩耕地征地补偿费1000元。审计提出建议：系统制定出让金征管理法规；排除行政干扰、坚决执行国家政策、将出让金和征地补偿政策落实到位；推进经营性土地招标、拍卖或者挂牌出让制度,完善征地制度;加强监督。

7 月 28 日至 10 月 15 日,根据审计署部署,审计和调查合肥市 2001 年、2002 年国有土地使用权出让金征管使用情况、国有土地使用权审批管理及国家征地补偿政策落实情况。涉及合肥市财政局、国土资源局、房产局、规划局、建委、经贸委,市高新技术开发区、经济技术开发区、新站综合试验区。延伸审计和调查肥西县、包河区、蜀山区、瑶海区、庐阳区有关部门、用地单位和部分行政村。审计独立核算单位 52 个,审计资金总额 124594 万元,查出违纪违规资金 11683.33 万元。审计促进收缴出让金 9662.15 万元,归还原资金渠道 10821.79 万元。2001 年、2002 年合肥市农用地转建设用地计划 25906.17 亩,其中耕地 17999.84 亩,实际办理农用地转建设用地 20483.84 亩,其中耕地 14397.89 亩。2001 年、2002 年合肥市划拨国有土地使用权 154 宗,用地 9490.06 亩;出让国有土地使用权 555 宗,用地 22337.25 亩,其中协议出让 517 宗,用地 21520.91 亩;招标、拍卖、挂牌出让 38 宗,用地 816.34 亩。出让金合同总金额 30.04 亿元,已收出让金 15.68 亿元。审计发现问题:拖欠缓缴出让金 21113.27 万元。2002 年年末,用地单位 2001 年、2002 年共拖欠出让金 19545.83 万元,合肥市政府和高新区批准缓缴出让金 1567.44 万元。高新区批准安徽路易达汽贸公司等 7 家用地单位缓缴出让金 1183.14 万元。经市政府批准,市国土局同意 2 家用地单位缓缴出让金,其中,合肥丰大股份公司 234.5 万元、合肥江淮化肥厂 149.8 万元。减免出让金 4725.03 万元。合肥市政府批准工业企业改制和危房改造等 17 个项目用地减免出让金 4725.03 万元。以工程、实物等抵顶应缴出让金 14747.04 万元。经济区以工程款抵缴 12786.23 万元,新站区以工程款抵交 537.43 万元,高新区以实物抵交 24.9 万元,肥西县城改指挥部用工程款抵交 584 万元。违规使用出让金。合肥市财政局将出让金用于梅山饭店改造 100 万元。高新区将出让金借给科大创新股份公司 800 万元,从出让金中直接列支 8871.79 万元给下属科技实业发展公司增加资本金。新站区将出让金投资合肥客运总站 900 万元、投资合肥金马保龄球公司 150 万元。出让金征收管理不规范,未执行专户核算制度,未及时入库,支出预算不细,多头征收和管理。违规发放土地使用证,高新区 2001 年、2002 年期间,为安徽国风塑业股份公司等 11 家欠缴出让金单位发放国有土地使用权证 11 份;经市政府批准,市国土局对缓欠缴出让金单位发证 6 宗;经济区为欠缴出让金单位发土地使用证 14 份。违反规定“以地换路”。1999 年至 2002 年,合肥市引资修建马鞍山南路时,约定由安徽新禧公司及其合作伙伴投资 9000 万元,市政府承诺出让沿路土地使用权 1200 亩给安徽新禧公司及其合作伙伴,并免征出让金及相关报建费。2001 年 5 月,合肥市政府根据国务院有关文件,对上述合同的违规做法进行清理和纠正,有偿收回 564 亩土地使用权,挽回部分损失。但安徽新禧公司及其合作伙伴实际投资 3459.65 万元,仍有 6 宗土地使用权,面积 621.56 亩,平均每亩地价 5.57 万元。此外,还存在部分开发建设单位未达到转让条件时转让土地使用权;少数开发建设单位擅自改变土地用途;个别单位未经批准擅自建设永久性建筑物;改变国有土地权属关系并漏缴政府土地收益等问题。审计针对问题提出建议：增强宏观调控和土地执法力度；加强用地规划和建章立制工作；强化出让金征收管理工作。审计厅进行审后督查并将情况报告省政府，常务副省长任海深作出批示，审计信息被审计署、中办、国办采用，并被国务院领导批示。

2004年5月至9月，组织17个省辖市和77个县审计机关，抽调411人，组成119个审计组，审计2003年土地出让金征收、管理和使用情况及财务收支。全省国土资源行政机构有省级机构1个，市级17个，县级101个。各类人员编制10134人，实有12102人（不含乡镇机构）。当年全省国土资源部门收入96827.8万元，其中财政拨款47948万元，预算外收入38493.3万元，其他收入10386.5万元，支出127716.2万元，其中基本支出74093.5万元，项目支出51889.3万元。审计情况表明，随着国家国土资源宏观调控加强，市县政府依法管理土地的意识增强，国有土地有形交易市场开始建立，土地收益逐年增加，土地出让金征管使用制度建设取得进展。审计也发现土地出让金征管使用以及财务收支存在一些问题，审计查出有问题资金20.27亿元。其中，用地单位拖欠土地出让金15.38亿元，减免缓土地出让金1.67亿元，挤占挪用国土专项资金2.11亿元。具体包括：1. 土地出让金欠收数额大。当年全省签订土地出让金合同金额140.73亿元，实际征收99.42亿元，41.31亿元未征收到位。其中，合肥市及所属肥东、肥西、长丰3县有6亿多元未征收到位；阜阳市及所属县（市）有3.83亿元未征收到位，界首市欠收出让金5393万元；黄山市挂牌出让9宗土地，合同出让金总价1.51亿元，按照协议开发商应缴纳出让金1.08亿元，实际缴纳5524.8万元，欠5300多万元，约占应收的50%；滁州市政府批准天大集团等4家企业缓交出让金1137.65万元。2. 违规低价出让国有土地使用权和随意减免地价。1997年4月，临泉县县委办、政府办、人大常委会、政协以新建办公楼名义，经阜阳市政府批准，获得4宗用地共18亩；砀山县政府出让丰源浓缩梨汁项目用地366.18亩，征地费893万元、评估价1301.25万元、出让时仅收取土地出让金350万元，与评估价和征地费用相比分别少收951.25万元和543万元。3. 土地出让金征管不规范。多头征收。长丰县的双墩、双凤、三十头等4个工业园区自行收取土地出让金20661.5万元，其中，已自行安排支出15063.5万元；庐江、太湖、宿松等县的土地事务所、土地监察大队等所属事业单位也违反规定征收土地出让金。以工程等实物抵收。宿州市及所辖县（区）用建设工程和实物抵收土地出让金22383.8万元；濉溪县国土局以商品住宅和门面房分别抵收县金属公司、县粮食局土地出让金16.7万元、26.4万元，且抵收土地出让金的商品住宅和门面房还未入账。征收票据使用不合规、未实行财政专户管理。4. 隐瞒截留、挤占挪用土地出让金、土地开垦费等专项资金21145.6万元。其中，平衡预算1116.7万元，出借或对外投资13623.1万元，弥补经费841.56万元，建房买车747.6万元。5. 财务管理乱。未执行“收支两条线”规定；超范围、超标准和自立名目收费1303.24万元。枞阳县会宫、陈瑶湖等6个乡镇违规向农民收取建房土地变更登记费、建房申报表工本费等共24.83万元；设置“小金库"和"账外账"。怀远县将上级拨入的35.7万元耕地开垦费存放县土地规划室账户上，脱离本局财务总账。该县国土局所属勘测规划设计室将3.29万元公款以个人名义储存；马鞍山市花山区国土资源局将市土地发展中心汇入的土地补偿款10万元，连同本局的35万元其他资金另开户存储，从中开支招待费14.11万元，发放奖金补助14.5万元。一是控制不严、乱支滥用。蚌埠市国土资源局原郊区分局当年一辆汽车消耗燃油9716公升、22145元，平均日耗油26.6公升，按百公里耗油12公升测算，平均每天行驶221公里。该局有8人，还累计报销出租汽车费11280元。二是固定资产核算管理不规范。三是往来账多年未清理，家底不清。合肥市国土资源局征拨事务处等单位"其他应付款"年末余额23873.67万元，未见收益、也未清理回收；淮南市国土局地产开发处"其他应付款"有60个征地项目费用余额1965.02万元未清理；肥西县国土局单位及个人欠款有129.95万元没有清理回收。审计决定归还原渠道资金16195.72万元，上缴财政5104.64万元，促进补收土地出让金14282.44万元。审计提出建议：重视土地管理、耕地保护工作；支持土地管理部门依法行政；加大土地出让金征管使用和国土部门财务收支监督力度。

农业资金投入专项审计 1985年，审计霍山县农业局1982年以来"支农资金"管理使用情况。重点是省拨支农周转金23.2万元和支援不发达地区资金82.33万元。审计发现，该单位分管副局长和股、站、场负责人都签字批准报账，不利于资金统筹使用和管理；局机关未设固定资产账，资产购入、领用无专人负责，家底不清；基层财务混乱，有的没有专职会计；会计核算和科目运用不当；经费乱支乱用；农业资金清理回收不力，1980年支农资金部分改为有偿周转以来，全县共贷出有偿支农周转金772954.82元，1985年应回收32万，实际收回16万元，完成收贷任务一半。

1992年，根据审计署部署，组织芜湖、潜山县和宣州市审计和调查20个业务主管部门和24个项目单位1991年各项农业资金。审计总金额2132.95万元，查出违纪及有问题资金257.14万元，占审计总金额12%。

1993年4月至8月，组织16个地（市）、78个县（市、区）审计全省1991年、1992年两年农业资金总体投入及341个农业项目效益情况，调查省财政、计委、农行等6个分配管理农业资金的部门，审计和调查资金业务主管部门677个、资金使用单位994个。审计和调查资金总额108亿元，查出违纪资金1.45亿元，损失浪费金额0.59亿元，未配套资金1.16亿元，少征集农业发展基金0.79亿元。审计促进各地将挤占挪用的农业资金归还原资金渠道0.75亿元。

审计发现问题：1.78个县（市、区）支援农村生产支出不能稳定增长的有58个县，占审计数74.36%，其中逐年下降的有9个县。支援农村生产支出与财政总支出比，有20个县1991年、1992年连续两年不能同步增长。少数县安排的支援农村生产支出，占财政总支出的比重小、降幅大。农林水利等部门的事业费和基本建设支出实际投入少。1992年与1991年比，有26个县本级财政安排下降，农林水基本建设支出1991年、

1992年分别有60个、57个县分文未安排。2.支援农村生产支出指标结转大。1991年、1992两年，省、地（市）、县三级共结转支援农村生产支出指标2.78亿元，占实际安排数26.87%。其中：省级结转指标1.18亿元，地市级结转指标0.17亿元，县级结转指标1.42亿元。有的县年年安排、年年结转，指标成空头。3.农业发展基金征集使用问题多：78个县和14个地（市）1991年、1992年两年少征7892.77万元，占应征数32.86%；漏征4542.16万元；已征的农业发展基金借给企业做流动资金3433.72万元，约占已征集数30%。4.部分农业资金使用效益差，损失浪费5855.46万元。5.配套资金1991年、1992两年应安排3.03亿元，未配套资金1.16亿元。6.挪用挤占14507.84万元。其中，省级资金管理部门挤占挪用6017.23万元，地市有关部门挤占挪用830.79万元，县有关部门挤占挪用7659.82万元，分别占挤占挪用的41.48%、5.73%和52.8%。7.管理不严，基层财务基础薄弱，没有专户存储核算、白条报销、"包包账"、工程结算不及时等，有的公款私存私借，甚至贪污私分。分管副省长批示审计结果并在全省农业资金总体投入审计会议上讲话，省委、省政府编发信息，中央办公厅《每日汇报》向中央领导反映安徽全面开展农业资金总体投入审计情况。

1994年，审计回访农业资金总体投入审计决定落实情况。1993年4月至8月，全省审计1991年、1992年农业资金总体投入情况，查出有问题资金约4亿元，其中违纪资金1.45亿元。审计厅要求各地审计机关，回访审计决定落实情况。10个地（市）、43个县（市）审计机关报告回访情况：审计查出违纪资金1774.86万元，应归还原资金渠道1713.08万元，已归还1102.47万元，应上缴财政61.78万元，已上缴50.4万元；查出未配套资金4622.34万元，已补配套2347.21万元；查出滞留未用资金3636.71万元，已拨付给资金使用单位2483.41万元；查出支农周转金和支农专项贷款逾期沉淀2729.04万元和3163.41万元，已分别清理1551.6万元和380.45万元。

1995年3月至6月，根据审计署部署，组织审计和调查省本级、10个省辖市和桐城、天长等36个县（市）1993年、1994年农业投入情况。审计和调查总金额58.09亿元，查出违纪违规金额1.56亿元。其中省本级3424.81万元，省辖市1766.04万元，36个县（市）10371.5万元。《安徽政办通报》133期全文刊载审计情况通报。

其中，审计省财政厅查出：支农支出预算指标结转大。1993年支援农村生产支出指标结转3246万元，占预算23.2%；1994年结转4532万元，占预算34.65%；1993年农林水气象等部门事业费指标结转2339万元，占预算21.36%；1994年结转3819万元，占预算25.5%；1993年支援不发达地区支出指标结转448万元，占预算81.7%；1994年结转1149万元，占预算96.15%。支农资金拨款慢、到位不及时。另外，多列支农支出1486万元；动用200万元农业发展专项基金购国库券。

审计省水利厅查出：1993年从水利事业费借出240万元给下属单位作流动资金；水利基建资金结转数过大，没有专账核算。

审计省计委查出：400万元以工代赈资金超出投放范围；挪用83575.5元以工代赈

配套资金用于差旅费、会议费支出;截留小城镇试点建设资金110万元用于省农村经济发展公司作铺底资金;以工代赈配套资金和农业投资有195万元未下拨;部分农业投资管理不当、造成后果:挪用资金389.25万元,农业投资的银行利息和占用费收入被省农村经济发展公司侵占73.05万元,违反规定扣取占用费32.86万元。

审计省农业厅查出:行政、福利性开支挤占事业费和专项经费98.80万元;虚列支出,转移资金120万元;动用专项资金购金融债券转存银行储蓄149万元;专项资金利息及占用费收入管理不严、开支乱。

审计省林业厅查出:林业项目贴息贷款用于招待所改造80万元、合肥林校校办产业和招待所23万元,国有林场开发等3家单位周转金153万元。

1996年,审计省农垦总公司1994年至1996年6月财政支农周转金。查出问题:部分支农周转金未投放到项目单位。国有敬亭山茶场1994年计划投放50万元,实际投放30万元,另外20万元滞留在总公司;总公司以财政支农周转金抵扣各项目单位借款。1994年总公司扣华安公司支农周转金抵欠借款本息151440元,“两金”23299.88元;少数项目缺乏可行性研究,推迟项目效益期;部分企业借用财政支农周转金不及时归还。截至1996年6月底,各企业向总公司借用支农周转金3067.9万元,到期2217.9万元,应还未还890万元,待处理1327.9万元。

1998年7月至8月,根据审计署部署,组织部分县审计1996年、1997年农业部立项的农业综合开发秸秆养畜和良种科研推广项目。审计总金额2076.5万元,查处违纪违规金额401.9万元,促进资金到位60万元,归还资金原渠道31.9万元。发现问题:财政资金拨付慢、结存数额大;5个县财政配套资金260万元没有到位;挪用资金、使用不合规、项目进度慢。

2001年5月至8月,组织合肥、阜阳、安庆、芜湖市审计局,调查长丰、太和、太湖、南陵县1999年、2000年财政支农资金投入、管理、使用、效益情况。涉及县级资金主管部门和项目单位47个,乡镇10个,行政村16个,走访农户70个。审计调查资金总额2.6亿元,查出违纪违规金额2541.63万元,其中财政部门2052.8万元,农业主管部门和用款单位488.83万元。发现问题:投入不足,支农政策未落实。1999年、2000年四个县支农资金支出只占财政总支出16%、15%;财政安排的支农资金未足额到位,滞拨资金、虚列支出、配套资金不落实等;建设性支出比重偏低,支农资金使用重点不突出;挤占挪用资金问题时有发生;部分建设项目效益差。审计提出建议:加强领导,确保国家支农政策的贯彻落实;广开渠道,加大农业投入;优化财政支农支出结构;规范管理,提高项目建设质量;强化监督,保证财政支农资金专款专用。审计综合报告上报审计署,省政府副省长张平作了批示。

2002年3月至9月,组织审计17个省辖市本级、53个县(市、区),以及省农委、水利厅、林业厅2000年、2001年财政预算内安排支农专项资金,包括支援农村生产支出、农林、水利、科技三项费用分配、管理、使用情况。涉及各级财政、农业、林业、水利等资金主管部门和项目单位531个，审计资金总额102亿元。审计摸清省支农资金来源、投入规模情况，揭示财政支农资金投入、管理、使用中的问题，促进资金投入到位7954万元，归还原资金渠道2543万元，促进完善制度、规范支农资金管理和效益提高。审计查出违纪违规金额2.28亿元，其中财政部门4480万元，农业主管部门和项目单位1.83亿元。包括：部分市县财政支农资金投入不足，国家农业投入政策没有有效落实；一些地方预算安排的支农支出节余过大，甚至用于平衡财政预算；财政支农支出结构不尽合理，非生产性支出较大，建设性支出比重偏低；支农资金投向分散，重点不突出；截留挤占挪用支农资金问题普遍；部分单位财务制度不健全，资金管理不规范。审计提出意见和建议：多渠道筹措资金、增加农业投入；加强制度建设、规范财政支农资金管理；专款专用、加大监管力度。审计情况上报省政府，省长王金山作了批示。

其中：5月28日，审计合肥市2000年、2001年财政支农资金，包括支援农村生产支出、农业综合开发支出、农林水利事业费、农林水利基本建设支出、农林水利科技三项费用的分配、管理、使用情况，延伸肥东县黄疃片水利工程、合肥顶绿食品有限公司、合肥丰力公司等项目单位。审计发现：税源培植基金未充分发挥作用；部分主管部门，支农专项资金用于公务性支出较大；行政经费挤占支农专项资金；部分支农专项资金财务处理不规范。审计建议：规范财政支农资金分配和管理；投入应突出重点；加快农业标准化建设。

5月至7月，审计省水利厅2000年、2001年财政预算内安排水利专项资金的管理使用情况。审计发现：没有严格划清人员机构经费界限，相互挤占；专项资金拨付使用不合规；建设单位管理费支出不合规；未按规定上缴基建投资银行存款利息。审计收缴未按规定上缴的利息收入150.61万元。

7月至9月16日，审计省农委及原农业厅、原省农经办和水产局2000年、2001年财政支农资金管理使用情况，延伸省农委财务处所属会计服务中心管理的16个事业单位以及机关服务中心、种子公司，抽查畜牧技术服务中心、省南繁种子基地和优质农产品发展中心等项目。审计发现：项目投资分散。2001年农业综合开发安排全省农业产业化龙头项目83个、资金1350万元，平均16.27万元，其中48个项目投入资金仅有5万元～10万元，难以真正壮大龙头企业；管理不规范，手续不完备，小汽车管理失控，开支过大；少数项目未按批准的计划建设。审计决定，超范围使用的资金归还原渠道，挤占挪用的资金调账。

2007年，党中央、国务院和省委、省政府作出推进社会主义新农村建设的部署。省审计厅于3月至10月，组织全省专项调查省本级和17个省辖市、108个县（市、区）2006年财政涉农资金的投入管理和使用情况。调查各级财政、农业、林业、水利、民政、卫生、教育等资金主管部门和项目单位近2000个，资金总额267.74亿元，查出违纪违规及管理不规范资金5.66亿元。审计调查2006年全省财政涉农资金投入的规模、结构、来源情况，揭示财政涉农资金投入、管理和使用问题，促进财政涉农资金的管理和财政支农惠农政策落实。

2006年,全省财政涉农资金投入267.74亿元(不含对产粮大县奖励资金和教育支出、卫生支出中用于县本级及县级以上支出部分),较2005年增加67.15亿元,增长33.48%。其中,中央财政资金投入98.48亿元(含部委直接投入13.93亿元),占全省财政涉农资金投入36.78%,较2005年增加22.44亿元,增长29.51%;省级财政资金投入26.14亿元,占全省财政涉农资金投入9.76%,较2005年增加6.8亿元,增长35.17%;17个市级财政投入15.46亿元,占全省财政涉农资金投入5.77%,较2005年增加3.46亿元,增长28.86%;县级财政投入127.67亿元,占全省财政涉农资金投入47.68%,较2005年增加34.44亿元,增长36.94%。

从投入结构看,2006年全省财政投入农业、林业、水利、支援不发达地区支出等传统农业支出55.34亿元,占总投入20.67%,较上年增加6.5亿元,增长16.89%。用于农业、林业、水利等农业基本建设投入41.63亿元,占总投入15.55%,较上年增加5.82亿元,增长16.26%。用于农村道路等农村基础设施投入17.58亿元,占总投入6.57%,较上年增加8.24亿元,增长88.27%。用于教育、文化、卫生、科技等农村社会文化事业方面支出103.67亿元,占总投入38.72%,较上年增加31.16亿元,增长43.09%。用于对农民发放粮食直补、良种补贴和农机补贴资金等补贴31.22亿元,占总投入11.66%,较上年增加13.4亿元,增长75.2%。其他涉农投入资金18.3亿元,占总投入6.83%,较上年增加5.99亿元,增长56.3%。

发现问题:1.增加“三农”投入的政策没有真正落实到位。安庆市本级财政2006年农业投入较2005年减少1097万元,下降20.2%,与财政经常性收入增长相比,下降31.26%;固镇县本级财政2006年农业投入较2005年增加969万元,增长8.4%,与财政经常性收入增长相比,下降19.87%;濉溪县本级财政2006年农业投入较2005年增加2601万元,增长18.36%,与财政经常性收入增长相比,下降40.68%;六安市金安区2006年农业投入较2005年减少166万元,下降1%,与财政经常性收增长相比,下降36.31%;宿州、巢湖、马鞍山三个市本级以及五河、阜南等22个县(市、区)2006年与2005年相比,农业投入都未能与财政经常性收入同步增长。2.部分财政涉农支出预算执行率偏低。2006年,中央财政追加安徽省基本建设支出36700万元、大中型水库移民后期扶持资金支出17600万元、农村现代流通体系建设支出4441.4万元,当年没有执行;省级财政基金预算安排土地有偿使用支出39358万元,当年执行17994万元,执行率45.72%;马鞍山市本级涉农资金预算执行率仅有72.5%;黄山市本级财政预算安排2006年新菜地开发基金支出188万元,当年预算执行98万元,执行率52%;省财政下达萧县涉农预算指标11144.6万元,该县当年执行7246.9万元,未执行3897.7万元,执行率65%;寿县2006年省级土地开发整理项目支出预算940万元,当年未执行;有些地方通过列支转“暂存”做法,年终突击将资金拨入专户,人为提高预算执行率,掩盖涉农资金预算执行率偏低问题。3.资金拨付不及时,结存数额大。省财政6个涉农资金专户，2006年年末累计结存42703.89万元。其中，农村特困和农村医疗救助资金专户结存23916.8万元、治淮资金专户结存11954.43万元、财政扶贫资金专户结存3079.53万元、退耕还林资金专户结存2900.8万元、防汛抗旱资金专户结存606.77万元、森林生态效益资金专户结存245.56万元。六安、巢湖、宿州市级财政部门2006年年末共结存10964.9万元。长丰、怀远、庐江、无为、金寨、萧县、灵璧、利辛、宣州、广德、肥西等11个县，2006年年末结存退耕还林、“村村通”工程、中小学危房改造等涉农项目资金57620.94万元。主管部门和资金使用单位也存在资金大量结存情况。省级涉农主管部门共结存各种涉农资金68607.55万元。4.资金使用分散，投入重点不突出。淮南市农委2006年市级农业专项资金580万元，投入全市六区一县77个项目，平均每个项目投入7.5万元；淮北市本级农业产业化项目安排财政资金193万元，投入26个项目，平均每个项目投入7.42万元，最多的15万元、最少的仅有3万元。5.支农资金管理不严，挤占挪用问题突出：宿州市财政滞拨2006年上级财政拨入的耕地开垦费112.23万元、广播电视扶贫救灾专项资金30万元；肥西县滞拨阳光工程项目资金73.2万元，占应拨资金67%；宣城市林业局机关人员经费挤占“育林基金”16.31万元；宁国市、巢湖市居巢区水务局人员机构经费，分别挤占水利专项资金64万元、79.85万元；怀远县土地整理中心挤占挪用省市国土部门拨入的耕地开发整理资金37.33万元，用于弥补中心经费31.93万元，支付购车款4万元，支付县国土局有关费用1.4万元；涡阳县水资源管理所2005年8月挪用水资源管理费15.52万元，购红旗牌小轿车一部用于出租；金寨县能源办虚报沼气池建设数量2277口，套取项目资金111.42万元，除6.5万元转入地方项目配套资金外，42.11万元转入该办行政经费支出，其余以个人名义私存账外62.81万元；泾县财政局农村中小学维修、寄宿制学校专项资金被该局经办人员转移挪用80万元并携款外逃。6.项目建设效果不好：项目进展缓慢。和县2006年计划安排95个农村公路“村村通”工程项目，截至2006年年末，在建及完工34个，未开工项目61个，占计划64.2%，未完成投资额3682.6万元，占计划58%；泗县2005年农村沼气国债项目总投资600万元，计划建设2000户，截至2006年年末仅建设350户，占计划17.5%；寿县农委2005年超级稻科技推广项目投资100万元，至今未实施；项目论证不充分，造成资金损失浪费。灵璧县2006年投资260万元实施农村饮用水安全国债项目，项目实施单位县二轻造纸厂破产倒闭；当涂县湖阳乡西峰村苇地开发项目，前期论证不充分，项目施工受阻损失95.26万元；项目未达标。亳州市畜牧水产技术推广中心实施动物防疫基础设施项目，2003年购进仪器设备价值100万元，至审计时，大部分仪器设备闲置、有的设备未开启包装，投入的资金没有效益；项目后期管理不到位。定远县青洛乡2005年中低产田改造项目，后期管护跟不上，项目配套的沟渠长期无人清理、毁坏严重；无为县建成的林业农发项目，管护跟不上，使栽种的树木遭到一定程度的破坏。

审计建议省政府将扶贫和农业综合开发等涉农领导小组整合成统一的涉农投入领导小组，以加强全省涉农项目规划、资金分配和监督检查的统一领导和协调，避免项目交叉、重复投资和重复检查；审计还建议，省人大常委会、省政府法制办和有关农业主管部门加快本省“三农”投入的地方立法工作，对“三农”投入的概念、范围和投资责任等加以明确；各级地方人大常委会应加强“三农”投入的执法检查，强化“三农”投入的法律和制度约束，把“三农”投入是否达到法定要求，作为审查财政预算的必审内容；建议省政府督促省发改委和省财政等部门加强调查研究，探索公共财政框架下“三农”投入的新体制、新机制，合理划分各级政府支农的事权，明确“三农”投入责任，简化支农项目申报和资金拨付手续和程序，让地方政府和有关部门有更多的项目和资金管理权。审计还提出树立新的理财观念、提高管理水平、加强监管长效机制、建立奖惩和责任追究制度等建议。

当年，全省抽调300人，组成94个审计组，对94个不同类型的农业项目开展效益审计，主要是全省近三年竣工的农业项目效益情况。涉及农业综合开发、国债项目、测土配方施肥、土地开发治理、土地复垦、水利项目、农业科技示范推广和农副产品深加工和改扩建项目等。审计总金额55846.73万元，查出违规违纪金额1309万元，损失浪费金额143.04万元。审计查出问题：配套资金不到位。全省94个建设项目应配套资金11315万元，实际配套7316万元。阜阳市各县（市、区）开展8个农业项目效益审计，地方应配套资金301万元，实际配套16万元，为应配套资金5.3%。项目安排不科学，未达到预期效益。马鞍山市当涂县护河等六个乡镇10个项目拆迁补偿资金658.77万元，其中重复农田基础设施投资289.11万元，占拆迁补偿总支出43.89%。六安霍山县但家庙观音岩中低产田改造项目杨家行堰坝、机耕桥和人行桥等工程投资19.34万元，基础设施完工后，新修的堰坝工程闲置。擅自调整项目建设内容。巢湖市槐祥工贸公司项目总投资2660万元，项目实施过程中，厂址变更、市场行情变化，项目无法进行；金寨县2005年槐树湾乡生态治理项目财政投资计划43.47万元，实际为政府采购油茶树苗18.99万元，与批复不符。工程支出弄虚作假、高估冒算。淮南市五个农业项目工程高估冒算金额730.75万元，占工程概算23.3%；岳西县冶溪土地治理项目施工单位多列项目工程款17.49万元。挤占挪用项目资金。太湖县节水增效项目挤占资金27.98万元用于计划外项目；淮南市土地整理中心将毛集实验区焦岗乡土地开发整理项目拆迁和青苗补偿费80万元转给焦岗乡政府，乡政府通过农经站转出37.47万元发放村干部补贴。财务管理薄弱、未建立项目资金专户储存，违规报账、私设账外账。项目管理松弛，违反程序操作。立项程序不合规。工程管护滞后、缺乏经费。审计提出意见和建议：强化农业项目管理，认真履行项目申报审批制度；保证配套资金足额到位；重视乡镇治理规划；提高项目资金监管水平；完善项目管护制度。

粮食专项资金审计　1989年，组织利辛、肥东等20个县审计“七五”第一批粮食专项资金。审计总金额7709.97万元，占计划投资77.1%，查出违纪金额1103.69万元，占投资总额14.32%。查出问题：未到位资金1573.12万元，占计划投资15.73%；挤占挪用项目资金936.17万元，占违纪金额84.82%。用于建办公室、宿舍633.21万元；购买汽车、空调、冰箱等48.78万元；行政事业单位人员经费13.04万元；经商办企业52.1万元；个人占用21.13万元；虚列支出49.63万元；擅自改变项目计划、随意转借资金；财务、物资管理混乱。

三项补贴补助资金专项审计 2007年，农村税费改革以后，国家加大支农惠农力度，逐步实施对农民补贴，“三项补贴补助资金”列入审计范围。3月至5月，省审计厅抽调506人、组成142个审计组，审计2006年中央、省财政及地方配套的粮食直接补贴、良种补贴和阳光工程补助三项惠农资金投入、分配、管理、发放和效益情况。审计将财务收支审计与延伸调查相结合，检查三项惠农政策落实情况、资金流向、流速和效益情况，延伸抽查740个乡镇、2761个行政村、205个培训班次和26112个农户。2006年，中央和省安排三项补贴补助资金153421.223万元，其中，粮食直补资金89014.223万元（其中，对农民粮食直补资金80101.53万元，种粮大户粮食直补资金1876.484万元，国有农场粮食直补资金1636.209万元，小麦良种良法示范直补资金2400万元，粮食直补工作经费3000万元），良种补贴资金58107万元（其中，水稻良种补贴46702万元，小麦良种推广补贴11000万元，油菜良种补贴405万元），阳光工程（农村劳动力转移培训）补贴资金6300万元。

审计发现问题：1.挤占挪用三项补贴补助资金。萧县将阳光工程补助资金8.93万元，绕过财政专户直接转给县农委，县农委将此项资金连同其他资金共29.44万元设“账外账”，用于办公、招待等13.69万元；宿州市埇桥区阳光办挤占阳光工程补助资金2.02万元，用于办公费用；含山县农委在良种补贴款中列支招待费、汽油费等5.83万元；阜阳市京九办事处2005年按计税面积申报粮食直补资金12万元，实际支付农户5.88万元，套取财政资金6.12万元，还转移5万元给所属民政办作办公经费。2.滞留资金2333.67万元。一是面积申报不实，滞留补贴资金。全椒县财政局面积申报不实滞留粮食直补资金32.34万元；来安县半塔镇汇总错误，多报补贴面积1202亩，滞留粮食直补资金1.8万元。二是降低标准发放补贴。蚌埠市经济开发区上报戴湖村植粮面积541亩、每亩13元、粮食补贴资金7033元。该村实际种粮面积657.62亩，由于少领取国家补助而降低标准以每亩10.77元发给种粮农户。三是少数县（市、区）财政部门滞留补贴资金。涡阳县、蒙城县财政部门滞留粮食直补资金分别为20.79万元、15.67万元；滁州市南谯区财政局滞留水稻良种补贴资金25.45万元；颍上县财政局滞留小麦良种直补资金16万元。四是资金拨付不及时，舒城县柏林乡、千人桥镇晚稻良种补贴分别有20.50万元、13.87万元未发放给农户；桐城市吕亭镇、大关镇、文昌街道办事处晚稻良种补贴55.15万元，怀宁县小市镇、江镇镇、高河镇水稻良种补贴25.72万元，安庆市宜秀区五横乡、杨桥镇良种补贴20.6万元，滞留在当地乡镇财政部门没有发到农户手中；芜湖市鸠江区官陡街道良种补贴24.4万元，因信用社改制，至2007年5月，资金仍存信用社；固镇县小麦良种良法示范户直补资金96万元，邮政储蓄部门未兑付给农户。3.补贴资金发放程序不规范，“一卡通”内容不清晰，手续不完善。4.（1）阳光工程配套培训工作薄弱:地方配套资金缺口较大。安庆市应配套资金 155 万元,少配套 114 万元;宿州市所属县(市、区)应配套 76.5 万元,少配套 68.5 万元;池州市、亳州市分别少配套 39.1 万元、21 万元。(2)阳光工程补助资金报账不及时、"结余"大。利辛县、凤台县、潘集区"结余"阳光工程资金分别为 168 万元、117.97 万元、85.52 万元,怀远、固镇、五河县"结余"阳光工程资金分别为 127 万元、79.73 万元、28.35 万元;金寨县当年少培训 853 人、结存资金 15.04 万元。(3)培训不规范,质量有待提高。淮北市 2006 年农村劳动力转移培训项目和基地认定不规范,没有向社会公告,所属 3 个区阳光工程办公室均未能提供组织评审认定培训基地的相关资料;宣城市飞鹰职业技术培训中心提供培训学员的电话号码不真实;文源电脑培训学校 60 名学员登记卡,有 30 人姓名与照片不符;太湖县职教中心办的电子、电工培训班,培训仅 7 天,泾县职高举办"木竹加工班"只有一周时间,都未达到规定的最低培训天数。

审计提出建议:做好种粮面积统计工作、坚持"补贴政策公开、补贴面积公开、补贴标准公开、补贴农户公开",做到应补尽补;加大政策宣传、加大资金投入、加快资金拨付、健全监督机制、提高培训质量;扩大培训规模,强化项目管理、保证培训质量、对培训跟踪问效等。省委常委、副省长赵树丛在审计综合报告和省政府《政务要情》上批示:"对审计发现的问题,要一项一项的整改,并举一反三,切实抓好惠农政策的落实,坚决防止挪用、截留、贪污和违规违纪。"省财政厅、省农委根据批示组织相关市县整改。整改中,萧县政府追回违规资金,通报批评县农委,给予县农委主任、分管副主任行政警告处分,萧县农委给予县农委会计行政警告处分。含山县政府追回违规资金,给予县农委及相关责任人全县通报批评,责令县农委向县政府作出书面检讨。

乡镇资金审计　1998 年 6 月至 10 月,在上年全省 239 个乡镇 1996 年乡镇资金审计基础上,组织 17 个地市、61 个县(市、区)审计全省 132 个乡镇 1997 年乡镇资金。审计内容包括乡镇财政预算内外资金、"三提五统"资金和乡镇政府机关财务收支。审计发现:乡镇财政虚收虚支普遍、截留坐支财政收入严重、税收征管不规范、财政周转金周转不灵;截留挪用专项资金、专款不专用 1077 万元;财务管理薄弱,私设"小金库"93 万元,票据管理不合规、不合规凭证支出 3440 万元;违规购买专控商品 94 万元;公款私借、白条抵库;固定资产管理不严;乱招待、乱发钱物,人员开支大;部分地区农民负担没有减轻,乱收费、乱摊派、乱集资、农业税多征及灾减退库未及时足额返还农户等问题。

审计结果表明,乡镇资金审计,对推动农业经济发展,维护农村社会稳定,规范资金管理,促进廉政建设,密切干群关系起到积极作用。审计报告引起省委、省政府领导重视并作出批示。审计署《审计工作通讯》转载该审计信息。

1999 年,在 1997 年、1998 年连续两年开展乡镇资金审计基础上,组织肥东、界首等 41 个县(市、区)审计机关,从 4 月份开始,历时 5 个月,对 132 个乡镇 1998 年财政财务收支、农民负担情况审计,延伸调查 474 个行政村、128 家乡镇企业和 2167 个农户。审计查出违纪违规金额 2.02 亿元，收缴 914.89 万元，促进归还原资金渠道 2316.22 万元，减轻农民负担 1323.51 万元，移送纪检、检察机关处理案件 6 件 7 人。主要问题：财税收入流失、虚列财政收支普遍。132 个乡镇中，94 个虚报财政收入 6448.15 万元；乡镇高负债问题突出。截至 1998 年年底，110 个乡镇负债 29393.58 万元；26 个县挤占挪用村提留、乡统筹费总额 1960.75 万元；少数地方乱集资、乱摊派、乱收费、随意提高收费标准；财经纪律松弛、财务管理混乱，收不入账，设立“小金库”，票据管理使用混乱，白条抵库、公款私借，账目设置不全，会计核算错误。审计针对问题提出的意见和建议，引起大部分地方党委政府的重视，为严肃财经法纪、规范乡镇资金管理，保护农民利益，促进农村稳定发挥积极作用。

2000 年 7 月，组织 17 个地市、76 个县（市、区）审计机关 515 人，审计或调查 174 个乡镇 1998 年、1999 年两年财政财务收支、农民负担、乡村负债情况，延伸调查 415 个行政村、1431 个农户。审计历时四个月，审计总金额 29.1 亿元，查出违纪违规金额 4.5 亿元，促进归还挪用资金 7597 万元，收缴 750 万元，退还农民应得款项 731 万元。审计发现问题：虚列财政收支。174 个乡镇有 162 个乡镇虚列财政收支，两年共虚列财政收支 22560 万元。乡村负债增长。174 个乡镇有 138 个乡镇负债，截至 1999 年年末，负债总额 52524.53 万元，比 1998 年增加 9896.7 万元，增长 23.2%。乡镇资金管理分散。审计查出财政预算和专户管理的资金被截留坐支 3457.46 万元。间接加重农民负担和克扣农民应得款物现象时有发生。挤占挪用专项资金、挥霍侵占公款问题仍然存在。审计查出 162 个乡镇 1998 年、1999 年两年挤占挪用教育、水利、农业综合开发、乡统筹等农业专项资金 7358 万元。审计督促相关单位纠正、整改问题，并提出改进意见。

当年，审计机关实行决算审签试点工作，先后对安徽省农业科学院和省林业厅年度决算进行审签试点，探索路子、总结经验，指出单位、部门决算中存在的问题和不足，得到省财政厅认可。

第三节　审计调查

税费改革专项审计调查　2000 年，根据中共中央、国务院部署，安徽省成为全国农村税费改革首个试点省份。这是解放初期土地改革和改革开放初期农村实行家庭承包经营制度之后，为解决“三农”问题的又一次重大改革。安徽省审计机关紧密围绕当地经济中心，坚持走特色审计的路子，在总结多年乡镇审计经验的基础上，按照“紧跟农村税费改革步伐，严格依据农村税费改革方案，紧密围绕税改政策和资金两条主线，不断完善和深化审计内容，在促进落实改革政策，保障改革有序开展的同时，提出合理化建议，完善改革政策，为党委政府宏观决策服务，为促进改革深入、巩固改革成果服务”的总体思路，于 2001 年、2003 年、2004 年三次组织全省开展农村税费改革专项资金审计和调查。审计和调查510个乡镇、861个行政村，走访农户3000多户，查处滞留、抵扣、挪用、平调等违纪违规资金5696.9万元，提出有针对性的意见和建议，为推进改革发挥积极促进作用。

2001年，组织17个市及62个县（市、区）调查85个乡镇2000年税费改革及税改后财政财务收支情况，延伸180个行政村，走访农户1476户。调查表明，一年的税费改革取得显著成效：农民负担明显减轻，“三乱”得到有效遏制。85个乡镇农业人口542891人，税费21142万元，人均389.43元，人均减负40.84元，减幅33%；促进农村相关配套改革，取得规范农村分配关系，促进乡镇财税体制、教育体制和乡镇机构改革，扩大村民自治权利和范围，促进农村基层民主建设，改善基层党群、干群关系，促进农村社会政治稳定等良好社会效益。

审计调查发现问题：1.计税面积不实，计税亩产和价格偏高。（1）计税土地面积不实导致税赋不当。一是“有税无地”，宿州市塘桥区蕲县镇，国家建设两个煤矿和浍河、包河建设占地1.5万亩未核减，以致多交农业税及附加88.2万元，人均多负担18.85元；颍上县政府在城关镇管仲村征地130亩，用于城建及房地产开发，因手续不全而未核减农业税及附加。二是“有地无税”，淮北市矿山集镇原有自留地950亩没有计入二轮承包面积，少计征农业税及附加8万元；（2）计税亩产偏高。巢湖市6个乡镇，平均计税亩产855公斤，其中居巢区散兵镇计税亩产980公斤，实际只有700公斤，该镇没有据实测算分解到户，而是按亩均摊；淮北市高岳镇平均计税亩产639公斤，分解到韩楼、高岳行政村计税常产分别为1785公斤、1495公斤，群众难以接受，造成征收困难，该镇只好以行政村为征收对象，行政村不得不用集体资金垫付；岳西县岩河乡平均计税亩产722公斤，分解的计税亩产975公斤；（3）计税价格偏高。省税改方案确定安徽省以水稻为主的山区、丘陵地区农业税计税单价为1.14元/公斤，以小麦为主要农作物的淮北地区农业税计税单价为1.22元/公斤。但当地粮站收购价分别为早稻0.7元/公斤，晚稻1元/公斤，小麦1.05～1.06元/公斤，低于国家规定的粮食计税价格，只有多卖粮食才能完成纳税任务。

2.农业税征管不规范。（1）虚列农业税收入。合肥市四合乡等4个乡镇虚列农业税收入113.17万元；芜湖县红杨镇虚列农业税11.88万元、特产税6万元；宿州市墉桥区乐仙庄镇虚列农业税、特产税各20万元。（2）乡镇村垫缴税款。一是以专项资金和集体资金垫税。铜陵县新建乡以当年专项资金垫缴农业税22.4万元；蚌埠市郊区长淮卫镇长淮卫村用集体资金垫缴农业税、特产税37.64万元。二是借款垫税。霍邱县城西湖乡借款垫缴农业税23.3万元；枞阳县横埠镇左岗村借款1.54万元垫缴农业税。（3）乱收费加重农民负担。有15个乡镇乱收费。巢湖市居巢区中久旱镇政府未经批准按人均15.68元收取大联圩水费50.19万元；亳州市谯城区张店乡按人均8元收取绿化费20.52万元；含山县陶厂镇关镇初中、陶厂中心小学向在校生按每人学期40元标准收取养师费8.2万元；滞留挤占村级集体资金。（4）滞留挤占税改村级补助资金。

调查发现15个乡镇滞留税改村级补助资金149.53万元。宿州市埇桥区符离镇等四个镇滞留村级补助资金76.38万元；太和县苗老集镇将县财政拨给该镇12.21万元村级补助资金，挪用弥补镇办公经费支出。挤占村级集体资金。将村级两税附加收入充抵农业正税缴入金库，挤占村级集体资金。怀远县双沟乡将农业税附加收入31.7万元缴入金库；宿州市埇桥区栏杆镇、朱仙庄镇将农户欠缴的农业税42.4万元和31.3万元列为应收农业税附加收入，将已收的农业税附加收入73.7万元作为农业税收入缴入金库。

3.财务管理不严、损失浪费。（1）违规超标列支招待费。乡镇超标列支招待费，85个乡镇年招待费支出831.5万元，占公用经费支出20.8%，占欠发工资8517万元的9.8%；行政村违规列支招待费，260个行政村违规列支招待费211.86万元，占当年两税附加566.9万元的37.4%，为当年欠发村组干部工资178万的1.19倍。其中，铜陵县新建乡黎明村年终赤字11.73万元，欠发干部工资7万元，而招待费支出达7万元。（2）报纸杂志支出大。85个乡镇报纸杂志支出147.4万元，平均每乡镇17341元。260个行政村报刊杂志支出38.5万元，村均1480元，超过省定500～800元的标准。审计提出改进建议：实事求是、纠正偏差、合理确定农业税计税依据；建立长效机制、防止农民负担反弹；完善财政转移支付制度；堵塞漏洞、防范和化解财政财务风险。常务副省长张平批示审计报告，审计署和省委、省政府采用审计信息。

2003年6月27日，省审计厅向全省审计机关发出《关于落实省委办公厅、省政府办公厅“税费改革规范年”活动实施意见的通知》，要求各地审计机关可根据当地政府的安排和要求，对安徽省2000年开展农村税费改革以来各级财政安排的农村税费改革转移支付资金的拨付和使用情况进行专项审计调查或审前调查，摸清财政转移支付资金来源渠道、拨付环节、运作程序等情况。淮北市、巢湖市、宣城市、宿州市、六安市、芜湖市、马鞍山市、亳州市及其所辖44个县（市、区）开展了审前调查，延伸调查78个乡镇和194个行政村。调查发现：县乡镇滞留农村税费改革转移支付资金。截至2002年年底，有2个县及部分乡镇共滞留财政转移支付资金551.23万元，其中欠拨乡镇补助95.7万元，欠拨村级补助455.53万元；截留挪用抵扣农村税费改革转移支付资金。调查发现有7个乡镇共截留、挪用、抵扣村级补助资金75.67万元；县级农村税费改革转移支付资金没有足额落实到位。2000年至2002年，县级财政应补助乡镇村1316.2万元，实际拨到乡镇822.2万元，尚有494万元未落实到位；县乡镇财政转移支付资金运行程序不规范，管理松弛。某县2002年应拨村级补助199万元，24个乡镇当年只有一个乡拨到村账户5万元。部分乡镇财政机构没有按政策规定设置专户、分村核算；少数县乡镇补助五保户供养经费不足、标准低。调查发现有两个县部分乡镇村补助五保户供养经费不足，实际人均补助低于省规定的400元标准。有的行政村五保户实际发放标准人均只有50元。审计提出建议：加强领导、全面贯彻落实税费改革政策；健全完善财政转移支付制度；严格执行责任追究制度。

2004年，组织全省审计2000年至2003年全省农村税费改革转移支付专项资金分配、拨付和使用情况，延伸347个乡镇，抽查487个行政村，走访部分农村五保户。审计表明：2000年安徽省开展农村税费改革试点以来，各级党委政府结合实际制定管理办法和制度，促进改革顺利进行。4年来，全省安排农村税费改革转移支付资金84.67亿元，分别为11.96亿元、23.21亿元、23.97亿元、25.53亿元。按资金来源分，中央资金分别为11亿元、17亿元、17亿元、17.75亿元，省级资金分别为0.96亿元、6.21亿元、6.97亿元、7.78亿元。按用途分，乡镇固定补助62.11亿元，村级补助9.8亿元，教育投入9.23亿元，农村五保户补助2.73亿元，民兵训练补助0.79亿元。审计查出违纪违规资金4070.53万元，其中抵扣734.59万元，挪用164.19万元，平调383.44万元，未按计划分配落实1456.56万元，滞留1331.75万元。具体问题是：1.滞留、调剂农村税费改革转移支付资金。一是未落实计划滞留资金。太湖县财政局未按省定计划落实农村税费改革转移支付资金392.6万元，其中2000年、2001年、2002年、2003年年末分别为104.67万元、121.97万元、32.37万元、133.33万元；颍泉区财政局滞留2001年至2003年调整农业特产税村级补助资金45万元。二是二次分配和调剂专项资金。2000年至2003年，肥东县将乡级税费改革转移支付2010.76万元，通过年终结算直接分配到乡镇448.58万元，其余资金未按计划分配，采取对申请报告批拨方式进行拨付和预留；天长市将乡镇税费改革转移支付205.5万元调剂用于村级转移支付。2.滞留、抵扣、挪用和平调村级转移支付资金。一是滞留。2000年至2002年，长丰县沛河乡滞留村级转移支付资金21.75万元；2002年淮南市田家庵区安成镇村级转移支付资金16.48万元未拨付至村。二是抵扣。2000年至2003年，含山县林头镇、陶厂镇、张公乡因农业税未完成而抵扣村级转移支付资金22.57万元；无为县土桥镇、尚礼镇将村级转移支付抵扣农业税分别为9.25万元、20万元。三是挪用和平调。太和县旧县镇、李兴镇、坟台镇、肖口镇分别挪用村级转移支付资金24.5万元、25.6万元、22万元、11.5万元，弥补镇政府经费不足；阜南县4个乡镇平调村级转移支付资金117.39万元。3.农村五保户供养专项经费发放不规范。一是有的乡镇实际五保户人数比上级批准人数多，导致平均分配补助情况。二是亳州市谯城区牛集镇、张集镇、芦庙镇将五保户供养经费用于集中供养的五保户，而散户五保户多数未收到供养经费。三是发放程序不规范。4.民兵训练费配套不到位。亳州市所辖县区两年应配套259万元，南陵县两年应配套45.4万元，塘桥区两年应配套94.6万元，均没有到位。5.转移支付资金结算不完善。一些地方不列明专项资金的性质和金额、实行"打捆"算账，农村税费改革转移支付资金是否到位难以界定。审计建议：增强财政保障能力、完善县乡财政体制、健全转移支付管理办法、加强监督和执法力度。

省审计厅将发现的问题向省政府专题综合报告，并在向省人大常委会所作《关于2003年度省本级预算执行和其他财政收支的审计工作报告》中反映。省人大常委会要求，各级政府和有关部门要认真整改问题，防止类似问题再次发生，以推动农村税费改革政策真正落到实处。有关审计信息被省委、《中国审计报》采用，向审计署报送的该项审计调查情况总结材料，在当年全国审计座谈会研讨会上交流。

生猪良种繁育体系建设专项审计调查 2006年，猪肉价格持续快速上涨，食品价格居高不下，人民群众特别是贫困家庭深感物价上升的压力。国家启动加强生猪良种繁育体系建设等民生工程建设，国家发改委、农业部联合下达有关投资计划，省发改委也下达执行项目计划。

2007年，安徽省生猪良种体系建设项目安排10项，其中原种场2项，扩繁场8项。省审计厅开展生猪良种繁育体系建设项目专项审计调查。重点是了解项目立项、专项资金分配、使用及实际效果，是否按照国家发改委、农业部联合下达的投资计划和省发改委执行项目计划实施。审计揭示存在的问题，提出改进建议，促进了生猪生产这项民生工程的顺利实施。

第八章　社会保障审计

随着国家社会保障体系的建立和完善，社会保障审计监督经历了逐步增强和完善的过程。安徽省自1983年审计机关成立至2000年，社会保障资金的审计监督在行政事业审计工作范围之内。随着国家社会保障体制改革步伐加快，社会保障体系发展对审计监督提出更高的要求。2000年，安徽省审计厅根据政府机构改革职能调整，加强了社会保障资金审计监督职能，设立独立的社会保障审计处，部分市审计局也相应成立独立的社保审计机构。社保审计工作的目标层次随着社会保障制度发展不断提升。

2000年至2006年，社保审计工作重点是围绕揭露各项社保基金在征缴、使用和管理等环节存在的问题，查错纠弊、查处挤占挪用和损失浪费，维护社保资金的安全和完整。

2006年以后，随着审计力度加大和社会保障工作的逐步规范，社保审计在维护社保资金安全完整的基础上，逐步侧重政策性分析，揭示社保资金管理体制和运行机制上存在的问题，围绕促进社会保障制度体系的完善，开展以揭露社会保障制度缺陷、促进科学规范管理为主的审计。随着审计观念的更新，审计视角逐步转向落实建设和谐社会的要求，维护保障对象的根本利益，以评价社保资金使用效益为主，加大社保资金运营效益和运营风险的监督。

2000年至2007年，安徽省审计厅认真贯彻“全面审计、突出重点”的工作方针，按照建立健全社会保障体系的总体目标和安徽省审计工作“十五”发展纲要的总体要求，多次在全省范围内组织开展五项社会保险（包括农村养老保险、农村合作医疗等）、再就业、城市低保、农村低保、救灾救济、福利彩票、住房公积金、廉租住房等涉及社会保障重要领域资金的专项审计和调查，审计结果引起省政府领导重视，各级政府的财政、地税、劳动保障、民政等部门根据审计意见，认真整改存在的问题。审计还促成一系列社会保障政策措施、管理制度与办法的出台，审计信息多次被省委、省政府和审计署采用。2004年淮河流域救灾专项资金审计和2005年福利彩票资金审计结果向社会公告，取得良好效果，扩大了审计影响。

为提高社保审计工作质量，省审计厅积极推进社会保障审计规范化、制度化建设。2002年，省政府发布省审计厅起草的《安徽省社会保障资金审计监督办法》，为全省社保审计工作开展提供法规依据。2004年至2005年，省审计厅组织开展社会保障审计理论研讨，将36篇论文汇编《社会保障审计论文集》，探索社保审计的新思路、新观点和新方法。省审计厅还自2001年起不定期编印《安徽省社会保障财经审计文件选编》，供全省审计机关使用。

社保审计资金量大，涉及面广，政策性强，直接关系到人民群众的切身利益。与其他审计业务相比：社保审计直接关系人民群众切身利益。审计人员必须满怀对人民群众的深厚感情，牢固树立全心全意为人民服务的信念，坚持依法审计的原则，促使国家关于社会保障的各项政策真正落实到每一个保障对象上，切实做到为民办事、为民解难。社保审计紧紧围绕当地政府的中心工作以及社会热点问题而开展。社保审计始终坚持围绕中心，服务大局，积极发挥审计监督在构建和谐社会中的服务功能和建设性作用，充分体现党和政府执政为民的政治理念，推动解决当前人民群众关心和反映强烈的突出问题，保障人民群众的合法利益不受侵犯。社保审计目标层次随着社会保障形势的发展变化不断提高。安徽省社保审计初期主要是揭露各项社保基金征缴、使用和管理等环节存在的问题，以维护社保资金的安全和完整为宗旨；逐步转向侧重政策性分析，揭示管理体制和运行机制上存在的问题，围绕促进完善社会保障制度体系，开展揭露社会保障制度缺陷、促进科学规范管理为主的审计；进而转向评价社保资金使用效益，增大社保资金运营效益和运营风险的审计监督。审计内容和范围随着社会保障事业的发展不断深入和拓展。社会保障的范围逐年扩大，几乎覆盖全社会各种体制的劳动者。社保资金涉及面广，资金规模庞大，政策性强，审计不仅关注财政、地税、劳动保障、民政、建设等管理部门，还关注参保单位、企业和个人；不仅加强资金监督，更要加强政策制度的研究分析；审计逐步从财务数据的合规性向业务数据的真实性拓展。审计方式灵活多样。实施审计监督的方式方法上，采取审计与调查相结合、同级审与上审下、交叉审计相结合的多种审计方式。充分利用审计调查方式的灵活性、作用范围的广泛性、宏观性等特点，调动各方面力量，增强各级审计机关履行审计监督的内在合力。审计手段上更加突出计算机运用。社保审计理论体系逐步形成并不断创新。以审计创新为动力，以提升审计成果为核心，在全面提高审计工作水平的总体要求下，各级审计机关重视社保审计理论研究，积极探索社保审计工作的新路子，逐步引入绩效审计与管理审计等科学理念，对审计实践具有较强实用性、指导性和前瞻性的理论体系不断建立完善，较好地适应现代审计的发展需要。

2001年、2002年，连续两年组织市县审计机关开展1999年至2001年企业职工基本养老保险基金的征缴、支付及管理运营情况的专项审计，并调查497家不同经济成分企业的养老保险参保和缴费情况。审计查明养老保险基金情况并促进纠正问题，副省长黄岳忠批示审计综合报告，省财政、地税、劳动保障等部门认真核实审计反映的问题并书面报告整改意见。2001年审计信息被省委省政府采用，审计署将《安徽省企业拖欠养老保险费问题日趋严重》作为"重要信息要目"上报国务院。2002年审计署将安徽审计情况上报国务院，审计简报《企业职工养老保险基金审计发现问题值得重视》，被总理朱镕基、副总理吴邦国批示。

2003年，组织审计全省2002年失业保险基金征缴、使用和管理情况，调查269个企事业单位失业保险基金参保和缴费情况。审计结果引起省政府领导重视，副省长任海深、黄海嵩分别作出批示。《安徽省失业保险基金严重不足、支撑能力堪忧》信息，得到一位时任国务院副总理的关注，批示财政部、劳动保障部调查处理。

2004年，省政府组建省农村信用联社，将原农村信用社职工养老保险关系整体移交给省级劳动保障部门。为配合这项改革和移交工作，2004年年底，组织县以上审计机关专项调查全省农村信用社系统职工养老保险情况。审计厅直接调查芜湖市南陵县农村信用社，各地审计机关交叉调查83个信用联社1877个基层信用社。审计结果得到省政府领导肯定，并作为农村信用社系统职工养老保险关系移交的重要依据。

当年，为掌握医疗保险制度运行总体情况，发现并分析存在的问题，剖析看病难、医患矛盾以及定点医疗机构与保险经办机构之间的矛盾等社会反映强烈的问题，组织全省审计机关专项审计2003年城镇职工基本医疗保险基金的征缴、使用和管理运营情况，延伸调查264家参保单位、124家定点医院和103家定点药店。审计从医保制度存在的问题、医保政策运行效应角度促进基金规范管理。省劳动保障厅非常重视审计结果，向各有关市县劳动部门发出通知，要求逐项查明并纠正问题。蚌埠市还出台《关于对基本医疗保险定点医疗机构服务管理考核暂行规定》等医保规章制度。

当年，组织全省调查城市低保制度建立以来的管理运行情况。调查对象涉及各级财政、民政部门及所属机构。审计调查人员走访30个市县、75个社区居委会、960户低保家庭，揭示城市低保制度建立以后的管理运行问题，向政府提出建议性意见。徐立全副省长作出批示，要求民政部门提出整改意见，并专题研究低保问题。审计还促成多项低保措施出台，如合肥市颁布《城市居民最低生活保障工作规范化管理考核标准》等制度。

当年，组织全省专项审计救灾专项资金和捐赠款物接收、拨付、分配使用情况。省审计厅直接审计11个救灾主管部门、抽查10个乡镇、27个行政村，调查暗访357个受灾群众，取得预期效果。

当年，两次组织沿淮各市县开展行蓄洪区运用补偿资金审计。审计和调查18个县（区）、52个乡镇、532个行政村，明查暗访近2万户农户，审计覆盖行政村100%。审计发现虚报冒领、超范围申报、截留补偿资金等问题，相关责任人受到处理，虚报冒领的补偿金被追回，审计发现的其他问题线索分别移交相关市县政府进一步查处。审计结果受到各级党委政府重视，省政府分管领导批示，要求有关部门对资金管理中存在的问题严肃查处，并追究相关单位领导责任。此项审计结果于2006年1月向社会公告。

2005年，根据审计署安排，组织全省审计2004年失业保险基金的征缴、使用和管理以及再就业资金筹集、分配使用情况，调查财政支持国有企业下岗职工置换身份经济补偿资金使用情况、246个企事业单位失业保险参保和缴费情况。其中，省审计厅直接审计蚌埠市2004年失业保险基金，调查9个企事业单位参保及缴费工资基数情况。

蚌埠市政府积极整改，有的问题在审计中就予以纠正。《我省下岗失业人员小额贷款担保工作存在的问题值得重视》及《我省部分地区失业金发放标准未按规定调整》等审计信息引起省政府领导重视，指示有关部门组成联合组落实整改。审计署上报国务院的综合报告反映安徽上报的部分问题。

当年，组织审计和调查2002年至2004年福利彩票资金。全省组成87个审计组，审计125个资金管理机构，延伸366个彩票销售投注站点和394个公益金资助项目。审计查出违纪违规金额6954.07万元，揭示挤占挪用福彩公益金、未按规定投放使用、福彩公益金资助的“星光计划”项目未发挥应有的社会效益等问题。省审计厅与省民政厅联合发出《关于对福利彩票资金审计发现问题尽快进行整改的通知》，各地民政部门和福彩机构根据审计意见积极整改。这次审计结果于2006年向社会公告。

2006年，为进一步摸清全省养老保险基金的总体规模和管理情况，监督以前年度审计决定和意见的落实情况，督促有关部门和单位追回历年挤占挪用的基金，组织审计全省89个养老保险统筹区2005年养老保险基金。揭示出挪用基金、欠发养老金、滞补财政补助资金、未严格执行“收支两条线”规定等问题，并针对省养老保险基金“空账运行”、参保职工“断保”、失地农民参保等政策性问题提出审计建议。

当年，为摸清情况、强化住房公积金管理，组织市级审计机关专项审计2005年住房公积金的归集、使用和管理情况，延伸调查213个相关单位。审计发现：住房公积金政策不完善，管理机构设置不规范，管委会履行职责不到位，管理机构调整滞后影响决策管理和公积金安全完整，导致违规提取公积金、违规贷款以及违规分配使用增值收益等问题。审计还揭示公积金覆盖面窄、缴存差异大以及使用效益低、资金沉淀量较大等问题。审计从完善体制和制度的角度进行剖析并提出建议，引起相关部门重视。省建设厅等六部门召开联席会议、通报审计结果，组成专门检查组对部分市县进行重点督查。

2007年，根据省政府办公厅要求，为配合电力集体企业职工基本养老保险纳入省级管理移交工作，组织全省审计省电力公司、省水利厅、皖能集团、大唐发电集团、中电投资公司隶属的66家集体企业职工1998年以来的养老保险基金收支情况，核实职工缴费基数，确认在职和已办理内退职工身份。审计发现违规提取管理费、参保企业少缴保险费、基金未实行收支两条线管理、欠发退休人员养老金以及不符合政策规定参保和退休等问题。审计建议财政、劳动等部门掌握政策、从实际出发，妥善解决矛盾。这次审计为电力集体企业职工基本养老保险纳入省级管理移交工作提供详实的依据。

当年，按照审计署部署，突出重要社保资金的经常性审计，组织全省审计2006年城镇企业职工基本养老、失业、城镇职工基本医疗、工伤和生育等五项社会保险基金。审计针对五项险种分别独立核算、政策各不相同的特点，确定不同的审计重点。养老保险基金审计，侧重历年挪用基金的归还、地方滞拨中央财政补助资金以及基金增值效益的审查和评价；失业保险基金审计，侧重审查确保发放；医疗、工伤、生育保险基金审计，以制度合理性为重点。审计中延伸调查100多家典型企业的参保、缴费情况以及部分定点医院、药店的业务管理和资金结算情况。审计从五项基金存在的共性问题和个性问题两个角度，揭示出全省挤占挪用社会保险基金，基金收支地区间差异大、历史遗留问题未彻底解决等问题。省审计厅综合向审计署和省政府报告，反映的问题和提出的建议引起领导重视。《安徽信息每日快报》采用"我省部分统筹地区社会保险基金收支矛盾突出，已进入赤字运行阶段"；省委书记郭金龙批示："审计厅建议值得重视。省级统筹是发展方向，望有关部门认真研究"；《中国审计报》刊登省审计厅"社保基金税务征缴是强化社保功能的有效途径"。

当年，根据审计署部署，审计中央驻皖行业单位养老保险基金、省直单位医疗保险基金和省级失业调剂金。审计发现，省级养老、医疗保险基金未及时从国库转入财政专户，部分省级规定与国家政策不符，医疗经办机构与定点医院矛盾突出，部分定点医院尤其是民营医院参保医疗费用控制不严等问题。

当年，根据审计署部署，为摸清农村社会养老保险家底、理清问题及原因，为国家清理农保基金，妥善处理问题、探索建立新型农村养老保险制度提供参考，组织审计17个市、97个县（市、区）农村社会养老保险基金。审计摸清省农保工作开展情况、制度模式、管理体制和经办机构状况，核实农保基金收支规模，并以风险为基础评估农保结余基金的各类资产质量状况，揭示出农保政策制度缺陷、管理体制不顺、缺乏有效监管和基金运行存在的问题。包括：挤占基金；部分地区违规投资、抵押、担保和存放基金；基金管理手段落后、保费征收与养老金发放漏洞；参保覆盖面窄，基金筹集渠道单一，保值增值困难，保障水平低下；经办机构经费严重不足等。审计分析其体制性和制度性缺陷，从完善政策制度角度提出建立与现阶段农村经济发展水平相适应的新型农保制度架构对策。审计实现了传统财务审计向政策性管理制度审计的发展，是国家调整农村养老保险政策的一次标志性审计。

其中，根据审计署方案，省审计厅直接审计灵璧县1995年至2006年农保基金。发现该县农保基金在运营和执行政策中，存在未经批准动用调剂金，基金运营损失，经办机构运作不规范，少计付个人账户利息、养老金保障水平低等问题。

根据审计署方案，省审计厅审计省农保中心1993年至2006年托管运营的农保基金。审计发现，省农保中心在农保政策界定不明确以及历经机构改革、工作人员变动的情况下，受托运营管理的农保基金出现风险，加之运营收益缺乏规范的分配方法，内部控制制度不健全，影响农保基金正常运转等问题。

第一节　社会保险基金审计

社会保障基金是根据国家有关法律法规和政策规定，为实施社会保障制度而建立的专款专用的资金。社会保障基金包括社会保险基金、社会救济基金、社会福利基金等，其中社会保险基金是社会保障基金中最重要的组成部分。社会保险基金审计是审计机关依据国家有关法律法规和规章，对该基金进行的审计监督。

社会保险五项基金全面审计 2007年4月至8月，按照审计署部署，组织审计全省2006年企业职工基本养老、失业、城镇职工基本医疗、工伤及生育等五项社会保险基金。全省社保基金全部由地税部门代征入库，2006年全省社会保险基金收入211.21亿元，比上年增加53.55亿元，增长34%；社会保险基金支出162.94亿元，比上年增长32亿元，增长24%；基金年末滚存结余138.83亿元，比上年增长49.08亿元，增幅55%。审计发现以下问题：1. 基金国库存款大，财政专户基金结余结构不合理，增值效果不明显。2006年年末，五项基金国库户存款26.21亿元，占当年无需计较收入和年末滚存结余的13%和18%，未及时拨入社保基金专户。2. 不同险种参保覆盖发展不均衡，存在选择性参保现象。2006年年末，全省参加养老、失业、医疗、工伤、生育保险人数分别为492.2万人、359.3万人、400.5万人、191.8万人和67.3万人，参保覆盖不均衡，重养老、医疗，轻失业、工伤和生育保险。3. 地区间基金收支差异大，部分统筹地区负担过重，企业拖欠保费问题未解决。4. 部分地方基金混账核算、违规存入非国有商业银行。5. 少数地方挪用社保基金。审计提出加强基金监管、确保基金安全、提高统筹层次、促进缴费基数统一等意见和建议。审计信息“我省部分统筹地区社会保险基金收支矛盾突出，已进入赤字运行阶段”被《安徽信息每日快报》采用，省委书记郭金龙批示：“审计厅建议值得重视。省级统筹是发展方向，望有关部门认真研究。”《中国审计报》以《社保基金税务征缴是强化社保功能的有效途径》为题加以报道。

5月至6月，专项审计省劳动和社会保障厅的省管行业统筹企业养老保险、医疗、失业等社会保险基金，调查部分参保单位、医疗保险定点医院。审计发现：养老保险基金征收滞留国库未及时结转专户、增值效果不明显、违规代收代支非养老金；失业保险基金的失业调剂金制度未发挥作用、财政部门以前年度划出的失业保险基金未全额归还；医疗保险基金未及时从国库转入财政专户、基本医疗保险与医疗救助基金未分项核算、医疗保险机构与定点医院未按规定续签医疗服务协议等问题。审计调查发现：部分定点医院参保人员医疗费用的核算不合规、未建立定期对账制度等。审计从财务核算和相关政策制定与执行等方面提出意见和建议。

城镇企业职工基本养老保险基金审计 1992年5月至7月，组织省辖9市审计1990年、1991年待业保险基金和退休养老基金的收缴、使用和管理，涉及基金主管机构78家，调查124家参加劳动保险的企业，召开座谈会21次，审计结果报告各级政府。

1993年，根据审计署部署，在1992年审计基础上，组织审计其余7个地市“两项基金”收支和管理情况。审计各级管理部门180家，审计和调查参加保险企业267家，省审计局直接审计省劳动服务公司1992年待业保险基金。审计查出问题：各级政府和主管部门挪借挤占基金，1992年年末55627万元结余中挪借挤占5249万元，占9.4%；待业保险基金支出中用于支付待业职工生活费仅占3.8%，而管理费支出占28.2%；“两项基金”管理体制不顺，待业和退休养老基金分别由劳动服务公司和社保局管理，重复劳动、管理费用增加;"两项基金"统筹发展缓慢,企业欠缴突出。审计建议,加强立法,理顺管理体制,加强基金管理和监督。

1996年4月至6月,审计全省1995年企业职工养老保险基金和失业保险基金征收使用及管理情况。涉及170个基金管理机构,延伸审计或调查450家企业,查出违纪金额22156.45万元。省审计厅负责审计省劳动服务公司失业保险基金筹集和使用情况。审计发现以下问题:基金收缴率低,企业欠缴严重;挤占挪用现象屡禁不止;基金流失严重以及征管法制不健全、管理费提取方法不科学等问题。审计劳动服务公司失业保险基金发现,财务人员葛某推迟入账、利用基金收入购买债券、办理定期存款,所获利息据为己有,此案移交检察机关立案、葛某被依法判刑。各级审计机关依法作出处理,提出加强管理的建议。

1999年3月至4月,根据审计署、劳动和社会保障部、财政部部署,抽调85人,组成12个审计组,审计全省10个行业、37家省级行业统筹企业职工养老保险移交地方管理情况。审计基本养老保险基金1997年年末结余和1998年1月至8月收入、支出、结余情况,并根据省政府领导要求,抽查1998年1月至8月新增离退休人员档案13678份。审计查清中央移交安徽管理的10个行业37个单位养老保险基金收支余情况,揭示违规提前退休问题,为省政府管理行业统筹企业养老保险工作提供真实资料。省政府副省长汪洋、黄岳忠分别听取审计情况专题汇报。副省长汪洋作出批示,省长王太华主持召开省政府第33、34次常务会议听取汇报。省政府领导指出,行业统筹企业职工基本养老保险基金移交地方管理后,审计工作量大,做了很大努力,摸清情况,揭示问题,有关部门要根据审计建议,加强行业统筹企业职工基本养老保险基金管理。中央办公厅先后4次从不同角度采用安徽省行业统筹企业审计信息。

当年,组织全省审计机关,组成90个审计组,审计全省1998年企业养老保险基金管理情况,审计总金额23.49亿元。副省长黄岳忠批示,要求劳动、财政、税务部门采取措施,加强养老保险基金的收支两条线管理、征缴和社会化发放力度,加大违纪问题查处力度。省政府召开劳动、财政、地税、审计等部门会议,研究加强养老保险工作的措施并明确:"省审计厅根据审计署的部署,精心组织,对1998年度全省企业职工养老保险基金收支情况进行了认真的审计,做了大量的工作,为全省做好'两个确保'工作做出了贡献。从审计情况看,审计报告中反映的问题和分析产生这些问题的原因都是实事求是的,所提的建议也是切实可行的,有关部门要认真落实,对照存在的问题逐一加以整改"。

2000年4月至7月,根据审计署部署,组织部分市专项调查1999年企业职工基本养老保险扩大覆盖面和2000年养老保险基金收支情况,依据社保、统计部门提供的数据,调查50家未参保非国有经济企业。调查表明,1999年计划扩面新增130万人,当年实际扩面新增30万人,其中集体企业、港澳台及外商投资企业、私营企业参保率分别为95.5%、66.7%、38.5%;预测2000年养老保险基金缺口大幅增加,收支相抵赤字

91322万元。审计分析企业未参保原因，提出建立稳定、可靠的基金筹措机制的建议。

2001年3月至7月，组织17个市审计局专项审计1999年至2000年省市两级企业职工基本养老保险基金的征缴、使用和管理运营情况，调查113家不同经济成分的企业（其中68家国有企业、30家集体企业、10家股份制企业、5家私营企业）1999年至2000年养老保险参保和缴费情况。调查显示，至2000年年末，省市两级企业职工基本养老保险参保单位13816家，其中省级9个行业统筹单位50家、市级统筹13766家；参保职工2136310人，其中省级493088人，参保率100%；市级1643222人，平均参保率90%。省级1999年至2000年基金收入总额299201.29万元，支出285525.84万元；市级1999年至2000年基金收入总额471645.84万元，支出487234.62万元。审计查出违纪违规金额13887.30万元，其中挤占挪用1714.06万元（包括违规提取管理费26万元，违规出借基金86.08万元，购建固定资产180万元，列支困难企业扶贫款、两节慰问费705.08万元，调剂医疗保险账户和列支老干部医药费等716.90万元），虚列支出、截留收入290.80万元，少发放养老金290.14万元，未专户存储基金10222.07万元，少计基金收入1369.51万元。审计发现以下问题：养老保险基金不足，部分市级基金收支逆差大；企业拖欠养老保险费，影响基金正常支付；部分市级养老保险基金未严格实行收支两条线管理，资金滞留社保部门；基金抵缴资产管理混乱，随意处置造成潜在损失；缴费基数偏低，少提漏缴养老保险基金；养老保险基金管理不适应形势发展需要等问题。审计提出了增加征缴资金总量，完善征缴制度，强化基金管理和监督，严肃财经纪律，严惩违纪违规行为等建议。省政府副省长黄岳忠批示："此事列入十月联席会议议题，研究整改措施。"

2002年3月至8月，根据审计署部署，组织全省审计机关，组成91个审计组，审计全省2001年企业职工基本养老保险基金的征缴、支付和管理情况，调查部分企业缴费基数。审计查出违纪违规金额27254万元，其中挤占挪用329万元、拖欠养老金299万元、虚列支出851万元、税务部门年底滞留基金868万元、未专户存储基金4455万元、基金违规存入非国有银行等违规违纪金额6916万元。审计发现以下问题：1.养老保险费拖欠严重、基金收支连年逆差、支撑能力有限。截至2001年年底，全省基本养老保险基金结余151700万元，其中可动用基金119100万元，仅够两个半月支付。2.企业参保人员"断保"现象突出。截至2001年年底，全省登记参保人员334万人，当年实际缴费人数278万人，参保而未缴费人员56万人，"断保率"16.8%。3.挤占挪用、不合规支出。2000年及以前年度挤占挪用未纠正的违规资金10033万元，其中大部分是1998年以前外借和购建固定资产。4.少数地方养老金发放不及时。2001年全省各地拖欠扣留离退休职工养老金299万元，其中政府部门欠发275万元，企业扣发24万元。5.部分市县未执行收支两条线规定，滞留基金。2001年年末，全省养老基金财政专户外存储4455万元，占年末基金结余3%。6.少数地方以物抵费，抵缴资产管理混乱。审计清理出养老保险抵缴资产3235万元，不符合财政部、国家国有资产管理局《关于严禁将国有资产用于老职工养老保险问题的通知》规定。7.基金管理存在漏洞，个别会计涉嫌犯罪。审计发现和移交一批案件线索。副省长黄海嵩批示，要求省劳动和社会保障厅、财政厅、地税局对审计反映的问题逐一研究整改意见。

2006年4月至7月，组织审计全省89个养老保险统筹区2005年养老保险基金。审计显示：2005年年末，全省参加养老保险在职职工296万人，确保125万名企业离退休人员按时领取养老金，471万人建立养老保险个人账户。审计发现：挪用养老保险基金出借给企业，购置固定资产和弥补行政经费；2005年挤占基金195.71万元，以前年度占用1026.24万元未收回；欠发养老金51.18万元；部分地市滞拨省级财政补助资金2257万元等问题。

2007年3月至4月，根据省政府要求，组织全省审计全省电力集体企业1998年至2006年职工养老保险基金的征缴、支付和管理运营情况。涉及省电力公司、省水利厅、皖能集团、大唐发电集团、中电投资公司所属66户集体企业，省审计厅直接审计省电力公司集体企业养老保险统筹办公室征收管理集体企业职工基本养老保险统筹情况。审计核查66户企业职工缴费基数，查阅10825份职工人事档案，确认在职和系统内部退休职工身份。审计查明：至2006年12月底，省电力集体企业养老保险统筹办公室账面反映养老保险基金征缴收入17578.59万元，实际收入17934.82万元，核增356.23万元；基金累计支出13328.32万元。审计发现：未执行“收支两条线”管理，职工遗属抚恤政策落实不到位，欠发退休职工退休费；66家企业中10825名统筹对象有447人不符合参保政策规定。审计厅向省政府提交综合报告，其中对已退休家属工的养老保险统筹问题提出专门建议，供主管部门研究制定政策时参考。

城镇职工基本医疗保险基金审计　2004年5月至10月，组织全省专项审计2003年城镇职工基本医疗保险基金的征缴、使用和管理情况，延伸调查264户参保单位、124户定点医院和103户定点药店，查出违纪违规金额8807.96万元，其中挤占挪用5333.20元。审计发现以下问题：基金征缴不到位，基金收入不完整。医疗保险覆盖面较窄，中央、省属单位以及非国有企业参保率不高；缴费基数不实，医疗保险费未足额征收；医疗保险欠费较多，部分单位参保后中断缴费；基金未按规定计息，增值渠道过窄；部分基金使用不合规，挤占挪用基本医疗保险基金，医疗费用支出不规范；基金专户管理不严格、划拨不及时等问题。审计分析产生问题的原因，提出加强医疗保险基金征缴、筹措和监督管理的建议。

6月至9月，审计省医疗保险基金管理中心2003年省级城镇职工基本医疗保险基金的征收、使用和管理情况，延伸调查省财政厅、省地税局、安徽医科大学第一附属医院、安徽华氏医药有限公司华氏药店、省气象局、安徽日报社、安徽大学等7个单位。审计发现，基金配套管理办法滞后，未按规定时间向定点医院预拨统筹医疗费用、未按规定渠道报销参保人员医疗费用、基金支出数额大、部分基金收入长期挂账；2003年年末滞留国库未转入财政专户的基本医疗保险基金3221.50万元，占结余资金69.02%，影响基金保值增值和使用；基本医疗保险基金个人账户形同虚设，影响基金作用的发挥；审计还发现部分单位参保后中断缴费、少报瞒报医疗保险费基数等问题。

城镇职工失业保险基金审计　2003年3月至9月，组织全省专项审计2002年失业保险基金的征缴、使用和管理运营情况，调查269家（其中企业188家、事业单位81家）失业保险参保和缴费情况。审计查出违纪违规金额5085.89万元。其中：挤占挪用1802.71万元，违规支付保险金940.07万元，未专户存储基金766.97万元，财政补贴未到位资金1285.80万元，其他违纪金额290.34万元。审计发现：基金征缴不到位、收入不完整；基金收不抵支、保值增值率低、支撑能力弱；部分失业保险基金使用不规范；基金管理薄弱；国有企业下岗职工基本生活保障资金未按“三三制”原则筹集到位；省级失业保险调剂金筹集不到位等问题。省委常委、常务副省长任海深，副省长黄海嵩分别作出批示，要求有关部门认真研究审计查出的问题，落实审计结论。

2005年4月至9月，组织全省审计2004年失业保险基金的征缴、管理、使用情况以及再就业资金的筹集、分配情况，延伸调查国有企业下岗职工置换身份经济补偿金使用和246户企事业单位失业保险参保和缴费情况。审计查出违纪违规资金8311.47万元，其中失业保险基金4247.3万元，再就业资金及经济补偿资金4064.17万元。审计发现以下问题：非公有制企业事业单位参保及缴费率低；部分统筹地区发放失业金不规范，未按时足额发放；部分地区再就业资金滞留财政；少数地区破产企业职工补偿标准偏低。

2005年6月至7月，审计蚌埠市本级2004年失业保险基金。涉及劳动保障、财政、地税等部门，延伸调查蚌埠卷烟厂、八一化工集团、蚌埠市第三人民医院等9家参保企业事业单位职工参保情况及缴费工资基数。审计发现，未严格按照国家规定征缴失业保险基金；失业保险基金支出与国家政策规定不相符合；企业欠费严重，清欠及核销工作力度不够；基金管理薄弱；部分参保单位申报缴费基数不实、少缴失业保险费；欠缴省级失业保险调剂金211.6万元。

再就业资金审计　2005年6月至7月，审计蚌埠市2004年再就业资金，涉及财政和劳动保障部门，延伸调查市小额贷款担保中心、蚌埠天兔纺织厂、蚌埠第二麻纺厂、小额贷款经营户及部分参加再就业培训的学员。审计发现以下问题：部分再就业经费使用不当。市劳动保障局2004年再就业经费支出127万元，其中48.52万元分配市劳动保障局及所属单位作为奖励及会议补助、购置办公用品等，占再就业经费总支出38.2%；再就业资金结余未结转并账。该市国有企业下岗职工再就业服务中心于2002年年底关闭，但账户保留至2005年9月审计期间。至2004年6月底，资金结余133.66万元，其中暂付款挂账98.47万元系3家破产企业借款形成的呆账，35.19万元为银行借款；市就业局2004年成立“组织起来再就业”指导中心，当年开辟光彩市场再就业园，置经营商铺100套。审计调查显示，有94家进入经营，其中50家正常营业、44家不能正常营业。原因是：工商优惠政策未落实到位，合伙经营一次性收费570元费用较高,办理营业执照不畅等,导致经营户信心不足。另外,组织再就业资金使用不规范,省财政2004年安排蚌埠市400万元未发挥应有作用;国有企业改制、破产时一次性职工安置费标准10年未变,明显偏低。根据国务院有关规定,一次性安置费原则上按照破产企业所在市的企业职工上年平均工资收入的3倍发放,而蚌埠市国有企业改制、破产时一次性职工安置费按每一个工龄年500元标准计算, 10年未变;下岗失业人员职业介绍和再就业培训问题突出:培训和鉴定合二而一,以考试成绩代替技能鉴定,而不是依据操作能力鉴定技能标准;将失业人员领取失业金与技能培训挂钩,不符合失业人员职业技能培训自愿原则;市劳动保障局设立统筹资金账户, 2004年按15%比例从市就业局失业人员职业介绍和培训收入中提取统筹资金22.5万元,用于全市再就业检查和宣传,降低职业介绍补助和培训标准。审计建议,蚌埠市政府及市直部门清理并废止有关违背中央及省规定的再就业文件。审计结果经《安徽审计信息》报道,省委省政府及中办信息专刊采用。

农村社会养老保险基金审计　2007年8月至10月,根据审计署部署,组织全省审计17个市、97个县(市、区)农村社会养老保险基金。至2006年年底,安徽省有17个市、93个农业县(市、区)、1444个乡镇、16072个村委会和3563个乡镇企业开展农保工作,参保人数1398980人,参保率2.71%,领取养老保险金人数29911人。至2006年年底,全省农保基金收入82150.29万元,支出15925.28万元,结余66225.01万元。审计发现以下问题:全省挤占挪用农保基金总额4445.15万元,占基金结余6.71%;部分地区违规投资、抵押、担保及违规存放基金968.38万元;基金管理手段落后,县乡村三级管理脱节,保费征收与养老保险金发放存在漏洞;参保率低,参保面窄,部分地区超范围参保、强制参保;财务管理不规范,会计基础薄弱。农保政策制度方面,基金筹集渠道单一,基金保值增值途径有限,难以满足个人账户计息需求;农保养老金保障水平低,没有发挥养老保障功能;农保经办机构经费不足,基金负担过重等问题。审计提出,完善制度、建立与现阶段农村经济水平相适应的新型农村养老保险制度;理顺管理体制,解决农保经办机构经费不足;清理历年挤占挪用基金、违规操作等建议。

9月,根据审计署部署,审计1995年至2006年灵璧县农村社会养老保险办公室管理的农村社会养老保险基金筹集、使用和管理情况,延伸调查相关事项。截至2006年年底,该县农保参保人数8900人,占农业人口数的0.82%,农保基金收入591.72万元,支出86.64万元,结余505.08万元。审计发现以下问题:机构设置与规定不符,非专职人员挤占编制;民政局机关部分费用在农保办列支,挤占农保机构经费;违规列支农保基金26.10万元等问题。审计提出理顺农保管理体制、纠正挤占农保基金、确保农保政策落实到位等意见和建议。

10月,审计省农村社会养老保险基金管理中心1993年至2006年省农保中心托管运营的农村社会养老保险基金,延伸调查华安证券股份有限公司、银河证券股份有限公司等相关单位。审计发现以下问题:基金运营收益未形成规范的分配方法,省农保中心提取经费的额度具有不确定性；省农保中心经费由基金运营收益负担，基金运营压力大，不符合社会保险基金性质；政策界定不明确，使部分基金运营出现风险；部分经费支出不合理，影响基金使用效益；基金运转的内部控制制度不健全。

第二节　救灾救济和救助资金审计

救灾专项资金审计　2004年3月至4月，审计安徽省2003年救灾专项资金和捐赠款物。结合审计署《关于2003年淮河流域洪灾救济补偿资金审计工作方案》要求，印发《安徽省审计厅2003年度救灾专项资金和捐赠款物审计工作方案》和《安徽省审计厅淮河流域救济补偿资金审计实施方案》，明确审计目标、内容和重点。审计以救灾专项资金和捐赠款物为主线，从救灾款物分配方案着手，跟踪走访、重点延伸，审计与调查、明查与暗访相结合。审计查出各种违纪违规资金6380余万元。其中，挤占挪用救灾款305.71万元，市县乡镇滞留救灾款5783万元，一些乡村干部在申报发放中抵扣、克扣、虚报冒领救灾款和救灾资金管理不规范等问题。省政府分管领导专题听取审计汇报并作出批示，要求有关市县政府认真落实审计意见，纠正存在的问题。

3月中旬至4月下旬，审计滁州市本级、定远县和颍上县淮河流域救济补偿资金。涉及1市2县11个救灾主管部门，抽查10个乡镇27个行政村，调查357户受灾群众，审计抽查资金量占各县救济补偿资金量30%以上，查出违纪违规资金970余万元。同时组织沿淮9市辖区内蓄滞洪区运用补偿资金和移民迁建资金专项审计。向审计署和省政府报告，引起重视。

6月，组织沿淮5市及所辖县区审计机关，抽调近200名审计人员，结合审计署南京特派办审计发现问题整改情况，异地交叉审计蓄滞洪区18个县、52个乡镇、532个行政村，明查暗访近2万户农户，审计覆盖行政村100%。审计发现虚报冒领、超范围申报、截留补偿资金等问题。审计结果受到各级党委政府重视，省政府分管领导批示，要求有关部门严肃查处资金管理中存在的问题，追究相关单位领导责任。审计将发现的问题分别移交相关市县政府查处，相关责任人受到处理，虚报冒领的补偿金被追回，沿淮各市县根据省政府领导批示和审计意见进行整改。此项审计结果于2006年1月向社会公告。

城乡居民最低生活保障资金审计　2004年3月，组织全省审计调查2003年城市居民最低生活保障制度建立以后的管理运行情况。涉及各级财政、民政部门及所属低保管理机构，走访调查30个市县所在地75个社区居民委员会的960户低保家庭。安徽省城市低保制度始建于1997年，至1998年全省所有市县均建立城市低保制度。调查发现：城市低保标准的制定缺乏科学依据，少数地方保障标准过低；全省各地城市低保资金由省财政和市县财政按同一比例共同承担的做法，因各地经济发展不均衡，配套资金无法落实；扩大范围、违规支出低保金，基层低保组织机构不健全，管理手段落后等问题。审计厅将调查结果向省政府提交综合报告。

第三节　其他专项资金审计

福利彩票资金审计　2005年，组织全省审计2002年至2004年福利彩票资金。全省组成87个审计组，审计125个资金管理机构，延伸366个彩票销售投注站点和394个公益金资助项目。审计查出违纪违规金额6954.07万元。揭示挤占挪用福彩公益金、未按规定投放使用以及福彩公益金资助的“星光计划”项目未能发挥社会效益等问题。针对福利彩票发行销售和资金管理使用存在的问题，省审计厅与省民政厅联合下发《关于对福利彩票资金审计发现问题尽快进行整改的通知》，各地民政部门和福彩机构根据审计建议整改。审计结果于2006年向社会公告。

住房保障资金审计　住房保障资金是指国家、企业、行政事业单位和个人按规定建立的城市住房基金、企业（单位）住房基金、个人住房公积金，以及住房制度改革中筹集形成的其他资金。住房保障资金审计是审计机关依据国家有关法律法规和规章，对这部分基金进行审计监督。

1998年6月至7月，全省审计129个县以上住房资金管理机构的住房资金归集、管理、使用情况，延伸531个住房资金自行管理和资金量较大的单位。审计总金额62.96亿元，查出违纪资金2.14亿元，归还原资金渠道1.17亿元。副省长汪洋和张平分别在省政府《每日动态》上批示。审计反映的情况分别被国务院、省委省政府信息刊物采用。

2000年，根据省政府要求，全省再次审计1999年住房资金的归集、管理和使用情况，涉及各级住房资金管理中心，延伸部分住房资金使用单位，其中，省审计厅直接审计省直房改办的住房资金。审计总金额31.58亿元，查出违纪金额2.31亿元。审计发现以下问题：住房公积金征集、财政补贴住房公积金拨补不到位；挤占挪用住房资金，住房资金逾期贷款数额大；个别地方住房资金账户管理混乱，核算不规范。

2002年，根据《国务院关于进一步加强住房公积金管理的通知》和《关于住房公积金管理机构调整工作的实施意见》，审计厅抽调352人，组成105个审计组，审计全省17个市82个县（区）及淮南矿业（集团）有限责任公司、淮北矿业（集团）有限责任公司、中铁四局集团有限公司、马鞍山钢铁（集团）有限公司、皖北煤电集团公司、上海铁路局蚌埠铁路分局、省直住房资金管理中心、省气象局8个行业住房公积金管理机构2001年1月至2002年6月住房公积金的归集、管理和使用情况及管理机构资产负债和净资产情况。同时，审计任期一年以上的管理机构负责人在公积金管理方面的经济责任。全省查出违纪违规金额153279万元，督促归还原资金渠道19660万元。审计发现以下问题：住房公积金制度推行和发展不平衡，公积金缴存覆盖面和职工缴存比例不等，个别县（区）覆盖面不及10%，绝大多数乡镇成为住房公积金“盲点”；住房公积金违规出借、放贷27010万元，部分违规出借、放贷的公积金逾期未归还；挤占挪用住房公积金15901万元；住房公积金银行账户设置、管理不合规，职工个人账户不健全，利息提取不准确等。省政府省长王金山，副省长张平、黄岳忠分别对《全省住房公积金管理机构专项资金审计综合报告》作出批示。2002年年末，省审计厅发出通知，要求各地审计机关跟踪整改和纠正情况，并对部分市县重点抽查。

2003年，全省抽调220人，组成80个审计组，审计17个市、95个县（市、区）2002年住房资金归集、缴交、管理和使用情况，查出挤占挪用、违规放贷等违纪违规金额16593.23万元，督促归还原资金渠道2825.64万元。审计发现以下问题：住房公积金欠缴停缴严重；违规出借、使用问题时有发生；住房资金逾期贷款难以有效清收；住房资金运作效益普遍不高，资金账户设置有待规范，核算管理急需加强等问题。

2006年7月至10月，为保障住房公积金制度的健全和完善，省审计厅组织全省市级审计机关（合肥市已由审计署南京特派办审计，除外），专项审计全省2005年住房公积金的归集、使用和管理情况，延伸调查213个相关单位。2005年年末，全省（合肥市除外，下同）住房公积金累计缴存总额191.76亿元，累计个人提取额60.55亿元，住房公积金个人贷款率、资金运用率、资金沉淀率分别为33%、38.68%、40.83%。2005年公积金增值收益11971.64万元。审计发现以下问题：管理机构履行职责不到位，某些工作滞后、运作不规范，导致挤占挪用行为发生，影响公积金的安全和完整；住房公积金缴存覆盖面狭窄。2005年年末，全省实际缴存住房公积金职工189.03万人，以在岗职工人数计算，覆盖率62.21%（不包括城镇个体工商户、自由职业人员、外来务工人员、农民工等）。缴存主体为国家行政事业单位、国有企业，非国有企业和单位参缴率很低；公积金缴存额差异大，2005年个人月缴存基数最高58720元，最低109元，相差538倍。缴存额高的是电力、烟草、电信、移动等中央及省属国有企业单位，缴存额低的集中在本级企业和卫生、教育等事业单位；少数单位自行归集住房公积金，未按规定纳入市管理中心统一管理，造成部分资金体外循环，缺乏有效监控，损害职工合法权益；部分市公积金管理机构违规提取住房公积金、违规贷款、多头开设公积金缴存账户，有13个市未按规定分配和使用公积金增值收益。审计分析问题成因后，提出建立健全住房公积金管理监督机制、完善相关管理制度和办法的具体建议。

第四节　社会保障专项审计调查

2002年3月至8月，根据审计署部署，组织全省审计机关组成91个审计组，审计养老保险基金收支情况，重点是专项调查384家参保企业2001年职工养老保险缴费基数。384户参保企业包括国有企业320家、集体企业62家、中外合资企业2家，涉及电力、邮政、煤炭、工商银行系统。调查发现：企业缴费基数不实。384家企业中有320家缴费基数申报不实，占调查企业数的83%。企业申报缴费基数311521万元，审计确认缴费基数325762万元，相差14241万元，影响基金收入3703万元，占当年实缴养老保险费4.6%；参保企业未做到应保尽保。384家参保企业中有247家职工参保不到位，占调查企业64%；企业历年欠费严重。384家企业中有315家企业欠费，占调查企业数82%。企业累计欠缴养老保险费42851万元，占调查企业2001年实缴数53%；部分市企业养老保险缴费比率不统一。安徽实行省级调剂金制度下的养老保险市级统筹，1998年省劳动和社会保障厅批复全省17个市各自统一缴费比率。但调查显示，企业缴费比率在同一地区不同所有制企业间差异较大。由于缴费比率不统一，影响企业平等竞争，不利于劳动力资源在不同地区、不同所有制企业间的优化配置。审计针对问题提出加大养老保险费征缴工作力度和有关具体措施的建议。

2004年11月至12月，组织全省专项审计调查83个农村信用社2001年至2004年9月职工养老保险情况。2004年9月末，全省83个农村信用联社有在编参保职工22408人，领取养老金的离退休职工7538人。调查发现以下问题：不符合条件办理离退手续49人，违规领取养老金178.39万元；核增工资基数1444.2万元，应补缴养老保险费396.2万元；统筹外项目支出养老金709.1万元；欠发离退休职工养老金5358.1万元等。审计建议省劳动保障厅、省财政厅联合省银监局清理不符合条件的退休人员，补发欠发的离退休职工养老金，补收核增工资基数而少缴的养老金保险费。审计还针对其他问题提出相应建议。

第九章 国家建设项目审计

1983年国家审计机关建立后，基本建设审计机构陆续在省市各审计机关相应设立。1995年按审计署统一要求，更名固定资产投资审计处（科）。主要审计对象是，有国有资金投入的固定资产投资活动，包括国家重点建设项目、技改项目、公益性项目以及管理建设资金的各有关部门。审计重点随着经济体制改革和审计工作发展逐步有所调整，但审计为国家社会经济建设服务，为宏观经济调控服务的宗旨未变。

25年来，安徽省固定资产投资审计，大体经历三个发展时期：

1984年至1989年，围绕国家调控投资规模，重点开展自筹基建资金来源审计，停缓建项目跟踪审计，建设项目开工前审计，制止乱拉资金上项目的违纪行为，配合计委压缩不具备开工条件、应停未停、报小建大等“钓鱼”项目。审计队伍在实践中得到扩充，通过查处违纪违规问题确立审计地位和权威。

1990年至1998年，社会主义市场经济体制逐步确立，但固定资产投资领域各类违纪违规问题依然存在，“决策不承担风险，花钱不承担责任”的现象仍很普遍。这一时期，全省投资审计重点逐步转向建设项目（特别是大中型项目）的全过程审计，市县审计局还开展工程价款审计。与此同时，加强审计和调查财政性建设资金，分配下拨和使用各环节的问题，审计不仅查处投资项目的各种违纪、为国家挽回经济损失，并将项目管理方面的问题及时反馈有关部门，促进建立规章制度、完善宏观调控制度。

1999年至2007年，随着经济体制改革深化，国家财政性建设资金，重点投向基础产业和基础设施项目、公益性项目。为了促进提高投资效益，审计机关在实施建设项目全过程审计基础上，采取上下联动的审计方式，突出政府投资审计，突出基础设施建设项目审计，突出投资项目的经济效益和社会效益审计，突出社会热点问题审计，更加注重反馈信息为各级领导决策提供依据。固定资产投资审计在维护财经纪律、促进提高投资效益和宏观调控机制完善等方面发挥越来越显著的作用。

投资审计涉及领域广泛，具有点多面广的特点，必须围绕中心，突出重点，才能有效发挥投资审计监督的作用。安徽省各级审计机关注意从改革、发展和稳定的大局出发，认清投资审计面临的政治经济形势，抓住党和政府关注的重点问题、人民群众关心的热点问题、与经济体制改革相关的难点问题，确定投资审计重点，加强审计监督。审计中，全面了解情况，对经济生活中的热点难点问题、严重违法违纪问题和经济犯罪案件一查到底，坚持“全面审计，突出重点”的工作方针。

安徽投资审计努力研究并把握投资审计面临的新情况，探索投资审计的新方式、新方法，找准投资审计着力点，创造性地开展工作，及时揭示倾向性、苗头性和普遍性问题，促进规范管理和有关政策、体制、机制的完善，更好服务于经济建设中心。将建设资金审计和建设项目审计有机结合，审计和审计调查相结合，成功探索投资审计和财政预算执行情况审计相结合的新路子。1998年，省审计厅组织全省市级审计机关，开展财政投资预算执行情况审计调查，以财政性建设资金为主线，从源头抓起，掌握全貌，延伸部分重点项目建设单位。这次审计调查，为深化投资审计开启了新路子。此后将专项资金审计和项目审计相结合，审计和审计调查相结合，成为投资审计的主要方法。2001年全国投资审计研讨会上，审计署投资审计司把这两种方法上升为投资审计的基本经验加以总结。针对计划经济向市场经济转轨过程中，建设领域市场管理法律法规不完善，市场体系发育不健全，建设市场秩序混乱，项目管理水平不高等突出的问题，审计机关开展以整顿建设市场秩序和促进项目建设规范管理为目标的项目建设管理审计，突破过去财务收支审计和工程价款审核的老套路，拓宽投资审计内容。1999年来，审计查处大量违反建设项目“五制”管理规定的行为，对整顿建设市场秩序和规范项目建设管理起到积极作用。顺应投资审计发展内在要求，积极探索投资绩效审计。《审计署2003—2007年审计工作发展规划》要求审计机关积极开展效益审计。安徽省各级审计机关于2004年开始公共工程投资绩效审计的研究和探索。特别是2007年以来，安徽省投资绩效审计以真实性、合规性为基础，借助竣工决算审计、跟踪审计、审计调查等多种方式，克服困难，强力推进，取得快速发展。相继开展合徐高速北段、徐疃煤矿、顾桥煤矿、安庆电厂一期、全省农村公路建设等一批工程项目的投资绩效审计，成功摸索出“立足审计监督，以业务活动为主线，以揭露损失浪费和效益低下为重点，运用绩效评价理论，以量化分析方法为主，对社会效益、国民经济效益、项目财务效益、环境效益和管理绩效进行综合绩效评价”的投资绩效审计模式，实现投资绩效审计的成功“破题”。一批投资绩效审计项目获得党政领导批示和肯定，审计揭示的公共投资领域普遍性、典型性问题，为省政府和省人大常委会宏观管理决策与监督发挥重要参考作用。积极探索跟踪审计，发挥审计的“免疫系统”功能。为强化审计监督效果，促进及时整改，实行审计关口前移，全过程跟踪监督重点建设项目，将问题消灭在萌发状态，更好地发挥投资审计服务作用。

全省各级审计机关始终把投资审计法制建设作为重要工作，顺应社会经济形势发展要求和审计实践一同推进。针对市场经济体制转轨过程中存在的投资约束机制缺乏，决策不担风险；虚报工作量、高估冒算现象普遍；概算约束软化，投资效益低下等问题，1997年1月制定《安徽省建设项目竣工决算审计规定》)，为全省投资审计提供法规依据，创造有利的外部环境。随着社会经济形势变化和投资绩效审计实践基础上，2007年印发《安徽省审计厅投资效益审计指导意见》，启动《投资绩效审计评价指南》研究和重点行业投资项目绩效审计评价指标体系构建工作，规范投资绩效审计行为，推动投资绩效审计发展。省审计厅还于2009年出台《安徽省政府投资建设项目审计监督办法》。

行业审计面广量大、行业特点突出，便于综合归纳出普遍性和倾向性问题，分析其深层次原因，总结出具有宏观性、前瞻性和针对性的审计意见和建议，为政府和有关部门提供高质量的决策依据。省审计厅把握行业审计特点，充分利用审计机关的整体优势，由省审计厅统一组织、统一方案、统一汇总，大力开展电力、交通、水利、城市基础设施、公益性建设项目等行业审计，扩大审计影响，树立审计形象，锻炼和提高各级审计队伍的实战能力。

人才是作好投资绩效审计的关键。各级政府和审计部门着眼投资审计事业的长远发展，采取各种措施着力解决人才和队伍问题，其中培训工作是重要一环。省审计厅从2004年开始抓投资绩效审计人才培训，与合肥工业大学举办4期投资绩效审计培训班，培训420多人，优化现有投资审计人员的知识结构，为投资绩效审计的有效开展提供人才储备。在省审计厅的推动下，各市审计局也都非常重视投资绩效审计业务培训工作。

第一节　自筹资金建设资金来源和停缓建项目审计

1985年至1991年，国家投资体制经过初步改革，形成“投资主体多元化、决策分散化、资金来源多渠道”的新模式。基建领域在开放搞活的同时，连续多年出现投资规模膨胀、资金及物资无法满足投资需求等突出矛盾。为适应国家压缩和控制投资规模，各级审计机关适时开展自筹资金基建项目的资金来源审计和停缓建项目跟踪审计。

自筹基建项目资金来源审计　建设单位在计委审批开工报告前向审计部门报送有关资料，由审计部门对其资金是否落实、资金来源是否合规、是否具备开工条件等进行审计并出具意见，计委根据审计结果，决定是否批准开工。截至1989年年底，全省审计自筹基建项目2725个，制止乱拉资金1.62亿元。此项审计对压缩投资规模和乱挪资金上项目发挥了重要作用。其中，省审计厅1986年至1987年审计省直部门在肥建设的14座大厦，审计后有两个项目资金来源合规、资金落实、项目批准开工，其余项目有的被取消，有的压缩规模后延期开工。1986年，安徽省将自筹基建项目开展情况、具体做法和效果向审计署报送综合报告，审计署在“中国审计”上整篇刊登。随着国民经济由计划经济向市场经济过渡，企业投资自主决策权放开，自筹资金基建项目的资金来源审计逐步被新的审计类型取代。

建设项目开工前和停缓建项目跟踪审计　由自筹基建项目资金来源审计延伸而来，即审计范围由自筹基建项目扩展到国家预算内财政拨款、银行贷款的各类投资项目，目的是控制投资规模，防止盲目攀比上项目。审计内容为：项目是否按基建程序逐一报批，资金来源渠道是否落实，现场是否具备开工条件，审计后由计委决定是否批准开工。

停缓建项目跟踪审计是为了落实国家压缩投资规模，审计部门根据计委核定的停缓建项目逐一核实，做到应停必停，并做好善后工作，此项审计延伸至1992年，全省审计1290个停缓建项目，经审计同意复工的有95个项目。

第二节　建设项目概预算执行审计

1990年以后，审计事业快速发展，审计工作服务经济建设大局的方针得到进一步确立，投资审计队伍建设得到强化，投资审计的深度、广度大幅拓展，建设项目概预算执行情况审计监督逐渐步入常态，投资审计进入经常化、制度化发展阶段。

3月14日至21日，审计省广播电视中心项目。该项目一期工程批准建筑面积3万平方米，总投资4300万元，1989年开工，年底完成投资697万元。审计发现问题：漏项多、概算不实；工程尚未开工、有的费用已超概；未按建设单位会计制度核算。

4月，审计厅开展国家大型建设项目平圩电厂审计。审计组成员18人，其中请国家计委抽调6人，地市审计局抽调6人。平圩电厂项目，设计两台60万千瓦机组、批准概算19.996亿元，其中1#机组先建，至1989年年末完成投资17.1亿元（征地、设计费及公共设施含2#机组）。审计发现：概算失控。在总投资超20亿元就不准上项目的政策下，概算由22.5亿元为压至19.996亿元，概算中有许多该列未列项目和不该列的项目。甲乙方以批准概算为结算依据，对概算漏项、超概算工程量或材差另行调增，使造价失控；投资不足延误工期。每年计划安排的投资不足实际需要资金的一半；发电机、汽轮机、锅炉采购价格由国家主管部门确定，不合理地包含生产厂家的技改费用。审计厅向国家计委、审计署反映大型建设项目“决策不承担风险，花钱不承担责任”等问题。

8月27日至9月20日，审计厅组织16人，其中国家能源投资部门4人，地市审计局7人，审计淮北矿务局桃园矿井项目。该项目设计生产能力120万吨／年，总投资2.74亿元，至1989年年底完成投资1.5亿元。审计发现问题：以吨煤投资估算总投资实行包建，多项该包含的项目未列入、不该列入的费用却列入总投资；违反国家计委规定，将施工企业的技术装备费，临时设施费，窝工费等列入概算。

10月至11月，审计厅组织20人，其中请国家计委从全国各地抽调10名专家，审计厅从地市审计局抽调部分骨干，开展淮南潘集三号井及选煤厂项目期中审计。该项目1977年始建，经多次调概总投资调至9.5亿元，年生产能力300万吨。至1989年年底累计完成投资5.36亿元。审计查出问题：地质详探滞后于设计及施工；设计多次变更，工程返工量大，延误工期，损失浪费严重；投资管理粗放，支出控制不严，批准概算失去约束。

1991年4月10日至30日，审计中国科学技术大学扩建一期工程项目。国家计委批准该项目总投资9300万元，建筑面积16.2万平方米。至1990年年底完成投资8487万元、竣工面积13.5万平方米。审计肯定该项目执行基建程序、控制工程进度和质量、完善工程造价审定及财务核算的成果。也发现以下问题：超面积及材料差价超概算2300万元；设立预算外账户转存基建收入700万元。审计决定收缴4.76万元。

5月15日至6月15日，审计省体育馆项目。该项目批准建设面积15600平方米，总投资1800万元，1986年开工，至1991年6月主体工程完工。实际建设面积31564平方米，至1990年年底完成投资2500万元，估算总投资突破3000万元。审计查出问题：建设单位自行扩大规模提高标准，是典型的“三边”工程；管理力量薄弱，计划内投资年年不足；工期、质量、造价控制问题多，管理混乱，损失浪费突出。

9月至10月中旬，开展淮南铁路复线工程项目期中审计。该项目设计建设里程210公里，概算6.95亿元。1979年7月动工，至1990年年底完成投资5.43亿元。审计查出问题：设计变更内容多，概算编制粗、虚列重列、高估现象突出，建设单位挤占挪用屡次发生。审计决定核减投资支出3680万元、收缴56万元。

1992年4月6日至27日，审计新庄煤矿改扩建项目。该项目设计生产能力由年产原煤180万吨增至270万吨，核定总投资13361万元。至1991年年底完成投资12908万元。审计查出问题：投资有较大缺口、未能按期达产交付使用；挤占投资2700万元；总投资超概、分项工程却提取包干结余；基建煤收入分配不合规。审计决定核减投资支出2738万元、收缴12.7万元。

6月22日至7月18日，开展谢桥矿项目期中审计。该项目设计年产原煤400万吨，总投资多次调整，1992年增至16亿元，1991年底完成投资9.22亿元。审计查出问题：概算中多列不合规费用1400万元；挤占挪用建设资金990万元；超征地784亩（投资570万元）。审计决定核减投资支出2276万元、收缴19.77万元。

1993年6月7日至7月2日，审计马钢2500立方米高炉项目。该项目由高炉主体、配套工程和自备电站三部分组成，高炉设计生产能力175万吨／年生铁，概算24.6亿元，至1992年年末累计完成投资17.1亿元。审计查出问题：自营施工企业多列、重列施工机具购置费，三项独立费1832万元；挤占工程成本1030万元；连续6年财务账账不符、账表不符。审计决定核减投资支出2892万元、收缴32万元。

1994年5月30日至7月30日，审计合九铁路建设项目。涉及合九铁路建设指挥部，沿线各地市分指挥部及合九公司下属企业。该项目安徽境内设计正线里程239公里，要求总投资控制在11.82亿元之内。1991年5月开工，至1994年年底合安段基本建成，高介段正在修路基，累计完成投资9.42亿元。审计查出问题：投资完成额列报不真实，该列未列1.57亿元，该冲减未冲减857万元；兴办第三产业挪用建设资金2800万元；财务管理松弛，合九公司及下属各指挥部普遍存在转移资金、设账外账、隐匿收入和挪用建设资金问题。审计决定核减投资支出1100万元、收缴21.8万元。省人大常委会听取审计汇报。

9月5日至19日，审计淮洪新河项目。该项目1992年批准总概算13.9亿元，其中安徽段8.1亿元。至1994年6月底安徽段完成投资2.98亿元。审计查出问题：投资完成额核算不真实、不完整；以工代赈资金拖拨、转换损失、市县计委扣留等；挤占挪用投资严重；隐匿利息收入。审计决定核减投资360万元，提出改进管理意见。

1995年，审计淮河干流堤防加固项目。该项目含18个明细项目，分布在阜阳、六安、蚌埠下辖部分县。治淮委批准概算6.95亿元。审计厅负责省、地（市）各拨款环节审计和汇总综合报告，委托项目所在县审计分项目。审计查出问题：投资完成额不真实、不完整；拖拨资金严重、滞拨资金利息被管理部门占为自有资金；以工代赈资金转换损失20%以上。

1996年5月13日至6月7日，审计合巢芜高速公路项目。该项目批准建设83.3公里，总投资9.97亿元，至1995年完成投资6.58亿元。审计查出问题：概算编制粗，很多子项目和费用属估算；分包转包工程多；挪用资金480万元；欠缴施工企业营业税245万元；挤占投资1284万元。审计决定核减投资支出1284万元，收缴245万元。

1997年3月24日至4月25日，审计312国道大龙段项目。该项目道路全长30.54公里，批准概算5.95亿元，完成投资4.6亿元，1995年11月通车运营。发现问题：四个标段未公开招标，议标发包给不具备施工资质的企业，比投标段造价高20%；工程质量存在问题，转包分包普遍；占用项目资金94万元。审计决定收缴42万元。

9月8日至25日，审计318国道宣广段项目。该项目设计里程66.35公里，批准概算5.22亿元。至1987年8月完成投资4.05亿元。审计表明，该项目管理较好，造价低，每公里不到800万元，工程质量较好。该单位财务核算和工程价款结算中存在的问题，在审计过程中即时纠正。审计决定核减投资支出582万元。

1998年6月29日至7月22日，审计新集矿煤炭建设项目。该项目含三个矿扩建，生产能力由年产原煤270万吨扩至660万吨，新建一个400万吨选煤厂和2／6兆瓦低热值发电厂，至1998年6月底，筹措资金24亿元（不含借款利息），完成投资25亿元，各项目基本建成。审计发现问题：项目建设工期长，变更大，概算零星分项报批，投资约束不力，属典型的“三边工程”；财务管理和会计核算不规范。账务调整无附件、说明，无审核签章，虚列投资支出、建设成本、生产成本不实；自营工程价款审核不严。抽查部分井巷工程结算即核减工程价款490万元，有的未经审查即办理工程结算；虚列建设成本3214万元，应冲减而未减成本945万元，漏缴营业税1259万元，漏缴增值税3315万元。审计决定核减投资支出4749万元、收缴漏税575万元，同时为税务部门追缴漏税3976万元。

9月23日至10月22日，审计马鞍山二电厂项目。该项目一期设计2×30万千瓦燃煤机组，批准概算27.9亿元，1992年年底开工，至1998年6月到位资金25.72亿元，累计完成投资26.13亿元。审计查出问题：概算多列不合规费用552万元；挪用建设资金1.21亿元；漏缴投资方向税42.4万元；代垫试运转材料费1328万元没有收回；虚增成本3071万元。审计决定核减投资支出3097万元，收缴142万元。

1999年4月22日至5月25日，审计城西湖退堤项目。该项目属治淮重点项目之一，批准概算2.83亿元。1993年开工，累计下达计划2.62亿元，到位资金1.88亿元，完成投资1.79亿元，主体工程已完工。审计查出问题：概算夹带水利部门自身利益。将淮委、省水利厅的管理费，内部施工企业机构迁移等费用列入项目323万元；拨款环节多，有7300万项目资金未到位，各级主管部门将滞拨资金存款利息作为自有资金使用；虚列征地拆迁费挤占投资305万元；挪用建设资金550万元；概算一超再超，失去控制；对内部施工企业代扣代缴的营业税少扣或不缴65.5万元。审计决定核减工程支出679万元，收缴59.8万元。上述问题属治淮项目长期存在的共性问题，审计厅以"审计要情"报省委省政府。

2000年7月18日至8月2日，审计港口湾水库建设项目概算执行情况。该工程1987年立项，1998年8月批准开工，是国家大型水利项目，工程位于宁国市境内水阳江上游，设计库容9.41亿立方米，面积32.8平方公里，电站装机容量6万千瓦，概算总投资11.03亿元，截至2000年6月累计完成投资4.14亿元。审计发现问题：建设银行贷款11000万元未按计划落实到位；非主体工程初步设计估列投资，给概算执行带来困难；专项恢复工程建设管理不规范；设备投资多计245万元。

2001年4月23日至7月20日，审计省电力公司农网建设与改造项目执行情况。至2001年3月末，国家下达全省农网项目总投资计划52.89亿元，涉及全省17个市、80多个县市区和1860个乡镇。审计发现问题：投资计划下达滞后；项目资本未全面落实；未严格执行专户存储、专款专用原则；材料设备招标不规范；省电力物资公司滞留项目资金378万元。

2002年11月11日至28日，根据省领导批示，审计颍上县鲁口孜电力排灌站建设项目概算执行。审计查出，项目预算调整审批不严格，执行招投标制度不规范，工程和财务管理脱节等问题。审计决定核减工程价款940万元，提出尽快确立管理机构等建议。

当年，根据省政府领导交办，审计翚溪水库工程建设情况。该工程1992年筹建，历经资金短缺、勘测设计偏差、管理混乱等因素，历10年而久拖不决。审计组搜集相关政策法规，多次前往省发改委、省水利厅了解情况，外聘经验丰富的工程技术人员，详细审查翚溪水库1997年年初至2002年9月底工程财务收支和工程管理情况，摸清水库工程建设、建设资金来源及其使用情况，揭示出水库工程建设周期长、资金缺口大、建设资金挪用严重、费用开支和工程管理不规范等问题，查出违规金额1700多万元。审计厅专题报告省政府。

第三节 建设项目竣工决算审计

1996年开始，根据审计署关于进一步深化建设领域审计监督、开展建设项目竣工决算审计的要求，安徽省在项目执行情况审计的基础上全面开展竣工决算审计。

10月30日至11月20日,审计安庆石化厂丙烯腈/睛纶和催化裂解项目竣工决算。丙烯晴项目批复概算29.48亿元(含自备电站),筹措资金31.96亿元,交付使用资产31.15亿元,未完工程1700万元。催化裂解项目批准概算34881万元,筹措资金36477万元,交付使用资产36477万元。丙烯晴项目1992年11月开工,1995年4月建成投产,建设单位各项管理合规有序,工程进度、质量和工程造价控制,受到国家计委肯定。但建安投资方面,指挥部对各分项工程造价核减20921万元,核减率32.4%。催化裂解项目,1993年6月开工,1995年3月竣工投产,由中石化工程建设公司按批准概算总承包、管理比较成功。审计发现问题:未办审批手续超征土地447亩,睛纶项目注册资本金未解决,企业还本付息负担过重。

2000年12月21日至2001年1月16日,审计沪蓉公路高界段竣工决算。沪蓉公路高界段是国家“九五”规划中“两纵两横”国道主干线上海至成都公路的组成部分,西起皖鄂两省交界地界子墩,东至怀宁县高河镇,全长109.8公里,批准概算18.44亿元,实际项目支出17.36亿元,1996年12月开工建设,1999年5月通过质量检验评定并投入运营。审计发现以下问题:1. 审计厅1999年8月至10月,对高界公路期中审计,2000年3月下达审计意见书和审计决定,部分审计决定没有被执行。如概算外支出沿线还塘补助经费、工程质量巡回检查费和各类奖金等1828万元;购置办公用房,挤占建设成本418万元;2. 挪用建设资金270万元,挤占建设成本196万元;3. 建设单位自用固定资产核算和管理不规范;4. 概算外支出350万元。

2001年8月23日至9月26日,审计省电力公司肥西500千伏变电所一期工程竣工决算。省电力公司肥西500千伏变电所为淮南洛河电厂二期工程送出配套,位于肥西县三十岗,工程总概算26742万元,账面反映投资25794万元,该项目1994年12月开工,2001年8月完成项目竣工决算报告。审计发现问题:账表不符,竣工决算投资额多报18万元,其中虚列8万元;超高压工区补足费使用不规范;多结算工程价款82万元;漏计漏缴税金14万元;项目投产后利息320万元计入待摊投资、加大建设成本;进口设备多级代理,加大设备成本;竣工决算时未对库存设备、材料清理。

2002年5月8日至31日,审计港口湾水库项目竣工决算。该项目批准概算11.034亿元。1998年10月开工,2001年10月基本建成,累计完成投资8.267亿元,比概算节约2.767亿元。1999年10月,审计厅曾对该项目期中审计。两次审计表明,该项目管理规范,认真实行招投标制和项目法人制,全方位控制投资支出,严把工程质量关,实现“速度快、质量好、投资省”,是安徽省大中型投资项目管理较好的典范。

7月18日至9月2日,审计国安电力有限公司淮北第二发电厂一期工程建设项目竣工决算。该工程建设规模为两台30万千瓦国产燃煤发电机组,是1998年省重点建设项目,1993年2月立项,1998年1月电力部批准项目初步设计,核定静态投资23.58亿元、动态投资29.35亿元,1998年11月18日项目开工,两台机组分别于2000年4月、7月通过168小时试运转投入生产。审计发现问题:多计工程价款505万元,无依据列甲供材补足 330 万元；挤占建设成本 173 万元；单项工程和费用超概算 9929 万元；挪用拆借建设资金 1952 万元；违规征用和采伐林地 160 亩；厂外除灰管道安装工程招投标违规操作。

11 月 6 日至 12 月 10 日，审计淮南矿业集团张集煤矿有限责任公司张集矿井建设项目竣工决算。淮南张集矿井是国家“九五”重点建设项目、全国煤炭基建改革试点矿井，设计年产量 400 万吨，服务年限 122.5 年，项目批准概算 23 亿元，累计完成项目投资 17 亿元，该项目于 1996 年 7 月 1 日开工，2001 年 11 月 7 日通过国家验收、评定为优良工程。审计发现以下问题：总投资比概算节约 6.38 亿元，但部分分项目超概算，如建筑工程超概算 4995 万元、安装工程超 3312 万元、其他费用超 5634 万元；没有全面执行建设项目招投标制、合同管理不够规范、部分单位工程造价控制不严；多头开户，部分会计事项没有及时完整真实地核算反映，挤列多列项目建设成本 250 万元。

2003 年 4 月 21 日至 9 月 22 日，审计省高速公路总公司连霍公路安徽段建设项目竣工决算。连霍公路是交通部规划的国道主干线之一，连接江苏连云港和新疆霍尔果斯，连霍公路安徽段起止于苏皖交界老山口和皖豫交界朱大场，全长 54 公里。1998 年 8 月批复初步设计，核定总概算 13.11 亿元，截至 2003 年 8 月，完成投资 11.42 亿元，工程于 1998 年 12 月开工，2002 年 7 月通车运营。审计发现：基建拨款未按计划足额到位，项目资本金不足；未按规定对初步设计概算中工程造价增长预留费重新核批，未经主管部门核准动用预留费；招标不全面、不规范；少计漏缴税金 30 万元；虚列挤占成本 241.59 万元。

2005 年 6 月 15 日至 7 月 19 日，审计广祠高速公路建设项目竣工决算。广祠高速公路是合肥至杭州高速通道组成部分，全长 13.49 公里，设计时速 100 公里，项目核定总概算 28 亿元，截至 2005 年 7 月底，完成投资额 29 亿元。该项目于 2002 年 5 月开工建设，2004 年 6 月通过交工验收。项目建成后，省高速公路总公司与宣城高管公司组成项目合资公司——广祠高速公路有限公司，省高速公路总公司持股 51%，宣城高管公司持股 49%，由合资公司负责项目的运营和还贷。审计发现问题：切割标段、增加工程造价 21 万元；设计失误、损失浪费 33 万元；建设用地超批准数量 418 亩；多预留尾工工程 30 万元；建设期利息收入 11 万元未冲减工程成本；漏计漏缴税费 23 万元。

第四节 建设项目投资绩效审计

为更好地发挥审计建设性作用，自 2004 年起，安徽省投资审计逐步拓展至建设项目的经济效益、社会效益和环境效益，开展建设项目投资绩效审计。

2004 年 11 月 11 日至 2005 年 1 月 28 日，审计合肥至徐州高速公路北段建设项目竣工决算和投资效益。合徐高速公路分南北两段建设，本项目为北段，北起凤阳县，南接连霍公路安徽段朱围子互通立交，批准概算 39 亿元，完成投资 33 亿元，项目于 2000

年12月开工，2003年11月验收,建成实际总里程168.644公里。审计发现问题:扩大规模、提高标准等增加投资4748万元;项目建设超过批准数量多占用土地735亩;部分单项工程未经招标直接发包或指定采购。审计作出效益评价,社会效益评价:加速国省道公路网形成,提高既有公路投资效益;增强沿线地区交通运输能力,促进区域经济发展;有利于扩大内需,促进经济增长;直接经济效益评价:项目竣工通车后,各项经济效益指标优于行业平均值、优于可预测值;项目建设评价:建设过程中落实招投标制、工程监理制和合同管理制的要求,但项目资本金不到位,项目前瞻性不够等造成损失浪费1100万元。

2005年10月10日至11月24日,审计淮北矿业集团许幢矿建设项目决算和效益。许幢矿位于蒙城县许疃镇,井田面积61平方公里,地质储量46572万吨,设计生产能力120万吨/年,服务年限16年,批复概算13.47亿元,实际完成投资9.5亿元,该项目于1997年10月20日开工建设，2004年11月8日竣工投产。审计发现:执行建设程序、项目法人责任制和项目资本金制度不规范;建设成本不实1490万元;征地拆迁补偿费控制不严;漏计漏缴税金58万元;部分工程未招标而直接发包或指定采购等问题。审计分析评价了项目的社会经济和效益。

2006年9月18日至11月8日,审计张集煤矿二期工程竣工决算和投资效益。张集煤矿二期工程位于淮南市凤台县,矿井井台面积36平方公里,煤炭地质储量66320万吨,批准投资11.2亿元,项目于2003年7月开工,2006年9月竣工,完成投资15亿元。审计发现以下问题:部分单项工程未招标、直接发包或指定采购;项目建设超国家批准多占用土地152.87亩;建设成本不实180万元;漏计漏缴税费142万元。审计决定核减投资支出979万元,并分析评价项目的社会效益、直接经济效益和建设管理情况。

2007年4月23日至6月28日,审计安庆电厂一期工程竣工决算和投资效益。安庆电厂一期工程批准概算248530万元,项目实际筹集资金226780.47万元,其中项目资本金62100万元,贷款164680.99万元。实际建设成本238625.47万元,其中未完工程1730.50万元。该工程2002年11月28日开工，2005年12月29日通过省能源集团公司组织的达标验收。审计发现以下问题:主要经济技术和污染排放指标未达标;收入分配存在一定的负面社会影响;决策不慎、资金管理不善,资产闲置、建设和运行成本增加;部分单项工程勘察设计失误,给造价、质量和工期控制带来不利影响;合同管理不善,损失浪费、增加建设支出;违反工程招投标和建筑市场管理法规等问题。审计分析评价该项目的经济环境、社会效益并提出四条建议。

8月14日至21日,审计淮南矿业（集团）有限责任公司顾桥煤矿建设项目竣工决算和投资效益。顾桥煤矿建设项目是省861行动计划重点督察工程，2003年11月1日开工，2007年4月28日投产,项目累计完成投资35.40亿元。审计发现以下问题:投资控制不严格,违法占用土地737亩,部分单项工程未招投标直接发包或指定采购,建设成本核算违规,超定额列支建设单位矿建工程辅助系统运行维护费,未如实反映及合理处置资产，漏计漏缴税费等七个方面问题。审计查出违纪违规资金21亿元，决定核减工程价款843万元，收缴68万元。审计还分析评价投资决策和完成情况、项目建设模式、项目社会经济和环境效益，提出4点意见与建议。

第五节　其他专项资（基）金审计

省直房改资金审计　1997年，审计省直房改资金。1994年至1997年，省直房改资金管理中心收入各类资金53707.9万元，支出6791.2万元，结余46916.77万元。至1996年年底，省直建立公积金单位677个，占应建总数77%，参加公积金人员78175人，占应参加人数88.17%，已售公房45472套，占可售公房85.8%。审计发现以下问题：部分单位欠缴公积金860万元；部分单位扣留售房资金自用建房、维修；省直住房资金管理中心分配1192.2万元售房资金存款利息无依据，违规向外贷款1489万元，其中逾期140万元；1994至1996年，省财政欠拨房改补助金243万元。

电力建设基金和三峡建设基金审计　2007年，根据审计署部署，组织部分市县审计电力部门征收管理的电力建设基金和三峡建设基金。审计查出问题：越权减免、少征、漏征电建基金1051万元，三峡基金101万元；欠收电建基金8837万元，欠收三峡基金5706万元；省电力局欠缴电建基金17264万元；提高征收标准，加收地方电建基金21119万元；电力企业欠缴电建基金7438万元。审计追缴入库电建基金16133万元，收缴审计专户2087万元。审计厅向副省长汪洋签报全省电建基金和三峡基金征管问题。省委省政府“信息快报”和“每日动态”采编了有关信息。

施工和房地产企业审计　1992年，审计省房地产开发公司1991年财务收支。该公司1984年年底成立，为管理型公司，1986年转为经营型公司。1988年至1991年共开发商品房16600平方米，实现利润221万元。公司下辖厦门鹭安经贸公司和上海裕安建材经营部。审计发现以下问题：管理核算不规范，挤占成本14.58万元，欠缴税2.1万元；挤占成本7.8万元；漏税17.1万元。审计调减开发成本75万元，收缴欠税12.8万元。

2001年3月至8月，根据省领导指示，审计省建工集团资产负债损益。该公司为省属大型施工企业，1999年年末资产总额156845万元。审计发现以下问题：资产负债损益不真实；财务管理混乱；私设小金库；截留挪用资金；漏计收入、税金；对外投资损失。审计决定收缴税款25.59万元，罚款1.7万元，归还原资金渠道325.22万元，补列收入3423万元。

第六节　建设资金专项审计调查

为更好地服务领导决策和宏观调控，自1987年起，安徽省围绕社会热点，组织开展建设项目和建设资金的专项审计调查。

审计机关成立初期，省审计局组织开展合肥、蚌埠、芜湖、淮南、淮北五市的31家开发公司商品房销售价格调查。调查报告反映：三年开工商品房面积286.5万平方米、竣工142万平方米、销售95万平方米，其中93万平方米销售给单位占98%。销售价：1985年184～576元／平方米；1986年199～610元／平方米；1987年200～627元／平方米。1987年，平均销售价合肥最高520元／平方米，淮南最低264元／平方米。调查报告分析，与自建房造价比，商品房普遍高50%以上，合肥高达96%，其中合理、不合理因素都有，商品房定价管理无序、政府干预、少数国有开发商垄断等。审计调查报告上报审计署，抄省体改办。

1987年，组织开展省辖8市城市维护和建设资金的审计调查。1986年省辖8市城建资金收入20851万元，其中城建维护税13978万元，地方公用事业附加4364万元，各级财政专项补贴2509万元，8市城建资金总支出19335万元。调查发现问题：电力、自来水、电话三种城建附加费被代征单位不同程度地截留；资金投向不合规，挪用建办公楼、宿舍、购小车等占8%；城建项目过多、概算一超再超、拖延工期、影响效益；大量资金沉淀在财政和建设单位。审计提出改进建议并报告省政府和审计署。

当年，组织开展省辖7市（不含马鞍山市）排污费和环保补助资金审计调查。省辖7市1980年至1986年排污费总收入10347万元，总支出7733万元。支出中用于污染源治理5258万元（占支出总额68%），用于城市综合治理1444万元（占18.7%）。审计发现问题：征收资金结存2614万元（占收入25%），各地环保部门借去放贷，利息收入用于购房、发奖金及补助行政经费；用于建办公楼、职工宿舍，购小车；征收不力、缺少管理和监督，有50%污染源未征收排污费。审计提出建议并报告省政府，抄省建设厅。

2001年，组织审计调查省农网改造情况。涉及17个市83个县（区）1860多个乡镇，调查范围是建设项目在10千伏以下农村低压配电网，35千伏及以上变电所和线路工程。省电力公司为项目法人和出资人，负责项目规划筹资及还贷，市县供电部门具体组织实施。自1998年年底至2001年，安徽省农网改造计划投资52.89亿元，至2001年3月，全省分解下达计划49.62亿元，下拨资金45.11亿元，完成投资46.52亿元，占总投资88%。调查发现：项目前期准备不充分，35千伏以上项目有的仍处于前期准备，投资计划分解下达滞后；省电力公司违规收取资本金利息2927万元，加大建设成本；电力系统设计、施工、监理、材料供应独家封闭运行，导致投资管理种种弊端；挤占挪用、隐匿收入等违纪656.48万元；“价差还息”政策执行混乱，该提未提、该解缴未解缴，价外加价，截留挪用等；材料采购加价后售给农电项目，作为电力部门“三产”创收。审计机关在电力部门自查核减工程价款3485万元基础上，抽审11.5%的项目，再次核减1585.21万元。另外涉农问题突出，电价有的高于1元／千万时，超标准集资，加外加价，搭车收费等。审计决定归还原资金渠道3.18亿元，收缴548万元，上缴财政134万元，罚款41万元，核减工程价款1585万元。

2003年，根据省政府领导交办，调查省交通厅组织建设的马芜等4条高速公路吸引资金建设经营情况，延伸调查省公路局、马芜等4条高速公路转让后的投资方和省有关银行。审计摸清4条高速公路建设及财务收支情况，揭示芜宣路转让价低于工程概算、项目法人资格审批不合法、投资方自有资金不足、合同还款期长、股权计算不合理、合同部分条款不明确、经营项目可行性研究报告编制和转让合同签订程序不合规等问题。审计提出改进意见和建议。省政府省长办公会专题研究马芜等4条高速公路吸引资金建设经营情况。省交通厅根据审计意见，印发《安徽省高速公路经营权转让办法》。

当年，组织17个市和部分县开展6条高速路、10条县级公路审计。26个公路项目总里程1014公里，总投资109亿元，至1992年年底累计到位资金53.49亿元，完成投资51.42亿元，有15个项目已竣工通车。审计发现以下问题：执行基建程序不规范，有的前期工作和用地未报批，有的无图开工等；擅自提高标准，扩大征地，随意超概；有的未公开招标，同体设计、施工、监理，不具备资质甚至没有法人资格的单位承包工程；非法转包和分包工程，多数分包单位不具备资质；部分项目工程质量差，路面不宽、边建边坏；配套资金不到位，有19个项目，地方应配套资金32643万元，实际到位10307万元；挤占挪用、损失浪费、管理费超支等。审计决定追回挪用资金9198万元，核减投资5496万元，收缴税金600万元。

2004年至2007年，根据党中央、国务院加大淮河治理进程的决策，省审计厅提出加强治淮项目资金审计的意见，组织沿淮市县审计机关，按统一方案审计或调查，逐年汇总全省审计情况向省政府专题报告。2003年至2007年，全省治淮项目共55项，其中骨干工程21项，灾后重建34项。审计综合报告反映：地方配套资金未按计划到位，影响工程进度；挤占挪用资金；工程招投标转包分包工程屡禁不止；监理工作不到位；拖拨资金时有发生。

2005年和2006年，组织14个市审计和调查14所高校2000年至2005年建设投资情况。14所高校安排计划31.79亿元，到位资金29.9亿元（其中：银行贷款18.37亿元，占62%；自有资金7.98亿元，占27%）。审计肯定省高校在筹措资金、扩大规模、改善办学条件、加强建设项目管理方面作出卓有成效的工作，也指出存在问题：资金缺口大，有2.28亿元计划资金未到位，铜陵学院项目概算3.9亿元，筹到1.16亿元，缺口70%；债务负担重，高校建设贷款占投资60%，还贷多要用自有资金；挪用办学经费、向职工高息借款、向施工单位求贷款和赞助等方法违规筹资；执行基建程序、工程招投标、工程质量和价款控制不力等。审计提出建议并报告省政府，省政府副省长赵树丛批示，要求教育厅"责成相关高校整改"。

2007年，组织审计调查2003年至2006年全省农村公路建设情况。"十五"后三年和"十一五"期间，安徽省计划修建和改造农村公路7.5万公里。2003年至2006年中央投入资金3185亿元，省财政和交通厅下拨32.74亿元，市县筹措配套资金，至2006年全省共完成投资约150亿元，占计划数79%。农村公路建设改善全省路网结构，促进农村经济发展和农民增收。审计发现以下问题:少数项目重复申报,套取国家建设资金532万元;交通建设规划与农村实际需求不尽吻合,无法充分发挥通达效益;市县配套资金不到位,影响工程进度和质量;市县管理部门挪用资金4628万元,滞留资金2.5亿元;工程招投标流于形式,违规转包分包。审计调查报告专题报送省政府,省政府副省长黄海嵩作了批示。

第十章　行政事业审计

随着审计事业的发展，安徽省行政事业审计从无到有，从小到大。首个行政事业审计项目是1984年全省教育系统审计。当年3月至9月，省审计局组织193名审计人员，审计5个地（市）、13个县（区）教育主管局、1所大学、33所中学、40所小学1983年教育经费使用效果，其中省审计局承担安徽师范大学的审计。

自1985年开始，安徽开始探索并推行行政事业单位定期审计制度，成效显著。此后，行政事业审计先后开展财务收支审计、行业审计、预算执行审计、经济责任审计、专项审计和审计调查，促进行政事业单位执行财经纪律，加强财务管理，提高财政资金的使用效果。

审计机关创建初期，社会不理解，对审计有抵触情绪。审计本身也缺乏经验，开展工作步履维艰。为扩大审计影响，在借鉴外省市经验的基础上，安徽行政事业审计探索出定期审计制度和方法。1985年3月21日，省审计局提请省政府召开省直机关开展行政事业经费送达审计动员大会，3月23日省政府批转《关于对各级行政事业单位财务收支实行定期送达审计的报告》，在全省推行。文件规定：凡是直接从各级财政领取拨款的行政事业单位，均应定期将账薄、凭证、报表和有关财务文件、资料等，报送同级审计局审计。审计的重点是单位财务计划的制定，各种费用支出是否符合规定，会计核算是否符合《会计法》等。省审计局1986年印发《关于进一步实行省直行政事业经费定期报审的通知》，要求省直各单位认真进行财务自查，对账册、凭证认真整理，按要求报送，进一步完善定期报送审计制度。1987年省审计局与省财政厅联合下发《关于对行政事业单位试行定期审计工作制度、标准的通知》，包括《分期、分类、分级审计制度》《财务单位和财务人员工作考核制度》《自报违纪报告制度》《行政事业单位审计质量标准》《单位财会工作审计标准》《财会人员基本职责审计标准》《报送审计资料质量标准》等三项制度和四项标准，在全省加强定期审计的制度化、规范化建设。

1985年至1991年，全省审计各级行政事业单位2.3万个（次），审计覆盖面98%，查处违纪违规金额9120万元，其中收缴财政3100万元。定期审计的开展，违纪违规率由12.6%下降到4.2%，无违纪单位占56.2%，单位财务管理合格率由55.3%上升到81.9%。审计有效地维护国家财经纪律，促进行政事业单位加强和改善财务管理、促进廉政建设，各级行政事业单位接受审计监督的意识明显增强。

随着各级行政事业单位对审计监督认识的逐步提高，财经法纪观念日益增强，20

世纪90年代以后,定期审计制度逐步转向重点行政事业单位的经常性审计。审计重点对象是有资金分配权、有预算外收入、有规费罚没收入以及群众反映热点、难点问题较多的单位和部门。

根据审计署部署和省政府年度工作重点,审计机关大力开展系统的行业审计。通过上下联动的行业审计,摸清某一行业或系统财务管理总体情况,发现执行相关法律法规、遵守财经纪律、财务管理和会计核算方面存在的政策性、普遍性、苗头性问题。行政事业审计的行业审计重点是教育系统、行政执法系统、医疗卫生系统、捐赠款物及社会保障机构等。其中社会保障资金审计始于1992年,至2000年先后5次组织全省审计或调查基金的筹集、使用、管理情况。2000年机构改革后,社会保障审计职能从行政事业审计中划出,由单独设立的社会保障审计处负责。

1994年,《中华人民共和国审计法》颁布。审计机关统筹组织力量,开展同级预算执行情况审计。行政事业审计每年都承担相当数量的党政机关部门预算执行情况审计任务, 1996年至2007年,开展省教委、省科委、省农科院、省民政厅、省广播电视厅、省公安厅、省司法厅、省政府驻上海、海南、深圳办事处等单位审计,查出预算执行及其他财务收支方面存在的问题,依法处理处罚并提出改进建议,促进单位加强预算和财务管理。

根据中纪委、中组部、人事部、监察部、审计署关于开展领导干部任期经济责任审计的通知精神,省纪委、省委组织部、监察厅、人事厅、审计厅决定,安徽省自1998年3月份开始,在泾县、寿县、涡阳三县进行党政领导干部任期经济责任审计试点,审计厅负责相关文件规定的起草、协调、指导和汇总。

1999年,中共中央办公厅、国务院办公厅《县级以下党政领导干部任期经济责任审计暂行规定》下发后,审计厅组织部分市县审计局座谈、起草贯彻中办国办规定的意见。党政领导干部任期经济责任审计工作,由此在全省蓬勃开展起来。

2000年机构改革,省经济责任审计局成立,承担领导干部任期经济责任审计的职责。行政事业审计职能部门,根据审计厅年度工作计划和领导交办,承担相应的经济责任审计项目任务,先后开展省公安厅、省直住房资金管理中心、省残疾人联合会、省政府驻北京、广州、厦门办事处、省民委、省警官职业学院等单位负责人和黄山市市长的经济责任审计。

第一节　财务收支审计

定期报送审计　1985年,安徽开始推行行政事业单位定期审计制度。

当年,省审计局定期审计60个单位,包括省委办公厅、省政府办公厅、省人大常委会办公厅、省政协办公厅、省委组织部、省委宣传部、团省委、省财政厅、省计划委员会、省公安厅、省广播电视厅等,审计面70%,查出各类违纪违规金额1478万元,其中应上缴财政资金108.5万元。审计发现以下问题:财务管理方面,账账不符、账实不符和固定资产未建账管理问题普遍。定期审计中,专项审计省教育厅“创收资金活动”,查处省电教馆高价出售教学用放像机案,没收非法获利86万元上缴国库。

截至当年8月,全省77个市县审计局、审计1360个行政事业单位,查出违纪违规资金1530万元,其中截留财政资金362万元,提高标准、扩大开支范围48万元,挤占挪用153万元,滥发钱物等129万元,其他有问题资金500万元。违纪违规问题中,有60%以上是单位自定的财务管理制度违背国家规定造成的。省长王郁昭批示:“定期审计取得很大成效,非常重要,既有利于严肃财经纪律,增收节支,又有利于纠正不正之风,促进社会风气的根本好转。”8月22日,省政府秘书长赵怀寿批示:“这项工作抓得很好,应总结经验,继续抓下去。”8月26日,省政府副省长邵明在定期送达审计情况通报上批示:“一、同意所拟;二、应该点名;三、我学习期间宋省长专管。”

安徽省定期审计制度见效快,反响强烈,使全省审计工作有了突破性进展。省政府多次批转全省定期审计报告,省政府省长王郁昭两次在省审计局关于定期审计工作情况报告上批示,肯定定期审计制度的作用与成绩。审计署审计长吕培俭和于明涛到皖期间听取定期审计工作情况汇报,审计署还专门派人来了解总结定期审计工作经验,并于1986年年初在全国推行定期审计制度。全国兄弟省市到安徽考察定期审计工作经验的达120人次。审计署在1986年3月召开的武汉会议上,介绍安徽省定期报送审计工作情况,转发安徽省定期报送审计四份材料。1986年1月24日,《经济日报》头版以《纠正不正之风,安徽省审计局首先审计各级政府》为标题,报道安徽省开展行政事业经费收支定期送达审计情况。

1986年,省审计局对省政府办公厅、省人大常委会办公厅、省政协办公厅、省委组织部、省委宣传部、省科委、公安厅、水利厅、人事厅等72个单位1986年财务收支及管理情况进行定期报送审计,查出违纪金额554万元。其中有41个单位未发生违纪问题,财务管理得到加强, 70%单位清查建立固定资产账,多数单位按时结算账目,单位报送审计意识增强。至1986年11月底,全省审计7208个单位,查出违纪金额3508万元,其中上缴财政2100万元。

1987年,定期审计重点围绕“双增双节”,控制经费支出展开,并进行专项调查。审计厅完成定期审计项目91个,一级单位审计面90%,查出违纪金额125万元,上缴财政11万元。全省定期审计面84%,查出违纪金额1637万元,有1887个一级单位基本控制违纪现象,占审计单位61%;基本无违纪的单位比上年增加950个,违纪金额下降54.3%。

1988年至1989年,定期审计重点是贯彻落实“三项制度”“四项标准”,对行政事业单位进行审计考评。1989年省审计局考评省直83个单位,考评面90%以上,查出违纪金额240万元,收缴财政52万元。除少数单位支出不符合规定外,财务核算70%比较规范,固定资产普遍建立账卡,一级单位考核合格率81.2%。

1990年,省审计局内部审计职责分工调整,其中,行政事业审计处的审计对象调整为60个(含8个驻外办事处),当年审计省直单位51个,延伸12个二三级单位。

1991年,审计省委办公厅、省政府办公厅、省纪委办公厅、省公安厅、省人事局、省体改委、省统计局、省总工会、省委讲师团、省广播电视厅、省计划生育委员会、省卫生厅、省新闻出版局、省外事办、省高级法院、省监察厅、省司法厅、省标准计量局等省直单位,查出违纪违规金额110.8万元。其中,省体委动用事业费垫付"运动员之家"工程贷款银行利息86.6万元;省人事局会计未经领导批准,以银行付款委托书代替发票直接列经费支出20.3万元;省外办、省统计局为职工购煤气灶具3.18万元列经费支出。省委、省政府、省卫生厅、省纪委办公厅、省委讲师团、省计量局、省监察厅、省广播电视局、省发改委、省总工会等10个单位,财务管理和会计核算基本符合规定。4月20日,省政府《政办通报》第22期摘要刊登《省审计局对行政事业单位定期审计取得成效》的报告,6月5日,审计署《审计工作通讯》转载《安徽省行政事业定期审计取得成效》。

行政事业单位财务审计 1990年,审计安徽会计师事务所1988年10月至1989年12月财务收支,调查其所属6个分部的财务活动。审计查出:虚列支出,隐蔽利润156507元;漏缴所得税29221元;没有建立合规的财务管理办法,个人分配比例、标准偏高,业务提成收入无限额,在职人员兼职、参加分部劳务无管理办法以及会计核算不规范等问题。

10月,审计中国康辉旅行社黄山分社1989年和1990年上半年财务收支及其经济活动。审计发现,收取外币并转卖外汇收取差价、自行压低综合服务收费标准、往来款清理不及时、会计核算不准确、财会机构不健全、内控制度薄弱等问题。

1991年,审计安徽中国旅行社、中国青年旅行社安徽分社、安徽黄山旅游总公司海外部1990年财务收支。查出以下问题:安徽中国旅行社削价竞销、往来款清理不及时、超标准发放钱物、部分会计凭证不完备、业务管理不严密、资料不全等;中国青年旅行社安徽分社违规卖出非留成外汇、会计核算不正确、少缴纳能源交通重点建设基金和预算调节基金及往来款清理不及时等;安徽省黄山旅游总公司海外部削价竞销、未按规定进行意外保险、挤占成本费用、漏缴能源交通基金和预算调节基金以及财务核算不规范、往来款项结算不及时、业务管理不够严密等。

当年,审计省土地管理局1991年6月至1992年3月的行政经费和各地上缴的土地管理费情况。发现部分预算外资金支出不符合规定,土地管理费收支结余漏缴能源交通建设基金和预算调节基金46182.37元。审计决定收缴审计专户。

从1992年开始,开展省政府驻北京、上海、广州、天津、深圳、海南、厦门7个办事处的财政财务收支经常性审计。其中,1992年审计驻广州办事处,1993年审计驻深圳、上海办事处。根据省政府办公厅党组会议纪要,于1995年、1996两年审计7个办事处财务收支情况,将结果报告省政府。审计指出资产管理、内部控制、对外投资、财务核算方面的问题。此后,每年审计2~3个办事处,每个办事处3年审计一次,开展驻外办事处的经常性审计。

3月至4月，审计省广播电视厅第二轮财务收支大包干1991年执行情况。涉及广播电视厅、省电视台、省广播电视服务部、省广播电视报社和省音像资料馆。审计结果表明，省广播电视厅完成各项承包指标任务，未发现虚盈实亏、损害国家利益等违纪行为，但管理中存在承包指标分解方法简单，分包协议内容不完善，以包代管，会计、内审监督较弱等问题。

1993年、1996年、1997年、1998年先后对省广播电视厅的财务收入、固定资产增值、固定资产折旧、抵顶事业费等各项承包指标完成情况审计。

当年，审计省公安交警总队1991年、1992年财务收支。查出费用控制不严，会计事项不规范，欠缴能源交通重点建设基金和预算调节基金17.26万元等问题。审计决定，其中7.26万元解缴财政。

当年，审计安徽日报社1991年财务收支及经营管理情况。发现资产管理不完善，往来款数额大，免征的能源交通重点建设基金70万元没有按规定分配，少计提生产发展基金232351.2元等问题。

当年，审计省无线电管委会1991年7月至1992年年末财务收支。查出问题：扩大开支范围，从无线电管理规费收入中支付职工宿舍加层款10万元，账务处理不规范，固定资产核算不完整，预算外资金购置资产未纳入核算与管理。

当年，审计安徽中国旅行社1992年财务收支及经营活动。查出问题：欠缴“两金”3608.48元；欠缴旅游主管部门宣传推广费8235元；年度决算报表编制不准确，成本核算不规范，个别会计科目使用不合规。审计决定收缴其欠缴的“两金”，要求将欠缴的宣传推广费上缴省旅游局。

当年，抽审省劳动局及所属汇通商厦1991年、1992年部分财务收支。发现汇通商厦固定资产账中包括产权属于省劳动局的房屋价值425万元；1992年12月末营业收入394万元没有入账、少结转成本334.9万元，造成营业收入及利润不实；部分费用开支不符合规定，没有原始票据等问题。

当年，还审计省文学艺术界联合会、省新华印刷厂、省监察厅、省电影发行公司、安徽画报社1992年财务收支。

1994年4月至7月，审计省广播电视厅、省公安厅、省卫生厅、省劳动厅、省体委、省劳改局、省税务局等30个党政机关1993年至1994年4月的账外资金，抽查205个机关职能处室、机构或直属单位，延伸审计预算外资金总额7705.76万元。查出账外资金3127.31万元，包括：没有列入单位财务管理的行政事业性收费；提高收费标准、扩大收费范围、擅自制定收费项目以及向下属单位摊派、获取赞助等形成的账外资金；单位职能处室直接收取管理费、办培训班、出售资料以及评审费等收入；单位预算内经费以拨代支转到账外形成的资金等。这些违规的账外资金用于：成本和费用支出；补助行政费用、业务费用支出；购置住宅、小汽车和房屋装修；发放钱物、请客送礼等消费。审计向省政府和有关部门提出报告,建议有关部门制定具体管理办法,加强党政机关预算外收入和行政性收费管理,将单位所有收入纳入财务统一管理。

当年,开展省出版总社第二轮(1991年至1993年)经营承包审计,审核出版总社第二轮承包各项指标完成情况。涉及总社计财处、办公室和社直承包组,抽查安徽文艺出版社、安徽少儿出版社和黄山书社。审计结果表明,省出版总社基本完成各项承包指标,但仍存在不足:总社对各专业社分包指标的制定,考虑主客观因素和调控力度不足;有的承包单位依赖计划任务、不能适应市场需要;部分获奖图书滞销、亏损严重;上缴所得税应返还超基数的60%,省财政没有返还;销售收入和成本没有完全结转,图书库存和应收款数额大、企业管理费明显上升等。

1995年3月至5月,全省抽调267人,组织审计89个县以上希望工程办公室或团委,1994年接收、分配的希望工程基金。涉及23个希望工程实施县,712个乡(镇)教办、团委,抽查45所希望小学,跟踪核对1781名受助学生,核对受助学生花名册8992人。其中审计厅直接审计省青少年发展基金会希望工程基金的收支管理。审计结果表明,希望工程基金会财务管理基础较好,监督制度完善,接收捐赠手续齐全,账目清楚,坚持专人负责、专户存储、专款专用。审计结果向社会公告,《中国青年报》刊载,提高了希望工程基金的透明度,反响强烈。1996年、1997年,每年都开展省希望工程基金收支情况审计。

当年,审计省委老干局、省直机关事务管理局、省统计局、省技术监督局1994年和省侨联下属企业1991年1月至1994年4月的财务收支情况。

1996年,审计合肥海关卫生检疫局1995年至1996年6月的财务收支,审计结果报审计署并抄送国家卫生检疫局。

1997年8月至10月,专项审计省政府发展研究中心1996年1月至1997年7月的财务收支,调查所属省幼儿智力开发中心、市场调查部、《决策咨询》杂志社。

当年,审计中国科技大学1996年1月至1997年9月财务收支。查出问题:教育事业费供需矛盾突出;后勤部门创收收入未纳入校财务统一核算;投资手续不完善、效益欠佳;资产管理不严格、账实不符。

1998年,审计省直工委、省外办、省委党校及所属中都公司、省体委财务收支和体育彩票的发售情况。查出省委党校账外资金和漏缴税金1000万元问题,审计收缴资金4万余元。

当年还审计香港黄山公司、省社会保险局历年来的养老保险基金,省委统战部海外联谊会的捐赠款及省纪委清风苑宾馆财务收支。

1999年,审计省高级法院和省检察院1997年和1998年财务收支。查出省高级法院部分经费开支不当、诉讼费及其他收入未纳入院财务统一核算、无依据收费及资产管理存在的问题。查出省检察院部分资金未纳入院财务统一核算、漏缴税金以及与所办经济实体脱钩中存在的问题。

2000年，审计安徽大学“211工程”一期建设项目投入资金的管理、使用效益情况。审计客观公正评价、肯定成绩，也指出出借专项资金、违规列收列支、专项资金使用效益未充分显现等问题，审计提出整改意见，促进该项目工程顺利验收，并为安徽大学“211工程”二期工程投资提供决策依据。

2001年7月，审计省电影发行放映总公司2000年财务收支，延伸安徽银海广告部。审计查出，该公司内部控制缺陷，挤占成本、利润不实，投资盲目、收效甚微，往来款管理不严、清理不及时等违规资金31.7万元。省电影发行放映总公司依据审计意见，逐项整改并制定《安徽省电影总公司内部财务管理制度》《安徽省电影总公司内部经营管理机制改革意见》。

7月至9月，审计省监狱管理局2000年财务收支，延伸抽查阜阳、巢湖监狱及所属企业。

11月，审计省药检所2000年财务收支。查出该所收入核算不合规、反映不全面，超标准列事业支出、坐支，基建支出挤占事业费，货币资金账账、账款不符，往来账核算不合规、清理不及时等违规资金378.04万元。

2002年4月至5月，审计原省经济体制改革办公室2001年资产负债和净资产情况，延伸其下属现代实业公司、鹏博发展总汇。审计查出，体改办会计报表数据不准，银行开户多，挤占专项经费，固定资产账实不符，部分收支在往来科目核算，往来款挂账时间长等问题。

4月至7月，审计省外事服务中心1999年至2001年财政财务收支。审计发现问题：虚挂债务往来隐匿事业收入、少缴漏缴行政事业性收费、挂账隐匿经营收入、资金长期置于账外、对外投资账务处理不合规等问题。审计收缴违纪资金188.56万元。根据审计意见和建议，省外办责成单位限期整改，规范核算，加强财务管理。

6月至7月，审计省卫生防疫站2001年财务收支。审计查出该单位事业支出核算不实，专项经费和专项拨款没有按规定核算，往来账核算不合规、清理不及时，对外投资管理不力、投资中止清算不及时，实物资产管理缺乏约束、账务不符现象严重，超标准加价调拨销售疫苗、多收疫苗差价收入等问题，违规资金368.81万元。审计决定收缴违规加价收入25.73万元，追回违规转出的事业专款70万元，单位按规定调整账务、结转各项收入273.08万元。该单位依据审计意见整改，出台《生物制品采供销（发）管理规定（暂行）》《核对和完善仪器设备档案》管理制度，其主管单位省卫生厅也联合省物价局下文，调整疫苗调拨差价率。

2003年7月至8月，审计省工商行政管理局2002年财务收支，延伸局机关服务中心、机关工会、省工商信息咨询服务中心、省商标事务所、安徽工商行政管理学校、省消费者协会、省个私协会、省消费者报社等10个二级单位。审计查出以下问题：“收支两条线”未完全落实到位；经费支出超预算183.98万元未经批准；部分处室收费未经批准、提成不合规；少结转收入321.49万元；支出控制不严，违反规定发放职工福利；省消费者报社违规设立账外资金账户；省消费者报社用公款40万元以个人名义购买商业保险；往来款未及时清理，会计核算不规范等问题。审计决定，对该局机关2001年至2002年创收提成发放现金282010元问题罚款14100元；对违规发放职工福利126000元问题罚款6300元，合计罚款20400元。

2004年，审计安徽医科大学2003年校本级预算执行、收费和资产管理情况，校后勤服务总公司等各类经济实体财务收支的真实合法性。审计发现该校乱收费30.81万元，预算外资金未严格执行"收支两条线"，漏缴各项税金98.78万元等违法违规问题，审计依法作出处罚决定。

10月至11月，审计厅联合蚌埠市审计局对蚌埠医学院附属医院2003年财务收支审计。审计揭露该院违规收取医疗服务费用，收入核算不实，成本费用核算不准，资产管理内控制度不健全，往来款清理不及时，投资的康复医院管理体制不顺，核算违规等问题，查出违规收费207.41万元，管理不规范资金8721.97万元。审计决定收缴207.41万元，调整违规收入898.04万元、违规成本2157.16万元，纠正违规提成114.54万元。该单位逐项整改，并修订《固定资产管理办法》。

2005年，审计安徽行政学院2002年至2004年财务收支，查出多收费、乱收费，助学、奖学基金支出比例偏低，会计核算不规范等问题。

3月至4月，审计省墙体材料革新建筑节能推广办公室2003年至2004年财务收支。审计查出：未经批准列支50万元住宅小区项目补助；自办发行杂志收入77040元未列入账内；职工个人应缴付的住房公积金列经费支出；坐支应缴预算收入；招待费超标；提高出差补助标准；支出控制不严，经费超预算等违纪资金81.2万元。审计决定收缴7.7万元。

2006年，审计省委办公厅、省委政研室2005年财务收支，延伸调查省生态经济有限责任公司。审计查出省委办公厅、政研室在账户、票据管理、基建支出等方面的问题。省委副秘书长、办公厅主任张世平，省委副秘书长、办公厅副主任李祖顺听取审计情况汇报，要求办公厅、政研室召开专门会议研究落实审计提出的整改意见，各有关单位对照问题，逐条梳理纠正。

第二节　行业审计

教育系统审计　发展教育事业是我国经济建设的战略重点，教育事业经费占国家财政预算支出的比重较大，为加强教育经费管理，提高教育经费使用效益，防止违法违纪问题发生，从1984年开始，安徽省审计局在全国率先开展教育经费审计。

省审计局抽调9人组成审计组，开展安徽师范大学1983年教育经费和使用效果情况试审。审计发现以下问题：设备、材料管理混乱，账实不符；设备长期堆放无人管理，设备利用率不高，设备完好率48%，老化严重，不能配套使用；教职工人员结构、年龄结构不合理，工勤人员多，教师少，高层教师年龄偏大；经费使用扩大支出范围、水电费浪费严重等问题。安徽师范大学表示，“对我校今后如何进一步加强管理，更好地发挥资金效益帮助很大”。

1984 年 3 月至 9 月，遵照省委省政府领导指示，省审计局组织审计 5 个地（市）、13 个县（区）教育主管局、1 所大学、33 所中学、40 所小学 1983 年教育经费使用效果情况。审计表明，随着经济发展，安徽省教育经费拨款增长，办学条件有所改善，教育事业取得较快发展，但教育经费中人员经费增长过快，人员普遍超编，教师合格率普遍不高，初等教育普及率较低。教育经费管理上，会计核算混乱，随意挤占挪用、乱支经费严重，财务管理制度不健全，审批手续不严，内部管理存在漏洞。审计机关提出改革中等教育结构、整顿教师队伍、努力提高教学质量、加强教育经费管理监督等建议。省政府办公厅全文转发省审计局《关于安徽省 1983 年教育经费使用效果的审计报告》。

1985 年，根据审计署《关于进一步搞好教育经费审计工作的通知》，省审计局结合定期审计，组织全省审计 53 个教育主管部门财务收支和 43 个中小学 1984 年教育经费使用情况，查出违纪金额 438 万元，其中挤占挪用教育经费 209 万元，非法提价牟利 92 万元，预算内资金转预算外 24 万元，私设小金库、提高开支标准、滥发钱物、财务管理不规范等问题。

1986 年，根据国务院办公厅国办法要求，审计调查县以上教育主管部门有无挤占挪用教育经费和从学校集资情况。全省审计 106 个教育行政单位，734 所学校，查出违纪金额 2054 万元。审计发现，教育主管部门挤占挪用教育经费问题严重，占挤占挪用金额 90%，主要用于盖办公楼、购汽车、经商办企业；乡镇政府挤占挪用农村教育附加费用于建办公楼、修路等问题普遍，以及乱收费、乱集资等问题。省政府办公厅皖政将审计报告转发全省。

当年，根据省政府 1985 年 12 月 3 日《会议纪要》和省政府领导指示，省审计局会同财政厅，专项审计省教委机关及所属 17 个内部处室，二级单位 1984 年、1985 年两年预算外资金收支情况。审计发现：1984 年、1985 年两年，省教委机关除少数处室外，都在“创收”、自查上报数 303.8 万元。创收范围广、名目多、数量大；“创收”分配巧立名目、多层次、任意发钱发物，省教委对各处室“创收”、化预算内资金为预算外收入、私设“小金库”等问题失去控制，没有建账统管，白条抵库、公款私存问题普遍。副省长王厚宏批示：“请教委认真对待这个问题，吸取教训，切实纠正，完善管理制度。党组要提出纠正意见报省委、政府。”但省教委对问题认识不足，于 1986 年 10 月 25 日向审计署申请复审。审计署复审认为，省教委私设“小金库”，在资金来源和使用方面存在不少问题，作出处理决定：违反国家出版工作有关规定的收入结存和高价出售各种证书获得额外收入结存款 96868.23 元上缴审计专户，解缴财政；成人转干、招干考试经费 53004.67 元和教科所历年滚存收入 54531.45 元，作增加拨入经费处理。

1989 年，根据审计署部署，省审计局组织全省审计 1988 年教育经费收支及使用管理情况。共审计94个教育主管部门，235所中小学（含27所幼儿园），13所高等学校，调查137个乡镇教育费附加的征收及使用管理情况。审计金额26593万元，查出违纪金额1698万元，违纪率6.4%。查出以下问题：教育主管部门挤占挪用教育事业费严重；普通学校自立项目收费、超标准收费现象普遍；高校“创收”问题多，办班的收支管理松弛；教育费附加征管不严、使用中漏洞大；会计基础薄弱，财务管理混乱。审计署办公厅转发安徽教育经费审计综合报告。

当年，省审计局还审计安徽大学及部分所属单位1988年经费使用管理及有关经济活动情况，抽审1989年1月至6月的部分财务活动，查出违纪金额359万元。

1990年，审计全省57个教育主管部门、373所中小学的经费收支及使用管理情况，调查225个乡镇教育费附加资金的征收管理使用情况。审计总金额20834万元，查出违纪金额1099万元。审计查出以下问题：教育主管部门挤占挪用教育事业费；普通学校收费多、管理乱，发钱发物失控；教育附加费漏征严重、使用管理问题较多。省政府副省长杜宜瑾、秘书长刘永年、副秘书长胡瑞镜分别批示，省政府1991年第19期《来文摘报》、省人大常委会1991年第三期《送阅材料》分别摘编审计综合报告。

当年，审计安徽中医学院和安徽农学院1999年教育经费收支使用管理情况，分别查出违纪违规金额29.8万元和124.8万元。

1991年，组织审计全省1990年教育经费收支使用及教育附加费征收使用情况。审计122个教育主管部门、5所高等院校、44所中小学经费收支及使用情况，调查51个乡（镇）教育费附加的征收使用情况。审计总金额63512万元，查出违纪金额573万元。审计表明，教育系统大部分单位能遵守财经制度，经费管理使用明显改进。这次审计发现的多为历年审计查出的问题，包括：教育主管部门将不合理开支向下属转移；教育经费增加多用于人员增长；高等院校创收管理松弛，奖金津贴、劳务费发放控制不严，资产管理不善；普通学校乱收费、私设“小金库”问题仍有发生；教育费附加征收不足，虚报及挤占挪用等。其中，审计厅直接审计或调查安徽师范大学、皖南医学院及所属部分二级单位1990年财务收支和有关经济活动，调查分析财产物资的购置、使用、管理情况。

1992年至1995年，全省审计机关继续实行教育经费经常性审计。其中，审计厅1995年审计安徽大学和安徽教育学院1994年财务收支情况。

1996年，组织全省专项审计县以上各级教育经费，重点是教育部门及部分学校的各项教育经费收入、分配、使用和管理情况。共审计102个县以上教育主管部门，264所城镇学校，149所农村学校，调查58个乡镇教育费附加征收情况。对教育经费投入情况审计或调查结合财政同级审进行，全省查出违纪违规金额12854.36万元。审计发现以下问题：1995年全省预算内教育事业费用于发放工资的占89.23%；预算外资金管理混乱，全省查出预算外资金私设“小金库”或账外资金926.37万元，预算外资金乱发钱物、请客招待729万元；教育主管部门截留、挤占挪用教育经费2985.4万元，乡镇挤占挪用教育费附加563.7万元，学校挪用教育经费102.6万元；各类乱收费、乱集资1649.41万元，自立收费项目70多项。

1997年，根据审计署部署，抽调603人、组成238个审计组，审计全省50个县以上教育主管部门、412所中小学、80个县以上财政部门、71个县以上地税局、430个乡镇财政所、农经站、教办室以及126个其他单位。审计重点是教育事业费的投入、教育附加费的征收使用、教育主管部门和学校财务管理。审计查出违纪违规金额11257万元，其中挤占挪用2266万元，虚列支出4362万元，乱收费1480万元，乱集资221万元，私设“小金库”306万元，偷漏税金132万元，少退代管费726万元，其他1764万元。审计结果表明，地方政府增加教育投入的政策没有落实到位、教育经费投入不足，教育费附加征收不力，截留挤占挪用，少数教育主管部门和学校财务基础薄弱，乱收费、乱集资、私设“小金库”等问题屡禁不止。审计分析产生问题的原因并提出加强和改进管理的意见和建议。

1999年，根据省人大常委会主任会议要求，审计省教委1998年义务教育经费的投入和管理使用情况。省人大常委会副主任吴昌期专门听取审计情况汇报。

2000年，审计和调查17个地市、101个县（区）义务教育经费投入、筹集、使用和管理情况。审计118个教育主管部门，269所中小学，调查118个财政部门，103个税务部门和178所中小学。审计和调查表明，义务教育经费供需矛盾仍然突出，1999年全省预算内义务教育经费支出人员经费占88.05%；少数地方义教经费拨款占财政支出的比重下降，农村教育投入与城市教育投入相差很大，拖欠教师工资问题时有发生；教育费附加征收不到位，1999年全省少征、漏征各项教育费附加21067万元；乱收费、乱摊派问题金额4633.48万元；挤占挪用义务教育经费和征收教育税费4798.74万元；部分学校债务负担重，个别学校没有严格执行“收支两条线”制度，私设“小金库”账外资金6124.48万元。审计机关专门向省人大常委会报告。

当年，根据审计署、教育部、国家计划委员会、财政部《关于审计国务院部门（单位）所属学校有关事项的通知》，以及省教育厅委托，审计厅审计安徽财贸学院、安徽电力职工大学、安徽工业经济职工大学1999年财务收支及资产负债情况。省政府副省长蒋作君在《关于管理体制调整的大中专学校审计的综合报告》上作了批示。

2001年3月至6月，根据审计署部署，全省组成182个审计组，审计17个市、101个县（市、区）2000年普教经费的投入、筹措、使用和管理情况。涉及教育主管部门、中小学、财政部门601个，延伸108个乡镇。查出违纪违规资金总额15580.11万元，应缴财政资金807.86万元，应追回挤占挪用资金1320.55万元，责令停止收费项目28个，纠正超标准收费21项。

同时，审计或调查707个单位，重点是农村义务教育投入情况、农村中小学校负债情况和农村中小学收费情况。调查表明，安徽省农村义务教育经费供需矛盾突出，挤占挪用普教经费问题依然存在，农村基础教育负债问题突出，一些农村中小学乱收费、乱摊派现象屡屡发生。

5月至7月，审计2000年全省高教专项经费，包括39所省属高校及直属单位。其中，合肥地区所有省属高校、芜湖、马鞍山、淮南、蚌埠、滁州的省属高校审计，达到全省高校的54%，审计资金总额1.2亿元，占当年省下拨高教专项资金总额71%。审计摸清省属高校专项经费管理使用情况，指出专项资金分配分散，资金使用效益不明显和财务核算问题。审计提出整改意见和建议。

2005年，根据省政府“加大对D级危房改造资金的审计监督力度”的要求，抽调427人，组成105个审计组，审计和调查全省农村中小学2001年至2004年D级危房改造资金的筹措、使用及管理情况，跟踪审计4782个D级危房项目资金。审计发现危改项目存在“移项”，超面积建设，资金安排分散，资金专户管理不规范，配套资金难以足额到位，工程项目资金拨付程序不严格，滞留、挤占挪用以及工程档案、决算、建设管理、质量安全方面的问题。审计编发《审计表明我省农村中小学危房改造工作成效显著》《我省农村中小学危房改造存在五个方面的问题值得关注》《少数农村中小学D级危房仍在使用，安全问题令人担忧》三份信息，引起省委省政府重视。省委副书记王明芳、副省长任海深分别作出批示，省政府办公厅专门召开会议，由省发展改革委员会牵头，财政、审计、教育等部门参与研究整改措施。

2001年至2007年，先后审计安徽师范大学、合肥物价学校、省自考办、安徽医科大学、省科学技术协会等单位财务收支。

行政执法系统审计 1988年5月至9月，全省抽调292人，组织审计全省各级公安、法院、检察院、工商行政管理和物价检查等执法单位1987年规费和罚没款收支情况。审计415个主管部门，抽查1103个基层执法单位，抽查面35%。审计总金额1.6亿，查处违纪金额2928万元，占1987年规费、罚没收入总额26%，其中应收缴财政1342万元，当年收缴入库951万元。1988年省政府第91期《政办通报》刊登审计情况报告。

1990年5月至10月，按照省政府部署，省审计局与省财政厅组织全省审计、财政机关检查各级执法部门罚没财物情况，重点抽查10个执法系统。其中审计机关负责检查公安、交通、工商行政管理、物价、城管监察5个系统。全省审计机关共检查1624个单位，其中主管部门420个，基层执法单位1204个。查出以下问题：执罚混乱，滥设关卡、越权罚款、执法行为不规范、滥着装乱发证，重罚轻管，为钱而罚；罚没财物管理松弛、不及时足额上缴财政，截留物资管理不善，截留坐支罚没款问题严重。

1995年4月至7月，根据审计署部署，全省抽调422人，组成192个审计组，专项审计全省310个县以上公安、检察、法院机关及805个所属基层执法单位1994年办案收费、规费、罚没款物（包括赃款赃物）财务收支，审计总金额50386.9万元，查出违纪违规金额8406.84万元。审计查出以下问题：乱收费、乱摊派、乱罚款1947.7万元；隐瞒截留罚没收入1645.47万元；资金管理混乱、账外资金、小金库2056.8万元；办案收费、规费收入使用不合规、扩大开支范围1408.4万元；财务基础薄弱，票据使用不合规、赃物管理不善、核算不规范、财务制度不健全。审计分析产生问题的原因，提出加强管理的意见和建议。省政府领导方兆祥、汪洋、杨多良分别批示，省公安厅、省检察院、省法院召开会议研究改进措施，落实审计意见和建议。

1998年，根据审计署部署，全省抽调473人，专项审计全省117个县以上公安机关1996年至1997年各项收费、罚没收入情况，延伸842个交警队、基层公安分局和派出所，平均抽查面36%，审计总金额33.68亿元，查出违纪金额4.57亿元。省政府《每日动态》刊登审计信息，省政府副省长汪洋、杨多良、省政法委书记陈瑞鼎分别批示。

1999年5月至7月，审计全省248个县级以上法院、检察院机关1997年、1998年财务收支，延伸部分所属单位和派出机构。审计总金额15.28亿元，查出未实行“收支两条线”，挤占挪用、乱收费等违纪违规金额2.42亿元。审计处理1.52亿元，其中补缴财政1.4亿元，追回挤占挪用款项826万元，罚款350万元。省委副书记、常务副省长汪洋批示，要求有关单位吸取教训，认真纠正问题。省委常委、政法委书记陈瑞鼎在省委《信息快报》上批示，要求省法院、检察院党组认真研究解决全省两院存在的问题。

2000年，组织审计全省128个县级以上工商行政管理机关1998年、1999年财务收支，延伸审计和调查228个工商分局、503个基层工商所、128个市场服务中心、385个协会、学会。全省查出违纪违规金额41363.36万元，占审计总金额27%。其中：隐瞒、截留、拖欠、坐支行政性收费和罚没收入36868.51万元，乱收费803.61万元，违规支出616.44万元，偷漏税金1359.76万元。审计处理2392.02万元，其中补缴财政1688.88万元，追回挤占挪用资金568.88万元，罚款134.26万元。移交检察机关处理2人。有4位基层工商所长被撤职，3人记过处分，2人留党察看。

2003年，组织203人组成98个审计组，审计全省公安机关2002年财政财务收支和各级公安、交警机关经费，抽查882个派出所、交警大（中）队、车管所、拘留所等基层单位，调查187个相关单位。全省查出违纪违规资金17844.06万元，其中收缴659.2万元。审计分析产生问题的原因，提出改进和加强管理的意见和建议。审计署致函表扬省审计厅2003年统一组织实施的全省公安机关财政财务收支审计，来函称：“你厅行政事业处在对2002年公安机关财政财务收支审计工作中，按照审计工作方案的要求，认真组织实施，审计面广、力度大，综合报告事实表述清楚、完整，原因分析较透彻，建议具有较强的针对性和可行性。你厅所提供‘阜阳市2001年曾发生一起办案刑警为占有涉案赃款，内外勾结杀害当事人的案件’例子在《审计署关于公安机关2002年度财政财务收支审计情况的通报》及审计署《重要信息要目》中采用，特此提出表扬。”

2003年7月至10月，全省组成121个审计组，审计全省128个县级以上工商行政管理机关2002年财务收支，抽查472个基层工商所，延伸209个市场及385个协会、学会。审计金额152435万元，查出违纪违规金额4699.7万元，收缴财政524.39万元，追回挤占挪用资金233.58万元，罚款78.1万元。审计发现全省工商部门中存在违反“收支两条线”规定，隐瞒、截留、拖欠应缴财政收入，乱收费、乱摊派，财务管理松弛、会计核算薄弱，部分单位执法监督不到位、行为不规范，工商行政管理机关与所办市场未彻底脱钩等问题。审计向省政府提交综合报告，分析产生问题的原因并提出4条建议。

2004年4月至7月，全省组成75个审计组，审计全省质量技术监督管理部门2003年财务收支，覆盖面100%。全省查出违纪违规金额2241.23万元，其中：拖欠截留应缴财政专户款579.14万元，隐瞒收入148.62万元，乱收费638.65万元，挤占挪用25.53万元，贪污私分1.98万元，漏缴税费92.96万元，违规使用票据181.59万元，其他违规金额572.76万元。有关市审计机关发现经济案件线索3件移交相关部门查处。审计查出以下问题：少数单位未能严格执行“收支两条线”管理规定；部分单位违规收费；收费票据使用和管理不规范；部分棉花公证检验专项经费未专款专用；少数社会团体和咨询服务机构职能越界；社会保障和住房改革政策未得到有效落实；技术机构仪器设备老化、检测能力落后；质监部门历史包袱沉重。

当年，组织355人组成120个审计组，审计和调查全省128个人民检察院2003年财政财务收支、中央预算内专项资金使用管理以及扣押款物管理情况。审计查出：违反规定乱收费；部分扣押款物管理不规范，没有设立专用账户，已结案罚没款未及时上缴国库或退还当事人；未严格执行“收支两条线”规定，预算外收入未纳入综合预算管理；票据使用不规范；国债资金地方配套不到位，地方财政占用或抵扣、挤占挪用国债资金行为等问题。审计决定，拖欠应缴预算收入、隐瞒截留收入、挤占挪用专项经费、设置账外账等各类违规资金5594万元问题，予以处罚、没收资金67万元。

2005年4月至8月，组织124个审计组，审计全省17个市、106个县（区）法院2004年财政财务收支，延伸相关单位和重点事项。查出违纪金额19216.94万元，其中收缴、罚款1011.45万元，移送纪检、监察和司法机关处理3人。审计之后，省高院印发《关于进一步加强招待费、执行款管理有关问题的通知》，要求各级法院自我检查本单位执行费、执行款管理情况、及时纠正问题。

2007年2月至8月，组织审计省工商行政管理系统2006年财务收支。审计资金总额97615.81万元，查处违规金额4272.42万元。审计查明：15个市和省工商局滞留应上缴财政收入2928.85万元，8个市隐瞒截留预算收入355.42万元，5个单位“账外账”973.50万元；以各种名目利用过期票据、内部票据对外违规收费，14个市违规收费377.77万元；固定资产管理不规范；专项资金未单独核算，挤占挪用专项资金；执法行为及罚没物品管理不规范；工商行政管理机关与所办市场未彻底脱钩。审计综合报告省政府后，副省长文海英批示，要求工商系统加强管理，认真研究工商监管方式不能完全适应垂直管理要求的问题。根据审计报告及省领导批示，省工商局《关于认真做好全省工商行政管理部门2006年度财务收支情况审计整改工作的报告》，要求各市县工商局全面整改并报告省政府。审计机关还就工商系统财政供给体制不顺及省工商行政管理机关与所办市场未彻底脱钩问题向省委省政府反映，省政府《政务要情》采用。

医疗卫生系统审计 1986年6月至12月，根据省政府副省长王厚宏批示，省审计局会同财政、卫生部门，审计全省95个县以上血防、防疫所（站）和7个有血防任务的地方病防治办公室1985年资金使用效果，调查部分区、乡卫生院和血防、防疫网点。审计发现，安徽省血防工作取得一定成绩，但还存在人员配备不足，技术人员结构不合理，“两防”经费偏紧，财务管理薄弱，挤占挪用血防、防疫经费等问题。审计查出违纪金额227.6万元，占审计金额15.2%。

1989年，组织全省审计县以上综合医院1988年财政收支。审计65个综合医院查出违纪金额843万元，其中违反规定擅自提高收费标准、巧立名目、扩大收费范围、乱加价提高药品加成率等乱收费324万元；11家医院违反公费医疗管理制度，进销自费药品和非医疗商品金额276.35万元，乱开大处方、人情方，社会反映强烈；医院层层创收、层层分成、收入不入账，有的医院分成项目20多种，药品库存账实不符，长期不对账。其中，省立医院1987年业务费支出1441.8万元，比1996年增长42.9%，主要原因是没有定额消耗指标管理。

1997年，根据审计署部署，抽调539人、组成156个审计组，审计全省138所县以上国有医院1996年医疗收费、药品管理和财务收支。其中，省审计厅直接审计安徽医科大学第一附属医院。全省审计总金额132441.57万元，查出违纪金额10258.99万元。主要问题：医疗收费超标准，自定项目收费以及重复收费、分解收费违纪金额2500万元；药品采购渠道乱，擅自提高药品加成率、违规外销制剂药品；销售非医疗商品，开“大处方”；私设“小金库”、扩大开支范围、内控制度不健全、财产物资管理不严等。审计机关从医疗收费标准滞后、财政投入不足、药品市场管理不规范以及医院执行国家政策意识不强等方面分析产生问题的原因，提出加大投入、加强管理、强化监督的意见和建议。省政府省长回良玉指出，围绕社会关注的热点、难点问题开展审计，“医药行业和医院收费的审计，做得都很好”；常务副省长汪洋指出“医药行业审计和医院系统审计工作成绩十分显著，为政府解决当前社会关注的热点、难点问题提供了第一手资料。”省政府副秘书长王坦批示“审计报告材料翔实，分析实在，意见中肯，确实是很有分量、值得有关部门认真研究，力争能得到较好的贯彻实施。”

2006年6月至10月，审计省立医院、安医附院、皖南医学院弋矶山医院三所省属医院。审计以医院财务收支真实性为基础，以执行国家财经法规、财务管理情况为主线，以医疗业务活动的合法合规性为切入点，运用计算机技术，把账内与账外、财务与业务、详查与抽查结合起来，摸清医院资产负债和财务收支规模，揭示财务收支、国有资产管理以及执行国家价格政策方面的问题。审计查出以下问题：医疗服务、医用材料违规收费730多万元；私存私放资金255万元；多列费用、少计收入、坏账核销手续不全、固定资产不及时入账等违规或管理不规范资金13862万元。审计还披露医院计费系统运行不规范、医疗服务多收费，药品收支结余不实，支出控制不严，固定资产账实管理脱节，药品材料采购管理不规范，违规参与营利性合作项目等问题。审计从外部监管、内部管理、市场环境和收入分配四个方面分析产生问题的原因，提出四条审计建议。省卫生厅依据审计意见，向省属各医院发出通知，要求加强财务收支管理，规范医疗收费行为，切实做好整改工作。审计机关开发审计成果，年底在全省审计信息化工作现场会上介绍计算机审计经验。2007 年，组织编写医院财务审计 AO 应用实例，被审计署评为优秀并通报表彰，有 3 篇医院收费计算机审计入选审计署专家经验库。编报信息《审计建议加强对医疗机构医用材料收费情况的监管》被省委办公厅采用，《审计建议继续加大对医疗收费情况的监管力度》，被省政府领导批示。

科技经费审计　1989 年，审计省光电技术研究所、省合成材料研究所、省科委条件财务处、省科委四里河基地后勤处等单位财务收支。其中，审计省科委查出违纪金额 166.98 万元：挪用科技事业费 51.43 万元弥补机关职工宿舍楼超支，挪用科技周转金 30 万元在珠海购买办公用房，挪用科技三项费 40 万元作为省科委珠海办事处开办费，动用科技事业费 28.15 万元购买办公用房，挪用科技三项费用 5 万元为机关职工宿舍安装闭路电视，从科学事业费中列支 12.4 万元购买车辆。省审计局《审计信息》1989 年第 11 期通报挤占挪用科技事业费与科技三项费问题。省人大常委会主任王光宇批示：“省科委挤占挪用百余万元科研费用，请省政府研办”。省政府副省长张润霞要求省科委“对于审计信息所反映问题及光宇主任批示要认真研究，严肃对待，请党组专门开会研究，写出书面意见报政府”。省科委于 9 月 1 日和 18 日，两次向省政府作出深刻检查并报告整改措施。

1993 年，根据省审计局和省科学技术委员会文件安排，审计省纺织工业科研所、标准计量情报所、产品质量检验所、纤维检验所、机械研究所、轻工业科学技术研究所、计量测试检验所、建筑材料科研所、省科技咨询中心、省科技研究开发中心等单位。

其他行业审计　1994 年，组织全省 81 个审计局、861 名审计人员，审计县（市）以下基层乡（镇）和街道 1994 年计划外生育费征收、使用和管理情况，调查 85 个县（市）计划生育管理部门。涉及 821 个乡（镇）、街道，审计面 40%，延伸审计 723 个行政村，核对 880 个计划外生育户。审计总金额 21779.6 万元，查出违纪违规金额 4927.9 万元，占审计总金额 22.62%，其中应上缴财政 780 万元，归还原渠道 1705.6 万元。审计发现以下问题：截留应上缴主管部门计划外生育费 4000 万元；自立项目、自定标准乱收费；征收兑现率不高，截至 1994 年年底，全省应征收计划外生育费 298186 人、25016.5 万元，实征 205027 人、20068.4 万元，依法惩收力度弱化；671 个乡镇挤占挪用计划外生育费 4527.9 万元，占计划外生育费总额 37.2%；671 个乡镇中，未使用财政票据、管理混乱的占 90% 以上；财务基础薄弱、账目不健全，管理松弛。

1997 年 7 月至 8 月，审计全省县以上文化系统 1996 年经费的筹措、投入、管理和使用情况，调查“八五”以来全省文化事业发展情况。全省组成 100 个审计组，审计和调查 558 个单位，审计总金额 2.14 亿元，查出违纪金额 469.4 万元。其中，省审计厅直接审计省文化厅及所属省博物馆、省图书馆、省黄梅戏剧院、省京剧院、省文物管理局、省艺术馆、省文化市场管理局等单位。审计显示，安徽省文化事业取得发展，但基础差、经费拮据状况仍未改变，文化设施建设滞后，文化单位经费不足，农民文化生活贫乏。少数文化单位经费使用不合理，预算外资金管理不合规，会计核算不规范。审计分析产生问题的原因，提出加强管理的意见和建议。省长回良玉批示："请明方同志阅酌，审计的情况要和文化厅赵世对同志谈一下。"

2005年7月11日至8月31日，组织审计全省食品药品监管部门2004年财务收支，延伸省药品检验所、省药物研究所、省药学会、机关服务中心、《安徽医药》编辑部。审计以真实合法效益为目标，以资金流向为主线，以执收执罚和执行"收支两条线"规定情况为重点，揭示食品药品监管部门在省垂直管理体制转轨期，违规收费、违反"收支两条线"规定、罚没物品和资产管理不力、财务管理与会计核算不规范等问题，提出建立内部制约机制，健全系统内的财务与资产监管制度等建议。省政府副省长黄海嵩批示："请药监局对审计提出的问题立即整改，需要建立制度、机制等，带有全局性的问题要在调研的基础上建立规范性的工作制度。"省药监局依据审计意见，制订《关于进一步加强财务管理工作的通知》，要求全省药监系统切实落实审计意见、认真进行整改。

此外，原来属于行政事业审计范畴而组织开展的行业审计还有：社会保障资金审计、住房资金审计、土地出让金审计等，随着相应专门审计机构的建立，其内容分别列入本审计志的社会保障审计、农林水审计等相关章节。

第三节　行政事业单位专项审计

1986年，专项审计或调查中国科技大学温元凯召开"优秀企业家会议"乱收费、乱开支问题；省旅游总公司超发奖金问题；省旅游局违反财经纪律问题；省委办公厅宿舍楼动用人防工程款修建地下室问题。

1987年，会同省财政厅审计省科协挪用事业费计划外购买职工宿舍问题。省科协1984年11月购买职工宿舍10套、支付48.73万元，其中挪用科协事业费35.2万元。审计要求省科协领导向省政府、省纪委作深刻检查，挪用事业费35.2万元，从预算外收入中逐年归还、弥补科学技术活动经费。

2月至4月，会同省财政厅组成审计组，审计江淮职业大学1985年7月至1986年12月的财政收支情况。发现江淮职业大学奖金、补贴标准偏高，往来款项中个人借款多、清理不及时，财务手续不健全，会计核算不规范等问题。

1991年，审计十一届亚运基金会安徽分会财务收支情况。查出问题：捐赠款未足额上交，欠交56.3万元；结账不及时，截至审计时地市欠款7.62万元；报销手续不完备，白条报销多。

当年，根据省委、省政府关于加强救灾款物审计监督的指示和审计署要求，抽调580人，组成230个审计组，审计全省410个民政、生产救灾、卫生等主管部门截至1991

年9月30日的社会捐赠款物接收、分配、使用和管理情况，调查1220个区、乡（镇）、村、自然村（村民组），走访1万多户灾民。审计结果表明，救灾款物使用和管理总体情况是好的，但也存在以下问题：平均分配现象严重、没有真正体现救急；少数地方乡村干部多领多占救灾粮款；有的地市使用不当，扩大开支范围；财务基础薄弱、制度不健全；发放救灾款没有"三公开"；捐赠款物归口管理问题没有解决，救灾款物到位不及时。审计结果于1991年12月2日在《安徽日报》向社会公告，审计署1992年第六期《审计简报》摘编安徽省救灾款物审计综合报告。

1992年，省审计局统一部署，继续审计全省各级、各渠道、各类救灾款物情况。全省抽调670人、组成230个审计组，审计715个县级以上民政、生产救灾、卫生、红十字会等主管部门，跟踪审计1690个区、乡（镇）、村、村民组，走访灾民4420户。其中省审计局直接审计省民政厅、救生办、省红十字会接收分配的捐赠款物和国拨救灾款。审计发现以下问题：扩大救灾款开支范围；主管部门管理制度不健全，账目不全，捐赠物资接交手续不完备，对基层缺少监督；个别地方乡村基层单位截留、挪用、私分、贪污救灾款物；救灾款物发放手续不健全；建房款下拨较慢，擅自改无偿补助款为有偿使用；捐赠物资利用率低、积压浪费等问题。审计对救灾款物后期管理提出建议。中国国际减灾十年委员会、民政部予以转发。

1998年，根据国务院、审计署和省政府有关文件，针对安徽省遭受特大洪涝灾害情况，省审计厅组织全省开展跟踪审计和调查。其中审计厅跟踪审计省民政厅、卫生厅、省教委、省红十字会、省慈善总会。

2001年11月，审计省发展计划委员会1999年至2000年省统筹、财政自筹和省财政专项安排的基建经费，延伸省投资集团有限责任公司、省公益性项目建设管理中心等二级单位。审计摸清省发展计划委员会1999年至2000年省级基建专项经费安排使用情况，查出财政资金作有偿使用、建设项目投资与规定用途不符、投资项目延续时间过长、部分项目投资计划下达滞后、拨款不及时等问题。审计报告得到张平常务副省长批示和肯定，2002年7月4日向省人大常委会专题汇报得到省人大常委会领导肯定。

2003年5月至8月，组织全省跟踪审计防治非典专项资金和捐赠款物筹措、接收、分配、使用情况。审计厅会同省发改委、省民政厅、省财政厅向审计署提交综合报告。审计肯定全省各级政府和有关部门重视防治非典专项资金和捐赠款物分配管理工作，做到制度明确、严格要求、跟踪监督、及时整改等成绩，同时也指出财政投入不足、资金拨付不及时、社会物资管理缺乏有效运行机制，少数地方物资分配调拨手续不完善等问题。审计提出加大防治非典的投入，加强公共卫生建设、建立健全应对突发事件的应急处理机制等四条建议。5篇审计信息，分别刊登在《安徽日报》、审计署门户网站上，并被国务院办公厅采用1篇、审计署采用2篇、省委办公厅采用1篇。

2003年7月中旬起，跟踪审计省卫生厅和省红十字会防汛救灾专项资金和社会捐赠款物接受、使用情况，延伸审计省疾控中心和省医疗器械管理站。

第四节　行政事业单位审计调查

1984年，根据审计署《关于试审和调查世界银行贷款项目的通知》，开展中国科技大学世行贷款项目1983年财务报表试审，调查省广播电视大学、合肥联合大学利用外资项目。审计评价项目开展情况，指出存在的问题并提出建议，向审计署出具鉴定报告。

1987年4月至7月，根据审计署部署，组织部分审计机关，审计和调查1985年、1986年民政事业费收支情况，涉及47个民政主管部门，249个救灾扶贫经济实体的经营管理情况，并抽审部分区、乡、村的救济、抚恤和救灾款发放情况。其中省审计局直接审计省民政厅民政事业费的收支情况。全省审计民政事业费17290.25万元，查出违纪金额1203.75万元，占审计总金额6.96%。查出以下问题：挤占挪用；虚列支出、转移资金；扶贫经济实体经济效益差，资金回收率低，救灾物质没有落到实处；财务管理松弛，内部控制不严等。

当年，组织全省审计机关调查行政经费增长情况。审计将1986年支出情况同1980年、1983年分别比较，剖析经费增长过猛的原因。其中，省审计局调查省直机关行政经费增长情况。调查表明，1986年省级行政经费支出4397万元，分别比1980年和1983年增长157%和105%，年均增幅17.1%，高于省级财政支出9.4%的平均增长水平。审计剖析行政经费增长的原因，提出控制人员编制，严格预算管理，加强固定资产管理，严格控制非必需设备购置，制定费用开支办法，加强监督等建议。省政府办公厅《政办通报》摘要印发审计报告。

1991年4月至9月，组织全省调查一些部门机关经费来源及开支水平，共调查643个单位。调查发现：被调查机关经费收支实际高于财政拨款水平，643个单位1990年财政拨款以外的其他资金11427万元，占资金来源总额52.8%。来源包括挤占挪用事业费、收取规费、下属单位上缴管理费、预算外收入，以及“暂借”或下属单位“赞助”。调查发现，部门与部门、单位与单位之间来源和开支水平悬殊较大，经济主管部门、掌管财政拨款权和事业费分配权的部门以及规费、罚没收入多的部门，其经费使用水平远高于一般单位，单位之间苦乐不均。

1992年9月，省审计局组织调查科技经费投入和科研单位体制改革后的科研业务及经济活动状况。调查各类科研单位28个，审计调查金额5800万元，其中省审计局调查3个省级科研单位。调查发现，安徽省科技发展体制不顺，科研后劲不足，基础研究和社会公益型科研经费投入不足，税收政策、科技人员生活待遇等配套政策不落实等问题。

当年，组织有关审计机关，采取“上审下”方式，调查临泉、桐城、五河三个综合体制改革试点县政府机构改革情况。审计发现以下问题：上下级改革不同步给新机构运行带来困难，新机构职能转换未完全到位，机关兴办经济实体和转体单位财务脱钩困难，编制、人员没有从根本上得到精简等。

2001年，省审计厅组织全省审计普教经费，重点是农村义务教育投入、农村中小学校负债和农村中小学收费情况，涉及707个单位。结果表明，安徽省农村义务教育经费供需矛盾突出，挤占挪用普教经费、基础教育负债问题突出，一些中小学乱收费、乱摊派现象屡屡发生。审计分析存在问题的原因并提出意见和建议。

2002年5月至8月，全省组成9个审计组，审计和调查省本级，合肥、芜湖、蚌埠、阜阳市以及肥西、南陵、固镇、颍上县2001年政府采购情况。围绕政府采购管理体制和运行机制，政府采购预算、计划和资金支付管理情况及采购方式和程序执行情况，调查财政部门、政府采购执行机构和部分用户单位及供应商。审计和调查表明，政府采购规模不断扩大，制度建设加强，内部监督机制不断完善，但仍存在机构设置、规章制度不完善；政府采购预算、计划编制和采购资金支付管理规模偏小，逃避集中采购，采购无预算或预算不完整，计划不强及采购资金管理不规范；采购招标公告及开标时间不规范，评标小组成员不符合规定，指定品牌，投标人资质审查不严，合同签订和履行不规范等问题。

11月，调查省属19家科研机构改制情况。调查肯定改制成效，指出离退休人员工资差额补助难落实、部分院所产权界定不清，部分人才流失等问题。调查结果引起省政府领导重视，常务副省长张平批示“请省科技厅阅研，会同省编办、人事厅、财政厅研究所提问题”。

2003年8月至9月，专项审计调查宿州市104国道泗县段收费站、泗永路灵璧新汴河桥收费站、宣城市宣铜路宣南收费站、六安市203省道寿县段收费站，自建站至2003年6月底建设、运营、收支、还贷情况。调查发现以下问题：收不抵支，收费还贷难以实现；控制不严，投资、贷款无决算；收费站开支控制不严、影响还贷等。调查分析形势变化对收费还贷的影响，收费站点人员管理模式影响到期收费站点撤销等情况，提出改善公路收费站收支管理、提高还贷水平的意见和建议。省委常委、常务副省长任海深和副省长黄海嵩分别批示，要求交通厅按审计建议整改。审计信息《审计建议建立适合公路收费站管理的用工制度》，省政府2003年11月份《政务要情》采用。2004年5月，省政府办公厅来函征询审计厅意见，是否同意批准宿州市泗永路灵璧新汴河桥收费站延期收费，彰显审计作用。

2007年3月至5月，审计省科技厅管理的2004年至2006年科技三项费用项目执行、项目验收、资金使用合规合法性和项目管理情况。审计组发放调查表、重点抽样、实地调查、综合分析，归纳共性问题，发现存在挤占挪用项目资金，项目资金未按规定单独核算，合同书管理粗放，项目安排重点不突出，资金使用效益不理想等问题。审计提出加大科技投入，合理安排资金投向，规范管理合同，加强项目管理，提高资金投入效果等建议。省委办公厅《每日快报》和省政府办公厅《政务要情》分别采用。副省长田维谦批示：“审计表述客观，建议针对性强。请科技厅认真总结经验，发扬成绩，完善有关工作举措，为创新型安徽建设做出更大贡。”

7月至9月，组织全省专项审计调查新型农村合作医疗基金。调查涉及试点县（市、区）“新农合”管理委员会及其经办机构，与基金收支管理有关的卫生、财政、民政等部门，以及定点医疗机构，延伸部分乡镇、行政村，走访参合农户。调查以检查基金收支真实性为基础，以分析参合农民受益水平、评价试点工作成效为重点，调查政策落实、筹资机制、专户管理、制度建设、统筹补偿、审核支付、定点医疗机构服务能力等情况。调查摸清36个试点县新农合作基金筹集、管理、使用的总体情况，总结试点成效，分析新农合制度社会效益。省委常委、副省长赵树丛批示：“新农合是低水平的医疗互助，一定要在管理上和制度设计上下工夫，使其发挥较大效果，帮助农民获得基本医疗服务和防止大病返贫。对经验要认真总结，对问题要认真梳理，逐一解决，特别是找出规律性的东西，加强制度建设。”省委办公厅《信息快报》《中国审计报》、审计署网站均宣传了安徽省实施新农合取得的良好成效。

第十一章　外资运用审计

外资运用审计是审计机关依法对各级政府部门、国有企事业单位、国有金融机构等组织和单位，利用国际组织、国际金融组织和外国政府贷款、援助款及有关经济活动的真实合法和效益情况，以及国家法律法规规定的其他利用外资或对外投资活动的审计监督。

安徽省外资运用审计，从联合国、世界银行等国际组织和国际金融组织贷款、援助款项目公证审计起步，逐步扩展到中外合资企业审计、外债专项审计调查和外资项目绩效审计，大体上经历三个发展时期。

1984 年 8 月，省审计局根据审计署要求，组织力量，审计蒙城县、涡阳县、濉溪县世界银行贷款华北平原农业项目 1983 年决算，标志着安徽省外资运用审计正式起步，进入探索发展时期。

根据省编委、省人事局、省财政厅和省审计局《关于增加全省各级审计机关行政编制和经费开支问题的通知》，1985 年 12 月，省审计局设立外资运用审计处，负责组织全省审计机关对国际金融组织、国外政府贷援款项目实施审计，出具公证审计报告。

1986 年开始，省审计局按照"分级管理、分级审计"原则，授权有关市（地）、县审计机关每年对所在市（地）、县国际金融组织、国外政府贷援款项目开展审计，公证审计在安徽省全面实施。

为了加强对中外合资合作企业的审计监督，1990 年，省审计局对黄山西海饭店进行审计调查，探索中外合资合作企业审计方法。1995 年至 1998 年，省审计厅连续 4 年组织全省审计机关对 100 多户中外合资合作企业资产负债损益审计和调查，推动全省中外合资合作企业审计广泛开展。

1999 年，审计署提出外资公证审计报告坚持"内外合一，如实披露"的原则，对公证审计质量提出新的要求，安徽外资运用审计进入创新提高时期。

当年，省审计厅首次组织全省世行贷款项目还本付息情况专项审计调查，揭示世行贷款项目投资效益差、还贷能力弱以及债务监管机制不完善等问题，促进政府完善债务监管机制。2003 年，省审计厅组织对全省各级财政、外汇管理等政府外债主管部门进行专项审计调查，为政府理顺外债管理体制提供决策依据。

2003 年开始，对世行淮河流域污染治理项目以及亚行贷款长江酸雨控制与环境改善项目，采取省市县联合审计以及上级重点审计与上下审计相结合的方式，加大审计查处和披露问题的力度。

2004年，省审计厅选择肥东县世行贷款加强灌溉农业二期项目开展效益审计试点，探索绩效审计的目标、重点内容、方式方法和评价指标。2006年，省审计厅对世行贷款师范教育发展、中学在职教师培训及地方大学项目效益开展专项审计调查，推动外资项目绩效审计全面开展。

2006年，为了强化外资审计监督工作，省审计厅印发《关于进一步加强外资审计监督的意见》，对外资审计的重要性、必要性、规范操作程序、审计质量、审计方式方法、效益审计以及审计处理和审计结果披露等审计事项，提出新的要求和指导意见。安徽省外资运用审计进入改革规范时期。

根据审计署关于实行国外贷援款项目公证审计管理方式改革的要求，安徽省从2007年开始推行公证审计改革，重点是改变公证审计组织和实施方式。明确公证审计组织实施主体。对国外贷援款项目的公证审计一律由省审计厅负责组织实施，不再授权给市县审计机关。公证审计实行“六个统一”。即省审计厅统一制订审计方案、统一成立审计组、统一发送审计通知书、统一审计资料业务复核、统一征求被审计单位意见和统一出具审计报告。采取多种方式实施审计。对省属单位及部分重点市县子项目，由省审计厅直接实施审计；对一般的市县子项目由省审计厅统一组织、相关市“交叉审”或有关市以“上审下”方式实施审计。

25年来，安徽省外资审计工作认真贯彻全国外资审计工作方针，逐步拓展审计领域，深化审计内容，创新审计方式方法，规范审计行为，加大查处力度，审计质量逐年提高。

安徽省利用外资项目多、资金量大、期限长，外资审计时间跨度长、牵涉点多面广、投入审计力量大，在确保按时完成对外审计公证的同时，突出重点领域、重点项目和重点内容的审计。审计计划把各级党委、政府关注和社会普遍关心的热点、难点和焦点问题，作为安排审计项目的重点。如2003年、2004年连续两年重点抓外债管理体制与中外合资合作企业审计调查，了解政府外债管理体制与中外合资合作企业总体情况，揭示突出问题，提出建议，促进外债管理与中外合资合作企业健康发展。审计把基础设施建设以及关系国计民生的行业部门作为重点领域。如对公路二期项目审计，从前期审计调查、制定方案，到项目实施审计、出具审计报告，都注重总结经验与存在的问题，查处项目建设中的问题，取得明显审计效果。审计内容突出项目资金使用的安全性、效果性、效益性。对亚行贷款二期长江酸雨控制与环境改善项目审计，子项目多、实施时间长、单位变化较大、建设进展参差不齐，既要审计项目建设内容，又要审计企业资产负债损益情况，审计揭示项目建设与经营管理方面的大量问题，引起省政府领导高度重视，对被审单位起到震慑作用。审计方法上，针对项目建设期需要连续审计的特点，对世行贷款贫困地区林业可持续发展、农村基本卫生服务等涉农外资项目的公证审计，各项目资金量虽不大，但项目建设时间跨度长，点多面广，涉及近百个市县项目单位及项目主管部门,审计注重抓好项目的首尾年度审计。

多年来,外资审计不断加大监督力度,审计质量控制得到加强。从审前调查、制定审计方案、审计实施,到出具审计公证和专题报告,都严格按照程序规范操作,抓好各环节的审计质量。对每个项目审计中发现的问题,都作出处理、提出建议,促进项目执行单位整改,提高外资利用质量。2003 年省长、副省长 5 次对政府外债管理体制、中外合资合作企业调查审计综合报告和信息批示。2004 年以来,安徽省亚行贷款二期长江酸酸雨控制与环境改善项目,向省政府提交专题报告与信息,连年得到省政府领导共 6 次批示。2003 年至 2006 年,全省开展外资审计项目质量评比表彰活动,审计署外资司对安徽省公证审计质量检查给予充分肯定。

安徽省重视外资项目绩效审计,探索效益审计取得有益进展。对已完工外资项目开展效益审计,围绕项目效益目标查找问题,从科学决策和规范管理的角度,分析影响效益目标的原因,提出改进建议。2004 年对肥东县世行贷款二期加强灌溉农业项目效益审计,为全面开展外资项目效益审计探索路子,使外资审计内涵向多元化拓展。2006 年根据审计署部署,开展世行贷款地方大学、师范教育发展和中学在职教师培训项目效益专项审计调查,提交的调查报告受到署计署表彰。2007 年组织 10 个县审计机关,对全省世行贷款加强中国农村贫困地区基本卫生服务项目效益开展专项调查试点。

2000 年,省审计厅向省政府报告世行贷款存在政府偿债负担加重、财政风险加大等问题,省政府研究制定《安徽省政府偿债准备金管理暂行规定》。2003 年、2004 年连续两年开展政府外债管理体制专项审计调查,发现政府外债管理体制存在突出问题,向省政府提交专题报告,为制定和完善省外债管理办法提供决策依据。2006 年年初,针对全省外资审计工作中存在的问题,印发《关于进一步加强外资审计监督的意见》,对加强外资审计监督,完善外资项目管理制度,促进外资管理水平,发挥积极促进作用。2007 年,印发《安徽省审计厅关于加强和改进国外贷援款项目公证审计管理的意见》,对公证审计的职责分工、组织方式、操作程序、管理监督等作出规定。《中国审计报》、审计署网站作了报道。当年,省审计厅编纂《外资审计法规》,供外资审计人员使用。

安徽省外资审计采取灵活多样的组织方式,如对淮河流域污染治理、长江酸雨控制与环境改善项目审计,采取省市县联合审计以及上级重点审计与上下审计相结合的方式,由省审计厅统一出具对外审计报告。2006 年开始,适应公证审计组织方式改革,对国外贷援款项目的公证审计一律由省审计厅负责组织实施,不再授权给市县审计机关。区别情况,采取直接实施、交叉实施和分组实施等方式组织公证审计,并加强国外贷援款公证审计组织管理工作,公证审计实行“六个统一”。

每年通过以会代训,开展专门业务培训和理论研讨,不断提高外资审计人员素质。2003 年,组织全省 100 多名外资审计人员进行业务培训,邀请审计署外资司领导和南京审计学院教授讲课;邀请省财政厅、亚行办和德援办专家就国际金融组织与贷援款项目进行交流。2005 年,组织全省开展外资审计理论研究以推动外资审计实践。2006 年,组织课题研究，提交《围绕中心，服务大局，进一步发挥外资审计在外资综合利用中的促进作用》的论文，提出外资审计发展的新思路。

25年来，安徽省外资运用审计工作，依照国家法律法规以及贷款协议要求，依照国际会计准则和审计规范，按时提供对外审计公证报告，保障项目顺利实施。1984年以来，对全省利用国际金融组织、外国政府贷援款项目与中外合资合作企业等72个项目审计，项目总投资296.17亿元，其中利用外资总金额24.48亿美元；共提交审计报告362份，其中提交中英文审计报告176份。严肃查处违纪违规行为，促进有关部门和项目单位认真执行国家法规和项目协议。全省公证审计、中外合资合作企业审计以及专项审计调查的审计总金额504.29亿元；审计查出违纪违规和管理不规范金额622918.02万元，其中挤占挪用资金57469.49万元、滞留资金32648.68万元、虚报冒领资金46125.54万元、配套资金不到位301106.47万元，其他181945.60万元，损失浪费633万元，漏缴税金2698.12万元，审计收缴290.12万元。同时，加强项目综合分析，为各级政府宏观决策服务。审计对发现的问题，及时督促项目执行单位整改，同时提出有关改善管理、完善制度、提高效益的建议，加强审计成果综合利用。全省共计撰写各类综合（专题）审计报告、要情、信息、简报等300多篇，其中审计署采用28篇，省委省政府采用100多篇，省领导批示22次，提出审计建议298条。

第一节　国际金融组织和外国政府贷款项目审计

世界银行、亚洲开发银行等国际金融组织贷款，是援助性质的优惠贷款，具有贷款利率低、还款期限长的特点。在签订贷款协议时，要求进行公证审计。根据审计法规和审计署授权，从1984年开始，安徽省各级审计机关对省内实施的国际组织、国际金融组织、外国政府贷款和国际商业贷款项目进行审计，包括公证审计、财务收支审计和绩效审计。在外资项目审计中，对外资和项目的国内配套资金一并进行审计。

世界银行贷款教育科研项目审计　大学发展项目　1984年至1987年，省审计局审计该项目执行情况。项目内容是：建设一个现代化的“结构分析中心”和“计算中心”。项目执行单位为中国科技大学。项目贷款总额728万美元，国内配套资金计划600万元。

广播电视大学和短期职业大学项目（信贷号1411—CHA）　1985年至1989年，省审计局审计该项目执行情况。项目内容是：改造房屋，充实仪器、设备及家具。项目执行单位为安徽省广播电视大学及芜湖、蚌埠、合肥分校和合肥联合大学。项目计划总投资1142.89万元，其中世行信贷资金208万个特别提款权（相当于222.5万美元）。项目实际使用信贷资金188.1万个特别提款权（相当于201.2万美元），自筹配套资金878.2万元。审计发现问题：省电大部分采购设备不适用或配件不齐而长期闲置；电大蚌埠分校校址偏僻，学生来源偏少，设备利用率低。

第二个大学发展项目（信贷号1551—CHA）　1986年至1992年，省审计局审计该项目执行情况。项目内容是：建设计算中心和电气、机械工程测试中心。项目执行单位为合肥工业大学。项目计划利用世行信贷资金357万个特别提款权（相当于424.38万美元），国内配套资金1129万元。至1991年年底，实际利用世行信贷资金340.78万个特别提款权（相当于436.46万美元），国内配套资金880.78万元。审计发现：项目派出国人员逾期未归率67%；引进设备以及国内配套设备相应的维护费用没有落实；设备配套资金没有完全落实；设备利用率整体水平较低。

第二农业教育项目（信贷号1500—CHA）　1986年至1993年，省审计局审计该项目执行情况。项目内容是：建设学校实验中心、电教中心和培训中心。项目执行单位为安徽农业大学。项目计划利用世行信贷资金89.27万个特别提款权（相当于95.30万美元），国内配套资金200万元。项目实际使用信贷资金94.86万美元，自筹配套资金355.90万元。审计发现：设备利用率低；设备维护费用没有落实；部分项目出国人员逾期未归。

地方大学项目（信贷号1671—CHA）　1987年至1992年，省审计局审计该项目执行情况。项目内容是：建立中心实验室、分析测试中心、计算机中心和电教中心。项目执行单位为安徽大学和安徽师范大学。项目计划利用世行信贷资金342万个特别提款权（相当于380万美元），省内安排配套资金1200万元。项目实际完成投资2567.71万元，其中使用信贷资金342万个特别提款权（相当于474.90万美元），自筹配套资金1200万元。审计发现：财务机构和制度不健全；配套资金下拨与项目进展不衔接；设备整体利用率不高，设备维护费没有落实；安徽大学中心实验楼存在质量问题；安徽大学中心实验室业务素质亟待提高。

中学在职教师培训项目（信贷号1908—CHA）　1989年至1994年，省审计局审计该项目执行情况。项目内容是：建设实验中心，采购先进仪器设备和图书资料。项目执行单位为安徽省教育厅以及安徽省教育学院、合肥教育学院、阜阳教育学院。项目计划利用世行资金125万个特别提款权（相当于170万美元），国内配套资金640万元。至1993年年底，项目实际完成投资1296万元，其中世行贷款到位170万美元（折合人民币636万元），国内配套资金到位660万元。审计发现：采购的设备仪器存在质量问题；配套资金有缺口。

教材开发项目（信贷号2006—CHA）　1990年至1992年，省审计局审计该项目执行情况。项目内容是：购买先进印刷设备。项目执行单位为安徽新华印刷厂。项目计划利用世行信贷资金73.30万个特别提款权（相当于97.55万美元），自筹配套资金1120万元。项目实际完成投资2284.59万元，其中实际使用信贷资金75.31万个特别提款权（相当于100.23万美元，折合人民币534.23万元），自筹配套资金1750.36万元。审计发现：设备使用率低；汇率变动使企业负担加重，还贷困难。

重点学科发展项目　1992年至1997年，省审计厅审计该项目执行情况。项目内容是：建设火灾科学研究实验室。项目执行单位为中国科技大学。项目计划总投资971.52万元，其中世行资金89.92万美元（折合人民币485.76万元），国内配套资金485.76万元。至1996年年底，项目实际完成投资1026.60万元，其中世行贷款到位101.67万美元（折合人民币550.37万元），国内配套资金到位476.23万元。审计发现：部分贷款购买的设备未及时到位；安装时间过长影响设备使用；部分采购设备部件质量不合格。

师范教育发展项目（信贷号2471—CHA） 1995年至2000年，省审计厅组织有关地市县审计该项目执行情况。项目建设目标：使项目学校基本办学条件达到国家规定标准。该项目执行单位为安徽省教育厅世界银行贷款办公室，以及安庆师院等9所师院、师专和省教育信息中心。项目计划利用世行信贷资金366.99万个特别提款权（相当于509万美元），国内配套资金5549万元。截至1999年年底，项目实际完成投资11007.01万元，其中世行信贷资金361.97万个特别提款权（相当于498.53万美元，折合人民币4127.48万元），国内配套资金6879.53万元。审计发现：项目进度缓慢；采购的仪器设备存在诸多问题；配套资金不足，土建工程配套存在乱拉现象；财务管理有待加强。

第三个贫困地区基础教育发展项目（信贷号2831—CHA） 1997年至2002年，省审计厅组织有关市县审计项目执行情况。项目目标是改善项目县初中、小学办学条件。项目执行单位为安徽省教委以及合肥等5个市所辖16个贫困县教育部门。项目计划利用世行信贷资金1246.30万个特别提款权（相当于1852万美元），国内配套资金1.35亿元。至2001年年底，实际到位资金26013.22万元，其中世行贷款到位1282.13万个特别提款权（相当于1608.39万美元，折合人民币13312万元），国内配套资金到位12701.22万元，项目实际完成投资25840.98万元。审计发现问题：个别县配套资金缺口大、虚假配套；部分县滞留项目资金；部分县财务管理薄弱，未按世行项目财务制度核算；市县普遍未建立还贷准备金制度。

世界银行贷款农林水利项目审计 华北平原农业项目（信贷号1261—CHA）1984年至1988年，省审计局组织有关地市县审计该项目执行情况。项目内容是4.14万公顷砂礓黑土综合整治，这是安徽省第一个农业利用外资项目。项目执行单位为省农业引用外资项目办公室，以及涡阳、蒙城、濉溪县农业项目办。项目计划利用国际开发协会借款1350万个特别提款权（相当于1500万美元），配套资金5525万元。实际完成投资9465.80万元，其中世行信贷资金1339.1万个特别提款权，配套资金到位2700万元。审计发现问题：挪用配套资金；挪用信贷资金；部分项目资金使用效益低。副省长汪涉云签批1988年审计综合报告。

种子项目（信贷号1577—CHA） 1986年至1991年，省审计局组织有关地市县审计该项目执行情况。项目内容是：建设种子中心的加工和储存设施、实验室和办公室。项目执行单位为省农业引用外资项目办公室以及濉溪等8个县种子公司。项目计划利用信贷资金104.25万个特别提款权（相当于100万美元），国内配套资金230万元。实际完成投资 465.28 万元,其中世行信贷资金 108.96 万个特别提款权,配套资金 194.10 万元。副省长邵明、汪涉云对 1991 年综合审计报告作出批示:资金管理责任要清晰,还贷责任单位要明确,要有切实可行程序,要认真总结项目的经验,供以后世行贷款项目参考。

淠史杭—巢湖地区开发项目(贷款号 2579—CHA、信贷号 1606—CHA)　1987 年至 1992 年,省审计局组织有关地市县审计该项目执行情况。项目内容是:修复和完善淠史杭地区原有灌溉设施,建造溢洪道、控制闸、抽水站。项目执行单位为省农业引用外资项目办公室以及六安等 3 个地市农业项目办。项目计划利用世行银行贷款 1700 万美元,信贷 7570 万个特别提款权(相当于 9200 万美元),国内配套资金 25350 万元。实际完成投资 93987 万元,其中使用世行信贷资金 1700 万美元,信贷 7570 万个特别提款权,配套资金 55807.67 万元。审计发现问题:滞留项目资金;上报完成投资量不实;配套资金不到位;挪用项目资金;招标物资管理混乱;项目竣工验收进展缓慢。副省长汪涉云两次作出批示,要求项目单位高度重视审计意见和建议,加强项目管理和财务管理,使用好项目资金,发挥投资的最大效益。

淠史杭—巢湖地区开发项目 E 部分农村信贷项目(信贷号 1606—CHA)　1987 年至 1989 年,省审计局组织有关地市县审计该项目执行情况。项目内容是:发展农副产品加工畜牧(家禽)业和淡水养渔业,涉及六安等 3 个地市。项目执行单位为中国农业银行安徽省分行。项目计划利用世界银行信贷款 293 万个特别提款权(相当于 393 万美元),农业银行配套贷款 1470 万元,回收项目贷款 240 万元,单位自筹 2066 万元。实际完成投资 6080 万元,其中使用世行信贷 293 万个特别提款权,农业银行配套贷款 1553 万元,回收项目贷款 628 万元,自筹资金 2437 万元。审计发现问题:少数县农行没有严格执行项目管理制度;逾期项目贷款多;挪用项目资金;项目整体经济效益不理想。

第三农村信贷项目(信贷号 1871—CHA)　1989 年至 1993 年,省审计局组织有关地市县审计该项目执行情况。项目内容是:支持发展种植业、养殖业和农副产业加工业,涉及阜阳等 16 个市县。项目执行单位为中国农业银行安徽省分行。项目计划利用世行信贷资金 1300 万美元,农行配套资金 2226.5 万元,自筹配套资金 5761.3 万元。项目完成投资 14906.5 万元,其中使用信贷资金 1300 万美元(折合人民币 6040.08 万元),农行配套资金 4904.07 万元,自筹配套资金 3962.35 万元。审计发现问题:项目贷款未能按期收回;部分项目自筹资金被抽走;部分项目未参加保险造成损失;部分基层行项目后期管理工作未跟上。

加强灌溉农业项目(贷款号 3337—CHA、信贷号 2256—CHA)　1992 年至 1998 年,省审计厅组织有关市县审计该项目执行情况,并于 1998 年审计项目竣工决算。项目内容是:改造安徽省淮北地区 480 万亩中低产田,农业综合开发建设。项目执行单位为安徽省农业综合开发领导小组办公室,以及淮北等 5 个地市的 21 个县(市、区)农业项目办。项目计划利用世行信贷资金11700万美元（折合人民币61074万元），国内配套资金59426万元。截至1997年年底，实际到位资金219008.88万元，其中世行信贷资金到位4862万个特别提款权（相当于6588.74万美元，折合人民币54553.44万元），世行贷款资金到位5133万美元（折合人民币42500.21万元），国内配套资金到位121955.23万元；项目实际完成投资180932.61万元。审计发现问题：占用和出借项目资金；计划外项目挤占项目成本；部分项目区工程质量和管理差；部分工程价款结算不实；到期贷款回收率低；部分项目区财务核算不规范。副省长王昭耀对1993年审计综合报告批示，要求通报批评挪用项目资金问题，进行追踪审计。省政府副省长汪洋对1998年审计综合报告批示，要求继续做好世行贷款资金的清收工作和防患风险工作。副省长王昭耀对1998年项目竣工决算审计综合报告批示，要求有关部门加大力度，落实审计建议。

粮食流通项目（贷款号3624-A、信贷号2518—CHA） 1993年至1998年，省审计厅组织有关地市县审计该项目执行情况。项目内容是：建设粮食专用中转库、收纳库，涉及芜湖市等4个市县。项目执行单位为安徽省粮食局。项目计划利用世行资金384.08万等值美元，国内配套资金4047万元。至1997年年底，项目实际完成投资5441.34万元，其中世行信贷资金到位266.81万等值美元（折合人民币2208.86万元）。审计发现问题：项目资金缺口较大；部分项目总体进展缓慢；部门项目偿还债务能力不足；部分投入使用工程未办理竣工决算；国家对项目的优惠政策未落实。

加强灌溉农业二期项目（贷款号4354—CHA） 1999年至2004年，省审计厅组织有关市县审计该项目执行情况。项目内容是：治水改土，改善农业生产条件。项目执行单位为安徽省农业综合开发领导小组办公室，以及合肥等4个地市所属20个县（市、区）农业项目办。项目计划利用世行贷款资金5000万美元（折合人民币41800.1万元），配套资金84199.9万元。至2003年年底，项目实际到位资金125581.52万元，其中世行资金到位4950万美元（折合人民币41359.80万元），配套资金到位84221.7万元；项目实际完成投资125530.57万元。审计发现问题：省农发办及部分市县项目办未及时下拨世行贷款报账回补资金；劳务配套证据不充分，投劳折资不准确；项目管理薄弱，部分县级乡镇项目办财务资料不全；大部分未建还贷准备金制度。2004年，省审计厅审计肥东县世行贷款加强灌溉农业二期项目投资效益。发现问题：项目初步设计脱离农村实际，林木成活率未达到设计要求，项目建设"普降小雨"规模效益难以发挥，农作物增产效益指标难以实现；擅自变卖农机设备；挪用、滞留项目资金，虚假筹资；项目程序不合规。

中国小规模肉牛发展项目（贷款号4530—CHA） 2001年至2006年，省审计厅组织有关地市县审计该项目执行情况。项目内容是：牛肉育种和饲料改良、牛肉生产。项目执行单位为安徽省世行贷款肉牛发展项目办公室，以及阜阳等5个市县农业部门。项目计划利用世行资金2400万美元（折合人民币2.06亿元），国内配套资金2.07亿元。

至2005年底，项目完成投资47844.50万元，其中世行贷款2591.9万美元（折合人民币20917.2万元），国内配套资金26415.96万元。发现问题：滞留项目资金；挪用贷款资金；配套资金未及时到位；对不再养殖的受益农户未采取措施收回项目贷款；未建立偿债准备金。

加强灌溉农业三期项目（贷款号4803—CHA）　2007年起，省审计厅组织有关市县审计该项目执行情况。项目内容是：节水灌溉措施、农业标准化与组织化建设。项目执行期为2005年至2009年。项目执行单位为安徽省农业综合开发局以及合肥等4个市所属16个县（市、区）农业项目办。项目计划利用世行贷款资金3000万美元（折合人民币25472万元），配套资金30566万元。至2006年年底，项目资金到位7463.56万元，其中配套资金7463.56万元；项目实际完成投资3215.57万元。审计发现问题：项目进展缓慢；地方配套资金不到位；个别县没有严格执行项目初步设计或中标合同；个别县费用支出的原始单据不完整；部分县区项目内控制度薄弱；国家农发办回补报账提款过程漫长。

农业科技项目（贷款号4773—CHA）　2007年起，省审计厅审计该项目执行情况。项目内容是以开展科技创新、机制创新为特色的农业试点。项目执行期为2004年至2009年。项目执行单位为安徽省农业综合开发局以及蚌埠等市13个县（区）农业项目办。项目计划利用世行贷款资金2000万美元（折合人民币16540万元），配套资金19848万元。至2006年年底，项目资金到位5348万元，其中世行资金49.16万美元（折合人民币406.56万元），配套资金4941.44万元；项目实际完成投资3455.80万元。审计发现问题：项目建设进展缓慢，年度计划完成率低；部分项目实施内容不到位；报账提款补回量小；部分市区配套资金不到位，自筹资金比率过低；个别项目资产闲置；财务管理不规范。

国家造林项目（信贷号2145—CHA）　1991年至1998年，省审计厅组织有关地市县审计该项目执行情况。项目内容是：造林及幼林抚育。项目执行单位为安徽省林业外资项目办公室以及宣城等3个地市的17个项目县（市、区）林业部门。项目计划利用世行资金1695.60万个特别提款权（相当于2212万美元），国内配套资金7127万元。至1997年底，项目完成投资26281万元，其中世行信贷资金1695.60万个特别提款权（折合人民币17476万元），配套资金8805万元。审计发现问题：还贷资金缺口大；挪用项目资金；截留抽回项目配套资金；少数基层项目单位会计基础工作薄弱。

森林资源发展和保护项目（信贷号2623—CHA）　1995年至2000年，省审计厅组织有关地市县审计该项目执行情况。项目内容是：营造3.3万公顷集约经营人工林。项目执行单位为安徽省林业外资项目办公室以及黄山等5个地市的16个县（市）林业部门。项目计划利用世行资金14170万个特别提款权（相当于20000万美元），国内配套资金120580万元。至1999年年底，项目实际完成投资12273万元，其中使用信贷资金585.08万个特别提款权（相当于803.54万美元，折合人民币6652.77万元），国内配套资金累计5600.7万元。审计发现问题：县级配套资金缺口；个别县项目办滞留资金；项目资金使用不合规定；劳务折抵超比例；部分项目实施单位财务管理不健全。

贫困地区林业发展项目（贷款号4325—CHA、信贷号N039—CHA） 2000年至2006年，省审计厅组织有关市县审计该项目执行情况。项目目标是发展森林资源，改善环境，支持扶贫。项目执行单位为安徽省林业外资项目办公室以及安庆等6个地市的18个县（市）林业部门。项目计划利用世行贷款950万美元（硬贷）和703.7万个特别提款权（软贷），国内配套13162万元人民币。至2005年年底，实际到位资金30830.71万元，其中世行贷款资金2201.31万美元（折合人民币17764.99万元），配套资金到位13065.72万元；项目实际完成投资32326.96万元。审计发现问题：未按转贷协议要求使用项目资金；滞拨项目资金；县级配套资金不到位；项目财务管理薄弱。2006年，副省长赵树丛对省政府办公厅《政务要情》摘编审计信息上批示，要求整改世行贷款林业项目存在的问题。

林业持续发展项目（贷款号4659—CHA） 2005年起，省审计厅组织有关市县审计该项目执行情况。项目内容是：营造林9.17万公顷、新建扩建苗圃12处。项目执行期2003年至2009年。项目执行单位为安徽省林业外资项目办公室以及黄山等5个市所辖20个县（市、区）林业部门。项目计划利用世行贷款资金2485万美元（折合人民币20625万元），配套资金20414万元。至2006年年底，项目实际到位资金23280.17万元，其中世行资金到位1419.11万美元（折合人民币11081.38万元），配套资金到位12198.79万元；项目实际完成投资30990.34万元。发现问题：配套资金没有及时足额到位；滞拨项目资金。

世界银行贷款工业交通和城市项目审计 公路项目（贷款号2539—CHA、信贷号1594—CHA）1987年至1991年，省审计局组织有关地市县审计该项目执行情况。项目内容是：在岳西等5个县修建6条三四级公路，总长222.3公里。项目执行单位为省公路管理局。项目实际完成总投资5011万元，其中使用世行贷款资金222.68万美元（折合人民币829.65万元），信贷资金212.7万个特别提款权（折合人民币1010.60万元），配套资金3170.74万元。

工业信贷项目 1987年到1996年，省审计厅组织有关市县审计和调查省投资银行财务收支和项目执行情况。该项目由中国投资银行安徽省分行转贷，是利用世界银行、亚洲开发银行贷款，引进国外先进设备以加速安徽省工业技术改造项目。项目涉及轻、纺、电子、医药、机械加工等行业，主要分布在合肥、淮南等市。至1995年年底，批准外资8948.33万美元，支用8235.19万美元，批准配套人民币9754.69万元，支用9668.87万元。至1995年底，省投资银行转贷给63户企业。审计发现问题：企业经济效益不理想，银行收贷难度大，影响资金周转。

地方水泥工业项目（贷款号3443—CHA） 1992年至1998年，省审计厅审计该项目执行情况。项目内容是新建一条日产4000吨水泥熟料窑外分解生产线。项目执行单位为安徽省铜陵海螺水泥有限公司。项目计划利用世行资金4590万美元（折合人民币25372.77万元），国内配套资金14031.82万元。至1997年年底，累计到位建设资金156307.11万元，其中世行贷款资金到位5566.35万美元（折合人民币46088.23万元），国内配套资金到位110218.88万元；项目实际完成投资147842.39万元。审计发现问题：挤占多计建设成本；违规购置专控商品；往来款清理不及时；违规抵扣增值税进项税；企业资产负债率高、重担重、还贷困难。

地方水泥工业项目——合肥水泥研究设计院技术援助子项目 1994年至1998年，省审计厅审计该项目执行情况。项目用于加强合肥水泥研究设计院科研设计能力。项目执行单位为合肥水泥研究设计院。项目计划利用世行资金71.9万美元（折合人民币418.46万元），国内配套资金98.92万元。至1997年底，项目实际完成投资648.34万元，其中世行贷款资金65.33万美元（折合人民币542.09万元），国内配套资金106.25万元。

安徽公路项目Ⅰ（贷款号4421—CHA） 2000年至2006年，省审计厅审计该项目，2004年审计合安高速公路竣工决算。项目内容是：建设合肥至安庆153公里高速公路和配套路网改造。项目执行单位为安徽省交通厅以及省公路管理局。项目计划利用世行贷款20000万美元（折合人民币166000万元），配套资金210700万元。至2005年年底，到位资金404434.3万元，其中世行贷款17062.4万美元（折合人民币137697.3万元），配套资金266738万元；项目完成投资396728.2万元。发现问题：资金到位严重不足；招标不规范；施工单位违规分包工程；证据不足报账提款；超概投资；概外工程挤占项目成本；工程损失浪费；擅自提高建设标准；违规征地及征地补偿存在问题；漏缴税金。

安徽公路项目Ⅱ（贷款号7183—CHA） 2005年起，省审计厅对该项目实施审计。项目内容是：新建铜陵至黄山高速公路铜汤段116公里和4条路网改造子项目。项目执行期2005年至2009年。项目执行单位为安徽省交通厅以及省交通投资集团公司、省公路管理局。项目计划利用世行贷款25000万美元，配套资金302500万元。至2006年年底，资金到位365775.5万元，其中世行贷款15135.3万美元（折合人民币118187.2万元），配套资金247588.3万元；项目累计完成投资345016.9万元。审计发现问题：项目招投标不规范；工程量计算偏差大；承包单位违规分包工程；土地征用及补偿存在问题；漏缴税金。

世界银行贷款环境卫生项目审计 传染病与地方病控制项目（信贷号2317—CHA）1993年至2000年，省审计厅组织有关市县审计该项目执行情况。项目内容是：血吸虫病防治。项目执行单位为安徽省卫生厅以及安庆、铜陵等8个地市的27个县（市、区）卫生部门。项目计划利用世行贷款资金572.09万个特别提款权（相当于773.2万美元），地方配套5549.14万元。至1999年年底，项目实际到位资金12558.15万元，其中世行资金504.62万个特别提款权（相当于693.04万美元，折合人民币5737.86万元），地方配套资金7328.95万元；项目实际完成投资12407.83万元。审计发现问题：挪用滞留项目资金；配套资金到位不及时；虚列配套资金；项目设备物资不适用造成积压和闲置；还贷准备金制度没有建立和落实；内控制度不健全，账务处理不及时。

农村卫生人力开发项目（信贷号2539—CHA） 1994年至2002年，省审计厅组织有关市县审计该项目执行情况。项目内容是：新建和改扩建教学、医疗用房，采购教学医疗设备，培训乡村两级卫技人员。项目执行单位为安徽省卫生厅以及安庆等6市所属42个县（市、区）卫生部门。项目计划利用世行贷款资金1029.61万个特别提款权（相当于1428.84万美元），国内配套资金8276.63万元。至2001年年底，项目实际到位资金20479.74万元，其中世行资金1042.42万个特别提款权（相当于1307.69万美元，折合人民币10823.20万元），地方配套资金9656.54万元；项目实际完成投资21593.41万元。审计发现问题：挪用挤占项目资金物资；滞留世行资金；地方配套资金不到位；物资管理控制制度不健全；还贷准备金制度没有建立和落实。

加强贫困地区基本卫生服务项目（信贷号3075—CHA） 1999年起，省审计厅组织有关市县审计该项目执行情况。项目目标是改善农村贫困地区卫生服务能力。项目执行期1999年至2008年。项目执行单位为安徽省卫生厅以及安庆等4市所属10个县卫生部门。项目计划利用世行贷款资金887.03万个特别提款权（相当于1200万美元），地方配套5489.8万元。至2006年年底，项目实际到位资金125581.52万元，其中世行资金825.18万个特别提款权（相当于1240.93万美元，折合人民币9690.04万元），地方配套资金4583.03万元；项目实际完成投资13600万元。审计发现问题：滞留项目资金和采购物资；配套资金到位不及时；还贷准备金制度没有建立和落实。2007年，省审计厅专项调查全省世行贷款基本卫生服务项目效益。发现问题：合作医疗与特困救助投资计划未如期完成；市县级财政配套资金没有足额到位，部分配套资金来源不合规；部分设备资产闲置、浪费；未将还贷资金纳入卫生部门预算管理，还贷资金来源未落实；财政部缩短还贷期限，加重项目县还贷负担。

第四期农村供水与环境卫生项目（贷款号4485—CHA、信贷号3233—CHA） 2001年至2007年，省审计厅组织有关市县审计该项目执行情况。项目内容是：在贫困地区建立供水设施。项目执行单位为安徽省卫生厅以及五河县等8个县卫生部门。项目计划利用世行信贷资金总额676万个特别提款权和486.87万美元，配套资金11620万元。至2006年底，实际到位资金22229.20万元，其中世行信贷资金675.97万个特别提款权（相当于1016.54万美元，折合人民币7937.87万元），世行贷款资金486.87万美元（折合人民币3801.81万元），国内配套资金人民币10489.52万元；项目实际完成投资22836.03万元。审计发现问题：滞留贷款资金；配套资金没有足额到位；供水工程进度缓慢；财务管理不规范。

淮河流域污染治理项目（贷款号4597—CHA） 2003年起，省审计厅每年审计该项目执行情况。项目内容为：建设污水收集和处理设施。项目执行期为2002年至2008年。项目执行单位为安徽省淮河流域水污染防治世界银行贷款项目领导小组办

公室,以及淮北、阜阳、亳州、淮南、蚌埠、宿州、六安市排水公司和涡阳县排水公司。项目计划总投资 123530.22 万元,其中世行贷款 7125.7 万美元(折合人民币 57354.19 万元),配套资金 66176.03 万元。至 2006 年底,资金到位 79079.92 万元,其中世行贷款 4190.26 万美元(折合人民币 32720.47 万元),配套资金 46359.45 万元;项目完成投资 64672.95 万元。审计发现问题:配套资金未按计划到位;虚列项目拨款。

世界银行贷款世行贷款项目绩效审计　2004 年,省审计厅开展肥东县世行贷款加强灌溉农业二期项目效益审计,这是安徽省首次尝试外资项目效益审计。审计发现项目投资效益存在问题:格田成方、平整土地设计脱离当地农村实际;农田防护林建设背离设计要求,林木成活率低于初步设计的效益指标;土壤改良和良种田开发项目未实施到位,预计的农作物增产效益指标难以实现;项目建设分散,规模效益难以发挥;项目程序"错位"。审计查处项目管理中伪造账簿、虚假筹资、挪用和滞留项目资金、违规提款及套取资金等问题,总结项目投资经验,为即将实施的世界银行贷款加强灌溉农业三期项目建设提出建议和意见,分管副省长作出批示。

2006 年,根据审计署部署,省审计厅开展世行贷款地方大学、师范教育发展和中学在职教师培训项目效益专项审计调查。调查摸清项目建设状况和总体目标实现情况,评价项目持续经营与还贷能力,分析教育项目成功的主要原因,推介世行贷款师范教育发展项目成功典型。

2007 年,省审计厅组织 10 个县级审计机关,开展全省世行贷款加强中国农村贫困地区基本卫生服务项目效益专项调查。审计从四个方面肯定卫Ⅷ项目为农村卫生事业改革发展奠定的基础成效,揭示影响目标实现与计划完成的管理问题:配套资金未足额到位;财政部门缩短还款期限,加重项目县还贷负担;部分设备资产闲置,造成损失浪费等。审计分析产生问题的体制与管理原因,提出完善世行贷款配套资金政策,纠正转贷协议中不利于项目执行的条款,改进项目设备招标采购方式,避免采购设备闲置等建议。

香港新华银行贷款项目审计　安徽铜陵蓖麻二厂项目 1990 年 4 月,省审计局审计安徽铜陵苎麻二厂 1988 年、1989 年基建、生产经营和财务收支。项目内容是:购买进口和国产设备,扩建增加生产能力。项目执行单位为安徽铜陵苎麻二厂。项目总投资 2980.41 万元,借用香港新华银行 500 万美元、上海爱建公司 150 万美元、省中行 165 万美元、发行建设债券 321 万元、借上海文汇开发公司 400 万元、企业集资 107 万元。审计发现问题:基建生产成本不实;交付使用的建筑投资未缴建筑税;提折旧未缴调节基金;擅自购买专控商品。

亚洲开发银行贷款项目审计　安庆腈纶项目(贷款号 1116—PRC)1993 年至 1997 年,省审计厅审计该项目。项目内容是:建成年产 5 万吨的丙烯晴、5 万吨晴纶的联合装置。项目执行单位为安庆化工总厂。项目概算 294767.48 万元,其中利用亚行贷款 12000 万美元,其余资金由中国石化总公司和安徽省政府分别按 55% 和 45%

的比例出资。至1996年年底，累计到位建设资金319589.79万元，其中利用亚行贷款11736.87万美元（折合人民币97559.79万元），基建拨款3776万元，国内借款218254万元；累计完成项目投资313227.74万元。审计发现问题：项目投产后处于亏损状态。

合九铁路建设项目（贷款号1221—PRC） 1994年至2000年，省审计厅审计项目执行及财务收支。项目内容是：新建安徽合肥到湖北九江335公里铁路。项目执行单位为合九铁路公司。项目概算投资244438万元，其中利用亚行贷款11000万美元（折合人民币91300万元）。至1999年9月30日，项目累计到位资金256677.2万元，其中累计提取亚行贷款91067.22万元；累计完成投资255553.88万元。审计发现问题：占用项目资金兴办多经企业、搞概算外工程；进口电缆多计建设成本；建设成本不实超概算。

淮南化工总厂合成氨项目（贷款号1248—PRC） 1996年至2000年，省审计厅审计该项目执行及财务收支情况。项目内容是：淮南化工总厂改扩建18万吨/年合成氨项目。该项目总投资112295.62万元，其中利用亚行化肥行业贷款4850万美元。至1999年年底，累计完成投资额98493.23万元。审计发现问题：改造工程欠缴固定资产投资方向调节税；漏缴印花税。

阜阳电厂技术援助项目（贷款号1463—PRC） 1998年至1999年，省审计厅审计该项目执行和财务收支。项目内容是：保证阜阳电厂前期工作顺利而提供技术援助贷款。贷款总额200万美元（折合人民币1640万元）。至1998年年底，项目使用亚行贷款77.41万美元。审计发现问题：挪用套取亚行设备贷款用于管理费开支；不合理开支挤占项目资金；固定资产管理混乱。

城市污水处理环保项目（贷款号1490—PRC） 1999年至2004年，省审计厅审计该项目。项目内容是：污水管网及泵站工程建设。项目执行单位是巢湖污水处理厂、合肥王小郢污水处理厂。项目工程总投资56175.96万元，其中，亚行贷款2718万美元（折合人民币22559.4万元）。至2004年10月，项目累计到位资金32724.51万元，其中累计提取亚行贷款2645.11万美元（折合人民币21954.41万元）；累计完成投资39722.52万元。审计发现问题：违规提取亚行贷款；多征建设用地，挤占项目成本；亚行周转金支出不实；虚报工程投资；项目外工程挤占项目成本；漏缴税金；出借项目资金。

工业污染治理环保项目（贷款号1491—PRC） 1999年至2003年，省审计厅对该项目进行公证审计。项目内容是：尿素清洁工艺工程、水泥熟料生产线及废水治理。项目执行单位是合肥四方化工集团、合肥钢铁集团有限公司、巢湖东亚水泥有限责任公司、安徽氯碱化工集团有限责任公司。项目总投资175742.17万元，其中亚行贷款10600万美元（折合人民币87980万元）。至2002年年底，累计提取亚行贷款10515.56万美元（折合人民币87279.15万元）；累计完成投资额73265.79万元。审计发现问题：套取亚行资金；出借项目建设资金；少交税金及附加费；挪用项目周转金；项目建设转包分包现象严重；管理费超概算。

长江流域酸雨控制与环境改善项目（贷款号 1890—PRC） 从 2004 年起，省审计厅每年对该项目进行公证审计。项目由清洁工艺、环境改善、机构能力建设三部分组成，主要目标是改善安徽省长江流域大气环境质量和减少酸雨污染。项目执行期 2003 年至 2008 年。项目执行单位为铜都铜业有限公司、池州有色金属有限公司、芜湖山江化学有限公司、九华山旅游集团有限公司、黄山自来水公司、铜陵亚星焦化有限公司。监测和机构能力建设项目的执行单位包括马鞍山等 4 个市环境监测中心站。项目总投资 23.87 亿元，其中亚行贷款 1.17 亿美元。至 2006 年年底，项目累计到位资金 124483.13 万元，其中累计提取亚行贷款 68287.22 万元；累计完成投资额 125005.07 万元。审计发现问题：套取亚行贷款；滞留项目资金；征用土地闲置；建筑工程违规分包；概算外征用土地；配套资金到位不及时。2005 年、2007 年省审计厅提交专题报告引起省领导重视。常务副省长孙志刚批示：责成有关市政府和亚行项目主管部门尽快采取有效措施，对违规行为坚决纠正并报告结果。常务副省长孙志刚、副省长田唯谦对省委办公厅《安徽信息》要情专报 473 期，分别作出批示，要求项目主管部门、项目所在地政府以及项目单位高度重视，督促检查与整改落实，规范项目管理，确保项目正常运行。

日本国际协力银行贷款项目审计　铜陵长江公路大桥建设项目 1995 年，省审计厅审计该项目执行情况。铜陵长江公路大桥建设项目，由铜陵市政府组织建设指挥部负责项目建设实施。项目总概算 55116 万元，项目资金来源为：日本海外经济协力基金贷款 61.39 亿日元（折合人民币 24762 万元）；国内配套资金 24100 万元。截至 1995 年 3 月底，累计完成投资额 37857.1 万元。审计发现问题：应缴未缴税金；转借占用项目资金；将项目资金物质无偿拨付给外单位使用。

高等教育项目（贷款协议号 C02—P174，转贷协议号 3400JP—N1） 2006 年起，省审计厅审计该项目执行及财务收支情况。项目内容是：采购教学、科研设备。项目利用日元贷款 44.78 亿日元。执行单位是省教育厅以及安徽大学等 10 所高等院校。至 2005 年年底，项目累计收到日元贷款 8233.51 万日元（折合人民币 565.77 万元），配套资金 1950.29 万元；项目累计支出 1296.78 万元。2006 年年末，向日本国际协力银行申请提款，费用支出报表无发生额。

国际农发基金会贷款项目审计　皖西南农业综合开发项目（贷款号 451-CN、5796）1999 年至 2000 年，省审计厅组织各项目区审计机关对项目审计，2004 年省审计厅对皖西南农业综合开发办公室进行公证审计。该项目涉及太湖县等 5 个国家级贫困县。项目计划总投资 56330 万元，其中利用国际农发基金会贷款约 2653 万美元（折合人民币 26000 万元），世界粮食计划署援助小麦 13927 吨（约合 282 万美元），国内政府配套资金 21209.10 万元。至 2003 年年底，项目累计到位资金 46193 万元，其中累计提款 20979 万元；累计完成投资 53767.83 万元。审计发现问题：滞留和挪用项目资金；国内配套资金未足额到位。

澳大利亚政府贷款项目审计　安徽省电力公司项目 2002 年，省审计厅审计省电力公司利用澳大利亚政府贷款项目执行情况及2001年资产负债损益情况。项目预算11600万元，其中利用外资4500万元，国内配套7100万元。审计发现问题：未严格按照规定实行招投标；工程支出超概算；挤占成本、少计收入；少计漏计税金；资产负债不实。

第二节　国际组织和外国政府援助项目审计

国际组织和外国政府援助项目是无偿的。在签订协议时，要求进行公证审计。根据审计法规和审计署授权，1984年至2007年，安徽省审计以下国际组织和外国政府援助项目。

世界粮食计划署援助款项目审计　1987年，省审计局组织有关地市县审计该项目执行情况。该项目是世行贷款华北平原项目的配套项目。项目内容为世界粮食计划署无偿援助小麦、油脂、猪肉罐头、椰枣、面条，援助价值总额922万美元。审计发现问题：变价处理食品。

世界粮食计划署2814项目合肥分项目　1988年至1991年，省审计局审计合肥市水产项目办，合肥市、肥东县、肥西县审计局对所属县项目办审计。该项目由联合国世界粮食计划署援助，其目的是利用低洼荒地发展综合养鱼业。项目计划总投资1547万元，其中世界粮食计划署无偿援助小麦18836吨（折合人民币828.75万元），配套资金718.25万元。审计发现问题：挪用项目资金；多付工程款；项目配套工程建设缓慢；县级配套资金到位率低；固定资产未办移交手续。

国际红十字会捐赠款项目　1992年，省审计局审计1991年中国红十字会总会转拨省红十字会捐赠的水灾救灾款。至1992年5月底，安徽省收到中国红十字会总会转拨红十字会国际联合会捐赠救灾款1357.5万元，该款项计划用款783万元，实际累计用款769.6万元。

国际红十字会联合会捐助款情况　1993年11月，省审计局审计安徽省红十字会接受、分配、使用国际红十字联合会1992年捐助款情况，抽查灾区儿童健康保健项目、省红十字会医院门诊部改建项目工程。儿童健康保健项目计划275.5万元，至1992年12月26日省红十字会收到捐助款275.5万元。至1993年6月25日，省红十字会按计划拨出251.5万元，结存26万元系按20%预留的灾区农村改水项目款。

国际红十字会联合会备灾救灾项目　1994年，省审计厅审计该项目。“备灾中心”属中国红十字总会和省红十字会共同投资兴建的项目。项目计划建设规模3714.2平方米，总投资概算438.77万元。至1994年11月30日止，项目资金到位656.6万元，其中：中国红十字总会拨入国际红十字联合会捐助款446.6万元，“备灾中心”配套资金110万元，省红十字会借入资金100万元。到1994年11月30日止，在建工程支出256.36万元。审计发现：“备灾中心”项目建设资金存在缺口；“备灾中心”机构编制问题没有解决。

德国政府援助项目 1998年至2004年,省审计厅和6个项目县审计安徽省德援长江防护林项目。项目内容是:营林3.11万公顷。项目执行单位是省林业厅以及岳西等6个县林业部门。项目计划总投资9960万元,其中德国政府无偿援助1200万马克(折合人民币6600万元),配套资金3360万元。至1999年年底,累计完成投资5371.33万元;累计合格造林31166公顷。审计发现问题:县级配套资金未及时足额到位;劳务费支付不及时或截留;管理费开支大、报账手续不完备。副省长王昭耀1998年批示审计报告,省委办公厅信息快报1998年(107)、安徽信息2000年(1721)采用审计信息。

中德合作皖南生态造林扶贫项目审计,2003年起,省审计厅审计省林业厅和涉及项目县财务收支情况。项目内容是:营建多功能防护林和经济混交林2.8万公顷,配套建设苗圃、林业站等工程设施。项目执行单位是省林业厅以及歙县等4个县林业部门。项目总投资9600万元,其中德国政府无偿援助1200万马克(相当于613.6万欧元,折合人民币4800万元),配套资金4510万元。至2006年年底,累计到位资金3557.27万元,其中累计提回德国赠款资金1025.75万元,国内配套资金1746.20万元;累计完成投资额3233.76万元。

英国赠款加强贫困地区基本卫生服务支持性项目审计(赠款号TF053279)2000年起,省审计厅审计该项目执行情况。项目是世行贷款加强贫困地区基本卫生服务项目的支持项目。项目执行单位是省卫生厅以及岳西县卫生部门。至2006年年底,项目累计支出706.71万元。审计发现问题:省项目办未建立固定资产明细分类账;岳西县项目办财务基础薄弱。

蒙特利尔多边基金援助项目审计 消防行业哈龙淘汰关厂项目(项目号:HPG—98)2001、2004年,省审计厅审计该项目。项目执行单位为蚌埠市消防厂、芜湖市皖江消防器材厂。蚌埠市消防厂、芜湖市皖江消防器材厂合同赠款金额分别为:196.13万元、1.1万美元。至2001年2月,蚌埠市消防厂实际收到赠款196.13万元,使用赠款106.23万元。至2003年年底,芜湖市皖江消防器材厂实际收到赠款4.54万元,使用赠款4.54万元。审计结果表明,芜湖市皖江消防器材厂生产线关闭项目总体执行情况符合合同规定。

消防行业哈龙整体淘汰市场前景技援项目 2002年,省审计厅审计该项目执行情况。项目内容为:消防器材经营及灶具生产。项目执行单位为蚌埠市消防厂。项目合同金额1万美元。至2001年年底,该单位实际收到赠款0.5万美元。

宿州恒腾化工有限公司四氯化碳消费淘汰项目(项目号:PA-06-CL0S-06) 2007年,省审计厅审计宿州恒腾化工有限公司使用四氯化碳作为化工助剂消费淘汰项目2006年执行情况。项目合同赠款30.12万美元。宿州恒腾化工有限公司2006年消费CTC配额量770DP吨。财务报表反映,2006年CTC消耗量90.97DP吨,控制在配额之内。2007年按协议规定拆除氯化聚丙烯生产线。

宿州先科化工有限公司四氯化碳消费淘汰项目(项目号:PA-06-CL0S-07)2007

年，省审计厅审计宿州先科化工有限公司使用四氯化碳作为化工助剂消费淘汰项目2006年执行情况。该项目合同赠款34.56万美元。宿州先科化工有限公司2006年处于停产状态，未购入四氯化碳，也未发生氯化聚丙烯。2007年4月按协议规定拆除氯化聚丙烯生产线。

第三节 中外合资合作企业及其他企业事业单位审计

中外合资合作企业审计 1990年11月，省审计局专项调查黄山西海饭店。黄山西海饭店是安徽黄山旅游开发公司（甲方）和香港新利酒店有限公司（乙方）合作项目。协议总投资234万美元，甲方54万美元，乙方180万美元。调查结果表明：双方注册资本按时到位、筹建按合同规定时间完成。但存在投资环境不够理想；饭店资金被严重占用、周转不灵问题。

1995年，省审计厅组织审计9个地市、22家中外合资合作企业1994年经营状况。22家企业合资合作投资总额30593万元人民币，注册资本16381万元，其中中方10907万元，外方5474万元。至1994年年底，企业注册资本实际投入15274万元，其中中方10570万元，外方4704万元（实物投入630万元）。发现问题：12家企业亏损，经济效益不理想；12家企业国有资产流失；12家企业偷漏税款；外方违约违规、中方受损。副省长汪洋批示：希望各地一方面抓招商引资，努力提高利用外资的规模和水平；另一方面抓现有外商投资企业的经营管理，进一步提高利用外资的质量和效益。11月2日，省政府《政办通报》128期全文转发审计报告。

1996年，省审计厅组织全省审计26家中外合资合作企业1995年资产负债损益情况。26家企业合资合作投资总额302880万元，注册总资本159202万元，其中中方28258万元，外方130944万元。至1995年年底，26家企业注册资本实际投入63496万元，其中中方18006万元，外方45490万元。审计发现问题：只有5家企业中外双方资本金全部到位，17家外方部分到位，2家变相中途抽走资本；18家企业亏损，经济效益不高；部分外商缺乏合营诚意，中方受损；大部分企业盈亏不实；20户漏缴税费。

1997年，省审计厅组织全省审计24家中外合资合作企业1997年资产负债损益情况。24家企业合资合作投资总额63733万元，注册资金43235万元，其中中方27276万元，外方15959万元。至1996年年底，24家企业注册资本实际投入30820万元，其中中方21475万元，外方9345万元。审计发现问题：中外双方资本金全部到位7家；14家企业亏损；21家企业漏缴税款；13家未缴中方职工物价补贴等；有的合同协议不明确、不合规；少数中方以获取优惠政策为目的，合资经营不实。

当年，省审计厅审计中美合资安徽饭店有限公司1996年财务收支情况。中美合资安徽饭店有限公司系原中港合资安徽饭店有限公司和美国百事达企业有限公司合资而成，总投资1600万美元。中外出资比例6∶4，中方控股。审计发现问题：少计营业收入；

挤占成本费用;出借大额资金供外单位使用。

1998 年,省审计厅组织全省审计 21 家中外合资合作企业 1997 年资产负债损益情况。21 家企业合资合作投资总额 58024 万元,注册资本 48832 万元,其中中方 30079 万元,外方 18753 万元。审计发现问题:4 家企业中方资本金未到位, 3 家企业外方资本金未到位;少数企业变相中途抽走资本,部分企业资本投入时未验资;企业经济效益不理想;16 家企业欠缴漏缴税费;部分企业中方职工合法权益未得到保障;会计核算和财务管理亟待加强。

1999 年,省审计厅组织全省审计 30 家中外合资合作企业 1998 年资产负债损益情况。30 家企业注册总资本 61273.91 万元,其中中方 41035.26 万元,外方 20238.65 万元。审计发现问题:实收资本不实;少数企业变相中途抽走资本;70% 以上企业欠缴税费;企业经济效益不理想。

其他企业事业单位审计　1993 年,省审计局审计稻香楼宾馆东四楼改扩建工程。审计发现:稻香楼宾馆挪用、挤占工程资金;清理客房部分家具、卧具作价给肥东、含山县招待所,价款未全部收回;工程质量存在问题。

1998 年,省审计厅审计安徽农业大学畜牧水产养殖中心楼竣工决算。审计发现问题:基建账务处理不规范;设计费超过建设部规定标准,付款渠道不正规。

2002 年 8 月,省审计厅审计安徽电力燃料有限责任公司 2001 年资产负债损益情况。审计发现问题:少计缴营业税及教育附加费。

第四节　外债专项审计调查

1999 年,省审计厅组织全省审计机关专项调查华北平原等 9 个世行贷款项目还本付息情况。上述项目协议贷款 15914.85 万个特别提款权和 10103 万美元,实际利用贷款 15887.09 万个特别提款权和 11975.21 万美元。至 1999 年 9 月底,项目应还到期本息 22534.38 万美元,实际归还 18634.08 万美元,欠付 3899.96 万美元。审计发现:挤占挪用还贷资金现象普遍;部分项目汇率风险大,超越项目承受能力;一些项目投资效益差、还贷能力弱;世行贷款债务负担重,地方财政压力大;债务监管机制不完善,还贷意识有待加强。

2003 年,省审计厅组织调查各级政府外债管理体制,涉及各级计划、财政、外汇管理等外债主管部门、转贷金融机构和项目执行单位。调查显示:至 2002 年年末,全省累计协议债务总额 184272.84 万美元,提款 148578.61 万美元,偿还债务总额 67593.31 万美元,全省政府外债余额 107476.93 万美元。调查发现拖欠债务、挤占挪用或出借政府外债资金、政府外债项目设备闲置、配套资金缺口等问题。各级审计机关针对政府外债管理政出多门、借用还各环节脱节、拖欠严重等问题提出改进建议,为地方政府理顺外债管理体制提供决策依据。

第十二章 经济责任审计

安徽省经济责任审计始于国有企业厂长（经理）离任审计。1985年，安徽省全民所有制工业企业承包经营初期出现承包合同不规范、少数企业负责人不如实反映企业经营成果、致使国家利益蒙受损失等问题，淮南市、合肥市审计局征得当地市委市政府同意，会同组织人事等部门，开展国有企业厂长（经理）调离时经济责任审计。审计如实评价企业领导人员的经营业绩和存在的问题。省政府省长王郁昭称赞“这个办法好，是一个重要创造，应该在全省推广”。《经济日报》《工人日报》《中国法制报》《安徽日报》等新闻媒体报道了淮南市的经验和做法。以国营企业利改税和厂长承包制的改革为背景，1986年9月，中共中央、国务院颁布《全民所有制工业企业厂长工作条例》，第十条要求对离任的厂长进行经济责任审计。

1998年4月，省委决定由省纪委、省委组织部、省监察厅、省人事厅和省审计厅共同组织，在皖南、江淮、皖北三个地区，分别选择泾县、寿县、涡阳县开展县以下党政领导干部任期经济责任审计试点。试点县结合实际，积极探索，改进方法，取得成效。泾县加强组织领导，建立健全工作机制，注重审计成果利用，探索出行之有效的审计操作规程，并于2000年10月在首次召开的全国经济责任审计工作会议上，作为先进典型交流发言。

1999年2月，结合1998年县以下党政领导干部任期审计试点情况，省纪委、省监察厅、省人事厅、省审计厅联合发文提出，全省县以下党政领导干部在离任前必须接受审计，未经审计，不得办理离任手续。有条件的地市，可以扩大到县处级单位党政主要领导干部。芜湖市审计局经市委市政府同意，在全市范围内开展县处级党政领导干部经济责任审计，县(市、区)长是党政领导干部经济责任审计的重点对象之一。2004年、2005年，省审计厅统一组织各市审计机关对县（市、区）长进行经济责任联动审计。

2002年，受六安市委组织部委托，省审计厅开展六安市审计局原局长赵海阔经济责任审计。2003年对马鞍山市审计局原局长张延玉、铜陵市审计局原局长姚新生进行经济责任审计。2006年，省审计厅授权有关市级审计机关交叉对铜陵市审计局原局长李明正、亳州市审计局原局长魏超和阜阳市审计局原局长王斌开展离任审计。此后，对审计局长的离任审计方式延续下来。

2001年开始，安徽省经济责任审计对象的职级逐步扩大到市厅级。市厅级领导干部覆盖国家主要中层政权，这个层级监督好了，有利于促进基层和高层干部的监督与管理。2001 年,省审计厅试点开展铜陵市、马鞍山市政府和省教育厅、公安厅、水利厅主要负责人的经济责任审计。当年 9 月召开的省经济责任审计工作联席会议上,省委常委、省纪委书记杨多良听取审计试点情况汇报后认为,试点工作开局良好,要重视经验积累和制度建设,充分运用审计结果,落实审计整改。2003 年 7 月,《安徽省党政领导干部和国有企业领导人员任期经济责任审计暂行办法》发布,以此制度为标志,安徽省党政领导干部经济责任审计对象由县处级提升到市厅级。2006 年 2 月修订通过的《中华人民共和国审计法》第二十五条,在法律层面对经济责任审计作出明确规定,市厅级领导干部经济责任审计引起省委、省政府领导高度重视。2007 年 3 月,省审计厅向省委、省政府和省委组织部报送《关于 2006 年实施的 17 名省管领导干部任期经济责任审计主要情况的综合报告》,归纳当年不同类型的领导干部经济责任审计中发现的共性问题,分析其原因,提出解决问题的建议。省委常委、省纪委书记刘春良批示,要求省纪委分管副书记、纪委常委阅研。7 月,省委常委、省委组织部部长段敦厚签发《省委组织部关于 2006 年省管领导干部（领导人员）经济责任审计工作及结果运用情况的报告》,报省经济责任审计工作领导小组,抄省审计厅。同时,单项经济责任审计的深度分析也产生较好效果,如省审计厅对省新闻出版局原局长经济责任审计报告,省委办公厅《安徽信息（要情专报）》采用,省委常委、省委宣传部部长臧世凯批示,"省新闻出版局、省出版集团主要负责同志就审计出的主要问题逐条研究整改,并举一反三,健全制度,严格管理,切实有效加强资产监管"。

党委系统领导干部经济责任审计是经济责任审计的有机组成部分。为进一步加强权力制约和监督,促进领导干部提高执政能力和水平,省委组织部和省审计厅 2006 年 12 月共同召开各市委组织部长和审计局长参加的会议,决定从 2007 年开始,全省 17 个省辖市每个市选择一名县（市、区）委书记开展经济责任审计试点。除马鞍山、池州市以外,15 个市结合县（区）长经济责任审计一并进行。县（市、区）委书记经济责任审计,从全部政府性资金审计入手,关注其决策权和管理权的运行情况,把握发展规划与战略,决策体系与程序,执政理念与方式,重大决策与执行,地区发展与绩效,个人廉洁与自律等方面。各地经过试点积累经验,次年,省经济责任审计工作领导小组正式将县（市、区）委书记经济责任审计作为制度,在全省范围内推行。

2000 年至 2007 年,安徽省审计机关共审计 11213 个单位 11703 名经济责任人,其中党委、政府和部门领导干部 11042 名、国有及国有控股企业领导人员 661 名。审计查出违规金额 101.23 亿元,管理不规范金额 172.78 亿元,损失浪费 5.29 亿元。各级党委政府和有关部门参考审计结果,免职 457 人,降职、降级、撤职 113 人,移送纪检、监察和司法机关处理 150 人。2004 年 11 月,全国经济责任审计工作会议上,安徽省芜湖市、滁州市南谯区、舒城县被评为全国经济责任审计工作先进地区,受到中央五部委经济责任审计工作联席会议办公室通报表彰,淮南市委、市政府在大会上交流了书面经验材料。

第一节 组织管理

经济责任审计联席会议 2000年10月，省委常委、省纪委书记杨多良主持召开第一次省经济责任审计工作联席会议，省纪委、省委组织部、省监察厅、省人事厅、省审计厅负责参加会议。会议决定成立省经济责任审计工作联席会议，召集人由省纪委主要领导担任，成员单位由省纪委、省委组织部、省监察厅、省人事厅、省审计厅组成，省纪委和省审计厅为牵头单位。联席会议的主要职责是交流通报工作情况、研究解决工作中出现的重要问题、审议研究有关重要文件规定、主持召开全省性会议等。联席会议办公室设在省审计厅，办理日常工作，分管经济责任审计工作的厅领导兼任联席会议办公室主任，省纪委党风廉政建设室、省委组织部干审处和省审计厅经济责任审计处的主要负责人任办公室副主任，联席会议成员单位各确定一人为办公室联络员。

经省委、省政府批准，2001年11月，省联席会议成员单位联合召开全省经济责任审计工作电视电话会议，部署经济责任审计工作。省委副书记、省纪委书记杨多良出席会议并讲话，省委常委、常务副省长张平主持会议。

经济责任审计领导小组 2002年4月，省委办公厅、省政府办公厅下发通知，省委、省政府决定撤销省经济责任审计工作联席会议，成立省经济责任审计工作领导小组。领导小组组长、副组长由省委、省政府的负责人担任，成员为省纪委、省委组织部、省监察厅、省国资委（原省委企业工委）、省检察院、省财政厅、省人事厅、省审计厅、省信访局的主要负责人。省经济责任审计工作领导小组办公室设在省审计厅，厅长兼办公室主任，省经济责任审计局局长兼办公室副主任。2006年2月，根据工作需要，商有关单位同意并报领导小组批准，省经济责任审计工作领导小组办公室通知调整部分领导小组成员。

2004年12月17日，省委常委、常务副省长任海深主持召开省经济责任审计工作领导小组会议。会议传达全国经济责任审计工作会议精神，研究部署经济责任审计工作任务，领导小组成员单位负责人参加会议，省政府办公厅印发省政府第147号专题会议纪要。2005年6月11日，任海深主持召开省经济责任审计工作领导小组会议并讲话，省委常委、组织部部长段敦厚和省经济责任审计工作领导小组成员参加会议。20日，省领导小组主要成员单位联合召开全省经济责任审计工作电视电话会议，总结交流2000年以来经济责任审计工作，研究部署经济责任审计工作任务，任海深出席会议并讲话。会议通报省经济责任审计工作领导小组决定，表彰经济责任审计工作取得显著成效的合肥市等20个市县和省教育厅等4个省直单位。

经济责任审计专职机构 根据省政府办公厅2000年8月《关于印发安徽省审计厅职能配置、内设机构和人员编制规定的通知》，省审计厅成立经济责任审计处。其主要职能是：根据有关规定，组织全省党政领导干部和国有企业、国有控股企业领导人员的任期经济责任审计；开展专项审计和审计调查；指导全省经济责任审计业务。10月，省经济责任审计局筹备组成立。

2001年3月，省编办文件批复省审计厅，省编委研究决定，设立省经济责任审计局，同时撤销省审计厅经济责任审计处，该局为审计厅直属处级机构，局长1名（可由副厅长兼任），副局长2名，增加单列编制10名。其主要职责是：指导全省经济责任审计工作；组织实施省直党政机关及所属事业单位领导干部经济责任审计和省属国有企业、国有控股企业领导人员任期经济责任审计；承担省纪检、监察、司法机关要求协助配合的经济案件查证等工作。

2004年4月，省编办批复省审计厅，省编委研究并报省委同意，省经济责任审计局局长按副厅级高配。

第二节　经济责任审计业务

厂长（经理）离任经济责任审计　1986年3月，中共安徽省委组织部、安徽省经济委员会、安徽省人事厅、安徽省审计局联合发文，全省试行大中型国营企业主要行政负责人调离工作时实行审计公证。淮南市审计局同市财政局、工商银行共同组成审计组，调查该市针织厂盈亏真实性。调查发现，这个被评为“先进集体”的厂竟内亏严重、资不抵债、濒临破产。这次审计社会影响很大，《经济日报》记者陈雷采写，中央人民广播电台5月6日播放，《经济日报》5月10日全文登载报道。当时党中央总书记胡耀邦在新华社国内动态清样上批示：“转启立同志注意，这个情况是否要国家经委查查”。胡启立批转“请纪云同志批示，全国范围内要有个办法，加强监督。”田纪云批示：“请吕东同志、宝华同志阅，在企业整顿验收工作中，我们上当受骗的情况不会少，今后如何防止这种情况，请研究。”当年安徽省召开工交审计专业会议，组织学习中央领导批示，推广淮南市的做法和经验，淮南市审计局工交科作了重点介绍。

1987年12月，省政府印发《关于发布 < 安徽省国营企业厂长（经理）任期终结审计暂行规定 > 的通知》。当年，全省审计机关开展厂长（经理）离任经济责任审计107人次。

自此，厂长（经理）离任审计作为制度确定下来，为经济责任审计全面开展积累了经验。

企业领导人员经济责任审计　1989年2月至3月，省审计局牵头与省委组织部、省电子局、省财政厅、省工商银行联合审计长安机器总厂（原0871总厂）厂长任期经济责任。审计发现，企业效益低、包袱重；1988年产品产量计划没有完成；内部控制制度不严，内部承包办法不完善。人员结构分布不合理，出现“一线紧、二线松、三线肿”的情况。审计建议，加强企业经营管理，严格产成品出入库手续，做到账账、账实一致；调整人员结构，充实一线生产力量；发挥技术优势，走强强联合的路子，尽快把厂搞活。根据审计结论和组织部考核，厂长留任、厂领导成员作出调整。

1990年5月至7月，期中审计皖北矿务局局长马德久任期目标情况。审计发现，企业收入、减亏分成、成本核算以及煤质奖、吨煤奖提取、土地塌陷费用核算存在一些问题，查出违纪金额372.4万元。审计决定收缴5.3万元。

1991年9月，审计皖北矿务局局长马德久1998年至1990年任期经济责任。马德久任职期间，主要经济责任目标为，即包原煤产量、包亏损指标，定安全生产、定开拓煤量、准备煤量、回采量、定实物劳动效率、定质量、定固定资产。审计结果表明，七项指标任务完成。存在问题是：少计部分收入，多计成本。审计还调研该局面临的困难，针对企业体制磨擦、专用基金不足、煤价放不开、投入少、包袱重等问题，向省政府提交《关于增强皖北矿务局活力的审计调查报告》，提出改进对策，得到政府部门肯定和企业欢迎。

1993年7月至8月，根据省委组织部委托，审计宁国水泥厂前任厂长李迅1991年至1993年4月任职期间财务收支和经营业绩。

1999年，根据《国有企业及国有控股企业领导人员任期经济责任审计暂行规定》和省政府、省委组织部交办，省审计厅审计省化肥联合开发公司原经理傅士南任期经济责任。

2001年4月，省经济责任审计局审计中煤特殊工程公司原经理王贵淳1997年7月至2000年11月任期经济责任。审计查出主要问题：管理费用列支控制不严；违规集资；不良资产数额大；所属多经公司占用资金较大。

10月，省经济责任审计局审计安凯汽车集团原董事长、总经理王一荃1998年1月至2001年6月任期经济责任，重点审计安凯集团本部和安凯汽车股份公司。审计揭示问题：盈亏不实，虚增利润；不良资产多，形成潜亏；募集资金使用不到位，虚列资产；对外投资程序不规范，投资项目损失；经营管理措施不完善，影响经济效益；财务管理和会计核算不规范。

2001年，审计安徽安兴联合总公司原董事长郑为建任期经济责任。

2002年3月，省经济责任审计局审计上海安徽裕安实业总公司原代总经理冯树军2000年11月至2002年1月任期经济责任。查出问题：部分重大资金运作未按照规定程序审批；对所属子公司监管不力；财务基础工作薄弱；未全面落实上次审计处理意见。

5月至9月，根据省政府办公厅《关于下达2002年审计经济责任审计试点任务的通知》和《关于对省徽商集团董事长蔡文龙同志任期经济责任审计有关事项的通知》，审计安徽省徽商集团有限公司董事长蔡文龙任期内资产负债损益情况。审计发现：职工改制入股资金来源不符合国家规定；企业证券、期货业务不规范，包括资金来源与国家规定不符，委托理财业务未作投资反映；部分股票投资收益未及时反映；年末结存的股票、期货投资盈亏未按规定披露；少计税金90.65万元；企业资产管理薄弱，如账实不符,少计固定资产,长期投资反映不完整等;会计核算不规范、出借银行账户等。审计认为,蔡文龙作为企业主要领导,对上述漏缴税金、职工入股资金、部分证券期货业务不规范以及资产管理不当等问题,应负主管责任。省经济责任领导小组会议上,省委副书记、省纪委书记杨多良和副省长张平都强调审计反映的问题和建议应引起重视,要及时对照整改,并指出审计提出抓紧清产核资的建议很好,国资委和企业要抓紧办理。

10月,省经济责任审计局审计安徽国际经济技术合作公司总经理董苏皖1994年1月至2002年9月任期经济责任。审计查出:担保贷款存在风险、部分造成损失;部分分公司和子公司损失和潜亏较重;财务基础工作薄弱,内部管理混乱等。审计针对国有企业经济活动中存在的共性问题,建议有关部门制定相应的政策措施,对国有企业担保、投资和出借资金等方面作出具体规定,以堵塞管理漏洞,防止国有资产流失。

2003年9月,省经济责任审计局审计安徽进出口股份有限公司原法人代表王亚非1997年3月至2003年4月任期经济责任。审计查出,该单位部分投资存在损失、续保行为形成一定的损失、改制后职工股份出资不足和会计核算不规范等问题。

当年,根据省委组织部委托,审计铜陵有色金属(集团)公司原法人代表杨振超经济责任。审计揭示,企业资产反映不实、少计收入、多计少计成本费用、少缴税金、潜亏、财务管理不理想等问题,并评价和界定杨振超任期经济责任。

2004年3月至10月,根据省委省政府安排,审计安徽省能源集团有限公司总经理张绍仓1997年至2003年任期经济责任。抽查其下属8个全资和控股公司,组织部分审计机关同步审计该公司下属的铜陵、马鞍山、安庆电厂,审计和调查涉及该集团公司本部和所属控股公司共45个单位,审计面达80%。2005年出具审计结果报告。审计揭示企业会计信息、经济担保、证券交易、法人治理等10个方面的问题,引起省政府领导重视。2005年6月,在省经济责任领导小组联席会议上,副省长任海深充分肯定审计工作,要求有关部门认真整改。

4月,根据省委省政府领导批示,省经济责任审计局审计上汽集团奇瑞汽车有限公司原董事长詹夏来2001年1月至2004年2月任期经济责任。审计发现:少计投资收益;多计管理费用;所有者权益处理不当;公司管理体制不顺。审计建议该公司加强内部管理,扩大生产规模和市场占有率,不断增强核心竞争力;建议省市政府继续给予政策扶持,为拥有国内自主品牌的企业发展创造良好的外部环境。

7月至11月,省审计厅审计省交通投资集团公司董事长乔传福2001年4月至2005年6月任期经济责任。审计发现:个别项目管理不严,形成不良资产和损失;交建公司拆借巨额资金,造成风险和隐患;经营管理不当、违反规定;违规兑换外汇;企业改制和业务经营中,国有权益受到损害;收入、成本不实,少缴、漏缴税金;出资不到位、抽回资本金等问题。审计提出建议,合理均衡负债,多渠道筹集资金;发挥集团优势,扶持优势企业;强化制度约束力,规范企业行为;建议政府和有关部门对交通集团实施分类管理、考核,加大扶持力度。

8月至12月，省审计厅审计江淮汽车集团有限公司董事长左延安1997年5月至2004年12月任期经济责任，涉及江汽集团公司以及9个子公司。审计组成7个小组，针对企业ERP电子系统，采用计算机审计软件，重点审计2002年至2004年财务收支情况，审计资产量占整个集团的96.55%。审计查出问题：江汽股份公司、合肥车桥有限公司多提、多摊费用，少计利润3073万元；集团公司少计对江淮客车有限公司长期投资与资本公积1648万元；集团公司漏计对扬州宏运公司投资收益406万元；子公司改制中部分操作不规范；部分未消化的财产存在损失或潜在损失。审计决定收缴企业所得税470万元，调整相关会计科目，补列资产和收入等，并提出建议3条。江淮汽车集团召开专题会议、成立整改小组，提出八项措施、逐项整改问题。

9月，省经济责任审计局审计安徽民航机场管理有限责任公司原总经理徐华利任期经济责任，重点是机场公司2003年10月至2005年3月资产负债损益情况，延伸黄山机场分公司和3个全资子公司。审计发现：企业盈亏不实；自行计提补充养老保险金和医疗保险金；超标准计提和发放住房补贴；对部分子公司监督管理不力等问题。机场管理公司两次召开党委扩大会议，逐条研究整改问题。

2006年3月至5月，省审计厅审计国元控股（集团）有限责任公司原总经理邵林生任期经济责任。查出问题：历史遗留不良资产形成企业发展包袱；公司本级及部分子公司少计收入、漏缴税金；违规融资进入股市；国元建设投资公司项目投资操作不规范，面临资产损失风险；集团公司及各子公司之间往来记账不及时，关联企业业务管理不严、财务核算不健全等问题。审计评价邵林生任期经济责任，并提出集团公司规范发展的意见和建议。

5月至8月9日，省审计厅审计省投资集团有限责任公司总经理钱进2002年9月至2005年12月任期经济责任。重点审计投资集团公司本部资产负债和省开发投资有限责任公司等6家全资或控股子公司，调查皖投华威公司，外调18个股权、债权项目，涉及投资金额8.97亿元。审计查明：集团公司本级决策科学化、民主化、规范化不够；经营成果不实；少缴各项税费487万元；委托理财5000万元基本形成损失；会计核算不规范；违规代垫皖投置业国有产权收购资金、集团领导风险抵押金；缺乏子公司监管办法，子公司违规较多。审计收缴集团公司及子公司少缴的税费582万元，按照会计制度调整经营成果不实和核算不规范问题，纠正违规代垫皖投置业公司国有产权收购资金、集团领导风险抵押金，子公司中管理层借款股权分红等。该单位重视审计意见，立即纠正审计查出的问题，并强化内部监督、设立审计法规部。“投资集团的投资决策不规范现象应引起重视”和“省投资集团投资决策不规范现象亟待关注”信息，分别刊登省政府《信息专报》和省委办公厅《要情专报》。省委常委、副省长孙志刚和副省长黄海嵩作出批示。

7月至8月，根据省委组织部委托，省审计厅审计省农垦集团有限公司董事长丁俊先2003年1月至2005年12月任期经济责任。重点审计集团公司本部和省农垦事业管理局，延伸安徽黄山大厦酒店投资发展公司、皖垦种业有限公司、益益乳业有限公司、大圹圩农场和华阳河农场。审计发现：安徽黄山大厦酒店投资发展公司通过收购股权，违规获得开发土地使用权，进入房地产开发市场。2005年11月，安徽黄山大厦酒店投资发展公司与合肥新辰置业公司签订协议，以每亩119万（含税费），总价3110.66万元，收购新辰公司股权，获得26.14亩土地使用权开发房地产；2005年年底，集团公司借给通和房地产开发公司5742万元建职工住房，至审计时，收回2500万元，尚有3242万元没有收回，应收利息未结算；2005年年底，集团公司挂账超过三年未下拨专项资金1341.01万元。其中，集团公司总部828.66万元，省农垦事业管理局512.35万元；集团公司与杭州贝因美集团公司签定合作协议不规范，杭州贝因美集团公司有883万元出资没有到位；部分收入、支出不实：收入挂往来，未纳入利润。集团公司收取子公司管理费470万元，收取资金占用费415万元，挂往来账，未作收入；安徽省农垦事业管理局虚列支出65万元；挤占农业专项资金。省皖垦种业有限公司在拨入种子工程专项资金中，列支会议购纪念品等1.24万元，购办公用品、茶叶等2.23万元；部分资产长期挂账、质量不高。2005年年底，集团公司"其他应收款"账龄三年以上金额达12072.03万元，占其他应收款总额37%，存在潜在损失风险。审计针对问题提出建议，并分析评价丁俊先任期经济责任：对安徽黄山大厦酒店投资发展公司收购公司股权，违规获得开发土地使用权，进入房地产开发市场问题，丁俊先兼任安徽黄山大厦酒店投资发展有限公司董事长，应负主管责任。对集团公司出借资金建设职工住房问题，丁俊先同志应负领导责任。对少数企业改制不够规范、出资不到位、部分收入支出不实、专项资金管理不规范、部分资产质量不高等问题，丁俊先同志作为集团公司董事长，应负管理责任。另外，华阳河农场设立华阳河农场北京办事处，支付房租及终止合同赔偿金、活动费和聘用人员工资等支付98万元。由于集团公司和华阳河农场所提供的资料不能完全证明98万元支出的真实用途，鉴于审计手段局限性，移交省纪委调查处理。省委常委、纪委书记刘春良作出批示。

7月至9月，审计厅审计华安证券有限责任公司董事长汪永平任期经济责任。查出问题：经营风险控制不力，亏损较为严重；资产管理业务经营不规范，违规从事委托理财业务；管理监控不严，稽核不到位，部分营业部违规经营造成损失或潜在资产损失10409万元；公司管理体制和决策机制有待进一步完善等；欠缴所得税款512万元。审计评价汪永平的任期经济责任，责令华安证券公司依法补缴欠缴税款，并提出规范经营、防范风险、加强管理等方面的意见和建议。

2007年，审计铜陵有色金属（集团）公司法定代表人韦江宏任期经济责任。铜陵有色金属（集团）公司拥有分公司和全资、控股子公司52家、总资产223.57亿元、2.5万名职工。19名审计人员分成3个审计组，从会计信息质量、资产质量、重大经济决策、国有资产保值增值和遵纪守法5个方面入手，审计和调查相结合，看账与召开座谈会、走访国资委及内部审计、纪检等部门相结合，查看财务资料与业务资料相结合，内部检查与发现疑点进行外调和函证相结合，审计集团本部与所属子公司。审计查出：会计信息失真，挤占成本费用，损益不实；资产不良存在潜亏；部分经济决策事项不规范；少缴税费和基金；内控制度不完善；韦江宏任期以前年度重大经济决策失误，大额借款难以收回、造成损失。

3月，审计省徽商集团有限公司原董事长蔡文龙2004年至2006年任期经济责任。涉及徽商集团公司本部、原基金部、徽商城建公司、徽商新能源公司、徽商期货公司（原华物期货公司）等单位。调查马钢公司、合肥化工厂、安兴期货公司、合肥市税务局、房产局等单位，向17个市审计机关和有关单位发出协助审计调查函158份，收集有关财政性资金的管理和使用情况；以省纪委名义向省农行、工行等11家银行和国元证券、银河证券公司等在合肥地区的18家证券营业部发出协查函，获取徽商集团未能提供的银行、证券原始财务和业务电子数据；向广西食糖、深圳石达等期货公司发出询证函，查证原华物期货公司虚增保证金转移投资收益等问题；深入合肥某看守所，调查取证徽商集团公司犯罪嫌疑人有关违规交易期货和贪污挪用资金等情况。审计揭示出徽商集团公司及其控股公司财务管理混乱、上下蓄意造假，期货证券投资重大损失，骗取银行信用、挤占挪用信贷资金，违规转让国有土地使用权，企业改制、股权转让和利润分配违反规定侵占国家利益，隐匿收入，套取、私存、转移和挪用公款，资产管理粗放、账实不符等重大问题，造成国有资产流失和公司利益受损，共查出投资期货亏损1.79亿元，证券投资亏损1.55亿元，骗取银行信用资金13.22亿元。

审计向省纪委专案组移交涉及土地、工程、证券、期货、贪污挪用等方面案件线索38件，涉及24家单位33人。省纪委根据审计提供的线索，追回近亿元国有资金。审计还就深化改革、加强国有大中型企业管理，编发两期《审计专报》，报省委省政府主要领导，从体制和制度层面剖析国有企业存在的共性和个性问题。审计分析认为，该集团公司存在问题的根本原因是法人治理结构缺失，个人独断专行，内部监督形同虚设。审计还就徽商集团今后发展，加速推进产权制度改革，整顿会计队伍，加强监督管理，期货证券投资风险控制等提出建议。省委常委、省纪委书记刘春良在《审计专报》上批示："在查办案件过程中，审计厅配合省纪委做了大量的艰苦细致的工作，为案件的突破作出了重要贡献""审计厅报送的两期要情专报确实发人深思"。对省徽商集团部分单位2004年至2006年财务收支审计项目，被审计署评为2007年全国10个地方优秀审计项目之一。

党政和部门领导干部经济责任审计　2001年1月，审计省教育厅厅长陈贤忠1998年至2000年任期经济责任。重点审计省教育厅1998年至2000年财政财务收支、经济目标完成及遵守廉政规定等情况。审计评价陈贤忠在完成省政府任期经济目标、执行财政预算、国有资产管理、建立内部控制度和重大项目管理等方面履行经济职责情况。揭示省教育厅专项经费改变用途，违规调整预算，厅机关部分收费项目管理不合规，以及固定资产账实不符等问题。陈贤忠应对问题承担主管领导责任。审计结束后，陈贤忠参加审计署举办的全国经济责任审计成功经验交流会,并作大会交流发言。

3月至4月,审计安徽农业管理干部学院丁同乐任期经济责任。审计揭示该院内部控制度不健全,会计人员分工缺乏监督;会计核算不完整,账实不符;教材和对学生收费管理混乱;资产出租收益低、遗留问题多;挪用财政专项资金;部分资金未按规定上缴财政等问题。

6月至7月,审计省旅游集团有限公司董事长高蔚青任期经济责任。审计肯定高蔚青任职期间各方面取得的成绩,反映其任职期间单位在投资、管理等方面存在的问题,并提出审计建议4条。

8月,结合铜陵市财政决算和市地税系统财务收支审计,开展原市长陈松林任期经济责任审计。

10月,结合马鞍山市财政决算和市地税系统财务收支审计,开展原市长陈世礼任期经济责任审计。

当年,审计安徽安兴联合总公司原董事长郑为建任期经济责任。

当年,审计省水利厅原厅长蔡其华任期经济责任。重点审查重大决策及效果情况,个人廉洁自律情况。审计采取查账与调查走访、座谈相结合的方式,评价限定在审计职责范围内、已实施审计程序的经济责任部分,努力探索安徽省经济责任审计评价方法。

当年,审计省公安厅厅长赵正永任期经济责任。审计发现,财务报表反映不实,未按批准预算支出经费,核算不规范等问题。审计决定收缴省公安厅所属《警探》杂志社、《现代交通管理》杂志社、制证中心欠缴的各项税金。

2002年1月,审计省统计局局长姚景源任期经济责任。审计反映并评价姚景源任职期间单位财政财务收支基本情况和其本人履职情况。

2月至5月,审计省经贸委主任黄海嵩1999年至2001年任期经济责任。重点是省经贸委1999年1月至2001年2月预算执行和其他财政财务及专项资金管理使用情况,延伸经贸委机关服务中心1999年至2001年财务收支,省经贸委投资集团公司、省机电设备招标中心、省工业供销公司2001年财务收支情况,抽查安排使用企业挖改专项资金的项目单位。审计查明:部分专项资金管理使用不规范;2000年前机关少数收费项目没有办理许可证;借用财政性资金未归还;收取下属单位费用不规范;财务核算不合规,下属单位少缴税金。审计提出意见和建议9条。

3月至4月,省审计厅审计省技术监督局局长李迅1999年8月至2001年12月任期经济责任。审计发现:该局系统预算内外收入清缴、返还不及时,部分所属单位预算内外资金未及时上缴、纳入预算和财政专户管理,部分单位违规收费、代码证书、代码IC卡收费未严格执行收支两条线管理等问题。审计评价李迅任职期间经济工作取得的成绩,对省质量技术监督局存在问题应负的责任,并提出审计意见和建议。

5月,审计省科协常务副主席唐国贵1999年1月至2001年12月任期经济责任。审计发现:收入反映不真实;挤占事业费;财务管理粗放;部分所属单位会计核算不规范；个别科普项目实施效果不理想等问题。

9月，审计六安市审计局局长赵海阔1998年8月至2002年1月任期经济责任。审计查出，该局财务管理不严格，会计核算不合规，审计专户管理不规范等问题。提出严格财务管理、强化内控制度，加强审计专户管理、严格审计执法等建议。

10月至11月，审计省残废人联合会原理事长、党组书记邓成标1998年9月至2002年6月任期经济责任。审计查出：人员和公用经费超预算，挤占专项资金；内控制度不健全，部分费用开支不合规；个别工程付款依据不充分、手续不完备；现金管理不合规；资产管理薄弱，财务管理和会计核算不规范等问题。

当年，分别审计省直住房资金管理中心主任刘晓光，马鞍山钢铁（集团）股份有限公司住房公积金管理机构负责人查显平，淮南矿业集团有限责任公司房改基金管理中心负责人尹智，淮北矿业（集团）有限责任公司住房公积金管理中心主任柏祝月，2001年1月至2002年6月公积金归集、使用、管理情况和经济责任。查出问题：省直住房资金管理中心公积金账户开设不符合规定，中心固定资产购置费用没有合理分摊；马钢集团住房公积金管理中心公积金增值收益少划转488万元，廉租房建设超规模，财务管理和会计核算不尽规范等；淮南矿业（集团）有限责任公司房改基金管理中心生产挤占住房公积金、个人账户汇总数与资金账面数不符及破产矿公积金账务处理不合规等；淮北矿业集团公积金管理中心公积金未在商业银行专户存储，公积金计提比例不足，个人账户利息未及时结算等问题。

2003年2月至5月，审计省对外经济贸易合作厅原厅长金海平任期经济责任，延伸审计或调查省技术进出口公司、省外贸财务公司、香港江海国际贸易公司等13个单位。审计中，省外经贸厅部分处室未及时完整地提供主要预算账户、周转金账户外的其他账证资料。审计查明，省外经贸厅大量资金没有纳入财务综合预决算，其周转金账户及其他账户资金1.14亿元。查出问题有：资金管理分散，收支不入账、不建账；缺乏依据收费；国贸中心工程立项管理不当、损失3613万元；对所属单位监管不力，损失严重。审计提出意见和建议6条。

2月至5月，审计省卫生厅原厅长戴光强1998年至2002年任期经济责任，延伸省职业病防治所、省卫生实业总公司、卫生厅产业办和三产办等单位。审计查出违规资金1665万元，包括：省卫生厅财务管理体制不顺、经济决策程序不完善、内部控制不健全，滞拨、挪用卫生事业费和专项经费，预算外收入管理不规范，往来款清理不及时和直接列收列支等问题。审计提出增强经济决策透明度和科学性等五条建议。

9月，审计马鞍山市审计局局长张延玉任期经济责任。重点审计该局2000年至2003年6月财务收支情况，反映张延玉任期内单位财务收支情况，评价张延玉任期内履行经济责任情况。查出问题：住房基金管理不规范；部分其他收入不合规。审计提出意见和建议2条。

当年，结合安庆、六安两市2002年度财政决算审计，开展安庆市市长韩先聪和六安市市长倪发科的任期经济责任审计。

2004年2月至4月,审计省计生委原主任陈兆钧1998年至2002年任期经济责任,延伸审计和调查省计生宣教中心、省计生服务中心等7个单位。审计查出违规资金639万元,管理不规范资金2123万元,揭示出经费管理使用不规范,基层计生协会强推计生保险,有关单位收费不合规等问题。

6月至9月,结合铜陵市政府本级2003年度财政决算和其他财政收支审计,审计市长刘战平的任期经济责任。

7月,审计原省经贸委主任杨振超2003年2月至2004年2月任期经济责任。重点审计经贸委本级,调查其所属经贸投资集团公司、机电设备招标中心、工业供销公司、中小企业担保中心,抽查经贸委分配使用专项资金的项目单位6个。审计查明:机关工会、服务中心收取下属单位费用不规范;财务核算不合规;专项资金使用跟踪检查不够等问题。审计针对问题提出相应意见。

7月至8月,审计省委企业工委(原省企业国有资产管理办公室)原常务副书记(常务副主任)苏泽泉2001年6月至2004年2月任期经济责任。重点审计省企业工委财政财务收支、专项经费管理使用、省属企业风险抵押金和党费管理,以及《安徽企业工作》编辑部财务收支情况。审计查出该单位挤占滞拨专项资金,财务管理不规范,违规向企业收取费用,未按规定收缴年薪风险抵押金等问题,涉及违规资金349万元,管理不规范资金351万元。

9月,结合合肥市2003年财政决算审计,审计市长郭万清任期经济责任。

当年,审计省政府驻北京办事处主任韩柏泉、驻广州办事处主任朱传发、驻厦门办事处主任刘洪任期经济责任。审计查出部分经费支出不规范、设置账外账、借出款项难以收回、委托投资理财不合规、内控制度不健全等问题。

当年,审计省民委主任白泰平任期经济责任。审计查出部分资金未纳入单位财务统一核算,借支专项经费,银行账户开设不合规等问题。

当年,审计省警官职业学院院长张武任期经济责任。审计查出,学院部分专项资金没有按预算用途使用,违规乱收费、多收费,会计核算不完整,设立账外账、"小金库"及欠缴税金等问题。

当年,审计省地方志编纂委员会办公室原主任崔厚贤任期经济责任。审计克服该单位财务管理混乱、会计基础差、人事经济关系复杂和时间跨度大等困难,反映和评价崔厚贤任期经济责任情况,查出违规金额1482万元,损失浪费金额307万元,查清群众来信反映的以稿费名义私分公款行为,查处发放通信补贴行为。审计提出,根据市场需求确定志书印制数量,提高专项经费支出透明度,充实会计人员、强化财务管理等意见和建议。

当年,审计省人民防空办公室张六贤任期经济责任,查出挤占人防资金弥补所属单位事业经费不足,省民防指挥中心工程难以充分发挥效益,单位内部控制有待加强等问题。

2005年4月至7月，审计省建设厅厅长谢志平1996年4月至2004年12月任期经济责任。重点审计省建设厅2002年1月至2004年12月预算经费收支，预算外资金征收及管理，经营性收费，内控制度和遵守财经法纪情况，延伸12家所属企事业单位以及省建设厅实行业务管理的11个行业协会，合计23个会计核算单位，调查部分建设项目和重大经济事项的决策情况。审计查出：占用企业资财、预算外收入未纳入财政专户管理、固定资产管理较乱、协会无证收费且违反“收支两条线”规定等问题。审计提出建议：加大对所属单位和行业协会的监管力度，健全内部控制、规范财务收支；加强机关财产管理，确保国有资产安全完整；正确处理上下级和部门之间的利益分配管理，解决办班收费问题，纠正行业不正之风；完善行业政策法规体系，创建公开、公正、公平的建设市场环境，维护建设市场秩序。

8月，省经济责任审计局审计省政府驻天津办事处原主任杨连顺任期经济责任。审计发现：违规出借银行账户；年度决算反映不真实；收款票据不合规；固定资产入账不及时等问题。

8月，结合蚌埠市本级财政决算审计，审计该市市长花建慧任期经济责任。

当年，审计省广播电影电视局原局长郎涛任期经济责任。审计揭示出资产不实1.6亿元，隐瞒截留收入1.77亿元，弄虚作假套取资金151.27万元，少缴税费1.39亿元。审计收缴财政资金3200多万元；向检察机关移交涉嫌经济案件线索3条，其中省电台新闻台工作人员贪污、挪用公款130多万元，法院一审判处其有期徒刑16年。审计结果在省广电系统产生震动。省委常委、宣传部部长臧世凯认为，“审计厅工作负责，认真细致，基本摸清了广电部门财务管理状况，实事求是地揭示了问题，对省委宣传部掌握广电部门发展状况，加强管理队伍建设有很大促进作用”。省委副秘书长、省委宣传部常务副部长叶文成组织并参加省广电局党组民主生活会，专题研究利用审计成果，制定整改措施。省广电局党组三次召开专题会议，研究整改措施。

2006年3月，省经济责任审计局审计省国防科学技术工业办公室原主任刘大成任期经济责任。审计发现：未及时收回对外投资本金及权益；账外开设银行账户并出借给外单位使用；所属省长江计量所“高新工程－1”项目资金管理使用不规范。

4月至6月，审计省旅游局原局长高蔚青任期经济责任。审计除查出省旅游局2005年预算执行情况的问题外，还查出单位虚增经费支出、省旅游发展专项资金安排分散、少数市县下拨不及时、扩大开支范围、提高开支标准等5个方面的问题。审计提出建议3条。

7月至9月，审计省地矿局局长宋广平2001年1月至2006年5月任期经济责任。审计查出：地质找矿经费投入不足且存在撒“胡椒面”现象、出借周转金使用效益不高且运作不规范；长期未开展清产核资工作、矿业权转让不规范、投资兴办企业无收益、房屋租赁管理不规范、出借资金不规范、投资兴办企业无收益，账外坐支食堂承包利润及租赁收入、部分资产处置不规范且家底不清等问题。审计提出，强化地质找矿工作，深化地堪单位改革，加强内部管理等三条建议。

8月至9月，审计省委党校原常务副校长黄家海任期经济责任。涉及校本级及所属学苑大厦、房产管理部等六个单位和部门的财政财务收支和其他经济活动情况。审计分析评价黄家海履行职责情况，指出收支不完整、资产管理薄弱、违规收费、研究生部教材折扣管理有漏洞，漏缴税金及附加等问题。审计提出加强内部管理的意见和建议。省委党校多次召开校委会及部门负责人会议，研究整改措施。

9月，省经济责任审计局审计省机械成套设备局主持工作的原副局长刘皓2004年2月至2005年12月履行经济责任情况。审计发现：历史遗留业务往来账项未及时清理；房租收入反映不完整；省招标中心会计制度执行不当。

9月至10月，审计省政府外事办原主任仲建成任期经济责任。延伸省外事服务中心、省国际交流中心、机关服务中心3个单位。审计发现，仲建成任职期间该单位虚列经费支出、上缴预算款不及时、公款私存、少计收入、往来款清理不及时、部分固定资产未入账、部分二级单位经营不善等问题。审计收缴违纪资金18万元，提出建议3条。

当年，审计省新闻出版局原局长刘苹任期经济责任。审计查出违规金额2.54亿元，主要是：课本价格调节基金设立和管理违反规定；未经批准设立安徽出版系统资金结算中心从事银行结算等金融业务活动；违规购买职工商业保险造成资金损失；转移挪用国有土地出让收入；违规拆借国有资金；隐形转移国有资产；有关单位经营损益严重不实；有关单位违规收费、账外设账。审计结果得到省委省政府和省直有关部门重视。省长王金山、副省长任海深批示要求省财政厅、省物价局以省政府名义联合行文清理全省价格调节基金，审计部门加强价格调节基金监督。2007年1月9日，省委办公厅编发《安徽信息要情专报》，省委常委、宣传部部长臧世凯批示："省新闻出版局、省出版集团主要负责同志，就审计出的主要问题逐条研究整改，并举一反三，健全制度，严格管理，切实有效加强资产监督。"出版局党组多次召开专题会议研究整改措施，制定《关于加强财务监督的实施办法》等10多项规定，加强机关和直属事业单位财务监督管理。

当年，审计省残联原理事长赵国屏任期经济责任，查出省残联截留挪用专项资金等问题。审计针对残疾人就业保障金及部分专项资金结余较大以及《安徽省按比例安排残疾人就业办法》实施中存在的问题进行调研，提出完善残疾人就业保障金使用政策，加强基层残疾人工作机构，加大宣传力度，积极转变思想观念等建议。省委《信息专报》、省政府《政务要情》采用审计信息，副省长文海英作出批示。

当年，省审计厅从6个市县审计机关抽调16人，根据省委组织部委托，结合池州市、阜阳市2005年财政决算审计，审计两市原市长任期经济责任。重点围绕领导干部任职期间经济目标完成情况、重大项目决策情况和财政资金（包括政府债务）管理使用情况，以财政部门审计为龙头，以土地、城建、交通、规划部门重大建设项目延伸审计为一条主线，农业、教育、科技、卫生、社保等部门社会事业发展为一条主线，经济开发区、工业园区经济建设为一条主线，三条主线贯穿市长经济责任审计的全过程，检查和评价领导干部的经济责任履行情况。

2007年3月至6月，审计省工商行政管理局局长严桂夫2003年4月至2006年12月任期经济责任。查明问题：部分经济决策科学化不够，资金使用效益不高；捆绑打包、挤占挪用专项资金，其中2004年859万元、2005年430万元、2006年886万元；预算资金管理不规范；无预算、超预算拨款591万元，超预算开支1550万元，“以拨代支”虚列支出715万元，全省工商行政管理系统滞留行政性收费2928万元，部分经费开支、固定资产管理不规范；系统监管薄弱，违纪违规现象时有发生。审计提出建议4条，还将影响工商部门事业发展的重大问题向省委、省政府报告：工商部门财政供给体制不顺，名义是执行“收支两条线”，实质是实行“以收定支”的财政供给体制以及全省工商行政管理机关与所办市场大部分未彻底脱钩问题。

4月至6月，审计省统计局原局长饶益刚任期经济责任。重点是省统计局机关2004年1月至2006年12月财务及资产管理、内部控制及饶益刚个人遵守廉政规定情况，抽查省统计信息咨询中心、省统计干部培训中心、省统计计算中心、省统计科学研究所、局机关服务中心等5个二级单位。审计发现，饶益刚任职期间省统计局部分支出不合规，违反规定扩大开支范围，行政经费挤占事业费、经常性支出挤占项目经费，隐瞒收入，往来中列收列支，固定资产账实不符、长期未清理等问题。审计提出处理意见5条、建议3条。

10月，审计淮南市审计局原局长牛多云任期经济责任。揭示出该局向协会转移资金、少计收入和支出、审计收缴到位率不高、部分固定资产管理不规范、部分费用开支控制不严等问题。审计处理查出的问题，并提出强化收支管理，加强资产管理，加大审计执法力度，提高审计收缴到位率，完善聘用投资审计人员管理等建议。审计评价牛多云任期经济责任，为开展审计领导干部经济责任审计积累经验。

当年，审计黄山市市长李宏鸣2004年1月至2006年12月任期经济责任。发现市政府在本级财政管理、土地管理、开发区建设、城市基础设施建设以及黄山风景区管委会财务收支管理等方面存在一些不规范行为。

此外，2001年至2007年期间，省审计厅劳动保障审计室先后审计省稻香楼宾馆、省民政厅、省直机关事务管理局、省煤田地质局、铜陵市审计局等单位负责人的经济责任履行情况。

省审计厅农业审计室审计省农业委员会原主任韩柏泉任期经济责任。着重审计和调查高致病性禽流感防治经费的管理与使用，任期目标考核，任期内基本建设投资项目完成情况和对基层单位的管理情况。调查淮南田家庵区2005年爆发高致病性禽流感扑杀经费发放情况。审计认为韩柏泉任期内取得一定实效，但是在管理方面还存在一些不足。审计向省政府提交结果报告。

省审计厅农业审计室审计省水利厅原厅长吴存荣任期经济责任。着重审计和调查其任期目标、重大项目、重大决策、长江淮河加固、沿淮行蓄洪区移民迁建情况。审计作出评价，指出国有资产监管、专项资金使用、对外投资、资金拆借等方面的不足，提出改进意见和建议并向省政府提交结果报告。

省审计厅开展宣城市市长高登榜、省财政厅原厅长朱玉明以及省辖市市长等党政领导任期经济责任审计项目，结合预算执行情况审计进行。

第十三章　省辖市审计业务

第一节　合肥市审计业务

合肥市财政审计　1986 年，市审计局首次审计长丰县政府财政决算。重点分析长丰县财政赤字原因，提出建议：财税部门重点支持生产发展，充分发挥财政税收的杠杆作用；正确处理好县乡两级财政的分配问题，加强乡镇财政管理和指导；省市财政应调整长丰县财政支出包干基数，财政政策多向县里倾斜，以保证长丰县财政收支得以平衡。

1986 年至 1992 年，市审计局轮流审计合肥市所辖 3 县 4 区政府财政决算，分析财政赤字原因，提出县级财政如何理财、聚财、生财的意见和建议，促进县区加强财政预算管理，为今后进一步加强财政监督奠定基础。

1993 年，为转变市辖 3 县经济形象，消灭财政赤字，增强资金吸引能力，根据市委、市政府部署，市审计局组织力量全面审计市属 3 个县财政，摸清县级财政状况和发展潜力，提出 1993 年全面消灭县级财政赤字的建议和具体措施，深受市县领导和财政部门重视，为解决县区财政赤字问题作出贡献。

1994 年起，合肥市 3 县 4 区政府财政决算审计走向经常化、制度化，每 3 年轮审一次。1999 年起将合肥市三个开发区纳入审计范围，相继开展 3 大开发区的财政决算审计，为开发区的发展建设、招商引资、加强财政财务管理提出建设性意见。

1996 年，根据《中华人民共和国审计法》规定，审计合肥市 1995 年本级预算执行情况。市政府成立“同级审”领导小组，市委副书记、常务副市长车俊任组长。审计机关抽调 133 人，组成 41 个审计小组，以财政预算执行情况为中心，安排 9 个专项审计和调查，审计对象涉及财政、税务、国库、预算执行单位 178 个，涉及资金 21 亿元，查出违纪金额 4676 万元，其中应减少财政支出 830 万元，增加财政收入 2063 万元。同年向市政府提交审计结果报告，并受市政府委托向市人大常委会作审计工作报告。审计全面了解合肥市本级财政预算内外资金基本状况，指出财税管理的预算编制科学性、合理性不够，预算外资金收入不完整，使用不规范，财政信用资金使用效益不高等问题。向政府和财税部门提出加大预算管理和监督力度，规范预算编制；预算外资金逐一清查上交专户，规范使用范围；优化财政信用资金投入结构，清理回收沉淀资金，盘活资金和保证资金保值增值等建议。

1997 年至 2005 年，市审计局每年都依法开展本级预算执行审计并逐步深化和完善。审计紧扣“预算执行”这条主线，不断深化审计思路、范围和重点，持续开展科技、教育、农业、建设、水利、防洪、环保、社保等专项资金和重大投资项目，按照一级预算单位3～5年轮审一遍的要求，每年选择一定数量的部门和单位审计。随着财政管理体制改革不断深化，本级预算执行审计的范围和重点也不断调整，每年报市政府的审计结果报告和受政府委托向市人大常委会所作的审计工作报告，在结构、形式和内容上都有新的探索，反映问题事实求是，不回避矛盾，得到市人大常委会、市政府和社会各界好评。

合肥市金融审计　1986年，市审计局审计工商银行合肥市分行信托公司。

1987年，根据审计署授权，市审计局审计工商银行合肥市分行、建设银行合肥市分行的财务决算。其中，审计建行发现，该行存在支出不合理、管理工作薄弱等问题。审计提出改进建议，并在清理“证券办”账户时发现重大贪污案，涉案2人。

1988年，开展保险公司合肥市及三县分（支）公司1986年至1987年财务收支审计，审计依法处理查出的问题。

1989年，审计署将国家金融机构所属分支机构财务收支纳入所在地审计机关经常性审计范围，不再采取授权审计方式。自此，相继开展人民银行、农业银行、中国银行、工商银行、中国人民保险公司在肥分支机构的财务收支审计及金融业“约法三章”执行情况审计。调查中国银行合肥市分行和中国农业银行合肥分行工资内外收入分配情况，中国农业银行合肥分行扶持粮棉大县发展经济专项贷款情况，中国银行合肥市支行“淠史杭—巢湖”农村信贷资金项目。审计与调查发现，银行贷款管理制度不健全、贷款拖欠“人情贷”“关系贷”，银行及保险公司私设“小金库”等问题。审计帮助银行清理收回大量沉淀贷款及利息，提出提高贷款资金安全性、效益性等建议，促进改善管理，受到欢迎。

1995年，审计署恢复中央金融机构授权审计管理方式。至2002年，根据审计署部署，合肥市审计局先后组织开展中国农业银行、中保人寿保险公司、中保财产保险公司、中国工商银行在肥分支机构的资产负债损益审计。

1998年，根据省政府《安徽省地方金融机构财务审计暂行规定》，合肥市审计局首次开展郊区农村信用联社下辖部分农村信用社资产负债损益审计。此后，确定将合肥市农村信用社及合肥市商业银行每3年轮审一遍。

1999年，首次开展合肥市商业银行资产负债损益审计；2001年开展农村信用社高风险情况审计调查；2003年审计原安徽省信托合肥分公司；根据省审计厅授权，2004年开展安徽省国元证券两个营业部的审计。地方金融机构审计工作受到市领导高度重视，为防范和化解金融风险、促进地方金融业发展、服务地方经济建设发挥着积极作用。

合肥市工交企业审计　1986年，审计安徽八一齿轮厂、合肥手表厂和合肥市自行车厂财务收支。12月，开展合肥市工业品贸易中心经理调离时公证审计。

1987年10月，与市经委、市体改办联合制发《关于对承包经营进行审计监督的试行办法》,省审计局会同省经贸委、体改办等部门联合批准全省参照实施。按照抓重点、分层次的分工审计办法,市审计局先后开展承包经营审计274个,查出违纪金额1.26亿元,增加财政收入602万元,促进企业完善机制、增强自我发展能力方面效果显著,受到市政府和企业肯定。

1993年起,合肥市开展30家放开经营综合改革试点企业的“三个一”审计。开展合肥无线电二厂、合肥味精厂、合肥变压器厂、安徽印染厂等国有企业承包经营和厂长（经理）离任审计,开展资产评估、清产核资和破产企业审计,完成合肥手巾厂兼并合肥棉织厂的审计。

1995年,《中华人民共和国审计法》实施。工交企业审计的主要方式是资产负债损益审计,旨在查清企业家底,揭露企业资产负债损益不实、国有资产流失和管理混乱等问题。至1998年,全市审计机关共审计数百户企业,查处违规行为金额8337万元,其中资产负债损益不实2172万元,国有资产流失1015万元,偷漏税金210万元,审计要求被审计单位自行纠正金额达5953万元。其中,市审计局审计合肥神鹿集团公司、合肥荣事达集团公司、合肥美菱实业公司、合肥日化总厂、安徽红旗木材厂、安徽拖拉机厂、安徽淮海机械厂、合肥电工机械厂、合肥矿山机械厂、合肥铝厂等企业的资产负债损益。

1996年,审计调查13家企业亏损情况,跟踪调查全国百户现代企业制度试点企业—安徽轮胎厂。

1999年起,工交企业审计以经济责任审计为主要方式展开。2000年,开展合肥钢铁公司、合肥玻璃总厂、合肥安能热电有限公司等5家扭亏脱困企业审计,美菱集团、国风集团、市种子公司和百大集团等4家上市公司及母公司资产负债损益审计。2001年,跟踪审计5家扭亏脱困企业,促进国有企业深化改革和摆脱困境。2004年,开展合肥神马电缆股份有限公司存货盘亏情况专项审计,荣事达集团的6家中美合资企业资产负债损益审计,调查市属21家股份制企业基本情况。

根据审计署和省审计厅授权，1988年起,先后开展中央、省属企事业单位财务收支审计、行业审计和专项审计调查,涉及交通、邮政、电信、烟草、电力、大专院校等行业。

合肥市商粮贸企业审计　审计机关初创时期,商贸企业审计以加强企业管理、提高经济效益为目的,审计10多家重点企业财务收支。

1986年,审计合肥市物资系统机电、燃料、金属公司财务收支,查出违反价格政策、截留应交国家收入等违纪问题。同年制定《关于试行对国营企业主要行政负责人调离工作时实行审计公证的通知》。

1987年,开展市小百货批发公司、蔬菜公司、食品公司3家公司经理离任审计。

1988年,开展市长江饭店、市对外经济贸易委员会、市纺织进出口公司、市轻工工艺进出口公司承包经营审计。

1989年至1994年,主要推行承包经营审计制度,服务国有企业改革,完善承包经营的奖惩兑现，维护国家利益。1989年，市审计局抽调26人，审计合肥地区粮食行业盈亏情况，涉及49家粮油企业。1994年，调查粮食企业购销经营情况。

1995年至2002年，随着《中华人民共和国审计法》的颁布实施，围绕企业扭亏脱困、提高经济效益，市审计局全面开展企业资产负债损益审计，先后审计20多个家单位。1997年，审计市汽贸总公司等5家微利企业和市百货大楼等4家重点企业资产负债损益。开展市医药站、医药公司和市棉麻公司的行业审计，粮食系统财政补贴和新菜地建设开发基金审计。

1998年6月，按照省政府部署和省审计厅具体安排，全市抽调119人，赴滁州市开展粮食挂账清查审计，审计和调查独立核算单位126个。开展市新肥百货大楼、新亚大酒店资产负债损益审计。同年，开展市百货大楼、长江饭店等股份制企业审计。

2002年，根据省审计厅授权，审计中国石化集团安徽石油总公司合肥分公司（存续公司）。审计市电子工业管理局等10家行政事业单位和外贸易五矿医保公司资产负债损益情况。

合肥市农林水企业审计　1984年7月6日至8月24日，市审计局与肥东县审计局联合，审计肥东县1983年度水利经费，延伸县水利局所属岱山、滁南、众兴、龙塘、撮镇、小李、邵桥等水库和电灌站。查出各种违纪和不合规金额1460.33万元。审计依法作出结论和决定，翌年全省水利工作会议引用审计反映的问题，引起较大反响。

1989年、1991年，市审计局2次审计市畜牧兽医站承包经营情况。

1992年，市审计局审计合肥乳品厂资产盈亏真实性。

1993年，市审计局审计合肥鲜奶加工厂财务收支。

2000年至2001年，市审计局审计上市公司合肥丰乐种业股份有限公司资产负债情况，纠正存在的问题，促进企业管理，依法客观地评价原法定代表人的经济责任。

合肥市城市公用企业审计　1989年，审计合肥市汽车出租旅游公司承包经营中期状况。

1989年至1993年，审计合肥市自来水公司、合肥市公交公司、合肥市汽车出租旅游公司、煤气公司等企业承包期的经营活动。

1993年，审计市出租汽车旅游公司放开经营改革试点情况，分析效益，提出清点物资、加强管理、健全制度等建议。

1998年、1999年，审计合肥市公交总公司，合肥煤气总公司及吴正亚任职期间资产负债损益及财务收支情况。

合肥市建筑安装与开发企业审计　1987年至1989年，市审计局探索施工企业经理离任审计，开展合肥市机械施工公司、合肥市装饰工程公司、合肥第一建筑安装公司等企业经理离任审计。

1990年至1994年，市审计局开展合肥市第四建筑工程公司、市政建设工程公司等5家建筑安装企业的承包经营审计。

1992 年，配合住房制度改革，审计和调查合肥市城市改造工程指挥部办公室、中国房屋开发公司合肥公司、合肥市房地产开发公司等 5 家房地产开发企业经营情况。

1994 年，根据《合肥市企业盈亏真实性审计暂行规定》，审计合肥市建筑安装总公司盈亏真实性，延伸审计其下属 15 家企业和合肥市房屋建筑开发公司，提出停息挂账，清理历史债权、债务等建议。

1995 年、1996 年，审计市城市改造指挥部办公室、市第二建筑开发公司、中国房屋开发公司合肥公司等企业资产负债损益情况。

1996 年，审计和调查合肥市城市改造工程指挥部办公室、中国房屋开发公司合肥公司、合肥市房地产开发公司、市新型建材房屋开发公司等 4 家企业对外投资情况。审计提出加大追索欠款力度，投资损失要报请财税、国资部门审批后才能核销等建议。

1998 年、1999 年，审计市城建综合开发总公司原总经理田庆余，市城市改造工程指挥部办公室张肇生，市房地产开发公司钟诗明任期财务收支及经营情况，评价其任职期间业绩。

合肥市农业林业水利资源环保资金审计 1993 年、1996 年至 1999 年，市审计局审计市农业主管部门本级农业专项资金管理使用情况，查处挪用资金、财务管理不严等问题，提出归还原资金渠道、规范财务管理等意见和建议。

从 1995 年起，市审计局采取“上审下”方式，审计长丰县扶贫资金、肥东县农业投入资金和农村税费改革转移支付资金。长丰县和肥东县财政支农资金审计，累计审计资金总额 2.56 亿元，提出审计意见和建议 28 条。

1997 年，按照省审计厅部署，组织各县区开展乡镇资金审计。

1998 年、2000 年、2005 年，市审计局审计全市水利专项资金。2001 年，市审计局审计肥西县烟墩乡等 9 个乡镇，审计资金总额 3.8 亿元，查处违纪违规金额 3100 万元，提出审计意见和建议 53 条。

1987 年、2001 年、2005 年，市审计局 3 次审计合肥市排污费等环保专项资金的征收管理使用情况，查出挤占专项资金、排污费征收不及时、污水处理费征用不规范等问题，提出加大财政对环保的投入、加强排污费征缴基础工作、完善污水处理费征缴机制等建议，环保部门进行了整改。

1996 年、1997 年、1998 年、1999 年、2001 年，多次审计国有土地使用权出让金。

2004 年，市审计局审计市国土局、市辖 4 区和 3 个开发区、政务区的国有土地使用权出让金征收管理使用情况，累计审计资金总额 33.52 亿元，提出审计意见和建议 31 条，促进土地市场规范。

2002 年 9 月至 2004 年 8 月，市审计局参与市纪律检查委员会牵头组织的全市 107 个乡镇财务清理规范工作，共清查并核减乡镇债权 2.69 亿元、债务 2.94 亿元，清理追回各类资金 9000 万元。

合肥市社会保障资金审计 1992 年，审计市退休养老金和职工待业保险金。

1996年，审计三县养老保险和失业保险基金，查出“两项基金”挤占借用现象严重，企业欠缴“两项基金”数额大等问题。

1997年，审计养老保险和失业保险基金，针对“两项基金”被借用占用、企业欠缴等问题，提出整改意见，促进社会保障资金管理的改善和提高。

2000年，市审计局调查合肥市企业养老保险基金，就养老保险基金扩大覆盖面、年度收支预测分别提交审计调查报告。

2002年，市审计局设立社会保障审计处。当年会同三县和包河区审计局再次开展养老保险基金审计，调查100多家参保企业缴费基数。配合市劳动、财政等部门检查合肥市部分单位缴纳社会保险费情况。审计原郊区社保所的资产负债及财务收支。

2003年，市及三县审计局开展失业保险基金审计、“非典”专项资金审计和洪灾救济补偿资金审计。

2004年，市审计局先后开展城市居民最低生活保障情况调查、城镇职工基本医疗保险基金审计，生产救灾、淮河流域移民迁建、肥西农村新型合作医疗等社会保障审计和调查。

2005年，开展失业保险基金、再就业资金、残疾人福利资金、住房公积金、福利彩票资金等专项资金审计或调查。

合肥市国家建设项目审计　1992年，市审计局调查合肥市城市维护建设资金征收、管理和使用情况，全面审计使用城建资金单位的资金来源、使用方向、使用效果和管理状况。

1995年，市审计局审计25个城建资金使用单位，查出挤占挪用城建资金830万元。

1998年，市审计局提出规范城建资金管理，培养新财源，量力而行、提高投资效益，尽快建立市政基础设施建设项目法人责任制度，减少损失浪费等建议。

1999年，市审计局在跟踪审计城建资金基础上，调查全市13个单位、33个项目城建资金的收支存情况。

2002年，市审计局提出坚持发展，深化投资体制改革，尽快建立适应整个城市建设快速发展的资金管理、筹集、运行机制；建立完善的城市建设机制，全面落实城市基础设施重点项目的四项制度，明确界定城建资金使用范围，加大管理和监督力度，使有限资金真正用于城市建设等建议。

1986年，合肥市审计局实行基本建设自筹资金和基本建设项目开工前审计制度。当年审计72个项目，审计覆盖面100%，审计投资4918.88万元，建筑面积19.68万平方米。审计发现资金来源不正当或未落实1325.28万元，建设规模5.7万平方米，分别占总投资和总规模的26.9%和29%。

1987年，审计项目193个，审计金额4723.91万元，压缩不合理项目5个，压缩不合理或来源不正当资金974.08万元，压缩建筑面积51988平方米。

1988年，审计163个项目，审计金额4400万元，查出有问题项目14个，有问题资金498万元，削减预算安排项目4个金额113万元，撤销项目7个金额375万元。

1989年，审计90个项目，压缩投资305万元，撤销项目7个，撤销项目中非生产性项目占86%。审计扶持生产性建设，压缩非生产性规模。

1990年，压缩总投资1100万元，压缩建筑面积1.5万平方米。

1992年，市审计局会同市计委、建委、建行、规划局联合转发《固定资产投资项目开工前审计暂行办法》，强调固定资产投资项目必须先审计后开工，明确未经审计擅自开工的处罚规定。当年审计13个开工项目，核减2个项目。

1993年，市政府召开开工前审计专题会议，当年审计30多个基建项目。

1998年，推出审计"绿色通道"，给予城市基础设施和市政府为民办实事项目特事特办。包括：市少儿活动中心、二环路、黄山路工程、南淝河治污工程、和平广场、二水厂水源管网、城市垃圾场等工程项目，提高开工前审计工作效率，促进建设项目顺利开工。

1990年至1999年，市审计局审计省江淮磷矿磷铵和矿山工程、合肥自来水四厂二期工程、20万只蛋鸡厂、西南郊污东引工程、合肥市安居工程、肥东国家粮食储备库、合肥市精密铸造厂、合六公路合肥段、宿州路—长江路人行天桥工程、阜南路扩建工程等建设项目。

1994年，审计调查13个建设项目，提出严格执行基建程序，建立约束机制等建议。

1995年，审计调查合肥市车辆厂、皖江机械厂、煤气公司等投资1000万元以上大型建设项目。

1998年、1999年，审计合肥市供电局1996年至1997年电力、三峡建设资金的征管情况，查处该局少征三峡建设资金908万元、滞留未缴电力建设资金336.4万元等问题。

2000年至2005年，审计利用国债资金建设的市政府"交钥匙"工程——市科技馆、图书馆、北郊生活垃圾处理场、市水源联络管网工程等建设项目，调查环保资金、城市防洪资金、合肥市农村电网差价还贷资金等。审计就法人制、合同制、招投标制、监理制落实情况，少数项目投资效益低等问题，向市政府和有关部门提出建议。

2002年，审计调查1997年以来合肥市利用国债的基础设施项目——王小郢污水处理二期、二环路、南淝河水污染治理等9个项目建设的进度、资金筹措、建设管理等情况，建议市政府及有关部门高度重视、积极调度、统筹资金，督促承建设单位加快工程进度。

2002年，开展亚明艺术馆建设的签证性审计。

2004年，市审计局牵头，计委、财政、监察等部门20多人参加，专项检查合肥市国债和2001年以来财政性资金安排的149个建设项目，针对检查发现的问题，提出制定合肥市政府投资项目建设管理办法，规范全市建设管理程序，明确政府职能部门之间的职责范围，建立和完善全市统一的有形建设市场等建议。

合肥市建设项目竣工决算审计　1989年始，市审计局开展基建工程竣工决算审计，当年审计5个项目，核减率15.5%。

1995年，审计基建项目170多个，审计金额2.1亿元，审计核减3213万元，核减率平均15.3%。

1996年12月，审计署发布《审计机关对国家建设项目决算审计实施办法》，1997年安徽省政府78号令发布《安徽省建设项目竣工决算审计规定》，合肥市政府127号令发布《关于转发〈安徽省建设项目竣工决算审计规定〉的通知》，加大重点建设项目审计力度。

截至2005年10月，市审计局共审计合肥手表厂、合肥酒厂、四水厂扩建工程、金城姊妹楼、交行大厦、和平广场、水源联络管、市政府招待所、烟墩路、合白路、安徽省建筑工程学院等2640个建设项目或单项工程决算，核减工程价款32302.91万元。

合肥市重点建设项目跟踪审计　1989年、1990年，跟踪审计合肥市45个停缓建项目，共计12165万元资金。

2001年，市审计局实行大房郢水库工程建设全过程、全方位审计监督，派驻专人参与工程建设的管理和监督，与该工程建设指挥部办公室联合制定《合肥市大房郢水库工程建设资金审计监督规定》。

2003年，市审计局提请市政府发布《关于对合肥市生活垃圾处理项目续建工程等市属建设项目跟踪审计的通知》，扩大跟踪审计范围，实施大房郢水库工程、合肥市城市生活垃圾处理项目续建工程、合肥市城市污水处理回用工程、合高高速南区连接线、合肥市中心血站、合肥市妇幼保健中心等6个市属重大建设项目跟踪审计。

2005年，新增合肥市政务新区、合肥市广电中心、合肥市疾控中心、长丰县防洪区保庄圩工程等跟踪审计项目。

2002年至2005年，市审计局审计801个建设项目或单项工程决算，直接节约建设资金10117.63万元。

2005年6月，合肥市政府颁布《合肥市国家建设项目审计监督暂行办法》。

合肥市行政事业审计　1986年至1989年，市审计局实行定期报送审计制度，市一级预算单位财务收支审计面达到100%。并审计工商、公安、物价等执法部门的规费和罚没收支情况。

1990年至1993年，行政事业定期审计由一二级单位向三级单位延伸，由预算内向预算外延伸，开展清理“乱收费、乱罚款”和教育经费等专项审计。

1993年至1997年，加强对经费支出大户、预算外资金多的100多个单位的审计，轮审司法机关、经济管理部门。实行地方审计令，重点开展科技三项经费和工商、文化等部门审计。开展希望工程基金募集和使用的真实性审计。

1998年至2001年，按照“全面审计、突出重点”的方针，开展教育、科技、自来水价格基金、住房资金、公安罚没款、体育彩票等专项审计。

2001年年底和2002年年初，开展市直30个部门资产负债和财务收支审计，摸清家底，核实资产债务，为推进机构改革奠定基础。

2003年起，行政事业审计以部门预算执行审计为主要方式，以财务收支真实性为基础，推进依法行政，规范行政事业单位财务收支行为。

2004年，开展科技三项经费效益审计，针对项目资金安排不合理、使用不规范、效益不高等问题，提出审计意见和建议，引起市领导高度重视，市科技局通报批评相关责任单位并完善相关制度。

2004年至2005年，市审计局开展市公安局、检察院等执法部门行业审计，查处无依据收费、资金管理核算不规范等问题。市公安、检察等部门根据审计结果召开专题会议，落实审计意见；审计市教育、市容、广电等部门预算执行情况，发现有关单位在收费、使用财政资金方面的问题并作出相应处理；开展市直32个部门2003年工资福利调查，为推进经济决策提供依据；连续2次审计和检查全市农村中小学危房改造工程专项资金，推进农村中小学D级危房改造工作。

2005年，为推进住房制度改革，开展全市住房公积金和其他住房资金审计，向社会公告审计结果。

合肥市外资运用审计 1985年，根据审计署和省审计厅部署，市审计局审计利用瑞典政府贷款引进的食用成品油加工项目。

1987年，市审计局审计电大合肥分校和合肥联大引用世界银行贷款项目。

1989年，市审计局开展中外合资合作企业审计调查，当年注册登记14家（含合作企业1家）。之后开展3次外商投资企业审计调查，调查发现，部分企业持续经营能力差、注册资本不到位、虚假出资、变相抽逃资本和未严格执行国家有关政策和法规等问题。

1999年开始，随着中国引进外资力度加大，世界银行及国际金融组织对国家审计提出严格要求，合肥的外资审计由原来的对外公正、对内监督，调整为内外合一、如实披露。当年审计“淠史杭—巢湖”农业开发项目、贫困地区三期教育项目，客观反映贷款使用存在的问题，提出建议，收到较好效果。截至2005年年底，合肥市共审计世界银行贷款项目6大项目、56次，项目内容涉及农田水利开发、教学设备引进、师资力量培训等。

2003年，市审计局调查1999年至2003年合肥市政府外债项目到期还本付息情况、管理计划情况及外债管理体制情况。审计提出引进政府外债投向要从基础性、经营性并重转向基础设施建设为主；引进先进设备的同时引进先进管理理念，由政府统一建立外债项目档案及备选项目库，国内配套资金投资应多元化等建议。

2004年，审计合肥市利用荷兰政府贷款和国债资金建设的合肥望塘污水处理厂建设项目，审计将发现的问题向市政府提交专题报告，市政府召开专题会议，研究部署加强项目管理工作。

2005年，市审计局调查利用日元贷款合肥天然气利用工程项目；当年，审计肥西县利用世界银行贷款加强灌溉农业二期项目经济效益。

合肥市中外合资合作企业审计　1995年《中华人民共和国审计法》实施，市审计局审计中国安利人造革有限公司等4家中外合资企业，在会计师事务所查证基础上，进一步核实企业资产负债损益，作出账务调整，维护投资各方权益，促进了外资企业管理人员正确执行国家财经法规。

1996年，市审计局审计5家中外合资企业，发现违纪金额540.8万元，企业存在资产、盈亏不实问题，造成国家税费流失203万元。审计依法作出处理。中央人民广播电台、《安徽日报》等多家新闻单位专门报道。

由此，市审计局将中外合资企业的年度资产负债损益审计纳入每年的审计计划。1996年至2005年，审计32户次，审计总金额48.94亿元，查处违纪违规金额1955.21万元。2005年合资企业审计，开始运用审计署推广的AO现场审计软件，探索计算机审计应用。

合肥市经济责任审计　1986年4月，市审计局与市委组织部、市经济委员会、市人事局联合印发《关于试行对国营企业主要行政负责人调离工作实行审计公证的通知》。12月，市审计局开展合肥市工业品贸易中心经理离任审计，评价其履行职责情况。

1988年，厂长经理离任审计取得突破性进展，全年离任审计13位厂长经理，组织人事部门根据审计结论提升职务1人，平调和继续任职1人，免去职务3人，降职1人。

1990年10月22日至12月3日，根据省委组织部委托和省审计厅授权，市审计局首次开展省管厅级干部、合肥钢铁集团总公司总经理1984年至1990年9月任职情况的离任审计。涉及总公司所属有经济核算业务的24个处室、1个职工医院、17个工厂，审计总金额92198.8万元，查出违纪违规金额10471.17万元，应收缴入库198.95万元。审计依法作出结论和决定，提出改进管理的建议。省委组织部参考审计结论后调整该干部的职务。

1993年，“经济责任审计”一词正式使用。当年开展58家企业的承包经营和厂长（经理）离任审计，促进企业领导人的责任感和遵纪守法观念，配合组织人事部门更好地了解和使用干部。

1996年9月，市政府发布《合肥市国有企业法定代表人离任审计暂行规定》，规定在审计机关作出结论前，不解除离任者的经济责任。此后每年都安排部分企业法定代表人离任审计项目，促进企业法人依法履行职责、加强企业管理。

1998年，开展合肥城建开发总公司、合肥钢铁总公司总经理离任审计，摸清企业家底，帮助企业理清发展思路。

1998年，合肥市成立领导干部任期经济责任审计工作领导小组，领导小组办公室设在市审计局，负责处理日常工作事项。6月，市审计局、市纪委、市委组织部、市监察局联合发文部署合肥市领导干部任期经济责任审计试点工作，组织人事部门负责审计项目委托，运用审计结果考察、管理干部；纪检监察部门提供纪律保证；审计机关负责审计业务实施和审计质量。

1999年5月，中共中央办公厅、国务院办公厅印发《县级以下党政领导干部任期经济责任审计暂行规定》和《国有企业及国有控股企业领导人员任期经济责任审计暂行规定》，市委、市政府办公厅合办《关于贯彻县级以下党政领导干部任期经济责任审计暂行规定的意见》，各县区也结合实际制定相应贯彻意见。

2002年，市审计局制定《关于认真贯彻"十六字"方针，稳定推进经济责任审计工作的意见》《合肥市审计局贯彻落实党风廉政建设责任制工作任务的意见》。同年增补市检察院副检察长、市委市政府信访局局长为领导小组成员。9月，合肥市经济责任审计局成立，为副县级行政机构，内设3个审计室。

1998年至2002年，全市共开展经济责任审计175项，运用审计结果，其中25人免职，3人降职，3人移送纪检、司法部门处理，为合肥市净化发展环境，强化领导干部监督，提供了有力的监督机制和制度保障。

2002年起，离任审计和任中审计相结合，实行轮审制度。

2003年12月，市委办公厅、市政府办公厅印发《合肥市党政领导干部和企业领导人员任期经济责任审计实施办法》，强化任期经济责任审计的法制化建设，县区法院、检察院领导纳入市级审计范围。

2005年，强化任中审计为主的项目计划管理模式，发挥任中审计的预警、规范和服务作用。当年，市经济责任审计工作领导小组制定《合肥市经济责任审计工作考核办法》。2003年至2005年，共开展52名党政领导干部经济责任审计，其中7人提拨重用，2人免职，3人移送纪检部门立案查处。审计查出挤占挪用专项资金、无依据收费、账外账"小金库"违纪金额7.65亿元等问题。

合肥市内部审计 1983年，审计机关成立，按照上级部署，积极推进内部审计工作。市审计局先后明确综合科、法规科、综合处负责全市内审工作的指导和监督。

1985年，市政府发文规定：合肥市直各主管局、公司以及企业总支以上建制单位，相应地设审计处、室、科、股；企业支部建制单位设专职审计员，各县区参照此原则结合具体情况，建立相应内审机构。当年合肥市内部审计机构开始组建，至1988年，全市建立内审机构38个，内审人员69人，主要开展内部所属单位财务收支审计、厂长（经理）离任审计和经济事项的查证工作。

1989年，审计署3号令发布《审计署关于内部审计工作的规定》，合肥市内审工作进一步发展，至1994年，全市建立内审机构175个，配备审计人员341人。

1995年9月，市政府37号令发布《合肥市内部审计工作规定》，原则规定内审机构设置、人员资格条件、工作范围以及工作待遇等。

1996年，市审计局制定《关于贯彻合肥市内部审计工作规定的实施意见》，开展全市贯彻37号令工作检查。

2003年12月，为适应政府职能转变、实行行业自律管理需要，合肥市内审协会成立。

2004年6月，市政府办公厅转发《安徽省人民政府办公厅关于进一步加强内部审计工作的通知》，要求按照《中华人民共和国审计法》和《审计署关于内部审计工作的规定》，加强内部审计工作，建立制度，健全机构，充实人员，推行内审人员岗位资格证书和后续教育制度，探索推进现代内部审计工作。

2005年年底，全市有内审机构215个，持证上岗内审人员500余人。

1986年至2005年，全市内审机构开展审计项目1457个，主要业务是财务收支审计、经济责任审计、基建项目审计、经济合同审签、经济案件线索查证、参与清产核资和资产评估及企业改制等。

合肥市教育委员会、合肥百大集团先后被审计署评为全国内审先进单位。合肥市内审协会开展内部审计的“管理、服务、宣传、交流”工作，加强内审人员培训和民营企业审计咨询服务活动。

合肥市社会审计　1987年6月17日，合肥市审计事务所建立。1990年起，在市一商局、二商局、一轻局等行业设立16个分所。

1995年5月，合肥市宝申审计事务所成立。市审计局先后明确综合科、法制科、综合处负责全市审计事务所的行业指导、监督和管理。审计事务所的主要业务是受托办理财务审计、资产评估、验资年检、基建审计、专项审计、财务决算审签、审计咨询服务等。

1995年12月，中国注册会计师协会与中国注册审计师协会联合，联合后的中国注册会计师协会负责社会审计组织的行业管理。随着市场经济的发展，社会审计业务范围逐步扩大。合肥市宝申审计事务所1996年开展合肥交通银行大厦土建工程审计，1999年合肥三孝口姊妹楼工程审计，共核减投资3000多万元，在社会引起较大反响。

1999年，市审计局与所辖审计事务所脱钩。市审计事务所改制为安徽中安会计师事务所，市宝申会计师事务所改制为安徽宝申会计师事务所。

合肥市审计局负责监督社会审计组织的审计业务质量。根据审计署《审计机关监督社会审计组织业务质量的暂行规定》和省审计厅统一工作方案，市审计局当年检查肥西县社会审计行业的会计报表质量。2000年和2003年，市审计局分别检查合肥信皖会计师事务所、安徽永安会计师事务所的执业质量，检查其质量体系是否健全，审计作业是否规范，审计报告是否客观公正、如实披露，针对会计师事务所业务质量方面存在的问题，提出意见和建议，促进提高事务所的业务质量和执业水平。

合肥市审计学会成立于1989年12月，是研究审计科学的群众性学术团体，合肥市社会科学界联合会所属学会之一，是安徽省审计学会团体会员，接受市审计局、民政局领导。1995年11月，合肥市审计学会选举换届。第三届理事会成立于2003年12月，有理事69名、常务理事23名。

第二节　淮北市审计业务

淮北市财政审计　1989年3月，根据审计署、监察部、财政部《关于地方财政收支进行大检查的联合通知》和省审计局部署，审计濉溪县财政局、税务局1988年财政决算和财务收支情况。自此，每年坚持县区财政收支和决算审计。

1996年3月，根据《中华人民共和国审计法》规定，审计市本级1995年度预算执行和其他财政收支情况，延伸市教委、建委、粮食局、民政局5个一级预算单位。审计查出：应列未列收入55.23万元；应清理预算暂存暂付款751万元；少反映企业欠税306万元；市口子酒厂欠缴利润分成920万元等问题。第一次向市人大常委会作审计工作报告。

1997年3月，审计市本级1996年度财政预算执行和其他财政收支情况，延伸市教委、土管局、环保局、地矿局6个一级预算单位，同步审计市1996年度普教经费、财政工交周转金、郊区第三期农业综合开发资金。审计查出：应列未列收入40万元；消化粮食企业亏损挂账当年未到位资金500万元；应征未征教育附加费555万元；挪用环保资金170万元等问题。

1998年3月，审计市本级1997年度预算执行和其他财政收支情况，延伸市科委、粮食局、农业局、工商局等一级预算单位，同步审计淮北市1997年度基本建设资金、水利建设基金、粮食系统亏损情况。审计查出：应列未列收入540万元；虚列预留下年调整工资款800万元；企业亏损退库380万元不到位；教育费附加应征未征640万元；水利基金738万元未纳入预算管理等问题。

1999年3月，审计市本级1998年度财政预算执行和其他财政收支情况，延伸市建委、科委、教委等一级预算单位及其下属核算单位。审计查出：应列未列基金预算收入705.88万元；违规退库1560万元；超比例返还契税手续费67万元；水利周转金放款欠息340.61万元等问题。

1999年9月，审计濉溪县1998年度财政决算和其他财政收支情况，延伸县陶瓷有限责任公司、皖北矿业有限责任公司等18家企业纳税情况。审计查出：虚收虚支、财政收支空转2677万元；虚列支出666万元；应列未列收入299万元；税务周转金管理不严等问题。审计作出处理并提出改进建议。

2000年3月，审计市本级1999年度财政预算执行和其他财政收支情况，延伸市建委、教委、地矿局、环保局一级预算单位及其下属核算单位，调查国库办理预算资金收纳、报解、拨付业务和地方城市供电附加、邮电附加、供水附加收入入库情况。审计查出：应列未列收入66万元；混淆入库级次，三区侵占市级收入750万元；退库不到位426万元；应交未缴水利基金、价调基金60万元等问题。

2001年2月，审计市本级2000年度预算执行和其他财政收支情况，延伸市教委、科委、社保局等一级预算单位及其下属核算单位，调查财政周转金和地方税务部门各项提退情况。审计查出：应列未列预算收入30万元；应缴未缴水利基金128万元；挪用教育费附加43万元等问题。

2002年3月，审计市本级2001年度预算执行和其他财政收支情况，延伸市教育局、科学技术局、交通局等一级预算单位及其下属单位,调查中国人民银行淮北市中心支行国库科管理的地方财政资金的收纳、划分、报解及退库情况。审计查出:应列未列预算收入55万元;教育附加征收业务费提成比例高达6%;市地税局代征的政府基金未及时上缴财政388万元;一级预算单位挤占专项资金134万元;失业保险基金未上缴财政专户471万元等问题。

2003年3月,审计市本级2002年度预算执行和其他财政收支情况,延伸市教育局、科学技术局、水务局、国土资源局等一级预算单位及其下属单位,调查中国人民银行淮北市中心支行国库科管理的地方财政资金的收纳、划分、报解及退库情况。审计查出:应列未列预算收入211万元;专项资金315万元未拨付到位;多退代征手续费47万元;应缴未缴财政专户款150万元等问题。

2004年2月,审计市本级2003年度预算执行和其他财政收支情况,延伸市林业局、规划局、广电局等一级预算单位及其下属单位,审计教育费附加、社保基金、科技三项费、水资源费、排污费、农税改革转移支付专项资金,调查中小学危房改造资金、救灾扶贫资金、城市居民最低生活保障财政补助资金。审计查出:应列未列预算收入133万元;挤占挪用专项资金149万元;预算收入843万元未及时缴入市金库;超范围列支教育费附加100万元等问题。

2005年3月,审计市本级2004年度预算执行和其他财政收支情况,延伸市教育局、司法局、民政局等6个部门预算执行情况,环保专项资金、市重点工程建设资金、城市公用事业附加等专项资金征管使用情况,调查濉溪县转移支付资金—小城镇建设资金、村级补助资金、农村医疗救助资金情况。揭示:违规使用专项资金43.7万元;科技三项费用列支后挂账240.8万元;向无预算单位拨付财政资金165.2万元;预算外资金126万元未缴入市财政专户;滞留专项资金91万元等问题。

2006年2月,审计市本级2005年度预算执行和其他财政收支情况,涉及市教育局、劳动和社会保障局、林业局等6个部门,延伸科技三项费用、散装水泥专项资金、新型墙体材料专项基金征管使用情况。审计结果表明,市本级预算执行和其他财政收支情况总体上是好的,财政收入快速增长,取得较大突破;优化财政支出结构,各项重点支出得到保障;不断深化财政改革,管理体制日趋完善。但也存在一些问题:少列预算收入1316万元和支出267万元;退库列支国有企业亏损补贴245万元;未及时拨付区县专项资金301万元;部门各项收支超预算现象较普遍;预算外资金77万元未缴入财政专户等。

2006年8月,审计烈山区2005年度财政决算及其他财政收支情况,延伸宋疃镇财政决算和区教育局、环保局、法院、检察院等部门财务收支情况,调查区地方税收征收管理情况和区城市居民最低生活保障金的发放管理情况。审计揭示:应列未列预算收入242万元;滞留专项资金222.8万元;公款私存41万元;挤占挪用专项资金61.5万元等问题。

2007 年 3 月，审计淮北市 2006 年度本级预算执行及其他财政收支情况，重点审计市物价局、人防办、科技局、建委等 4 个部门预算执行情况，审计和调查科技三项费用、改善办学条件专项资金、农业产业化专项资金、副食品价格调节基金、市路网工程建设资金——南湖路建设项目资金。审计查出：应列未列预算收入 430 万元；非税收入 203 万元未上缴市财政专户；未按规定划转社会保险基金 156 万元；专项资金 230 万元使用不规范；代征政府性基金 322 万元未上缴财政；部门预算执行不严格；专项资金项目安排分散，资金量小，整体资金使用效益不明显；以政府纪要代替基本建设程序等问题。审计提出加强财政管理等意见和建议，市人大常委会非常满意。

淮北市固定资产投资审计 1994 年 1 月，审计市公安局新建办公楼工程决算。核实该项目总造价 232.5 万元，审减金额 19.79 万元。审计处理该单位拉赞助问题。

1996 年 5 月，审计肖淮高等级公路建设项目。该项目 1993 年 3 月正式开工，1995 年 2 月竣工。审计确认决算 3225 万元，净核减 610 万元。对挤占项目支出 360 万元，挪用收费站收入 93 万元，超概算 47 万元等问题，审计作出处理。

2000 年年底，跟踪审计淮北市“黎苑新村”一期安居工程建设项目。审计查出：施工企业漏缴税金 78 万元；占用建设资金 730 万元；待摊投资中不合理列支；未作基建收入 16 万元；未实行资本金制度，虚假验资 300 万元等问题。

2002 年 6 月，审计淮北市丁楼污水处理厂建设项目一期工程自立项起至 2002 年 6 月底的投资活动。审计查出：多付征地款66万元；挤占项目成本50万元；管网建设滞后，无法满负荷运行等问题。

2006 年 4 月，审计市交通局交通商厦建设项目。审计查出：该项目未按规定立项审批；挪用客货附加费 1948 万元；拨付施工企业部分工程款 614 万元，未使用淮北市建筑安装企业专用税票等问题。审计作出处理并提出建议。

淮北市金融审计 1987 年 8 月，审计市工行 1986 年财务决算。发现问题：自筹基建欠缴建筑税 8.8 万元；挤占费用 27.2 万元等。

1994 年 5 月，审计市保险公司 1993 年度财务收支和“约法三章”执行情况。发现问题：挤占成本 7.7 万元；少列赔款支出 92 万元；欠缴固定资产投资方向调节税 3 万元；违章拆借资金 100 万元。

1995 年 12 月，审计市信托投资公司 1995 年 11 月末的财务状况及 1992 年至 1995 年业务经营情况。发现问题：信贷资产质量不高；拆入资金 1800 万元在账外经营；库存现金过大等。

2002 年 4 月，根据省审计厅部署，审计中国发展银行淮北市分行 2001 年度资产负债情况，延伸调查 7 家粮食收储企业以及市县棉麻公司等单位。发现问题：粮食价格走低导致企业潜亏 5708 万元；不良资产比例高达 44%；市棉麻公司未归还中央储备棉贷款 1420 万元等。

2002 年 10 月，审计淮北市郊信用合作联社 2001 年度资产负债情况。发现问题：

少计收入和成本 7.6 万元;违规贷款 800 万元。

2003 年 4 月,根据省审计厅统一组织,审计华安证券公司阜阳营业部 2001 年度资产负债损益情况。发现问题:少计营业收入 10 万元、多计营业外收入 10 万元;多列利息支出 22 万元;利用其他资金来源获取新股申购利润 233 万元等。

淮北市经济责任审计　1998 年至 2002 年年底,全市完成领导干部经济责任审计项目 354 个。审计资金总额 103.76 亿元,查出违纪违规金额 3.83 亿元,损失浪费金额 2.88 亿元,经济犯罪金额 1.66 万元。移交纪检、监察机关处理 8 人,移送司法机关处理 2 人。提交审计结果报告及信息 366 篇,其中党政领导批示 47 篇,新闻单位采用 51 次。

2003 年,全市审计离任领导干部 71 人,发现问题:预算外收入未缴财政专户、挤占专项资金 1283.75 万元;潜亏及不良资产 5840 万元。提交审计结果报告 22 篇,提出审计建议 45 条。

2004 年,全市审计领导干部 42 人。查出违规金额 437 万元,管理不规范金额 7869 万元,损失浪费金额 15 万元。

2005 年,全市审计领导干部 56 人。查出违规金额 1147 万元,管理不规范金额 1.53 亿元。

2006 年,全市共审计领导干部 46 人。查出违规金额 577 万元,管理不规范金额 1.22 亿元,损失浪费金额 375 万元。提交审计结果报告及信息 66 篇,提出审计建议 130 条,党委政府采用 5 篇,有关部门采用 25 篇,报刊媒体采用 11 篇。

2007 年,全市审计局审计领导干部 50 人。查出问题:应列未列预算收入 2655 万元;预算外收入未缴财政专户 384 万元;未缴预算管理资金 548 万元;违规收费 2462 万元;固定资产未入财务账 576.4 万元;不良资产 2248 万元;挤占专项资金 387 万元;欠缴社保费、贷款利息、污水处理费等 820 万元;"小金库"资金 32 万元等。提交审计结果报告 17 篇,提出审计建议 56 条。

淮北市农业与资源环保审计　1994 年 3 月,根据省审计局办公室省办农字(1994)14 号文件《转发审计署关于一九九四年农业综合开发资金审计安排的通知》,审计淮北市黄淮海农业综合开发二期项目资金情况。

1996 年 8 月,根据省审计厅安排,审计濉溪县三期黄淮海农业综合开发资金的管理、使用及一二期已到期有偿资金是否按计划回收等情况。查出问题:挪用资金 25 万元;滞留资金 85 万元;挪用贷款 100 万元等。

1999 年 4 月,审计濉溪县百善镇 1998 年度乡镇资金。发现问题:水利集资款充作财政收入 190 万元、虚列财政支出 177 万元;隐瞒财政收入 135 万元;挤占镇统筹款 86 万元;挤占农村教育费附加 12.6 万元和中小学办公经费 10.8 万元;乱收费 7.5 万元;未上缴镇财政款 49 万元等。

2000 年 6 月,审计烈山镇 1998 年至 1999 年度乡镇资金。查出问题:各部门截留、坐支财政收入 29 万元;超范围使用现金 6.5 万元;使用不合规票据 138 万元;拖欠教师工资54万元等。

2002年4月，审计市本级2000年至2001年财政预算内安排的财政支农资金的管理、使用、效益情况。两年预算安排支农资金4305万元，实际拨付4256万元。结果显示：市财政加大农业投入，加快农业基础设施建设，促进农村经济持续、快速发展。建设项目从立项、申报、审批、招投标等都能遵守规定程序。审计发现：市乳业公司违反规定将63万元项目资金用于经营生产；财政预算安排的支农资金与财政经常性收入、支出增长不同步等问题。

2006年5月，审计市本级2003年至2005年财政扶贫专项资金。审计抽查4个项目，投资均已完成并投入使用、运行良好，达到预期目标，为促进项目区农民脱贫致富发挥了显著作用。

淮北市工业交通审计 1986年3月，审计市焦化厂1985年度决算。审计查明：该厂决算不实金额157.45万元；少反映利税87.23万元；预提精煤差价25万元年末没调账；应付款科目隐瞒收入19.4万元等。

1994年5月，依据省审计局《关于安徽省1993年度税利大户企业资产、负债、损益审计方案》，审计市口子酒厂1993年度资产负债损益情况。发现问题：欠缴税金2576.63万元；仓库管理存在薄弱环节；挤占成本费用32.3万元。

1995年2月，受市委组织部委托，审计淮北印染厂厂长吴长荣经济责任。审计查出：老贷款利息2512万元未消化；流动资产损失383万元等问题。

1998年6月，审计安徽口子集团公司1997年度资产负债损益情况。发现问题：欠缴税金48万元；购专控商品未办控购手续；潜亏挂账2670万元等。

1999年3月，审计淮北印染集团公司1998年度资产负债损益情况。查出问题：多结转销售成本190万元；退税款13万元未作补贴收入增加利润；耗用蒸汽差价金额525万元未充分反映。

2002年8月，审计淮北市公路局2001年度财务收支情况，调查其内控制度建立与执行情况，公路系统管理体制、养护体制，收费站收费还贷情况。发现问题：内控制度薄弱；收费还贷情况不理想；挪用车辆通行费205万元；隐瞒收入75万元等。

2007年2月，审计淮北市能源投资集团有限公司1988年成立以来的资产负债损益情况。发现问题：账面不良资产5794万元；投资华侨大厦284万元未纳入固定资产管理；金贝制衣公司债权债务未清理等。

淮北市商粮供贸审计 1986年9月，审计市金属材料公司1985年度财务收支和购销计划执行情况。发现问题：基建开支6.53万元列入费用开支；钢材加价收入66.36万元等。

1987年3月，审计市石油公司1986年度财务收支情况。发现问题：隐瞒利润77.36万元；多列费用4.44万元；漏缴奖金税4.45万元等。

1989年4月，审计市粮食局1988年执行经营政策和财务收支。发现问题：隐瞒截留利润 51.66 万元；挤占费用 51.89 万元；漏缴税金 83.91 万元等。

1997 年 4 月，根据省审计厅要求，市县审计局审计全市医药系统 1996 年度执行国家政策及财务收支情况。发现问题：折扣折让及推销提成支付和核算不规范；少计成本费用 42 万元；潜亏 976 万元等。审计向市政府提交综合报告，副市长刘淑娟批示：责成市医药管理局对审计查出的问题，要认真整改，并将整改结果报市政府。

1999 年 5 月，审计市蔬菜有限公司 1998 年度财务收支及股份制运作情况。发现问题：应核销固定资产原值 82 万元；少计成本费用核算 228 万元；欠缴各项税费 31 万元；潜亏 141 万元。

2000 年 5 月，审计市盐业有限公司 1999 年度资产负债损益情况。发现问题：少提国家、省碘盐基金 8.4 万元；不符合现金管理规定的支出 36.5 万元；未纳入财务核算的罚没款 1.17 万元等。审计向市政府提交综合报告。

淮北市授权审计　1990 年 8 月，根据审计署授权，审计中煤淮北办事处 1989 年至 1990 年财务收支情况。审计依法处理漏缴能交基金、预算调节基金 4.23 万元和奖金税 0.74 万元等问题。

1990 年 6 月，根据审计署授权，审计两淮特凿公司 1989 年至 1990 年财务收支。发现问题：虚增成本减少利润 12.8 万元；欠缴两金 9.75 万元；多收取费用 15.55 万元等。

1992 年 3 月，根据审计署授权，审计淮北供电局 1991 年度财务收支和业务经营活动。发现问题：多提职工福利基金 3.4 万元；多提工资基金 3 万元。

1992 年 3 月，根据省审计局审授权，审计市烟草公司 1991 年度财务收支和业务经营活动。发现问题：违控购车 2.9 万元；漏缴能交基金 2 万元；隐瞒销售收入 141 万元等。

1992 年 8 月，根据省审计局授权，审计淮北矿建公司 1991 年至 1992 年上半年财务收支。发现问题：欠缴税金 9.6 万元；挤占成本和收入挂账 16 万元等。

1993 年 5 月，根据审计署授权，审计淮北矿务局 1992 年度财务收支及业务经营活动。审计总金额 33.83 亿元，审计覆盖面 70%。审计表明，该单位各项经济技术指标完成比较理想。实际亏损 5105.7 万元，比计划减亏 1687.3 万元。发现问题：欠缴税金 135.43 万元；应调整账务 534 万元；欠缴城建费 387 万元。

1993 年 8 月，根据省审计局授权，审计市邮电局及其所属综合公司 1992 年度财务收支。发现问题：欠缴固定资产投资方向调节税 2.4 万元；挤占成本 6.8 万元。

1994 年 5 月，根据省审计局授权，审计淮北电建指挥部四期工程七号机组财务收支情况。该工程总投资 4.67 亿元。发现问题：多计支出 704 万元；利息收入 169.2 万元账务未处理；挪用建设资金 500 万元等。

1994 年 9 月，根据省审计局授权，审计市烟草公司及其劳服公司、华兴实业 1993 年度至 1994 年 10 月财务收支和业务经营。发现问题：多结转销售成本 59.3 万元；截留净收入 25 万元；小金库 17.91 万元；借出现金 671.5 万元等。

1995 年 9 月，根据省审计厅授权，审计淮北发电厂 1994 年至 1995 年上半年财务收支。该厂欠缴固定资产投资方向调节税 4 万元。

1998 年 8 月，根据省审计厅部署，审计中保财险淮北分公司及其下属营业部、东区支公司、西区支公司和濉溪县支公司 1997 年度资产负债损益。审计查处违纪违规金额 206.3 万元，收缴 21.02 万元。

1999 年 5 月，根据省审计厅、省无线电管理委员会办公室部署，审计市电信局 1997 年和 1998 年无线移动电话频率占用费代收代缴情况。发现问题：频率占用费 15.9 万元未列入本单位收入；欠缴省频率占用费 6 万元。

2001 年 9 月，根据省审计厅授权，审计市烟草公司、濉溪县烟草公司 2000 年度财务收支情况。发现问题：借出固定资产 92 万元长期未收回；欠缴企业所得税 1048 万元等。

2002 年 6 月，审计淮北市邮政局 2001 年度财务收支情况，调查其内控制度建立与执行情况、邮政行业改革和发展中存在的困难与问题。1998 年年底，国家邮电管理体制改革，实行邮电分营，邮政作为国民经济的独立部门运行，经营效益逐年增加。发现问题：应调减利润 64 万元；潜亏挂账 1321 万元；财务核算不规范等。

2003 年 8 月，根据省审计厅《安徽省电力公司审计实施方案》，审计淮北发电厂和凌云电力实业总公司 2002 年度财务收支。发现问题：三产与主业关联及依附问题；漏缴各种税费 251 万元；各机组发电设备利用小时不均衡等。

淮北市社会保障资金审计　1992 年 6 月，根据审计署和省审计局安排，审计市职工待业保险基金和退休职工养老基金及管理费收支情况。审计向市政府提交待业保险基金和退休养老基金综合报告。

1999 年 4 月，审计市本级 1998 年养老保险基金的征收、支付和管理情况。发现问题：挪用养老基金用于基本建设 2118 万元；挪用养老基金借款 30 万元；养老基金定期存款存入信用社 818 万元。审计向市政府提交综合报告。

2001 年 5 月，审计市财政局、社保局养老保险所等单位 1999 年至 2000 年度市本级企业职工基本养老保险基金，调查安徽口子集团公司、市一建等参保单位。发现问题：保留收入过渡户；参保单位欠缴基金 2291 万元等。市政府常务副市长张飞飞批示，要求有关部门切实抓好整改和完善工作。

2003 年 4 月，审计和调查市本级 2002 年度失业保险基金。发现问题：基金缴费基数偏低；欠缴失业保险费现象严重；挪用 97.6 万元等。

2004 年 5 月，审计市本级 2003 年度城镇职工基本医疗保险基金。延伸财政部门的专户管理、基金划拨以及税务部门基金征缴情况，抽查医保定点医院市人民医院、市中医院、淮矿集团职工总院和三家医保定点药店履行市医保中心与其签定的医疗服务协议情况，调查四家企事业单位医保金缴纳情况。发现问题：统筹层次多，同地区、同单位参保职工享受的医疗保险待遇不同；个人账户基金结余较大，管理措施不到位；医保基金保值增值率低等。

2005年4月，审计和调查市本级2004年失业保险基金征收、支付和管理情况。发现问题：部分缴费单位申报的工资总额不完整；国库存款706万元未及时转入财政专户；失业保险金未全面实现社会化发放等。

2006年4月，审计和调查市本级2005年企业职工基本养老保险基金征收、支付和管理情况。发现问题：支出户存款利息29万元未转入财政专户；养老保险基金结余未按规定保值增值；市级统筹缺乏制约机制等。

2007年5月，审计市本级2006年企业职工基本养老保险基金、医疗保险基金、失业保险基金、工伤保险基金和生育保险基金征收、支付和管理情况。发现问题：支出户存款利息未转财政专户；失业金未全面实现社会化发放；医保基金个人账户管理有待加强；生育保险覆盖面窄等。市长梅劲和副市长孔晓宏分别作出批示，要求财政局和劳动社保局积极整改。

淮北市专项审计调查　1985年8月，根据省审计局部署，开展市针织三厂1985年上半年经济效益调查，审计从质量、产量、劳动生产率、资金效果和企业管理五个方面分析影响经济效益的因素，提出5点要求。

1986年6月，根据省审计局部署，调查全市28个单位的教育集资情况，审查资金231万元，发现问题：超发奖金、补贴、实物6.35万元；私设"小钱柜"3500元；乱摊派等。

1994年4月，根据省审计局要求，调查市教委及所辖部分中小学校。发现问题：财政投入未满足教育事业发展需要；濉溪县1993年以前拖欠部分民师工资未兑现；农村教育附加征管模式不固定，拖欠现象严重等。审计提出5条建议。

1994年5月，根据省审计厅部署，调查"市口子酒厂年产五千吨优质酒扩建工程"建设项目。发现问题：投资超概算5403万元；工期拖延，计划管理有缺陷（没有批准的年度投资计划）；治理污染措施滞后等。审计分析存在问题的原因，提出3条意见和3条建议。

1998年3月，根据省审计厅部署，调查市1997年度财政预算基建投资执行情况。1997年度计划投资4932.7万元，实际基建拨款1.3亿元（城市基础设施等公益性建设投入5343万元、行政事业单位非经营性建设投入4906万元等）。发现问题：计划安排与预算拨付不衔接，实际拨付大于计划数；基建账户利息收入144万元未纳入预算收入；以拨代支525万元等。审计提出调查意见和7条建议。

2000年5月，根据省政府及省审计厅要求，调查市朔里、高岳、渠沟、烈山、宋疃五家农村信用社1999年度资产负债损益情况。发现问题：未严格区分不良贷款界限；无担保条件放贷款等。

2001年2月，调查市地税局2000年度提退各种代扣代缴手续费、委托代征手续、征管业务费、超收分成、政府代征基金的手续费情况，延伸直属税务分局、烈山税务分局和三堤口税务分局。发现问题：多提退库13.46万元；未严格按照国家规定办理提退；提退收入未全额返还给代扣、代缴义务人和委托代征单位。

2002年3月，调查市污水处理厂、市人民医院、市环保局，截至2001年年底利用外国政府贷款和世界银行贷款资金的借入、使用、偿还及管理情况。发现问题：未建立市本级政府偿债准备金；城市环境空气质量自动检测系统项目外资未到位。

2004年3月，根据省审计厅安排，调查市本级城市居民最低生活保障制度自建立以来至2003年年末的运行管理情况。发现问题：未按规定设立社保基金财政专户；低保对象隐性收入难以核实；挤占0.5万元等。

2005年6月，根据省审计厅要求，调查淮北煤炭师范学院2000年至2004年的建设资金。发现问题：已决算工程多付工程款40万元；代付款手续不完备427万元；建设资金中银行贷款比重高达60%以上。

2006年5月，根据省审计厅部署，调查淮北市中小企业信用担保机构截至2005年的业务经营、风险控制情况。发现问题：监管体系未建立，个别担保机构放大倍数偏高，相关配套措施没有建立健全；资本金普遍较低，担保能力有限；机构设置不健全，专业人员少，风险防范能力低；反担保资产的有效性较差，相关的优惠政策未落实到淮北市的担保机构；代偿率较高，被担保对象的还款意愿较差。审计分析原因并提出建议，向市政府、省审计厅提交综合报告。市长梅劲批示："担保机构是缓解当前中小企业贷款融资难的一个重要举措。要关心重视担保企业的生存和发展。请金融办、人行等有关部门做一些调研，提出一些积极的措施和建议，帮助担保机构更好、更快地发展。"

淮北市行政事业审计 1984年6月，审计市二中1983年度教育经费和校办工厂财务收支。发现固定资产账记录不全、校办工厂和学校仓库账务核算管理混乱等问题。

1985年5月，开展行政事业单位定期报送审计。采取"一个月审计20个单位，60个一级核算单位一季度轮审一遍"的方式。7月底，全市审计86个单位（含濉溪县），查出违纪问题26.57万元，其中滥发奖金、补贴、实物5.37万元；截留财政收入4.3万元；违控商品2.2万元等。

1990年5月，根据审计署授权，审计淮北煤炭师范学院1989年至1990年5月财务收支。发现多收费用2.8万元；挤占基建成本2万元；漏缴税金等问题。

1993年6月，审计市环保局1991年、1992年度财务收支。发现问题：欠缴省金库排污费16万元；未缴市财政排污费145万元；个别环保贷款对象不正确等。

1995年5月，审计市法院1994年度规费、罚没收支及办案收费情况。发现问题：截留坐支应上缴赃款和罚没收入5.7万元；坐支现金55.6万元；欠缴投资方向调节税12.3万元；私设"小金库"27.7万元等。

1995年6月，审计市检察院1994年度规费、罚没收支和办案收费情况。发现问题：欠缴赃款15.9万元；欠缴固定资产投资方向调节税4.2万元；使用不规范收据111万元；从基建户转存70万元作储蓄存款等。

1995年9月，审计市教委系统1993年至1995年9月份教育经费。涉及教委机关、仪器站、教科所、一小、一中等16个单位。审计查出：私设"小金库"5个、共计收入38

万元；未经批准收取集资费、借读费 403 万元；转移资金 28 万元；挤占挪用教育费附加 103 万元。

2000 年 4 月，审计市土地管理局 1999 年度财政预算执行及其财务收支。发现问题：行政性收费 170 万元未专户储存；转给集体单位使用固定资产 166 万元；财政未及时归集当年收入 80 万元；拖欠征地补偿费等 7612 万元；挤占挪用征地款等 215 万元等。

2000 年 4 月，审计市工商局 1999 年度财政财务收支及 1998 年度行政性收费、罚没收入收缴管理情况，延伸濉溪县工商局、直属分局、315 巡查大队等 11 个二级财务单独核算单位和挂靠的三个协会，抽查相南、相北、濉溪县老城等 12 个工商所。发现问题：行政性收费 400 万元未执行“收支两条线”规定；挪用罚没款 4 万元；未纳入财务统一管理 27 万元；未经批准集资 135 万元建市场等。

2001 年 2 月，审计市教委 2000 年普教经费投入、使用和管理情况，抽审市一幼、一小、一中等 5 个二级拨款单位，调查市财政局、地税局城市教育附加费及地方教育附加费征收、解缴、拨付情况。发现问题：挤占教育附加费 73 万元；未纳入财政专户资金 12 万元；未按规定使用代管经费 19 万元；未经批准集资 173 万元等。

2002 年 8 月，根据省政府和省审计厅要求，审计淮北市本级及三区、一县住房公积金的归集管理和使用管理机构的资产负债净资产情况，并审计原管理机构负责人经济责任。发现问题：应收未收委托贷款及利息 334 万元；挪用 375 万元（已归还）；多行开户等。

2003 年 8 月，审计市工商局及其所属工商分局、工商所 2002 年度财务收支情况。涉及 9 个工商分局和 1 个县局，覆盖面 100%；抽查 23 个工商所，覆盖面 66%。发现问题：应缴未缴行政性收费 112 万元；市县市场办未从根本上解决分离问题；超预算支出 114.2 万元等。审计分析问题并向省审计厅报告。

2004 年 2 月，审计市容局及所属市环卫处、城市管理监察支队 2003 年度预算执行及其他财政收支情况。发现问题：超预算支出 67 万元；应列未列收入 94 万元；多列支工会经费 24 万元；市城市垃圾处理厂资产处置不当，资金损失严重等。

2004 年 5 月，审计市国土资源局及所属单位 2003 年度财务收支及国有土地使用权出让金征管使用情况。发现问题：未及时解缴财政资金 567 万元；违规设立土地出让金账户 2 个；土地出让金 1150 万元未及时上缴财政专户等。

2005 年 4 月，审计市中级人民法院、相山区人民法院 2004 年度财政财务收支情况。发现问题：预算编制不科学、约束力不强；收取诉讼费 695 万元未纳入预算管理；超标准收取诉讼费 31 万元等。审计向市政府提交综合报告。

2006 年 5 月，审计市实验高级中学 2005 年度财政财务收支情况。发现问题：超范围、超限额支付现金 12 万元；超标准发放教职工津贴 287 万元，未缴个人所得税 28 万元；一次性收取三年借读费 683 万元；食堂承包款未纳入财务统一核算等。

淮北市专项资金审计　1985 年 3 月，根据省审计局、交通厅部署，审计市公路管理站1984年度养路费。发现问题：养路费欠交及存款利息22.36万元；油库1983年至1984年虚吨位和高价销售渣油收入12.83万元；滥发奖金实物2.89万元等。审计提出6条处理意见和5条建议。

1990年6月至10月，根据省人民政府《关于对罚没财务进行检查整顿的通知》明传电报，全市审计机关分成八个小组，审计公安、物价、工商、交通、城管监察五个系统57个单位1989年至1990年3月罚没财务情况。发现问题：截留坐支罚没收入63.46万元；用自制票证罚款；拖缴罚没款87万元等。

1990年11月，结合财税物价大检查，审计市三电办1989年至1990年9月议价电费。发现多收议价电费697万元。审计决定退还有关单位和用户。

1999年4月，审计市公路局1997年、1998年车辆通行费收支情况。发现问题：支出超过总收入15%的规定标准；偿还贷款情况不理想；挪用车辆通行费70万元；漏缴水利基金40万元等。

2003年6月，根据市政府关于淮北市住房公积金管理机构调整方案的要求，审计市本级及相山、杜集、烈山三个区以及濉溪县截至2003年5月31日住房公积金的归集、使用以及管理机构资产、负债情况。向市政府提交清查结果报告。

2005年4月，审计市本级2004年度财政预算安排的环保专项资金的管理和使用情况、排污费和污水处理费的征收解缴情况。发现问题：排污费172万元未及时解缴国库；挤占挪用环保专项资金44万元；隐瞒截留污水处理费134万元；排污费、污水处理费征收不到位等。

2006年8月，根据省审计厅部署，审计淮北市2005年度住房公积金归集、使用和管理情况。发现问题：住房公积金缴存差异大；违规提取住房公积金67万元；住房公积金使用效益较低；住房公积金2.52亿元体外循环等。

2007年4月，根据省审计厅部署，审计市本级财政2006年度粮食直接补贴、良种补贴、阳光工程补助费资金。审计查出：农村劳动力转移培训项目公示制度执行和培训基地认定不规范，不“阳光”；相山区阳光工程补助费未实行财政报账制度；培训本地农村劳动力比例太低等问题。

淮北市内部审计　至2007年，全市建立内部审计机构61个，配备专兼职审计人员169人。各内审机构积极开展财务收支审计、经济责任审计、效益审计、专项审计、内部制度评审、风险评估等工作。

1991年至2007年，审计1064个单位，查出违规违纪金额68324万元，损失浪费金额4217万元，促进增收节支892万元。

2003年10月30日，淮北市内部审计协会成立，协会加强内部审计指导，促进内部审计质量提高发挥重要作用。

淮北市社会审计　1988年4月15日，淮北审计事务所成立。事务所系独立承办各项审计查证和咨询服务的事业机构，在市审计局领导下，向社会开展有偿服务，独立核算，自收自支。

1991年至1999年，开展全民和集体企业验资26009家（次），报表审计7006个单位，资产评估125个单位，为332个单位担任常年审计顾问，共核减申报不实的注册资金17668万元，为委托单位核减工程造价2047万元。

1999年12月，根据国家有关规定，市审计事务所与市审计局脱钩，更名为安徽准信会计师事务所，其性质为由注册会计师出资发起设立的有限责任会计师事务所。各区县审计事务所同时办理与国家审计机关的脱钩手续。

第三节 亳州市审计业务

亳州市财政审计 1996年，亳州市（县级）、涡阳县、蒙城县、利辛县审计机关开始开展县级财政审计工作。

2001年，亳州市审计局全面开展市本级预算执行情况和下级政府财政决算审计，向市政府和省审计厅上报审计结果报告，并受市政府委托向市人大常委会作审计工作报告。市审计局坚持“全面审计、突出重点”，以本级预算收支真实性为基础，以规范预算分配秩序为重点，加大部门预算执行情况审计力度。审计内容从查处违规违纪问题向摸清财政家底，防范财政资金流失，促进财税管理转化。审计范围从财政、地税、国库向部门预算单位延伸。审计重点从单纯财政资金向重点单位、重点项目、重点资金拓展。审计目标从真实合规性审计向管理审计、效益审计转变。

当年，市审计局审计利辛县2000年度财政决算审计和辖区内县区政府预算执行，审计资金总额15.18亿元，查处违纪资金额5323.24万元。

2003年，审计2002年度市级预算执行情况，查出税基单薄、财政过于依赖个别税源、预算外资金的预算编制不规范等问题，提出增强预算编制透明度、严格清理和整顿税收秩序等建议。谯城区审计局在审计中，查出违规退库、虚增收入、挪用专项资金、变更人大常委会批准的预算周转金等问题，提出审计建议。利辛县审计局审计专项资金管理以及其他财政财务收支，提出整改意见。

2004年，审计市级预算执行情况，延伸调查12个单位，审计和调查资金量4亿多元，查出违规资金100万元，提出加强预算管理和增加财政收入的建议，引起市政府重视，市一届人大常委会第三十一次会议给予高度评价。

审计蒙城县2003年度财政决算及其他财政收支情况，以财政资金使用为主线，延伸审计和调查社保、交通、土地等15个县直单位，审计资金额4.89亿元，审计指出该县税基单薄，经济增长点少，可用财力不足等问题，提出加强财税管理的建议。

2006年，审计2005年度市本级预算执行，调查资金量近2亿元，发挥服务职能帮助被审计单位整改。8月14日，市审计局向市政府第五次市长办公会议汇报审计发现的问题和整改建议，市政府印发《亳州市人民政府关于进一步加强审计监督工作的意见》。

2007年，市审计局强化督促整改工作，将被审计单位落实整改情况向市人大常委会报告。11月1日，首次将《关于亳州市2006年市级财政预算执行情况和其他财政收支情况的审计工作报告》和市人大常委会关于审计工作报告的审议意见，在《亳州报》全文公告。

亳州市金融审计 1987年9月，蒙城县审计局审计县工商银行，查出用信托租赁贷款10万元进行基本建设、挤占成本、减少利润20.69万元等问题。审计依法作出处理。

1988年至2000年，各县（市）审计机关开展辖区内保险公司、农业银行、建设银行审计。

2001年，审计中国保险财险公司亳州支公司。审计提出该公司内部财务管理和业务人员管理等方面的整改意见。

当年，审计农村信用社（含联社）12个，审计资金5.017亿元，查出违纪金额472万元，上缴财政11.3万元，提出审计意见和建议20条。

2002年，市审计局开展中国农业发展银行亳州支行资产负债损益审计，提出整改意见。

2003年，审计中国人寿保险有限公司亳州支公司2002年度资产负债损益情况。

至2007年，全市审计机关先后开展亳州市商业银行、政策性银行、非银行金融机构（保险公司）和城乡信用社审计。审计针对发现的问题，提出加强和改进管理的意见和建议。

亳州市经贸审计 1984年至2000年，各县（市）审计机关开展县属企业财务检查工作，实行企业支出定额和会计报表编审不定期报送检查制度。

1988年，涡阳县审计局开展县物资局及所属四个公司1985年度财务管理、价格执行、成本结转、费用开支等情况审计。查出有问题资金287949.61元，收缴财政46711.60元。

1989年，根据县委、县政府安排，涡阳县审计局审计县肉类加工厂1984年至1989年9月的财务收支情况。审计查出有问题资金1666.23万元，其中违纪金额496.65万元。至1989年9月底，该厂亏损与损失501.80万元。审计结果得到县委县政府重视，派出县长负责、副县长坐镇指挥的驻厂工作队，全面检查处理该厂问题。

2001年，市审计局专项审计5个单位2000年度车辆通行费，查出违纪违规金额1247.57万元，上缴财政78.51万元，提出建议30条。

当年，各县区审计机关审计商之都、供电部门、烟草部门等重点企业。审计查出违纪违规金额4208.85万元，上缴财政93.3万元，提出建议37条，全部得到被审计单位采纳。

2002年，市审计局调查亳州市电力企业会计信息质量和资产质量，剖析电力行业不良资产形成原因，提出审计建议。

2003年,市审计局参与古井集团、亳州宾馆改制工作及亳州市卷烟厂政策性关闭的清产核资工作,摸清家底,提出建议。

10月至12月,按照全省统一部署,市审计局组织80多人,分成5个审计小组,审计蚌埠市粮食部门69个粮食购销企业,1998年6月1日至2003年5月底,新增财务挂账和其他不合理占用农发行贷款情况。审计核减蚌埠市粮食购销企业亏损4278.6万元,核减陈化粮价差亏损1105.12万元。

2005年,审计市热电厂改制情况。

2006年,审计市盐业公司和烟草公司财务收支,延伸调查烟草公司5个下属单位,揭示盐业和烟草企业管理体制中存在的问题。

至2007年,亳州市审计机关已开展公路、海事、供电等行业审计,并提出相关审计建议。

亳州市农业资金审计　2003年,按省审计厅安排,审计亳州市扶贫资金和各县区2000年至2002年农业综合开发项目资金投入、管理使用及效益情况。审计提出保证财政拨入项目资金及时足额到位的建议。

2006年,审计和调查全市农业综合开发项目。审计查出挤占挪用专项资金、损失浪费等问题,并督促整改。

2007年,组织全市审计财政支农专项资金、农村公路建设资金、粮食直接补贴和良种补贴、阳光工程补助资金。审计摸清市县(区)财政涉农资金总体情况,揭示财政涉农资金管理体制、投入方式和使用过程中存在的问题,提出16条完善管理的意见和建议。

亳州市水利资金审计　1998年,蒙城县审计局审计1996年、1997年度县水利专项资金,查出水利基建工程多计、重计工程价款问题。其中:老三圩工程多取间接费和计划利润8386元;小辛集胜利沟翻水站重复取费,多列计划利润和税金28937元,造成损失浪费;工程项目管理不规范,监督不到位;生产性资金用于非生产性支出19.8万元;临时占用专项资金5.8万元;预算外专项资金管理不规范,未按规定实行专户统一管理,专项资金管理不规范等问题。审计依法作出处理处罚,提出改进意见和建议。

2005年,全市审计2003年、2004年度水利专项资金,检查亳州市水务局和涡阳县政府水利基本建设资金投入、配套及资金拨付情况,水利建设资金,防汛抗旱资金等水利事业费使用的真实性、合法性和有效性及水利专项资金执行“收支两条线”规定情况。审计查出违纪违规资金842.7万元,要求纠正301.6万元,收缴74.3万元,提出整改建议9条。

亳州市环保资金审计　2005年,组织全市审计2004年度环保专项资金。查出环保资金筹集管理和使用效益方面问题,涉及违纪违规资金99.5万元,审计收缴市财政9万元。

2007年,审计环保项目专项资金。重点审查资金拨付是否及时,是否存在损失浪费及损害人民群众合法利益的问题。

亳州市社会保障资金审计 2001年，审计市劳动和社会保障局企业职工基本养老保险基金。

2003年，专项审计和调查全市2002年度失业保险基金。

2004年，审计城镇职工医疗保险基金、农村信用社职工养老保险基金。

2005年，审计和调查全市福利彩票资金、再就业补助资金。审计查出挤占挪用再就业补助资金等违纪问题，移交纪检部门处理1人。

2006年，审计企业职工基本养老保险基金。审计查出应缴未缴专户资金490万元、2005年违规出借资金332万元，提出整改建议6条。

2007年，审计社会保障资金。

亳州市国家建设项目审计 1983年，蒙城县审计局开始基建投资审计。

1995年，涡阳县政府文件，要求审计全县建设项目。县审计局开展县城向阳路、胜利路建设工程竣工决算审计，核减投资60余万元，受到县政府领导好评。

1997年，审计县水泥厂技改项目，核减工程造价274万元；审计县法院办公楼项目，核减工程造价105万元；审计常兴镇小城镇开发项目，核减工程造价140万元。

2001年，经授权，蒙城县审计局审计农网改造。核减工程造价180万元，收缴违纪资金7.8万元。审计信息报省审计厅后，《安徽日报》和《新安晚报》部分刊用。

2001年至2003年，各县区审计开发项目资金的投入、管理、使用及效益情况，提出保证财政拨入资金及时足额到位等建议。

2005年，市审计局审计西淝河上段洼地排涝工程和茨河立仓三圩洼地排涝及影响处理工程两个治淮项目。审计查出：未严格执行招投标制、违规发包、多报完工投资额等违纪违规资金1331.26万元。提出加强制度建设、改善管理等建议，其中一条建议挽回损失55万元。

2006年，市审计局审计治淮工程资金。查出：工程建设违规操作、多付启闭机制造工程价款22万元、10千伏线路及变压器安装工程发包给无资质单位、多报已完工程投资额1055万元等问题。审计帮助被审计单位加强制度建设，规范管理行为。

2006年9月至12月，利辛县审计局根据县政府安排，组织审计该县39所寄宿制学校。揭示和纠正项目建设中存在的问题，核减工程造价166.06万元，节约费用9.2万元，节约政府资金175.76万元。

2007年，全市审计机关以投资审计为切入点探索效益审计，围绕农村公路建设项目、农业投资项目、涡河治理工程等重点项目，揭示资金使用和管理存在的问题，从体制和机制层面上，分析产生问题的原因，提出对策。市审计局还尝试开展工程决算审计，节约政府投资100多万元。

亳州市行政事业审计 1985年，根据县政府文件，涡阳县审计局确定县委办公室、县政府办公室等16个财政一级拨款单位为定期送审单位。审计经费总额1109.9万元,查出有问题资金总额 24.54 万元,占审计资金总额 2.2%。查出扩大开支范围和提高开支标准 1.49 万元,滥发钱物和请客送礼 0.73 万元,挪用事业费 2.15 万元,应缴财政 2.46 万元。审计报告县政府,在社会引起强烈反响。

1998 年,蒙城县审计局审计县工商局、土地局等 12 个行政单位,查出挪用、挤占专项资金 5.4 万元,乱收费、乱罚款 64.62 万元,违反规定购买专控商品 26 万元。审计依法作出处理处罚。

2001 年,全市审计 86 个行政事业单位。查出:挤占挪用资金 462.14 万元,乱收费、乱罚款、乱摊派金额 199.78 万元,私设"小金库"金额 0.81 万元,偷税漏税 158.06 万元,应缴财政 183.56 万元,已缴财政 171.06 万元,应归还挪用资金 7241.94 万元。审计提交综合报告 17 份。

2003 年,审计市县公安部门 2002 年财务收支。当年,专项审计和调查 2002 年度救灾资金、住房公积金缴付管理情况,市新华书店有限公司财务收支情况,审计收缴 30 万元。

2004 年,审计市县(区)民政局 2003 年 1 月至 2004 年 2 月救灾专项资金和捐赠款物,调查财政、卫生部门及有关乡镇。审计查出,救灾专项资金及捐赠款物滞留、扩大使用范围,部分支出手续不合规,个别乡镇发放过程不公开等问题。市政府派出 4 个督查组,督促整改纠正。同期,审计城镇职工医疗保险基金、市检察院、市质量技术监督局等单位财务收支和专项资金。

2005 年,审计 9 个行政事业单位,查出违规资金 2514 万元,应纠正金额 2498.2 万元,应上缴财政 74.1 万元,上缴财政 46.7 万元,提交综合报告 7 篇,审计结果公告 1 个,移交纪检监察部门 4 人。同年,审计农村中小学 D 级危房改造资金,抽查 32% 的项目学校进行实地丈量,查出危改资金未纳入专户管理 5159.47 万元,未经批准调整危房项目资金 743.68 万元,其中用于非 D 级危房改造资金 743.68 万元,违纪违规金额 9.26 万元。审计收缴 20.98 万元,要求县(区)政府追究责任人责任,提出改进建议 20 多项。

2007 年,重点审计市政府 12 项民生工程专项资金。

亳州市外资运用审计　1986 年,涡阳县审计局审计 1985 年度华北平原引用外资项目。审计调整账户 14776.81 元,收缴个人违纪款 474.30 元。

1994 年,蒙城县审计局审计外资办。审计发现:隆达机械施工公司挪借项目资金 222 万元,汇给阜阳行署驻珠海办事处,购买推土机、挖掘机、乌拉尔汽车,发票不正规不合法,购置机械闲置、转让,大量资金沉淀等问题。针对该公司管理混乱、损失严重等情况,开展专项审计,查明一些人利用办经济实体之机,长期挪用公款,以发票丢失为借口虚假冒领 15400 元,从中贪污。购买机械价格高、经办人捞取回扣 13.5 万元,致使国家资财损失 102 万元。审计结果引起上级审计机关和县委县政府重视,涉案人员移交有关部门处理。

1999 年,蒙城县审计局审计利用外资农村人力卫生开发项目和中外合资合作企业。

审计查出:项目办公室没有年度计划,不利于项目管理,债务落实和债务手续不完善。审计提交专题报告,引起上级部门重视。

2003 年,各县区审计局审计世界银行贷款小规模肉牛发展项目,淮河流域水污染防治项目。

2004 年,审计亳州市排水公司 2004 年度淮河流域水污染防治世界银行贷款项目财务收支情况。

2005 年,涡阳县审计局审计县排水公司世行贷款淮河流域水污染控制项目执行情况和世行贷款小规模肉牛发展项目 2004 年度执行情况。审计资金总额 18188 万元,出具中英文审计报告 2 篇。

亳州市经济责任审计 1986 年,各县（市）开展经济责任审计工作。亳州市审计局（县级）1986 年至 1992 年开展 35 名厂长（经理）离任审计。审计结果表明,无经济责任 15 人,有一般经济责任的 20 人,查出违纪违规金额 570.92 万元,损失浪费金额 11.37 万元。亳州市干部主管部门根据审计结果,决定提职 3 人,连任或平调 28 人,停职 3 人,降职 1 人。

1996 年 12 月 22 日,亳州市委市政府(县级)印发《关于印发建立主要领导干部年度审计、任期审计和离任审计制度的意见》。

1998 年,涡阳县列为全省经济责任审计 3 个试点县之一。县审计局组织开展任期经济责任审计,涉及 36 个单位 43 名主要负责人。干部主管部门运用审计结果,提拔 6 人,平调 13 人,移送纪检部门查处 3 件 4 人;组织部门谈话批评教育 8 人,告诫 1 人,诫勉 1 人。审计结果产生强烈社会反响。

2001 年,利辛县列为全省县级领导干部经济责任审计试点县。当年,全市审计 116 个单位、197 名领导干部。其中,县处级 65 人（党政领导干部 6 人,党政部门领导干部 58 人,事业单位领导干部 1 人）,科局级领导干部 132 人（党政领导干部 107 人,党政部门领导干部 11 人,事业单位领导干部 14 人）。审计总金额 9.21 亿元,查出违纪金额 6662.46 万元,干部主管部门运用审计结果,晋升 38 人,降职 1 人,免职、撤职 2 人。

2004 年,亳州市审计局制定《亳州市经济责任审计暂行办法》《亳州市经济责任审计工作制度》等。

2005 年,利辛县审计局修改《县领导干部经济责任审计工作领导小组会议制度》,制定《县党政领导干部任期经济责任审计成果运用制度》。蒙城县审计局出台《关于推进全县党政领导干部经济责任审计的意见》,把党委重点培养对象中的年轻领导干部和后备干部列为任中审计的重点。

2006 年 8 月,亳州市审计局修订《亳州市经济责任审计工作制度》,利辛县审计局修改《党政领导干部任期经济责任审计成果运用制度》。

2001 年至 2006 年,全市审计党政领导干部 482 人,查出违纪金额 2.07 亿元。审计后,晋升 53 人,平调 145 人,撤免职 4 人,移交纪检等机关 4 人。

2007年，实行党政领导干部经济责任审计对象分类动态管理，制定《县、区委书记任期经济责任审计评价试行办法》，围绕领导干部任期内履行部门经济职能，执行经济决策程序和效果，国有资产保值增值及管理，财政财务收支的真实合法及效益性等开展审计。

亳州市内部审计　1985年，蒙城县雪茄烟厂成立企业内部审计机构。

1989年至2000年，企业内部审计以财务收支审计为主。安徽古井集团审计部被审计署评为“1999—2001年全国内审先进单位”。

2001年，全市国家机关和企事业单位建立内审机构102个。其中专职机构41个，内审人员201人（其中专职人员113人）。当年审计381个单位，其中财务收支审计149个，经济责任审计51个，内控制度审计75个，经济效益审计64个，其他审计42个。审计查出损失浪费678.43万元，促进增收节支351.41万元，被审计单位采纳建议608条。

2002年，审计386个单位，查出损失浪费698万元，纠正违规行为金额336万元，促进增收节支376万元。

2002年11月29日，亳州市内部审计师协会成立，系市内部审计机构和内部审计人员自愿组成的非营利组织，有团体会员39个，个人会员71人。发起单位有亳州市审计局、安徽古井集团有限责任公司、亳州供电公司、亳州市交通局4家。协会设理事会，有理事40人，办公地点设在亳州市审计局。

2003年，亳州市各内审机构加强制度建设。市交通局制定《亳州市交通行业内部审计工作办法（试行）》《亳州市交通行业经济责任审计工作办法》，开展财务收支、经济责任和基建投资专项审计。安徽古井集团以绩效审计为中心，开展离任审计、经营审计、投资审计、财务收支审计、专项审计和后续审计等。涡阳县人民医院制定《涡阳县人民医院审计工作制度》《设备药品采购审计办法》等规章制度。

2004年，全市内审机构审计429个单位，纠正违规金额3689万元。全市有4家内审单位被评为“全省内部审计先进集体”。

2005年，全市122人取得内部审计岗位资格证，全年审计436个单位，纠正违规金额1896万元。

2002年至2007年，市内部审计师协会组织开展理论研讨，每年选择两个专题研讨并评选优秀论文。2002年至2004年，有10篇论文获省级优秀论文奖。其中1篇获国家级优秀论文二等奖，5篇内部审计信息刊登于《中国内部审计》《安徽审计》《安徽内部审计通讯》等刊物；培训内部审计人员100人次；组织内部审计师（CIA）考试报考，至2004年年底，全市有2人取得CIA资格证书，211人获得中国内部审计协会颁发的内部审计人员岗位资格证书。

2007年，协会研讨交流公司治理与内部审计、信息环境下的内部审计、经济效益审计、舞弊的防范与检查、经济责任审计等课题，6篇论文获省优秀奖，其中三等奖2篇，优秀奖4篇。

亳州市社会审计 1988年6月，蒙城县审计师事务所成立。1989年，亳州市(县级)、涡阳县、利辛县先后成立审计师事务所。各县（市）审计师事务所成立后，开展财务收支审计，审计业务咨询，经济案件、经济纠纷查证，鉴证、注册验证，资产评估，基建工程预算审计，工程招投标代理等业务。

1988年至1999年，蒙城县审计事务所接受委托审计1430项，查出违纪金额4290万元，提出审计建议650条，被采纳630条，验资企业1560个，验证资金0.78亿元。亳州市审计师事务所依法从事工程造价审核、财务审计、会计咨询等业务。

1999年10月，蒙城县审计事务所改制为天和会计师事务所。2000年，亳州市审计师事务所解散。2001年12月，蒙城天和会计师事务所和蒙城信泰会计师事务所合并，成立安徽信泰会计师事务所。

2003年，亳州市境内社会审计机构有安徽信泰、安徽正源、亳州普信3家会计师事务和两家资产评估机构，全市有注册会计师24人，注册资产评估师8人。2003年至2007年，社会审计机构开展资产评估、财产收支审计、基建审计、审计业务咨询等业务。

第四节　蚌埠市审计业务

蚌埠市财政审计 1996年至2005年，根据《中华人民共和国审计法》，全市审计机关每年开展本级预算执行情况审计，向本级政府报告审计结果，并受市政府委托向市人民代表大会常务委员会作审计工作报告。1998年后，逐步形成以本级财政、税务部门审计为主线，以专项资金审计为重点，检查部门预算执行情况的财政审计模式。先后开展环保、城建、国债、教育费附加、失业保险、公费医疗、救灾、最低生活保障、土地出让金、价格调节基金、城市污水附加、城市供电附加、住宅公用设施维修等专项资金审计或调查，促进各项专项资金规范管理和效益提高。2005年，开展市教育局、市文化局、市科技局、市农业委员会和市劳动局等5个部门预算执行情况专项审计。

2006年2月14日至4月21日，安排县区财政决算审计列入市本级预算执行情况审计联动。市审计局审计新城区2005年度财政决算，查出漏缴税金及水利基金、违规收费、超预算拨款、未及时缴纳预算收入等，违规违纪金额1162万元，管理不规范金额39361万元。审计报告得到市领导批示和市人大常委会高度关注，审计发现的问题均得到整改。

25年来，全市财政审计623个单位（次），查出违规金额72982万元。审计结果为各级领导宏观管理提供重要依据，并督促有关部门单位整改问题。

2007年，市人大常委会出台《蚌埠市人大常委会关于监督审计查出问题整改的若干规定》，明确审计整改的范围、责任主体、报告主体，为审计整改制度化、规范化提供保证。整改规定增强被审计单位财经法纪意识，促进其加强管理，规范财政财务收支行为，提高财政资金使用效果。

蚌埠市金融审计　1995年以前,金融审计主要是查处银行、保险业违法违规行为和银行金融机构执行信贷政策情况。先后开展中国人民银行、中国工商银行、中国农业银行、中国建设银行、中国银行和中国人民保险公司在蚌埠市分支机构财务收支的经常性审计。1993年还开展资金外流情况调查,反映蚌埠市外流资金的结构、安全、效益、监督管理方面的问题,分析资金外流原因及对蚌埠市经济建设和经济生活可能产生的影响,为市政府决策提供服务。

1995年以后,中央所属金融机构的审计管辖权收归审计署,市审计机关根据上级审计机关授权,开展中央所属金融机构在蚌埠的分支机构审计,审计内容由财务收支扩展到资产负债损益。先后审计中国工商银行、中国农业银行、中国农业发展银行、中国建设银行在蚌埠的分支机构和中国人寿保险公司蚌埠分公司、中国人民保险公司蚌埠分公司。

根据省审计厅授权,审计安徽国元证券、华安证券有限责任公司资产负债损益。同时,审计和调查有管辖权的地方金融机构——蚌埠住房储蓄银行、蚌埠商业银行、蚌埠信托投资公司、全市农村信用社、部分城市信用社、城市信用联社的资产负债损益。

1986年至2007年,共审计250个单位(次),查出违规金额18996万元。

蚌埠市企业审计 企业审计是市审计机关成立后最早开展的审计业务之一。25年来,企业审计由查错纠弊的财务收支审计到从制度入手的资产负债损益审计,由注重企业处理处罚到以审帮促,逐步形成以真实性审计为基础、结合领导人员经济责任开展资产负债损益审计的模式。其中,1988年至1992年,主要开展国有企业承包经营审计。1993年开始,主要是资产负债损益真实性审计。1998年后,企业审计基本是结合经济责任审计开展资产负债损益审计。

1984年,开展重工、轻工、化工、电子、建材、纺织、医药、交通等系统的工业交通企业和商业、物资、供销、外贸等系统的商粮外贸企业审计。

1986年至2007年,全市审计1391个单位,查出违规金额266294万元。

1994年,市审计局调查蚌埠啤酒厂、隆华机器厂、印染厂、第二麻纺厂4家国有大中型企业。审计提交《经营之道,在于内功——来自蚌埠市国有大中型企业调查》,反映这4家企业注重眼睛向内,按市场要求调整产业、产品结构,使企业走出困境的做法。报告观点明确、情况详实,具有示范和启发作用,受到市领导和有关部门好评,省审计厅厅长朱成林作了批示,《中国改革报》第76期刊载。

1995年上半年,为促进企业强化管理,提高经济效益,全市审计46家工商企业。其中,市帘子布厂等9家企业1994年扭亏为盈(减亏)情况审计查明,实际扭亏4家,共减亏973万元。审计总结改革成功的经验和做法:市委市政府加强领导,重点扶持,明确责任,狠抓落实;企业注重内抓管理,挖潜降耗;开发新产品与企业技术改造相结合,改变产品结构,提高市场占有率;实行“一厂多制”,切块管理,保证重点;规范管理,依法治厂。审计也指出企业未完成扭亏任务的原因:新财税制度实施,使企业潜亏转为明亏;企业生产资金紧张,技改投入少。审计提出加大扭亏工作力度,落实责任制、加大扭亏有望企业的资金投入等建议。

6月,蚌埠市列为全国18个“优化资本结构试点城市”,实施“增资、改造、分离、破产”,建立现代企业制度试点。试点期间,蚌埠市有20家国有、集体企业破产。市审计局派出32人、清算15家破产企业,其中14人担任14家破产企业清算组组长,配合法院全面负责清算工作,妥善处理债权债务,安置职工就业,确保社会安定,保证破产试点工作顺利进行,促进蚌埠市企业资本结构的优化。

1997年9月10日至11月3日,为服务政府宏观决策和改善企业管理提供依据,蚌埠市审计局调查市百货大楼等7家大中型商场。调查了解其1996年至1997年上半年营运资金筹集、使用、经济效益和社会效益情况,经营中存在的主要问题及成因。调查反映，7大商厦债务负担沉重、经营资金短缺、经营范围趋同、经营方式单一、经营特色缺乏等问题。审计分析原因并提出7条建议。市长李讯批示:“请商务局、国资局认真研究资本营运中的问题。”常务副市长孙自庆批示:“审计材料写得很好,有材料有观点。请市商务局积极吸取材料中的有益部分,对7大商厦管理进行完善,对问题以改革的办法来解决,对提出的一些建议斟酌,酌情吸纳。”

1998年,按照审计署方案,蚌埠市审计局抽调105人赴宿县地区开展粮食审计。审计历时两个月,严格执行中央和省文件确定的审计范围,查清宿州行署粮食企业新增财务挂账总额和占用农发行贷款情况,核实全区粮食存量及虚库情况,揭露粮食企业经营中存在的问题,从宏观和微观两方面提出审计建议;查清农业发展银行组建以来信贷资金运营情况,粮油政策性贷款投放及管理情况,反映农业发展银行信贷资金运营中存在的问题和相关经验。

1999年,蚌埠市审计局审计中国房屋开发公司蚌埠分公司1997年至1998年度资产负债损益情况,发现该公司开发的大舞台小区9户购房款12.3万元下落不明,移送市检察院查处,法院最终判决该公司总会计师挪用公款罪有期徒刑3年。

1999年7月至2000年6月,审计蚌埠市物资（集团）有限公司及所属9家企业资产负债损益情况。审计查出:该集团及所属部分企业违规设立“小金库”、偷漏税金、盲目投资形成巨额损失,存货管理不善,部分经营管理人员涉嫌经济犯罪等问题。审计向纪检监察部门和司法机关移送经济案件线索10条,涉案金额1463万元,涉案人员7人。市长方平在《蚌埠市部分物资流通企业存货管理失控亟待解决》送阅材料上批示:“送物资集团领导集体阅。存在的问题触目惊心！集团要在近期全面研究管理工作,堵塞各种漏洞。国家财产和人民血汗是不能容忍糟蹋的！”

2003年10月15日至12月5日,根据省审计厅安排,蚌埠市抽调96名审计人员,开展巢湖市67个国有粮食购销企业1998年6月至2003年5月新增财务挂账情况的清查审计。按照有关文件和省审计厅界定的审计对象、审计范围和审计方案内容,清查审计以农发行信贷资金为主线，粮食局、财政局的相关资料为辅线，清查被审计单位相关事项。审计查清巢湖市国有粮食购销企业新增亏损挂账总额及占用农发行贷款情况，核实全区粮食存量及虚库情况，揭露粮食企业经济运行中存在的8个方面问题，提出数十条意见和建议。

2007年1月26日至4月16日，根据市政府交办，蚌埠市审计局审计中国房地产开发公司蚌埠公司改制前资产负债和相关情况。查出该公司原法人代表、总经理王庆民等人隐匿资产、虚构成本、隐瞒收入等涉嫌侵占国有资产1293.7万元、漏缴税款640万元、少缴土地出让金233万元等问题。审计挽回国有资产损失8000余万元。次年12月25日，王庆民被蚌埠市中级人民法院以私分国有资产罪、受贿罪判处有期徒刑13年。

蚌埠市农业审计　1988年后，市审计机关把农业资金审计作为工作重点，开展国家投资的重点项目和重点单位审计，促进国家农业政策贯彻落实，加强农业专项资金的管理和使用，促进农业和农村发展。

1989年，审计粮食发展、水利建设、黄淮海农业开发专项资金，查处挪用专项资金建宿舍、经商、办企业等问题。

1990年，全市审计水利专项资金，发现挪用专项资金等问题。市政府专门发出通报要求整改。

1991年，市审计局普查和跟踪审计全市接收救灾款物及分发情况，反映发现问题，提出《关于蚌埠市救灾资金和物资审计的几点意见》，保证救灾款物及时到位和合理使用。

1993年，市和三县、郊区开展1991年、1992年农业资金总体投入审计，通报挪用农业专项资金等问题并依法作出处理。

1998年至2001年，先后审计37个乡镇财政财务收支情况、各项经济指标真实性情况、增加农民和企业负担的不合理收费及集资情况。市委书记方平批示审计信息《乡镇资金屡查屡犯问题》，要求认真整改审计发现的问题，规范财政资金管理，巩固税费改革成果。

2001年，审计5个乡镇2000年税费改革情况，市财政局根据审计查出的部分乡镇税费改革中存在的问题提出具体整改意见。

2001年至2007年，每年开展农业综合开发资金审计，保障该项资金合法使用，为全市农业综合开发项目顺利通过验收发挥积极作用。

2004年5月20日至8月30日，审计市国土资源局2003年财务收支和国有土地使用权出让金征收管理使用情况。审计查出：土地出让金管理不规范、违规收费、违规设置账外账和“小金库”、未及时上缴应缴财政收入等问题。审计报告被市领导批示，也为市检察部门查办市国土部门案件发挥作用。

2005年6月6日至7月30日，根据省审计厅安排，审计全市水利系统财务收支和专项资金;审计全市环保系统财务收支和专项资金。

其中,审计怀远县2003年、2004年水利专项资金。审计查出:县水利局挪用水利专项资金、设置账外账、“小金库”和截留坐支应缴预算款以及现金,会计挪用公款等12个方面的问题。副市长何金良批示,要求水利部门加强管理,认真整改,查处挪用水利专项资金的问题。审计依法移交给怀远县相关部门,有关人员受到党纪政纪处分,在水利系统引起震动。

蚌埠市社会保障资金审计 随着社会保障体系的发展,社会保障审计力度逐渐加大。

1992年、1993年,审计市退休统筹基金和劳动待业保险基金收支情况,查出挪用两项基金890万元和企业欠缴两项基金583万元问题。

1999年至2007年,每年组织开展职工基本养老保险基金征收管理使用情况审计或调查,反映该项基金欠缴、征收率不高等突出问题。

2001年至2007年,4次开展城镇职工基本医疗保险基金征收使用和管理情况审计,促进医疗保险基金规范管理。

2002年至2006年, 3次开展住房公积金归集管理使用情况审计,揭示住房公积金归集行业之间不平衡、单位之间缴存额差距大和贷款管理方面的问题,在《蚌埠日报》公告审计结果,促进住房公积金管理体制改革。

2003年,跟踪审计防治“非典”和防汛救灾专项资金、捐赠款物,在《蚌埠日报》公告审计结果。

2004年,审计和调查行洪区运用补偿及移民迁建补助资金管理使用情况。市政府专门召开有关县区长会议布置整改审计查出的问题。

2006年,审计福利彩票专项资金,在《蚌埠日报》公告审计结果。

蚌埠市建设项目审计 固定资产投资项目审计起步较早,由基建项目资金审计调查、基建项目开工前审计、基建项目概预算执行审计,发展到建设项目全过程跟踪审计。

1986年至2007年,全市审计1137个建设项目,查出违规金额13668万元。

1987年,开展自筹基本建设资金审计。审查自筹基建项目的资金来源,针对一些单位基建过程中乱拉乱用资金问题开展专项审计。

1988年、1989年,跟踪审计市属41家和中央驻蚌2家单位停缓建项目,促使停缓建项目减少损失浪费。

1998年,中央实施积极财政政策,各级政府加大基础设施项目投入。为确保用好基础设施建设项目资金,提高资金使用效益,市政府办公室蚌政办转发市审计局《关于加强基础设施建设项目审计监督的意见》。1998年至2002年,开展较大的审计项目有:蚌埠第三水厂、蚌埠污水处理厂等利用国债建设项目跟踪审计,市妇幼保健院综合楼工程决算审计,合徐高速公路建设项目审计,淮北大堤除险加固工程审计,市和三县农网改造国债项目工程审计和审计调查,市第一污水处理厂从立项到2001年年底全部投资活动审计，全市城市基础设施及城市防洪国债项目建设资金审计调查，市高新技术产业开发区道路建设项目审计等。

1999年至2002年，为配合国家积极的财政政策，保障国债建设项目顺利实施，蚌埠市审计局跟踪审计市龙子湖污水截流工程、城市防洪圈堤加固工程、蚌埠污水处理厂工程、蚌埠三水厂扩建工程、胜利路立交桥三期工程、怀远县北淝河治理工程、蚌埠空军机场迁建工程等7个大中型国债建设项目。审计报告得到市长方平、常务副市长孙自庆等领导的批示。2001年，蚌埠市审计局开展农村电网改造审计，上报《建议解决35千伏以下农村电网改造项目贷款的还息问题》被省政府《政务要情》采用，副省长黄岳忠批示省计委、省物价局办理。

2003年、2004年，开展较大的审计审计项目有：治淮项目审计调查，市法院综合楼建设项目审计，界阜蚌高速公路建设项目审计。

2007年，开展龙子湖大桥建设项目审计等。

蚌埠市行政事业审计　行政事业审计是审计机关成立后最早开展的审计业务之一。审计对象主要是各行政机关、有财政性资金收支活动的事业单位、社会团体等。

1985年，依据《蚌埠市工商银行农业银行财政局审计局关于对行政事业单位财务收支实行定期送达审计的意见》，市审计机关实行市直属行政事业单位定期审计制度。该项审计制度不断深化、巩固和发展，成为重要的经常性审计监督制度。

1988年开始，市审计机关对有资金分配权、预算外收入、罚没收入和违纪违规较多的部门实行半年审或就地审计；对财务基础工作较好、遵守财经纪律的单位，实行年审；对一级单位全部实行定期审计的同时，选择一些二三级单位和重点问题延伸审计。1985年审计20个单位，占应审单位40%，1988年至1992年连续5年审计覆盖面达100%。

1994年，调查拖欠教师工资情况，发现部分乡镇中小学拖欠教师工资，农村教育附加费征收不足、管理不顺、教育资金使用不合理等问题，提出4条建议。市委办公室编发《蚌埠信息》第26、27期和《安徽内参》第22期采用调查报告内容。

1995年，《中华人民共和国审计法》施行。行政事业审计主要结合预算执行情况审计，将有资金分配权和使用财政性资金较多的单位列为审计重点。其中，有影响的审计或调查项目有：1988年开展全市行政经费审计调查；1991年罚没款物清理整顿情况审计；1998年至2005年，全市法院、检察院、公安、教育、工商、医院、质量技术监督、国土、海事、市政府驻外办事处等系统、单位财务收支审计；行洪区补偿资金和淮河流域洪灾救济补偿资金审计等。

2003年4月14日至6月16日，根据审计署统一部署，审计市公安局2002年财政财务收支，揭露公安系统漏缴税金、设置账外账、违规收费、截留收入、资产管理混乱等问题，公安系统引起震动。市长花建慧、副市长李壮、朱惠权分别批示，要求公安系统认真整改。公安部门根据审计意见和建议制定6项内部管理制度，强化管理、规范执法行为。项目主审汤瑶泉撰写《警惕私人企业成为行政单位违规收支的黑洞》调研材料，得到省审计厅厅长桂建平批示并被中纪委调研信息采用。

1986年至2007年，共审计行政事业单位3600个（次），查出违规金额71935万元。

蚌埠市外资运用审计 蚌埠市审计机关重视利用外资项目建设的监督，不断加大外资审计力度，保证利用外资项目建设顺利实施，维护政府信誉。1989年至2007年，审计外资项目单位（次）129个，查出违规金额5741万元。

1989年，开始全市中外合资企业和利用世界银行贷款单位的外资情况摸底调查，开展世界银行贷款加强灌溉农业项目和工业项目审计。

1990年以后，市审计机关开展的审计或调查项目，主要是审计署一次性授权、省审计厅联动和市审计机关根据规定自行安排项目。对于审计署一次性授权外资审计项目，市审计机关按规定连续多年审计，直至项目完成通过验收。

其中，开展较大的外资审计和调查项目有：外国政府贷款项目审计调查、政府外债项目审计调查、市第一污水处理厂利用西班牙政府贷款项目执行情况审计、世界银行贷款种子商业化项目审计、市城市排水有限责任公司世界银行贷款淮河流域污染控制项目审计、日本国际协力银行贷款公共卫生项目审计、五河县世界银行贷款第四期农村卫生项目审计、五河县世界银行贷款小规模肉牛项目审计、华益导电膜玻璃有限责任公司等中外合资企业审计等。

2002年以后，市审计机关开展的外资运用审计或调查项目，有的是根据上级审计机关安排，市以下审计机关审计后向省审计厅出具中文审计报告，省审计厅据以统一对外出具公证性中文、英文审计报告。

蚌埠市经济责任审计 1987年，依据市委市政府《关于批转对企业厂长（经理）离任时实行经济责任审计的试行办法的通知》，实行国营大中型企业厂长（经理）离任经济责任审计。安徽省委省政府《安徽省国营企业厂长（经理）任期终结审计暂行规定》下发后，成为蚌埠市国营企业厂长（经理）任期终结审计依据。原蚌埠市市委市政府《关于批转对企业厂长（经理）离任时实行经济责任审计的试行办法的通知》废止。

1998年，市委市政府印发《蚌埠市党政群机关事业单位领导干部任期经济责任审计暂行办法》，市审计机关自此全面开展党政群机关、事业单位领导干部任期经济责任审计。

1999年，中共中央办公厅、国务院办公厅印发《关于印发县级以下党政领导干部任期经济责任审计暂行规定和国有企业及国有控股企业领导人员任期经济责任审计暂行规定的通知》。

2000年，蚌埠市建立经济责任审计工作联席会议制度，联席会议由市纪律检查委员会、市委组织部、市监察局、市人事局、市审计局组成。市纪律检查委员会书记担任联席会议召集人，设立市经济责任审计工作联席会议办公室，制定《蚌埠市经济责任审计工作联席会议制度》。

2002年,市经济责任审计工作联席会议改为市纪检委、市委组织部、市人民检察院、市监察局、市人事局、市财政局、市经贸委、市审计局8部门参加,由市委副书记任组长、市纪委书记和市政府常务副市长任副组长的市经济责任审计工作领导小组,下设办公室。市经济责任审计工作联席会议和领导小组定期召开会议,听取全市经济责任审计工作情况汇报,研究制定市经济责任审计工作有关制度,协调解决全市经济责任审计工作中存在的问题,为经济责任审计工作创造良好的执法环境。当年,蚌埠市设立经济责任审计局,作为行政执法机构,隶属于市审计局领导,专司经济责任审计工作。

2003年,全市完成市劳动和社会保障局等54个单位、56位领导干部的经济责任审计。按照审计署"积极稳妥、量力而行、提高质量、防范风险"的原则,从干部监督管理和审计工作实际出发,加强经济责任审计领导,强化内部建设和管理,拟定《蚌埠市党政领导干部任期经济责任审计操作规则》,"县区长经济责任审计文书范本""经济责任审计工作方案范本""领导干部提供书面材料内容(规范)",构建经济责任审计评价指标体系。经过试行和逐步完善后,形成比较完整的制度,为经济责任审计理论研究、业务指导以及加强基础管理打下良好基础。

1998年至2007年,全市审计510个单位(次)领导干部任期经济责任,查出违规金额80696万元(1997年前,未设置该项审计统计指标)。

2007年起,按照省审计厅部署,将县(区)长经济责任审计与县(区)委书记任期经济责任审计同步实施,拓展审计监督范围,加强党委领导干部履行经济责任的监督,为加强党委领导干部考核和管理发挥积极作用。

蚌埠市内部审计　1988年,蚌埠市开始开展内部审计业务。

1989年,市审计局设立内部审计社会审计指导科。

1990年上半年,内部审计社会审计指导科开展内部审计工作情况调查,走访全市40个主管部门、20家企业、30个中央或省驻蚌单位,积极宣传、协调、指导有关部门、单位建立内部审计机构和内部审计制度,按照"边组建、边工作",以审计促发展的原则,指导和督促各内审部门开展内部审计工作。

1996年机构改革,市审计局将内部审计社会审计指导科改为内部审计社会审计管理科,具体负责社会审计机构审计业务指导和监督,指导各部门、单位内部审计工作,组织内部审计人员业务培训和学习交流,协调全市内部审计人员开展审计理论和工作实践研究。

2002年机构改革,市直机关各部门撤销单位内部审计机构,其单位内部审计职责划归市审计局,由市审计局设立派出审计室负责审计,市审计局同时撤销内部审计社会审计管理科。

2003年,根据审计署及省审计厅有关内审工作的指示,为适应政府职能转变、实行行业自律管理,蚌埠市筹备成立蚌埠市内部审计协会。10月31日,经蚌埠市民间组织管理局批准,12月12日下午,蚌埠市内部审计协会成立。市审计局设置协会秘书处。

成立大会在市南山宾馆会议厅召开。驻蚌各单位、市直各机关企事业内部审计机构代表及省内审协会、省内其他地市审计局代表近200人到会。省审计厅副厅长黄庆禄、蚌埠市委常委、常务副市长李壮、市人大常委会副主任许友庆、市政协副主席宋家筠出席会议。黄庆禄、高凤莲分别代表省审计厅和蚌埠市审计局向大会表示祝贺，并就如何做好内审工作讲话。大会通过《蚌埠市内部审计协会章程》，选举产生第一届理事、会长、副会长和秘书长；市审计局副局长王德宏当选为会长。

2004年，因工作变动，王德宏不再担任会长。2005年5月24日，市内审协会召开一届三次理事会，市审计局副调研员、原副会长毛金龙当选为会长。蚌埠市内审协会一届理事会有团体会员单位46个，个体会员132人。2007年年底，蚌埠市内审协会有团体会员单位50个。

蚌埠市内审协会成立后，围绕改革发展和经济建设中心，以完善管理和提高效益为目标，推动蚌埠市内部审计事业全面发展。内审协会按照凝聚作用、桥梁作用、组织作用和管理、服务、宣传和交流四项基本职责，宣传贯彻法规政策，培训人员，组织交流，开展理论研讨，提供咨询服务，促进和推动蚌埠市内部审计工作顺利健康发展。

蚌埠市内审协会主要工作：加强制度建设。先后制定《蚌埠市内部审计报表报送制度》《蚌埠市内部审计工作考评办法》《蚌埠市内部审计信息工作考评办法》。推动蚌埠市内部审计管理工作法制化、制度化、规范化建设不断迈上新台阶。开展内审工作调研和指导。长期调研走访部分内审单位、征求内审工作意见，探索内部审计规律。向会员单位发送《内部审计准则调查问卷》《内部审计工作调查表》和《内部审计培训征求意见表》。通过调研，及时了解内审人员对协会工作的意见和建议，掌握蚌埠市内部审计工作基本状况，为分类指导工作提供依据，同时宣传推广好的经验和做法。进行内审专业培训，推进内部审计职业化建设。先后聘请省内审协会、安徽财经大学等专家教授讲课，举办审计业务知识、内控制度评审、计算机辅助审计、《审计署关于内部审计工作的规定》《内部审计基本准则》《内部审计人员职业道德规范》、审计程序操作规范等培训班5期，培训330余人次；组织67名内审人员参加中国内审协会和省内审协会举办的各种培训考察，使内审人员不断学习新知识，开阔视野，提高业务素质和工作能力；为695名内部审计人员办理中国内部审计协会颁发的“内部审计人员岗位资格证书”，组织参加国际注册内部审计师资格考试。加强信息宣传和理论研讨。创办《蚌埠内审动态》，宣传党和政府关于内审工作的方针政策，总结交流内部审计经验和技术方法，宣传内部审计工作成果和先进事迹，开展内部审计理论研究和学术讨论。协会秘书处撰写的信息和宣传稿件被省级以上报刊（网站）采用130多篇（次）；组织全市内审机构开展科研活动，聘请专业人员组成课题评审组，择优向省内审协会推荐。2003年至2007年，市内审协会选送32篇论文在省内获奖，参加全国内部审计理论研讨共5篇论文获奖。建立表彰激励机制，坚持内审工作年度考核评比。对全市内部审计工作考核，评选出先进单位和先进工作者，经市审计局局长办公会议审定后表彰；推荐参与省审计厅及审计署内部审计工作“双先”评比活动。其中,蚌埠铁路分局审计处评为“2002—2004年全国内审工作先进单位”、安徽技术师范学院审计处处长方晓明评为“2002—2004年全国内审工作先进工作者”受到审计署表彰。2002年至2007年,蚌埠市13个内部审计先进单位和12名先进工作者获省审计厅表彰。市审计局被评为“2005—2007年全省内审管理先进单位”。

全市内部审计机构,围绕经济建设大局和本部门、本单位经济工作中心,对领导关心、群众关注的热点、难点问题加大监督力度。内部审计由财务收支审计,逐步拓展到经济责任审计、工程预决算审计、经营管理审计、物资采购比价审计等领域,为加强管理、防范风险、提高效益、实现发展作出积极贡献。

1998年至2007年,全市内部审计机构共审计23679个单位(次),查出损失浪费金额14326万元,促进增收节支39384万元,移送司法机关查处事件13件,建议处分29人。

蚌埠市县区审计　1984年3月,中市区审计局成立,人员2至5人。2003年4月更名为蚌山区审计局。审计局1994年7月成立中区审计师事务所,1999年7月该事务所与区审计局脱钩,改制为独立的社会中介机构。1989年,中区商业公司、天桥街道、纬二街道、青年街道四个单位设立内审机构并开展工作。

1985年,区政府印发《关于行政事业单位财务收支实行定期送审的通知》,从1986年开始对区属行政事业单位开展季审、半年审和年审3个层次的财务定期审计。审计由初期全面审计转变为全面审计与重点审计相结合,重点审计有资金分配权、有预算外收入、有罚没收入和违纪问题较多的单位,逐步向二三级单位延伸。90年代末期,审计重点转向经济责任审计,行政事业审计仅在必要时选重点安排。行政事业审计对加强行政事业单位财务管理,完善财务制度,控制不合理支出,节约行政成本,防止违规违纪起到较好作用。

1986年,区审计局开展企业审计,审计对象为区属集体企业,审计师事务所承担部分审计业务,2000年区属企业全面改制,企业审计基本结束。

1988年4月,区政府印发《关于对企业厂长(经理)任期终结实行经济责任审计的通知》,要求实行任期目标或承包经营责任制的区属国有、集体企业厂长经理任期届满或离任后必须接受审计,自此开始经济责任审计。

1998年4月,中市区区委印发《关于建立领导干部任期经济责任审计制度的通知》,将区直机关和事业单位负责人纳入审计范围。

1999年,中共中央和国务院两办联合下文推行党政领导干部和国企领导人任期经济责任审计,区审计局重新开展离任审计工作。

2004年,成立区经济责任审计工作领导小组,建立联席会议制度,基本做到“凡离必审”,经济责任审计成为区审计局重点工作。经济责任审计报告放入领导干部个人档案,分送区主要领导和重点部门,成为干部业绩考评、使用和提拔的重要参考依据。经济责任审计促进干部廉洁勤政，从源头上预防和遏制腐败发挥重要作用。

1988年到2007年，根据省审计厅、市审计局部署和区政府安排，区审计局每年完成1至3个专项资金审计和调查项目。主要是区直部门和乡街道，紧扣群众关心、政府关注的专项资金或重点资金。

1996年开始，区审计局每年上半年审计区本级预算执行情况和其他财政收支情况。到2007年，共审计12次，延伸审计25个预算单位，查出管理不规范金额8301.64万元，处罚收缴12.72万元，查出问题58个，提出建议57项，作出审计决定1项。

2000年2月，区政府印发《关于加强中市区建设项目审计监督的意见》，将建设项目纳入审计监督范围，投资审计正式开展。2004年9月，区政府办公室印发《蚌山区建设项目竣工决算审计规定》，细化审计内容，明确审计起点金额，投资审计项目逐年增多，规模逐渐加大。到2007年基本做到5000元以上投资项目必审，以审计局为主，委托事务所审计为辅。审计关口前移，事后监督转变为事前、事中和事后全程参与监督，全面参加项目方案制订、招投标和竣工验收，重点项目跟踪审计取得明显成效。1996年至2007年，共审计62项，送审金额851.49万元，审定金额740.1万元，审减金额111.39万元，审减率达13%。投资审计节约了建设资金，有效预防和减少腐败了现象。

1984年，东市区审计局成立，2004年3月更名为龙子湖区审计局，编制4人。1994年9月27日，东市区审计局组建审计师事务所。

区审计局成立后，逐步开展财经法纪审计和行政事业单位财务收支审计。

1995年，下级政府财政决算审计发展为同级预算执行情况审计；初期的行政事业单位财务收支审计、地方国有及集体企业财务收支审计、专项资金审计，转向预算执行和其他财政资金审计，经济责任审计和乡镇、办事处资金审计，基建资金审计。

1999年起，开展部门、乡镇办事处负责人以及地方国有企业负责人经济责任审计。2000年至2007年，经济责任审计20人，其中街道负责人11人，区直部门领导9人。提出审计意见和建议99条，查出违规金额266.3万元，处罚上缴财政5.35万元。审计发现：固定资产管理不规范，设置账外账、“小金库”，漏缴税金，基本建设缺乏有效监督，街道财务未实行统一管理等问题。

2003年至2007年，区审计局审计146个单位，查处违法违规金额967.9万元。其中，审计87个基建投资和零星维修的固定资产投资项目，报审金额387.2万元，核减金额96.66万元，核减率24.96%；审定项目2个，审定金额28.8万元。审计增加财政收入73.7万元，提出意见和建议89条，收缴9.05万元。提交审计报告和信息78篇，其中28篇信息被《中国审计报》《安徽审计》、安徽审计信息网、《蚌埠日报》采用。

1985年，五河县城乡建设环境保护局专项审计，查出该局设计室多发奖金、违规向建设单位收费、自行收费并私分等问题。审计先后向省计委、省市审计局、市（县）整指办、县长联席会议汇报。省审计局专题回复有关问题的请示，编报《审计工作简讯》（1985年第30期）上并加编者按。审计促进该局将设计室分离、由财政拨款改成自收自支事业单位,节约国家财政支出,调动人员积极性,参与市场竞争。

1996年,审计全县20个乡镇8项资金,《安徽政办通报》第48期刊登题为《五河县委、县政府运用审计手段认真解决当前乡、镇资金管理中存在的问题》,副省长汪洋批示,要求向全省推广审计成果。审计署领导在全国农业审计会议讲话中予以肯定。

1997年,审计新集镇34个行政村村级财务,化解300多人集体上访问题,促进县政府出台《关于加强农村合作经济组织财务管理暂行规定》和县纪委出台《村级干部廉政若干准则》等文件。

2003年10月15日至12月3日,在省审计厅组织下,负责巢湖市和县城关等12个粮油购销企业新增财务挂账和占用农发行贷款情况审计。

当年,县政府印发《五河县建设项目竣工决算审计规定》,加强政府投资和以政府投资为主的建设项目审计监督,内容涉及农业基础设施、城镇和园区基础设施建设及民生工程等建设项目竣工决算、价款决算、重点投资项目跟踪审计等,取得明显成效。仅2007年和2008两年,审计金额2亿多元,核减造价3000多万元。

第五节　宿州市审计业务

宿州市财政审计　1989年,全市审计机关陆续开展财政预算和决算审计。埇桥区审计局审计埇桥区财政、税务部门财务收支情况,针对发现问题、结合治理整顿,促进财税部门加强资金管理。

1990年,市审计局审计市财政税务局,延伸萧县、砀山、灵璧、泗县和省审计局安排的金寨、舒城等6个赤字县。

1991年起,县区财政决算审计逐步经常化、制度化。市审计局每年审计两个县级财政,各县区除完成本级财政审计外,分别审计6至16个乡级财政。检查预算内各项收支是否真实合法,财政税务部门掌管的各项财政性预算外资金和基金总量、来源,使用结构、分布及效果。专项调查税务系统1987年至1991年集贸市场税收分成、工商税超收分成以及代收、代扣手续费提成等情况。

1996年,《中华人民共和国审计法》颁布,根据审计署和省审计厅部署,市审计局抽调124人、组成37个审计组,审计74个单位和部门、延伸审计35个单位预算执行情况。

1997年至1998年,两年全市抽调87人,组成23个审计组,审计部门和单位419个,延伸调查单位51个。对查出的违纪问题,审计作出收缴和补缴入库、归还原渠道资金、调账等处理决定。

1999年,同级财政审计突出重点内容,使财政审计得到深化。埇桥区审计局集中75人、组成19个审计组,审计40个单位,依法处理违纪违规资金。审计报告获得人大常委会、政府、被审计单位和审计机关“四满意”。

2000年至2002年，审计100多个单位预算执行和财政决算。结果显示，擅自减、缓财政预算收入，应缴未缴税费、虚列财政收入及挪用预算资金问题依然存在。市审计局依法作出处理并报告人大常委会，提出整改意见，对促进加强财政资金管理起到显著作用。

2003年、2004年，市审计局以推进公共财政建设、规范预算管理秩序、促进财政资金有效使用为目标。重点是预算编制、税收征管、政府采购、收支大户、国库集中支付、专项资金使用和预算收入等重点内容。县级决算审计中，全面审计及调查涉及财政收支的50个部门单位。

2005年，全市本级预算执行和其他财政收入审计，审计覆盖面100%。审计及调查地税系统税收征管、稽查、减免税情况和预算资金收支较多的土地、农水、城管、教育等部门。全市各级审计机关的审计工作报告做到人大常委会、政府、财政部门“三满意”。

2006年，全市本级预算执行和其他财政收入审计，重点是地税系统税收征管、稽查、减免税情况和预算资金收支较多的土地、农水、城管、教育等部门。审计及调查19个单位，结合县长任期经济责任审计，开展泗县2004年至2005年财政决算审计。审计区别情况作出处理、提出建议，促进整改。

2007年，按照省审计厅要求，重点审计税收征管、预算编制、转移支付、专项资金使用，预算收入等内容。审计及调查49个单位，审计资金总额15亿元，查出违规收费431万元、管理不规范资金3649万元。结合经济责任审计，审计5个县区2005年至2006年财政决算及其他财政收支情况。延伸部分预算收支规模较大、专项资金使用较多的部门，加大转移支付资金及补助资金的跟踪审计，丰富预算执行审计内涵。

宿州市金融审计 1987年，根据审计署授权，市审计局审计全市中国建设银行财务收支的真实性、合规性，严肃财经法纪。这是宿州市审计机关首次金融审计。

1989年，审计署将国家金融机构所属分支机构财务收支纳入各级审计机关经常性审计范围，不再采取授权审计方式。

1990年，全市审计金融系统15个银行和保险公司财务收支，查出违纪金额287万元。

1991年，实施全市35个金融机构经常性审计。

1992年，开展部分县区中国农业银行信贷审计。

1993年至1994年，审计金融系统46个单位财务收支、资产负债损益情况，调查减利和潜亏情况及消费基金增长情况，评价信贷资金的安全性、流动性和效益性。

1995年，审计署恢复国有金融机构授权审计方式。

1996年至1998年，根据审计署授权和省审计厅部署，先后审计11个金融单位。其中，审计工商银行系统资产负债损益情况，查出违规经营、漏缴税款、账外设账、信贷资产质量差等问题。审计或作出处理，或逐级上报处理。

1999年，根据《安徽省地方金融机构财务审计暂行规定》，宿州市审计局抽调104

人，组成30个审计组，审计辖区内123个农村、城市信用社。审计查出：违规资金717万元；负债总额31.3亿元，亏损额3984万元，属高风险信用社59个；审计收缴188万元，

2002年，宿州市组织审计35个地方金融机构。审计作出处理并提出整改意见，促进加强财政资金管理，维护金融秩序。

2002年，审计全市6个农业发展银行。

2003年，按照审计署和省审计厅部署，审计全市中国人寿保险公司资产负债和华安证券财务收支。

2004年，按照省审计厅部署，审计国元证券公司宿州营业部2003年度经济业务及自营业务。

宿州市经贸审计　1987年，全市开展工业企业盈亏大户审计。埇桥区审计局审计柴油机厂、呵泉啤酒厂。

1988年，围绕企业承包经营，全市审计机关组织调查40多家企业，写出专项和综合调查报告34篇，提出近千条改善经营管理、提高经济效益的建议，促进企业增收节支。

1989年，全市开展企业承包经营和厂长（经理）离任审计，调查30多个单位，促进增收节支和制止损失浪费4339万元。

1990年，审计49家重点企业承包经营情况。

1991年，市审计局制定《全民所有制企业承包经营审计实施办法》。全市统一思想、统一要求、统一行动，审计90家承包企业。审计向效益和管理方面延伸，重点审计棉麻系统，扩大审计影响。其中，市肉厂承包经营审计时，市党政领导亲自审阅审计方案，听取汇报，支持审计开展工作。

1992年，组织审计和调查17家大中型工业企业，审计和调查面占全市工业企业亏损大户的74%。

1993年至1995年，全面审计278家重点工商企业、9家国营大型骨干企业经营情况和邮电、航运系统1994年资产负债损益情况。

1996年、1997年，审计146家企业后，抽调18名审计人员，组成6个审计组，开展机械、建材、纺织行业6个重点企业审计。其中，根据全市7个棉麻公司、48个基层棉花收购站资产负债损益审计编写的《宿州市棉花生产经营中存在的主要问题及对策》简报，被市政府和省审计厅转发。

1998年，调查全市6家酿酒企业上年度资产负债损益情况、4家工业股份制企业和8家商业股份制企业。调查摸清企业改制后运行机制、经济效益、资产保值增值等基本情况，向党委、政府反映普遍性、倾向性、典型性重大问题。

当年，根据审计署等八部委部署及省审计厅安排，全市审计机关抽调115名审计人员，组成6个审计组，赴巢湖地区进行粮食财务挂账审计，历时4个多月，完成任务并两次接受审计署抽查。

1999年，为促进企业转变机制，市审计局组织开展全市96家工业、交通、外贸、粮食、供销、化工、纺织等国有或国有控股企业的审计工作，调查部分国有股份制商业企业。

2000年、2001年，开展重点企业审计和全市电力行业财务收支审计。其中，11户商业、医药、棉花、物资、饲料行业审计结果显示，盈亏不实现象普遍，不良资产比率较高，向企业乱摊派问题依然存在。

2002年，全市审计交通、邮电、石油、公路、粮食和供销等64家企业。审计坚持监督与服务并举，帮助企业寻求加强管理，提高效益的新路子，为推进国有企业深化改革，巩固扭亏脱困成果做出积极努力。

2003年，市审计局抽调110人，组成9个审计组，赴六安市开展粮食清查审计，圆满完成任务。

2004年，开展部分国有及国有控股企业审计，包括市建筑安装工程总公司、市印刷厂、华源电力股份有限公司、安徽宿州供水股份有限公司等企业。审计依法处理查出的问题。

2005年，配合省审计厅审计皖北煤电集团2004年度财务收支情况。市审计局8名业务骨干参加省审计厅培训，掌握AO审计软件操作方法，用3个多月时间，圆满完成审计任务。

2006年，全年审计16个项目，重点是盐业系统、烟草行业、交通建设资金审计，还参与路桥公司的清产核资。

市审计局根据审计署和省审计厅（局）授权，从1988年起开展境内中央和省属企事业单位财务收支审计、行业审计和专项审计调查，涉及邮电、烟草、煤电、金融等行业。

宿州市农业林业水利资源环保审计 农业与资源环境保护资金审计，涉及农业、林业、水利、国土资源、环境保护等部门的财政财务收支及下属企业的资产负债损益审计，以及相关专项资金（基金）审计与调查。

1990年，组织审计全市95个单位的农业发展基金、农田水利建设经费，审计针对查出的违纪问题写出专题报告和综合分析报告。

1992年，审计黄淮海农业综合开发项目资金，涉及五个县区项目办、69个单位。

1993年，审计和调查全市131个单位农业资金总体投入。

1994年，审计47个黄淮海农业综合开发项目，促进农业专项资金专款专用，强化管理。

1995年，审计砀山县1993年、1994年农业投入情况，查清农业投入资金的来源、总量及构成情况。全市还审计农资行业，检查国家关于化肥、农药等农业生产资料购销政策执行情况，揭示经营不规范、价格上涨过快、农民负担重等问题。

1996年，抽调61人，组成23个审计组，审计全市8个农资公司执行国家农资价格和购销政策情况、经营主渠道作用发挥情况及财务收支真实合法效益情况，调查40个基层供销社和5个化肥生产企业。

1997年、1998年,审计乡镇121个,审计覆盖面100%。审计全市水利专项资金、农业综合开发续建项目资金。剖析“三农”工作中的新情况、新问题,促进各项农业资金的管理和合理使用,拓宽大农业审计路子。

1999年,审计44个乡镇,延伸审计142个部门,走访调查492户农民。选择5个乡镇进行异地交叉审计,探索乡镇资金审计。市审计局被省审计厅评为农业资金审计优秀组织奖。

2000年至2001年,根据省审计厅要求,审计农业专项资金。

2002年,按照省审计厅计划,审计农业综合开发资金项目4个和财政支农资金43个,跟踪调查农村税费改革后出现的新问题。

2003年,根据审计署和省审计厅部署以及政府交办,审计和调查38个农业综合开发资金项目,揭示六个方面的问题,市领导作出批示,要求相关部门认真整改。

2004年,全市抽调36人,组成7个审计组,开展市土地出让金及财务收支审计,农村税费改革转移支付专项资金审计,已完成投资的农业综合开发资金项目4983万元使用情况审计。

2005年,审计全市农业与资源环保项目9个。

2006年,开展全市农业综合开发项目审计41个,以及财政扶持资金(含以工代赈资金)和农业银行系统安排的扶贫贴息贷款审计。

2007年,市审计局组织涉农资金审计调查,处理违纪违规问题,促进归还原渠道资金和配套资金到位。

宿州市社会保障资金审计 1991年,宿州市审计局组织审计16个县以上救灾主管部门,抽查13个重点乡村,审计救灾款物2290万元。全市审计机关抽调力量参加党委政府组织的救灾款物检查、处理问题,保证救灾款物及时发放。

1992年,救灾款物审计按计划完成。

1993年,全市审计12个单位待业保险基金和退休养老基金。

1998年,全市救灾款物审计调查16个单位,抽查47个乡镇,走访灾民360户,审计针对救灾款物管理、使用、发放存在的问题,提出意见,被各级政府和民政部门采纳。

1999年,宿州市审计局、埇桥区审计局审计企业职工养老保险基金。

2000年至2003年,按照省审计厅方案,全市开展社会保障资金、扶贫资金、救灾防汛防疫资金、住房资金、失业保险基金、医疗保险基金以及“非典”防治资金和社会捐赠款物收入管理使用情况专项审计。其中,社会保障资金和住房资金审计,发现挤占挪用专项资金、预算外收入未缴专户等问题,审计提出建议被有关单位采纳。

2004年,根据省审计厅安排,审计城市居民最低生活保障及低保金收发情况,上年度救灾专项资金和捐赠款物收支情况,城镇职工基本医疗保险基金征收、使用、管理情况,专项调查农村信用社职工养老保险金情况。

2005年，社保资金审计查出违纪违规金额799万元。完成城市居民最低生活保障及低保金收发情况审计，上年度救灾专项资金和捐赠款物收支情况审计，城镇职工基本医疗保险基金审计，农村信用合作社职工养老保险资金专项审计调查。

2006年，审计和调查上年度城镇职工养老保险基金、住房公积金、救灾资金等18个项目。

2007年，实施城镇职工基本养老保险基金、农村养老保险基金、农电系统养老保险基金，奎濉河治理工程赔偿费及土地开垦费等项目的审计和调查。农村养老基金审计，纠正违规资金；奎濉河工程移民安置补偿标准过低问题，引起有关部门重视；城镇职工养老基金移交审计，查出违规挪用资金问题，省领导作出批示，市领导召开专题会议研究解决。

宿州市开工前及项目建设预（概）算执行情况审计 1989年，全市审计机关开展自筹资金来源和跟踪审计。涉及213个自筹基建、停缓建项目和楼堂馆所。审计促使停建、缓建、削减项目47个，压缩基建投资4296万元。

1990年，跟踪审计31个固定资产投资停缓建项目和新开工、恢复建设的基建项目开工和复工审计，查出资金不落实和计划外投资200万元，审计决定停建项目1个，削减项目2个，压缩基建投资148万元。

1991年至1993年，市审计局开展大型企业皖北制药厂基建审计和开发公司审计，砀山县审计局、埇桥区审计局审计基建在建项目，查出预算外投资598万元，未落实资金232万元。

1996年，全市固定资产投资审计120个基建工程，审计总金额16298万元，核减金额1688.7万元，比上年增加21.7%。

1997年，全市审计153个基建项目，审计总金额21699.4万元。核减金额1248.6万元。

1998年，全市审计机关认真贯彻省政府78号令，审计基建项目113个，审计资金1.8亿元，核减1084万元，审减率6%。

1999年，全市审计固定资产投资项目41个。其中，审计宿州粮库工程和连霍高速公路工程，发现和纠正资金管理和使用存在的问题，保证专项资金合理利用。

宿州市建设项目竣工决算审计 1991年，宿州市审计局审计皖北制药厂基本建设项目，探索基建工程决算审计经验。

1996年，部分县审计局开始基建决算审计。

2001年，全市审计74个建设单位，核减工程资金627万元，归还原渠道资金906万元。

2002年，全市审计64个投资项目，核减工程金额577万元。

2003年、2004年，全市审计投资项目，核减工程结算金额分别为329万元、771万元。

2005年，全市审计决算资金48734万元，累计核减金额339万元。其中，教育系统建设项目、市县区工业园、经济技术开发区道路与厂房建设项目审计，核查项目竣工决算真实性、合法性和效益性，揭露项目施工过程中虚列决算、截留、挪用专项资金等问题。

2006年，全市审计工程价款结算项目78个，查出违规金额629万元，管理不规范金额3766万元，核减工程价款1419万元。

2007年，全市审计机关开展农村公路、治淮资金工程价款结算等143个项目审计和调查，涉及资金15.2亿元，查出违规违纪资金2393万元，核减工程价款1657万元。其中，市审计局审计市行管局南苑宾馆改造、市公安局交警支队办公楼和看守所工程、市政府新办公楼等工程价款结算，核减工程造价623万元。

宿州市行政事业审计　行政事业审计，是宿州市审计局成立后最早开展的审计工作之一。从试行行政事业单位经费收支审计，到推行定期报送审计，至1988年，行政事业定期审计覆盖面达100%。

1989年，审计监督与治理整顿、深化改革紧密结合，定期审计由一级预算单位向二三级单位延伸，审计方法从一个单位向一个系统、一个行业拓展，开展全市科研经费、教育经费、卫生经费审计。

1990年，根据审计署第4号令，行政事业审计围绕加强廉政建设、纠正行业不正之风，全市开展314个行政事业单位财务收支定期报送审计，其中一级单位286个、二级单位28个。重点审计资金数量多、管理乱、执行财经纪律差的单位。当年，全市审计公安、交通、物价、工商、城市监察等五个系统117个单位规费和罚设收入的收支和管理情况。

1993年，全市审计和调查140个有资金分配权、有预算外收入和罚没收入的行政事业单位，为党政领导决策提供参考。

1994年，全市审计5个行政执法系统122个单位，调查31个主管单位和147个内部职能部门的账外资金以及110个行政机关办的经济实体。

1995年至1998年，围绕党政领导关心和社会关注的热点问题，开展公检法和希望工程审计，加强经费支出额较大和预算外资金较多单位的审计监督。全市审计119个行政事业单位，重点是公安机关收费和罚没收入及办案经费等财务收支审计。

1999年，全市审计385个行政事业单位，是上年的4倍多。加强检察院、法院审计，针对问题提出整改意见，促进“两院”财务管理，坚持“收支两条线”原则。

2000年至2002年，全市开展普教经费专项审计和调查，发现乱收费问题，引起各级政府重视，采取措施整改。

2003年，全市审计机关抽调26人，组成6个审计组，审计105个行政事业单位。重点是市县区公安局和交警部门2002年财务收支。

2004年，全市完成行政事业审计项目155个。

2005年，全市审计教育主管部门5个、学校55所；审计和调查中小学D级危房改造资金，涉及20个部门单位，抽审376所学校、421个项目；审计法院系统；查出一批违纪违规问题。

2006年，审计194个行政单位和教育、卫生等事业单位，查出违纪违规、损失浪费、管理不规范等问题，审计依法作出决定并提出建议。

2007年，按照省审计厅部署，审计和调查涉及群众切身利益的财政涉农资金、粮食直补、良种补贴、农村养老保险、城镇职工基本医疗保险、阳光工程补助费、奎濉河治理工程拆迁赔偿费。揭示专项资金未及时足额到位问题，分析原因，引起领导机关重视，促进有关部门整改，落实资金，维护群众利益。

宿州市国际金融组织贷款项目审计　1987年，按照中国同国际金融组织贷款协议和省审计厅授权，灵璧县审计局审计世界银行贷款项目。

1990年，组织全市审计7个单位的世界银行贷款项目，审计资金总额4606万元，写出调查报告。

1993年，全市审计8个单位的世行贷款，查出挪用外汇资金和配套资金42万元。

1995年，全市审计外资运用项目8个，查出违纪金额232万元。

1998年，全市审计利用世行贷款加强灌溉农业项目。

1999年，市审计局审计利用世行贷款发展师范教育项目。

2001年，全市审计3个利用世界银行贷款发展“肉牛项目”。揭示利用外资项目建设情况，为领导提供决策依据。

2002年，市审计局审计外债重点项目宿州污水处理厂，针对问题提出12条整改建议，均被该厂采纳。

2003年、2004年，完成外资运用审计项目13个。

2005年，全市完成外资审计项目2个。其中，审计排水公司世行贷款项目，核查建设项目竣工决算真实性、合法性和效益性，以及项目建设资金的管理和使用情况。

2006年，全市完成固定资产投资与外资审计项目79个。

宿州市外国政府贷款项目审计和审计调查　2001年，根据省审计厅要求，市审计局审计或调查全市4个运用外国政府贷款建设项目，审计总金额10亿多元，其中外资规模6200万美元。审计分析建设效益，提出具体意见和建议，向市委市政府及省审计厅报告。

2003年，市审计局调查政府外债管理体制。市政府领导批示审计报告。

宿州市经济责任审计　1986年，宿州市审计局开始大中型骨干企业厂长（经理）离任审计。

1987年，开展10名厂长（经理）离任审计，其中比较好的企业9个、严重内亏的1个。

1988年至1998年，结合企业承包经营开展厂长（经理）离任经济责任审计。先后审计市水泥厂、市肉联厂等40多名厂长（经理）。其中，1990年全市开展8家重点企业厂长（经理）承包经营和离任审计，查出违纪金额1040万元。1991年，市审计局审计亏损较大的市水泥厂，地方党委根据审计结果，派出工作组，整顿和调整该厂领导班子。

1999年，中办、国办《县级以下党政领导干部任期经济责任审计暂行规定》和《国有企业及国有控股企业领导人员任期经济责任审计暂行规定》印发。市审计局与市纪检委、组织部、监察局、人事局联合制定宿州市党政和企事业单位领导干部任期经济责任审计实施办法。全市抽调93人，组成28个审计组，开展31个单位、47名党政机关和企事业单位领导人任期经济责任审计，查出违纪违规金额4399.16万元。党委、人大常委会和组织人事部门运用审计结果，升职20人、降职处分5人，移交纪检监察机关处理1人，其余保持原职或平调。

2001年，全市经济责任审计110个单位，涉及领导干部142人，查出违规行为资金4497万元。审计后晋升26人、平调84人，免职14人，移送纪检监察机关及司法部门处理5人。当年，市委市政府办公室联合印发市审计局制定的加强县区党政领导任期经济责任审计暂行办法，具体规定审计内容、方法以及操作程序等。

2002年，全市开展265个单位、313名领导人的经济责任审计，查出违纪违规金额9242万元。其中党政领导干部276人、国有企业法人代表37人。根据审计结果，相关部门分别作出处理。当年政府机构改革，由市纪检委牵头，检查市县经济责任审计工作开展情况，促进全市建立经济责任审计局6个。

2003年，在纪检监察和组织人事部门配合下，全市审计225个单位、250名领导干部，查出违规行为金额9635万元，其中主管责任8696万元、直接责任939万元。审计后平调108人、晋升36人、免职1人，移送纪检监察机关处理1人。

2005年，全市完成108个单位、123人的经济责任审计，查出违纪违规资金15620万元。其中，市审计局审计8个、查出违规违纪资金12524万元。各级组织部门依据审计结果分别情况作出安排和处理。

2006年，全市审计161个单位、204人的经济责任，其中县处级领导干部5人、县处级以下199人，查出违纪违规金额7886万元。审计结果得到各级党委政府重视。纪委将其存入领导干部廉政档案，组织部门按法定程序对被审计对象分别作出安排。当年，砀山县审计局开展18个乡镇、36名党委书记和乡镇长，以及60名县直机关主要领导干部经济责任审计。

2007年，根据各级党委政府交办，开展经济责任审计，涉及73个单位、83名领导干部，查出违规金额7123万元，管理不规范金额4557万元。其中，市审计局审计五个县区长和一名县委书记的经济责任。

宿州市内部审计　国务院《关于审计工作的暂行条例》颁布后，宿州市一些企业建立审计科、配备专职内审人员，开展内部审计工作。

1990年，全市建立内审机构75个，配备专职内审人员155人、兼职内审人员140人。开展承包经营和财务收支审计58个，查出损失浪费和违纪问题，将2件贪污贿赂案件移交司法机关处理。

1991年，全市内审机构增至184个、配备内审人员432人。

1992年，为指导全市内审和社审人员提高政治素质和业务水平，市审计局成立社审内审指导科。

1995年，全市内审机构共审计228个单位，查出损失浪费资金347万元，纠正违纪资金358万元。

1996年至1998年，贯彻执行内部审计工作规定，按照省审计厅部署，确定工作重点，制定措施，促进全市内审事业发展。

1999年，市审计局抓好审计事务所脱钩改制工作的同时，推动内审机构完成审计项目480个；组织4人次参加全省内审理论研讨会，交流论文6篇；向省内部审计师协会推荐理事、团体会员、会员；开展内审工作“双先”评比活动，评选出先进集体10个、先进工作者20名。

2002年，加大内审工作指导、监督、管理和服务力度，培训内审人员素质提高。全省内部审计工作会议上，宿州市4个单位被评为内审工作先进集体，4人被评为先进工作者，市审计局被评为指导内部审计工作先进单位。

2003年，宿州市内部审计工作在省内审学会指导下，取得新发展：建立内审机构和内审人员台账；组织和审核内审人员资格认证；组织16人次内审人员参加全国和全省业务培训；筹备宿州市内部审计协会成立；开展审计理论研讨活动，18篇审计科研论文发表在《安徽审计》和其他财经杂志上。

2004年，宿州市内部审计协会成立。当年，全市内审机构审计361个单位（项目），查出损失浪费资金189万元，促进增收节支399万元，纠正违规资金2189万元，内审建议被采纳167条。市公安局审计科、供电公司审计部、市地税局监审部和市立医院审计科被评为全省内部审计先进单位、5人被评为全省内部审计先进工作者。

2005年至2006年，全面实施宿州市内部审计协会制定的工作计划，开创内审工作新局面。宿州市4个集体和5名个人受到省审计厅、省内审协会表彰，全市380名内审人员取得岗位资格证书、12人取得CIA证书。选送2篇论文，获得省审计科研三等奖。

宿州市社会审计 1988年着手组建审计事务所，1989年至1990年全市成立市县区7个审计事务所，开展801个服务项目，其中5个审计事务所达到或超额完成省审计局下达的指标任务。

1992年5月，召开全市社审工作会议，成立宿州市社审协会。会后全市5个县区政府发文授权审计事务所负责集体企业审计监督。

1993年，全市6个审计事务所完成财务收支审计、承包离任审计和验资年检、经济案件鉴定等委托事项审计1287项。

1995年12月，中国注册会计师协会与中国审计师协会联合，联合后的中国注册会计师协会负责社会审计组织行业管理。宿州市审计机关对审计事务所变为间接管理关系，主要是业务指导和财务收支监督。

1996年、1997年，全市社会审计完成的项目和实现业务收入均保持增长势头。基建决算审计实现零的突破，全市6个审计事务所核减基建预决算829万元，为委托单位挽回损失185万元。

1998年，全市6个审计事务所完成审计项目1205项。

1999年，宿州市审计局根据党中央、国务院关于党政机关与所办经济实体脱钩的部署和省政府办公厅皖政办文件，完成全市审计事务所脱钩改制工作。按照审计署和省审计厅部署，检查宿州会计师事务所、宿州市埇桥区审计事务所业务质量。

第六节　阜阳市审计业务

阜阳市财政审计　1986年，阜阳行署审计局审计临泉财政决算，迈出财政审计的第一步。到1993年，将全市11个县市级财政审计一遍，查处违纪资金2842万元。其中，审计重点分析颍上、临泉等县市财政赤字原因，提出财税部门应重点支持生产发展，充分发挥财政税收杠杆作用；处理好县乡两级财政分配问题，加强乡镇财政管理和指导等建议。

1994年起，阜阳地区11个县市政府财政决算审计逐步走向经常化、制度化，坚持每3年轮审一次。

1996年到2005年，全市审计机关将预算执行审计作为工作重心，集中力量开展本级预算执行情况和其他财政情况审计，形成以综合财政为主线，以财政部门具体组织预算执行情况和地方税务部门、地方国库参与组织预算执行情况审计为主导，以部门预算执行情况审计为基础，以提高财政资金使用效益为最终目标的预算执行审计体系，审计和延伸审计800多个单位。审计结合预算执行的新变化，抓好审计方案制定、确定重点，发挥审计组长作用，收集、分析和提炼审计资料。审计发现，财政性收费和罚没收入管理仍需加强；国有土地有偿使用费和消费基金存在欠缴问题；个别预算收入挂往来账，行政事业单位执行“收支两条线”规定不严，个别单位在下属单位违规列支资金、公款私存等问题。

围绕全市经济工作中心和改革中的重点、难点，本级预算执行审计范围和重点不断调整，每年报市政府“审计结果报告”和受政府委托向市人大常委会所作“审计工作报告”，在结构、形式和内容上都有新的探索，实事求是反映问题，得到市人大常委会、市政府和社会各界好评。

阜阳市金融审计　1985年，行署审计局开展农业银行阜阳中心支行1984年财务决算审计。

1986年，行署审计局调查建设银行阜阳中心支行贷款经济效益。

1987年，根据审计署授权，行署审计局审计工商银行阜阳中心支行、建设银行阜阳中心支行财务决算。其中，建行审计发现，虚列支出、乱挤成本、开支混乱等违纪金额102.8万元。审计收缴45万元，提出改进建议被采纳。

1989年，审计署将国家金融机构所属分支机构财务收支纳入所在地审计机关经常性审计范围，不再采取授权审计方式。

1989年至1994年，相继开展农业银行阜阳中心支行、中国银行阜阳中心支行、工商银行阜阳中心支行、中国人民保险分公司在阜分支机构财务收支审计。审计和调查中国银行阜阳中心支行和中国农业银行阜阳中心支行工资内外收入分配情况、中国农业银行阜阳中心支行扶持粮棉大县发展经济专项贷款项目。审计和调查发现，银行贷款管理制度不健全、贷款拖欠、“人情贷”“关系贷”等问题。审计帮助银行清理收回大量沉淀贷款及利息，提出提高贷款资金安全性、效益性等建议，促进改善管理受到欢迎。

1995年，审计署恢复中央金融机构审计授权管理。根据审计厅部署，阜阳市审计局先后组织开展中国农业银行阜阳支行、中保人寿保险阜阳分公司、中保财产保险公司、中国工商银行在阜分支机构的资产负债损益审计。开展中国银行阜阳支行系统消费基金增长情况调查和中国银行阜阳支行及分支机构改革1994年减利潜亏情况调查。

1997年开始，根据省政府《安徽省地方金融机构财务审计暂行规定》，开展城市信用社、农村信用资产负债损益审计，并根据省审计厅授权，审计省国元证券阜阳营业部。地方金融机构审计工作得到市领导重视，为防范和化解金融风险、促进地方金融业发展、服务地方经济建设发挥积极作用。

阜阳市工交企业审计　1984年至1985年，阜阳行署审计局开展涡阳高炉酒厂、亳州古井酒、阜南化肥厂、阜阳纺织厂经济效益审计，这是阜阳市经济效益审计的开端。

1987年，审计1986年7家利润下降及亏损的工业企业财务，涉及机械、酿酒和轻工3个行业。审计固定资产1601.19万元，资金170.03万元，核实两家企业亏损95.5万元，五家企业利润下降107.15万元。当年，调查阜阳人民服装厂、蒙城服装厂、太和服装厂引进服装设备及经济效益情况。

1989年，阜阳行署审计局专项调查阜阳肉联加工厂盈亏和亳州古井酒厂1988年第一、二季度名酒提价情况。

1990年，开展阜阳行署汽车运输公司承包经营期中审计。

1991年，全行署审计机关开展阜阳地区肉类加工厂等20家大中型企业第一轮承包经营责任制执行情况审计，抽查8家企业财产、资金、债权债务。审计提出改进意见，为第二轮承包经营责任制打下基础。还调查工交承包企业固定资产折旧、大修理费提取、分配和使用情况。

1992年，调查重点工业亏损企业1991年度亏损情况。

1993年，行署审计局开展汽车配件公司、牛羊肉加工厂等6家国有企业1992年度承包经营审计。

1994年，开展汽车配件公司等12家企业1993年承包经营期末审计，审计针对问题提出改进意见。当年，开展阜阳轴承股份有限公司资产负债损益审计试点。

1995年，《中华人民共和国审计法》实施。工交企业审计的主要方式是资产负债损益审计，旨在查清企业家底，揭露企业资产负债损益不实、国有资产流失和管理混乱等问题。至1998年，全市审计100多家企业，查处违规行为金额上亿元、偷漏税金300多万元。

1998年，市审计局审计安徽种子酒厂1997年资产负债损益情况。

1999年起，先后开展化工总厂、拖拉机厂、轴承厂、汽运集团公司、电缆厂、青峰机械厂等大中型企业资产负债损益审计。揭示企业生产经营和改制存在的问题，提出改善管理、提高效益、深化改革以及宏观决策方面的建议。

2001年，市审计局审计电力行业，查出该单位内部银行会计魏某涉嫌贪污挪用公款1200多万元用于房地产开发，移送司法机关处理。

市审计局根据审计署和省审计厅授权，1988年起先后开展中央、省属企事业单位财务收支审计、行业审计和专项审计调查，涉及交通、邮政、电信、烟草、电力、大专院校等行业。

阜阳市商粮贸企业审计　1984年，行署审计局审计行署石油公司财务收支。

1986年，审计阜阳地区物资系统机电、燃料公司、中转煤厂财务收支，查出违反价格政策、截留应交国家收入等违纪问题。

1988年，对阜阳百货采购站进行税收财务物价大检查。

1989年，为服务国有企业改革，完善承包经营的奖惩兑现，维护国家利益，开展粮油食品局和食品行业的盈亏真实性审计；阜阳地区农业生产资料公司行业审计；调查地直13家国营企业承包经营情况，发现承包基数普遍偏低，分配没有兼顾三者利益，审计提出相关建议。

1990年，调查部分商贸企业消费基金。

1991年，行署审计局开展地区农资公司、糖业烟酒公司、医药公司、百货站等7个商贸企业承包经营期末审计。

1993年，调查全区1992年度粮食挂账和夏粮收购资金不打“白条”情况。

1994年，调查全地区粮食企业购销经营情况。

1995年至2002年，《中华人民共和国审计法》颁布实施，围绕企业扭亏脱困、提高经济效益，市审计局全面开展企业资产负债损益审计，先后审计供销社、棉麻公司、医药公司等10多家单位。

1996年，组织审计和调查农业生产资料经营和农资政策落实情况。审计查出：农资经营企业高价牟利、偷漏税款、乱列费用违纪金额144.04万元。调查发现，全市农资公司及基层供销社当年化肥购销量占全市农村需求量60%，有40%的供应缺口。审计机关向政府和有关部门反映化肥供应缺口大、农资市场混乱、价格上涨过猛等问题。

1997年，组织审计棉花收购资金和购销政策执行情况，涉及全市13个棉花经营公司、60个收购站、5个棉种场和8个轧花厂。查出违反价格政策、隐瞒收入、虚列费用等违纪资金4113.76万元，追回挪用收购资金472.93万元。

1998年6月，按照省审计厅部署，全市抽调130多人赴六安、淮南市开展粮食挂账审计，审计和调查独立核算单位139个。

2000年，市审计局审计市石油公司1999年资产负债损益。

2001年10月，根据市委市政府领导安排，市审计局审计阜阳市机电公司，发现贪污案线索移送司法机关，逮捕涉案6人，公司经理樊某被判刑19年。

2003年，组织149人，历时两个多月，清查审计滁州市57个粮食企业财务挂账情况，发现一起合伙内盗仓库粮食、侵吞公款案情线索，移交纪检监察和司法机关处理，3人被依法逮捕判刑，1人受撤职处分。

2004年，审计市百货大楼，发现阜阳商厦托管市百货大楼期间，为实现零资产收购，弄虚作假，少反映企业资产4793万元；盈亏不实，多报亏损336.3万元；偷逃税款122万元。《审计要情》向市政府反映，市党政领导责成被审计单位立即将偷逃税款全额补缴入库，制止国有资产流失，维护国家利益。

阜阳市农林水企业审计 1987年，审计地区农牧渔业局实验厂1985年、1986年财务收支。

1996年，市审计局审计市种子公司和黄牛改良中心财务收支。

1997年，市审计局审计市棉麻公司资产负债损益。

阜阳市城市公用企业审计 2000年以后，结合企业领导干部任期经济责任审计开展市自来水公司、市公交公司、二水厂等7个城市公用企业单位审计。审计分析效益，提出加强财务管理、健全制度等建议，取得较好效果。

阜阳市建筑安装与开发企业审计 1989年，行署审计局开展地区建筑总公司1988年承包经营兑现审计。审计核实公司实际利润，提出兑现建议。

1991年，开展阜阳地区建筑总公司三年承包经营期末审计和全地区房地产开发行业房地产开发情况审计调查。

1993年，审计阜阳地区建筑总公司1993年承包经营及全地区房屋开发公司财务收支。

1994年，开展阜阳地区建筑总公司承包经营期末审计。

1995年，开展地区城市建设开发总公司承包经营审计。

2005年，调查五户国有和私营房地产开发企业纳税情况。审计发现偷税漏税1300万元，向公安机关移交案件一起。地税部门根据审计建议，追缴税款并普查房地产企业税源，堵塞税收漏洞。

阜阳市农业林业水利资源环保审计 1986年，行署审计局审计育林基金、林业经费，针对问题提出审计建议。

1987年,行署审计局审计农牧渔业局水产站及实验厂1985、1986年财务收支。

1988年,行署审计局审计全地区小型农田水利和水土保持补助经费。

1990年,审计全地区水利经费管理使用情况。

1991年,审计全区第一期黄淮海农业综合开发资金合规性及效益情况,林业局财务收支情况。当年,实施地区环保局监测站定期审计。

1992年,审计全地区黄淮海农业综合开发资金。

1993年,审计全地区涉农单位1991、1992年度农业总体投入情况。

1995年,审计地区农机局、棉种厂、茨淮新河管理处、阚疃闸、插花闸等农业水利单位及全地区航运航道单位规费财务收支。

2000年,市审计局审计市土地局、市环保局等单位财务收支。

2001年以后,开展农牧渔业局、林业局、水务局、农业委员会9个单位任期经济责任审计,揭示存在问题,评价领导干部业绩,提出审计建议。

2006年,审计全市2003年至2005农业综合开发项目财政资金、群众自筹资金投入、管理、使用和效益情况。涉及9个项目单位,42个项目区,占项目单位和项目区的100%,审计金额9293.12万元,查出违纪资金275.29万元。

阜阳市社会保障审计　1993年,首次审计全地区待业保险及退休养老基金。

1995年,阜阳行署审计局审计共青团阜阳地委希望工程基金。

1996年,审计全市养老保险和失业保险基金,查出基金挤占借用情况严重,企业欠缴“两项基金”数额较大等问题。

1998年,审计全市企业养老保险基金,揭示养老保险基金征缴覆盖面小、征缴率低,挤占保险基金等问题。当年,还审计全市住房资金管理使用和阜阳市生救办救灾款物情况。

2001年、2002年,连续审计全市1999年至2001年企业养保险基金。摸清阜阳市失业保险基金总体规模和管理情况,揭示存在问题,分析问题原因,提出改进措施。当年,还审计住房公积金管理使用情况。

2004年,市审计局审计“低保”基金发现,部分应保求助居民未保,部分低保求助户低保补差偏低等问题。审计提出6条整改建议,引起市领导重视,有关部门研究制定《阜阳市城市低保费管理暂行办法》,规范低保求助工作。

2004年、2005年,连续审计市直2003年基本医疗保险基金。审计和调查职工参保情况、基金筹集、使用和管理情况。摸清基金总体收支情况,指出医疗保险基金征缴率不一、覆盖面小、个人负担过重等问题,提出改进意见。

2005年,市审计局开展失业保险基金、再就业资金、残疾人福利资金、住房公积金、福利彩票资金等专项资金审计或调查。

阜阳市城市建设与维护资金审计　1994年,阜阳行署审计局审计和调查亳州市建委系统、界首市建委系统城建维护资金。

1996年，阜阳撤区建市以后，市审计局审计城建维护资金，提出规范城建资金管理，加大征收力度，提高投资使用效益，使有限资金真正用于城市建设等建议，得到采纳。

阜阳市自筹资金审计与开工前审计 1986年，全省审计机关实行基本建设自筹资金必审制度和基本建设项目开工前审计制度。当年，阜阳审计63个项目，审计覆盖面达96%，审计投资3418万元，建筑面积12多万平方米。审计发现资金来源不正当或不落实的有937多万元。

1988年、1989年，行署审计局审计地直13个单位自筹资金基本建设项目，审查资金来源，压缩不合理或来源不正当资金217多万元。

1990年，阜阳行署审计局实施阜阳商校等五家单位开工前审计。

1993年、1994年，阜阳行署审计局实施地直单位1993年自筹基本建设项目资金来源审计，核减项目3个。

阜阳市建设项目概预算执行情况审计及调查 1994年，调查地区部分大中型固定资产投资项目15个单位。

1995年，行署审计局审计汽车运输公司职工宿舍楼概算。

1998年，市审计局审计阜阳市百货公司大楼改造工程概算。

1999年，审计涡阳中央粮食库扩建项目预算，市供电局三峡建设资金征管情况。其中，查处供电局少征三峡建设资金、滞留未缴电力建设资金问题。

2000年至2003年，市审计局审计界临淮建设项目、市安居工程、二水厂、市二环路、阜颍路等建设项目和扩建工程项目。审计促进资金管理，保障专项资金专款专用，提高资金使用效益。

阜阳市建设项目竣工决算审计 1998年，市审计局审计市民关注的颍州路改造工程竣工决算。该工程造价合同报价3175万元，审核认定造价2423万元，核减金额752万元，核减率24%。

1999年，审计阜阳飞机场扩建工程决算，审核工程造价金额17474.47万元，审核认定13665.58万元，核减3808.89万元，核减率21.8%。

2000年，审计阜阳市人民路、北京路改造工程竣工决算。

2001年以来，市审计局审计市三环路、阜涡路、北京路、防疫站大楼及市政工程项目，核减工程造价亿元，为政府节约资金。

阜阳市重点建设项目跟踪审计 1989年，全地区跟踪审计81个停缓建项目，总投资额10407.36万元，建筑面积13.9053万平方米。审计发现，15个项目没有执行停缓建决定，总投资1531.31万元，建筑面积2.739万平方米。

1990年，全地区跟踪审计63个停缓建项目，共计6617万元资金。

1999年，市审计局跟踪审计淮北大堤保险加固工程、行洪区退堤工程和濛洼尾部退堤工程，提高资金使用效益。

2000年至2005年，市审计局跟踪审计汾泉河治理、沙颍河治理、中清河治理、城市污水管网建设、二水厂建设等重大项目，为财政节约 1.6 亿元资金，提高工程建设质量，受到领导和社会好评。

阜阳市行政事业审计 1984 年，行署审计局开展临泉县教育局、临泉二中教育经费使用情况试审。

1985 年，实行定期送达审计制度，审计全地区 1985 年教育经费。

1986 年至 1989 年，审计工商、公安、物价等部门规费和罚没收支情况。

1990 年至 1993 年，开展行政事业单位定期审计，清理“乱收费、乱罚款”，教育事业费、科研经费及卫生经费等专项审计。

1994 年，调查全区拖欠教师工资和行政事业单位账外资金情况，为领导决策提供依据。

1994 年至 1997 年，审计经费支出大户、预算外资金多的 80 多个单位。包括：公检法机关规费、罚没款物和办案经费，经济管理部门轮审；科技三项经费、教育经费和工商、医院、技术监督、广播电视等部门审计。

1997 年，市审计局审计全市人事、广电、文化等部门 204 个单位。查出挤占挪用、乱收费、乱罚款、乱摊派等违纪违规资金 2879 万元，收缴财政 408.8 万元，追回挤占挪用资金 342 万元。当年，审计全市医院财务收支、医院管理和收费项目，查出违纪违规金额 1475.7 万元，其中提成奖直接列入医疗支出 285.1 万元，超标准收费 821 万元。市领导作出批示，责成有关部门整改，制止再发生此类违规现象。

1998 年，组织审计全市公安系统 138 个单位财务收支、收费及罚没收入，延伸 30% 派出所，查出隐瞒截留、坐支、挤占挪用等违纪资金 3584.3 万元，未纳入专户管理 1410.04 万元，小金库 81 万元。审计督促补缴财政资金 260.09 万元，归还挤占挪用资金 133 万元。

1999 年至 2002 年，阜阳市审计局重点开展教育、科技、住房资金、公安罚没款、物价、体育彩票等专项审计。

2004 年起，市审计局结合预算执行审计开展行政事业单位审计。

2005 年，组织全市审计市法院系统，锁定账外资金和基建项目追查到底，查出 15 个“小金库”，10 名涉嫌人员受到处理。

阜阳市外资运用审计 1992 年，行署审计局审计阜阳地区引用世界银行贷款加强灌溉农业项目。

1993 年，审计农行阜阳地区中心支行世界银行贷款第三笔农村贷款项目。

1994 年，审计阜阳地区引用外资进行农村卫生人力资源、黄淮海农业综合开发、阜阳师范学院利用世界银行贷款教育发展项目。

1999 年，根据世界银行及国际金融组织对国家审计提出的要求，阜阳市外资审计报告由原来对外公正、对内监督，改为内外合一、如实披露。

2005 年，市审计局尝试审计颍上县利用世界银行贷款加强灌溉农业二期项目经济效益。

阜阳市中外合资合作企业审计 1996年，市审计局审计中港合资嘉颍服饰有限公司等中外合资企业，发现违纪金额263多万元，企业资产盈亏不实。审计决定收缴税款162多万元。

2000年，市审计局审计安徽华德纺织有限公司资产负债损益。指出外方注资不到位、会计资料不完整等问题，提出改进建议，得到中外合资双方采纳。

阜阳市经济责任审计 1986年，根据省委组织部、省审计局、省人事局、省经济委员会联合印发《关于试行对国营企业主要行政负责人调离工作实行审计公证的通知》，阜阳行署审计局开始试审。

1986年至1988年，全市开展商贸企业经理离任审计26人，评价其履行职责情况。

1997年，市政府制定《阜阳市国有企业法定代表人离任审计暂行规定》，审计局每年都开展企业法定代表人离任审计，促进企业法人依法履行职责、加强企业管理。至1998年，各县审计机关按照“边实践、边总结、边提高”的工作思路，开展县以下领导干部经济责任审计。

2000年11月，市审计局试行市林业局原局长经济责任审计。由此，县处级领导干部经济责任审计在全市展开。

2001年，阜阳市成立市经济责任审计工作领导小组，建立联席会议制度。

2005年，建立市县两级经济责任审计专职机构、事业编制64人，印发《阜阳市党政领导干部经济责任审计暂行办法》《县（市、区）长任期经济责任审计工作方案（试行）》，阜阳市领导干部经济责任审计制度框架形成。

1997年至2007年，全市经济责任审计查纠违纪违规额3.77亿元，管理不规范金额4.83亿元，查出损失浪费2355万元，移送纪检监察和司法机关案件线索8起。审计967名领导干部，其中乡镇领导508人，科级行政事业单位领导337人，处级以上领导84人，国有及国有控股企业领导38人。审计后，平调718人，晋升60人，免、降、撤职89人，受党政纪律处分45人。

阜阳市内部审计 1984年，阜阳内审工作起步，至1985年，全地区建立内审机构120个，配备内审人员279个。

1994年，全地区内审机构295个，内审人员504人，审计4242个单位（次），查纠违纪违规金额1.02亿元，减少损失浪费6561万元，促进提高经济效益2.26亿元，促进单位提高管理水平，完善约束机制。

2007年年底，全市有内审机构132个，内审人员260人，审计5750个单位，查纠违规资金2073万元，查出损失浪费27.6亿元，提高经济效益1.25亿元。

阜阳市社会审计 1987年，经省审计局批准，阜阳地区先后成立11个审计事务所，拥有专兼职人员73人，其中注册审计师（会计师）46人。全地区社审工作贯彻“抓业务、抓质量、抓管理、上水平”的方针，把提高审计质量放在首位，不断扩大业务领域。

1992年,全地区社审业务收入突破百万元，11个所全部进入全省达标先进审计事务所行列,受到省审计局和省社审协会通报表彰。

1994年,办理审计查证、验资年检、咨询等委托业务1592项。

1999年,全市审计事务所全部脱钩改制,成为社会中介机构的审计事务所更名为会计师事务所,其业务管理职能归省注协实行行业管理,审计机关负责社会审计组织审计业务的质量监督检查。

1995年至1999年,全市审计事务所办理委托审计查证咨询事项16414项,为委托单位挽回经济损失429万元,核减基建预决算689万元,核减虚假注册资金1401万元,促进提高经济效益610万元。

第七节　淮南市审计业务

淮南市同级财政审计　1995年起,全市审计机关每年都开展本级预算执行情况审计,向本级政府作审计结果报告、并受政府委托向本级人大常委会作审计工作报告的“两个报告”制度。审计针对财政收入未纳入预算管理,预算外资金管理薄弱,财政周转资金回收率低、欠息多、沉淀严重,财政退库不合规,专控商品附加费开支不合规等问题提出意见和建议。

1995年至1999年,市审计局同级预算执行情况审计,揭示出:部分应缴财政收入未足额解缴、预算外资金管理不到位,市级税收混入区级财政等问题。查处违纪违规资金3103万元,收缴违纪资金1577万元,揭示管理问题并提出整改建议31条。

2000年,市审计局针对综合财政改革出现的新情况,把专项资金审计全部纳入财政同级审,组成20个审计组共62人,审计103个预算执行单位。核实财政收支,反映和评价市县区本级预算执行结果,查出违规金额415万元。

2001年,本级预算执行审计和其他财政收支审计96个部门,延伸审计二三级预算单位93个,查出违纪违规问题3228万元,提出审计建议48条。

2002年1月下旬至5月上旬,审计2001年本级预算执行和其他财政收支,涉及市国有资产管理局、市政府采购中心、市地税局等19个部门单位及所属单位。查出:以往年度人防建设基金征收率低,自定标准发放水电补贴,部分学校设置“账外账”,超标准收费,计生经费管理体制不顺,截留、坐支,公款私存;一些部门挤占财政支农资金,国债资金没有专户存储、挪用国债资金、未缴政府偿债准备金,外债还贷压力重、项目单位还贷意识差、项目管理薄弱等问题。

2003年2月中旬至4月底,审计2002年市本级预算执行和其他财政收支。涉及18个预算执行部门,查处违规金额1810万元,收缴56.41万元。

2004年2月中旬至4月下旬,审计2003年市本级预算执行和其他财政收支,延伸审计18个部门单位。揭示出部分专项资金预算下达滞后、隐瞒预算收入、截留上级财政资金等问题。

2005 年上半年，审计 2004 年市本级预算执行和其他财政收支的真实合法性和财政专项资金效益性。查出违规金额 8100 万元，收缴财政 1041 万元。

2006 年上半年，开展 2005 年市本级预算执行和其他财政收支审计。包括财政部门组织预算执行情况，失业保险金等 6 个专项资金管理使用情况，列入市人大常委会预算编制审议的统计局等 8 个部门预算执行和预算外收支情况，以及资产经营公司等企业专项审计和调查。审计揭示：部分收入预算编制不尽科学、财政收支反映不够完整、部分财政性资金未纳入预算管理、部分专项资金滞留等问题。审计针对存在问题，提出硬化预算约束、建立科学的支出标准和预算定额，提高财政资源配置效率、建立健全财政支出效益考核制度，加强国有资产监管等意见和建议。

2007 年 2 月 2 日至 4 月 30 日，审计 2006 年市本级预算执行和其他财政收支。涉及财政部门组织预算执行情况，列入市人代会预算编制审议的市水利局等 8 个部门的预算执行情况，扶贫资金、农业综合开发项目资金、企业职工基本养老保险基金、教育附加费、住房公积金、土地补偿费等专项资金管理使用情况，采煤沉陷区综合治理项目财务收支情况，部分建设项目工程决算，并调查山南七个乡镇债权债务情况。审计发现，部分财政性资金收入未纳入预算管理、部分专项资金管理使用不合规、财政偿债压力较大、部分税收混淆级次入库影响市级财政收入等问题，提出加强本级预算管理的整改意见。6 月 26 日审计情况报告会、10 月 23 日审计整改情况汇报会，获得市人大常委会全票通过。审计结果在淮南日报和淮南审计网站公告。

淮南市下级政府财政决算审计 1986 年至 1998 年，分别审计凤台县、谢家集区、八公山区、田家庵区、大通区上年度财政决算。查出财政收支未真实反映、违规挂账、坐支罚没收入、挪借财政资金等问题。审计针对不符合《中华人民共和国预算法》规定，虚列预算支出、多列预算周转金，区财政虚列预算支出、市级财政收入混入区级金库、乡镇煤矿管理费未纳入预算管理以及支农周转金使用不合规等问题，提出建议和意见。

1999 年 11 月 2 日至 18 日，审计潘集区 1998 年财政决算和其他财政收支情况，延伸区财政收支情况。审计揭示该区部分应缴财政收入未及时足额解缴财政、财政决算报表不真实、财政专户管理薄弱以及挤占挪用征地补偿专项资金等问题，分析财政赤字原因，提出改进意见和建议。

2000 年 10 月 9 日至 11 月 10 日，审计凤台县政府 1999 年财政决算和其他财政收支，延伸与财政收支有关的县财政局、地税局等单位。审计发现，部分应缴财政收入未足额解缴入库；部分单位预算外资金未纳入财政专户管理；财政专项资金未专款专用；部分预算资金拨付不到位；混淆税种入库，多提征管业务费和代征代扣手续费；违规设置养殖业发展基金和乡镇企业发展基金；财政性资金存在风险等问题。

2001 年至 2005 年，审计大通区、谢家集区、八公山区、田家庵区政府财政决算和其他财政收支，毛集社会发展综合实验区管理委员会财政收支等。审计查出：混淆预算级次、虚列财政支出、少计财政收入、扩大预算支出范围；部分预算收入未纳入预算管理、预算调整随意性大、预算编制粗放；财政未按规定批复部门预算；应缴未缴预算收入、预算外资金未足额解缴财政专户管理；违规收费、专项资金未专款专用；各单位支出中部分发票不合规、部分单位购置固定资产未入账、坐支罚没收入，报销发票不合规，招待费开支过大，财务管理及会计核算存在不足等问题。

2006 年、2007 年，审计大通区、谢家集区财政决算，涉及区财政局相关部门、单位及部分乡镇预算执行和其他财政收支情况。审计揭示：区级财政混淆预算级次入库影响市级财政收入、部分预算收入未纳入预算管理、区政府采购存在薄弱环节、部分预算编制粗放缺乏科学性、财政资金分配不均衡、部分专项资金未专款专用等预算执行和管理问题。审计提出强化财政收支管理、培育税收增长点，深化预算编制改革、增强预算约束力，规范政府采购，加强专项资金管理等建议，并依法收缴混淆预算级次的相关问题。

淮南市授权委托审计　1990 年 7 月至 9 月，受省审计局委托，审计霍邱县、青阳县 1989 年财政收支情况，重点是县财政赤字的真实性。审计查出收入挂账、虚列支出、少提税费分成等问题，剖析县财政赤字原因，提出整改意见和建议，受到霍邱县、青阳县人大常委会和政府好评。

1989 年至 2007 年，审计电子工业部八所等 50 多家企业及所属企业，查出少计增值税、营业税、固定资产投资方向调节税、企业所得税等问题，共查出违纪资金 4.5 亿元，收缴 1983.37 万元，完成授权任务。近年来，立足抓质量、上水平，强化为企业改组改制、提高效益服务，审计为国有企业挽回资产流失 2 亿多元。其中，洛能发电公司审计，两条审计信息被副省长任海琛批示，使近 3 亿元注册资金到位，近 5000 万元利息支出得到补偿。矿业集团审计信息为企业减支 1000 多万元。2004 年市服装一厂审计，揭示土地开发违规操作、报批程序不合规、开发收益低、造价高等问题。市委、市政府、市纪委主要领导作了批示，相关责任人受到党纪政纪处理。

淮南市金融审计　1985 年起，审计农业银行、工商银行、建设银行、人民保险公司等行业财务收支。审计揭示出资本充足率低、信贷资产质量差、资金沉淀严重以及财务收支不实、违规经营等问题，分析信用风险成因，提出防范和化解风险的措施和途径，促进金融系统依法经营、规避风险，提高效益。

1986 年至 1994 年，审计中国人民保险公司淮南市支公司、建设银行淮南市支行及所属机构和其他商业银行及所属机构财务收支。审计查出挤占成本，虚列支出、漏缴税金等问题，收缴部分违纪资金。

1995 年至 2005 年，审计中国银行淮南市支行、建设银行淮南市支行 1994 年资产负债损益情况，淮南市信托投资公司八公山办事处 1994 年至 1995 年 9 月份资产负债损益情况，农业银行淮南市支行及所属机构 1995 年资产负债损益情况，中国银行淮南支行及所属机构 1995 年资产负债损益情况，中保寿险淮南分公司及所属支公司 1997

年资产负债损益情况，淮南市长青信用社、望峰岗农村信用社1997年资产负债损益情况，市建银、东城城市信用社和洞山等五家农村信用社1998年资产负债损益情况，淮南市朝阳城市信用社1998年资产负债损益情况，审计唐山信用社等。审计共查出违纪资金4771万元，收缴395.8万元，上报省审计厅收缴301万元。被审单位对审计查出的问题作了整改。

2006年，调查市农村信用社东区联社、洞山农村信用社、毛集农村信用社2005年资产负债损益情况。调查表明，农村信用社抓住改革发展的历史机遇，完善法人治理结构、实行联社法人股份合作制，经营状况逐步好转，产权制度得到完善，大部分信用社扭亏为盈。调查也发现管理和内控制度方面存在一些问题，揭示出信用社经营中存在的潜在风险。

2007年，审计市住房公积金管理中心。审计发现银行专户管理不合规和资金沉淀多，住房公积金使用效益不高等问题，提出整改建议，防范资金风险、规范管理。

淮南市工业交通审计 1986年至1999年，审计淮南水泥厂、安徽造纸厂等50多个单位财务收支情况。审计依法处理问题，收缴少缴的各种税费，并提出改进建议。

2005年至2007年，审计市散装水泥办公室等20多个单位，查出经费征缴、管理和使用存在的问题。针对收入挂账、支出不实、经费超支、坐收坐支等问题，提出整改建议。

淮南市商粮供贸物审计 1985年至2007年，审计市商业局等160多个单位业务经营、财务收支的真实合规性。审计收缴欠缴的税费，其他违纪问题区别情况作出处理。

1998年6月、2003年10月，根据省审计厅安排，全市审计机关两次分别抽调60余人赴蚌埠市、亳州市开展粮食清查审计，经过4个多月，核实粮食库存，核减亏损挂账，提出审计意见和建议，为粮食企业改革和加强管理发挥重要作用。

淮南市公用企事业审计 1987年至2005年，审计市煤气公司等90多个单位财务收支，坚持“既审又帮”，促进企业转换经营机制、改善管理，提高经济和社会效益。查处乱计成本、少计利润、漏缴营业税、城建税及教育费附加等违纪问题。审计将基础管理薄弱、经营管理不规范、财务管理混乱等问题上报市政府，市领导作出批示，有的问题移交纪检监察部门查处。

淮南市承包经营审计 1989年至1994年，审计国有企业一二轮承包经营效益，查处违纪资金778.3万元。审计反映普遍性、倾向性问题，分析原因，建议稳定承包政策，加强宏观调控，完善企业自我约束机制。

淮南市资产负债损益审计 1989年至2007年，审计市建材机械厂等200多家企业资产负债损益情况，查出虚列资产、少计负债、潜亏、企业包袱沉重，财务管理不严，应收账款长期不清等问题。

淮南市企业经济效益审计 1984年至2005年，审计市汽运总公司等40多家企业经济效益，揭示经营管理中存在的问题，分析企业面临的困难和问题，提出给予扶持政策及内部整改的措施建议，帮助企业核实资产、摸清家底，测算目标成本，修订完善内部措施等。

淮南市乡镇资金审计 1997年至2007年,审计望峰岗镇以及2007年新划入的山南7个乡镇等共40多个乡镇资金。审计发现,挪用专项资金、少缴税费、镇办企业管理失控及行政村核算不规范、未按规定用途使用资金、镇办企业效益不佳、村集体资产流失、挪用土地补偿费、损失浪费严重、滥发工资、奖金和补助等问题。审计决定收缴少缴税费,调账纠正不合规专项资金支出,归还原渠道资金。提出严肃财经纪律,加强宣传,提高法规意识等意见,将发现的案件线索报有关部门,防止农民负担反弹,促进农民增收、农业发展。

淮南市农业综合开发项目审计 1997年至2005年,审计市农业综合开发淮南市加强灌溉农业项目1996年财务收支和项目实施情况，1999年度还贷情况,凤台县农业综合开发办公室及项目实施单位1997年至1999年农业综合开发项目资金筹集、管理、使用和效益,市农业综合开发1999年续建项目资金管理和使用情况,市2000年至2002年农业综合开发项目筹集、管理和使用情况,市本级和凤台县、潘集区、大通区、毛集实验区的农业综合开发项目资金筹集、管理和使用情况等农业综合开发资金。审计发现,资金到位迟缓,农贷资金不到位,影响工程进度、少数资金使用不合规,财政有偿资金应收未收数额较大,部分地区和单位自筹资金未落实等问题,提出审计意见和建议。

2006年、2007年,审计凤台县、潘集区、毛集区以及市本级2003年至2005年农业综合开发项目。查清项目资金投入、使用总体情况,揭示项目资金管理使用不合规、部分工程高估冒算、手续不健全等问题。审计建议项目管理部门要依据程序和规定,督促项目实施单位和建设单位及时办理工程验收和价款审核,办理工程财务相关手续,配合工程实施单位办理报账提款手续。其中2002年,以服务“三农”为出发点,摸清全市41个乡镇债权债务总额3.5亿元，市委书记、市长分别批示,两次开会研究消化乡镇债权债务的措施。

淮南市社会保障资金审计 1989年至2005年,审计市社保局、市民政局、就业管理局等单位管理的社会捐赠、疗养专项费、医保基金、救济金等经费。查出挪用和违规使用问题,收缴违规资金2.8万元,促进基金征缴和合理使用。其中2002年以来,社保审计以关心群众切身利益为出发点,查出挪用资金2000多万元如数归还。蓄滞洪区补偿资金等四项资金审计,查出弄虚作假套取国家资金22名违纪人员,有的被开除党籍,有的被撤职,有的被判刑。

2003年,开展市民政局2001年至2003年2月社会捐赠款审计调查,跟踪3个县区、5个乡镇及困难户。审计发现,有关部门和人员普遍“重款项轻物资”,凤台县、潘集区、田家庵区民政局均未设账单独反映救灾物资的接收、发放、库存情况;救灾物资收发手续不全、管理混乱、挪用现象突出。审计提出加大宣传和领导,严格按规定使用捐赠款物,加强捐赠物资管理等意见和建议。市长陈世礼作了批示。

2004年3月至6月，抽查六区一县灾民救灾款发放情况，查出违规违纪资金63.68万元。审计发现，个别行政村搭车收费、款物发放和管理不规范、砂压耕地治理速度缓慢、资金结余大等问题，提出加强救灾款物管理和监督等4条意见，建议给予党纪政纪处分22人次。

2003年至2005年，全市审计2002年度企业职工基本养老保险金，市防“非典”专项资金和社会捐赠款物，市卫生防疫站防“非典”专项经费收支，市募捐办2003年度福利彩票专项资金，市防汛救灾专项资金和捐赠款物，全市2003年特大自然灾害补助费等四项资金，全市城镇职工基本医疗保险基金等社保资金。审计将发现的问题报有关部门，并将结果在媒体上公告。

2006年，根据省审计厅安排，开展全市2005年养老保险基金征收、使用和管理情况审计，市统计局2005年部门预算执行审计，市民政局2005年财政收支审计，市医保中心主任赵新武和淮南技工学校校长马传胜任期经济责任审计。审计针对资金管理不规范、政策落实不到位等问题，提出处理意见，收缴违纪违规资金6.16万元。

2007年，审计全市医疗、社保、失业保险、救灾资金以及抗洪救灾资金和物质。发现养老金欠费1.2亿元，非公有制企业、城镇个体工商户和灵活就业人员不稳定和扩面征缴难等问题。审计以专报、信息和简报等形式报市委市政府。市委、市政府领导作出批示，相关单位按审计意见整改，确保资金安全使用，赢得良好社会评价。

淮南市固定资产投资审计　1986年至2001年，审计188个自筹资金基建项目，压缩投资3.8亿元，调整项目规模56个，压缩基建面积44956平方米，审计削减项目41个，削减投资9000多万元，取消资金来源不合理项目12个，收缴违规资金200多万元。

1990年至1993年，审计市万门程控电话一期工程、淮南长途汽车站工程项目、淮南瓷厂煤气站工程等项目。审计工程概算执行、资金来源、投资支出构成及归还借款情况，查出超概算多列工程支出1540多万元，纠正挤占挪用建设资金1400多万元，促进工程资金到位和工程进度加快。审计建议真实评估工程造价，避免低估少算工程价款，加强项目管理，做到项目单据完整。

1990年至2005年，审计市煤气公司1984年至1989年一期煤气工程预（决）算和投入产出效益、凤台县化肥厂四万吨尿素及三千千瓦热电工程、市四水厂建设项目、合徐高速公路连接线项目等。审计查处违规金额2亿多元，收缴违纪资金1191万元，核减工程造价6900多万元。并将转移挤占建设资金、超概算等问题专题报告市政府。

2006年，审计洛河洼大通幸福站重建工程、凤台县夺丰收重建工程、史院乡保庄圩工程等淮河治理项目、开发区安徽信昊纺织公司工程项目以及市交通客运枢纽中心工程项目等。审计针对超规模、超标准建设以及工程价款不实等问题作出处理，核减工程价款3861.9万元，收缴有关税费39万元。

2007年，开展朝阳东路东段10多项在建项目跟踪审计，市检察院技侦楼、淮南日报社、市二中综合楼、开发区投资服务中心大楼等竣工项目决算审计。审计投资总额

2.15亿元，核减投资2000多万元，收缴财政资金100多万元。

淮南市专项审计　1989年至2001年，专项审计和调查23个停缓建项目，市二药厂林可霉素技改项目，市政公司承建的洞北路、泉山西路、洛河开发区路网建设及电子政务建设项目，拖欠工程款调查等120多个建设项目。审计查出建设项目投资严重超支、建设资金不到位、项目建设管理较乱以及拖欠工程款严重等问题。审计依法作出处理，收缴违规资金。审计分析产生问题的原因，以信息简报、专题报告等形式报告市委、市政府，引起领导重视。

2002年以来，围绕经营城市和煤电化三大基地建设，加大基础建设项目审计，审计投资总额53亿元。其中，审计工程造价14.22亿元，审减2.84亿元，查处违规资金3.25亿元，收缴资金1180万元。

2004年，审计城市10条道路工程决算，核减造价3040万元。

2005年，审计开发区路网工程，发现重大质量问题并报告市委市政府。市主要领导作出批示，《淮南日报》头版头条《协力堵截“豆腐渣”工程》刊载，引起强烈社会反响。

淮南市行政事业审计　1984年1月，谢家集区工商分局1983年财务收支试审，是市审计局成立后第一次审计。审计查出，扣留、拖欠财政收入2.28万元；私分和低价处理罚没物资；擅自购买专控商品6138元等问题。

4月起，开展行政事业单位定期报送审计。当年审计县级单位64个，二级单位26个，占行政事业单位总数53%。查出有问题资金213.36万元，其中隐瞒截留财政收入182.27万元，全部追缴入库。

1985年至2003年，按照三年至五年对相关单位轮审一遍的目标，先后审计599个行政事业单位，查出违纪资金5.7亿元，收缴289.43万元，分别向相关单位提出整改建议。

2004至2005年，开展市计划生育委员会、中国豆腐文化节组委会办公室2003年办节经费财务收支、市人民检察院2003年财务收支、市质量技术监督局及下属7个单位2003年财务收支审计。审计收缴漏缴的税金，提出加强会计基础工作和财务管理、严格执行收支两条线等意见和建议。

2006至2007年，审计市发改委等30多个单位预算内外资金、罚没款以及行政性收费和市粮食局、交通局及所属单位相关经费。审计查出预算编制不科学、公款私存、漏计个人所得税、单据使用不规范、资产不实等问题，提出改进财务管理、完善会计基础工作、强化单位领导及财务人员责任意识、提高财务人员业务水平等审计建议。其中，市工商局审计查出的问题上报后，市委市政府和省委省政府批示，相关问题得到解决。

1985年至1999年，审计市外贸局、市物资局及所属单位等54家企业单位，发现管理费超支、费用挂账、有账无物、漏缴税金等问题。审计查处违纪资金260.02万元，收缴137.66万元。

2000 年至 2007 年，审计市房地产管理局及部分所属单位、市商务局等 10 多家企业主管部门财务收支。审计发现，财务管理不规范，收支反映不实，漏计税金，超限额使用现金等问题，查处违纪资金 57.96 万元，收缴 15.27 万元。

1984 年至 1998 年，审计市公路管理站、市工商局、市公安局、市卫生局及其所属单位，市矿产资源管理局及所属单位，市县区土地管理部门等 170 多个单位的交通管理费、检测费、罚没款、污水处理费、市场管理费、年检费等专项资金，查出违纪资金 862.97 万元，收缴 305.24 万元。审计发现，应收款未入账、漏缴税金、库存现金不实，白条抵库、支出不合规、设置账外资金以及收入未及时结转等问题。

1998 年至 2007 年，审计市劳动局、全市检察机关等 60 多个单位，查出相关单位管理存在问题，提出审计意见，被审单位逐一整改，规范管理和内控。

淮南市外资运用审计 1986 年至 2007 年，审计市第一服装厂引进西服生产线、市第一塑料厂引进纺织袋生产线、市无线电一厂从美国引进袖珍式数字显示甲烷监测器生产技术和设备、市无线电一厂利用世界银行贷款引进甲烷临测器项目、淮南师专 1994 年利用世行发展教育项目、全市利用世行贷款加强农灌项目、世行贷款淮河流域污染控制项目、日本协力银行公共卫生项目。审计评价项目可行性，指出短期还贷付息的困难，提出审计建议。其中，2001 年调查外国政府贷款项目和世行贷款项目还贷情况，提出审计建议。2006 年污水控制项目审计，指出东部污水管网工程设计变更多，先后与勘测设计单位签订 14 个合同，支付费用高达 385 万元以及概算偏差大等问题，提出审计整改意见。

1990 年至 2002 年，调查化三建多种经营公司与香港大立拓展有限公司合资兴建再生革项目，中国出口基地建设公司安徽分公司合作经营饼干、糖果、牛肉干的生产与经营，全市 60 余家中外合资合作企业外资项目。查明固定资产计价、折旧提取情况，利益分配情况，评价引进工作成绩，指出项目可行性研究主要指标偏高、管理不适应、设备利用率低，财务不规范，偷漏税等问题。

2003 年至 2006 年，开展政府外债管理体制调查、世行贷款项目审计、中外合资南澳非织造布公司资产负债审计、开发区资产负债审计、世行贷款淮河流域污染控制项目等 20 多项审计（调查）。外资审计以规避外债风险和资金使用效益为出发点，强化监督与服务，《外债资金缘何难到位》和《外债贷款项目存在五忧》两篇信息被副省长任海琛批示。其中“污水处理费征收不到位”信息，促进市政府制定《污水处理费征收办法》。

淮南市经济责任审计 1983 年 10 月成立至 1985 年，淮南市审计局边组建、健全机构、充实队伍、完善规章，边试审、探索路子。这个时期开展效益审计、业绩审计、资产审计、财务收支审计、法纪审计和审计调查等多项审计活动。各种审计揭示出相当一部分单位家底不清、资产不实、内亏严重等突出问题。

1985 年，淮南市审计局在市委市政府支持下，制定《淮南市对企业主要负责人调离工作实行审计公证办法》,率先在全国建立厂长(经理)离任审计制度,规定对国营企业负责人实行“先审计,后调动”,凡经审计全面实现任期目标的,可以连任或享受同级待遇;未完成的就地免职;造成重大经济损失的给予经济处罚,直至追究刑事责任。《经济日报》《中国法制报》《安徽日报》等作了报道,全国20多个省市包括新疆、内蒙古等边远地区的审计机关到淮南市审计局考察学习。中组部《组工通讯》(1986年第6期)作了介绍,称这一办法是人事制度的重要补充。

1986年2月,市审计局会同市粮食局实施市粮油食品厂厂长离任审计。

至2007年,开展市石油化工机械厂等160多个单位427人(次)离任或任中审计。查出问题包括,私设“小金库”、招待费开支过大、财务管理薄弱、违规收费、预算外收入未上缴财政等。审计查清被审计单位资金收支、使用、管理情况,揭示存在问题,领导干部负有主管责任和直接责任违规资金7.03亿元。审计作出评价,分清在职或离任者责任,为组织人事部门选拔任用干部提供决策依据,参照审计结果,免职96人、降职7人、撤职8人、移交纪检监察部门查处87人、刑事处理5人。

淮南市内部审计　至2007年年底,全市建立内审机构158个,配备内审人员627人,完成审计单位15853个(次),查出、纠正违纪金额7.26亿元,查出损失浪费3.93亿元,促进增收节支2.26亿元。

25年来,先后有210多个(次)内审机构和120多名内审人员受到表彰与奖励,各类报刊发表专业论文250多篇。其中,淮南矿业(集团)有限责任公司被审计署评为全国内审先进单位,淮南市审计局被评为省内部审计管理工作先进集体。论文《论内部控制制度评审》《煤炭销售业务舞弊的检查与防范》《经济责任审计的风险及其规避》分获全国、全省课题研讨评比一等奖。

淮南市社会审计　1991年以来,淮南市社会审计工作推行审计事务所目标管理制度。至1998年,全市审计事务所从业人员79人,其中注册会计师33人,工程技术人员10人;1998年全市业务收入249.54万元,其中完成基建工程审计项目124项,核减金额3181万元,实现收入141.62万元,验证资金35275万元。1999年,按照省注册会计师协会要求,全市审计事务所全部脱钩改制,成为社会中介机构的审计事务所更名为会计师事务所,其业务管理职能由省注册会计师协会实行行业管理。

第八节　滁州市审计业务

滁州市财政审计　滁州市财政审计工作,以1995年《中华人民共和国审计法》实施为标志,划分为“上审下”“上审下”与“同级审”并行两个时期。

《中华人民共和国审计法》实施前,财政审计主要是审计下级政府财政决算;《中华人民共和国审计法》实施后,1997年开展市本级预算执行情况审计,提出“全面审计,摸清家底”的审计思路;1998年改进审计方法,审计目标逐步转向规范预算管理,促进预算执行审计深入发展;1999年确立“紧扣预算执行,突出专项审计”的方针;2000年按朱镕基总理“全面审计,突出重点,注意发现大要案线索”的指示,围绕预算资金流向,加大延伸审计力度;2001年后,预算执行审计以综合预算为主线,以部门预算执行和管理为重点,突出掌握财政资金分配和管理财政资金较多的重点部门、重点单位的监督,强化专项资金、基金分配、管理和使用情况,“收支两条线”、政府采购等制度执行情况,二三级预算单位执行财务制度、依法缴纳税收的审计。同时,审计内容不断深化,审计领域不断拓展,实现经济责任审计与财政决算审计相结合,形成“一次进点、分步实施、资料共享、分别报告”的工作机制。2003年提出“财政审计一体化”,2007年形成财政审计“大格局”思路,将全部政府性资金纳入财政审计范围。随着审计质量和水平提高,财政审计为规范预算分配,构建公共财政体制,维护财政经济秩序,提高财政运行质量发挥出更大作用。

1984年审计机关成立以来,按照《中华人民共和国审计法》和有关法规规定,实行所属县、市区财政决算及其他财政收支情况3年轮审一遍的周期审计。查出赤字预算、虚列财政收支、无预算拨款、挪用专项资金、乱收费等违规问题,审计依法进行处理处罚,提出审计意见和建议并得到有效落实。

1997年至2005年,重点审计市直单位预算执行和其他财政收支情况。查出预备费使用超预算,农税局多提征收业务费,财政专项资金未明细核算,部分专项资金存借不合规造成损失,财政周转金管理不规范,挤占专项资金等问题。审计针对问题出具意见书、下达审计决定予以纠正,提出改进和完善部门预算,加强财政专项资金管理等建议。每年受市政府委托向人大常委会所作预算执行和其他财政收支情况的审计工作报告,得到市人大常委会好评。

2005年以来,根据市本级预算执行和其他财政收支审计结果报告,市政府每年召开市长办公会议,要求各部门认真整改并报整改情况。同时,审计结果向社会公告。

滁州市金融审计　滁州市审计机关自1983年组建以来,金融审计经历三个时期:

1983年至1994年,这一时期主要是边组建边工作,实践中摸索金融审计路子,开展中国人民银行、国有商业银行等金融机构财务收支真实合法性审计。通过查错防弊、完善内控促进金融机构规范管理。

1995年至2000年,以审计法颁布实施为标志,逐步探索完善国有商业银行、保险公司、信托公司、城乡信用社等金融机构资产负债损益审计新路子,金融审计向法制化、规范化迈进。审计目标上,由“财务核算合规,个案查处问题,收缴违纪款项”向“摸清家底,核实盈亏,揭露问题,分析原因,规范秩序,促进管理,防范风险”转变;审计内容上,由单纯审计金融机构财务收支向“信贷资产质量为主线,重点检查金融机构资产质量状况、业务经营合法合规性、内控制度的健全有效性,揭露重大违法违规案件线索”转变;审计组织方式上,由“各自为战,上下左右脱节,信息不畅通,资源浪费大”向“统一组织,统一方案,统一实施,统一处理,统一考核”转变。

2001 年以来,在国有政策性银行、保险公司、信托公司、农村信用社等金融机构资产负债损益审计基础上,围绕“风险、效益、管理”,深化审计内容,加大审计力度,全面审计金融机构与财务收支有关的金融业务活动。审计手段实现手工审计向计算机审计突破。

1999 年 3 月,根据《审计署关于审计中国工商银行 1998 年度资产负债损益的通知》,审计中国工商银行滁州分行 1998 年资产负债损益情况和信贷资产质量。审计表明:该分行坚持稳健经营、从严治行的经营方针,转变思想观念,深化改革,改善服务,扩大资金来源,控制贷款风险,取得一定成绩。但也存在核算不实、资本性支出挤占费用、违规经营、信用卡违规透支和与所办经济实体脱钩不彻底等问题。审计提出加强信贷管理、优化信贷资产结构,调整负债结构、降低负债成本,规范经济行为、清理违规拆借资金,清理整顿下属经济实体,完善银行内部控制制度、加大监管力度、严格控制费用支出等建议。

2002 年 11 月至 2003 年 3 月,根据市政府领导批示,市审计局审计滁州市信托投资公司 1997 年 7 月至 2002 年 7 月资产负债损益情况。审计发现:利息收入、租赁费、物资变价收入、股票投资收益等 589.49 万元没有纳入公司统一核算;提高存款利率,支付贴水、超额度出售国库券吸收居民个人储蓄存款;账面资产潜在损失大等 7 类问题。审计提出加大清理力度,对贷款、投资和其他资产分户清理或评估后处置等 4 条意见。

2003 年 3 月至 5 月,根据国务院《金融机构撤销条例》及市政府领导批示,审计滁州市城市信用社 1998 年 1 月至 2001 年 11 月 24 日资产负债损益情况,检查其贷款审批人、责任人遵守《贷款通则》《资产负债比例管理暂行办法》及其他有关金融法规情况。审计发现:该单位违规贷款、信贷资产质量差,私设“小金库”,实收资本核算混乱,高息揽储、公款私存,坏账核销不规范等问题。审计提出:按规定清算,移交司法部门处理,加强资产管理,信贷资产诉讼时效保全,抵贷物资及债权登记、保管和处置工作,确保资产安全完整等建议。2003 年 6 月,全市审计机关审计中国人寿保险公司滁州市分公司 2002 年资产负债损益情况。审计发现,2002 年该公司面对全市保险市场主体不断增多的新形势,勇于竞争、创新,取得一定成绩,但也存在业务收支不实、账务处理不及时、部分支出违反规定,少计退保金 25400 元、少计赔款支出 137000 元、少计利息收入 13000 元等问题。审计依法进行处理处罚,并提出加强保费收支管理,理顺财务部门与所属单位财务部门的人权、财权关系,加强所属单位财务监督,建立健全内部控制制度,防范风险的建议。

2004 年,使用计算机通审软件,审计华安证券公司蚌埠营业部 2003 年资产负债损益情况。根据该公司 2003 年资金流水表、交割流水表、部分时点的资金余额表及证券余额表等相关数据,运用计算机进行数据筛选计算、查询分析、生成相关证据,追查疑点线索,揭示该公司业务经营和财务核算问题。

滁州市行政事业审计 1983 年,滁州市审计局设立行政事业审计科。

2002年,分设社会保障审计科和农业与资源环保审计科。

行政事业审计初期,以报送审计为主,就地审计为辅。参与整顿公司、控制消费基金增长、配合税收财务物价大检查,为促进廉政建设、维护经济秩序、保障改革起到积极作用。

1994年8月《中华人民共和国审计法》颁布，1996年审计署发布《国家审计基本准则》等38项审计规范。随着审计法律法规和规章逐步健全,行政事业审计逐步走上法制化、制度化、规范化轨道,做到“每三年覆盖一次,不留死角”。

1997年,滁州市审计局上报《农业综合开发资金审计中存在的问题应引起各地政府重视》信息,被省委省政府以及中共中央、国务院“两办”转发。

1998年,《滁州市住房资金管理中的问题亟待解决》获省委办公厅优秀决策信息三等奖。

1999年,审计机关开展大农业审计,全面监督涉农经济活动,先后开展农业资金总体投人、水利专项资金、乡镇资金（包括农民负担调查）、林业资金、黄淮海农业综合开发项目审计等87个项目（单位）。还审计全市公检法系统、养老保险基金、农业综合开发资金、教育经费、新华书店等项目。审计提供信息被市以上领导批示采用94篇,省以上刊物发表论文8篇。

2000年,中央办公厅采用滁州市报送的信息《义务教育经费审计中发现的问题》。

2004年,开展住房资金审计,市政府根据审计意见,采取措施加以落实;审计新华书店资产负债损益,结果得到省审计厅肯定;审计某单位发现个人涉嫌经济问题移送司法机关,是市审计局第一起移送司法机关查处的案件。

2005年至2007年,全市审计机关开展公检法司,教育、卫生、广电、文化、体育、粮食、土地、农业、社保、环保、城建等部门和团体经常性审计,重点审计与联动审计相结合,对违纪违规问题“执法必严,违法必究”,为领导决策提供大量信息,为维护财经纪律、督促依法理财、促进廉政建设作出贡献。

滁州市企业审计　滁州市企业审计,大致经历四个发展时期。

1984年至1992年期间,从1984年开始,重点开展国有企业承包经营责任制审计。1987年,为配合市政府推行“三三制”“两挂钩”承包经营责任制,对13个企业厂长（经理）首轮承包鉴证,制定《滁县地区全民所有制承包经营责任制审计实行办法》,按照“先审计、后兑现”“先审计、后离任”的要求,坚持抓重点、分级分层次、分工审计的原则,组织国家审计、内部审计、社会审计三方力量协同,为兑现承包合同提供依据。从发展的角度看,当时企业审计目标单一,方法简单,处于“探路子、打基础”阶段。

1993年至2001年,贯彻“全面审计、突出重点”的方针,全面开展资产负债损益审计。围绕促进企业扭亏脱困和提高经济效益,开展重点工业企业和行业审计,实施上市公司——全柴股份有限公司审计。审查企业资产负债损益的真实性,维护国有资产完整,促进其有效使用。

1996年至1999年,市审计局连续4年审计和调查扬子集团公司现代企业制度试点和资产负债情况,包括企业产权改革,企业内部劳动用工制度和工资制度改革,生产经营管理、投资管理等情况。审计反映,企业改革和经营中股本设置不合理、对外投资损失较大、需完善合资项目管理等问题,提出处理意见和改进建议。

1997年,开展滁州电视机厂等10名厂长(经理)离任审计和调查,发现亏损严重,资产不实等问题。《国有企业经济责任审计监督亟待加强》的报告,分析企业亏损原因:经营不善,监督不力;投资决策失误,资金利用率低;企业领导虚报业绩,瞒报亏损。审计提出,加强监督、实行"先审计、后离任";国有中小企业应实行联营合资、兼并重组、股份制等多种形式,优化资本结构,改善经营管理,提高经济效益。审计报告得到市委市政府领导重视,推动了国有企业改制工作。

2002年至2005年,围绕"摸家底、揭隐患、促发展",企业审计进入新时期。通过理论探索和审计实践,企业审计工作改变查错纠弊的习惯做法,确立"摸家底、揭隐患、促发展"的新思路。2003年3月,市审计局商贸科、工交科合并成立经贸科。先后开展供电、粮食、外贸、食品、医药、烟草、农资、棉麻、糖酒、机电、木材、燃料、金属等公司行业审计。发现:违反国家政策哄抬物价、平转议;截留收入;多报亏损、骗取财政补贴;提高标准增发福利、津贴;乱集资、乱摊派、乱罚款等违纪违规行为和行业不正之风。审计为决策机关宏观调控提供依据。

2006年以来,适应国有企业深化改革的新形势,积极探索企业审计之路。审计项目安排紧紧围绕地方政府中心工作和上级审计机关部署开展。企业审计总体思路、技术方法和程序走上科学化、规范化轨道,形成一整套审计规则。着力强化审前调查,使审计查证有的放矢;实行审计日记制度,明确审计责任;开始计算机审计探索,工作效率明显提高。期间,审计市供电公司财务收支,核实企业资产,反映企业改革和发展中存在的问题;审计市自来水公司,处理代征违规占用财政税费(基金)等问题,为决策机关制订宏观调控措施提供可靠依据。

滁州市固定资产投资审计　滁州市审计局投资审计工作经历三个时期。

1983年至1992年,为"打基础,抓重点"时期。审计机关成立之初没有专门科室从事投资与外资审计工作。这一时期,根据国家控制固定资产投资规模的要求,重点审计各类楼堂馆所和计划外项目、自筹基建项目。

1986年,全市开展开工前基建资金来源审计试点。凡是要求列入地区、部门自筹基建计划的项目,都实行计划审批前审计。审查其资金来源是否正当,资金是否落实,是否专户存入建行并执行"先存后批"的原则。至1990年,连续5年审计市直32家单位的基建项目。审计向有关部门提出建议并向政府报告,为控制基建规模膨胀作出贡献。

1993年至1996年,为"加速发展,初见成效"时期。1993年起,市审计局开展竣工决算审计,先后实施南谯北路改造工程、市一院老干部病房楼、滁州师范图书综合楼、市农行宿舍楼、市二水厂扩建工程、明光酒厂三四期扩建工程等审计。

1994年，全面审计7家房地产企业，审计结果引起较大反响，为推动全省房地产企业审计起到积极作用。之后，市审计局于1997年、2000年、2003年、2006年，四次审计市直房地产企业，向滁州市政府专题报告。市政府主要领导责成市地税、工商、土地、建委等部门逐条解决问题。

1995年，滁州市审计局实施市第一人民医院住院部、西涧大桥、第二自来水厂等公益性项目决算审计。市政府召开会议专题研究审计反映的建设项目管理中的问题，提出对策、解决问题。12月18日，市政府《批转市审计局关于加强固定资产投资审计监督意见》，确定固定资产投资实行“先审计后结算”的制度。

1997年以后为“全面展开、逐步规范”时期。1997年10月，市审计局设立固定资产投资审计科，固定资产投资审计逐步走上规范化，投资审计工作得到全面发展。建设项目审计，规范项目单位建设行为，提高项目管理水平，保证工程质量，节约政府建设资金。

1997年至2003年，加大重点建设项目竣工决算审计力度。先后审计205国道、104国道、206省道、307省道、312省道、滁来路等公路建设项目，定远路、丰乐南路、清流东路、明光东路、外环路、人民广场等市政项目，市公安局110通讯指挥大楼、市人防办大楼、市中级人民法院办公大楼等重大工程建设项目，合计核减工程造价2980多万元。

2001年至2003年，根据省审计厅要求，先后实施电力建设三项基金、治淮专项资金、农网改造资金、国债投入的基础设施专项资金、国家储备粮库专项资金等审计，把好决算关，注重工程管理关键环节的审计。

2003年，实行城市建设项目施工过程中的跟踪审计，减轻决算审计工作量，提高工程决算真实性，节约政府资金。

2004年，市政府颁布《滁州市国家开发银行贷款资金建设项目跟踪审计办法》。办法规定，凡使用国家开发银行或地方各级财政配套资金的城市基础设施建设项目，以及与建设项目有关的勘察、设计、施工、监理、采购、供货等单位的经济行为，都应当依法接受审计监督。

2004年至2007年，滁州市审计局连续四年审计和调查治淮项目及专项资金，涉及12个水利建设工程。2006年《滁州市已竣工使用的治淮项目社会和经济效益发挥明显》一文，被省委省政府采用。

2007年，明光市审计局把投资审计作为效益审计突破口，在全省率先开展投资效益审计，组织编写《效益审计操作指南》，统一投资效益审计规程和标准。设立“投资效益审计评价专家库”，涵盖工程、水利、农业、林业、环保等专业。全省审计工作座谈会及全省投资效益审计现场会上介绍经验，《中国审计报》记者专题采访报道，审计署网站以《安徽省明光审计局积极推进投资效益审计，促进地方经济又好又快发展》为题报道,省审计厅网站以《责任,点亮奋进之光——安徽省明光市审计局开展效益审计纪实》为题作了宣传。

滁州市外资运用审计　1992年,调查市电风扇厂利用世行贷款进行技术改造项目。审计重点分析该项目产品、产量、质量及能耗无明显促进经济效益的问题。

1993年,外资审计坚持“审帮促”原则出具对外公证报告,为滁州市加大引进外资奠定基础。自1999年开始,全市外资运用审计坚持“依法审计,如实披露”原则,揭露利用外资中出现的违规违纪问题,先后审计外资项目15个,查处违规资金578万元。

1994年,开展中外合资企业专项审计调查。调查结果表明,工商管理部门登记市属中外合资合作经营企业20家,有14家投产运行,1993年盈利企业5家,亏损企业9家。审计出具综合调查报告,分析存在问题的主客观因素,提出改进建议。

1993年至1999年,连续审计“农村卫生人力开发”项目。审计发现,基建项目超计划投资、资金缺口大,挪用和截留项目贷款,工程进度慢、影响项目单位使用,财务管理不规范、部分设备存在质量问题等,提出建议22条。

2000年至2003年,滁州市审计局连续四年组织全市专项调查借用外国政府贷款项目。其中,滁州市引进日本政府“黑字还流”贷款项目调查,揭示出项目审批把关不严、缺少科学评估、决策不当、项目经营管理不善、亏损严重等问题。

滁州市社会保障资金审计　2003年,滁州市审计局设立社会保障审计科。

2003年至2007年,完成审计和调查项目43个,为滁州市经济发展和社会保障政策有效贯彻落实做出贡献。

2003年、2004年、2006年、2007年,全市审计6县2区及市直住房公积金、企业基本养老保险基金、电力集体企业养老保险基金、农村养老保险专项资金。查出政府资金管理部门和部分单位挤占挪用专项资金、养老保险基金征收不到位、养老保险金欠费数额大、个人账户严重不实、养老保险基金未按规定存入财政专户、农保基金虚假发放、违规办理公积金贷款、住房公积金资金使用效益较低等问题。审计提交专题和综合报告。

2003年、2005年、2007年,审计全市2002年、2004年、2006年失业保险基金、再就业资金以及下岗职工解除劳动关系经济补偿补助资金。结果表明:失业保险基金征缴、存储和使用逐年走向规范,但也存在失业保险覆盖面不全,事业单位参保率、缴费率较低、欠费严重,少数县市区未按时足额发放失业保险金等问题,审计要求相关单位限期整改。

2004年,根据审计署部署,跟踪审计及调查防治“非典”募集的捐赠款物。审计发现,部分县市接收社会捐赠未设专款专物明细账,接收、存放、使用手续不符合要求,上报捐赠数额不实,资金下拨、分配、使用进度缓慢,部分开支票据不合规,部分接收药品与物品形成财务核算盲区等问题,审计提出整改意见。

同年,根据省审计厅安排,全市组成17个审计组,调查2003年7月至2004年2月淮河流域洪灾专项补偿资金和国家级、省级行蓄洪区运用补偿资金情况。结果显示，滁州市灾害救济补偿资金和捐赠款物管理与使用有健全的规章制度和有效管理，但也发现部分救灾和捐赠款物下拨不及时、移民迁建工程进度缓慢、省级行蓄洪区市级财政配套资金不到位等问题。审计提出建议，各相关部门拿出整改措施。

当年，滁州市本级开展2003年城市居民最低生活保障资金专项调查。结果表明，市区两级财政、民政部门能严格执行低保政策，省级财政补助资金能按比例分配使用，市区两级财政按省财政年初预算指标配套低保资金，确保“第三条保障线”有效落实，最低生活费能按时发放。

2004年、2007年，滁州市审计机关开展2003年至2006年城镇职工基本医疗保险基金、工伤保险基金、新型农村合作医疗专项基金审计，延伸调查不同性质的企事业单位及定点药店、医疗机构。结果表明，滁州市基本医疗保险基金征收真实，基金管理使用总体良好，各县市区都建立基本医疗保险统筹基金、个人账户基金、大病统筹与救助专项基金，并分账核算、专款专用。审计也发现一些问题，如普遍存在欠费现象，少数县（市）基金征缴基数不真实，违规出借基金，医保资金未按规定计息，自由职业者医疗保险费收支管理不尽完善，未建立市级工伤保险储备制度等。审计追回银行少计基金利息42.3万元，提出改进建议。

2005年，全市组成9个审计组，审计福利彩票发行费、公益金收入、支出的真实性、合法性，延伸调查18个单位和销售网点，查出发行费收入未纳入财政专户管理、无依据支出、购买慈善协会明信片、收入的公益金未缴财政专户管理、即开型彩票收入未记大账以及全市公益金结余多，沉积资金大等问题。审计要求各级民政部门整改，以发挥公益金应有的效益。

2006年年初，市政府批示2005年度城镇职工基本养老保险基金审计报告。过去各县市区养老保险基金缺乏统筹管理，收支矛盾突出，征收、使用、管理各环节违纪违规问题时有发生，滁州市决定实行基金市级统筹。10月，各级审计机关开展2006年1月至10月基金市级统筹前审计，摸清全市基金总体情况，之后市审计局、市财政局、市地税局、市劳动局共同签字确认，2县2市2区及市直城镇职工基本养老保险基金纳入市级统筹。滁州市城镇职工基本养老保险基金实行市级统筹、先审计后统筹的举措在全省乃特别之举。

2007年年初，按照省审计厅要求，滁州市开展社会保险四项基金审计。审计查出，1998年以前用养老保险基金433.9万元购建市企业离退休职工活动中心大楼，违反财政部、劳动和社会保障部规定。市人大常委会、市政府召开专题会议决定政府买单。8月，433.9万元职工基本养老保险基金回归原资金渠道。

滁州市农业与资源环保审计　农业与资源环保审计，先后开展农业资金总体投入、农业综合开发资金、水利专项资金、林业资金、乡镇资金、土地出让金审计和农民负担审计调查等203个项目（单位），查出违纪违规资金约2亿元。

1997年,根据审计署部署,审计第三期黄淮海农业综合开发项目资金。编写《我市第三期黄淮海农业综合开发贷款存在几个值得重视的问题》信息,该信息及1998年《关于农业税费改革中出现的问题及对策》,被中共中央、国务院“两办”以及省委、省政府转发。

2001年,审计明光市招信镇税费改革转移支付资金。审计针对该镇财政财务收支不实等问题提出意见,要求有关部门加强监督,防止农民负担问题再次反弹,确保农村税费改革工作稳步健康发展。

2003年,调查市本级和天长市、来安县2001年至2002年度国有土地使用权出让、划拨、转让管理,政策执行以及土地出让金征收、管理、使用情况。审计针对用地单位拖欠出让金、违规减免、截留挪用出让金、出让金征收管理不规范、部分土地未批先用,国家征地补偿政策落实不到位等问题,提出改进建议。市政府要求相关单位认真整改。审计信息由省审计厅上报省政府,副省长任海深作了批示。

2006年,审计滁州市本级扶贫专项资金投入、管理和使用的真实性、合法性及效益情况。审计表明,市财政部门围绕扶贫开发工作,履行职责、强化管理、加强部门配合,为缓解和消除贫困作出积极努力,取得一定成效,审计也发现大额现金结算支出、支出手续不健全、扶贫项目资金结余大等问题。

滁州市经济责任审计 1998年,滁州市委市政府批转市委组织部、市审计局《滁州市党政领导干部经济责任离任审计暂行办法》。

当年,受市委组织部委托,审计市工商局局长任职经济责任。审计发现应缴未缴财政收入等问题,提出改进建议,促进单位规范财务管理,探索经济责任审计方式方法,为全面开展经济责任审计打下基础。

1999年,市委市政府颁布《关于进一步做好领导干部任期经济责任审计工作的意见》,成立由党政主要领导担任领导小组组长,纪检监察、组织人事、财政、检察、审计等部门参加的市经济责任审计工作领导小组,建立联席会议制度。

2001年年初,根据《县级以下党政领导干部任期经济责任审计暂行规定》,应全椒县委组织部要求,市审计局于4月开展全椒县审计局局长谢兆旒经济责任审计。7月9日,《中国审计报》以“滁州市首次对‘审计官’进行审计”为题进行报道。

2002年机构改革,市委市政府批准成立滁州市经济责任审计局,专门负责指导、协调、参与全市经济责任审计工作。同年,开展天长市市长刘超经济责任审计。

2004年,制定和完善《滁州市党政领导干部经济责任审计暂行办法》《滁州市国有及国有控股企业领导人员经济责任审计暂行办法》《滁州市经济责任审计联席会议制度》《滁州市经济责任审计工作领导小组议事制度和工作职责》和《滁州市市级经济责任审计任务确定和执行程序》等制度。

当年,实行全省联动,审计全椒县县长任期经济责任。发现该县挪用专项资金119万元、挤占国债资金156.82万元、地方配套资金未到位1182万元,违规减免土地出让金200万元等问题。

2006年，印发《滁州市党政领导干部经济责任审计暂行办法》《滁州市国有及国有控股企业领导人员经济责任审计暂行办法》等规范性文件。

2007年，全市提交审计结果报告、信息134篇，提出审计建议287条，党委政府批示15篇，信息被党委政府或上级机关和有关部门采用26篇，报刊媒体采用41篇。

滁州市内部审计 滁州市审计局根据省审计厅关于内部审计工作的要求，加强协调指导监督，全市内审工作着重在促进管理、提高效益上下功夫，发挥“内管家”作用，内审工作取得显著成效。根据《审计署关于内部审计工作的规定》和《省政府关于进一步加强内部审计工作的通知》，在省内审协会和市审计局支持下，滁州市内部审计协会2004年12月21日成立，58人组成第一届理事会。邀请市人大常委会副主任张浩、市委常委、常务副市长沈维骥、市审计局局长张竞担任滁州市内部审计协会名誉会长，协会会长由滁州市审计局总审计师叶宏斌担任，副会长分别由国家机关、大型骨干企业分管内部审计工作的领导担任，秘书长由市审计局综合科科长付卫民担任。协会成立以来，秉承管理、宣传、交流、服务的宗旨开展工作。为内部审计机构和人员提供业务指导，开展各种专业服务活动，通过宣传交流，扩大内部审计影响，维护内部审计机构的独立性、权威性和内部审计人员的合法权益，促进内部审计队伍素质提高。协会主要工作有：检查评比内部审计工作开展情况；内部审计业务培训和考察交流；部署内部审计科研课题；组织内审人员资格认证、年检，参加CIA资格考试等。2007年滁州市民政局授予内部审计协会“滁州市先进民间组织”称号。

滁州市社会审计 1988年11月，省审计厅批准成立滁县地区审计事务所。事务所成立之初，市审计局选派干部担任事务所所长，聘用财经、税务、工程类等高中级技术人才，充实事务所审计队伍，建立健全内部操作程序、质量管理、档案管理、财务管理、人事管理、计划管理等内部管理制度，从开展审计咨询服务入手，逐步扩大到基建工程预决算审计验证、承包经营和企业厂长经理离任审计，逐步打开滁州市社会审计工作局面。1993年3月24日，滁州市审计局批准事务所设立第一分所，分所主要服务对象为市直工业交通企业。1994年5月10日，滁州市8个县（市）区事务所设立“资产评估分部”。

1989年至1991年，事务所连续三年完成省审计厅、安徽社会审计协会下达的年度考核目标任务，取得省审计厅和省协会颁发的“达标先进事务所”三连冠。1992年至1997年，连续被省市审计机关评为先进集体和“全省审计事务所综合实力20强”称号。1999年12月16日，市审计事务所实行脱钩改制，与市审计局人财物三分离，更名为滁州审信会计师事务所。

第九节 六安市审计业务

六安市财政审计 1986年，行署审计局成立不久，根据全省审计工作会议部署和行署要求,审计霍邱县1985年财政决算,审查决算汇编依据真实性,应缴财政收入计算的合理性,预算支出的合规性、效益性。审计查出有问题资金251万元,收回财政弥补赤字和基建配套资金45万元,调账处理200万元,为党委政府摸清财政家底,进行宏观管理提供决策依据。

1989年,审计寿县财政决算,查出财政决算不实、虚列支出等违纪金额861万元。审计六安市税务征管情况,抽查六安纺织厂等12家企业纳税情况,查出违纪金额152万元。审计处理越权减免税收、多提税务周转金等违纪问题,得到行署领导和主管部门肯定。

1990年,审计六安县财政税务。当年,完成省人大常委会、省审计局交办任务,审计岳西县、庐江县两个赤字县财政,核减财政赤字219万元,规范地方政府财政经济行为。

1991年,审计原六安市和行署本级1990年财政决算,查出违纪金额423万元,针对地市两级财政状况,提出审计建议。

1995年,根据《中华人民共和国审计法》,行署审计局审计本级预算执行情况和其他财政财务收支,得到行署领导肯定。同年,审计舒城县、霍山县财政决算。

1996年,全区开展财政"同级审",组成26个审计组、106人,审计行署本级和各县(市)财政、税务部门以及预算单位98个,查出违纪金额1647万元,增加财政收入178万元、增加财政结余800万元。审计摸清财政家底,取得"同级审"经验。行署领导批示本级审计结果报告。

2003年,根据省审计厅部署,全市审计市地税系统税收征管情况,向市人大常委会提交综合报告。此后,全市审计机关每年都依法开展同级财政审计并受政府委托向人大常委会报告审计工作,受到人大常委会、政府和社会各界的肯定和关注。

六安市金融审计　根据上级审计机关授权,先后审计市工商银行、建设银行、农业银行、中国银行、保险公司及其分支机构资产负债损益情况,并向信贷业务审计拓展。

1985年,调查全地区建行系统技措贷款情况,发现有问题资金1928万元。

1991年,开展各商业银行经常性审计。同时,调查地县(市)农行自有资金来源、运用、管理情况以及公款存储情况。

1992年,开展六安县农业银行信贷审计,评价信贷资金投向和投资效益。

1993年,配合整顿金融秩序,开展信贷资金审计调查,促进金融系统加强管理,严格执行国家信贷政策。

1995年,审计全地区中国银行和建设银行系统,查出违纪金额578万元。调查两家银行消费基金增长和1994年亏损潜亏情况,提出提高金融资产运行效益的建议。

1997年,审计全地区农业银行系统,延伸54个基层营业所,14个信用社。

1998年12月,根据省政府文发布《安徽省地方金融机构财务审计暂行规定》,审计全地区38家城乡信用社资产负债损益情况。揭露违规经营、盈亏不实、私设"小金库"

等问题，促进依法、规范经营，防范和化解金融风险。此后，审计机关每年都把地方金融机构作为审计重点。

2003年，根据审计署授权，全市审计中国人寿保险公司。市审计局还审计华安证券公司六安营业部资产负债损益情况。

2005年，全市审计21个农村信用社资产负债损益情况，查出违纪违规金额5796万元，处理处罚33万元，提出审计意见和建议90多条。

六安市经贸审计 1984年3月，行署审计局首次开展六安市、县酒厂效益审计，探索审计工作路子。霍邱县审计局查出该县五金公司库存商品严重不实以及该公司会计股长王某贪污公款问题。此后，审计机关先后开展百货公司、外贸公司、汽车运输公司、石油公司、六安造纸厂等工商企业财务收支和经济效益审计。

1989年，组织审计全地区粮食、食品行业。其中，粮食行业审计历时4个月，查出违纪金额2965万元，收缴财政235万元，减亏增盈759万元。地委专门召开会议研究加强粮食管理工作的意见。

4月10日，省政府发布《安徽省全民所有制工业企业承包经营审计暂行办法》。到1996年，审计机关重点开展企业承包经营审计，核实盈亏，为政府及有关部门考核厂长（经理）提供依据。1990年全地区审计89家承包经营企业，评价承包经营者工作业绩，作为兑现承包合同的依据。1996年全地区组织离任审计15名企业厂长经理，核实资产负债损益，明确离任者经济责任，为政府和组织部门考核和使用干部提供依据，受到离任厂长经理欢迎。

审计机关成立以来，不断加强行业审计，通过行业审计发现行业管理中存在的问题，提出审计建议，促进行业管理水平提高。先后审计烟草、供电、邮电、粮食、石油、物资、供销等关系国计民生的行业。

1996年，审计全地区农资行业执行国家价格及购销政策情况、发挥经营主渠道作用和财务收支情况，调查18个基层供销社和3家化肥厂。审计查出违纪资金400余万元，依法作出处理处罚。

审计全地区交通行业，重点审计车辆购置附加费和公路养路费，查出收费票证管理混乱、征收不到位、收费混乱等问题。审计召开交通、公路、审计三家协调会，督促问题整改和纠正。

1998年，根据审计署部署，市审计机关抽调120人组成5个审计组，历时3个月，审计合肥市及所辖肥东、肥西、长丰3县38家粮食企业新增财务挂账和不合理占用农发行贷款情况，4家粮食主管部门收拨补贴情况和3家农发行信贷资金运营情况。审计摸清家底，核实财务挂账，为深化粮食流通体制改革起到重要作用。

2003年，根据省审计厅部署，市审计局抽调60多人、组成6个审计组，赴芜湖市、桐城市、岳西县进行粮食审计，核清粮食挂账情况，确保粮食补贴政策落实到位。当年，以提高经济运行质量和效益为中心，服务企业改制工作，审计全市25家国有企业。市审计局还先后派员参加市淠河化肥厂、光华无线电厂、皖西饭店、市畜产公司等企业改制工作。

2005年，根据市政府交办，专项审计市华康粮油集团、市工业品供销公司，查出违纪违规问题，企业负责人被移交有关部门处理。

六安市农业林业水利资源环保审计　六安市是农业大市，农业资金使用数量大、涉及范围广、政策性强，包括农业、林业、水利、国土资源和乡镇经济等。市审计机关始终把农业审计作为工作重点之一。全市审计或调查育林基金、老区建设资金、农田水利建设资金、支农专项资金、水毁工程及江河治理、以工代赈项目资金、扶贫资金、黄淮海农业综合开发、乡镇资金等，纠正违纪违规问题，向政府和有关部门提出改进管理的意见和建议，为农业、农村经济发展服务。

1989年，原六安县制定《六安县农村合作经济审计工作暂行办法》，全县配备192名专兼职农村审计员，县政府颁发“农村审计员”资格证书。当年该县审计乡镇企业187家、村级财务487个，查出贪污挪用资金86.4万元，依法作出处理，保护农民利益，促进农村经济发展，受到省地领导高度评价。

舒城县、霍山县政府制定《农村集体经济审计暂行办法》，舒城县政府制定的审计规定被农业部《农村合作经济》登载向全国推广。县（区）乡镇审计已形成比较完善的体系，为推动农村合作经济的健康发展起到重要作用。

1991年，根据审计署和省审计局部署，开展救灾款物审计。地县审计机关抽调38人，跟踪审计民政、卫生、生救办等部门接收、管理、下拨的救灾款物，抽查17个区、42个乡、46个村和26个区乡医院、粮站，走访92户村民核实，审计资金总额2.8亿元。审计严肃处理少数乡村有关人员挪用私分救灾款物问题，帮助民政等部门完善制度、健全账簿、加强管理。当年，全地区还开展黄淮海农业综合开发资金和支援不发达地区发展资金审计。

1992年，地县审计扶贫资金、以工代赈资金。行署审计局配合监察、农经委等部门深入乡镇、村和农户，调查农民负担情况。

1998年，全地区审计乡镇资金、扶贫资金、水利资金等涉农资金。其中，全地区1996年至1997年扶贫资金管理、分配和使用情况审计，审计资金总额1.05亿元，查出违纪违规金额1156万元。审计针对资金管理立项不准、使用分散等问题，提出意见和建议。全地区1996年至1997年水利专项资金审计，查出违纪违规资金2081万元，其中欠缴水费671万元。审计促进归还原渠道资金1239万元、投入到位资金368万元。两项审计报告被地委行署领导批示，要求有关部门落实审计意见和建议。

2004年，全市2000年至2003年财政安排的农村税费改革转移支付专项资金审计，延伸27个乡镇，抽查40个行政村；组织中小学危房改造资金审计；2003年度全市防汛抗洪救灾专项资金审计，重点是霍邱县、裕安区行蓄洪区运用补偿资金。审计揭露资金运用中违纪问题，促进整改，霍邱县、裕安区党委政府给予乡镇、村及有关责任人处理处罚；全市农村保险机构养老保险基金征收、管理、使用情况审计，走访农户了解农村养老保险基金征收、管理、使用中面临的困难和问题，为党委政府决策服务；全市国土资源管理部门财务收支及国有土地使用权出让金审计，促进专项资金拨付到位 175 万元，建议有关部门处理案件 1 件，将国有土地使用权出让中存在的问题报告市政府，促进有关部门整改，加强管理。

2005 年，开展水稻良种推广补贴专项资金审计；全市农村中小学危房改造资金县区交叉审计，延伸调查 380 多所中小学。市政府办公室发文专题强调各县区要高度重视，认真组织，严肃处理违纪违规问题，规范资金管理；当年还开展 21 个农村信用社审计。

六安市行政事业审计　1985 年，审计机关推行行政事业单位定期审计制度，查处行政事业单位违纪违规问题，促进党风廉政建设。市审计机关先后审计教育经费、民政经费、科技经费、卫生和防疫经费、救灾款物、罚没收入和规费征收等。市委市政府多次批示、有关部门采用审计报告，促进廉政建设和专项经费管理和效益提高。

1986 年年底至 1987 年 5 月，行署审计局组织审计地县（市）民政局 1985 年至 1986 年民政事业费使用、管理情况，查出挤占挪用、虚报转移资金和私设“小金库”等违纪违规资金 236 万元。

1989 年，全地区定期送达审计 352 个行政事业单位，审计覆盖面 64%，查出违纪金额 724 万元，重点是教育、卫生、科研等部门专项经费。

1993 年，为贯彻落实中央反腐败斗争部署，重点审计政府领导机关、司法部门、行政执法部门和经济管理部门。如金寨县审计政府办、政协办等单位，促进领导机关加强财务管理；全地区土地管理系统审计，查出违纪资金 202 万元，移交有关部门处理违纪人员 4 人，规范土地管理收费行为，审计成果受到地委行署领导肯定。

1995 年，组织全地区公检法系统办案收费和罚没款物等财务收支审计，涉及 20 个主管部门和 94 个二三级基层单位，查处违纪资金 918 万元。地委领导批示、督办审计报告，增强公检法系统的财经法纪意识；组织审计 107 个乡镇计划外生育费征收、管理情况，抽查 255 个行政村，分析存在的问题，向党委政府提交综合报告。

1999 年，组织审计全地区林业专项资金、企业养老保险基金。

2000 年，组织审计市县（区）两级义务教育经费，处理挤占挪用、拖欠教师工资等问题，向党委政府提交审计报告。

2003 年，根据审计署部署，专项审计市防治“非典”专项资金和捐赠款，确保资金专款专用，保证防治“非典”工作有效开展；组织审计全市失业保险基金征收、发放和管理情况，延伸 37 个不同性质的企事业单位；为了解行政机关财务支出结构、加强管理、节约行政成本，提高财政资金使用效益，全市统一调查法院、检察院、国土资源局、科技局四部门 2002 年度招待费、会议费、汽车修理费、电话费、奖金补贴等支出情况。调查报告得到省审计厅、市政府领导批示和肯定。

2005年,审计全市福利彩票管理机构2002年至2004年度福利彩票资金归集、分配、使用情况,延伸财政、民政等部门,调查39个“星光计划”项目执行单位,依法处理问题。市民政局向全市民政系统通报,要求限期整改到位。

六安市固定资产投资审计　1986年,六安地区推行建设项目自筹资金来源审计制度,凡列入年度自筹基建计划的项目,所用资金必须事先经审计机关审查其资金落实、来源正确后,再由计委列入计划。

1986年至1988年,全市审计自筹基建项目367个,制止乱拉资金1748万元。

随着社会主义市场经济体制的逐步建立,企业自筹资金建设项目不再审计其资金来源,改为建设项目开工前审计制度。为此,行署审计局与计委、建设局共同制定《六安地区建设项目开工前审计暂行办法》。

1989年,全区55个基本建设项目审计,查出资金来源不当、不落实等问题,审计决定停建项目1个,撤销项目4个,压缩项目29个,压缩投资总额580万元。此后,全地区重点实施基建项目开工前审计,针对建筑市场管理混乱状况,审查建设项目资金来源和施工企业资格。

1998年,全区24个建设项目审计,核减工程决算6920万元,主要是舒城麻纺厂技改工程、六安市人防建设项目,促进规范投资行为,提高投资效益。行署审计局审计地区供电局生产调度楼,核减投资额136万元。

2002年,市审计局审计24个建设项目竣工决算,核减工程投资额572万元,平均核减率8.7%,维护国有资产安全完整,遏制高估冒算。

2003年,全市审计16个重点投资项目,查处违纪违规资金2786万元,核减工程价款658万元,核减率均在10%以上。政府投资项目审计得到市委市政府重视,当年5月,市政府32号文修改印发《六安市国家建设项目审计暂行规定》。

2005年,市审计局调查市区投资环境并向市政府报告。市长作出批示,《六安政办通报》向各县区、市直有关部门通报,要求对照检查,发扬业绩,改进作风,创造六安良好的投资环境,促进六安经济发展。裕安区、霍邱县等政府也分别制定政府投资建设项目审计监督办法,规范建设项目管理,为创造节约型社会提供保障。

六安市外资运用审计　1989年,全地区审计世界银行贷款农业、水利、三资企业共25个项目8421万元的投资额,发现挪用项目工程款、擅自改变项目内容、虚报工程量等问题,审计依法作出处理。

1994年,根据省审计厅授权,审计农村卫生人力开发项目6个单位财务收支,审计资金总额258万元。向政府及有关部门反映配套资金169万元不落实等问题。审计针对内控制度不健全、物资管理不规范等提出建议,促进有关部门建章立制,提高外资项目资金使用效益。

1999年,全地区审计27个外资项目,主要是金寨和霍山县皖西南农业综合开发项目、世界银行贷款“加灌二期”项目、树林资源发展保护项目,涉及项目投资总额4.3

亿元,其中利用外资 2.2 亿元。查出违规资金 188 万元,针对报收提款迟缓、会计核算不规范等问题提出改进意见,提交审计报告 11 篇。

2002 年,全市组织审计 17 个外资项目,主要是农业综合开发、林业发展项目,提交外资审计报告 11 篇。同时,根据省审计厅安排,调查全市截至 2001 年的政府外债情况,市政府领导批示,要求向各县区政府通报,促进各级政府加强利用外资的领导和管理。

2003 年至 2005 年,全市继续组织审计外资项目,提交外资审计报告 41 篇,主要是农业二期加灌项目、林业发展项目、基本卫生服务、种子商业化项目。促进加强外资项目管理,提高资金使用效益,防范利用外资风险。

六安市经济责任审计 1997 年,六安地委行署印发《六安地区党政机关、事业单位领导干部任期经济责任审计暂行办法》。(简称《暂行办法》)

1998 年,全地区审计机关认真贯彻执行《暂行办法》,金寨、霍邱县等分别制定实施办法,寿县被省纪委、省审计厅等五部门确定为全省三个开展经济责任审计试点县之一。

当年,全地区审计 133 个单位负责人经济责任,查出违纪违规金额 3712 万元,有关部门利用审计结果,降职使用 1 人,待处理 2 人,有 4 人受到党纪政纪处分。

1999 年,中央办公厅、国务院办公厅印发《县级以下党政领导干部任期经济责任审计暂行规定》和《国有企业及国有控股企业领导人员任期经济责任审计暂行规定》。

2003 年,中共安徽省委办公厅印发《安徽省党政领导干部和国有企业领导人员任期经济责任审计暂行办法》,审计对象扩大到县处级领导干部。全市审计机关按照“积极稳妥、量力而行、提高质量、防范风险”的方针,开展领导干部经济责任审计。

2004 年,审计 56 位党政机关领导干部经济责任,查出违纪违规资金 5587 万元,查处贪污案件 1 件,移送纪检监察机关处理 8 人。各地不断完善经济责任审计制度,舒城县建立经济责任审计成果运用机制,纪检、组织、监察等部门会同审计机关开展审计决定落实情况检查,促进审计成果运用。11 月,在全国经济责任审计工作会议上,中央五部委授予舒城县“全国经济责任审计工作先进地区”称号。

2005 年,全市审计 89 位党政机关领导干部和国有企业负责人经济责任,实行任中审计为主的方式。当年,市委调整经济责任审计工作领导组,由市委副书记、纪委书记任领导组组长,完善相关制度,明确审计任务确定、执行程序、部门协调配合,以及建立和完善经济责任审计成果运用机制,促进审计成果落实。

六安市内部审计 经历三个重要发展时期:

1984 年至 1988 年为边组建、边工作时期。1984 年 11 月,省政府办公厅批转《省审计局关于建立部门、单位内部审计机构的报告》,提出全省开展内部审计工作的具体部署和要求。六安市随之在商业、供销、粮食等部门单位建立内部审计机构,这一阶段的内部审计以开展财务收支审计、财经法纪审计为主。

1989 年至 1995 年为抓重点、打基础时期。1988 年 11 月,国务院颁布《中华人民共和国审计条例》,规定审计机关指导和监督内部审计,以及设立内部审计机构和内部审计监督内容。

1989年,审计署印发《关于内部审计工作的规定》,加快内部审计工作发展步伐。7月,六安召开内部审计工作会议,行署领导和地直各单位负责人以及内部审计机构负责人与会,六安机床厂等单位交流开展内部审计工作的经验。其中,六安县供销社内部审计机构审计本系统28家企业,查出违规资金34万元,损失浪费30.3万元,调查基层供销社,为促进供销系统加强管理,提高经济效益起到重要作用,被省审计局评为“全省内部审计工作先进单位”。

1996年至2007年,为积极发展、逐步提高时期。随着我国社会主义市场经济体制逐步建立,以转换经营机制、建立现代企业制度为目标的企业改革迅速推进,内部审计在现代企业制度中的作用日益重要。内部审计由财务收支审计向经济效益审计、内部控制审计拓展。

1999年7月,省政府印发《安徽省内部审计办法》,促进全省内部审计机构建立与内部审计发展。至2007年,全市建立内部审计机构近200个,内部审计机构和内部审计人员围绕经济建设中心,开拓内部审计业务,在财务收支审计、经济效益审计、固定资产投资审计、经济责任审计、专项审计调查等方面取得显著成效。市邮政局内审机构开展建设项目投资审计,市烟草公司内审机构加强县区经营部的经营效益审计和财务收支审计,市总工会开展经常性的工会经费专项审计,市教育局、文化局、劳动局、民政局等部门加强下属单位财务收支审计等。内部审计为严肃财经纪律、完善内部管理发挥重要作用,取得明显成效。

全市审计机关按照《中华人民共和国审计法》和《审计署关于内部审计工作的规定》,加强和改进内部审计的指导和监督,引导和帮助部门单位建立健全内部审计机构,完善内部审计制度。霍邱、金寨等县审计局在政府有关部门大力支持下,探索内部审计机构建设新路子;舒城县、霍山县审计局等扩大内部审计范围,为农村及乡镇企业发展服务取得积极成效;市审计局组织内部审计加强联系,交流经验,表彰先进,为推动全市内部审计稳定发展做了大量工作。

六安市社会审计 经历四个发展时期:1987年至1988年初创时期,主要是组建机构,探索路子。根据《国务院关于审计工作暂行规定》和审计署1987年1月印发《关于进一步开展社会审计工作若干问题的通知》,1987年6月,地区编委批准成立六安地区审计事务所。到1988年年底,全地区各县(市)都成立审计事务所。审计事务所围绕改革开放和治理整顿,积极开展业务,探索路子。全市审计事务所开展验资年检、承包经营审计、经济案件鉴定、清账建账以及财税大检查等承办业务117项,初步显示社会中介组织作用,取得良好社会效益和经济效益,为其进一步发展奠定基础。

1989年至1991年为巩固发展时期,主要是健全机构,充实人员,开拓业务,总结经验。这三年是贯彻中共十三届三中全会精神,进行治理整顿、深化改革的关键时期。社会审计由创建时期的抓组建、探索路子转向抓业务、抓质量、抓管理、上水平的轨道上来，社会审计得到发展壮大。地区审计事务所和金寨县、舒城县等审计事务所被省审计局评为达标审计事务所。

1989年，地区8家审计事务所，全年接受委托审计项目704个，业务收入14.8万元。金寨县审计事务所克服人员少、经费紧张的困难，以优质服务获得社会好评，业务收入4.1万元，受到省审计局表彰和奖励。

1990年，审计事务所开展咨询、查证、验资等业务，强化服务功能，注重社会效益，取得显著成效。全年咨询服务项目40多个，培训内部审计人员、财会人员96人次，提出审计建议187条被委托单位采纳。舒城县审计事务所扩大审计宣传，讲究社会信誉，创业务收入5.45万元。原六安市审计事务所以严肃认真的职业态度，廉洁务实的工作作风，赢得委托单位好评。

1991年，社会审计拓宽业务范围，提高审计质量取得成效，全年完成委托项目328项，业务收入26万元。

1992年至1998年为发展提高时期。1992年开始，贯彻落实党中央、国务院关于加快发展第三产业的决定，适应建立社会主义市场经济体制的需要，加快社会审计事业的发展。业务项目进一步拓宽，经济实力增强。1992年全区8家审计事务所完成委托审计事项1251项，纠正违纪违规金额164万元，业务收入94万元，社会审计队伍建设进一步加强，经省审计局考核批准，有17位从业人员获得执业审计师资格；1994年完成委托审计事项2096个，核减基建预决算金额917万元，核减虚假注册资金6671万元，为委托单位追回损失22万元，促进企事业单位提高经济效益201万元，年创业务收入170万元；至1998年全区审计事务所创业务收入达334万元。社会审计服务领域进一步扩大。从1992年起，实行注册审计师制度，提高行业整体素质。各级审计机关不断加强社会审计业务指导和监督。

1999年至2000年为脱钩改制时期。根据国务院关于做好社会中介机构脱钩改制工作的要求和《中华人民共和国注册会计师法》规定，1999年各级审计机关按照规定，积极稳妥地做好审计事务所脱钩改制工作。六安地区审计事务所经省财政厅批准改制为六安金裕会计师事务所，依法自主经营，独立承担民事法律责任，依法由直属审计机关的事业单位改制为民办非企业单位。各县（区）审计事务所也于2000年年底前全部完成脱钩改制工作。

六安市审计学会成立于1989年7月，是研究审计科学的群众性学术团体，六安市社会科学界联合会所属学会之一，是安徽省审计学会团体会员，接受市审计局、民政局领导。1996年10月，六安市审计学会选举换届。至2007年学会第二届理事会有理事35名、常务理事13名。

第十节　巢湖市审计业务

巢湖市行政事业审计　1984年6月，开始县级巢湖市教育局1983年经费使用、分配和管理情况试审。7月，全地区试行行政事业一级预算单位按月定期报送审计。

1985年年初，实行行政单位定期审计制度，定期审计全地区党政机关、事业单位所有一级预算单位和部分二三级预算单位经费，建立审计通报制度。

1986年年初，实行分期分类审计制度。对资金量大、情况复杂的单位按月送审或就地审计；对资金量小、遵守财经纪律较好的单位，一个季度或半年审计一次；对一级预算单位审计覆盖面100%，抽审部分重点二三级预算单位。

3月，与行署财政局、地委整党办公室联合印发《关于违反财经纪律问题的处置办法》，并与财政局联合组织开展地直56个行政事业单位财务互审。

下半年，针对一些主管部门通过不正当手段将不合规支出转移到所属二三级预算单位、逃避监督的问题，开展行政事业单位系统审计，得到省审计局肯定并在全省推广。当年7月至1992年年底，审计行署农牧局、水利局、卫生局、劳动局、科委等6个系统41个单位，查出挪用专项资金、出借公款、无依据发放职工福利等违纪违规问题151万元。

1987年至1994年，审计巢湖卫校、行署林业局、技术监督局、水产局、中级法院、计量局等37个单位上年度预算内外经费。其中，1991年调查地区部分行政机关1990年经费收支水平；1993年审计土地局、外贸局、邮电局、工会等16个单位1992年至1993年5月财务收支；1994年，重点审计行政执法单位，预算外资金多、专项资金多、问题多和管理差的“三多一差”重点事业单位。8月，审计全区司法机关、行政执法部门等五个部门1993年至1994年6月收费项目及罚没收入；审计全地区37个行政机关账外资金，抽查71个内设职能机构，查出24个行政机关账外资金202.21万元。

1988年至2005年，审计计生委、交通局、交警支队、水利局、广电、卫生、医药、环保等64个单位财务收支。其中，1995年8月至10月，审计行署驻北京、广州、上海、哈尔滨等六个联络处及所属公司资产负债损益；1997年4月至7月，审计全地区文化系统精神文明单位1996年财务收支；1999年下半年，开展全地区行政审计单位经常性审计，查出19个单位私设“小金库”140多万元，乱收费现象屡禁不止，损失浪费严重问题；2000年至2004年，审计检察院、公安交警、工商、技术监督等司法机关和行政执法部门，查出并纠正执法不到位、执法行为不规范、私设“小金库”、账外账、违规收费和收取捐赠款、资金管理不规范等问题。审计针对工商部门资金使用不规范，拖欠截留应缴预算收入398万元、乱收费74万元、私设账外账和“小金库”问题提出整改意见，并跟踪检查督促整改落实。

1998年以后，行政事业审计主要是结合经济责任审计同步实施。

巢湖市社会保障基金审计 1993年6月,审计全地区1991年至1992年“待业保险基金和退休养老保险基金”征集、管理、使用及管理费收支情况。

1994年4月,审计地区劳动服务公司1993年“待业保险基金”财务收支。

1996年4月,审计全地区1995年“待业保险基金和企业职业养老保险基金”征集、管理、使用及管理费收支情况。

三次审计发现,两项基金收支和管理存在征收不到位,挤占挪用基金为企业贷款,基金难以保值增值等问题。审计情况上报后,地委行署领导批示“不允许任何部门挤占挪用社保资金”。

1998年9月,审计地区劳动保险所1996年、1997年“企业职工养老保险基金”收支情况。

1999年至2002年,审计全市1998年至2001年“企业职工养老保险基金”,发现养老保险基金征缴率低、企业欠缴严重、违规担保贷款及挤占基金购置办公楼等问题。其中,1999年6月,审计地区劳动就业管理处1996年至1999年5月“失业保险基金”;2001年3月,调查巢湖市医疗保险基金管理中心2000年6月至12月城镇职工医疗保险基金。

2003年4月,调查国企下岗职工生活保障补助情况;5月,审计全市2002年度“失业保险基金”,发现失业保险基金欠缴金额大,基金积累逐年减少、支撑能力弱等问题。

2004年2月,调查市本级2003年度城市居民最低生活保障情况。调查发现低保资金配套不到位、保障标准偏低等问题;5月,审计市本级“2003年城镇职工医疗保险基金”。

2005年7月,审计和调查市本级2004年失业保险基金和再就业资金以及国有企业下岗职工解除劳动关系经济补偿资金,全市审计和调查56个单位,查出违纪违规资金901.38万元,提出审计意见和建议31条。

巢湖市财政审计 1986年4月,审计含山县政府1985年财政决算。

1986年至1993年年底,行署审计局开展地县（区）两级财政审计两遍以上。

1989年,行署审计局授权5个县(市)审计本级财政决算。

1990年,省审计厅组织财政赤字县交叉审计。其中,巢湖地区实施肥东、宿松县财政决算审计。

1991年,根据省审计厅授权,巢湖行署审计局审计本级财政决算,清查行署财政局在各家银行的39个预算内外存款账资金和本级财政历年结转资金,摸清本级财政家底。

1993年,行署审计局授权县级巢湖市审计局审计同级财政。

1994年,《中华人民共和国审计法》颁布实施,审计内容从查处违纪问题转向查财政家底,抓财税管理,防止财政资金流失为重点。

1995年至2000年,每年开展一二个县上年度的财政决算审计。

1996 年 5 月，全地区审计机关分别成立局领导任组长的财政审计协调领导小组，开展教委、公安局、环卫处、建委、检察院、体育局、科技局、中级人民法院等部门预算执行情况和其他财政收支审计。

1996 年至 2005 年，地县（市）审计机关每年审计同级财政预算执行情况，审计范围从财政、地税、国库向其他部门延伸，审计重点从财政资金向重点单位、重点项目资金扩展，审计目标从真实合规性向管理效益性转变。

1997 年，财政审计采用“从账户入手，下审一级”的方法，把预算单位银行开户情况作为审计突破口，把审计下级财政作为强化监督的重要措施。

1998 年，调查 1997 年财政预算内基建投资情况。

2000 年，财政审计扩大覆盖面，将财政预算执行与部门预算执行审计结合，财政预算执行与专项资金审计相结，财政预算执行与其他专业审计结合，财政预算执行与经常性审计结合。6 月，市审计局受市政府委托向市一届人大常委会第三次会议报告 1999 年本级预算执行情况和其他财政收支审计情况。

2001 年至 2005 年，结合县长经济责任审计，分别审计居巢区、含山、无为、庐江县财政决算（其中居巢区审计两次）。其中，2001 年 5 月，市政府市长王启敏召开市财政、地税局、公安局、土地局、环保局、建委等部门负责人会议，专题研究同级财政审计发现问题的整改落实工作；2002 年，市政府办转发市审计局和财政局、监察局联合制定的《关于严禁私设“小金库”和账外账的意见》；2003 年 4 月，审计巢湖市经济技术开发区 2002 年预算执行和其他财政收支；11 月，审计市本级 2001 年预算外资金管理和使用情况，延伸巢湖职业技术学院等 8 个单位，结合经济责任审计开展市公安局等 36 个单位预算外资金收支情况审计；2004 年下半年，突出掌管财政资金分配权和管理财政资金较多的重点领域、重点部门的审计监督。

2006 年以来，树立“大财政”审计思路，先后就专项资金使用管理、基层政府债权债务、财税征管、开发区效益等问题，提出数百条意见和建议，促进政府和部门出台 27 个文件。

2007 年，审计财政、地税局，以及开发区、城投公司、政府招标采购中心、卫生局、水务局、国信公司等管理财政资金多的单位；将一级预算部门与其所属单位一并审计，延伸重点二三级单位；开展系统审计，注重相互比较验证，以求全面完整反映问题。安排市县（区）审计机关同步开展民政、国土、交警、公路、水务系统审计。

巢湖市金融保险审计　1985 年 7 月，审计巢湖地区农行 1984 年财务决算。

1987 年至 1990 年，全地区审计机关开展金融保险企业财务决算审计。其中，1988 年 4 月，审计全地区保险公司 1986 年、1987 年财务决算，并于 1990 年起实行制度化定期审计。

1990 年 5 月，审计全区农行、工行 1989 年财务决算。

1991 年至 1994 年，每年审计人行、中行、农行、工行、建行的巢湖分行，地区保险公司巢湖分公司，以及工行、建行下属信托公司和房地产开发公司财务决算。

1992 年、1993 年，配合整顿金融秩序，开展含山农行信贷计划执行情况审计，调查农行、信用社筹集资金增加乡镇企业投入情况，审计中国银行巢湖支行 1992 年信贷资金管理和使用情况。审计机关从财务收支审计入手，向信贷审计过渡，查出金融机构逃避信贷规模管理发放贷款、提高存贷款利率、利用贷款为所属公司谋利等问题，依法作出纠正和处理。

1993 年 10 月，审计巢州城市信用联社 1992 年至 1993 年 8 月信贷资金管理和使用情况。

至 1993 年年底，全区审计金融机构 126 个（次）单位，查出违规资金 3726 万元，上缴财政 415 万元。

1995 年至 2005 年，每年安排审计地县一二个金融（保险）行业的资产负债损益。其中，1996 年调查农行巢湖支行工资内外收入及庐江、无为农行扶持粮棉县贷款；1998 年至 2000 年，每年安排 4 至 5 个信用社资产负债损益审计；2000 年 4 月，审计人行巢湖分行 1999 年办理库款收纳报解情况；2002 年 4 月，审计人保公司巢湖分行全辖 1999 年、2000 年资产负债损益；2003 年、2004 年先后审计华安证券马鞍山营业部、国元证券巢湖营业部的资产负债损益情况。至此，金融审计完成国有金融保险企业财务收支审计向资产负债损益审计的转变。

巢湖市经济责任审计 1990 年，根据《安徽省国营企业厂长（经理）任期终结审计暂行规定》，开展庐江县肉联厂原厂长任期终结审计。

1990 年至 1997 年，先后实施安徽量具刃具厂、庐江矾矿、化建矿、安徽油泵油嘴厂、巢湖地区淮海公司等单位厂长（经理）任期终结审计。

1998 年，全面启动县科级党政机关、事业单位领导干部经济责任审计。其中，行署审计局审计巢湖地区机电局原局长任期经济责任。

1999 年，中办、国办印发《党政机关领导干部经济责任审计暂行规定》和《国有及国有控股企业领导人员经济责任审计暂行规定》，全地区经济责任审计得到较快发展。

2000 年 5 月，市委办发出《关于进一步搞好经济责作审计工作的意见》；9 月召开经济责任审计座谈会，建立市纪委书记为召集人的巢湖市经济责任审计工作联席会议制度。

2001 年 3 月和 12 月，召开第一次、第二次经济责任审计工作联席会议。第一次会议通过《巢湖市经济责任审计联席会议制度（试行）》。

2002 年 1 月，召开第三次经济责任审计工作联席会议，讨论通过《巢湖市经济责任审计任务确定和执行程序》；2 月，成立经济责任审计工作领导组，市委副书记任组长，纪委书记、组织部长和常务副市长任副组长。

2003 年，巢湖市审计局印发《经济责任审计暂行办法》《巢湖经济责任评价规范》和《巢湖市经济责任操作程序规范》等文件。

2004年，经济责任审计工作领导组和联席会议合并，增加三个部门为成员单位。同年，各县区领导组和联席会议相继建立。

其中，2001年开始任中经济责任审计，并逐年加大任中审计比例。2001年至2005年，全市审计75名党政领导干部和企业领导人员任中经济责任，其中2005年占41%。开展任中审计时，审前协商、审中分工、审后回访，审计机关都与纪检、组织部门密切配合，及时发现并督促整改问题，使监督关口前移。组织和纪检部门还将审计结果报告存入当事人档案。

1998年至2005年，全市审计350个单位、411名县级以下党政领导干部和企业领导人员任期经济责任。其中，乡镇党委书记57人，乡镇长121人，部门领导干部210人，企业领导干部19人。审计发现"小金库"3个，涉及金额39万元。根据审计结果和综合考察，党委政府重用51人，平调263人，免职41人，降职10人，撤职2人。审计建议给予党纪处分3人，移送纪检监察机关2人，移送纪检监察机关和司法机关其他涉案人员3人。同期，全市共审计147名县级党政领导干部和企业领导人员任期经济责任。其中，县区长5人，部门领导干部126人、企业领导人员16人。市委市政府根据审计结果和综合考察，晋升重用7人、平调76人、免职43人、降职1人。审计建议给予党纪政纪处分1人，移送纪检监察机关和司法机关其他涉案人员3人。

2007年，县区委书记和县区的市管干部纳入审计范围。含山县还将村干部纳入审计范围，发挥审计监督作用，任中审计比例超过50%。市县区审计局出台《经济责任审计项目分类管理办法》和《领导干部离任经济责任事项交接办法》，不断完善审计制度。

巢湖市商粮贸企业审计　1986年9月，无为县木材公司申请审计复议。复议结论确认其主要违纪问题，维护了基层审计机关权威。

1987年，审计地区供电局1986年财务收支。6月，根据地委指示，调查原县级巢湖市和庐江县粮食系统1986年财务收支。发现粮食部门多年吃国家"大锅饭"，管理混乱，核算不实等问题。

1989年4月，全地区组织10个审计组，抽调37名审计人员，审计74个粮食单位，占全部独立核算单位的60%。审计查出违纪资金1156万元，收缴财政222万元，帮助粮食行业加强财会基础工作，建立健全内控制度。

1987年至1993年，每年开展一二个关系国计民生的重要商贸行业审计。先后审计燃料、石油、农资化肥、金属材料、粮食、食品、化轻（建）、烟草、医药等行业969个单位，查出违纪金额5671万元，收缴财政764万元。

1988年至1994年，全地区开展经常性承包经营审计，重点审计地直副县级以上和县（市）骨干工商企业，实行"先审计，后兑现"制度。包括地区外贸系统、建安公司、粮食系统、巢湖贸易总公司等企业二轮承包经营情况分年审计。其中，1989年至1990年，根据行署领导要求开展清理整顿公司审计。

1990年至1995年，审计地区贸易中心、化轻公司、房屋开发公司、五交化公司、邮电局、水电建安公司、航运系统企业的业务经营和财务收支。其中，1990年至1993年，连续四年审计巢湖开发公司1989年至1993年上半年业务经营和财务收支；1992年，调查县级巢湖市、和县夏粮收购资金和坚决不打“白条”情况，抽查部分基层粮站；1994年调查行署粮食局1993年、1994年粮食购销经营情况；1995年审计地区农业资产资料公司、邮政局1994年业务经营及财务收支。

1996年，企业盈亏审计。开展地区进出公司、土产进出口公司、棉麻公司、盐业公司、机电设备总公司、汽车运输公司、印刷厂、糖酒公司、化工轻工公司、粮油贸易公司、粮油储运公司、巢湖饭店、金属材料总公司等15个单位1995年盈亏情况审计。

1997年，审计地区医药管理局及所属公司、地区供销社、地区棉麻公司等单位执行棉花政策的业务经营和财务收支；4月，审计全地区医院1996年财务收支；6月，调查企业负担情况，发现无为县棉麻系统1996年1月至1997年3月支付各项集资摊派款243.98万元。

1998年，审计全地区粮食企业1992年至1997年盈亏和经营活动以及粮食收购资金使用和管理情况。

1998年至2003年，审计五交化有限责任公司、巢湖利民液化气有限公司、地区粮油食品进出口公司、全市物资系统部分重点企业、巢湖冷冻厂等企业的资产负债损益。其中1992年、1998年、2003年，三次清查审计粮食收购资金和粮食挂账情况；两次组织100多人次到安庆、宣州市进行交叉审计。

1998年至2005年，审计地区盐业公司、能源投资总公司、烟草公司、新华书店、石油公司、糖酒公司、地方海事系统财务收支。其中，1999年，审计地区电信局无线移动电话频率占用费；2000年，审计全市物资、盐业系统14家企业1999年盈亏情况，发现报表盈利69万元、实际亏损510万元等问题；2002年，根据省审计厅授权，开展邮政、石油、公路行业17个单位2001年财务收支审计，查出邮政行业收入和成本不实、潜亏挂账1702万元等问题。

巢湖市工业企业审计 1984年，贯彻审计署“抓重点、打基础”的方针开展审计。8月，试审庐江酒厂1984年上半年经济效益。之后，开展重点企业财务收支审计，试行企业财务收支定期报送审计制度，实行承包经营和厂长（经理）离任审计制度，探索经济效益审计。

1988年，开始承包经营经常性审计。重点开展地直副县级以上和县（市）重点骨干企业事中和事后审计。针对承包审计单位多、时间紧的特点，采取国家审计、社会审计、内部审计一起上，充分发挥审计体系整体功能，实行“分层次分工审计”方法和“先审计，后承包”，“先审计，后兑现”和“先审计，后离任”制度。将承包审计中发现的问题，向政府和有关部门反映。

1988年、1994年，开展巢湖化建矿、船厂、量具厂、柴油机厂、汽运公司、东风石矿、安徽油泵油嘴厂、庐江矾矿等12家国营企业第一轮和第二轮承包经营情况分年度审计。

1991年、1992年，调查巢湖柴油机厂经济效益及地直3家亏损企业,查出盈亏不实,管理不严等问题。

1993年，审计全地区43家企业,发现国家财产损失浪费金额680万元,占全行业（单位）损失浪费金额78%,承包企业包盈不包亏,虚盈实亏潜亏严重等问题。审计提出意见和建议86条被采纳。

1994年,审计地全区71家重点企业,查出违纪资金1345万元,收缴109万元,提出完善企业内部管理建议91条。其中,审计全省利税大户安徽维尼纶厂1993年资产负债损益,查出违纪资金501万元,收缴财政33万元,发出《安徽维尼纶厂生产经营中存在的困难亟待解决》的信息;33家企业财务收支及“约法三章”执行情况审计,查出违纪资金1092万元，收缴财政115万元。5月,巢湖行署印发《巢湖地区企业资产负债损益审计暂行规定》,为开展企业审计提供制度保证。

1994年至1999年,每两年审计一次安徽维尼纶厂、巢湖量具厂、化肥厂、化建矿、油泵厂、东风石矿、庐江矾矿等重点企业资产负债损益情况。

1996年,审计全地区79家国有工商企业资产负债损益情况。查出18家企业资产不实金额2032万元，16家企业不实金额1849万元，36家企业损益不实,虚报利润2102万元,瞒报利润866万元,查出国有资产流失1036万元,摸清企业家底、为产权制度改革提供依据;当年,行署审计局审计巢湖化建矿、庐江矾矿、巢湖船厂、柴油机厂、东风石矿、安徽维尼纶厂、安徽油泵油嘴厂、安徽量具刃具厂等单位1995年盈亏情况。

1998年,审计白湖阀门厂、无为纺织厂、运酒集团等重点工商企业、企业集团财务状况异常或群众反映问题较多的单位。

1999年,中小型国有企业改、转、租、卖,审计对象减少,企业审计转向结合任期经济责任审计进行。

2005年,根据省审计厅授权,市审计局开展巢东股份、烟草公司、盐业公司审计,揭示企业运行中的问题。

2006年,居巢区审计局开展78家改制单位专项审计,为政府追回改制资金623万元,核减改制成本4000多万元,查出未处置的资产3000多万元。

巢湖市农业与资源环保审计 1986年8月,农业系统审计,发现挪用专项经费5万元,占专项经费拨款的61%,违规购买小汽车和住房问题。审计进行通报,这是巢湖审计机关成立以来的第一个通报。

1987年,审计全地区水产局1986年水产经费。

1988年上半年,审计全地区1987年小农水经费。

1989年4月,审计行署水利系统1988年水利经费。

1990年5月,根据省政府《关于对罚没财物进行检查整顿的通知》,审计全地区交通、物价、公安、工商、城管监察5个系统90个单位的罚没财物;9月,审计行署水利局

1989年防讯岁修和消费情况。

1993年4月，审计全地区土地部门1992年、1993年财务收支；7月，调查全地区财政局、林业局、水产局、水利局、农牧局、植保站、畜牧站、巢湖闸管理处等单位1991年、1992年农业资金总体投入情况。

1993年、1995年，调查全地区1991年至1994年农业投入情况。

1995年、1996年，两次审计全地区农业生产资料经营情况，重点是化肥、农药等农业生产资料购销政策执行情况。审计发现，农业生产资料多头经营，企业未严格执行化肥价格政策，导致化肥价格上涨幅度大，侵害农民利益等问题。审计向政府和有关部门反馈情况，使问题得到整治。

1996年，审计县级巢湖市1994年、1995年国有土地出让金，查出部分土地出让审批不严，土地出让金征收、管理、使用不规范等问题。

1998年，审计全地区水利专项资金，涉及水利、财政、地税、土地、工商等主管部门，延伸16个乡镇和28个水利站。

1999年，审计无为县、和县移民建镇资金；开展无为县、县级巢湖市1997年、1998年林业专项资金审计。

2000年，抽调36人，组成10个审计组，审计四县一区10个乡镇1998年至1999年乡镇资金。查出违纪违规资金2378.6万元，其中乱收费乱集资233.43万元、克扣农民应得款项113.05万元。审计决定收缴18.41万元、减轻农民负担265.99万元、退还农民应得款项174.99万元。

2001年，调查全市6个乡镇2000年税费改革及财政财务收支情况，主要调查乡镇财政所和会计核算中心，调查和走访22个行政村和90个农户，发现计税常年产量和计税价格偏高、超收两税和附加、乱收费等问题。当年，审计巢湖市2000年排污费征收、管理、使用情况及其他财务收支；调查市财政局排污费解缴、拨付情况，以及安徽皖维高新材料股份有限公司等三户重点企业缴纳排污费和污染源治理资金使用情况。

2002年，审计市农委、居巢区财政2000年、2001年支农专项资金。

2003年，审计市本级环保专项资金。

2003年、2004年，审计巢湖市本级2001年至2003年国有土地使用出让金及管理部门的财务收支；审计全市2000年至2003年农村税费改革转移支付专项资金；审计无为大堤长江河道管理局2001年至2003年财政收支。

巢湖市固定资产投资审计 1985年，调查巢湖地区建行技措贷款项目，开始建设项目、施工企业、建设管理部门审计。开展重点建设项目的自筹基建项目事前审计、停缓建项目跟踪审计和基建项目开工前审计。

1986年，审计全区626个建设项目。4月，巢湖行署审计局召开自筹基建资金审计专业会议，确定自筹基建项目“先存后审，先审后批”的原则。

1987年，首次审计地区行管局官圩宿舍楼自筹基建项目。至1988年，全地区自筹基建项目审计 118 个。

1989 年、1990 年,全地区跟踪审计 40 个停缓建项目。

1990 年,开始建设项目、施工企业财务收支、基建项目开工前审计。1990 年至 1993 年,审计基建项目 43 个(其中项目开工前审计 10 个),查出违纪违规金额 51 万元,上缴财政 7 万元。其中, 1990 年、1992 年,审计原糖酒公司综合楼、巢湖农校迁建项目和行署劳动局宿舍楼项目,查出违纪金额 27.5 万元,应上缴财政 7.5 万元。

1993 年 10 月,审计上半年开工建设项目资金来源。

1994 年,审计 5 个基建项目,查出违纪资金 946 万元,收缴 105 万元。

1995 年,调查地区部分固定资产投资项目。

1996 年,审计巢宁公路和乌段改建工程、行署办公楼装修和西门宿舍工程造价及财务收支;6 月,行署审计局印发《巢湖地区固定投资建设项目审计监督暂行规定》。

1997 年,审计行署水利局宿舍楼项目竣工决算。

1998 年,调查全区重点基础设施工程,建立审计台账;当年审计巢湖地区电力、三峡基金等 5 个项目和其他 11 个建设项目,审核投资总额 805 万元,核减工程款 63 万元,查出违纪金额 227 万元,决定处罚 19 万元。

1999 年,审计芜湖长江北岸公路接线工程。为加强国债项目管理监督,行署办公室转发行署审计局《关于加强国债专项资金管理监督的意见》。

2000 年,市审计局组织审计和县江堤加固工程。该项目计划投资 1.86 亿元, 涉审资金超过 6000 万元,审计查出挪用国债专项资金、违规招投标、违法转包和分包、工程监理不规范和项目管理混乱等问题。市政府专门组织督查。

2001 年,围绕农业与农村发展,全市审计农村电网建设与改革项目,审计资金总额 31 684 万元,查出违规金额 2824 万元,核减工程造价 170 万元。

2002 年,审计巢湖铁路新客站综合工程等三个财政投资的城市基础设施项目,核减工程造价 597 万元。

2003 年,审计无为至长岗公路改建工程项目,发现部分概算调整未经审批、四期工程违规招投标、非法转包和分包、漏计漏缴税金 33.4 万; 审计巢湖东风路、人民路等六条人行道维修工程决算, 查出多列工程款 1.29 万元。

当年,巢湖市政府印发《巢湖市建设项目审计暂行办法》,各县区政府也出台建设项目审计管理办法。

2004 年 7 月,印发《巢湖市审计局关于政府性投资项目工程决算审计实施办法(试行)》;审计巢湖四中慢车道维修、龟山段亲水台阶修复工程、市区十所公厕维修等 26 个政府性投资项目决算,核减工程款 28.23 万元。

2005 年,审计巢湖市污水处理厂一期完善生化处理工程财务决算。

2006 年,全市审计机关完成建设项目审计、工程造价审计和建设资金审计调查 129 项。施工单位报审工程造价 21892 万元,审定造价 18016 万元,审计核减工程价款

3876 万元，平均核减率 17.71%。当年，和县审计局与周边市县合作，建立工程价款审计专家库，公开招标确定芜湖长江大桥和县公路接线工程价款审计单位。

2007 年，市审计局邀请 5 个城市 14 家事务所和 28 名专业人员建成巢湖市投资审计专家库，制定管理办法，储备巢湖市投资审计人力资源。4 月 12 日起，市审计局跟踪审计市传媒中心工程，对工程招投标、合同签订、设计、变更、设备材料进出、隐蔽工程、工程款支付全过程，突出事前监督。

6 月，效益审计破题。市审计局开展安徽槐祥工贸集团优质大米精加工改扩建、市疫控中心、巢湖清淤、市公路收费站等项目和市经济开发区效益审计。其中，安徽槐祥工贸集团有限公司年产 15 万吨优质大米精加工改扩建项目审计，从项目投资效益、资产结构效益、盈利能力、偿债能力、环境评价、社会效益六方面评价。审计摸清企业家底，反映企业管理存在的问题和影响企业发展的社会环境；巢湖清淤项目审计从经济、社会、环境三方面评价工程效益，《中国审计报》予以报道；市公路收费站项目审计指出其经济风险，提出科学设置收费站点、狠抓增收节支、完善有关政策、妥善处理收费公路和非收费公路建设关系等建议，得到各方好评。

从 2007 年起，市县区审计局出台《建设项目审计专家库管理暂行办法》《关于进一步加强政府投资项目管理的意见》《政府性投资建设项目审计协审单位招投标管理办法（试行）》等。当年，全市审计 201 项工程造价，施工单位报审工程造价 31101 万元，审定造价 26166 万元，审计核减工程价款 4935 万元。

巢湖市外资运用审计 1987 年，审计世界银行贷款 9200 多万美元的淠史杭—巢湖开发农业开发项目 1986 年财务决算。1987 年至 1991 年，连续五年开展该项目事前、事中、事后审计。

1987 年至 1993 年，开展外资贷款项目年度决算经常性审计，共审计 222 个（次），查出违纪金额 996 万元。

1988 年至 1992 年，连续五年审计农业水利引进外资项目 1987 年至 1991 年财务决算。

1994 年，调查 12 个世行贷款项目和国际红十字会捐赠项目。

1994 年至 2001 年，连续 8 年跟踪审计世界银行贷款血防项目 1993 年至 2000 年财务收支，查出配套资金不到位、损失浪费问题。

1995 年至 2000 年，连续 6 年跟踪审计世界银行贷款师范教育发展项目 1994 年至 1999 年财务收支，查出招标物资质次价高等问题。

1996 年，审计世界银行贷款农村卫生人力——巢湖卫校项目财务收支。

1999 年至 2000 年，调查进入还本付息期的世行贷款项目还贷情况。

1999 年至 2001 年，连续 3 年调查和县建材总厂、无为污水处理厂、新力药业复合膜生产线、市皮塑厂合成革等项目利用外国政府贷款情况。

1999 年至 2003 年，连续 5 年调查世行贷款加强灌溉农业二期项目；其中，2002 年，调查全市 8 个世行贷款、2 个亚行贷款、2 个外国政府贷款项目。

2003 年，调查全市政府外债管理体制情况。

2004 年，调查江坝油脂外国贷款、日本国际协力银行贷款公共卫生项目。

根据巢湖行署《关于加强对国债专项资金管理监督意见》，市审计局开展国债项目跟踪审计，重点审计和调查农村电网改造、和县江堤坝加固等 28 个项目，促进提高国债资金使用效益，受到市政府和省审计厅好评。

审计机关连续多年跟踪审计世行贷款淠史杭巢湖治理、农业二期加灌等 11 个项目，如实披露问题。血防项目审计《是利用外资还是浪费》的信息，被巢湖地委、省卫生厅和省政府采用或批示。

巢湖市专项审计及调查　1984 年 6 月，巢湖行署审计局试审“巢湖市 1983 年教育经费”。至 1992 年，每年都审计教育主管部门和部分学校的教育经费。

1985 年，调查全地区技改贷款使用和向企业摊派情况。

1986 年，调查损大公肥小公情况。

1987 年，调查机械行业 3 家企业留利水平及分配使用情况。

1987 年至 1990 年，对巢湖铸造厂、地区邮电局、巢湖水泥厂、地区农机公司进行财务税收物价大检查，查出违纪金额 93 万元，收缴财政 52.25 万元。

1988 年、1990 年、1994 年、1995 年，专项审计全区公检法等五个单位 1987 年至 1994 年规费、罚没款和办案收费情况。

1990 年，调查机械建材企业消费基金形成、使用及增长情况。

1991 年，根据省审计厅安排，抽调 46 人，专项审计全地区水毁公路修复资金和救灾款物，按照救灾款物流向跟踪重点乡镇，审计资金总额 6046 万元。

1991、1992 年，连续两年审计救灾款物，涉及民政、卫生、红十字会等部门和单位，查出违纪违规金额 164 万元，追还挪用专项资金 19 万元，上缴财政 101 万元，保证各项资金合理使用。

1992 年，审计全地区水利以工代赈情况。

1993 年，专项审计土地管理部门收费情况。

1994 年，调查全地区党政机关 1993 年至 1994 年兴办经济实体情况。

1994 年至 1998 年，审计全区 1992 年至 1997 年救灾款物、救灾扶贫周转金。

1995 年，审计 5 个县（市）乡镇、街道办事处 1993、1994 年计划外生育费管理情况，查出违纪资金 260 万元，收缴财政 22 万元；当年，专项审计全地区公检法系统及交警支队 1994 年规费和罚没收支及办案收费、共青团巢湖地委 1994 年希望工程基金。

1996 年至 2001 年，组织全地区上下联动审计教育经费，重点是“教育乱收费和拖欠教师工资”问题，

1997 年，抽调近 100 人、用近三个月时间，服务政府中心工作，评估改制企业资产；当年，服务住房制度改革，审计 1994 年、1995 年地直房改资金。

1998年至2000年，审计和调查全地区1996年至1999年住房资金。其中，1998年，审计地区交警支队、行署公安局1996年、1997年各项收入和罚没收情况；1999年，审计无为县、和县移民建镇资金；2000年，专项审计全市工商行政管理部门1998年行政执法性收费、罚没收入。

2001年，根据市委、市政府领导批示，审计巢湖柴油机厂制衣分厂1994年至2001年6月财务收支及职工反映问题，查出违规资金49.2万元，核实职工反映的报账手续不全票据83.1万元、非正规票据入账28.2万元、错账23.2万元、违规购买通讯工具3.2万元等问题。当年，抽调150多人次，完成党委政府交办任务近100项，为政府机构改革、企业改制、维护稳定、查处经济案件、服务政府中心工作做出积极努力。

2002年，审计支农专项资金，涉及22个单位，审计资金总额52 461万元，查出违规金额399万元，责令调账处理73万元。

2002年、2003年，抽调118人次，完成党委政府交办的庐江矾矿审计查证、巢湖柴油机厂破产清算等34项任务。

2002年至2004年，连续三年审计全市住房公积金。

2003年，专项审计巢湖市公安局2002年特费，无为县2001年、2002年扶贫资金。

2004年，调查全市防汛救灾专项资金和社会捐赠款物，全市2003年度淮河流域洪灾救济补偿资金和巢湖市外来建安企业纳税情况；结合全国“非典”防治工作，调查巢湖市防治非典专项资金。

2005年6月，调查巢湖商厦改制成本。

2006年起，全市审计机关围绕提高专项资金使用效益，加强专项资金审计和调查力度。其中：2007年，市审计局出台加强民生工程审计监督意见。全市开展涉农专项资金、农村新型合作医疗基金、阳光工程资金、农村“村村通”水泥路工程建设项目审计或调查。揭示挤占挪用、拨付发放不及时等问题。提出发挥“一卡通”便民作用的建议，被省委办采用；根据审计建议，和县将新型农村合作医疗起付门槛由200元降为100元，扩大受益面，提高资金使用效益；无为审计局土地出让金审计，查出2002年以来土地出让金应缴未缴2475万元；退耕还林资金审计，发现财政账面结存2227万元；居巢区审计局专项调查清理私存私放公款，查出违纪违规资金843万元，应纠正金额169万元。审计情况上报政府，促进政府强化专项资金管理；居巢区审计局公路建设资金审计，查出套取资金、多结算工程价款、转包分包、偷工减料、无资质施工等问题，“村村通”调查发现某路段施工问题，及时反映给领导部门引起重视，相关责任人受到处罚，促进了工程质量的提高。

第十一节　芜湖市审计业务

芜湖市财政审计　1986年，审计芜湖县政府财政决算，是芜湖市审计局组建以来的首次财政审计，也是首次对下级政府财政决算进行审计。

1988年、1989年，开展南陵县、青阳县、繁昌县、镜湖区和郊区财政决算审计。

1990年，首次审计芜湖市本级1989年财政决算，涉及107个企事业单位，延伸调查预算内68家工交企业盈亏情况、技术改造、基本建设投资情况。当年，按照省审计厅安排，审计临泉县、界首市财政决算。

1991年起，县区财政决算审计经常化、制度化，每年审计一县一区。

1995年，根据《中华人民共和国审计法》，审计全市10个乡镇上年度财政决算，开展市本级预算执行情况审计的准备工作。

1996年1月，根据新颁布的《中华人民共和国审计法》，芜湖市审计局集中70名审计人员、组成16个审计组，审计芜湖市本级1995年预算执行情况。当年，全市审计机关开展本级预算执行情况审计，向政府提交审计结果报告、并受政府委托向本级人大常委会提交审计工作报告，标志着芜湖市审计监督的全面到位。

1997年，财政同级审选择教育、农业、科技、菜篮子工程、财源培植等12项重点内容实施专项审计，并审计鸠江区1996年财政决算，做到财政审计与专业审计，同级审与上审下有机结合。

1999年，预算执行审计从账户入手、实行双向承诺制度，跟踪检查上年度审计决定和意见落实情况，督促整改，取得较好成效。

2004年以来，公共财政框架体系建立及预算管理改革，财政审计把全部政府性资金纳入审计监督范围，将财税改革的新管理模式列为审计内容，逐步形成以摸清所有政府资金为基础，以促进公共财政制度建立和提高财政资金使用效益为目标，以本级预算执行及其他财政收支两个报告为核心成果，整合审计资源，统一协调审计目标和力量的新型财政审计模式。包括建立财政联网审计信息平台，从单一的数据采集、查询、转换发展到形成完整的数据分析模型；审计机关与财政预算编制系统、国库集中支付系统、总预算会计核算系统、预算单位的财务核算系统对接，尝试开展财政国库集中支付联网审计，实现审计监督关口前移和动态监控与预警，强化预算执行审计的力度和效果。每年的财政审计结果报告和审计工作报告都得到市领导肯定和市人大常委会高度评价，并将财政审计结果向社会公告。

芜湖市金融审计　1987年，根据审计署授权，芜湖市审计局分别审计中国人民建设银行芜湖市分行、中国工商银行芜湖市分行财务收支情况。这是芜湖市审计机关成立以来的首次金融审计。

1988年，审计中国人民保险公司芜湖市分公司财务收支情况。

1989年，国家金融机构所属分支机构财务收支审计，纳入地方审计机关经常性审计范围。至1994年，芜湖市审计局先后审计中国人民银行芜湖市分行、中国农业银行芜湖市分行、中国建设银行芜湖市分行、中国银行芜湖市分行、中国人民保险公司芜湖市分公司、中国工商银行芜湖市分行、交通银行芜湖分行。

1995 年，审计署恢复国有金融机构授权审计方式。根据审计署部署，芜湖市审计局组织实施中国银行芜湖市分行系统（含芜湖、繁昌、南陵三县支行，下同）、中国建设银行芜湖市分行系统、中国农业银行芜湖市分行系统、中国银行芜湖市分行系统、中国人民保险（集团）公司财产保险公司芜湖分公司系统、中国人民保险（集团）公司人寿保险公司芜湖分公司系统、中国工商银行芜湖市分行系统、中国人民保险公司芜湖分公司系统、中国农业发展银行芜湖市分行系统、中国人寿保险公司芜湖分公司系统审计。还审计华安证券铜陵营业部、国元证券芜湖营业部。

1998 年，审计芜湖市郊区农村信用社联合社所属长江路、赭山、官陡、文化路 4 个农村信用社。这是芜湖市审计机关成立以来的首次地方金融机构审计。至 2007 年，芜湖市审计局先后审计芜湖市商业银行，芜湖市郊区 12 家农村信用社和芜湖市典当行。

芜湖市专项审计和审计调查　1991 年，芜湖市审计局调查中国农业银行芜湖市分行自有资金和公款储蓄情况。这是芜湖市审计机关首次开展审计调查。至 2007 年，芜湖市审计局先后开展中国工商银行芜湖市分行与开户单位账户核对情况及流动资金贷款情况、中国建设银行芜湖市分行技术改造贷款情况、芜湖市金融系统金融政策执行情况、中国工商银行芜湖市分行应收未收利息情况、中国银行芜湖市分行和中国建设银行芜湖市分行消费基金增长情况及其利润下降和潜亏情况、中国农业银行芜湖市分行和中国银行芜湖市分行工资内外收入分配情况、芜湖市郊区农村信用社信贷资产情况、徽商银行芜湖支行资产负债专项审计和调查。

至 2007 年年末，芜湖市审计机关开展金融审计 65 项，专项审计和审计调查 10 项，审计范围涵盖国家金融机构在芜湖市分支机构和芜湖市地方金融机构，审计内容由财务收支审计转变为资产负债损益审计，审计重点由财务收支合法性转变为信贷资产质量和资产负债损益真实性、合法性、效益性，审计方式由单一审计转变为全面审计与专项审计、审计调查、跟踪审计相结合，审计手段由手工审计转变为手工审计和计算机审计相结合。查出违纪违规金额 2.3 亿元，5 人移送司法机关，9 人受到党纪政纪处分。

2004 年至 2007 年，针对金融企业数据量大、业务复杂等特点，芜湖市审计局开展计算机审计，从单纯的财务数据审计向业务数据审计转变，从审查财务收支问题向审查业务违规查问题转变。通过计算机审计，查出手工审计难以发现的业务违规问题，提高审计效率，审计效果显著。如，某证券公司审计中，运用通审软件、SQL 数据库，实施业务数据审计，查出违规资金近亿元。某金融企业审计中，利用计算机审计其业务数据，查出企业通过关联单位分户发放贷款，避开授信额度限制等违规方式获取银行借款。还查出存款业务、票据贴现业务中关联企业相互担保等问题。

芜湖市企业审计　1984 年 8 月，芜湖市第一个企业审计项目是芜湖市弋江酒厂经济效益审计。

1985 年，开展芜湖市纺织厂、印染厂经济效益审计，市燃料公司财务收支审计，芜湖县燃料公司复审以及芜南路建设项目调查。为配合清理整顿公司，1985 年年底至

1986年年初，审计芜湖市工贸总公司，涉及17个分公司、33个子公司。

1986年，审计芜湖市水泥厂、白马山水泥厂、市造漆厂财务收支，专项审计供电局和港务局电费。

1987年，审计芜湖市第一塑料厂、微型电机厂财务收支，调查汽车轮渡所。

1988年，芜湖市政府市府颁布《芜湖市企业承包经营责任审计试行办法》。当年，开展芜湖市第一织布厂承包经营审计，调查15家承包经营工交企业上半年经济效益状况。

1989年、1990年，审计27家工交企业承包经营情况，8家工业主管局（公司）财务收支定期审计。

1991年7月，芜湖市政府发布《芜湖市企业承包经营责任审计暂行办法》，当年审计37家工交企业承包经营情况，审计二轻总公司等14个工业交通系统行政事业单位的财务收支情况。

1992年，开展13家工交企业承包经营审计，3家企业经济效益审计，调查重点工业企业1991年效益滑坡及潜亏情况。

1993年，芜湖市强化"企业承包经营责任审计"和"厂长（经理）离任审计"工作。当年，开展20家工交企业承包经营审计，还审计工业主管部门电子公司和化工公司财务收支情况。

1994年，开展12家企业承包经营审计，以及白马山水泥厂和钢铁厂资产负债损益审计。

1995年，企业审计转变为国有企业资产负债损益审计。当年审计8家企业资产负债损益，调查"全市国有工业企业产权制度改革情况"。

1996年至1998年，审计17家工业企业、2家房地产开发企业资产经营责任制和8家企业资产负债损益。

1998年6月，全市抽调60名审计人员，赴黄山市清查审计粮食挂账情况。

1999年，审计裕中集团、造漆厂资产负债损益，加强工交口行政执法部门和经济主管部门监督，审计客管办、运管处、交通局、黄沙办、经贸委等7家财务收支。

2000年，审计4家企业资产负债损益，调查列入国家和省重点监控的10家企业扭亏脱困情况。

2003年，审计改制企业分流安置资金，为政府节约改制资金1.16亿元，清补职工工资718万元，医药费2170万元，追缴社保欠费7058万元。

中央省属企业审计，是芜湖市企业审计的一个重要方面。芜湖市审计局根据审计署和省审计厅（局）授权，1985年3月，首次开展省属单位、芜湖公路局公路养路费专项审计。1988年8月，首次开展中央单位、664地质队1987年财务收支审计。并先后开展中央、省属企事业单位财务收支审计、行业审计和专项调查，涉及交通、邮电、烟草、电力、造船、外贸、施工和地质勘探等行业。

芜湖市农业与资源环保审计 农业与资源环保资金审计，包括农业与资源环保行政事业单位的财政财务收支审计，其下属企业资产负债损益审计，农业与资源环保专项资金（基金）审计及审计调查。

1985年至1989年，芜湖市每年安排三个农业主管机关财政财务收支审计，专项审计育林基金、水产事业专项经费、小农水专项经费、环保排污费。

1990年，专项审计水利局水利资金。

1991年，审计各项林业专项资金的征管用情况。

1992年，审计农业局下属市兽医站、家畜检疫站、种子公司、农校，土地局下属土地征迁安置事务处，市乡企局下属乡镇企业供销公司财务收支，实现定期审计由一级预算单位向二级预算单位的延伸。

1993年、1994年，审计市农业资金总体投入情况，市水利专项资金、小农水资金；1993年至1999年，连续五年调查市蔬菜基地资金投入、生产、流通及管理情况。

1995年，审计市水产总公司、乡镇企业供销总公司资产负债损益。市审计局采取“上审下”方式，直接审计县区农业资金、市本级政府相关部门和南陵县农业资金投入情况。

1996年，开展市水电局、农业局、环保局预算执行情况及其他财政收支情况审计；调查市支农资金；审计市财政支农周转金来源、投放、使用、回收及效益情况，首次审计芜湖县、南陵县农业综合开发项目。此后，每年都审计三县农业综合开发项目资金。

同年，实施市国有土地使用权出让金审计，将其作为本级预算执行审计内容。并于1999年、2001年、2002年，多次审计国有土地使用权出让金。

1997年，市审计局实施“上审下”，审计繁昌县横山镇、鸠江区大桥镇、繁昌县三山镇乡镇资金。此后，乡镇资金成为每年必审项目。

1998年，审计市本级及芜湖县水利资金。

1999年至2001年，审计繁昌县、南陵县、鸠江区、马塘区移民建镇资金使用情况。

2001年，审计市环保排污费征收、解缴、使用及效益情况；专项审计南陵县财政支农资金；全市抽调60余人，组成12个审计组，调查市委常委联系的12个乡镇税费改革及负债情况。审计组进村入户，详细核查，倾听村民心声，提交《我市部分乡镇债务负担情况的审计调查报告》，市政府批转全市作为清理乡镇历史负债问题的基本依据。

2002年，专项审计繁昌县财政支农资金。

2003年至2007年，根据省审计厅部署，专项审计和调查2002年至2006年，市本级农业综合开发资金、退耕还林资金，并连续3年开展农村饮用水安全工程跟踪调查。

2007年，开展2006年粮食直接补贴、良种补贴、阳光工程补助费审计，审查资金合法真实性，资金申报、发放程序，投放效益情况，延伸调查11个乡镇、26个村、农户262户。通过走访农户，了解民心，确保惠农政策安全到位，调动农民生产积极性。此外，市县区审计机关组成五个审计组，审计1992年至2006年全市农村社会养老保险基金收支余和管理情况，重点是各县区农保基金筹集、运营、使用及管理的真实性、合法性、规范性。审计摸清基金底数、理清存在问题和原因。针对农保筹资渠道狭窄、基金增值有限、养老金给付水平低、管理手段落后、工作停滞不前等问题，提出加快出台新型农保制度，加强基金稽核与监督等意见。得到领导和相关部门重视，促进农保基金清理、妥善处理问题，为探索建立新型农村养老保险制度提供参考意见。

芜湖市社会保障资金审计　1991年，根据《中华人民共和国审计条例》，芜湖市审计局开始社会保障资金使用、管理监督，审计民政部门管理的救灾款物及重灾区接受、使用、管理救灾款物情况。

1992年至1994年，连续3年审计市统筹管理办公室、市劳动局劳动服务公司和市保险公司分别管理的退休养老基金、集体企业退休职工养老统筹基金、国营企业固定职工及合同制职工养老基金、待业基金收支状况，为芜湖市社会保障制度改革和基金规范管理奠定基础。

1995年至1998年，《中华人民共和国审计法》颁布，市审计局开展企业职工养老保险基金和企业职工失业保险基金征集、使用情况审计。

1999年，与市纪委、监察局联合审计和调查1998年长江洪灾期间政府和社会各界捐赠的救灾款物使用情况。

2000年，市审计局成立社会保障审计科，加强市财政局管理、市地方税务局征缴、市劳动和社会保障局使用各个环节的社会保障资金审计监督。

2000年至2002年，连续3年审计和调查企业职工养老保险基金征缴、管理、使用、扩面情况。

2006年，全面审计养老保险基金，摸清全市基金收支准确数字。审计情况表明，芜湖市养老保险基金收支平衡，审计提出加强扩面征缴和基金稽核工作力度等意见和建议，得到市政府重视。

2007年，专项审计社保资金，查明基金收支规模、结余分布以及基金管理运行情况，揭露资金筹集、管理和使用存在的问题，促进有关部门加强资金管理、严格执行国家各项政策和制度。

芜湖市重点建设审计　1987年至1993年，市审计局开展268个建设项目的开工前审计。涉及工业、金融、卫生、房地产开发等行业，项目计划总投资83473.9万元。

1991年至1997年，审计城市煤气二期工程，城市防洪及长江干堤加固工程、农村电网改造工程、芜马高速公路工程等基础设施工程预（概）算执行情况。

1998年，市审计局首次开展财政预算基建投资执行情况调查，印发《关于开展基础设施项目审计的通知》，审计国家安排的所有基础设施建设项目。

1999年8月，根据审计署授权、省审计厅委托，市审计局实施芜湖长江大桥期中审计，核减造价2.8亿元，为安徽省和芜湖市政府节省投资8400万元。

2000年，审计芜湖市城市防洪和长江干堤加固项目，查出违规违纪资金568.68万元。

建设项目竣工决算审计方面，1989年10月，审计新芜区政法大楼建设项目竣工决算。这是市审计局首次进行建设项目竣工决算审计。

1990年至1998年，审计百货站环亚娱乐城、利民路小学、芜湖师范学校迁址一期、联合大学迁址、一职高实验楼建设项目竣工决算。

1999年至2002年，审计市大众影都、中山路步行商业街、市商贸大厦、市中山桥改造、北京路、黄山西路、中山南路、芜纺路、冰冻街、吉和街项目竣工决算。审计资金总额39181.03万元，查出违规违纪资金3960.45万元，核减工程造价2750.15万元。

随着工业化、城市化进程加快和“中部崛起”政策的实施，地方政府投资规模迅速增长，政府性投资项目审计成为审计机关主要工作之一。

2004年至2007年，芜湖市大发展、大建设，审计工作围绕芜湖市经济社会发展目标，抓住政府重点投资项目强化监督，开展长江干堤加固工程征地、拆迁费用，南瑞新城一期建设、奥园体育场、体育馆工程、市区重要道路工程、市区廉租房、安置房建设、市污水处理厂及管网建设、各县区工业园区工程建设等项目审计。还探索开展市污水处理工程、九华北路、镜湖南路改造工程效益审计，取得良好成效。

芜湖市行政事业审计 行政事业审计，是市审计机关成立后最早开展的审计工作之一。

1984年6月，南陵县教育经费试审，是芜湖市第一个审计项目。

1985年年初，市审计局学习湖北襄樊市审计经验，开展20个行政事业单位的经费收支试审。

1986年12月起，开展42个行政事业单位的报送审计，逐步实行行政事业单位定期报送审计制度。到1988年，行政事业定期审计覆盖面达100%。

1988年、1989年，治理整顿、深化改革期间，行政事业定期审计重点由预算内转向预算外，由一级预算单位向所属二三级单位延伸，由一个单位发展到系统的行业审计。

1990年，根据审计署第4号令，实行行政事业单位定期审计，结合纠正行业不正之风，重点开展19个行业主管部门定期审计，审计公安、工商、物价、交通、城管等部门181个执法单位的罚没财物执行情况。

1991年，市审计局组织开展救灾款物审计。

1992年，对救灾款物发放管理续审。

1993年，定期审计15个单位，扩大到政府驻北京办事处等驻外机构。

1994年，重点审计工商、物价和公安局罚没款收取依据及上缴情况。

1995年至1998年，审计内容向财务收支转移，重点是法院、检察院的收费，希望工程、教育基金、教育附加费、扶贫救灾等专项资金审计。

1999年，配合公检法系统综合治理，组织全市审计法院、检察院系统。

2000年，审计义务教育经费和福利彩票资金，专项调查养老保险基金扩面征缴和收支情况。

2001年,普教经费审计,选择一所县级重点完全中学开展上审下试点。

2002年,行政事业审计与部门预算执行审计结合,审计市重点办、教委、公安局、水电局等7家单位预算执行情况。

2003年,审计公安交警部门,反映执收执罚票据管理等问题,撰写《审计要情》,反映公安经费紧张状况,市领导批示增拨经费,缓解了公安机关经费困难。

2004年至2007年,行政事业审计有了突破性发展。一是行政事业单位预算执行情况作为财政"同级审"中部门预算执行审计的组成部分,审计市供销社、文化局、公安局、科技局等20多个单位。二是行政事业单位财务收支、资产保值增值作为领导干部任期经济责任审计的内容,审计市委市政府接待办、市政府驻京和驻沪联络处、市第一中学、第十二中学、职教中心、芜湖高等医专学校、新芜区检察院和法院、大桥经济技术开发区等40多单位。三是把实行条条管理的部门列入审计计划,审计市检察院、市技术监督局、市食品药品监督管理局、市公安局、市工商局等。四是审计调查财政专项资金使用情况作为主要方式。开展教育费附加和地方教育附加费征管用情况,农村中小学D级危房资金使用情况,科技"三项费用"社会效益情况等调查。五是行政事业审计的内容、对象、手段、方式、环境、结果利用等方面转型与创新,把内控制度建立健全、资金使用效益、民生工程实施情况等监督关口前移、促进地方经济崛起作为审计重点。

2007年,依据市委市政府领导指示,为规范公务员津补贴,市审计局抽调近70人、组成18个审计组,清理市直党政群机关和社会团体94个单位、489个账户和33个单位、53个保留账户,确认单位的资产,纳入财政账户统管7.8亿元,保证市直单位津补贴规范实施。

芜湖市外资运用审计　根据中国同国际金融组织贷款协议规定和省审计厅授权,芜湖市审计局承担辖区内所有世界银行贷款项目审计,向省审计厅上报项目年度审计意见书。1987年,芜湖广播电视大学审计是第一个项目。1999年起,按照审计署要求,由对外公证、对内监督,改为内外合一、如实披露,审计的责任是对被审计单位编制的财务报表发表审计师意见。

截至2002年,芜湖市审计世界银行贷款项目7大项37次,项目内容涉及教育、工业、粮食流通、地方病防治和农业种子等。

1995年,审计芜湖东伟汽车检测修配有限公司资产负债损益。

1996年12月19日,市审计局外资科成立,每年安排2～3家企业审计。

截至2002年,全市审计合资合作企业14户,查出违纪金额545.58万元,上缴财政21.63万元,涉及房地产、商业、教育、建材、轻工、纺织、医药、食品、机电和交通运输等行业。

1997年,审计芜湖市利用法国政府贷款城市煤气三期工程。

2000年,市审计局调查挪威政府贷款杨家门水厂一期工程、法国政府贷款市城市煤气三期工程、瑞士政府贷款扩优改造项目和日本政府贷款引进设备项目的政府外债借用还情况，4 个项目总投资 6.21 亿元，借用外国政府贷款 2067.82 万美元。

2000 年和 2001 年，连续 2 年调查全市利用世行贷款还贷情况。

芜湖市经济责任审计 1987 年，市审计局首次开展芜湖市红光针织厂、芜湖市印铁制罐厂和芜湖纺织厂厂长离任经济责任审计。

1988 年至 1998 年，市审计局开展芜湖重型机床厂、白马山水泥厂、东方纸版厂等 18 个市属大中型骨干企业的法定代表人离任审计，查出违规违纪资金 5816 万元。

1999 年，中办、国办关于经济责任审计"两个办法"颁布后，芜湖市委市政府决定，全市开展县处级以下党政领导干部任期经济责任审计，以任中审计为主。当年，审计副市级党政领导干部，芜湖教育学院、芜湖职业技术学院、市中级人民法院和市人民检察院领导任期经济责任。

2000 年 7 月，市审计局审计鸠江区区委书记章传儿任期经济责任。之后，多次开展县（区）委书记经济责任审计，有关部门参考审计结果，多名县区委书记提拔为副市级领导干部。

1999 年至 2007 年，芜湖市审计局开展 238 名党政领导干部和企业领导人员经济责任审计。其中：副市级领导干部 9 人、县处级领导干部 204 人、企业领导人员 21 人、科级领导干部 4 人。先后印发《芜湖市党政领导干部经济责任审计结果利用实施办法》《芜湖市县（区）委书记经济责任审计评价暂行办法》和《关于进一步加强芜湖市部门管理领导干部经济责任审计工作的意见》等 22 项制度，制定了芜湖市县区党政、部门和学校、医院等 9 类干部的审计评价指南。

2007 年 4 月，全省县（区）委书记任期经济责任审计现场交流会暨经济责任审计研讨会在芜湖市召开。

繁昌县、芜湖县和三山区结合涉农资金审计，探索开展村干部任期经济责任审计，8 名村党支部书记由审计机关组织实施，18 名村干部由县乡两级内审机构组织实施。审计向纪检、司法机关移送案件线索 7 起，处理经济责任人和其他涉案人员 9 人。

芜湖市内部审计 1984 年，依据国务院《关于审计工作的暂行条例》，芜湖市木材厂在全市率先成立审计科，配备 4 名专职内审人员开展工作。

1985 年 4 月，芜湖市政府印发《建立部门、单位内部审计机构的通知》。

1996 年 6 月，芜湖市内部审计协会成立。

至 2002 年，全市 146 个主管部门，重点企事业单位建立内审机构。芜湖市审计局加强内审工作的指导、监督、管理和服务，建立 114 个内审联系点。

芜湖市社会审计 1988 年 1 月 16 日，芜湖市审计事务所成立，受托办理审计查证事项。

1989 年 6 月，芜湖市审计局增设内审社审指导科，负责全市审计事务所的行业指导、监督和管理。

1990 年 12 月，芜湖市鸠江区审计事务所成立。

1992年,市审计事务所设立新芜、纺织、马塘、镜湖、外贸等11个分所。

1995年6月,芜湖经济技术开发区审计师事务所成立。12月,中国注册会计师协会与中国审计师协会联合,联合后的中国注册会计师协会负责社会审计组织行业管理,审计机关对审计事务所转变为间接管理,负责审计事务所的业务和财务收支指导与监督。

1998年7月23日,芜湖市审计事务所的二轻、机械、轻工、教育、外贸、纺织、商业、总工会、马塘区、新芜区、镜湖区等11个分所撤销。

1999年9月,芜湖市审计事务所和芜湖经济开发区事务所与芜湖市审计局脱钩改制,改制后合并为安徽平泰会计师事务所。芜湖市鸠江区审计事务所改制更名为芜湖深信会计师事务所。两所直属省注册会计师协会管理和业务指导,芜湖市审计局负责监督其业务质量。

第十二节　马鞍山市审计业务

马鞍山市财政审计　市审计局成立初期,沿袭财政监督模式,投入大量人力,参加年度税收财务物价大检查。实行"上审下"的财政收支监督方式。

1988年以来,全市围绕财政资金分配、使用和管理,揭露和查处财经领域违法违规问题、促进规范预算管理、提高财政资金效益。为维护财经秩序、推动财政管理改革、服务经济建设和事业发展、促进廉政建设,不断深化审计内容,改进审计方法,拓展财政审计领域。

1995年《中华人民共和国审计法》实施,为财政审计提供重要法律依据和突破契机。"同级审"与"上审下"相结合的财政审计取代单纯的"上审下"。1996年起,连续10年开展本级预算执行审计,经历"探索起步、规范发展、深化提高"三个发展历程。

1996年至1998年,以摸清家底、打开工作局面为主。审计重点是市财政、税务和国库,揭露和查处财政收支不实、违规储税、基础管理工作薄弱等问题,促进财税部门加强管理。1996年,首次开展市本级预算执行和其他财政收支审计。全市成立40个审计组,全局抽调28人,审计市财政局、地税局,延伸审计和调查38个预算部门(单位)、17家纳税企业。审计摸清财政预算内外真实情况,指出预算收支不实、企业欠税严重、财政信用资金回收率低等问题,收缴财政494万元,提出加强和改进管理的意见和建议。市政府、市人大常委会领导给予高度评价。审计机关也探索出"从账户入手、摸清家底、规范管理"的审计方法。

1999年至2002年,审计对象扩大和延伸到市直各部门及二三级预算单位。围绕治理整顿财经秩序,加强专项资金、预算外资金"收支两条线"管理和乱收费、乱罚款、乱摊派等情况审计,揭露和查处挤占挪用专项资金、违规收费、私设"小金库"和账外账、会计信息失真等违法违规行为,全市财经秩序得到好转。

2003年到2007年年底，围绕加强预算管理、提高财政资金使用效益开展审计，反映预算编制不完整、项目支出预算不细、预算批复不及时、监管不到位等情况。揭示出政府集中采购制度执行不严格、国库集中支付系统内控制度不健全、财政投资公益项目建设和资金管理使用超概算、基建程序不规范、项目建设资金到位率不高、拖欠农民工工资等问题，从体制上机制上提出改进工作的意见和建议，促进财政改革步伐加快。同时，市审计局每年都审计当涂县和各区政府年度财政决算，反映和揭露财政财务收支和预算管理存在的问题，促进县区政府及部门加强管理。

1996年至2007年，市审计局共审计81个一级预算单位，延伸调查174个二三级单位，查出违纪金额14.58亿元。

马鞍山市金融审计　金融审计最初以维护财经纪律，查处违纪违规问题为目标。审计机关采取轮审办法，每年审计一两家金融机构财务收支，逐步转向信贷资金审计。

1988年至1994年，先后审计市人行、工行、建行、中行、农行、保险等单位。审计内容是财务决算和财务收支情况，银行信贷计划执行、贷款管理和内控制度建立情况。专项调查应收未收利息情况、执行中央整顿金融措施情况、自有资金和公款存储蓄情况、信贷计划执行情况等。其间，开展金融审计和各类专项调查20个，查出违纪违规金额1180万元，审计收缴70万元，提出审计意见和建议7条。

1997年，根据省审计厅授权，市审计局对省级以上国有金融机构，开展以摸清家底为主线，以查处重大违法犯罪案件为重点的审计，内容由财务决算和财务收支扩展为资产负债损益审计。

1998年，省政府颁布《安徽省地方金融机构财务审计暂行规定》。农村信用合作社及其联合社等地方金融机构纳入审计范围。市审计局每年审计全市30%的农村信用社，摸清农村信用社资产负债规模、构成及信贷资产质量状况，检查信用社损益真实性。审计发现农村信用社信贷资产质量差、不良贷款数额大等问题。当年，审计保险公司和市郊信用社等19个单位资产负债损益，查出违规金额123万元，应缴财政44万元，以及挤占成本、少计投资收益问题。

1999年，审计三家信用社贷款余额4235万元，其中不良贷款2127万元，占贷款总额50%。审计还发现，信贷资金管理制度执行不到位，不良贷款反映不实，“以贷收贷”“以贷收息”等问题金额806.35万元。

至2000年，审计农村信用社11个，查出违纪违规金额3314万元。审计收缴4万元，针对存在问题，提出意见和建议51条。

2005年，市县审计局分别审计马鞍山联社、石桥等4家信用社2004年资产负债损益情况，调查高潮、湖阳等8家信用社2004年信贷资产及结构状况。审计促进农村信用社规范管理，健全内部控制制度，防范和化解金融风险手段增强，服务农业发展的能力提高。之后，开展市工行、建行、中行、农行、保险、市商业银行、农村信用社等单位资产负债损益审计，专项调查市中行、建行消费基金增长情况。审计摸清金融企业家底，促进规范管理,健全和完善内控制度,更好地服务地方经济发展。

至 2007 年,开展金融审计和专项调查 31 个项目,查出违纪违规金额 2.34 亿元。审计收缴 171 万元,提出意见和建议 89 条。

马鞍山市经贸审计　1984 年至 1987 年,查处违纪违规问题作为企业审计目标,全市先后审计 400 多个单位,查处违纪违规金额 1152 万元,上缴财政 700 多万元。

1988 年至 1994 年,开展 78 家企业期中、期满及两轮承包经营期满审计,资产负债损益或财务审计 394 个单位,查出违纪金额 3174.2 万元。

1995 年至 2000 年,审计 166 家企业,查出违纪金额 4.47 亿元。重点围绕企业扭亏脱困,提高经济效益,开展资产负债损益及减亏真实性审计。根据依法审计和"内外合一,如实披露"原则,开展利用外国政府贷款跟踪审计和调查,揭露利用外资中的违规违纪问题。开展企业财务收支审计时,延伸检查内部控制制度和经济效益并作出评价。

1998 年、2003 年,市县审计局两次派出审计人员,组成 2 个审计组,分别开展宣城地区郎溪县、广德县粮食企业新增财务挂账,淮北、濉溪两地粮食购销企业库存挂账审计。

2000 年至 2007 年,围绕市委市政府中心工作,开展 146 家企业改制和 10 家企业经营者兑现年薪的考核审计。

2000 年 1 月,市政府批准审计局出台《马鞍山市国有企业经营者年薪制审计暂行规定》,《中国审计报》等媒体刊发。同年,根据"先审计后兑现"原则考核 9 家国企经营者,兑现经营者年薪最高 87743 元,最低 10710 元。

2001 年,马钢公司等 10 家国企经营者年薪审计,有 6 家企业全额缴清当年欠缴的"两金",经营者兑现年薪收入最高 22 万多元,比实行年薪制之前提高 10 多倍;有 3 家企业无力缴清"两金",退出年薪制考核企业序列。到 2007 年年底,9 家市属国企改制相继退出年薪制考核企业序列。

2002 年,市政府决定,国有企业通过出售、有偿租赁、股权转让、国有资本退出等形式,三年内改制为民营企业,或进行破产清算。市政府印发《马鞍山市国有企业改革基本操作规程》后,市审计局制定《国有企业改制审计实施办法》。到 2004 年年底,除黄梅山矿等少数单位由于特殊原因外,马鞍山企业改制审计工作基本完成。

企业改制后,市审计局逐步减少企业的直接审计。按照"分层次、抓重点"原则,加强烟草、电力、邮政、石油、交通等重点行业、重点企业的资产负债损益审计,其他国企由社会审计组织审计,再由审计机关抽查复审。揭露会计核算不真实、财务收支弄虚作假行为,保障企业资本安全和国有资产保值增值,促进企业加强管理,规范会计核算。其间,完成省审计厅授权和市政府交办的多项任务。

2002 年 12 月 21 日至 2003 年 5 月 31 日,审计市高性能磁性材料厂及 8 家关联企业,摸清家底、查出厂长吴福怀经济犯罪线索,该案侦破后,吴福怀被判处有期徒刑 5 年。

马鞍山市农业林业水利资源环保审计　1988 年以来,市审计局把农业专项资金审计作为工作重点，关注“三农”政策执行情况，揭露存在问题，抓好整改落实，促进农业专项资金专款专用、合理使用，为农业增效、农村经济发展、农民增收，发挥监督保证作用。

1993年，夏粮收购资金审计结果表明，马鞍山市收购资金充足，没有发现“打白条”现象。当年调查全市农业资金，摸清投入到位、分布和收支情况。1995年审计结果显示，1988年至1994年，马鞍山市财政支农资金累计7006万元，但建立农业发展基金不够完善。

1993年、1994年、1996年、2001年，根据省审计厅安排，分别审计1992年、1993年、1995年和2000年马鞍山市环保资金征收、管理、使用情况。审计结果显示，市环保部门能够执行排污费征缴使用规定，依法足额征收，程序规范，内控制度健全，排污收费逐步上升，四年累计收费5553.68万元（不含当涂县、向山区）。但也发现市环保部门排污费预算执行、环保贷款资金投向等方面存在一些问题，累计查出违法违规金额2432.19万元。

2001年至2005年，市审计局开展市农委等部门预算执行情况、农业综合开发资金、国土使用权出让金、移民建镇资金、三峡基金、三峡移民资金、乡镇财政决算、税费改革转移支付资金、水利环保等专项资金审计，调查黄山农业科技示范园、防洪国债项目等资金。其中2002年7月，审计财政、农委、水利、当涂四部门财政支农资金，查出违规金额887万元。包括：挤占专项资金3万元、以拨作支20万元、使用不合格票据报销47万元、财政应支未支结转资金817万元。市领导批示：“财政支农资金如何进一步改进管理，提高效益，请布置各有关部门根据审计意见抓好整改。”

2002年9月26日至10月10日，审计局当涂县、乡三峡办移民安置资金的拨入、管理、使用情况，核减资金188万元，实现三峡移民在当涂县安居乐业。审计署网站宣传马鞍山市三峡移民安置和审计成果。

2003年，调查当涂县25个乡镇财政决算，揭示出综合预算缺乏科学性、乡镇间贫富悬殊较大、部分财政收支不实、乡镇财政债务支付能力弱、财政供给人员多达6192人、财政决算账表不符1247.4万元。

2005年，开展农业专项资金审计和调查，摸清支出规模和结构，查出违纪违规金额1700多万元，管理不规范金额3500多万元，审计收缴150多万元。审计为政府加强支农资金管理，提供详实资料和建议，促进稳定农业持续发展，改善农业生态环境和增加农民收入发挥积极作用。

马鞍山市社会保障资金审计 1988年至2007年，市审计局9次组织开展企业职工基本养老保险基金审计和调查；4次组织开展救灾救济和社会捐赠物审计调查；7次组织开展失业保险基金审计；2次组织开展再就业资金审计。其中：1996年扶贫周转金审计调查，查出违纪违规金额179.67万元；2000年审计发现少数企业虚报下岗职工人数骗取财政补贴，下岗职工养老基金没有足额缴纳，部分企业自筹资金不到位等问题。

多次审计和调查表明,全市社会保障资金(基金)管理规范,专款专用、重点使用、及时下拨,为维护社会稳定、促进经济发展,发挥重要作用。审计调查也发现,社会保障制度还不够完善,管理和操作中存在抵缴基金的实物管理失控;“收支两条线”执行不力;长期挤占挪用、借用基金现象突出;部分企业少报和漏报工资总额、欠缴基金严重;基金支付能力不足等问题。审计结果引起市领导关注并予以解决。

截至2003年6月21日,全市接受防治“非典”社会捐赠款物合计151.24万元。7月31日止,全市投入防治“非典”专项资金2547.6万元。8月,市审计局3次跟踪审计防治“非典”专项资金和社会捐赠款物,没有发现违规违纪现象。

2005年8月16日至9月14日,审计市民政局2002年至2004年福利彩票资金。结果表明,发行、销售、管理运作规范,发布信息真实,体现了福彩“扶老、助残、救孤、济困”的宗旨。福彩公益金,发行费核算真实,拨付审批程序完整规范,市区民政局无截留现象。

马鞍山市国家建设项目审计　市审计局成立初期,立足“抓重点、打基础”,积极探索基建审计,严肃财经纪律、规范建设单位财务管理、杜绝施工单位虚报冒领,为党委政府宏观决策提供可靠依据。1988年以来,市审计局共审计80个投资项目,查出违规金额2.43亿元。其中上缴财政221.9万元、减少财政拨款4694.8万元,追还挪用建设资金311.8万元。审计结果和建议被省市领导批示5份,移送纪检监察处理案件2起。

1986年至1989年,贯彻中央“三保、三压”方针,集中财力保证重点建设,市县开展240个基建项目、计划总投资5115万元的自筹资金来源事前审计。其中,资金来源未落实项目62万元和资金来源不当项目24万元不予批准,并撤销6个投资155万元的有问题项目。

1989年,跟踪审计总投资6142万元的25个停缓建基建工程项目(含当涂县6个项目),查出超概算5779.02万元。审计决定调账处理96.96万元,其他违纪问题通知建设单位纠正,使市政府停缓建决定得到贯彻执行。

1990年、1991年,审计投资513.05万元的市老年病研究所医疗科研用房及电信公司综合楼项目。

1993年,逐项审计全市全民单位、51个造价50万元以上的新开工基建项目,总造价1.08亿元的资金来源,保证基建资金合理投向。

1994年,调查投资3000万元以上的向山硫铁矿马山接替工程、马钢股份公司铁粉工程、马钢总公司高村铁矿3个大型基建项目,揭示出投资额突破、工程延期、资金到位率低的问题。

1995年,审计第三煤气柜、市液化气站、王家山污水处理厂等6项公益性建设项目竣工决算,发现投资规模超出概算,建设单位挤占投资费用问题。

当年,调查顺天大酒店、市山鹰造纸公司等投资1000万元以上的扩建、技改项目;审计五条道路建设工程,在分指挥部、总指挥部两次核减4500万元基础上,又核减330

万元。

1996年至2001年，审计48个建设项目竣工决算，审计总金额35.32亿元，查出高估冒算、挪用等违规金额2.09亿元，审计核减工程款1.8亿元。其中，2001年审计马钢H型钢、红旗南路一期工程、向山文化广场等6个建设项目竣工决算，审计投资总额29.9亿元，超过市审计局18年投资审计量的总和，查出违规金额1.6亿元，核减工程款1.54亿元。

2003年开始，投资审计由建设项目开工前审计，逐步向事中、事后（决算）审计转变。南湖宾馆工程是马鞍山建市以来财政投资最大的非生产性项目。2002年3月1日至6月21日，3家中介事务所和市审计局先后审计该建设项目竣工决算，减少财政拨款4207.24万元，核减率40.33%。审减原因是项目工程重复计算，套价不准，组价不合理、超概算投资等。

2003年10月20日至11月17日，市审计局审计马鞍山万能达发电有限公司一期工程竣工决算。审计总投资29.6092亿元，核减203.1189万元，核减率0.69‰。该项目是市审计局成立以来最大的竣工决算审计项目。

2004年，调查全市30个公益性建设项目，审计发现项目超概算、转包，项目法人地位、责权不明晰，工程和财务管理制度不健全，挤占建设资金，项目建设资金短缺，竣工决算久拖不决，存在概算外、计划外工程等问题。

2005年，审计市防汛调度指挥中心大楼等81个建设项目，施工单位累计送审金额14209万元，中介机构审定12087万元，核减2122万元，市审计局复审确认金额11729万元，再核减358万元；调查安徽工业大学2000年至2004年19个项目，建设资金总额34209万元，未到位资金9505万元，超规模建设资金392万元，纠正不规范资金225万元。

马鞍山市行政事业审计 坚持依法审计，强化权力制约和监督，开展行政事业审计，减少不合理财政开支，遏制违纪违规现象，促进廉政建设。

1985年，市审计局开始行政事业单位财务收支定期审计。

1987年，全市行政事业一级预算单位报送审计经常化、制度化，审计覆盖面100%。开始延伸二三级预算单位，分批实行季审、半年审和年审。

1988年，以半年或一年审计一次的方式，报送审计全市192个行政事业单位。当年专项审计工商、司法、物价等部门规费和罚没款。

1989年、1991年、1992年，配合市委市政府反腐败斗争，专项审计449个行政事业单位。查出挤占挪用行政事业经费、私设“小金库”、超标准购小汽车、公款私装住宅电话等违纪违规款144万元。

1995年起，贯彻“全面审计、突出重点”方针，审计重点转向有资金分配权、使用权，有预算外收入，有罚没款收入和违纪违规问题较多的行政事业单位。审计重点由预算内资金转向预算外资金，审计内容由财务收支转向财政预算执行，审计目标由查错防弊转向效益审计。

1995 年至 2005 年，围绕社会关注的焦点问题，领导关心的热点问题、事关群众切身利益的倾向性问题，先后开展医药、卫生、文化、房产、民政、劳动、教育、新闻、司法、工商等行政事业单位常规审计和“科技三项费用”“教育经费”“住房公积金”等专项资金审计。全市审计 967 个（次）行政事业单位和专项资金，查出违纪违规金额 1.76 亿元，应上缴财政 709.34 万元，应返还侵占挪用款 1695.4 万元。审计查出：规费和罚没款收支管理不善，挤占挪用行政事业经费，“收支两条线”政策执行不到位等。其中，1999 年，审计市检察院专项经费发现违反“收支两条线”等问题，作出限期整改和将违规款收缴财政的决定。该院领导高度重视，及时纠正问题并强化内部管理，推出节约措施，此后 6 年节约经费百万元。

2005 年，审计卫生、法院、纪检、药监部门 2004 年预算执行和财务收支情况，专项审计市区 2001 年至 2004 年农村中小学危房改造资金，查出违纪金额 282 万元，应上缴财政 42.2 万元，应返还侵占挪用款 65 万元。被审计单位认真执行审计决定并采纳审计意见和建议。

马鞍山市外资运用审计　1992 年，市审计局首次开展部分中外合资企业投资和经营情况调查，针对资金到位率低和产品销售问题提出改进建议，开拓外资运用审计领域。

1993 年，市县审计局首次开展利用世界银行贷款的血吸虫防治项目年度财务决算公证审计。针对贷款资金到位率低、物资调拨和会计核算不规范等问题提出改进建议。此后连续 10 年跟踪审计，2003 年最后审计该项目还贷情况。

1994 年，为真实反映马鞍山市“三资”企业发展状况和存在问题，市审计局全面调查全市 106 家“三资”企业，将调查中发现的普遍性、倾向性问题，向市委、市人大常委会、市政府专题汇报，引起市领导重视。

1995 年，审计马钢 H 型钢工程利用外资情况和佳兴电子等部分“三资”企业财务收支，发现外资企业普遍存在资本到位率低和变相抽逃资本等问题。

1996 年 4 月 8 日至 12 日、1997 年 4 月 1 日至 8 日，市审计局依据省审计厅授权，连续两年审计市硫酸厂清洁示范工程项目利用世界银行中国环境援助贷款和建设情况。结果表明，世行贷款 79 万美元资金到位、使用符合合同要求，项目主体工程建成投产、运行良好，每年可节约用水 860 万立方米，减少工业污水 800 万立方米，减少原料损失 500 吨，预计每年可增收节支 170 万元，社会和环境效益明显。1999 年，跟踪审计该项目还贷情况。

2000 年 6 月 19 日至 7 月底，马鞍山审计局调查马钢第三炼钢厂技改项目利用卢森堡混合贷款情况。调查显示，外贷资金 2.56 亿卢郎全部到位，马钢自筹资金也全部到位，技改项目达到预定目标，贷款本息全部还清。

2007 年，市审计局审计和调查市第二污水处理厂利用荷兰政府贷款，进口荷兰工艺设备的污水处理项目建设、运行效益情况。结果表明，该项目总体目标基本实现，运行稳定，效果良好。

马鞍山市经济责任审计 从1987年市电磁线厂厂长离任审计开始，发展成为经常性审计制度在全市推行。

1998年，厂长离任审计发展到行政事业单位主要行政领导人离任审计。

2000年，国企改制后，企业审计逐步减少，党政事业单位领导人任期经济责任审计全面开展。经济责任审计由单纯的离任审计向任中审计发展，建立和健全经济责任审计制度，取得较好审计成果，受到审计署、省审计厅及市委市政府表彰和肯定。

2001年，市审计局相继出台一批规范性文件，以市纪委等六部门或市委办、市政府办名义印发。包括：联席会议制度、联席会议部门职责、审计任务确定和执行程序、审计范围及审计主体确定暂行办法、审计结果运用办法、审计评价标准、领导干部任中经济责任审计制度、领导干部任期经济责任审计项目计划管理办法等。市审计局还制定经济责任审计评价体系、审计操作规范、审计结果报告拟写规定、委托审计操作办法、审计结果上报暂行规定等制度。

2003年3月，市审计局审计市失业保险基金收支、使用、管理情况。原局长周炎忠因受贿和徇私舞弊造成巨额亏损罪，被判处有期徒刑12年零6个月，该局下属劳动实业开发公司原经理姜本根因挪用公款罪被判处有期徒刑9年。审计署劳动和社会保障司司长赵连栋等一行3人专程到马鞍山市听取汇报，称赞市审计局严格执法、查处大要案的做法和取得的成果。

2001年至2007年年末，全市审计机关审计304名领导干部经济责任，查出违纪金额1.51亿元，收缴财政5353万元，提出建议287条。

马鞍山市内部审计 从1985年起，马钢公司、十七冶建设公司、市教委等单位设立内部审计机构。市审计局对口科室负责内审机构的审计业务指导、监督、协调。内审机构在维护财经秩序，加强和改善经营管理，促进提高经济效益方面发挥重要作用。

1989年9月，市审计局设立综合科，加强全市内审机构的业务指导。年末，全市建立内审机构46个（含当涂县23个），配备内审人员165人（含当涂县84人），涉及工业交通、商粮外贸、施工建筑、财政金融、行政事业、基建投资等领域。当涂县内审机构全年审计77个单位，促进增收节支10万元，纠正违纪金额10万元。

1990年，全市有内审机构88个，配备内审人员249人。全市206个内审单位分别开展财务收支、经济效益、承包经营、定期报送、专项资金审计。全年促进增收节支397万元，纠正违纪金额460万元；当涂县31个乡镇中有30个乡镇建立内审机构，配备155名内审人员，健全乡镇财务制度，加强乡镇企业管理。

1991年，全市内审机构按照审计机关关于内部审计工作的规定，结合单位自身发展需要，开展承包经营审计，厂长（经理）离任经济责任审计，财务收支审计，工程决算审计，教育资金审计，基建预决算审计等，取得明显成效。

1999年,市审计局加强全市内审单位业务指导和培训。组织内审人员参加专业培训、工作研讨,赴浙江学习取经和开展优秀审计项目评比活动,促进全市内审事业健康发展。深化经济效益审计、探索工程项目期中审计、开展物资采购审计等显著成效。

2002年8月6日,马鞍山市内部审计师协会成立,标志着全市内审工作跨入行业自律管理的新阶段。内审机构在促进本单位加强管理,建立健全约束机制、改善经营管理、提高经济效益、加强廉政建设等方面,取得明显成效。

截至2007年年底,全市有内审机构50个（含当涂县）,配备内审人员375人（含当涂县）。据不完全统计，1989年至2007年间,全市内审机构共审计8449个单位的财务收支、经济效益、经济责任、基本建设、专项资金等,纠正违纪资金1.59亿元,促进增收节支3.67亿元。其中，1995年和1997年,根据内审机构的建议,行政处分违纪人员3人。

内审机构工作业绩突出，1991年马钢公司和十七冶建设公司被评为全国冶金系统先进集体;1990年和1998年市教委两度获教育部“审计先进单位”称号;1998年马钢公司获审计署“全国内审先进单位”称号;2004年安徽工业大学被评为“全国内审工作先进单位”;2004年马鞍山市内部审计师协会被评为全省先进单位。

马鞍山市社会审计 马鞍山市审计事务所于1988年3月成立,定编3人。5月,当涂县审计局组建审计事务所。审计事务所是依法独立承办审计查证和咨询服务的事业单位,实行有偿服务,自收自支,独立核算,依法纳税。

1992年,全市建有市区县审计事务所6个,配备社会审计人员49人（含聘用人员30人),其中审计师、会计师18人;1995年全市6个审计事务所共设立非独立法人分支机构8个,配备社会审计人员110人。审计事务所接受委托,承办财务收支审计、承包离任审计、验资年检、清理债权债务、经济案件鉴定、资产评估、基建预决算验证、咨询服务、企业查证、担任企事业单位常年顾问等。市区县审计局负责审计事务所的指导监督和管理。审计事务所的建立,完善审计体系、拓宽审计覆盖面、填补审计机关和内审机构触及不到的中小集体企业、乡镇企业和个体工商业的审计问题,发挥了社会审计机构在改革开放和经济建设中的作用。

1988年至1998年,事务所承办委托事项1.6万项,查出违纪违规金额6300余万元,核减高估冒算金额8400余万元,为委托方挽回损失3600余万元,核减虚假注册资金5600余万元,验证金额6.23亿元,资产评估3.17亿元。

1998年,全国注册会计师行业清理整顿,市审计师事务所、当涂县审计师事务所和向山区审计师事务所通过检查验收。市审计师事务所的三级复核制度,得到省检查组和省注册会计师理事会赞扬。至1998年年底,全市有审计师事务所3个,从业人员59人,其中注册会计师33人,工程技术人员11人。

当年,根据国家有关文件和市审计局批准,市审计师事务所与市审计局脱钩。市审计局负责监督社会审计组织审计业务质量的职能未变。

2000 年、2001 年，根据审计署《审计机关监督社会审计组织业务质量暂行规定》和省审计厅部署，市审计局两次检查江南、兴永等四家会计师事务所业务质量，规范社会审计行为，促进公正执业。检查肯定社会审计报告的真实完整合法，指出存在的问题。市审计局还根据社会审计组织改制后实际，重点抽查固定资产投资审计项目，取得良好效果。其中，2000 年复审会计师事务所承办的市卫生大厦工程等 86 个竣工决算审计项目，核减 1463.15 万元，发现会计事务所建设项目工程造价审核存在较多问题。

2002 年，市审计局复核并备案，由兴永、江南、永涵、金诚四家会计师事务所承接的 50 家改制企业资产负债情况审计报告。

2004 年，市审计局抽查复审会计师事务所验证工程款的 18 个项目，减少财政拨款 1367 万元。

2005 年，市审计局复审中介机构承办市防汛调度指挥中心大楼等 81 个建设项目，核减 3568 万元。

至 2007 年年底，全市有江南、永涵、金诚、兴永、永达信、众瑞、华业、天晨、成功九家会计师事务所，从业人员 126 人。其中本科、硕士研究生学历 34 人，中高级职称 97 人。

第十三节　铜陵市审计业务

铜陵市财政审计　1990 年，审计铜官山区 1989 年财政收支，延伸审计区属 19 个单位。还根据省审计局委托审计无为县财税情况。

1991 年，审计狮子山区财政，纠正乱发钱物和截留财政收入行为。

1994 年，审计铜陵县财政，核减财政赤字 600 万元，为市委市政府领导铜陵县经济工作提供决算依据。

1996 年，审计 1995 年市本级预算执行和其他财政收支情况。审计 6 个单位、延伸至 17 个单位，调查 16 个单位。首次财政同级审顺利实施。

1997 年，审计从规范财政收支行为，转向财政宏观管理效益。细化财政收入管理审计，将人大常委会批准的法定收入细化分解，检查财税部门征管情况，调查企业欠税情况、罚没款和行政性收费收缴情况，国有资产收益上缴情况，将“财政审计”与“专业审计”有机结合，揭示收入预算执行中的深层次问题，发挥本级预算执行审计的促进作用。财政支出效益审计，重点开展教育、科技、城建、房改、社保、“人、车、会、话、医”及财源建设等专项财政支出审计，促进加强管理，发挥资金使用效益。

1998 年，审计市县区 1997 年本级预算执行和其他财政收支情况，涉及 74 个预算执行单位。同步审计铜陵县、郊区和狮子山区财政决算，使“同级审”与“上审下”有效结合。审计摸清财政资金家底，注重财政收入的真实性，上下级结算和专项补助资金的延伸审查，收到良好效果。

1999 年，审计和调查市财政、地税等 35 个部门单位，核实预算收支的真实合法性，揭示财政管理漏洞。当年，根据市政府安排，跟踪检查和督办市财政等6个单位执行审计结论情况。

2000年，为实现市政府构建公共财政基本框架的目标，在审计同级财税部门基础上，抽查与财政收支有关的执收执罚单位、重大支出项目和重点行业。包括：市财政负债、国债转贷及配套资金，社会保障资金、生态环保资金和预算内外行政性收费五个专题，共审计49个单位。发现市财政经济活动和预算执行以及其他财政收支存在的一些问题，提出审计处理意见。

2001年至2006年，市审计局每年依法开展本级预算执行审计，逐步深化和完善。审计紧扣"预算执行"这个主线，不断调整工作思路、范围和重点，每年选择一定数量的、不同部门和单位进行本级预算执行情况的审计。随着财政管理体制改革不断深化，本级预算执行审计的范围和重点不断调整，每年报市政府的"审计结果报告"和受政府委托向市人大常委会所作的"审计工作报告"，在结构、形式和内容上都有所创新，得到市人大常委会、市政府和社会各界好评。

铜陵市金融审计　1990年，审计市县农行财务收支，并调查其信贷计划执行情况。

1991年，审计中国银行铜陵支行财务收支。调查市农行资金负债经营情况。审计决定收缴漏（欠）缴税金，责成其退还错收多收企业的利息。

1994年，审计中国银行铜陵支行和市保险公司财务收支。审计依法查处市保险公司私设小金库问题。

1998年，审计信用社1997年资产负债损益的真实性、合法性和效益性，跟踪调查部分贷款大户、贷款质量差的单位及信用社所属实体。

1999年，按照审计署部署，市县审计机关审计工商银行铜陵支行的资产负债损益情况，延伸有色金属公司、有色金隆股份有限公司等58个信贷大户。查出市工行贷款管理，财务核算等方面存在一些问题，提出相应的整改意见。

2000年，审计或调查7家信用社，摸清家底、核实盈亏，揭露违纪违规问题和违法犯罪案件，提出改进建议，促进其规范经营，防范和化解金融风险。

铜陵市专项资金审计　1986年至1990年，市审计局专项审计市科技、教育、卫生经费和市血防经费的使用效果；受省人大常委会委托，审计市食品企业；受省审计局委托，审计铜陵财政专科学校经费使用情况。审计将专项资金使用情况和存在问题反映给主管部门并提出加强财务管理、提高资金使用效益的意见。

1990年，审计和调查15个单位的农田水利费、教育经费、教育附加、消费基金。

1994年，开展边防世行贷款项目、环保资金、待业保险基金和退休养老基金等专项资金审计。

1999年，审计社会保险、专项募集赈灾等三项资金，审计资金总额8775万元；审计铜陵大桥、繁木路收费站通行费收支情况，揭示通行费存在资金分配不合理，超支严重、截留挪用资金等问题；审计30个机关事业单位财务收支；根据审计署部署，全市审计检察院和法院系统1997年和1998年财务收支，查出诸多违规问题。

2001年，根据审计署和省审计厅要求，完成铜陵江堤水利建设项目预（概）算执行情况审计和农网改造项目“差价还息”情况审计。专项审计或调查环保资金，房改资金，社会保险资金和义务教育经费，工商行政管理部门财政预算资金、行政性收费、罚没款收缴管理情况。

2002年，审计群众关注的社会保障、环境保护、财政支农、住房公积金等专项资金；根据省审计厅和市政府部署，清查全市住房公积金成立时至审计时的征收、管理使用情况，涉及市县三个房改资金管理中心和一个分中心，摸清家底，查清问题，理顺缴拨关系，奠定住房资金管理改革基础；调查市政府外债项目协议签订之日至2001年年底的有关情况，得到市政府肯定。

2004年，审计和调查农村税费改革转移支付专项资金、城镇职工医疗保险基金、国有土地使用权出让金等13项专项资金（基金）。

2005年，审计和调查失业保险基金、再就业资金等涉及全市宏观调控和群众切身利益的重点事项。其中，2004年市本级专项资金审计，提出加强环保资金使用管理，限期治理污染项目，加大重点生态环境项目资金投入等建议。当年，组织开展福利彩票专项资金、农村中小学危房改造资金管理使用情况、土地出让金、科技三项费用、住房资金、城市基础设施配套费等调查。

2006年，市审计局服务社会主义新农村建设，开展2003年至2005年农业综合开发项目资金审计；顺安镇、五松镇、西联乡、天门镇农业综合开发资金使用效益情况调查；社会关注、群众关心的价格调节基金、养老保险基金、住房公积金、送温暖资金、教育收费情况调查。审计从加强资金管理和规范资金运用方面提出建议，促进有关部门研究采取相应措施。

铜陵市经贸审计 1987年，审计机关把企业扭亏增盈，提高经济效益作为目标，审计亏损企业大户造纸厂。审计分析造纸厂亏损原因并提出扭亏增盈措施。

1988年，结合外贸体制改革，审计外贸公司1987年财务收支。

1993年，根据市纪委、财政局代表市政府与8个工交行业主管部门签订的扭亏增盈责任状，审计其1992年扭亏增盈目标完成情况，涉及60个单位。审计报告市政府，为兑现奖惩提供依据。

1997年，企业推行股份制和股份合作制改革，审计力求揭示企业发展中深层次矛盾，既服务于领导决策，又服务于企业增效。如审计市电子元件厂，摸清家底、解剖发现该企业大量问题，提出建议；审计市百货、五交化、石油和农机公司1996年资产负债损益，促进企业加强内部管理，降低成本费用，提高竞争和盈利能力；审计铜陵威斯康电子材料有限公司1996年资产负债损益情况，揭示投资不到位、经营利润不实等问题，建议加强投资管理、落实约定出资额，理顺公司内部关系，完善多种体制并存的经营和核算管理；为促进企业优化资本结构试点工作顺利进行，审计铜化集团、铜钢股份公司等7

家企业1996年资产负债损益的真实合法效益性。组织调查铜化、铜峰、英路集团公司3家省级扶优扶强企业和省级大型企业铜化集团公司的经济运行状况。

1998年，审计焦化厂、化纤厂、营造集团、立新煤矿，分析亏损原因，提出扭亏措施，帮助企业走出困境。

1999年，为促进企业三年脱困，全市审计工业、贸易、城市公用、建筑安装、合资合作企业24家。审计方案的制定和项目实施，竭力围绕企业解困脱困做文章。市政府充分利用审计结果，召开全市81家预算内企业负责人和财务负责人参加的企业管理工作会议，市审计局逐家通报企业存在的典型问题，促进企业整改，引起极大反响。

2000年，围绕扭亏脱困和减轻企业负担，审计企业26家，重点是6家重点工业企业、3家物资企业、盐业行业和铜都铜业上市公司。审计内容由纠错防弊向总结经验、查找管理漏洞转变，发挥"审、帮、促"作用。审计分析企业亏损原因，总结扭亏脱困经验的同时，提出改进企业管理的建议。审计方式也由传统经验审计向内控制度有效性测试审计转变。审计执法由查处违法问题向帮助改善企业外部环境转变。

2001年，市审计局把企业资产负债损益审计与经济责任审计结合起来，为改善企业管理，提高经济效益服务。开展18家实行年薪制、9家签订扭亏增盈责任状的企业专项审计，为政府考核奖惩提供依据，并提出完善考核的意见；英路集团、铜化集团等重点企业资产负债损益审计，查出企业潜亏严重等问题；铜陵县农网改造和供电局财务收支审计，发现并处理问题；根据省审计厅授权，审计铜陵市烟草公司2000年财务收支，促进其规范内部管理。

2002年、2003年，市审计局审计签订扭亏责任状和实行年薪制企业，审查企业损益真实性，分析企业收入、成本、费用变化异常现象。为市政府加强企业和县（区）政府考核管理提供依据。

2004年，审计12家实行年薪制企业、5个签订责任状单位、13家工业经济运行质量考核企业2003年经济指标完成情况。自1999年开展这项审计工作6年来，审计对象涉及全市区域内所有中央企业、省属企业、市属企业及县区企业，为维护经济秩序、促进经济健康发展起到积极促进作用。

2005年，组织审计一县三区政府和市国资公司2004年签订目标考核责任指标完成情况，抽查19家重点企业经营收入、实现利润等情况；审计铜化集团公司2004年经营业绩，指出少计利润等问题，建议公司加强内部监督、完善会计基础工作、处理潜亏问题；组织审计义安等4个城市信用社2004年资产负债损益，调减部分资产数额，指出资产和经营管理中存在的矛盾和问题；审计市郊区农村信用联社2004年资产负债损益情况。

2006年，审计和调查铜陵市华盛化工投资有限公司2005年经营业绩、市盐业公司（局）2005年财务收支、铜化集团公司财务收支、市港口集团、市烟草局以及亚星焦化公司等单位的资产负债损益。

2007 年，组织审计铜陵华盛化工投资公司、徽商银行资产负债损益，提出改进经营管理的建议；审计市工商系统财务收支；调查农村公路建设和管理情况，反映工程及资金管理存在的问题，促进主管部门加强改进和规范。

铜陵市建设项目审计 1986 年，铜陵市审计局开始自筹基建资金来源审计，至 1990 年，审计 71 个自筹基建项目，制止乱拉资金 464.4 万元。

1993 年，审计市图书馆建设项目。市图书馆建筑面积 4722 平方米，审计核实该项目累计完成投资额 445 万元。发现问题：施工企业高估冒算多计工程费用；挤占建筑安装工程投资支出；投资超概算，返工损失 104 万元；审计杨家山路群艺馆南侧 38 户商业网点工程决算。工程决算 615 万元（不含代建单位管理费），总建筑面积 1064 平方米，审计核减 3.5 万元。

1997 年，审计全市首期“安居工程”，建成面积 3 万平方米 502 套住宅。审计发现，工程决算未办清，多计工程费；工程建设未实行招投标；土地转让面积不清，未办理土地使用权过户手续；有关优惠政策未完全落实，会计核算及财务管理不规范。审计提出 5 条建议。

2003 年，市审计局完成 8 个建设项目审计，项目投资额 36919 万元，审计核减工程造价 2030 万元，追缴税金 185 万元，查处违规使用资金 3852 万元。

2007 年起，实行政府性投资项目跟踪审计。安排审计项目 12 个，涉审金额 36.2 亿元。重点审计市行政中心工程项目，审计工程总决算 2.22 亿元，核减 5794 万元，其中直接核减工程造价 3591 万元。当年，还审计铜芜路西段、学士路，市一中体育馆，狮子山区征地拆迁安置点等工程项目。

铜陵市经济责任审计 1998 年，市审计局开展 21 个单位领导干部离任经济责任审计。审计严格程序和纪律，客观评价，审计结果得到市有关部门重视和利用。

2000 年，根据市委组织部和市纪委委托，审计 22 个行政事业单位领导干部任期经济责任，促进领导干部廉政勤政意识。审计机关注重加强部门合作，与市检察院、公安局联合制定《关于建立案件移送制度和加强工作协作配合制度》，形成合作优势，威慑犯罪分子。当年移送市纪委案件 6 件，受理群众信访举报 2 起。协助市监察局强化行政执法监察，开展国债专项资金使用情况、粮食风险基金使用情况、扶贫救灾资金使用情况执法监察。

2001 年，市审计局根据多年实践和理论研究成果，不断完善制度建设。经济责任审计由离任时审计变为经常性监督。市纪委、组织、监察、人事和审计 5 部门建立经济责任审计联席会议制度，形成分工协作、各尽其责的工作格局，推动经济责任审计工作开展。经济责任审计与其他专项审计结合，检查单位财政财务收支和领导干部任期内的经济行为，作出评价，促进领导干部依法行政、依法履行职责。

2002 年至 2007 年，共审计 149 位党政领导干部和国有企业领导人员经济责任，增强单位和领导遵纪守法意识，促进加强内部管理和领导干部依法行政。

2007年，开展郊区区委书记任期经济责任审计试点。制定《经济责任审计成果运用办法》《任中经济责任专项审计暂行办法》《任期经济责任专项审计和调查暂行办法》，督查县区经济责任审计工作开展情况，推动全市经济责任审计工作发展。

铜陵市行政事业审计　1985年，全市建立行政事业单位定期审计制度。根据重点问题、重点内容，逐步建立和完善定期审计制度及其标准和考核办法。

1986年至1990年年底，分批实施季审、半年审和年审，全市审计324个一级预算单位和部分二三级预算单位，重点审计预算外收入多、二级核算单位多的行政事业单位。促进单位减少违纪问题、加强财务管理和党风廉政建设。

1991年，定期审计全市20个行政事业单位财务收支。重点审计有资金分配权、有预算外收入、罚没收入和问题较多的部门。

1992年，审计重点仍然是有资金分配权，有预算外收入，有罚没收入和问题较多的部门。审计市交通局、市民政局、市卫生局、市劳动部门管理的“待业保险基金”和“退休养老保险基金”、市计生委等20余家1991年财务收支。审计主管单位时，一并审计其所属二三级核算单位，及时查处发现的问题。定期审计专项审计与结合，两次组织审计全市各级、各渠道、各类救灾款物，审计深入重灾乡镇，了解情况，督导建账建制，促进救灾款物合理分配使用。

1993年、1994年，定期审计全市27个行政事业单位财务收支，重点仍放在有资金分配权、有预算外收入、罚没收入和问题较多的部门。

1997年，审计市民政局、建工局等15个部门单位1996年财务收支，查错防弊、堵塞漏洞、杜绝浪费、督促增强法制观念；在市医药公司审计基础上，从药品进销渠道入手，全面审计市第四人民医院，查出的问题引起有关部门重视；殡仪馆1996年财务收支审计，规范收费行为，减轻群众负担；根据省审计厅布置，审计全市文化主管部门财务收支，调查所属文化事业单位。

1998年至2006年，开展部门单位掌管的各种资金（基金）管理情况审计。如住房资金，环保资金，救灾扶贫资金，教育经费，交警支队规费和罚没收入的管理和使用情况审计。审计揭示问题并提出改进建议。

铜陵市内部审计　1990年，全市建立内审机构37个，配备内审人员110人。1991年，市属企业主管部门建内审机构15个，占应建数70%。各内审机构围绕本部门工作中心，开展承包经营终结审计，资产审计，合同签证审计等。审计机关编发《审计动态》，加强与内审机构的联系，交流情况，研究内审机构反映的问题，帮助解决其实际困难。

2003年8月6日，市内部审计协会成立。有团体会员38个，涵盖政府机关和各类企业事业单位。协会理事69人，其中常务理事19人。协会是内部审计的行业自律性组织，以“管理，服务，宣传，交流”为宗旨，为各单位内部审计机构及人员提供职业指导和专业服务，提高各单位的内部审计工作质量。

铜陵市社会审计　1988年9月，市审计事务所成立，接受委托办理国营企业承包审计和城乡集体企业的审计、查证、验资等事项。

1989年，配合工商行政管理部门清理整顿公司，对市县864个全民集体、村办、私营企业验资，验证资金36679.83万元，核减资金7723.38万元。验资查明30余家公司不具备营业条件。当年接受主管部门、司法机关委托审计10个项目。

1990年，接受委托验资、查证、咨询456项，查证资金总额24419万元，委托部门采纳建议44项。向主管部门、司法机关提供贪污受贿、违法乱纪案件的查证线索，显示社会审计在治理整顿中的作用。

1992年，审计事务所由科级单位明确为副县级单位，内设三科一室，下设三个分所。审计事务所在社会上聘请一定数量的会计、经济、工程技术人员为特邀审计员。为加强内部管理，提高审计质量，制定《审计事务所审计工作质量管理办法》《审计事务所档案管理制度》等八项内部管理制度。

1993年，成立诚信资产评估公司。

1993年至2007年，审计事务所共承办10100项审计事项。

铜陵市审计学会成立于1995年4月，是研究审计科学的群众性学术团体，是安徽省审计学会团体会员，接受市审计局、民政局领导。至2007年，铜陵市有1个市级学会和2个县（区）级学会，300余名个人会员、100余个单位会员，形成多领域、多层次、多学科的审计学术群团网络，成为推动铜陵市审计事业发展的重要力量。

第十四节　安庆市审计业务

安庆市财政审计　坚持以财政综合预算为主线，以部门预算执行和管理为重点，逐步扩大一级预算单位审计覆盖面，突出掌管财政资金分配权和管理财政资金较多的重点部门、重点资金和重点项目的审计。

1986年，安庆市审计局审计宿松县财政决算，地县教育系统11个主管部门和917个基层单位教育经费。

1990年，首次开展本级政府财政收支审计，审计怀宁、望江、太湖县财政决算，查处违规违纪金额1455万元。根据省审计局安排，审计阜南、颍上县的财政决算，分析赤字原因。

1996年，成立安庆市本级预算执行情况审计领导小组，开展市本级预算执行和其他财政收支审计。自此，安庆市审计局每年都审计市本级预算执行和其他财政收支情况，向市政府和省审计厅报告审计结果，并受市政府委托向市人大常委会作审计工作报告。1996至1999年，查处违规违纪金额5244万元，应上缴财政1043万元，减少财政拨款或补贴817万元，追还被挤占挪用资金324万元。

2000年以后，“财政同级审”范围不断拓展，逐步形成“财政同级审”为龙头的审计工作格局。当年，全市审计1999年本级预算执行情况，延伸至一级预算单位和用款大户43个单位,查处违规行为金额5325万元,上缴财政200万元,减少财政拨款或补贴200万元,增加财政节余351万元。

2003年,市本级预算执行审计,以城市维护费、社会保障资金、农村税费改革转移支付资金等专项资金和市科技局、市外贸局等部门预算执行为重点,紧扣预算执行这个中心,围绕领导关心和人民群众关注的重点事项。市长朱读稳、常务副市长孙爱民批示审计结果报告,要求有关单位认真整改问题,逐一研究落实审计建议,加强制度建设,严格执行财经纪律。市人大常委会首次将审议审计工作报告比审议财政决算报告时间提前一个月。

2005年,市审计局创新组织方式,打破科室分工界线,抽调机关52名业务干部,统一编成8个审计组,对8个部门及其所属54个单位同步实施"财政同级审",把城市维护费、住房公积金、房屋维修基金作为重点审计内容,把市房地产、民政、交通、国土、建委五大部门及所属企事业单位作为财政同级审的重点延伸对象。审计查出违规金额3551万元,决定收缴622万元。市人大常委会就审计披露的问题首次向市政府发出《审议意见书》。审计整改成效明显,促进有关部门制定内部管理制度29项,市民政局、地税局等主管部门,给予负有直接责任的4人行政处分。

1989年至2007年,安庆市县两级审计机关组织开展财政审计1747个单位,查出违规违纪金额104001.8万元,应上缴财政6780.8万元,已上缴财政6272万元。其中,自2004年以来,安庆市审计局受市政府委托向市人大常委会所作《审计工作报告》,每年审议时都赢得人大常委会委员们热烈掌声。2007年,安庆市审计信息《乡镇财政逐渐远离"虚收虚支"》,被《中国审计报》头版头条采用。

安庆市金融审计 1989年至2007年,全市审计517个金融单位,查处违纪违规金额8579万元,上缴财政622万元。

1985年,行署审计局探索开展建设银行系统经济效益审计;1987年根据省审计局部署,安庆市审计局开展安庆市建设银行、工商银行财务决算审计。

1988年开始,安庆审计机关开展国有金融机构资产负债损益的真实合法效益性审计,并每年安排一二个专业银行财务收支审计。

1990年,审计署授权地方审计机关实行金融系统经常性审计。次年,人行和各专业银行、保险公司的审计制度化,每年必审。

1997年,审计安庆农行系统上年度资产负债损益的真实合法效益,查出19个单位违纪违规金额1075万元,审计结果汇总出具综合报告。

随着审计署金融审计授权收回,地方审计机关只能根据上级授权开展金融审计。2003年,根据省审计厅部署,安庆市审计局审计华安证券公司滁州营业部2001年资产负债损益情况,重点检查资产质量、经营风险和执行国家政策情况。安庆市审计局还实施中国人寿保险有限责任公司安庆分公司及所辖分支机构的资产负债损益审计。

安庆市固定资产投资审计 1986年,安庆市审计局开始自筹资金建设项目审计,全年审计132个工程建设项目;1987年审计自筹基建项目57个。1986年、1987年,安庆行署审计局审计地区盐业公司、行署交通局基建资金。

1989年,安庆市审计局跟踪审计全市列入停建缓建的53个项目。审计后压缩投资19344万元,占总投资98.47%;当年还开展245个自筹项目事前审计,控制基建规模。

1996年至1998年,根据《安徽省建设项目竣工决算审计规定》,审计323个单位,查出资金不落实、高估冒算、挤占建设成本等违纪违规金额14529万元,应上缴财政167万元,核减工程结算2785万元。其中,民航、铁路、煤气和市区干道等工程审计,引起市领导高度重视,社会反响很大。

2007年,为探索建设项目效益审计路子,安庆市审计局调查全市农村公路建设管理绩效和市城东污水处理厂污水处理项目建设运行效益情况。12月19日,在合肥召开的全省投资效益审计现场会上,安庆市审计局以《突出重点,多方结合,强力推进投资效益审计工作开展》为题,系统介绍成功做法。

1989年至2007年,固定资产投资审计2367个项目,查处违纪违规金额29495万元,应上缴财政1330万元,已上缴财政1131万元,归还原渠道资金2227万元,减少财政拨款或补贴616万元。

安庆市企业审计 原安庆市审计局，1984年首先开展市火柴厂、酒厂的经济效益审计试点;1986年审计市造纸厂、金属公司、燃料公司财务收支;1987年至1988年审计市化工站、变压器厂、保险公司、农贸公司、烟草公司财务收支。

安庆行署审计局，1985年按全省统一部署,审计公路费征收、使用和管理情况。1986年组织开展全地区燃料行业11个单位的财务收支审计。1986年、1987年,先后审计地区新华印刷厂、盐业公司等企业。

1989年,地市合并后的安庆市审计局,审计全市粮食系统和食品行业上年度财务收支。审计粮食系统122个单位,查出违纪违规金额1253.87万元（市本级368.81万元）,审计收缴359.94万元（市本级111.54万元）;审计食品单位56个,查出乱挤占成本和瞒报亏损等问题。

1994年至1998年,安庆市审计局组织审计工业交通、商粮外贸、物资供应、建筑安装系统122个单位。查处违纪违规金额4630万元,应上缴财政242万元,追还被侵占挪用的资金90万元。

1998年,安庆市县审计机关赴池州、铜陵两地,开展全国性粮食交叉审计。核减新增财务挂账8769万元,查出挤占农发行各项贷款10578万元。

2000年,围绕企业脱困和建立现代企业制度,突出企业盈亏真实性审计,全市审计重点工业企业、物资企业、盐业公司和内贸企业的资产负债损益情况,涉及87个单位,查出收入成本不实等违规金额4636万元,应缴财政428万元。

2003年,根据审计署部署,市审计局审计安庆供电公司2002年财务收支,查出主营业务收入和投资收益反映不完整、长期投资回报率低等问题。

当年7至11月，根据省审计厅安排，抽调115人，清查审计阜阳市粮食系统新增财务挂账，核实老账、核准老粮，为省政府粮食体制改革提供科学依据。

安庆市行政事业审计　1985年7月，定期审计市一级预算单位43个，查处违纪违规金额3万元。

1986年，全市审计60个一级预算单位，查出违规违纪金额5万元。1987年报送审计延伸到二级预算单位。

1988年至1993年，开展定期经常性审计，每年审计面30%。5年审计行政事业单位90个，查出违纪违规金额5188万元，追还被挪用资金255万元，应上缴财政1248万元。

1992年长江水灾之后，审计各级民政、卫生部门55个单位2093万元救灾款物的收入、分配、使用、管理情况，促进救灾款物管理和使用效益。

1999年、2000年，审计企业职工基本养老保险基金，发现企业欠缴基金、欠费金额逐年上升，到2000年年底欠缴6419万元。部分基金收入未按规定专户管理，违规支出数额大，累计违规支出80多万元。

2000年，开展普教经费和企业职工基本养老保险金审计和调查。其中，普教经费筹集、分配、使用情况审计，发现5个县区没有按财政经常性收入增长与教育拨款增长1∶1.5的比例安排经费。其中郊区预算少安排教育拨款341万元，望江县教育经费预算拨款较上年减少6.23%。同时，存在教育乱收费和各级教育主管部门拖欠教育经费问题。

2003年，根据审计署部署，市审计局组织开展公安部门（含交警）的全面审计。之后，适应加强权力制约和监督的发展，行政事业审计逐步与经济责任审计相结合。

1989年至2007年，行政事业审计6542个单位，查出违纪违规金额187848.49万元，追还被侵占挪用资金11840万元，应上缴财政8693.49万元，已上缴财政6823万元。

安庆市专项资金审计　1989年，岳西、太湖、潜山、桐城县审计局专项审计1985至1988年扶贫资金管理使用情况，查出违规违纪金额159.58万元。其中，挪用扶贫资金41.13万元，挤占12.16万元，截留10.98万元，损失浪费31.63万元，违法改变资金投向和用途55.62万元，发放手续混乱4.4万元，变更项目3.75万元。

1999年，审计本级农业项目综合开发资金、沿江4县1区移民建镇资金和5个贫困县1997年以来的扶贫资金。市县审计机关组成14个审计组，走访595个受灾户和贫困户，共审计专项资金53078万元，查出违纪违规金额2368万元，归还原渠道资金2197万元。审计提出35条建议，引起市领导重视。

2003年，新农村建设和民生工程建设全面推进，涉农资金审计快速发展。市审计局审计岳西、潜山、太湖县2001年至2002年扶贫专项资金的投入、分配、使用和管理情况，涉及部门和单位46个，抽审5个乡镇和6个行政村及16个扶贫资金投资项目，审计资金总额2.3亿元，审计提出改进建议。方川林副市长批示，市扶贫领导小组转发审计报告，要求各县市（区）认真落实审计意见，加强扶贫资金的使用和管理。

2004年至2007年，连续4年审计市国土资源部门财务收支和土地出让金。

2007年，安庆市20项民生工程实施，审计机关将民生工程纳入审计范围，制定《二十项民生工程资金审计监督实施意见》，提出四项审计保障措施。望江县、大观区审计局把经济开发区的审计纳入日常审计范围，为促进地方经济健康发展保驾护航。

安庆市利用外资项目审计 1999年，审计血吸虫病控制、农村人力开发、森林资源发展保护、贫困地区远程教育、农业二期灌溉等利用世行贷款项目和望江、怀宁、宿松县实施的联合国粮食计划署向中国水灾灾民提供紧急粮食援助项目，查出有问题支出417万元，挤占挪用项目资金82万元，证据不足支出7万元。

2000年，审计29个国际贷款援款项目。项目投资总额100816万元，实际完成投资93166万元，查出违纪违规金额4214万元。

1998年至2007年，共审计450个单位，查出违纪违规金额5122万元。

安庆市经济责任审计 起步于1987年。审计对象由县级以下向县级领导干部全面推开，提出检查评价领导干部履行经济发展责任、决策责任、管理责任、执行责任、监督责任等理念，并逐步推开党务领导干部经济责任审计。

2004年11月至2005年2月，根据省审计厅授权和市委组织部安排，市审计局审计市公路局局长任期经济责任，查出违规金额1622.56万元，审计决定收缴5394231.02元，提出改进和加强工程建设和财务管理的建议，市公路工程处有关问题移交纪检监察部门处理，社会引起强烈反响。

2007年，审计局首次开展宿松县县委书记和县长任期经济责任审计试点。

1998年至2007年，全市经济责任审计1237个单位、涉及1455人，查出违纪违规金额103295万元。组织人事部门将审计结果作为考核任用干部的重要依据之一。2007年，县级以下党政领导干部任期经济责任审计全面展开，各县（市、区）开展乡镇领导干部任期经济责任审计覆盖面达到95%。

安庆市领导交办事项审计 安庆市审计机关服务党委和政府工作中心，完成各项交办任务，效果显著，取得领导、社会各界满意的效果。

2004年5月，市委市政府主要负责人交办，清算审计市能源投资公司等5个单位资产负债，时间紧、任务重、要求高，安庆市审计局抽调业务骨干19人，用半个月时间查出资产负债和所有者权益不实金额45680万元，审计调增国有资产权益3600万元，上缴财政39万元，保护了国有资产，得到市委市政府领导充分肯定。

7月，根据市委领导要求，历时三个月，调查市经济开发区1992年至2003年土地征收、出让和管理情况，揭露土地征管中的问题，提出改进建议，开发区根据审计建议采取整改措施，追缴土地收益1000多万元。

当年，根据省审计厅委托，市审计局完成皖江电力公司安庆电厂一期工程概（预）算执行情况审计，收缴169.9万元。

2005年，调查探花第修缮工程资金。市长朱读稳、常务副市长孙爱民和副市长盛云生先后批示，肯定审计工作，要求有关方面认真整改。

2007年，根据市委主要负责人交办，安庆市审计局在大观区、宜秀区审计局配合下，审计原郊区房屋开发公司资产负债损益情况。查出该公司负责人涉嫌挪用公款240多万元，以及某法院少数法官涉嫌接受贿赂的违法案件线索，移送检察机关处理。

安庆市内部审计　1986年，审计署《关于内部审计工作的若干规定》，推动国有大中型、地方骨干企业及乡镇企业的内审工作。截至2007年，全市建立内审机构241个，配备专兼职内审人员720人。

1991年4月4至5日，安庆市审计局召开内部审计工作座谈会，汇报交流内审工作经验与问题，探讨加强改进内审工作发展思路。

1997年3月5日，安庆市审计局聘请民革、民盟、民建、民进、农工党和工商联的6人为特约审计员。

2004年6月18日，市审计学会、内审协会第一次会员代表大会在怀宁县召开。内审协会成立后，组织开展一系列理论研讨和内审人员后续教育活动。

2005年10月21至24日，安庆市内审协会在太湖县寺前庄苑，举办首期内部审计人员岗位资格后续教育培训班。省内审协会会长、省审计厅副厅长王兴如在开班仪式上讲话。

2006年2月16日，安庆市审计局下发《关于聘请潘晓玲等8位同志为特约审计员的通知》，聘请来自民革、民盟、民建、民进、农工党、九三学社、致公党和工商联的8位民主党派人士为新一届特约审计员。

当年，内审协会选送四篇论文到中国内审协会参加评选，安庆师范学院的一篇论文被评为全国优秀论文。

2007年，内审协会加强理论培训，全市568名内审人员通过年检。内审协会先后数批推荐内审人员参加中内协、省内协举办的培训班，并在市审计局网站开设“内审园地”，10名内审人员作为“园地”信息员。当年，全省内部审计论文评选，安庆市内审协会推荐的五篇论文获奖。

安庆市社会审计　1988年3月23日，安庆市审计事务所成立，定为科级事业单位。安庆区划调整后，全市建立12个事务所和4个分所。至1996年，全市事务所从业人员180人，其中注册审计师130人。

随着企业改革不断深入，审计事务所独立承办各项审计查证和咨询服务的业务范围逐步扩大到资产评估和工程预决算审计项目。

1988年至1992年，事务所共验资36000个（次）全民和集体企业；审计730家企业财务收支和经济效益；鉴定135个经济纠纷和经济案件；审计1400个基层工会组织欠缴工会经费情况；开展184家企业承包经营审计和厂长（经理）离任审计；担任120个单位常年审计顾问；评估27家企业资产。

1994年至1998年，共承办各项委托事项1490项，核减申报不实的注册资金13853万元，为委托单位核减工程造价1036万元，挽回经济损失23万元。

1999年12月，根据《中华人民共和国注册会计师法》规定，安庆市审计事务所与市审计局脱钩，更名为安庆华申会计师事务所，其性质改为注册会计师出资发起设立的有限责任制会计师事务所。各县区审计事务所，同期与国家审计机关脱钩改制。

第十五节 池州市审计业务

池州市财政审计 1990年5至6月，池州行署审计局开展首次财政审计，即石台县1989年财政决算审计。石台县是九山半水半分田的山区小县。审计查明，1989年县财政收入600万元，当年赤字115万元，经济基础薄弱，财源十分有限，刚性支出逐年增加，以致县级财政资金紧张，压力大、包袱重。针对这些情况，审计建议大力发展地方经济，增加农业投入，发展开发性农业和办好乡镇企业，重视现有工业企业改造、发展和提高；大力培植财源，加强税收征管工作；管好用好各种资金，提高资金使用效益等。

1993年，审计认为九华山作为池州的品牌和窗口，应设立一级财政作为保障，向行署提交建立九华山财政体制的专题报告，得到领导重视。

1995年，根据审计专题报告反映的情况，行署三位领导批示，责成审计部门拟出规范全地区计划外生育费管理办法。

1998年，池州行署责成审计部门拟出规范全地区房改资金管理办法，审计部门拟出两个办法以行署名义下发。

1999年，审计帮助石台县政府挤出财政收支中的水份，为石台县向上级争取财政支持提供依据。

2004年，市审计局发现，参照公务员管理的事业单位工作人员的通讯费报销或发放标准混乱，且大多超过《池州市直机关工作人员通讯补贴管理实施细则》所规定的“市直机关”工作人员补贴标准。审计建议相关部门出台非参照公务员管理的事业单位工作人员通讯补贴规定，在全市范围内统一执行。

当年，随着土地、房地产市场日益活跃，契税收入成为地方财政收入新的增长点，审计调查契税征管情况，发现市级土地契税欠缴严重，存在流失隐患。2002年1月至2003年11月30日，契税欠缴金额782万元，其中2003年实征29万元，仅占应征契税503万元的5.8%。其原因是，单位纳税意识淡薄；税收征管不力；征管制度不完善；运行机制未建立。审计建议加大宣传力度；理顺征管秩序，加强部门协调，促进征收管理；建章立制，加大稽查力度，严厉打击偷漏税行为。

当年，审计和调查基本医疗保险基金时，发现市直基本医疗保险统筹基金“以收定支，收支平衡”原则把握过于谨慎，统筹基金结余率相对较高。审计建议，统筹基金收支既要防范风险，又要兼顾参保对象利益，不宜年年结余，以致结余额越来越大。

当年，审计市环保专项资金，查明本级征收排污费168.57万元，按比例留存可用资金126.43万元，当年安排支出78万元，其中用于污染防治0.75万元，其余全部用于弥补环保部门经费不足，排污费使用结构不合理问题突出。审计建议从体制上解决环保部门经费不足问题，规范排污费使用范围。该信息作为基层呼声，被《中国审计报》刊发。

当年，审计市本级预算执行和其他财政收支，把关系国计民生的专项基（资）金、群众关心的难点、热点问题列入重点。市政府和相关部门十分重视审计意见，采取多项措施：上调失业保险金发放标准，加大失业保险征缴力度；加大再就业资金投放、启动小额贷款发放，促进就业渠道拓宽；规范城市建设配套费征管；完善困难家庭大学生救助基金制度；降低大病救助申请条件，提高救助标准，扩大救助面等。

2006年，东至县审计局调查2005年度县新型农村合作医疗基金管理使用情况，发现新型农村医疗合作基金结余比率过高等问题。审计建议扩大受益面，降低住院补偿起付标准，提高补偿比率和最高补偿上限，根据相关规定，对当年没有动用农村合作医疗基金的参合农民，安排一次常规性体检。

当年，根据市政府部署，市审计局专项审计全市基本养老保险基金。查出各县区滞缴国库、挤占挪用、欠缴养老保险费、空记个人账户和滞留滞拨养老保险基金等问题。审计分析产生问题的原因，建议明确养老保险基金责任主体，加大清欠力度；组织力量，维护职工切身利益，解决历史遗留问题。市长方西屏批示："养老保险基金运作要规范，各县、区应予以重视"，副市长陈冰冰批示："所列问题应予以逐项整改。"

2007年，市审计局审计全市工商系统2006年财政财务收支情况。审计查明，2006年全市工商部门总支出2819.1万元，其中财政预算安排（上划基数）403.5万元，占总支出14.3%；行政性收费和罚没收入等安排支出2415.6万元，占总支出85.7%。审计分析表明，工商部门执行收入养活人员的财政供给方式落后。审计建议取消以收定支的做法，实现"收支两条线"管理；取消工商部门各项行政性收费，适当运用法律赋予的自由裁量权，促进工商部门公正执法并裁减临时人员，规范工商部门行政行为。《中国审计报》刊用该信息。

2007年，审计市本级2006年城镇职工基本医疗保险基金、工伤保险基金。方西屏市长批示：审计报告意见很有见地，请（市医疗和工伤保险基金）管理中心认真研究改进意见，真正做到量力而行、尽力服务。

当年，市审计局审计全市2006年阳光工程补助资金的投入、管理、使用及效益情况。审计建议：有关部门规范补助资金管理，发挥资金使用效益，使农民真正得到实惠；加强农村劳动力资源状况调查，全面掌握农村剩余劳动力文化程度、技能、就业去向、求职意愿和市场需要等，建立农村劳动力资源信息库，有的放矢地开展培训、提高就业率。

当年，市审计局调查发现，部分市重点工程项目办公室作为临时机构，项目办公用财产缺乏监管，国有资产存在流失隐患。审计针对存在问题提出建议，市政府办《信息专报》刊用。市委常委、市政府常务副市长张曙光批示："此审计建议非常重要及时，请

(市建委)国清主任安排重点办加强各项目办财产管理，严格做到账账、账物、物物相符，登记造册，工程结束后清核上缴。”市城投公司、市建委、市重点工程项目办公室迅速整改。其中，市重点办出台《办公财产管理办法》，对管理意义、范围、权责、清核移交、审批权限、专人专账管理等作出明确规定。

池州市经贸(金融)审计 1989年，行署审计局审计池州肉联厂1988年财务收支。查出该厂少报利润、收入挂账21.1万元；虚列支出、挤占成本20.6万元；欠缴能交基金1.5万元；违控购车7.6万元等问题，审计分别作出调账、补办手续等处理，收缴审计专户9.58万元，并针对该厂独立核算单位多，业务经营复杂等情况，提出建立健全管理制度，完善承包经营合同，加强下属分厂的检查、指导、管理以及原材料核算管理等意见和建议。

1991年，行署审计局审计地区邮电局1990年财务收支、业务经营情况，对少列收入2.88万元、挤占成本4.6万元、漏缴税金5.03万元等问题，分别作出调整账户、补缴税金及“两金”处理决定，并要求该局建立健全内控制度，加强财务管理和经济核算工作。1993年，行署审计局继续审计该局1992年财务收支、业务经营情况，收缴漏缴税费2.05万元，对挤占成本27.93万元问题处以10%罚款，收缴审计专户。

1993年，根据上级审计机关部署，对全地区人民银行以及各专业银行、保险公司1992年以来的信贷、经营和财务收支情况在其自查基础上进行审计。全地区查出问题：违规拆借资金10791万元，违反结算纪律2111.8万元。其中：占用汇差2107.6万元，压单压票4.2万元，拆借资金管理不力以及信贷规模控制不严等问题。如贵池市工行违规拆入资金7300万元，占用汇差8.6万元；地区工行1993年1月拆借300万元给非金融机构——海南省旅游总公司；地区工行信托投资公司1992年8月拆借200万元给该公司从事房地产投资；青阳县人行城市信用社1993年违规拆借资金500万元，并用信贷资金购存有价证券49.6万元作为证券投资；石台县人行、工行拆给自办的经济实体资金425万元；东至县保险公司动用寿险责任准备金100万元，由省公司集中购房地产券；县中行超规模发放贷款389万元等。审计发现逾期和挤占贷款问题突出，截至1993年9月底，地区工行逾期贷款9338万元，基建技改项目挤占流动资金贷款1544万元，致使银行资金周转困难。行署审计局对地区工行隐瞒收入19.08万元“小金库”行为处以20%罚款。审计纠正不正之风、促进加强和改善宏观调控所发挥的作用，得到社会关注和支持。

2004年，市审计局审计池州日报社2003年预算执行和其他财政财务收支情况。发现报刊出版发行和广告经营收支分两处核算，市会计核算中心负责核算广告经营收支，报社财务室负责核算报刊出版发行收支。这种做法使经营活动和财务收支被人为地一分为二，不利于债权和资金统一管理调度。审计建议以报刊出版发行和广告经营为主要业务，组成经济实体，单独核算。

2005年、2006年，东至县审计局连续两年开展房地产企业税费征管情况专项调查。

调查发现,不按规定预征房地产企业所得税、土地增值税,税款存在流失隐患;营业税征收不及时,滞后征缴入库现象严重;对县外投资企业减半征收城市基础设施配套费等问题。审计向县政府汇报并向有关部门提出建议,县政府两次召集相关部门开会专题研究房地产开发企业税费征管问题,组织3个检查组全面检查近几年税费征管情况,督促有关部门规范征管;县国税局接到审计建议后,预征某公司企业所得税117万元,县地税局根据审计建议查补税款入库,县建委也召开会议研究措施、作出具体规定。

2006年,市审计局进驻池州有色金属(集团)公司开展资产负债损益审计。发现上海埃力生重组后的池州有色及科威公司,存在改制资金未到位、涉嫌抽逃资金、巨额亏损,亚行酸雨项目政府负债风险等重大问题。审计结果报告市委市政府主要领导后,市政府立即采取行政、经济和法律措施,有效防止资产再度流失,保证企业平稳运行。

当年,市审计局调查市银通担保有限责任公司。审计认为,该公司发挥政府资金引导作用,无偿为中小企业提供服务、取得贷款,有力促进地方经济发展。但也存在业务管理制度不健全、制度执行不规范等问题。审计建议该公司建立健全规章制度,完善内部控制机制;千方百计扩张资本,壮大规模,提高实力,增强防范风险能力;转变体制,自主经营,自负盈亏;加强监管,建立定期检查制度等。市长方西屏批示:规范操作,防范风险,市场运作,做大做强。

池州市投资审计 2003年,市审计局首次开展殷石公路改建项目竣工决算审计。收缴建设和施工单位的违规金额35万元、并一次性收缴到位。

2006年9月,市审计局开始跟踪审计南门环岛项目竣工决算。倍受池州人民关注的清溪河环境综合整治工程,自南外环沿清溪河至白沙泵站,全长约11公里,由河道贯通工程、截污工程、景观工程和引水工程四部分构成,项目总投资32946万元。南门环岛项目是清溪河环境综合整治工程的子项目,工程送审价3397.98万元,审计核实决算价2721.75万元,核减工程价款676.23万元,核减率19.9%。

2007年,开展政府性投资及效益审计,全市审计机关共核减投资3021万元。其中,市本级审计5个投资项目,工程报审价1.34亿元,审计核减2983.38万元,平均节约率22.26%。审计发现,部分工程项目招投标不规范、现场管理不到位、签证不全、不及时等问题和管理漏洞,提出规范项目管理的意见和建议。市委常委、常务副市长张曙光批示:反映情况应引起重视,所提建议应予采纳,要从体制、机制和运行方式方面,彻底解决这些问题。

12月11日,市政府首次实施政府投资项目审计招标。在市审计局精心准备下,评标小组按规定程序和评分细则打分,评分结果经评标委员会审定,确定为池州市九华山大道配套工程竣工决算审计的中标单位。

池州市经济责任审计 2001年,池州市出台《池州市党政领导干部任期经济责任审计暂行办法》和《池州市国有及国有控股企业领导人员任期经济责任审计暂行办法》,规范经济责任审计。9月6日,池州市审计局《部分领导干部任期经济责任审计结果令人堪忧》,被市政府办《池州信息快报》和省审计厅采用。

2002年,池州市印发《池州市领导干部任期经济责任审计工作领导小组组成部门职责》和《池州市领导干部任期经济责任审计工作领导小组办公室会议制度》,分别明确经济责任审计的计划确立、执行程序、情况交流、信息反馈、审计结果运用、审计决定落实、违纪违法案件查处、审计专项经费保障等方面,相关部门职责和履行职能的具体运作方式,使经济责任审计工作各相关部门的权利和义务、组织联系的内容与形式得到有机统一。

2003年5月,市审计局印发《池州市领导干部（人员）任期经济责任审计操作规程》。

2004年6月,池州市经济责任审计工作领导小组召开会议,通过《池州市领导干部经济责任审计结果运用暂行办法》,由市委办公室、市政府办公室印发。该办法具体规定审计结果内涵、运用原则、形式和途径等。

当年,东至县开展7个乡镇领导干部经济责任审计,发现乡镇截留社会抚养费（计划外生育费）现象普遍。最多的镇从2002年4月至2003年年底截留资金11万元,最少的乡截留5000元。截留社会抚养费除用于计划生育开支外,相当部分用于吃喝招待或弥补机关经费缺口。审计建议,督促乡镇领导干部学习并严格执行法律法规;相关部门加强社会抚养费监管,依法处理处罚问题,依照国务院《违反行政事业性收费和罚没收入收支两条线管理规定行政处分暂行规定》,追究有关责任人的行政责任。

当年,审计池州有色集团公司法定代表人任期经济责任。该企业改制过程中,职工不断上访反映其负责人问题,数百人先后围堵市委办公大楼13次。审计局选派骨干力量,核查群众反映强烈的八个方面问题,历时3个月,查清公司家底,揭示出该企业内部管理混乱、成本核算不实等11个问题,分析企业巨额亏损原因。审计结果向市委书记办公会议、市委常委会汇报,评价企业领导人员履行经济责任情况,界定其应负的经济责任,根据市领导指示,向企业职工代表通报审计情况。审计结果让领导有底、群众明白,为政府进行企业改制提供决策依据,平息大规模群体上访事件,维护广大人民根本利益。

2007年,市审计局审计市粮食局原局长任期经济责任,结果受到市领导关注,市长方西屏批示:粮食局要及时整改、落实到位。

池州市审计法制建设 2001年6月,印发《池州市审计局审计复核工作办法》和《池州市审计局优秀审计项目考核评选办法》。

2003年,制定《池州市审计人员审计业务操作规程》和《池州市领导干部任期经济责任审计操作规程》,全市审计系统试行。

2004年6月,根据审计署6号令,市审计局制发《池州市审计机关审计业务操作规程》。该规程共9章72条,规范审计机关执法行为,促进提高审计质量、防范审计风险;9月,制发《池州市审计局审计执法责任制（试行）》。该制度以《中华人民共和国审计法》及其实施条例、审计准则等法律法规为依据,明确审计人员、审计组长、审计业务部门负责人、复核人员及局领导五个环节，在审计过程中的职责和责任。制度规范审计人员依法行政、依法审计，强化审计全过程的管理；12月，市审计局起草《池州市国家建设项目审计监督暂行办法》和《池州市审计结果运用办法》，经市政府审议通过，为开展建设项目审计、规范审计结果运用提供规章性依据。

2005年7月，制发《池州市审计局审计人员驻点审计执法行为规范》，该规范明确，审计人员执法过程中应遵守工作规范、纪律规范、道德规范、会议规范及作息规范五个方面的执法行为；8月，出台《池州市审计局审计执法过错责任追究暂行办法》。将审计执法过错责任界定为，局机关审计执法人员在审计过程中，因故意或者过失不履行或不正确履行规定职责，使其行政行为违法或不当，给公民、法人和其他组织合法权益造成损害、给本单位造成不良影响或给国家造成损失的行为，并把违反审计程序等26种审计执法过错情况作为审计执法过错责任追究范围。该办法的实施，完善了以审计业务操作规程为基础、以审计执法责任为中心、以执法过错责任追究为保障的审计执法体系建设。

2007年，开展"审计法制年"活动，坚持形式与实质相统一、丰富多样的法制宣传教育。年初以质量检查为切入点，进行系统集中培训；预算执行审计中测试"五法百题"审计法律知识；6月开展"常见执法错误大家找"有奖竞答；年中举行审计法律知识竞赛；9月举办法制专题讲座；面向社会开展"审计法制在我心中"有奖征文活动；第四季度送法上门、送法进党校课堂和利用报纸、电台、网站等平台开展审计法制宣传。

当年7月，市审计机关组织参加全省审计系统行政执法资格认证考试，参考59人、占全市审计机关总人数66%，其中直接从事行政执法的审计人员参考率100%。59人全部通过行政执法资格认证考试、合格率100%。

池州市内部审计　池州地区内部审计工作，自1988年地区恢复建制后得到较快发展，至1993年年末，全区建立内审机构58个，配备审计人员94名。

2002年4月17日，池州市内部审计师协会成立。

2004年7月13日，市内部审计师协会在池州宾馆召开全市内审工作座谈会。市审计局领导，各县（区）审计局分管副局长，协会各成员单位内审机构负责人参加会议。会议传达全省内审工作会议精神，学习审计署《关于内部审计工作的规定》和省政府办公厅《关于进一步加强内部审计工作的通知》，布置落实工作事项。与会人员总结、交流内审工作经验和做法，探讨在新形势下做好内审工作的思路和想法。

2006年，市内审协会在市区和东至县分别举办内部审计人员培训班，开展已取得内审岗位资格证书的内审人员后续教育，实施岗位证书年检，全市182名内审人员参加培训。

池州市社会审计　池州地区地市县审计事务所分别于1988年至1991年先后成立。

池州地区审计事务所于1991年9月成立，从业人员5人。审计事务所的业务主要是受托办理财务审计、资产评估、验资年检、基建审计、专项审计、财务决算审签、审计咨询服务等。1999年，行署审计局与所辖审计事务所脱钩，池州地区审计事务所改制为安徽求实会计师事务所，市（行署）审计局负责监督社会审计组织的审计业务质量。

第十六节 宣城市审计业务

宣城市财政审计 1986年审计宁国县1985年财政决算和预算外资金后，多次开展各县财政轮审。全市县级政府财政预决算审计逐步走向经常化、制度化、规范化。

1996年，根据审计法规定，本级预算执行审计全面展开，每年审计结果报告、审计工作报告在内容和形式上不断突破。财政同级审以审查预算收支真实性、合法性、效益性为基础，以强化预算分配约束机制为重点，规范预算管理，推动公共财政制度建立和完善。

2003年开始，财政同级审每年延伸10个一级预算部门，从宏观角度剖析财政状况及潜在经济负担，为市委市政府管理与决策，为市人大常委会监督提供依据。市委市政府高度重视"同级审"发现的问题，市委书记批示"请政府如实上报，尽快整改到位"。市长主持涉审单位主要负责人会议，提出具体要求，部署整改工作，取得良好成效。2007年，11个单位共清理调整账目资金428万元，划缴财政资金2423万元，停止收费项目6个，撤并银行账户3个，并积极建章立制，完善管理制度。

2007年3月9日至5月25日，审计宣州区财政局2006年税收征管情况。其中，审计农村财政管理局农业税收征解账目发现严重违规问题，当即追溯2004年、2005年税收征收情况和1998年以来的农业复垦资金情况。审计发现：2004年以来，该局征管会计王敏从农业复垦资金账户、中行和农行待解账户违规转出资金8笔，合计840100元；少计契税收入180000元；银行对账单与实际发生额不符；税款未及时入库100740.24元。审计将王敏的违纪案件线索移送司法机关处理，检察院以王敏挪用公款罪提起公诉，宣州区法院依法判决其有期徒刑四年。

宣城市经济责任审计 1986年，开展国有企业厂长（经理）离任审计，1993年实施党政机关事业单位主要负责人和乡镇长离任审计，1998年全市实行县级领导干部任期审计制度，建立领导协调机制，设置专职机构。

2003年10月15日至11月8日，旌德县审计局审计县粮食局原局长任期经济责任。时值粮食体制改革的关键时刻，矛盾突出。审计进点前学习政策、搞好调查，审计中克服困难，延伸至二级机构和相关公司。查出粮食局乘改革之机，以购买养老保险为由转移资金70万元形成"小金库"，隐瞒收入以及固定资产不入账等七大问题。审计全额收缴"小金库"70万元，提出八条改进建议。审计化解矛盾、促进稳定、保证粮食体制改革顺利进行，得到县政府及社会高度评价。《安徽审计》2003年第七期"旌德县审计局查处一起小金库"、第十期"违规购保险，牵出小金库——70万元小金库查处始末"为题，刊登旌德县审计局查处小金库的过程。

2003年10月29日至2004年3月27日，宣州区审计局审计敬亭山宾馆原总经理周永厚经济责任。审计发现,套取工程款 10 万元并个人私分;转租单位房产,牟取个人利益 11.6 万元;单位装修出租房 9 万元;违规开支 1 万元;工程决算无合法依据 171 万元;支出内容不清、用途不明、手续不完备 72.84 万元;支出报账不及时、原因不清 14299 元;无合法票据、票据内容超出经营范围、真实性待查 166094 元。审计将案件线索移交市纪委,纪委查实转司法机关后,周永厚受到刑事处罚。

2007 年 10 月 22 日至 2008 年 7 月 16 日,审计宣州区劳保局原局长叶坤福任期经济责任。审计评审内控制度,发现会计兼任出纳、开票又收费,以三联单收款问题;劳保局收下属单位赞助费 2 万元未入账,机关会计挪用公款 30 余万元,收取劳动代理费以私人存折存取,机关及其二级机构设"账外账"4 个总收入 400 余万元等问题;实物盘点发现电脑盘亏 13 台,系虚开发票套取现金所致;列支 2005 年办公室装潢费用 16 余万元,经现场查勘审核认定,工程多报装潢费用 3 万余元。审计发现宣州区劳保局及其二级机构私设"账外账"、公款私存、虚列支出、虚报装潢费用等 17 个问题,揭露出违法违纪和违法犯罪案件线索,移交纪检、检察机关案件 3 宗,涉案人员 4 人,涉案金额 341 万元,4 人受到刑事处罚。

2007 年实行县委书记任期经济责任审计制度。审计机关加强业务培训、不断探索,建立任中审计为主、任中审计与离任审计相结合的经济责任审计模式。坚持"积极稳妥、量力而行、提高质量、防范风险"工作方针,突出审计重点,强化质量管理,建全规章制度,注重成果运用。同时,做好省市联动的书记县长任期经济责任审计,推动部门经济责任审计深入开展。2005 年至 2007 年,市本级审计 27 名县处级领导干部经济责任,查出违规金额 4986 万元,管理不规范金额 8264 万元。

宣城市固定资产投资审计　1997 年 1 月,省政府 78 号令发布后,加强固定资产投资项目审计,查出超规模建设、资金不落实、高估冒算等违纪问题。特别是 2003 年以来,连续开展公益性建设项目审计,包括芜杭高速公路宣州南环段、港口湾水库部分项目、三峡建设资金、电力建设基金、农网改造项目审计等,规范投资行为,净化投资市场,提高投资效益,促进经济建设。

2006 年 10 月,根据县政府安排,绩溪县审计灵川河段改河防洪项目。该项目是绩溪县政府以改河造地置换土地使用权、招商引资、由浙江汇鑫工贸集团公司,组建绩溪天地房地产公司实施。审计将财务收支与工程决算审计相结合,工程项目决算审计 16 个单体工程,财务收支审计投资额 6000 万元,征用土地 28 万平方米。审计查出,天地房地产公司违法出售土地 33955 平方米,获取非法收入 873 万元;漏缴税金 95 万元;违规减少广场面积 8 亩;虚报工程造价 3786 万元等问题。审计依法处理并提出意见和建议,为政府节约资金、减少损失和项目后续工程建设与该宗土地招拍挂提供决策依据。

2007 年 7 月 1 日,市政府 20 号令修订《宣城市建设项目审计监督办法》。宣城市审计局适应形势发展需要,以绩效审计为重点,注重"五个转变",即投资审计覆盖面由窄到宽;财务审计向工程财务、工程结算审计和跟踪审计并重;审计对象由建设施工单位为主向延伸审计其他单位；由真实合法审计向真实合法绩效审计兼顾；投资审计法规由不健全向不断完善细化方向转变。

2005年至2007年，市本级查出违法违纪金额336万元，管理不规范资金3662万元，损失浪费1918万元，核减工程价款3936万元。

宣城市农业审计 宣城市审计机关多次组织开展农业综合开发项目，水利资金、贫困县扶贫以工代赈和支援不发达地区资金等涉农资金审计。

2000年5月，旌德县审计局调查三溪镇1998年、1999年财政决算及其他资金，延伸古城等3个行政村财务收支和村提留使用以及18户农民负担情况，古城帆布厂等3家乡镇企业资产负债损益情况。审计发现，财政收支比例失调，收入逐年下滑而支出逐年上升；收支结构和财源结构不合理，财源建设滞后、收入难，人头支出比重大、硬性负担重；债务过大超出财政承受能力，负债359万元、债权36.7万元；“两费”任务重，征收难度大等。审计提出4条保障财政收支平衡、壮大乡镇财政的建议。

农业审计涉及面广量大、情况复杂，审计机关每年安排一个农业专项资金审计，取得良好效果。如2004年土地审计，收缴应上缴财政收入106万元，罚款4.3万元，督促将土地出让金缴入国库21万元、专项资金拨付到位125万元，归还原资金渠道276.5万元。2007年饮水工程审计，重点是饮水工程资金筹集、管理、使用情况以及项目建设管理情况。审计针对发现问题，提出整改意见，维护农民利益，保障农民生活正常进行。

宣城市金融审计 根据授权，全市审计机关多次开展各专业银行、地方金融机构资产负债损益情况审计，查出国有资金流失、负债不实、转移截留收入、挤占成本费用、虚列支出、少摊费用、损益不实等问题。开展城乡信用社审计，及时向政府和有关部门反映普遍性、苗头性问题，促进加强宏观调控。

根据省政府《安徽省地方金融机构财务审计暂行规定》和授权，加强地方金融机构审计。如2003年审计华安证券芜湖营业部资产负债损益，2004年审计国元证券公司宣城营业部资产负债损益，2004年审计宣州区农村信用合作联社资产负债损益，2006年调查中小企业信用担保公司。审计揭示问题，提出建议，撰写的信息“印花税税目缺失，导致税源流失”被中办、国办采用，转批国家税务总局。地方金融机构审计受到市领导重视，为防范和化解金融风险、促进地方金融业发展、服务地方经济建设发挥积极作用。

宣城市外资审计 1991年以来，连续开展世界银行贷款国家造林、森林发展保护和血吸虫病控制等项目审计。如2002年至2006年连续审计世行贷款林业三期项目；2004年至2007年审计世行贷款林业四期项目；2000年至2006年审计世行贷款卫八项目；2002年至2007年审计疾控中心日元贷款项目。

审计揭示外资运用管理和使用存在的问题，引起省审计厅和市政府高度重视，审计信息被省委办公厅采用，市政府领导作出批示，要求切实整改。审计成果被《中国审计报》先后两次报道。2004年，泾县审计局审计世行贷款、基本卫生服务项目2003年财务收支及项目执行情况,经省审计厅推荐,参加全国外资审计质量评比被审计署评为审计质量三等奖。

宣城市经贸审计　2001年9月,旌德县审计局授权审计县烟草公司2000年财务收支。发现该公司向中国银行旌德分理处贷款280万元,未在公司财务账上反映。审计查明,1998年8月初,该公司前任经理以公司资产作担保、办理一年期贷款300万元,该款项未划到公司账户,直接转入湖南长沙一个体户账户。至审计时,除已归还20万元外,其余280万元未归还。审计指出违规担保、国有资产流失的风险。宣城市烟草专卖局非常重视,成立专案组,经过三个月调查取证、查明情况,对责任人作出行政处分、追回280万元贷款、挽回经济损失。

2007年2月,宣州区审计局审计2006年矿产资源保护项目中央补助经费。查出:该项目(中央补助经费100万元)原申报单位宣城市特种微粉厂公章变更作废后,仍用于申请拨付资金,财政部门未严格核实和调查,也没有跟踪检查资金使用情况,致使项目资金用途改变;将宣州区专项资金拨付至泾县,将超细粉生产线专项资金用于购置汽车等消费,套取并挪用中央专项资金;宣城市刘汉祥以泾县中远超细粉体有限公司名义在农行状元路支行开设账户,专为套取专项资金而设立,账户无其他资金往来。审计机关2月15日移交送区检察院立案,宣州区人民法院2007年9月30日依法判决刘汉祥有期徒刑10年。

宣城市专项资金审计和调查　近年来 围绕构建社会主义和谐社会、建设社会主义新农村以及加强民生工程建设总体要求,审计22项民生工程项目(省12项、市10项),并根据项目建设周期和进度,实施连续审计。审计依法处理侵害群众利益的违法违纪行为,追究相关人员责任。同时,组织开展城镇职工养老保险基金、电力集体企业养老保险基金、农村社会养老保险基金、住房公积金、新型农村合作医疗基金等基金收支管理情况专项审计和调查。审计意见和建议,得到被审计单位高度重视、采取措施整改。

1986年,泾县审计局开展教育经费、集资办学资金审计。全县教育经费审计发现,教育局会计擅自将40万元经费违规转存中国工商银行信托部;购买国库券39385元以“下拨经费”“经费存款”付方科目处理,汇总时,以国库券抵扣下拨经费36285元,相差3100元。到各学校核对发现,泾县中学以现金购买国库券2945元,城关一小购买国库券1600元、其中扣抵下拨经费1445元、实付现金155元,以上3100元现金交给该会计并私存家中。审计揭露问题在教育系统和社会引起强烈反响。县政府决定,将教育系统截留的教育经费40万元全部下拨基层教学单位,用于教育事业发展,该会计被停职,之后被检察机关立案获刑。

2007年,广德县审计局审计县养老保险基金征缴、管理、使用情况。结果表明,县财政、劳动和社会保障等部门根据省劳保厅文件和县审计局2006年审计意见,调度105.5万元资金弥补以前年度挤占挪用的养老保险金、但对挪用基金64万元购置资产问题仍未整改。审计局向县政府提出《关于解决历年来动用养老保险基金购置资产情况的审计建议》,县政府领导作出批示,要求县国有资产投资运营中心（土地收购储备中心）收储以前年度挪用养老保险基金购置的资产,调度64万元资金弥补养老保险基金,要求县财政部门督促劳动和社会保障部门落实。至此,挤占挪用10年64万元社保基金被安全追回。

宣城市内部审计 1983年,审计机关成立后,积极推进内部审计工作。市审计局先后明确综合科、经贸与社保科负责全市内审工作指导与监督。

1986年,行署发文要求地直各主管局、公司以及企业事业单位,设审计科室、配备专职或兼职审计人员,各县区参照此原则结合具体情况,建立相应内审机构。当年,内部审计机构开始组建。至1988年,全市建立内审机构57个,配内审人员156人,开展所属单位财务收支审计、厂长（经理）离任审计和经济事项查证工作。

1989年,审计署发布《审计署关于内部审计工作的规定》,内审工作进一步发展。至1994年,全市建立内审机构97个、配备审计人员346人。先后审计775个（次）单位,查出损失浪费金额443万元,纠正违规金额605万元,促进提高经济效益210万元,移送贪污案件1件。

2001年,全市共有内审机构172个,其中专职内审机构88个,内审人员476人（其中专职内审人员155人）。

宣城市社会审计 1988年8月,宣城地区第一家社会审计组织、宣城地区审计事务所建立,随后各县相继成立审计事务所。行署审计局综合科负责全市审计事务所的行业指导监督和管理。审计事务所主要业务是受托办理财务审计、资产评估、验资年检、基建审计、专项审计、财务决算审签、审计咨询服务等。

至1994年年底,完成委托审计事项5292个（次）,查证总金额11.58亿元,担任企业审计顾问42户（次）,帮助清理债务账务,提供会计审计咨询758项,培训财会审计人员92人次,查出违纪金额186万元,上缴财政41万元。

1995年12月,中国注册会计师协会与中国审计师协会联合,联合后的中国注册会计师协会负责社会审计组织行业管理。行署审计局负责监督社会审计组织的业务质量。

1999年,根据审计署关于《审计机关监督社会审计组织业务质量的暂行规定》和省审计厅统一方案,行署审计局检查广德县、泾县社会审计的会计报表审计质量。6月5日至12月13日,根据国家有关中介机构脱钩改制的要求,宣城地区审计师事务所于12月13日,经省财政厅批准正式脱钩,更名安徽鼎诚会计师事务所。

2001年,市财政局会计师事务所、宣州区财政局会计师事务所合并,更名为安徽同盛会计师事务所。

第十七节　黄山市审计业务

黄山市财政金融审计 1985年7月,黄山市审计局开展区县政府财政收入和中央驻黄山金融机构审计;7月至8月,审计中国农业银行黄山市分行1984年财务决算,延伸审计两县支行。

1986年8月至11月,审计中国工商银行黄山市分行1984年、1985年财务收支、部分外汇信贷和信托业务。审计提出按规定办理人民币投资业务,清理投资性贷款等意见。

1989年,根据审计署、监察部、财政部部署,市审计局组织6个检查组,检查屯溪、徽州2个区和祁门、歙县、黟县政府1988年财政收支,检查面占市辖县区数的70%。

1992年,市审计局审计2个区县政府财政收支,查出应划转、清理及上缴财政资金635.7万元。

1994年,区县财政收支审计覆盖面首次达到100%,重点审计区县财政支出,加强区县财政预算外资金和财政信用资金管理、使用、效益情况监督,共查出违纪金额2872万元。当年,实行市级专项建设资金年度例行审计制度。

1995年,审计市级投资公司,揭示出部分投资公司资金使用不当,地方财力建成项目产权归属不明和资产管理不规范,规章制度不健全以及财务管理薄弱等问题。

1996年至2004年,全市审计机关每年开展市本级和7个区县预算执行及其他财务收支审计。实行同级审、上审下、上下结合审,审计资金总额3.66亿元。审计财政收支真实性、合法性,检查财税改革政策执行和转移支付管理使用情况,促进地方政府及有关部门规范财政收支行为,严格执行预算,保障黄山经济健康发展。

2005年,市审计局审计市直5个部门预算执行,并审计祁门县政府财政决算。组织开展全市农村信用联社2004年资产负债损益审计和调查。

2006年,市审计局审计市直6个部门单位预算执行,并审计黟县政府财政决算。开展全市地税系统2005年财务收支审计和信用担保调查。

2007年,市审计局审计市直8个部门单位预算执行,并审计黄山区政府财政决算。开展中国农业银行黄山市支行2006年资产负债损益审计。

至2007年年底,审计1710个单位(次),审计金额89112万元,纠正违纪违规金额51982多万元,增加财政收入8598万元。

黄山市行政事业审计　1985年3月,市审计局组织区县审计局,专项审计全市公安局、市检察院、市法院、市工商局、市卫生防疫站、市交通局等7个系统16个单位1984年度罚没收入收缴情况。发现6个区县三整顿办公室、公安局、工商局截留挪用罚没收入11万元;部分单位擅自动用、压价处理、调换罚没财物;部分单位欠交罚没款83.5万余元。市审计局与市财政局联合发出《关于对罚没收入专项审计中发现问题的处理意见》,查处违纪金额9929万元,上缴财政386万元。

1987年年初,市审计局按照审计署部署,组织区县审计局审计市区县民政局1985年、1986年民政事业费。

1988年4月,市审计局组织4个县、3个区审计局审计全市城乡教育附加费,发现挤占挪用教育附加费和教育附加费征收管理不严等问题,提出审计建议,查处违纪金额3909万元,上缴财政86万元。

1989年3月,市审计局组织7个县(区)审计局,专项审计全市1987年、1988年菜地建设基金征收、使用、管理情况。查出缓征基金104.92万元,部分县蔬菜办挤占挪用菜地建设补贴费共15.83万元,部分县(区)蔬菜办超范围使用周转金61.5万元等问题。

1990年,市审计局组织区县审计局,审计全市工商行政管理系统1989年行政事业性收费情况,查出乱收费、收入不及时解缴等问题并予以处理处罚。

1995年至2004年,市审计局专项审计部分区县养老保险基金和失业保险基金征集、管理情况以及就业保险金。审计针对国有企业欠缴养老保险基金和失业保险基金、征集不力以及保险覆盖面不广等问题,提出建议。

2002年至2004年,市审计局组织专项审计全市工商局、新华书店、公安局、检察院和技术监督、土地局等部门及其直属单位财务收支,查处违纪金额8795万元,上缴财政333万元。

2005年,市审计局组织审计和调查全市法院系统、食品药品监督管理局、地方海事局财务收支和福利彩票资金。

2006年,市审计局组织审计和调查全市住房公积金、农业综合开发资金、2005年下岗职工再就业专项资金。

2007年,市审计局组织审计和调查全市工商行政管理系统2006年财务收支、社会保障资金。

1984年至2007年,全市审计机关审计4178个(次)单位,查出违纪金额22992多万元、上缴财政金额1538万元。

黄山市基本建设项目审计 1986年至1998年,市审计局开展自筹资金基建项目审计272个。

2003年开始,市审计机关以政府性投资项目为重点,探索投资效益审计,加大政府投资重点建设项目监督力度。

2004年,市政府批转《关于进一步加强建设单位项目竣工决算审计监督的意见》,全市审计机关以工程决算审计为主、建设项目审计为辅,重点审计全市政府性投资项目。调查全市农村公路建设管理情况,开展市污水处理厂等项目效益审计。出台《加强民生工程资金审计监督的实施意见》,规定民生工程资金审计的目标任务、重点内容、组织措施等。实施意见把政府关心、社会关注的社保资金、农村公路建设资金、城镇居民医疗保险、扶贫开发整村推进工程、廉租房建设项目、经济适用房项目等18项民生工程项目纳入2007年审计计划,分步实施跟踪审计。当年,审计局制定《固定资产审计内部工作程序》《固定资产投资审计工作人员职责》。审计意见和建议促进了黄山市城市投资有限公司和经济开发区出台《黄山市市本级政府投资城市基础设施项目管理暂行规定》《黄山市政府投资市政公益设施项目管理有关规定》《黄山市城市基础设施贷款偿债专项资金管理办法》等。2004 年，黄山市审计局投资审计项目 4 个，送审金额 1192 万元，审计核定造价 1085 万元，核减 107 万元，核减率 8.98%。

2005 年，审计黄山市医院医疗急救中心、华山宾馆改造、四大桥亮化、新安北路改造工程、屯光大道、徽州大剧院等 21 个重点工程造价，送审金额 14126 万元，核减 2170 万元，核减率 15.36%。

2006 年，审计徽山故里、南滨江景观大道、齐云大道、环一路一期工程、岩休路一标、新潭镇东关村农民安置小区等 21 个重点工程造价，送审金额 16909 万元，核减 2753 万元，核减率 16.28%。

2007 年，审计黄山垃圾处理场、苹果山庄安置小区、云海路建设、市看守所改造、黄山景区管委会大楼、湿地公园等 15 个重点工程造价，送审金额 9186 万元，核减 1148 万元，核减率 12.5%。

2005 年至 2007 年，根据贷款项目应在提款报账年内每年出具审计报告的要求，分别开展世行贷款林业持续发展项目（简称“林业四期”）、贫困地区林业发展项目（简称“林业三期”）、亚行贷款酸雨项目及世行贷款农业科技项目常规审计。其间，全市审计机关完成投资审计项目 1178 个，送审金额 201825 万元，审计核定造价 175148 万元，核减 26677 万元，核减率 13.22%。

黄山市专项审计　1991 年开始，专项审计逐步推向新的广度和深度。主要开展财政补贴的蔬菜、冻肉、粮食专项资金，发展农业的菜地建设费，育林资金，城市建设资金，扶贫专项资金，涉农资金，养老保险和待业保险基金以及农业项目资金效益审计等。审计促进专项资金核算和管理，促进节约开支 4805 万元，纠正不规范使用资金 3824 万元，上缴财政 293 万元。

1988 年开始行业审计，包括化肥审计，粮食、商业和供销社系统亏损挂账审计，糖烟酒调整价格审计，一次性削价处理商品审计，旅行社行业审计等 121 个单位，审计金额 48843 多万元。行业审计揭示和解决行业性突出问题，收到良好效果，纠正不规范使用资金 3690 万元，上缴财政 279 万元。

1986 年至 2007 年，根据政府部门、纪检机关和群众来信，开展专项审计 324 项，揭露和打击一些单位和负责人的腐败问题，审计金额 44834 多万元，追回被侵占挪用专项资金 5642 多万元，上缴财政 406 万元。

黄山市企业审计　20 世纪 80 年代，黄山市围绕经济工作中心开展企业审计，包括全民所有制工交、商粮贸、基建投资与施工、房地产等企业的财务收支，厂长（经理）离任经济责任评价，企业承包经营责任，基本建设项目，经济效益和股份制改革等。审计经历试审、参与财税物价大检查到常规审计的过程。

1985 年，全市审计机关重点审计国有企业中的利税大户、政策性亏损企业和改革试点企业。

1986年，审计50家企业发现，利润比1985年下降26.39%。审计提出改进意见，促进企业实现增利目标7329万元。

1987年年初，市审计局会同区县审计局开展冶金、机电、化工、电子、仪表、轻工、纺织、建材系统等50家利润下降企业审计。

1988年7月，根据市委市政府清理整顿公司的要求，市审计局组织区县审计局审计市属27家公司。

1989年，根据国务院《全民所有制企业承包经营责任制暂行条例》和审计署《关于全民所有制工业企业承包经营责任审计的若干规定》，承包经营责任审计成为经常性审计任务。市审计局审计全市73家重点工业、商业企业1988年承包经营情况。针对承包经营企业利润失实、潜亏挂账、管理水平下降等问题，提出完善承包经营责任制的建议，与市经委、市财政局等联合发出《关于部分企业承包经营责任审计情况的几点意见》。

1995年，市审计局审计财政补贴较多的政策性亏损企业，检查企业损益真实性和财政补贴资金使用管理情况。审计提出加强财政补贴资金监督管理，防止财政补贴资金流失的建议。

1998年至2004年，审计机关根据党委、政府要求，以财务收支审计为基础，以经济责任为中心，结合企业改革改制，加强企业资产负债损益审计，摸清家底，核实盈亏，监督国有资产保值增值。

2004年，审计屯溪高压阀门厂和歙县装卸运输承包总公司改制情况。

2005年，市审计局审计市自来水公司资产负债损益。

2006年，审计全市（除屯溪区、徽州区以外）盐业公司2005年财务收支。

2007年，市审计局专项审计全市电力集体企业养老保险基金。

1984年至2007年，全市审计1118个（次）单位，审计金额73954多万元，查出违纪金额41538多万元、节约资金9598多万元，上缴财政1182万元。

黄山市经济责任审计 2000年以来，市区县审计机关根据中办、国办关于《县级以下党政领导干部任期经济责任审计暂行规定》和《国有企业及国有控股企业领导人员任期经济责任审计暂行规定》，积极开展县级以下党政领导干部任期经济责任审计，试行县级领导干部经济责任审计，并加强区县和部门经济责任审计检查指导。评价领导干部业绩和经济责任，促进国有企业改善经营管理和领导干部勤政廉政，保障国有资产保值增值发挥积极作用。

2004年，全市完成73个审计项目，评价68名领导干部经济责任，查出违规金额1719万元、管理不规范金额2859万元，国有资产增值单位22个，保值单位32个，减值单位9个，为各级党委考核使用干部提供依据。

2005年，根据市经济责任审计工作领导小组意见，市审计局按照“重点单位负责人三年审计一遍，任期满两年的单位负责人五年轮审一遍”的目标，至2007年，审计49个对象经济责任。其中：任中审计29人，离任审计20人，包含区县长3人，区县委书记 2 人。市审计局还结合预算执行和其他专项资金审计开展经济责任审计 9 个。查出违规金额 4026 万元，管理不规范资金 7557 万元，损失浪费金额 241 万元，移送案件线索 2 起，党纪政纪处分 1 人，提交审计结果报告和审计信息 60 余篇，提出建议 180 余条，市委市政府采纳和批示 20 余篇（条）。

截至 2007 年年底，全市审计 406 个项目，评价 398 名领导干部经济责任，查出违规金额 6156 万元，管理不规范金额 9641 万元，国有资产增值单位 218 个，保值单位 136 个，减值单位 58 个。为各级党委考核使用干部提供重要依据，审计后领导干部被平调 189 个，晋升 155 人，免职 48 人，撤职 10 人。

黄山市审计调查　1984 年起，全市审计机关将税收财务物价大检查作为审计工作重要任务。至 1995 年，全市审计机关检查 35 家中央驻黄山企业、166 家市属企业和 283 家区县属企业。查出违纪金额 1.02 亿元，其中应上缴财政金额 3505 万元。审计发现，漏缴工商各税；成本不实、乱挤乱摊费用；转移截留利润、违规罚没收入及其他收入；漏缴能源交通基金和预算调节基金；收入不入账，设"小金库"乱发奖金、津贴、补贴、实物等问题。1984 年至 2007 年，审计调查 342 项，审计及时反映问题并提出建议 288 条，为政府决策和宏观调控提供可靠信息，促进部门和企业加强经营管理，提高经济效益。

1986 年，市审计局调查 11 个中央驻黄单位 1984 年发放奖金、津贴、实物情况。

1987 年年初，针对兴办第三产业高潮出现的新情况，市审计局调查全民企业新办集体企业情况。

1988 年 8 月，市审计局组织区县审计局调查 84 家工商企业、行政事业单位专控商品购买情况和 10 家百货商店专控商品供应情况；组织各区审计局调查 23 个烟酒批发单位执行烟酒调价政策情况；市审计局还分别到市计委、市统计局、市外汇管理局、市财政局等单位调查全市借用外债情况；市审计局组织区县审计局调查 101 家工商企业横向经济联合情况。

1990 年年初，调查 9 大宾馆、饭店公款宴请情况。

1993 年至 2004 年，全市审计调查全市养老保险基金和待业保险基金管理、使用情况。

1994 年，市审计局组织调查市土地局、市财政局和 7 个区县 1992 年、1993 年菜地建设基金征收、管理、上缴和使用情况。调查发现菜地建设基金未足额征收、菜地建设周转金投向不符合规定、部分区县菜地建设配套资金未及时到位等问题，提出审计建议。

2005 年，市审计局组织审计和调查全市失业保险基金、环保专项资金。

2006 年，市审计局组织审计和调查全市养老保险基金。

2007 年，市审计局组织审计和调查全市农村公路建设项目。

黄山市政府交办审计事项　审计机关成立以来，政府交办事项随着中心工作任务而变化。1983 年至 1996 年，主要是企业经营承包责任审计；1996 年至 2000 年，主要是企业破产清算和改制审计；2001 年至 2004 年，主要是领导干部任期经济责任审计。

2004 年后，领导干部经济责任审计转变为经常性审计事项，政府交办审计事项主要是针对重点单位、重点行业和其他临时特定任务。

2002 年，市审计局组织审计黄山旅游发展股份有限公司 2002 年资产负债损益情况。

2004 年，市审计局开展屯溪高压阀门厂和歙县装卸运输承包总公司改制审计。还审计黄山风景区管理委员会、黄山旅游发展股份有限公司总部财务收支，审计结果得到市委书记王启敏高度评价。

2005 年，市审计局审计黄山风景区管委会 2004 年财务收支。

2006 年，市审计局组织审计黄山风景区管委会 2005 年财务收支、黄山旅游集团有限公司资产负债损益、驻北京办事处财务收支。

当年，根据市政府文件，组织审计全市扶贫开发整村推进工程实施情况（除屯溪区外 6 个区县）。

2007 年，市审计局组织审计全市扶贫开发整村推进工程实施情况、黄山区、徽州区、屯溪区和休宁县高速公路（合铜黄、汤屯、黄塔桃）征地拆迁补偿资金。调查黄山风景区管委会 2006 年项目支出和遗产地保护费支出情况。

1984 年至 2007 年，全市审计 108 个（次）单位，审计金额 236096 多万元，查出违纪金额 23069 多万元、节约资金 4278 多万元，上缴财政 1121 万元 。

黄山市内部审计　1984 年，在市审计局指导下，黄山市各单位内审机构得到各级领导重视和支持，边组建、边工作，探索出各行业的审计形式和方法，在维护财经纪律、改善经营管理、提高经济效益方面发挥作用。

1988 年以来，内审机构开展审计及调查 4800 项，纠正违纪金额 4960 万元，其中增加上缴 850 万元，增加赢利 2160 万元，促进增收节支 2800 万元，查处损失浪费 5980 万元。移送案件 82 件，移交监察、司法部门处理 230 人。

黄山市审计机关把内审工作管理和指导纳入日常工作，每年都召开内审工作会议、举办多种形式培训班，促进总结交流、学习研讨，加强检查督导，提高全市内审工作质量和水平，发挥内部审计在改善内部管理、促进增收节支、维护财经纪律方面的作用。

2004 年 1 月 8 日，在市审计局支持指导下，黄山市内部审计协会成立，发挥内部审计的行业自律和管理作用。

黄山市社会审计　1988 年以来，社会审计开展 15100 余项业务，业务收入 6800 万元，发挥监督、公证、评价职能，取得较好经济效益和社会效益。2000 年至 2001 年，完成市县（区）审计事务所和基建事务所的脱钩改制工作。

第十四章　内部管理

第一节　计划管理

安徽省审计计划管理工作由省审计厅综合法规处负责，工作内容包括审计对象调查、全省审计工作规划编制、年度审计项目安排，中央审计项目转授权和省属审计项目向下级机关授权工作，以及厅机关审计处室审计范围的协调和划分等。

审计对象调查　安徽省审计机关进行过两次全省审计对象全面调查。

1986 年 6 月，安徽省审计局转发审计署、国家统计局《关于进行审计对象基本情况调查统计的通知》，明确调查统计任务分工、统计范围以及填制报表说明和要求等事项。全省审计对象的调查统计，按照“统一组织，分级负责，条块结合”的原则，进行第一次审计对象调查。

1991 年 10 月，根据审计署关于开展第二次审计对象基本情况统计调查的要求，省审计局按照“统一部署，分级进行，逐级汇总”原则，布置全省审计对象调查工作，要求各级审计机关组织力量，严格按照审计署规定的统计口径，保质保量地完成任务。1992 年，全省开展第二次审计对象基本情况统计调查，调查结果是：全省审计对象 29040 个。其中：工业企业 3053 个（其中大型企业 60 个，中型企业 320 个，小型企业 1428 个，大集体 1245 个）；非工业企业 7797 个（其中大中型企业 1271 个，小型企业 4573 个，大集体 1953 个）；行政单位 6382 个；事业单位 11726 个；合资企业 82 个（为中小型合资企业）。

审计对象调查结果，为审计机关编制年度审计项目计划提供参考依据。

审计项目计划编制　审计计划编制工作围绕安徽省经济工作的重点展开，年度审计计划管理工作，包括全省审计项目计划和省审计厅本级审计项目计划两个部分。

1986 年至 2007 年，各年度审计计划项目具体是：

1986 年，全省计划安排审计单位 5405 个。其中：企业 513 个，行政事业单位 3933 个，基建项目 497 个，财政税务部门 29 个，金融机构 51 个，利用外资项目 37 个，其他项目 345 个。

1987 年，全省计划审计单位 4333 个。其中：工交企业盈亏大户 50 个，外贸企业 1 个，财税部门 12 个，金融机构 18 个，支农专项资金 40 个，世界银行贷款项目 60 个，行政事业单位 4000 个，商业企业 14 个，民政事业费 31 个，各地安排自定审计项目 107 个。

省审计局本级计划审计单位106个。其中：公交企业盈亏大户2个，外贸企业1个，财税部门1个，金融机构1个，世行贷款项目13个，行政事业单位85个，商业企业1个，民政事业费1个，其他审计项目1个。

1988年，全省计划安排审计项目4822个。其中：财政税务部门12个，保险公司91个，重点企业67个，支农资金73个，行政事业单位4000个，世行贷款和联合国组织援助项目75个，规费、罚没款收支项目500个，专题审计调查4个。

省审计局本级安排审计104个单位。其中：财政税务部门1个，保险公司1个，重点企业3个，农业生产资料公司1个，行政事业单位80个，世行贷款审计13个，规费、罚没款收支项目5个。

1989年，全省计划审计单位6921个。其中：企业344个，行政事业单位4600个，财税部门19个，金融机构17个，基本建设项目1412个，利用外资单位119个，其他410个。

省审计局本级计划审计222个单位。其中：财税部门2个，金融机构1个，省属企业3个，建设项目3个，中央企事业单位3个，行政事业单位90个，经常性审计103个，外资项目执行单位17个。

1990年，全省计划审计单位7667个。其中：财政40个，金融163个，基建投资项目36个，企业775个，行政事业单位4004个，教育经费600个，罚没款项目1500个，水利事业费和扶贫资金127个，外资项目111个，中央企事业单位财务收支项目26个，消费基金审计调查82个，教育附加调查198个，中外合资企业及重点外资项目审计调查5个。

省审计局本级安排计划149个单位。其中：财政1个，金融1个，基建投资7个，承包经营2个，工商企业财务收支9个，行政事业单位94个，教育经费4个，罚没款项目审计5个，外资项目13个，中央企事业单位财务收支审计5个，消费基金审计调查2个，教育附加费调查2个，中外合资企业及重点外资项目审计调查4个。

1991年，全省计划审计单位5770个。其中：财政决算32个，金融机构财务收支97个，基建28个，承包经营企业830个，农业61个，行政事业单位3303个，外资项目107个，邮电行业82个，旅行社行业20个，粮食企业建仓资金审计25个，农业银行自有资金管理使用情况调查33个，政府部门行政经费来源和开支水平悬殊问题调查1152个。

省审计局本级计划审计单位108个。其中：财政2个，金融3个，基建3个，承包经营4个，农业1个，行政事业41个，外资17个，邮电行业1个，旅行社行业6个，审计调查30个。

1992年，全省计划审计单位3995个。其中：财政13个单位，金融机构109个，企业656个（其中承包经营审计550个），农业资金105个，救灾款物638个，基建项目70个，国家机关定期审计2016个，事业单位125个，世行贷款107个，科研经费、合资企业及协会、学会经费审计调查156个。

省审计局本级计划审计单位129个。其中：财政1个，金融2个，企业2个（其中承包经营审计 1 个），救灾款物项目 5 个，基建 5 个，国家机关定期审计 46 个，事业单位 4 个，世行贷款 6 个，审计调查 58 个。

1993 年，全省计划审计 2427 个单位。其中：财政 20 个单位，重点建设项目 30 个，中央企业 15 个，粮食企业亏损挂账审计和调查 37 个，农业资金 20 个，养老待业保险金 32 个，土地管理部门收费 62 个，国际金融组织贷款项目 123 个，国家机关定期审计 1400 个，承包经营 680 个，金融 1 个，县级机构体改情况调查 7 个。

省审计局本级计划审计单位 58 个。其中：财政 3 个，重点建设项目 4 个，中央企业 3 个，粮食企业亏损挂账审计和调查 1 个，养老待业保险金 2 个，土地管理部门 1 个，国际金融组织贷款项目 15 个，国家机关定期审计 26 个，承包经营 2 个，金融机构财务收支审计 1 个。

1994 年，全省计划审计 2026 个单位。其中：财政 23 个，保险公司 85 个，国家机关和事业单位 1400 个，重点企业 65 个，第二期黄淮海综合开发项目 40 个，小农水和水土保持补助费 30 个，基建 59 个，利用外资项目 317 个，其他项目 7 个。

省审计局本级计划审计 77 个单位。其中：财政 2 个，保险公司 1 个，国家机关和事业单位 30 个，重点企业 8 个，农业资金 1 个，基建 3 个，利用外资 25 个，其他项目 7 个。

1995 年，全省统一安排审计项目有 23 项：对下级政府财政决算审计；对本级财政预算执行情况审计；中行审计；建行审计；农资经营企业审计；邮电企业审计；重点企业审计；航运部门审计；扶贫资金审计；农业投入审计；城建资金审计；公益性建设项目竣工决算审计；公检法办案经费审计；教育经费审计；国际金融组织贷款项目审计；其他授权项目审计；现代企业制度改革试点企业调查；蔬菜基地资金征收和使用情况调查；超计划生育费收支情况调查；投资 1000 万元以上基建（技改）项目调查；黄淮海农业开发项目调查；加快山区发展政策落实情况调查；省审计厅派驻机构的项目审计。

1996 年，全省计划审计 2898 个单位，其中：预算执行情况审计 1200 个，农业审计 63 个，金融审计 153 个，国有企业审计 276 个，固定资产投资审计 163 个，行政事业审计 860 个，外资运用审计 180 个，审计调查 3 个。

省审计厅本级审计和调查 20 项：财政预算执行情况审计；国有土地转让收入审计；粮棉大县专项贷款审计；支援不发达地区资金审计；第三期黄淮海项目审计；农行安徽省分行审计；中行安徽省分行审计；省国际信托投资公司审计；重点企业审计；公路行业审计；农业生资行业审计；公益性固定资产投资项目审计；施工企业劳保统筹资金审计；市政道路、公路投资项目审计；失业和养老保险基金审计；教育经费审计；世亚行和国外援贷款项目审计；现代企业制度试点企业调查；预算外资金审计调查；救灾扶贫周转金调查。

1997 年，围绕“九五”时期审计工作目标，全省统一组织审计（或调查）22 项、2895 个单位。其中：财政审计 1020 个，金融审计 107 个，农业审计 299 个，重点企业审计 291 个，固定资产投资审计 64 个，行政事业审计 890 个，外资审计 222 个，审计调查

2 项。

省审计厅本级计划审计和调查 18 项：预算执行情况审计；下级政府财政决算审计；证券公司审计；中国农业银行安徽省分行审计；扶贫资金审计；农业综合开发资金审计；烟草行业审计；百户重点企业审计；棉麻企业审计；医药企业审计；房改基金及安居工程审计；固定资产技改项目审计；固定资产建设项目审计；人防经费审计；医院专项经费审计；行政事业单位经常性检查；国际金融组织援贷款项目审计；国企改革和文化系统审计调查。

1998 年，全省统一组织审计 20 项：预算执行情况审计；对下级政府财政决算审计；百户重点企业审计；粮食行业审计；股份制企业审计或审计调查；水利资金审计；扶贫资金审计；农业综合开发资金审计；乡镇资金审计；中保财产公司系统审计；中保人寿公司系统审计；城市、农村信用社审计或审计调查；电力、三峡建设基金审计；财政预算投资资金执行情况审计调查；公益性项目审计；住房资金审计；公安收费及罚没收入审计；经常性审计；国际贷援款项目审计；中外合资合作企业审计。

省审计厅本级审计 16 项：财政审计 2 项，企业审计 3 项，农业审计 2 项，金融审计 2 项，固定资产投资项目审计 3 项，行政事业单位财务收支等审计 3 项，国际金融组织援贷款项目审计 1 项。

当年，省审计厅向安庆、芜湖等 7 个地市审计局授权审计省属单位 25 个；向审计署申请授权审计中央驻皖单位（项目）17 个。

1999 年，全省统一组织审计 26 项（其中审计署定 11 项，审计厅定 15 项）：本级预算执行情况审计；对下级政府财政决算审计；国债服务中心审计；纺织等行业重点企业审计；公路收费站财务收支审计；外贸行业重点企业财务收支审计；股份制商贸企业行业审计；国定贫困县扶贫资金审计；平垸行洪移民建镇资金审计；林业专项资金审计；乡镇资金审计；工商银行资产负债损益审计；地方商业银行资产负债损益审计；城乡信用社资产负债损益审计；中央粮库竣工决算或建设项目审计；重点水利建设项目审计；重点公路建设项目审计；法院和检察院系统财务收支审计；养老保险基金审计；专项募集赈灾资金福利彩票审计；对调整撤并部门所属高校审计；行政事业单位经常性审计；领导干部任期经济责任审计；国际贷援款项目审计；中外合资合作企业审计；世行贷款还本付息情况审计调查。

省审计厅本级审计 19 项：财政 3 项，企业 4 项，农业 2 项，金融 1 项，固定资产投资 3 项，行政事业 4 项，外资项目 2 项。

当年，省审计厅向芜湖、蚌埠等地市审计局转授权审计署项目 8 个，其中部分审计项目由省审计厅与地市审计局联合审计。

2000 年，全省统一组织审计 24 项：本级预算执行情况审计；下级政府财政决算审计；地税系统财务收支审计；省证券公司审计；城乡信用社审计；外资运用项目审计；中外合资合作项目审计；农业综合开发资金审计；乡镇资金审计；三峡移民建房资金审计；

百户重点企业审计;股份制企业审计调查;物资系统重点企业审计;盐业公司系统审计;工商行政管理系统财务收支审计;住房资金使用管理情况审计;企业基本养老保险基金审计调查;义务教育经费管理使用情况审计和调查;环境保护资金审计;农村电网改造差价还贷专项资金审计或调查;水利建设资金和项目审计;公路建设项目审计;社会公益性建设项目审计;社会审计组织业务质量检查。

省审计厅本级审计 27 个项目:财政处 3 个;金融处 1 个;外资处 2 个;农业处 4 个;工交处 3 个;商贸处 3 个;行政事业处 6 个;投资处 4 个;管理处承办社会审计组织业务质量检查 1 项。省审计厅派驻机构:省科技厅审计处、省对外贸易经济合作厅审计处、省建设厅审计处、省卫生厅审计处各承担本派驻部门的财务收支审计项目 1 个。

当年,省审计厅向芜湖、蚌埠、淮南、马鞍山、铜陵、安庆、黄山、阜阳、六安等审计局安排审计署授权审计项目 9 个。

2001 年,全省统一组织审计 17 项:省直 15 个部门单位预算执行及有关专项资金、基金使用管理情况;全省 124 个地税部门税收征管和提退业务联动调查;下级政府财政决算审计,安排审计铜陵、马鞍山市政府财政决算,检查其出台的财经规定是否符合国家法律和政策,上级下拨资金是否按规定使用,应缴上级收入是否足额上缴等;中国人民保险公司安徽省分公司及所辖分支机构审计;省证券公司审计;普教经费审计和调查;百户重点企业审计;公路车辆通行费审计;电力行业审计;财政支农资金审计调查;环保专项资金审计;乡镇资金审计调查;养老保险基金审计和审计调查;城乡、农村电网改造项目审计;根据审计署部署,组织审计 19 个国际金融组织贷款项目和 1 个国外援助项目;领导干部任期经济责任审计;社会审计业务质量检查。

省审计厅本级审计 48 个项目:综合法规处 1 个;财政处 4 个;金融处 2 个;行政事业处 5 个;经贸处 4 个;农业处 4 个;社保处 2 个;投资处 4 个;外资处 3 个;计划统计审计室 2 个;经济审计室 3 个;科技教育审计室 2 个;劳动保障审计室 2 个;农业审计室 3 个;交通建设审计室 2 个;文化卫生审计室 3 个;新闻广电审计室 2 个。

当年,省审计厅授权合肥市审计局等 8 个审计机关一次性审计省属单位 12 个项目。

2002 年,全省统一组织审计 16 项:省级预算执行情况审计;下级政府财政决算审计,安排审计淮北、宿州市政府 2001 年度财政决算;中国农业发展银行安徽省分行及所辖分支机构审计;华安证券公司审计;农村信用社审计;政府采购审计和审计调查;全省邮政行业财务收支审计;财政支农专项资金审计;三峡库区外迁移民安置资金审计;企业职工基本养老保险基金的筹集管理使用情况审计和扩大覆盖面及缴费情况专题调查;城市基础设施建设项目审计和建设资金审计调查;世行、亚行贷款项目审计;外国政府贷款、援款项目审计;政府外债审计调查;中外合资合作企业审计;领导干部任期经济责任审计。

省审计厅本级审计 53 个项目:财政处 6 个;金融处 3 个;行政事业处 3 个;经贸处 2 个;农业处 4 个;社保处 3 个;投资处 4 个;外资处 5 个;经济责任审计局 2 个;统计审

计室3个；经济审计室2个；科教审计室3个；劳保审计室2个；农业审计室3个；交通建设审计室3个；文卫审计室3个；新闻广电审计室2个。

当年，省审计厅授权六安、宣城等8个市县审计机关一次性审计7个项目。

2003年，全省统一组织审计20项：省级预算执行情况审计，结合经济责任审计，审计14个政府部门单位的预算执行及有关专项资金、基金的使用管理情况；下级政府财政决算审计，安排安庆、六安市政府2002年度财政决算审计；全省地税系统税收征管稽查情况审计；中国人寿保险公司安徽分公司及所辖分支机构资产负债损益审计；华安证券公司及其所属营业部资产负债损益审计；全省公安部门财务收支审计；全省住房资金审计和审计调查；全省工商系统财务收支审计；全省新华书店财务收支审计；原国电公司财务收支和领导经济责任审计；全省农业综合开发项目资金审计；扶贫资金审计；国土专项资金审计；土地出让金审计调查；失业保险基金审计和审计调查；全省公路建设项目审计；国外贷援款项目审计；政府外债管理体制专项调查；领导干部任期经济责任审计；社会审计组织业务质量检查。

省审计厅本级审计55个项目：财政处7个；金融处2个；行政事业处3个；经贸处1个；农业处5个；社保处3个；投资处5个；外资处5个；经责局1个；计统室2个；经济室4个；科教室3个；劳保室2个；农业室2个；交建室3个；文卫室4个；新闻广电室2个；综合法规处1个。

当年，省审计厅转授权审计署审计项目5个，分别由合肥、蚌埠、六安、芜湖市审计局组织实施。

2004年，全省统一组织审计18项：省级预算执行情况审计，审计13个部门单位的预算执行及有关专项资金、基金的使用管理情况；下级政府财政决算审计，审计合肥、铜陵市政府2003年度财政决算；国元证券有限责任公司2003年资产负债损益审计；全省农村信用社审计和调查；全省检察院系统财务收支审计；全省质量技术监督系统财务收支审计；生产救灾专项资金和捐赠款物审计；行蓄洪区补偿资金专项审计；淮河流域洪灾救济补偿资金审计；全省农村税费改革转移支付专项资金审计；全省国土系统财务收支和土地出让金专项审计；全省城市居民最低生活保障情况审计调查；全省城镇职工基本医疗保险基金征收使用和管理情况审计；治淮资金审计调查；国际金融组织贷援款项目审计；外国政府贷款项目审计和调查；中外合资企业审计和调查；经济责任审计。

省审计厅本级审计57个项目：财政处6个；金融处4个；行政事业处3个；经贸处2个；农业处2个；社保处2个；投资处3个；外资处14个；经责局1个；计统室2个；经济室3个；科教室2个；劳保室5个；农业室1个；交建室2个；文卫室2个；新广室3个。

当年，省审计厅授权市县审计机关一次性审计23个项目。其中8个市审计机关11个项目，12个县（市）审计机关12个项目。

2005年，全省统一组织审计15项：省级预算执行情况审计，审计11个部门单位的预算执行及有关专项资金、基金的使用管理情况；下级政府财政决算审计，安排蚌埠市政府2004年度财政决算审计;全省农村信用(联)社审计和调查,组织审计和调查全省农村信用(联)社2004年度资产负债损益情况;全省人民法院系统2004年度财政财务收支审计;全省食品药品监督管理局2004年度财务收支审计;全省地方海事(港航管理、船舶检验)局2004年度财务收支审计;全省环保专项资金审计;部分市县水利专项资金审计,组织审计合肥、亳州、蚌埠、淮南、滁州、六安、宣城市及所辖县(市、区)2003、2004年度水利专项资金。审计厅直接审计六安和滁州市,其余由6个市审计局实施;全省失业保险基金审计;城市失业保险基金专项调查;全省福利彩票资金专项调查;治淮建设项目资金审计,组织合肥、淮北、亳州、宿县、蚌埠、阜阳、淮南、滁州、六安市审计局,对已竣工治淮建设项目的前期工作、建设管理、财务收支全面审计并延伸有关单位;部分高校建设项目审计及调查,组织14个市审计局审计和调查省市高等院校建设项目;组织市县审计局对国外贷援款项目审计,省审计厅外资处审计32个项目、计划出具中英文对照审计报告28份;全省经济责任审计800个项目。

省审计厅本级审计53个项目:财政处4个;金融处4个;行政事业处3个;经贸处1个;农业处3个;社保处2个;投资处3个;外资处15个;计统室2个;经济室2个;科教室2个;劳保室2个;农业室2个;交建室4个;文卫室2个;新广室2个。

当年,省审计厅授权市县审计机关一次性审计12个项目,由蚌埠、淮南、寿县、金寨、霍山、巢湖、芜湖、宣城、池州、怀宁、宿松等审计局实施。

2006年,全省统一组织审计17项:省级预算执行情况审计,审计14个部门单位预算执行及有关专项资金使用管理情况;下级政府财政决算审计,安排池州市政府2005年度财政决算审计;组织阜阳、黄山、宣城、铜陵、宿州、池州6市及所辖县(市)审计局,审计地税局2005年度财务收支,其中池州市及所辖县地税局由省审计厅实施;全省中小企业信用担保机构审计调查;省监狱管理局省直监狱系统2005年度财务收支审计;全省盐业公司系统2005年度财务收支审计;全省农业综合开发专项资金审计;全省扶贫专项资金审计;全省城市住房公积金审计;全省养老保险基金审计和审计调查;全省治淮建设项目审计;全省部分高校建设项目竣工决算审计;淮南矿业集团张集煤矿二期工程竣工决算审计及效益审计;外资运用审计,省审计厅外资处审计项目单位32个,计划出具中英文对照审计报告26份;省直三家医院2005年度财务收支审计;全省公路通行费审计;经济责任审计。

省审计厅本级计划审计56个项目:财政处6个,金融处3个,行政事业处4个,经贸处2个,农业处3个,社保处3个,投资处3个,外资处13个,经济责任局2个,计统室2个,经济室2个,科教室2个,劳保室2个,农业室3个,交建室2个,文卫室2个,新闻广电室2个。

当年,省审计厅授权市县审计局6个项目,其中市级审计机关5个,县级审计机关1个。

2007年,全省统一组织审计20项:省级预算执行情况审计,审计省财政厅、公安厅、人事厅、交通厅、科技厅、人口计生委、统计局、工商局和省农科院2006年度预算执行情况，对省科技厅和省农科院决算报表（草案）进行审签试点；组织亳州、蚌埠、淮南、安庆等4市15个县（区）审计机关，分别审计本市县地税局2006年度财务收支；全省工商行政管理系统2006年度财务收支审计；全省公路管理局2006年度财务收支审计；组织部分市县审计机关，审计世界银行贷款、亚洲开发银行贷款、英国政府赠款、日本国际协力银行贷款、德国援款等13个贷援款项目；全省财政涉农资金投入管理和使用情况调查；，组织市县审计2006年度中央、省财政及地方配套的全省粮食直接补贴、良种补贴、阳光工程补助资金；全省新型农村合作医疗基金收支管理情况审计调查；组织全省审计企业职工基本养老保险基金、城镇职工基本医疗保险基金、失业保险基金和企业年金、工伤保险基金及生育保险基金的资产负债和基金收支情况；根据省政府交办，组织有关市审计省电力公司和68户电力集体企业养老保险基金收支情况；省科技厅2004年至2006年科技三项费用审计调查；组织蚌埠、淮南、阜阳、亳州、宿州、六安、滁州市审计局，审计2006年度基本完工的治淮项目；组织市县审计机关，从政府投资完工的农业项目中选择一个项目，开展效益审计；组织全省农村公路建设项目审计调查；安庆皖江发电有限公司安庆电厂一期工程竣工决算和投资效益审计；组织阜阳、安庆、宣城、六安4市10县审计机关，专项效益调查安徽省即将完工的世行贷款基本卫生服务项目；根据审计署安排，组织审计中国农业银行安徽省分行2006年度资产负债损益；安徽叉车集团公司和省粮油食品进出口（集团）公司2006年度财务收支审计；根据省委组织部委托，审计铜陵有色金属（集体）公司、淮南矿业（集团）有限责任公司、省徽商集团有限公司领导人员经济责任；根据省委组织部委托，审计2个市政府和4个省直厅（局）负责人任期经济责任。

省审计厅本级审计56个项目：财政处5个；金融处3个；行政事业处2个；经贸处2个；农业处3个；社保处3个；投资处5个；外资处15个；经责局1个；计统室2个；经济室4个；科教室3个；劳保室2个；农业室2个；交建室2个；文卫室2个。

第二节 统计管理

自1983年审计机关成立，审计统计工作随着审计业务工作的开展开始起步。1984年建立审计统计制度，最初统计指标和统计方法比较简单，按行业和地域统计审计成果，同时也对审计机关基础建设情况进行统计。

1986年，审计署发出《关于加强审计统计工作的通知》，明确审计统计工作的主要任务、机构设置、人员配备、统计报告制度、统计质量要求，审计统计工作有了第一个规范性文件。2月，省审计局根据审计署印发的《审计情况统计表》及编表说明，结合本省情况，提出全省审计机关及省直各单位内审机构的审计统计工作具体要求，强调填报审计统计报表必须坚持“实事求是，认真核对，不错不漏”的原则。

1987年,按照审计署印制的全国统一的9张定期报表要求,省审计局于4月在合肥召开全省审计统计工作会议,培训审计统计工作人员,强调审计统计工作是审计工作不可缺少的重要组成部分,要求统计人员队伍相对稳定。

1989年1月,省审计局印发《关于当前审计统计工作几个问题的通知》,设置“统计台账”和“审计结论明细表”,推荐给下级审计机关参考使用。

1990年,全省审计统计工作全面执行审计署《关于审计查处违纪金额统计口径的意见》。

1992年,审计署明确审计发现被审计单位有《国务院关于违反财政法规处罚的暂行规定》中规定的15种违反财政法规情形的,均按违纪金额统计,其他问题作为违规金额统计。

1995年《中华人民共和国审计法》施行,审计业务文书变化,审计意见书与审计决定并存,审计署本着不重复统计原则,重新明确违纪金额统计口径。

2002年,审计署针对统计指标分类粗、报表内容不完整和统计分析基础工作薄弱等情况,印发《关于深化统计工作改革的实施方案》,改革统计报表、统计分析和统计基础工作。省审计厅转发审计署办公厅《2003年审计情况报表编报说明》,要求各级审计机关严格按照审计署编报说明的要求,认真准确地做好审计情况报表的编报工作。

2003年,审计署重新研制新的审计统计软件,随后对审计统计软件升级。

2006年,审计署启用新指标体系,增加月报表、效益审计情况统计表和审计工作补充报表。2007年12月,增加《审计机关基本情况表》。

审计统计信息为安徽省委、省政府宏观经济决策提供可靠依据,为审计成果利用起到积极作用。2003年至2007年,省审计厅报送的审计统计信息被审计署、安徽省委、省政府采用85条。其中:审计署采用4条,省委采用52条,省政府采用29条。

审计统计分析　1983年至2007年,安徽省审计机关审计和调查158602个单位,查出违规行为金额746.24亿元,处理应上缴财政金额55.19亿元,已上缴财政金额37.83亿元,减少财政拨款或补贴金额7.78亿元,归还原渠道资金60.5亿元,调账处理金额100.74亿元,移送司法、纪检监察机关案件线索960件,建议给予行政处分196人,提交审计工作报告、信息等64717篇,党政领导和有关部门批示采用36077篇次。

1984年,全省审计282个单位,查出问题资金2264万元,其中应上缴财政金额649万元。

1985年,全省审计4404个单位,查出问题资金1.91亿元,其中应上缴财政金额7190万元,上缴财政金额3661万元,移送司法、纪检监察和有关部门案件线索27件。

1986年,全省审计5741个单位,查出问题资金2.85亿元,其中应上缴财政金额6356万元,上缴财政金额4857万元,移送司法、纪检监察和有关部门案件线索56件。

1987年,全省审计8088个单位,查出问题资金3.16亿元,其中应上缴财政金额5264万元,已上缴财政金额4131万元,移送司法、纪检监察和有关部门案件线索14件。

1988年，全省审计8715个单位，查出违规行为金额3.79亿元，其中应上缴财政金额6875万元，上缴财政金额4947万元，减少财政拨款或补贴金额235万元，移送司法、纪检监察和有关部门案件线索18件，提交审计工作报告、信息等349篇，党政领导和有关部门批示采用190篇次。

1989年，全省审计12219个单位，查出违规行为金额7.72亿元，其中应上缴财政金额14405万元，上缴财政金额10080万元，减少财政拨款或补贴金额810万元，移送司法、纪检监察和有关部门案件线索46件，提交审计工作报告、信息等334篇，党政领导和有关部门批示采用323篇次。

1990年，全省审计10429个单位，查出违规行为金额5.61亿元，其中应上缴财政金额8990万元，上缴财政金额7374万元，减少财政拨款或补贴金额103万元，移送司法、纪检监察和有关部门案件线索10件，提交审计工作报告、信息等428篇，党政领导和有关部门批示采用367篇次。

1991年，全省审计8828个单位，查出违规行为金额6.72亿元，其中应上缴财政金额6755万元，上缴财政金额5544万元，减少财政拨款或补贴金额348万元，移送司法、纪检监察和有关部门案件线索14件，提交审计工作报告、信息等412篇，党政领导和有关部门批示采用134篇次。

1992年，全省审计7239个单位，查出违规行为金额7.79亿元，其中应上缴财政金额5458万元，上缴财政金额4576万元，减少财政拨款或补贴金额226万元，移送司法、纪检监察和有关部门案件线索22件，提交审计工作报告、信息等412篇，党政领导和有关部门批示采用134篇次。

1993年，全省审计6395个单位，查出违规行为金额8亿元，其中应上缴财政金额8888万元，上缴财政金额4933万元，提交审计工作报告、信息等1749篇，党政领导和有关部门批示采用728篇次。

1994年，全省审计5982个单位，查出违规行为金额9.66亿元，其中应上缴财政金额9864万元，上缴财政金额6192万元，提交审计工作报告、信息等2576篇，党政领导和有关部门批示采用936篇次。

1995年，全省审计6310个单位，查出违规行为金额8.86亿元，其中应上缴财政金额13310万元，上缴财政金额9159万元，移送司法、纪检监察和有关部门案件线索22件，建议给予行政处分14人，提交审计工作报告、信息等2557篇，党政领导和有关部门批示采用1244篇次。

1996年，全省审计6543个单位，查出违规行为金额25.29亿元，其中应上缴财政金额38129万元，上缴财政金额23824万元，移送司法、纪检监察和有关部门案件线索2件，建议给予行政处分13人，提交审计工作报告、信息等3192篇，党政领导和有关部门批示采用1683篇次。

1997年，全省审计6756个单位，查出违规行为金额27.12亿元，其中应上缴财政金额25526万元，上缴财政金额16189万元，移送司法、纪检监察和有关部门案件线索7件，建议给予行政处分15人，提交审计工作报告、信息等3903篇，党政领导和有关部门批示采用2043篇次。

1998年，全省审计6790个单位，查出违规行为金额63.3亿元，其中应上缴财政金额35793万元，上缴财政金额17152万元，减少财政拨款或补贴金额2958万元，归还原渠道资金10.31亿元，移送司法、纪检监察和有关部门案件线索38件，建议给予行政处分28人，提交审计工作报告、信息等4413篇，党政领导和有关部门批示采用2398篇次。

1999年，全省审计6636个单位，查出违规行为金额76.44亿元，其中应上缴财政金额75392万元，上缴财政金额47531万元，减少财政拨款或补贴金额5742万元，归还原渠道资金9.38亿元，移送司法、纪检监察和有关部门案件线索34件，建议给予行政处分33人，提交审计工作报告、信息等4692篇，党政领导和有关部门批示采用2521篇次。

2000年，全省审计6597个单位，查出违规行为金额99.63亿元，其中应上缴财政金额33203万元，上缴财政金额23629万元，减少财政拨款或补贴金额14732万元，归还原渠道资金7.96亿元，移送司法、纪检监察和有关部门案件线索47件，建议给予行政处分46人，提交审计工作报告、信息等4901篇，党政领导和有关部门批示采用2500篇次。

2001年，全省审计5553个单位，查出违规行为金额98.92亿元，其中应上缴财政金额20785万元，上缴财政金额16048万元，减少财政拨款或补贴金额23247万元，归还原渠道资金7.61亿元，移送司法、纪检监察和有关部门案件线索72件，建议给予行政处分32人，提交审计工作报告、信息等4418篇，党政领导和有关部门批示采用2246篇次。

2002年，全省审计5611个单位，查出违规行为金额67.02亿元，其中应上缴财政金额27656万元，上缴财政金额16621万元，减少财政拨款或补贴金额4028万元，归还原渠道资金2.46亿元，调账处理金额13.7亿元，移送司法、纪检监察和有关部门案件线索78件，建议给予行政处分15人，提交审计工作报告、信息等4426篇，党政领导和有关部门批示采用2351篇次。

2003年，全省审计4866个单位，查出违规行为金额54.51亿元，其中应上缴财政金额13304万元，上缴财政金额9329万元，减少财政拨款或补贴金额521万元，归还原渠道资金2.16亿元，调账处理金额18.18亿元，移送司法、纪检监察和有关部门案件线索44件，提交审计工作报告、信息等4432篇，党政领导和有关部门批示采用2075篇次。

2004年，全省审计5223个单位，查出违规行为金额38.23亿元，其中应上缴财政金额59480万元，上缴财政金额38883万元，减少财政拨款或补贴金额1917万元，归还原渠道资金2.8亿元，调账处理金额14.08亿元，移送司法、纪检监察和有关部门案件线索50件，提交审计工作报告、信息等4681篇，党政领导和有关部门批示采用2751篇次。

2005年，全省审计5523个单位，查出违规行为金额36.8亿元，其中应上缴财政金额42998万元，已上缴财政金额36898万元，减少财政拨款或补贴金额2448万元，归还原渠道资金4.93亿元，调账处理金额14.06亿元，移送司法、纪检监察和有关部门案件线索55件，提交审计工作报告、信息等2268篇，党政领导和有关部门批示采用1851篇次。

2006年，全省审计6521个单位，查出违规行为金额39.04亿元，其中应上缴财政金额43290万元，上缴财政金额32329万元，减少财政拨款或补贴金额6629万元，归还原渠道资金6.94亿元，调账处理金额22.03亿元，移送司法、纪检监察和有关部门案件线索41件，提交审计工作报告、信息等6916篇，党政领导和有关部门批示采用4650篇次。

2007年，全省审计7351个单位，查出违规行为金额53.66亿元，其中应上缴财政金额42356万元，上缴财政金额34399万元，减少财政拨款或补贴金额13896万元，归还原渠道资金5.99亿元，调账处理金额18.69亿元，移送司法、纪检监察和有关部门案件线索78提交审计工作报告、信息等6567篇，党政领导和有关部门批示采用4358篇次。

安徽省预算执行审计，1998年至2007年，全省审计6206个单位，查出违规金额927331万元；

财政决算审计，1988年至2007年，全省审计5810个单位，查出违规金额755864万元；

金融审计，1988年至2007年，全省审计4718个单位，查出违规金额438337万元；

固定资产投资审计，1988年至2007年，全省审计14617个单位，查出违规金额462032万元；

企业审计，1988年至2007年，全省审计27582个单位，查出违规金额2034475万元；

行政事业审计，1988年至2007年，全省审计63505个单位，查出违规金额1902762万元；

农业审计，1988年至2005年，全省审计9730个单位，查出违规金额286242万元；

国外贷款援款项目审计，1988年至2007年，全省审计3682个单位，查出违规金额591720万元；

专项资金审计，2003年至2007年，全省审计5072个单位，查出违规金额319508万元；

经济责任审计，1999年至2007年，全省审计责任人10876人，涉及审计单位10368个，查出主管责任违规行为金额910255万元，直接责任违规行为金额102056万元，主管责任管理不规范金额1184293万元，直接责任管理不规范金额74740万元，主管责任损失浪费金额35357万元，直接责任损失浪费金额442万元。

审计统计工作考核 为推动安徽审计统计工作水平提高，省审计厅自1989年开始，对全省审计统计工作开展不定期考核和评比，逐步建立审计统计工作规范。

1989年4月，省审计局印发《安徽省审计统计工作考核记分办法》，考核全省各行署、市审计局的审计统计工作，对报表差错、签章不全、审表差错等进行量化评分。该办法从年初开始实行。

1996 年 3 月，根据审计署加强审计统计工作的要求，省审计厅制定《审计统计工作质量考核办法》，修订和完善审计统计工作质量的考核和评定。

1999 年 2 月，省审计厅发出《1998 年度审计统计工作质量考核情况的通报》，由于全省各级审计机关领导重视和全体审计统计人员共同努力，安徽省审计统计工作连续五年被审计署评为先进单位，1998 年度再次受到审计署通报表彰。根据《安徽省审计统计工作考核办法》，综合考核各地市和省审计厅业务处 1998 年度审计统计工作质量。考核评出先进单位有：滁州市审计局、合肥市审计局、安庆市审计局、铜陵市审计局、芜湖市审计局。评出较好的单位有：六安行署审计局、黄山市审计局、蚌埠市审计局、省审计厅工业交通审计处和行政事业审计处。

2003 年 2 月，省审计厅通报表彰 2002 年度审计统计工作先进单位和先进个人。先进单位：宿州市审计局、安庆市审计局、蚌埠市审计局、滁州市审计局。先进个人：王丽（淮南市审计局）、张升保（巢湖市审计局）、丁宏林（宣城市审计局）、郭立刚（六安市审计局）。

2004 年 2 月，省审计厅通报表彰 2003 年度审计统计工作先进单位和先进个人。先进单位：淮南市审计局、宿州市审计局、铜陵市审计局。先进个人：张升保（巢湖市审计局）、李莉（蚌埠市审计局）、张长（滁州市审计局）、黄燕萍（芜湖市审计局）、张丽梅（合肥市审计局）。

2005 年 3 月，省审计厅通报表彰 2004 年度审计统计工作先进单位和先进个人。先进单位：宿州市审计局、宣城市审计局、芜湖市审计局、淮南市审计局。先进个人：张丽梅（合肥市审计局）、张升保（巢湖市审计局）、江敏（阜阳市审计局）、戚红宇（蚌埠市审计局）。

2006 年 2 月，省审计厅通报表彰 2005 年度审计统计工作先进单位和先进个人。先进单位：宿州市审计局、合肥市审计局、蚌埠市审计局、芜湖市审计局、淮南市审计局。先进个人：李平恩（淮北市审计局）、张升保（巢湖市审计局）、江敏（阜阳市审计局）、段青（宣城市审计局）。

审计署肯定安徽省审计统计工作，多次指定在全国审计统计工作会议上发言，向兄弟省市审计机关介绍安徽省审计统计工作经验。

第三节　文书档案管理

审计文书工作　安徽省审计厅成立后，机关文书工作从无到有，从学习借鉴到自主创新，逐步建立并不断健全完善工作制度。

1999 年，制定《安徽省审计厅办文、办事限时制度》和《安徽省审计厅督办工作暂行制度》《安徽省审计厅政务公开制度》。

2001年，制定《安徽省审计厅错文公示制度》。

2002年，制定《安徽省审计厅关于精简会议、文件和领导事务性活动的规定》

2003年，将以前年度制定的规范性文件，编印成《安徽省审计厅规范性文件汇编》。

2004年10月，审计厅机关试运行《安徽省审计厅综合办公自动化应用管理系统》，实行公文网上审签。

2006年，根据《关于全面推行“三项制度”提高行政效能的通知》，修订《安徽省审计厅办文、办事限时制度》，印发《关于实行办文办事限时制的意见》。

当年，制定《中共安徽省审计厅党组会议议事规则》和《安徽省审计厅厅长办公会议议事规则》。

2007年9月，审计厅机关实行办公自动化，采用审计署开发并在全国统一运行的《审计管理系统》，实行纸质文件与电子文件双轨同步运转。

审计保密工作 1984年，安徽省审计局保密小组成立，陈仲祥任组长，祝德智、武尚瑞为副组长，张朗照、梁士钰为成员；

1986年，省审计局保密小组由孙杰任组长，梁士钰、黄庆禄、张朗照、汪诗山、陈海亭、余国泉为成员；

1987年，按照省委保密工作会议精神，撤销审计局保密小组，成立审计局保密委员会。局保密委员会由孙杰为主任，费勤荣为副主任，杨静萍、黄庆禄、陈再坤、王明芳、王道平、王玉霞、张朗照、李红、余国泉、刑浩钢、汪诗山、曹跃莲、胡键为委员。

1993年，审计局保密委员会由朱成林为主任，黄庆禄、孔凡礼为副主任，许志宝、王广树、史守信、徐锋、王奇林、张朗照、余国泉、韩振忠、解长道、汪元义、王松林、汪诗山、尤金圭、张华鼐、汪海为委员。

1994年，审计局保密委员会由朱成林为主任，解长道、王恩发为副主任，王奇林、孔凡礼、史守信、刘春华、王广树为委员。

1995年，审计厅保密委员会由朱成林为主任，解长道、王运清为副主任，王祝山、王奇林、史守信、刘春华、魏尧、刘大群、王广树为委员。

1999年，审计厅保密委员会由桂建平为主任，王兴如、解长道、姜爱民为副主任，张剑、王奇林、史守信、刘大群、曹毕生、黄传琥、王广树、赵明为委员。

2005年，审计厅保密委员会由桂建平为主任，戴克柱、李长柱为副主任，张海珍、何结华、余保山、史守信、黄传琥、徐向东、熊德金、王广树、赵明为委员。

2007年，审计厅保密委员会由刘战平为主任，戴克柱为副主任，程家楷、王洪灯、何结华、史守信、刘春华、夏瑜保、熊德金、王广树、赵明为委员。

省审计厅制定的保密制度有：《安徽省审计机关保密工作规定》《安徽省审计机关计算机网络及信息系统安全管理暂行规定》《安徽省审计厅网站管理暂行规定》《安徽省审计厅计算机使用保密规定》《安徽省审计厅保密要害部门、部位管理制度》《安徽省审计厅保密工作人员职责》《安徽省审计厅涉密人员管理制度》《安徽省审计厅密码工作人员岗位职责》《安徽省审计厅密码通信应急方案》《安徽省审计厅密码设备及密钥管理制度》《安徽省审计厅秘密载体管理制度》《关于从严控制在外打印文件的通知》《文印室保密制度》。

2004年和2007年,审计厅被评为省直单位保密工作先进集体。

审计档案管理　安徽省审计厅档案室于1983年10月设立,隶属于办公室,设专职工作人员1人,先后有梁士钰、王家蓉、薛毅东、王广树、叶惠静任档案员。至2007年年底,档案管理工作不断加强,办公条件不断改善,实现制度化、规范化,走入全省档案管理工作先进行列,为省档案目标管理一级单位,2007年被评为省直单位档案管理先进集体,档案管理人员多次被评为省直单位档案管理先进个人。

第四节　后勤管理

安徽省审计厅成立以来,厅党组高度重视后勤保障工作和队伍建设。坚持服务审计发展,解放思想、与时俱进、科学发展,后勤管理工作不断迈向新台阶,取得可喜成绩,先后被合肥市及包河区表彰为“创建文明城市先进单位”“卫生先进单位”“食品卫生A级单位”“安全文明小区”“综合治理模范单位”;被省行管局授予“园林绿化十佳单位”、“花园式单位”和“十佳食堂单位”等荣誉称号。

机关财务管理　审计厅财务管理工作由办公室负责,设会计、出纳各一名。多年来,不断强化核算管理,规范财务收支行为,强化制度建设。实行预决算制度:厅办公室每年按照省财政厅的要求编制次年预算,经财政厅审核批复后执行。执行中严格按照批复预算和资金用途安排支出。年终据实编制财务决算,经分管领导及厅长办公会审定后,报财政部门。统一经费管理:厅机关所有经费支出均由办公室管理,实行“两公开一监督”制度,每年将财务制度及财务支出向机关各处室(局)通报,接受监督。规范审批制度:厅机关所有经常性支出均实行“一支笔”审批制度。厅机关处室的经费支出经处室负责人初审后,5000元以下的由办公室主任审批;超过5000元的由分管办公室的副厅长审批;50000元以上支出必须经厅长办公会研究决定。实行专项经费预决算制度:厅机关所有专项支出均由责任部门编制支出预算,由办公室或委托中介机构初审后报分管副厅长或厅长办公会审批,经批准的项目方可实施与结算。工程类专项支出,需在实施过程中由责任部门及委托的中介机构全程监督,结束时编制决算,并经办公室或委托的中介机构审计后据实支付。固定资产采购管理核算逐步规范:固定资产零星采购由所需部门提出申请,经分管领导批准后由办公室统一办理采购、登记等事项。固定资产批量采购由办公室编制采购计划,经分管领导及厅长办公会审核同意后,按政府采购管理办法进行政府采购。固定资产的管理、登记、核销、报废等,按财政部门规定办理。逐年加强二级单位的财务管理:厅属二级单位财务预决算在上报前均须经厅办公室预审。厅办公室每年都对二级单位进行财务检查,检查情况向厅长办公会汇报后，根据办公会决议对其财务管理中存在的问题提出意见，帮助二级单位完善内控制度，规范各项财务支出，提高管理水平。

单位资产管理 审计机关的各项资产是国有资产的重要组成部分，是审计机关正常运转和发展审计事业的物质基础，审计厅逐步建立起权责明确的资产管理体制。2007年，开展国有资产清查工作，审计厅理顺厅机关与所属单位资产管理关系，促进资产管理工作规范化。

制定《安徽省审计厅机关固定资产管理暂行办法》《关于进一步规范厅机关计算机设备使用管理工作的补充规定》，对资产配置、占有使用、管理目标、职责范围、转让处置、责任追究等作出规定，使资产管理有章可循；采购部门、财务部门、资产管理部门分设，建立资产从“入口”到“出口”的部门相互牵涉、制约和监督，规范资产购建、使用管理、报损报废、内部转移、转让出售等行为；加大资产违法行为的查处力度，防止自行处置、私自买卖国有资产，防止国有资产流失。

摸清“家底”，优化配置，提高资产使用效益。审计厅定期开展资产清查工作，特别是2007年资产清查后，把查账与查物结合起来；结合财政支出管理改革，制定资产配置与费用定额标准，解决预算分配公平性和资产配置问题，探索资产优化组合的方式与途径，提高资产使用效益；2007年将厅属黄山太平培训基地移交安徽农垦集团，变资产为资本，最大限度地发挥资产使用效益。

实行资产信息化管理。通过清产核资，建立台账、微机管理，建立产权基础数据库，完整地反映资产数量、构成及分布动态，实现资产状况的快速查询、汇总分析以及审核上报等规范化管理和监督，提高工作效率。

机关后勤管理 2002年3月，根据安徽省机构编制委员会办公室批复，省审计厅设立机关服务中心（简称“中心”）。中心为厅直属自收自支事业单位，具有独立事业法人资格。中心的职能是：统一管理机关后勤服务保障工作及物业管理工作；承担机关委托管理的事务；承担机关交由其占用、使用的国有资产管理工作，使经营性资产保值增值，非经营性资产安全有效运行。中心下设办公室、经营科、房管科、保卫科。

2003年6月，审计厅机关迁入新址办公，厅党组及时为机关服务中心配备管理人员、安排办公用房、落实管理经费。同时，分析机关后勤服务管理模式，针对原机关劳动服务公司员工年龄老化、缺乏专业技能，无力承担新大楼管理的状况，厅领导提出变封闭式自我服务为引进社会机构服务方式。根据这一要求，机关服务中心面向社会，选聘服务机构，逐步实行机关后勤服务社会化。随着社会化服务的不断深入，厅机关除房产和食堂外，保安、保洁、绿化均由社会服务机构提供服务，管理水平、专业化程度和服务质量得到明显提高。

2003年10月审计厅机关食堂成立。厅领导把办好机关食堂当作方便职工生活，促进机关工作的大事列入议事日程。成立厅分管领导及各处（室）负责人参加的食堂管理工作委员会；食堂由机关服务中心具体管理，设专职经理1人、经理助理1人、会计

1人、服务员9人;食堂面积810平方米,其中餐厅350平方米,5间包厢计200平方米,其他用房260平方米,就餐座位216个;购置不锈钢燃气灶、操作台、冰柜、烤箱、蒸锅、消毒柜、空调器、排烟机等设备价值60余万元。

按照国家房改政策,积极推进住房制度改革。厅机关有231名职工享受福利分房,已办理房产证137套(其余正在办理中),为37名职工落实货币化补贴政策。先后对大众巷、桐城路和宁国路宿舍楼屋面进行二楼"平改坡",改善住宿条件;为宣城路23、24号两幢宿舍楼接通城市集中供暖,整治所有宿舍的楼道及环境,为干部职工营造较为舒适的生活环境。

第十五章　审计信息化建设

20世纪90年代后期，安徽省审计机关将信息技术引入审计业务的核查和计算处理，经过二十多年探索和发展，审计信息化建设与应用初具规模，为审计事业和社会经济健康发展发挥积极作用。

审计信息化作为社会经济管理与信息化水平发展到一定阶段的产物，不仅是审计技术方法问题，还对整个审计工作方式、程序、质量和管理，乃至审计人员思维方式带来重大影响。审计信息化的发展，对审计人员执业素质提出更高要求，不精通计算机技术则会因为审计线索的改变而无法跟踪审计，不熟悉信息系统的特点与风险就不能审查和评价内控制度，不了解和掌握网络系统知识就无力对经济业务活动实施全过程的审计监督。

计算机审计是信息化条件下履行审计职责的客观需要。推动计算机技术与审计业务的融合，全面推行计算机技术在审计实践中的运用，使计算机审计与审计业务管理和发展相适应，与外部信息化环境相适应，才能为现代审计和审计转型提供有力的技术支持。

1998年，审计署作出建设审计信息化工程的决策，提出用若干年时间，建成对财政财务收支的真实合法效益，实施有效监督的国家审计信息系统，把计算机技术全面应用到审计经济活动中，发挥审计监督应有的作用。

2003年，根据审计署总体规划，结合安徽电子政务及“数字安徽”建设方案，省审计厅制定《安徽省2003—2008年审计信息化发展规划》，提出以审计信息化建设带动安徽审计科学化与现代化，要求各级审计机关加强审计信息化系统的基础建设，作好规划实施。全省审计机关把信息化建设作为“一把手工程”，相继成立由主要领导任组长的审计信息化建设领导小组，建立推动审计信息化工作的组织协调机制，12个市审计局成立专门机构，强化工作力度。

2004年，安徽金审工程项目被省发改委列为省级基本建设计划（自筹）项目，2005年“数字安徽”建设规划中，金审工程列入省政府安徽电子政务系统建设的“六金工程”。经过全省审计机关努力，金审工程建设取得进展，网络建设与硬件基础设施建设形成规模；信息化管理水平提高；系统建设规范有序；计算机审计得到推广应用；信息技术水平得到提升；审计人员执业素质明显提高。

安徽审计信息化的发展，最初是由于审计对象信息化程度不断提高，促使审计方式、手段和方法随之改变。20 世纪 90 年代中后期,一些企事业单位和建设项目开始使用计算机处理会计资料,电子数据不断产生,为开展计算机审计提供需求,审计机关开始计算机辅助审计。2003 年企事业单位的会计信息系统基本实现电算化,审计人员意识到电子数据采集和分析的重要性。2005 年以后,企业 ERP 信息系统使审计对象的信息系统成为集财务、人事、供销、生产等融为一体的综合性管理系统,财务信息只是系统的一部分。审计人员开始探索信息系统审计,开展企业 ERP 系统、医院 HIS 系统、税收征管信息系统和银行、证券交易管理系统等大型信息系统的计算机审计,提高审计效率,降低审计成本和风险,取得良好效果。

安徽省计算机审计,从最初引进审计软件或利用审计署推广的 AO 软件,发展到自行编制小程序、小模块进行计算机审计;从单一的数据采集、查询、转换,到形成完整的数据分析模型;从传统账套审计,到开展数据审计;从单机应用审计,到审计现场组网和远程联网审计。计算机审计覆盖面逐年扩大,审计效率和质量得到明显提高,计算机审计与技术创新应用逐步发展形成规模化、集成化、数字化高效地处理审计业务的历程。

2005 年,安徽省审计机关分步实施办公自动化系统建设。2007 年,安徽省审计机关按照审计署部署,完成《审计管理系统》和《审计现场实施系统》建设。审计信息系统建设包括审计业务与行政管理、计算机辅助审计、现场审计作业、审计法律法规、审计案例及被审计单位资料、教育培训、资源存储、信息交换与共享等。按照"建用结合、经济高效"的原则,全省审计机关学习和借鉴国内外现有的审计工作管理理念和审计信息化建设的经验和成果,制定一系列审计信息化建设的管理制度和实施办法。审计信息化在日常业务与行政管理应用方面步入良性发展的快车道。

随着金审工程一期建设的全面实施和完成,安徽省审计机关全面应用《审计管理系统》和《审计现场实施系统》,实现审计管理规范化,为降低审计风险、提高审计质量、规范审计行为、促进依法审计起到积极促进作用。

第一节 计算机网络建设

安徽审计信息化建设源于 1987 年年初,当时由审计署统一配置一台 IBM-PCXT 个人电脑(档次相当于 PC286),用于审计统计及数据汇总。1988 年年初,省审计厅(局)增购一台长城 0520CH 电脑,用于机关文书处理及财务管理等行政事务工作。至 1990 年年初,省审计厅(局)仅有两部台式电脑,全省审计机关计算机总量不足 20 台,绝大多数审计机关未配备电脑。

1994 年起,省审计厅将审计信息化工作划归综合处管理,在原有人员基础上选调 1 名专业技术人员,公开招标采购一批计算机设备,建设电话拨号、实现公文收发的全省审计机关网络通讯系统。筹建计算机室,开展计算机及网络综合应用,厅机关各处室配备少量台式计算机和便携式计算机,奠定省审计厅的审计信息化建设和应用基础。

1996年年初，根据审计署部署，省审计厅建成计算机远程工作站，实现与审计署的远程数据通讯，负责地方审计机关信息化工作的规划和协调，保障与审计署的网络通信及公文信息传输。远程站由审计厅办公室归口管理，至此，审计机关的审计信息化基础建设初现雏形。

1998年，审计署提出加快审计信息化建设步伐要求，安徽省审计机关开始新一轮审计信息化基础建设，各地相继配置各类计算机设备，探索开展计算机辅助应用，不断拓展应用范围，引进和学习先进理念和计算机应用程序开展工作，省市审计机关相继开始网站建设和应用并不断完善。

1999年9月，省审计厅开始建设厅内局域网，用于互联网接入与相关应用，受当时审计厅办公条件（办公地点分为两处）限制，局域网覆盖范围限于厅领导及厅机关几个综合管理部门。当年，审计厅租赁省经济信息中心的服务器，开设安徽省审计厅互联网门户网站，成为当时省直机关为数不多的政府网站之一。网站在宣传审计、公开政务、服务社会大众方面发挥积极作用，在全省政府门户网站首次评选活动中获奖。

2002年至2004年，省审计厅新办公楼开工建设，随即启动全省审计信息化建设规划，按照审计署"金审工程"一期建设规范要求，结合安徽省电子政务系统建设发展纲要，提出省审计厅办公大楼网络建设及全省审计机关信息化建设实施方案，印发《安徽省审计机关审计信息化发展五年规划》与《安徽省审计信息化建设构架与设想》，成立安徽省审计信息化领导小组，以审计信息化建设带动安徽审计工作科学化与现代化，要求全省审计机关、省厅各处室加强审计信息化系统的基础建设与应用，积极做好规划实施工作。2003年，在省委省政府关心和省财政厅支持下，省审计厅大规模采购和更新设备，淘汰1998年以前购买的大部分陈旧计算机设备，在新办公大楼网络系统配置5台HP服务器、2台核心交换机和23台楼层交换机、1套趋势网络防病毒软件、2台防火墙、1台路由器、1套12千伏安的UPS不间断电源和1台数据存储设备。省审计厅计算机网络中心、多媒体网络电教室、大楼楼宇监控系统等基础设施建设陆续建成交付使用。省审计厅的审计内网（审计专网）、审计外网（审计信息网）两套物理隔离的网络系统同步建成，分别于当年6月和10月在互联网和省党政专网上完成"安徽审计信息网"和"安徽审计专网"网站的改版和新建。省审计厅审计业务人员实现人手一台便携式计算机，综合部门80%的工作人员配备台式计算机，审计信息化装备和基础设施建设迈上新台阶。与此同时，全省审计机关的信息化建设也步入发展的快车道。

2004年，安徽省审计信息化建设暨安徽"金审工程"项目被省发展改革委员会立项列为安徽省计划（自筹）建设项目。2004—2008年"数字安徽"建设规划中，"金审工程"项目列入省政府安徽电子政务系统建设的"六金"工程。2004年起，全省各地审计机关加快本地审计信息化建设规划的制定和实施，按照省审计厅三年实现"省、市、县"三级网络互联的要求，结合安徽"金审工程"一期建设纲要，提出应用《审计管理系统》、实现办公和审计业务的无纸化、网络化和规范化措施。

2005 年,省审计厅建立党政专网为通道的安徽审计机关省市县三级 VPN 网络互联系统,制定保证网络安全稳定运行的 VPN 网络连接规范。当年,全省审计系统配备 1400 台微机，800 台便携机（其中省厅台式机 180 台、便携机 120 台），60 多个审计机关完成局域网建设，40 多个审计机关接入政府政务专网，30 多个审计机关在政府政务网上建立审计网站，10 多个审计机关在互联网上建立审计门户网站。

2006 年,省审计厅改造互联网接入线路,将原党政外网接入改为租用电信城域网（100M）线路接入,改善网络稳定性,提升网络带宽。10 月,省审计厅升级部分服务器、杀毒软件和机房 UPS 电源,主要设备签购续保服务,为审计业务人员增配一批计算机及网络设备。至此,省审计厅业务人员人手一台便携和台式机以及一个大容量存储器。

2007 年 1 月,淮南市审计局率先完成《审计管理系统》部署。根据审计署相关技术规范要求,审计厅又专门配备 10 台服务器，1 台光纤存储盘柜，1 台光纤交换机，4 台标准化机柜，7 月完成《审计管理系统》部署应用。当年,合肥、蚌埠、淮南、芜湖、马鞍山、铜陵、安庆等市审计局相继完成《审计管理系统》部署应用,利用安徽省党政专网平台实现《审计管理系统》在省审计厅及部分市县三级审计机关的互联互通和网上办公。

第二节　审计信息化应用与管理

安徽省审计综合信息管理系统　2003 年,省审计厅新办公楼竣工。新办公楼构建内外网分离,相互独立运行的网络管理平台,并开发建设《安徽省审计厅综合信息管理系统》,实现省级审计机关行政办公自动化和公文流转无纸化。同时利用应用系统的安全支撑和省信息中心提供的省党政专网传输通道,省审计厅分别与蚌埠、芜湖、马鞍山、淮南等市审计局的审计专网互联,实现数据交换、信息传递和资源共享,为审计信息化应用管理工作奠定良好基础。

2004 年,审计厅开始在审计专网运行机关内部行政、党务、财务等政务信息,处理内部审计业务、信息发布和数据交换等。通过接入省党政专网,实现与省政府等省直部门内部信息交换。审计外网应用于公网上的公开审计信息,建立并改版安徽审计信息网站,设置审计信息与法规宣传、案件披露、网上举报、在线调查等多个公共栏目,及时快捷地向社会公众提供审计信息服务。

2005 年,省审计厅开始推行机关公文处理“电子流程与纸质流程双轨制”,对各类文书的草拟、复核、编号、打印和归档等试行网上办理。开通省审计厅短信服务平台和网上 VOD 视频点播系统,启用《审计档案管理系统》及《审计统计管理系统》,取得预期效果。同年,省审计厅初步建成并启用《财经审计法规库》,为审计工作定性和处理问题提供法律依据。

根据审计署审计信息化建设规划和安徽实际,省审计厅先后印发《安徽省“金审工程”建设二期规划和技术规范》《安徽省审计厅计算机网络安全及保密管理规定》等规章制度，促进审计信息化建设和管理工作规范化。为推动审计信息化发展，省审计厅组织开展审计信息化研究工作，对审计信息化建设的现状和发展条件，计算机审计信息系统的构建和推进模式，计算机技术在审计业务中的应用等专题进行研究，汇编成《安徽省审计信息化工作论文集》指导全省审计信息化工作。2005 年 4 月，省审计厅与合肥工业大学合作举办为期一年的全省审计机关计算机应用培训班。11 月，省审计厅在合肥召开全省审计机关负责同志参加的审计信息化工作会议，总结交流审计信息化应用成果，表彰先进、全面推进全省审计信息化建设。

2006 年，省审计厅根据审计署部署，全力推进“金审工程”一期建设成果《审计管理系统》的应用，在前三年审计信息化应用基础上，对全省审计机关的审计业务和行政事务进行规范化管理。5 月和 7 月，省审计厅两次召开专题座谈会，征询意见并在各地自愿基础上，确定淮南、蚌埠、芜湖、安庆、铜陵、马鞍山、合肥、六安市审计局，作为安徽省首批部署应用《审计管理系统》单位。同时，将中央财政专项扶持资金作为项目启动资金，除预留部分用于省本级部署外，其余分配给 8 个试点市审计局和所属 25 个县审计局，拉开全省审计机关全面推进审计信息化应用的序幕。12 月，全省审计信息化工作现场会在黟县举行，会议探讨和交流县级审计机关财政联网审计和审计信息化应用工作，对全省审计机关门户网站进行总结评选和表彰。

2007 年 7 月，省审计厅机关《审计管理系统》部署完成并投入试运行，专网、外网网站改版工作也随之完成。省审计厅开始利用全国审计系统统一部署应用的《审计管理系统》，对机关人事管理、统计管理、档案管理以及审计业务管理实施一站式登录的一体化管理。该系统使审计业务与行政事务管理融为一体，审计程序与内容更加规范，信息共享与系统交互更加便捷高效，提高了审计机关管理水平。9 月，经省政府同意，省审计厅印发《关于进一步加快实施“金审工程”建设的意见》《2007 年审计信息化工作意见》。11 月，全省审计系统审计信息化工作会议在安庆举行，会议交流《审计管理系统》与《现场审计实施系统》的交互管理经验和做法，强调要继续全面深化审计信息化应用。12 月，根据审计署部署，省审计厅组织 1500 余人参加全国审计系统计算机基础技能考试，全省考试合格率 82.83%。

计算机审计　计算机审计是指审计人员利用计算机技术，对被审计单位的财政财务收支和相关业务的真实合法效益及其计算机信息系统实施审计监督的行为。计算机审计的发展是信息技术发展的结果。20 世纪 90 年代，在信息技术的推动下，政府机关、企事业单位和社会团体逐步实现会计电算化。审计环境的变化，使得传统的审计思路、方式，工作模式和手段不能适应信息化发展的要求。运用计算机技术开展审计成为现代审计的必然要求。

2003 年以前，安徽省计算机审计的主要手段是利用 EXCEL、ACCESS 等工具进行辅助审计。2004 年 8 月对国元证券公司 2003 年度财务收支审计项目，成为安徽省第一个计算机审计项目。为作好此次计算机审计，省审计厅认真作好国元证券公司信息系统的审前调查，邀请审计署专家介绍计算机审计经验和做法，购置《通审软件金融版》审计软件。通过采集国元证券公司财务数据与业务数据，在原始数据清理基础上进行数据分析和关联，取得明显效果，拉开了安徽省审计计算机审计的序幕。

2005 年，根据审计署安排，省审计厅为审计人员安装“金审工程”一期研发成果《现场审计实施系统》（简称 AO），邀请该系统集成开发商北京中软国际公司的技术人员进行系统应用培训，使审计人员掌握计算机审计软件的使用。当年，审计厅经济责任审计局、财政审计处、金融审计处、固定投资审计处、行政事业审计处、经贸审计处、社会保障审计处和劳动保障审计室、农业审计室、经济审计室、新闻广电审计室等 11 个处室（局）的 20 多个审计项目开展计算机审计，采集电子数据量 120G，转换电子账 400 多套，涉及财政、金融、投资、民航、广电、煤炭、汽车、医疗卫生等众多领域和行业。其中，金融审计处审计省中医学院第一附属医院 2004 年财务收支，首次开展现场组网与计算机审计，是计算机审计业务的新尝试。当年，省审计厅收集到全省审计机关各类计算机审计经验和案例 38 篇，编辑出版《计算机审计业务与案例》和《安徽省审计系统计算机审计专家经验与案例》，遴选出部分优秀作品参加审计署评选，有 8 篇案例被审计署计算机审计专家经验库收录。

2006 年起，省审计厅各业务处室使用《审计现场实施系统》开展审计项目的覆盖率达到 60% 左右。审计厅各业务处室还引进和应用《数据采集分析》《易通审计》《金剑审计》《中普软件》等审计软件，全面开展计算机审计。当年，省审计厅组织开展省新闻出版局财务收支、省投资集团财务收支、省监狱系统财务收支、华安证券财务收支，省委办公厅、省委宣传部财务收支，以及大型综合医疗机构省立医院、安医附院及芜湖弋玑山医院财务收支等数十个项目的计算机审计。对行业特点突出、审计对象信息化程度较高的行业或资金项目，如安徽省烟草集团、安徽省住房公积金管理中心，开展全省行业联动的计算机审计。当年全省审计机关采集、转换、清理、分析各种电子数据 1500G 以上，转换各类电子账近 3000 套，4 篇案例入选审计署计算机审计专家经验库，14 篇案例入选《现场审计实施系统》应用实例库。当年印发《安徽省审计机关计算机审计实施办法》，规范全省审计机关计算机审计工作。

2007 年，省审计厅组织开展的淮南矿业集团、省财政厅、省农委、省公安厅、安粮集团、徽商集团和省交通系统、黄山市市长和省直房改办经济责任审计，以及农业银行、徽商银行等项目的计算机审计都取得良好效果。省审计厅计算机审计的项目覆盖率达到 80% 以上。至 2007 年底，全省审计机关采集、转换、清理、分析各种电子数据 2000G，转换各类电子账套近 5000 套，利用计算机审计查出违规资金数亿元。15 篇案例入选计算机审计专家经验库，15 篇案例入选《现场审计实施系统》应用实例库，其中 1 篇案例被审计署评为优秀计算机审计案例。

安徽省计算机审计逐步发展，从最初无序引进、盲目使用审计软件，到《现场审计实施系统》通用审计软件在全省全面推广应用;从完全依赖审计软件到自己开发简单实用的审计程序,再到借助SQL等分析工具进行数据审计;计算机审计方式也从单机应用,到现场组网和远程联网,实现实时跟踪审计。

第十六章　审计科学研究

安徽省审计科研工作始终坚持“围绕中心,服务大局”的工作方针,牢牢把握审计工作发展方向,努力寻求对审计工作具有指导意义的观点、方法和手段,研究探索审计工作基本规律,不断总结审计实践经验,丰富审计理论,发挥理论的指导作用,为促进审计事业的科学发展作出了应有贡献。

审计科研始终关注审计工作中的热点、难点和焦点问题,针对审计事业发展不同阶段的特点,先后开展企业承包经营审计、预算执行审计、社会保障审计、民生工程审计、效益审计、经济责任审计、审计质量控制、计算机审计等课题研究,努力探讨审计实践迫切需要理论支持的重大课题,理论研究成果体现了实用性、指导性和前瞻性。

审计科研注重突出安徽特色,总结提炼审计实践经验,先后开展《审计监督范围的科学划分》《股份制企业审计》《大农业审计》《乡镇审计》等课题研究,使审计经验在理论上得到升华,推动审计实践发展。在各类报刊发表《科学发展观与审计的科学发展》《审计结果如何更好地服务中心,围绕大局》《审计监督与和谐社会建设》等数百篇审计科研论文。特别是在审计署2007至2008年度审计科研课题招标中,省审计科研所与省审计厅财政处、合肥工业大学联合申报的“县财省管对预算执行审计的影响研究”课题获准立项。同时,参与撰写、组织出版了《现代审计管理》《乡镇审计》《公共财政框架下的财政审计》等数十部审计专著,在指导审计实践、推动审计事业发展中发挥了重要作用。

各级审计机关将科研工作摆在日常工作的重要位置,围绕审计工作总体思路和发展方向开展重点课题研究,采取分解任务、明确责任、整合资源、检查督促、考核评比等措施,确保科研任务的完成。

自1998年起,省审计厅每年年初召开全省审计科研工作暨审计学会秘书长联席会议,总结上年科研工作,表彰先进,布置当年科研工作和协调重点课题攻关;有计划、有步骤地召开全省专题理论研讨会,深入研究不同阶段审计工作重点,系统探讨审计科研工作年度任务的总体规划、实施方案等,明确责任,狠抓落实,保障科研工作顺利开展。

各级审计机关以培养审计科研人才为己任,把审计科研作为审计人员提升自身素质的必要途径,不断壮大审计科研队伍,促进审计事业发展。审计科研人员参与审计实践活动,既服务审计实践,又培养锻炼审计科研队伍;各级审计机关积极为广大审计业务工作者成为业余审计科研人才创造条件,支持和鼓励审计工作者注意研究审计实践中遇到的问题；审计学会注意发挥理事和会员的作用，调动学会会员参加科研活动积极性，通过整合审计理论研究人员与审计业务人员、审计系统资源与社会专家学者、上级审计机关与下级审计机关力量，开展重点审计科研课题攻关，壮大审计科研力量。

根据审计科研工作特点，围绕科研工作特点和发展规律，以调动广大审计人员积极性为出发点，安徽省审计厅及安徽省审计学会先后制定了《安徽省优秀审计论文评选办法》《科研工作先进单位评比办法》《关于招投标课题的实施意见》等一系列科研工作实施细则，使审计科研工作进一步制度化、规范化、科学化，调动一切审计科研力量，活跃科研氛围，为科研工作有效开展提供良好的外部环境和制度保障。

第一节　审计科研单位

安徽省审计科学研究所　成立于1986年8月，为安徽省审计局直属县级事业单位，定编15人；1989年7月，增编10人；1996年12月，精简编制7人；1997年3月，省编委核定编制23人（全额预算事业编制19人、自收自支事业编制4人）。在19名干部职工中，具有高级职称3人、中级职称6人；内设办公室、科研室、《安徽审计》编辑室、《安徽审计年鉴》编辑室。审计科学研究所的主要职责是：承担国家和省下达的审计科研任务和科研协作工作，负责全省审计科研成果的宣传推广和开发利用，以及审计情报资料的收集和整理。《中国审计报》驻安徽记者站设在审计科学研究所。

安徽省审计科学研究所始终坚持“为领导决策服务，为审计实践服务”的办所宗旨，在开展审计理论研究、编辑出版审计期刊、交流推广审计科研成果、搜集传递审计信息、指导协调全省各市（县）审计科研活动等方面与时俱进、不断创新。2006年，在落实省审计厅“抓建设、练内功、提效能”五年行动计划活动中，审计科学研究所提出到2010年实现“五个突破”的目标，即：强化学习，注重实践，在提高人员素质和科研能力上有新的突破；民主管理，提高效能，在营造工作创新、和谐共进的氛围上有新的突破；围绕中心，突出重点，在提升审计科研成果质量和审计宣传水平上有新的突破；服务审计实践，把握时代脉搏，在促进审计科研成果转化利用上有新的突破；横向互动，纵向联动，在打造审计科研平台上有新的突破。自1986年安徽省审计科学研究所成立后，各项工作得到全面发展，为促进审计事业的发展作出了积极贡献。

安徽省审计学会　研究审计科学的群众性学术团体，是组织和推动全省审计工作者、审计及相关学科研究人员和社会各界有关人士开展审计学术研究和交流的非营利性社会组织。其主要任务是把社会上关心、支持和从事审计理论研究的专家、教授、学术工作者及从事审计实际工作的人员团结和组织起来，开展审计理论研究，探讨建立适应中国国情的审计制度，交流审计工作经验，宣传普及审计基础知识，不断提高审计理论水平和审计工作水平，为全省经济建设服务。

1985年9月20日，省审计学会在合肥市召开第一次会员代表大会，选举产生了安徽省审计学会第一届理事会，标志着安徽省审计学会正式成立。1988年10月28日、1994年2月20日、1998年12月26日和2003年12月29日召开4次代表大会，分别选举产生出安徽省审计学会第二、第三、第四、第五届理事会。

审计学会的主要业务范围：学习、宣传、贯彻党和国家有关财经、审计方面的方针、政策和法规；组织和推动审计学术研究活动，探索审计工作发展规律；组织开展省内外审计学术交流活动，学习、研究和推广国内外先进的审计理论、方法和经验；进行智力开发，培养专门人才，开展审计培训、咨询等服务活动；维护会员的正当权益，向有关部门反映其意见和建议；指导、协调单位会员和个人会员开展审计理论研究和学术交流活动；承担安徽省审计厅、安徽省社会科学界联合会、中国审计学会和有关管理机关委托的任务；与省审计厅共同主办《安徽审计》杂志及其他审计资料。

审计学会会员分为单位会员和个人会员两种。各市、县（市、区）审计学会，全省性部门、行业专业审计学会，从事审计或相关学科研究的高等院校和科研机构，大型企事业单位的内部审计机构（或有关部门），以及社会审计组织，经申请可成为单位会员；审计界及相关领域的知名人士、专家学者，具有中级以上专业技术职称资格或相当资历的人员，经申请或应邀可成为个人会员。

会员代表大会是学会的最高权力机构，理事会是会员代表大会的执行机构，在会员代表大会闭会期间领导学会开展日常工作，对会员代表大会负责。学会设立常务理事会，常务理事会由理事会选举产生，在理事会闭会期间行使执行会员代表大会的决议等职权，对理事会负责。

第二节　审计科研活动

课题研究

审计监督范围的科学划分研究。该研究为审计署1996年重点审计科研课题。安徽省审计厅课题组撰写《试论审计监督范围的科学划分》论文，参加审计署在苏州召开的全国审计理论研讨会交流，并被审计署科研所编辑、中国审计出版社发行的《论社会主义市场经济条件下的审计监督》一书收录。该课题从分析中国国家审计的审计监督范围划分现状及存在的主要问题入手，通过对审计监督范围基本原则等内容的探讨，提出对审计监督范围划分的构想。

“‘三个代表’与审计监督”研究。该研究为审计署2003年度重点审计科研课题。安徽省审计科学研究所课题组撰写的《践行“三个代表”强化审计监督》论文，被审计署办公厅和审计署科研所合编的、由中国时代经济出版社发行的《纪念审计机关成立二十周年论文集》收录。该课题从“三个代表”重要思想与审计监督的辩证关系入手，提出以“代表先进生产力的发展要求”为指导，进一步强化发展意识，依法履行审计监督职责；以“代表先进文化的前进方向”为指导，进一步强化创新意识，全面提升审计执法水平;以“代表最广大人民的根本利益”为指导,进一步强化服务意识和全心全意为人民服务的观点。

审计文化研究。该研究为安徽省审计厅2003年度重点审计科研课题。审计科学研究所课题组撰写的《审计文化研究的几个问题》论文,被安徽省审计科学研究所与安徽省审计学会秘书处合编的《安徽审计论文集》收录。该课题对审计文化的定义、内容、来源、环境、功能和审计文化建设的途径等进行了论述。

“安徽审计未来五年发展”研究。该研究为安徽省审计厅2003年度重点审计科研课题。安徽省审计科学研究所课题组撰写的《安徽审计未来五年发展课题调研——审计工作指导思想分题调研报告》,被审计科学研究所与省审计学会秘书处合编的《安徽审计论文集》收录。该课题的研究成果是通过问卷调查和座谈等形式,在对安徽审计未来5年审计工作的指导思想、主要目标等内容进行调研的基础上形成的。其中的主要研究成果,被《安徽省2003年至2007年审计工作发展规划》吸纳。

县级审计机关现状研究。该研究为安徽省审计厅2004年度重点审计科研课题。安徽省审计科学研究所课题组撰写的《对县级审计机关基本情况的调查分析》论文,先后在《中国审计》《中国审计报》上部分发表,并被安徽省审计科学研究所与安徽省审计学会秘书处合编的《安徽审计论文集》收录。该课题通过调查问卷的方式,从安徽省县级审计机关的人员结构、班子配备、经费保障、审计项目安排、审计对象变动等情况入手,对变动的原因、利弊、趋势等进行分析,并提出了相应的对策。

县级审计发展趋势研究。该研究为安徽省审计厅2005年度重点审计科研课题。安徽省审计科学研究所课题组撰写的《关于县级审计工作发展的研究报告》,被安徽省审计厅《审计情况通报》第19号配发按语全文刊载,要求市县审计机关积极吸收、转化研究报告的成果;被审计署审计科研所《审计研究简报》第11期专题编发该研究报告第二部分《县级审计发展的对策建议》,报送审计署领导、署机关各单位、各特派办、各派出局、各省（区、市）厅（局）等参阅。

审计机关如何更好地围绕中心,服务大局研究。该研究为安徽省审计厅2006年度重点审计科研课题。审计科学研究所撰写的《审计机关如何更好地‘围绕中心,服务大局’》课题研究报告,综合合肥、马鞍山、巢湖、芜湖、安庆等市审计局课题组提交的8篇研究成果,回答什么是审计工作应围绕的中心和要服务的大局、审计工作为什么要“围绕中心,服务大局”、审计工作在“围绕中心,服务大局”中存在的主要问题以及审计机关如何做到“围绕中心,服务大局”等问题。该研究报告被《安徽审计年鉴》2007年卷收录。

审计结果如何在更大范围、更高层次得到有效利用研究。该研究为安徽省审计厅2006年度重点审计科研课题。安徽省审计科学研究所撰写的《审计结果如何在更大范围、更高层次得到有效利用》课题研究报告,综合淮南、池州、淮北、宣城和黄山等市审计局课题组提交的5篇研究成果,论述审计结果利用的必要性、审计结果的内涵和形式、审计结果利用中存在的主要问题、审计结果如何最大限度地转化为审计成果等。该研究报告被《安徽审计年鉴》2007 年卷收录。

投资项目效益审计研究。该研究为安徽省审计厅 2006 年度重点审计科研课题。审计科学研究所撰写的《投资项目效益审计》课题研究报告，综合铜陵、滁州、宿州、亳州、阜阳等市审计局课题组提交的 6 篇研究成果，论述投资项目效益审计的特点、选择审计项目应遵循的原则、选择审计项目应注意的问题、投资项目效益审计的组织实施、投资项目效益审计的方法、投资项目效益审计的评价标准、投资项目效益审计报告的编写等，提出推进投资项目效益审计的建议。该研究报告被《安徽审计年鉴》2007 年卷收录。

县财省管对预算执行审计的影响研究。该研究为审计署 2007 年度重点审计科研课题。审计科学研究所与审计厅财政处及合肥工业大学联合申报的审计署招标课题“县财省管对预算执行审计的影响研究”，被确定为审计署 2007—2008 年度审计科研课题。这是自 2004 年审计署实行课题招标后，安徽省申报的审计科研研究课题首次获准立项。该课题从预算管理体制的变革入手，系统地分析中国预算管理体制的现状、省直管县财政体制改革提出的背景、省直管县财政体制改革后的预算管理体制和省直管县财政体制改革在安徽的试点情况，顺沿预算执行审计的发展轨迹，研究省直管县财政体制改革对地方预算执行审计的影响，提出深化地方预算执行审计的对策及措施。该课题研究成果被中国审计学会编辑、中国时代经济出版社出版的《审计署立项课题研究报告（2007-2008）》收录。

审计监督与构建和谐社会研究。该研究为安徽省社科联 2007 年度重点社会科学研究课题。安徽省审计科学研究所申报的“关于强化审计监督与构建和谐社会的研究”课题获准立项，研究成果在《中国审计报》发表，并如期结项。该课题提出在审计目标上，以保障国家经济安全为出发点；在审计内容上，以维护人民群众切身利益为切入点；在审计过程中，以强调服务经济社会发展为支撑点的观点。

科研主要成果

《安徽革命根据地审计史料》 该书由安徽省审计科学研究所编辑，于 1989 年 4 月出版。根据审计署的部署，省审计局于 1986 年冬着手开展鄂豫皖苏四省边区各革命根据地审计史料搜集工作。按照审计署审计科学研究所下发的史料整理纲目，审计科学研究所将搜集了两年多的史料选编成——《安徽革命根据地审计史料》一书。该书主要搜集土地革命战争、抗日战争和解放战争三个时期，安徽境内各革命政权颁布的有关审计工作的决定、决议、制度及领导讲话等内容，并按照“审计组织”“审计法规、条例、制度”“审计业务”“审计工作的指示、决议”等纲目进行分类。全书共收录革命根据地审计史料 58 篇，约 18 万字。其中，该书收录的 28 篇革命根据地史料，被中国审计学会、审计署审计科研所编辑的《中国革命根据地审计史料汇编》（北京工业大学出版社 1990 年 12 月出版）选用。

《审计论文选》 该书由安徽省审计科学研究所编辑，于1989年11月由团结出版社出版。全书共收录审计论文62篇，约23万字。其中，包括1989年3月在芜湖市审计局召开的审计学术研讨会上交流的21篇论文，1989年5月在宿县行署审计学会成立时交流的19篇论文，1989年5月在宣州市、歙县等16个市、县省审计学会理事会上交流的18篇论文。

《承包经营审计与任期终结审计》 该书由安徽省审计局工交审计处主编，审计科学研究所参与编写，于1989年内部发行。全书分三个部分：第一部分是企业承包经营审计法规、实例和论文，共20篇；第二部分是厂长（经理）任期终结审计法规及论文，共7篇；第三部分是附录，共4篇。全书约15万字。

《审计论文选集（1990）》 该书由安徽省审计科学研究所编辑，于1991年12月由社会科学文献出版社出版。全书共收集论文61篇，约30万字。主要为1989年至1990年，在合肥市、宿县行署、淮南市、芜湖市、安庆市召开的关于"承包经营审计探讨""审计监督在治理整顿和深化改革中的地位和作用""审计调查的涵义、特征、内容和作用""坚持依法审计，发挥审计监督作用""财政审计的对象、内容、方法和作用""审计如何向较高层次经济监督方向发展"等6次理论研讨会上交流的论文。

《审计管理学概论》 该书由安徽财经大学教授周舜臣主编，安徽省审计科学研究所参与编写，1991年5月由中国财政经济出版社出版发行。该书从审计的基本理论和实践相结合入手，探讨审计管理学的范围，侧重对其实用性和可行性进行研究。全书包括三个部分内容：第一部分为绪论，第二部分为审计法规和审计管理、行政诉讼和审计管理，第三部分为审计业务管理。全书约21万字。

《审计管理实务》 该书由审计署审计科研所彭扣桃、姚世忠主编，安徽省审计科学研究所戴坤、王羚参与撰写第十章和第四章，1992年8月由北京工业大学出版社出版发行。该书围绕审计管理的规范性和科学性，对已有的规范进行系统的整理，为科学管理审计工作提供指导；同时结合审计管理实践，针对审计管理中存在的问题和不足，进行积极探索。全书约46万字。

《现代审计管理》 该书由安徽省审计厅厅长朱成林主编，安徽省审计科学研究所王羚、章笑春等参与编写，1996年12月由中国审计出版社出版发行。该书从建立适应社会主义市场经济体制下规范的审计制度和审计工作发展需要出发，坚持理论与实践并重，按照《中华人民共和国审计法》的规定，对审计业务各方面各环节的内容、程序、方法和质量等规范进行积极的探索，既反映中国审计管理实践的成果，又对审计管理的一些基本理论问题和实践中存在的问题进行阐述。全书约30万字。

《审计法规知识》 该书由安徽省审计厅厅长桂建平主编，安徽省审计科学研究所王洪灯、王羚等参与编写，1999年12月由安徽人民出版社出版发行。该书为安徽省人大常委会组织编纂的《经济法规知识丛书》的审计分册，内容包括《中华人民共和国审计法》《审计法实施条例》、国家审计规范和安徽省审计规章及办法等审计专业知识和相应的法律、法规知识。全书约 22 万字。

《乡镇审计》 该书由安徽省审计厅厅长桂建平主编，安徽省审计科学研究所王洪灯、王羚等参与编写，2002 年 1 月由中国时代经济出版社（原中国审计出版社）出版发行。该书从建立适应社会主义市场经济体制规范的审计制度和审计工作需要出发，坚持理论与实践并重，对乡镇审计的概念、特点、机构、内容、方法和发展趋势等作出详细阐述。全书约 22 万字。

《村级审计》 该书由安徽省五河县审计局局长翟福灵主编，2004 年 7 月在安徽省审计科学研究所资助下由安徽人民出版社出版发行。该书围绕村级审计与乡镇审计的关系、村级审计的法律依据、审计程序和方法的本土化等一系列问题进行总结、研究，对开展农村审计、维护农村社会的稳定和发展具有深远意义。全书约 27 万字。

《公共财政框架下的财政审计》 该书由安徽省审计厅厅长桂建平主编，安徽省审计科学研究所王洪灯、王羚、程敏等参与编写，2004 年 6 月由安徽人民出版社出版发行。该书对公共财政框架下的部门预算审计、国库集中支付审计、政府采购审计、转移支付审计、税费改革审计等作了积极的探索。全书约 24 万字。

《安徽审计论文集》 该书由安徽省审计学会秘书处和审计科学研究所共同编辑，2005 年 5 月于安徽省内部出版。全书共收集论文 60 篇，约 26 万字。主要为 2004 年安徽省审计工作者完成的国家及省重点审计科研课题论文，内容包括县级审计发展趋势研究、审计管理研究、效益审计研究、审计文化研究、审计信息化建设研究等。

《审计文化理论与实践》 该书由安徽省审计厅厅长桂建平和安徽财经大学教授倪国爱主编，安徽省审计科学研究所王洪灯、王羚等参与该课题研究和书稿编写，2006 年 5 月由中国时代经济出版社出版发行。该书首次提出“以审计文化目标为逻辑起点，构建审计文化理念与实践体系结构”的观点，在此基础上探讨审计文化的结构、内容、来源、功能、环境及其建设等，并收录安徽省审计文化建设案例。全书约 33 万字。

《五年行动计划资料汇编——审计学习年专集》 该书由安徽省审计厅综合法规处和安徽省审计科学研究所共同编辑，在安徽省审计系统内部发行。该书收集的是 2006 年与开展“审计学习年”活动有关的资料，主要包括领导讲话、工作部署、经验介绍、考核评比四个部分内容。全书约 16 万字。

《五年行动计划资料汇编——审计法制年专集》 该书由安徽省审计厅综合法规处和安徽省审计科学研究所共同编辑，在安徽省审计系统内部发行。该书收集的是 2007 年与开展“审计法制年”活动有关的资料，主要包括领导讲话、工作部署、经验介绍、考核评比四个部分内容。全书约 13 万字。

第三节　审计报刊

《安徽审计》 为加强审计工作宣传，给广大审计工作者提供一个审计研讨与交流的阵地，安徽省审计局于1985年底创办《安徽审计》杂志（安徽省内部刊物登记证第93号），安徽省审计科学研究所《安徽审计》编辑部具体负责《安徽审计》的编辑、出版和发行工作。《安徽审计》于1985年12月创刊；从1986年起，正式按季出版；1989年起改为双月刊；1993年起改为月刊。该杂志主要设置工作研究、审计论坛、经验交流、外国审计、文件选登、审计案例、审计信息、简讯等栏目。根据审计工作发展的需要，不同时期《安徽审计》杂志由不同部门主办：1985年12月至1986年8月，《安徽审计》杂志由安徽省审计学会主办；1986年9月至1987年5月，《安徽审计》杂志由安徽省审计科学研究所和安徽省审计学会主办；1987年6月至今，《安徽审计》杂志由安徽省审计厅（局）和安徽省审计学会主办。1992年10月，《安徽审计》在全国部分审计报刊工作交流会上获1992年度审计报刊优秀版面奖；1995年5月，《安徽审计》22篇文章被中央编译出版社发行的《中国经济文库》第11卷一书收录；1996年3月，《安徽审计》被安徽省新闻出版局、安徽省期刊协会评为1995年度安徽省一级内部期刊（优秀内刊）质量奖；2005年1月，在安徽省新闻出版局组织的安徽省内部资料性出版物评优活动中，《安徽审计》获优秀内部资料性出版物奖。

《审计导报》 1989年，安徽省审计局创办《审计导报》（安徽省报刊登记证第080号），安徽省审计科学研究所成立《审计导报》编辑部，具体负责《审计导报》的编辑、出版和发行工作。《审计导报》于1989年1月28日试刊，1989年2月27日创刊。1989年为每半月一期，1990年至1992年为每月三期，1993年新增月末版，1994年月末版改为彩印，1995年3月31日取消月末版，改为每月四期。1999年1月1日《审计导报》改名为《审计周讯》（总第432期），1999年12月31日停办（总第452期）。《审计导报》主要设置审计新闻、理论与实践、信息与服务、内审动态、审计论坛、天南地北、法制园地、经验交流和求知求乐等栏目。1992年3月，《审计导报》在安徽省新闻出版局、安徽省报业协会组织的1991年全省内部报纸评比中，获“醉翁杯”编校质量奖先进单位；1992年3月，《审计导报》在安徽省新闻出版局、安徽省报业协会组织的1991年全省内部报纸评比中，获印制质量二等奖；1994年1月25日，《审计导报》在安徽省新闻出版局、安徽省报业协会组织的1993年全省内部报纸评比中，获编校质量奖；1995年1月25日，《审计导报》在安徽省新闻出版局、安徽省报业协会组织的1994年全省内部报纸评比中，获优秀内报称号；1996年2月，《审计导报》在安徽省新闻出版局、安徽省报业协会组织的1995年全省内部报纸评比中，获优秀内报。

《安徽审计年鉴》 为了全面、系统地反映安徽审计工作的新情况、新成就、新经验，持续、准确地为社会各界了解和研究安徽审计工作提供翔实的历史资料，安徽省审计厅决定，自2004年起每年编辑出版上一年度的《安徽审计年鉴》。为此，安徽省审计科学研究所成立《安徽审计年鉴》编辑部，具体负责《安徽审计年鉴》的编辑、出版和发行工作。2004年11月，首卷《安徽审计年鉴2003》正式出版。2007年《安徽审计年鉴》的编辑出版工作得到进一步规范，申请了公开出版的书号，实现了《安徽审计年鉴》由安徽省内部资料性图书向公开出版发行的转变。

《审计科研动态》 1986 年,安徽省审计科学研究所创办《审计资料摘编》,主要是摘编有关审计科研动态的信息,为全省审计机关提供相关资料。1987 年《审计资料摘编》更名为《安徽审计科研资料》,1991 年更名为《审计文萃》,1997 年更名为《审计科研动态》。

第十七章　审计教育培训

安徽省审计机关自1983年成立以来，十分重视干部教育培训工作，坚持以人为本，不断强化审计干部教育培训工作，逐步实现教育培训工作的制度化、规范化，满足各个时期审计中心工作需要和审计事业可持续发展。省审计厅多次受到审计署和省委组织部、省直工委、省人事厅表彰。其中，2006年审计厅被省委组织部、省直工委、省人事厅授予“十五”期间全省干部教育培训先进单位、“十五”期间省直机关干训工作先进集体、全省“十五”期间人事教育培训工作先进单位等荣誉称号。

1983年至1985年，审计机关成立初期，针对审计人员出身审计、会计专业比例较少的实际，审计教育培训工作突出审计理论、会计基础知识教育和学而致用的审计技术方法的培训。1984年4月，安徽省审计干部培训班成立，加强审计人员审计、会计基础知识和审计基本方法和理论的培训。

1986年至2001年，审计机关逐步形成审计专业培训正规化、业余学习审计专业与学历教育相结合的干部教育培训体系。对审计机关队伍人才建设提出明确目标和详细的教育培训规划，开展审计业务骨干培训、岗位全员培训、审计法律法规和计算机知识普及和更新培训、职称教育培训、审计专业学历教育等多种形式的教育培训。先后成立省审计局电大工作站、省审计局太平培训基地（安徽省审计职工培训中心）、安徽审计学校（安徽审计职业学院），优化干部队伍专业知识结构，提高干部队伍学历层次，培养胜任开展各类审计工作的专业队伍。

2002年至2007年，审计机关响应党中央号召，按照不同工作岗位对审计干部的思想政治、职业道德、领导素质、业务能力等方面的不同要求，开展分类分层大规模的培训教育工作，全面提高各级各类审计干部的政治水平、业务素质、道德修养和综合管理能力。

第一节　审计培训机构

电大工作站　1986年4月，经省编委同意，省审计局电大工作站成立，事业编制5人，隶属于省审计干校。电大工作站的任务是，组织管理审计系统各电大教学班的教学工作；指导全省其他单位电大审计教学班的业务工作；帮助各电大审计教学班聘请辅导教师；承担审计署电大工作站交办的任务。当年，全省各地市录取审计专业学生542名，其中省审计局电大工作站直属班46人。至1993年,省审计局电大工作站培养审计专业电大毕业生600人。1996年9月,省编委发文,撤销安徽省审计厅电大工作站, 5名事业编制收回。

审计培训中心　1988年6月,省审计局批准建立太平培训基地,为科级事业单位、编制5人。太平培训基地坐落黄山市黄山区清溪路,占地面积约5亩。成立之初,太平培训基地有一幢建筑面积1100平方米楼房,当年9月第一次接待华东片基建审计研讨会。

1990年,省审计局投入资金,建设太平培训基地内部设施改造和配套工程。1991年工程完成,接待能力提高、接待条件改善,结束了只能接待小型会议和小型旅游团体的历史。

1992年10月,省编委批复,成立安徽省审计职工培训中心,副县级事业单位、编制5人,经费自收自支,承担全省审计系统职工培训和疗养接待服务工作。

1993年至1994年,培训中心承办各类培训班和会议23个,接待来宾5000人,43000人次;协助省审计厅成功主持召开大型国际研讨会和华东六省一市审计厅局长座谈会;多次接待审计署和兄弟省市审计机关的领导和来宾。1994年被审计署确定为审计署干部培训中心黄山基地。

1996年9月,省编委批准,省审计职工培训中心为副县级建制、编制10名。当年,省审计厅为适应审计培训和经营发展的需要,筹集资金建造一幢建筑面积达2800平方米的综合楼。培训中心加强管理,提高服务质量,聘用内设机构的部门负责人,开展"满意在黄山" 等优质竞赛活动。1996年至1998年,培训中心接待培训、旅游团队的人数逐年提升,标志着培训中心已由内部设施简陋的招待所,发展成为内部功能齐全的星级饭店。

1999年至2003年,培训中心优化营销策略,加强管理、降低成本,加大硬件投入,强化服务意识,进行规范化的岗位技能培训,在黄山地区组织的各类宾馆、饭店职业技能大赛中,获得团体第五名。至2003年年底,审计职工培训中心发展成拥有固定资产1119.8万元、内部设施比较齐全的中型接待单位。

2004年至2007年,培训中心进一步加大管理力度,提高接待服务能力,每年承担省审计厅各类审计专业培训、会议近20期,同时接待全国审计系统的各级领导和来宾以及旅游团队,创造良好的社会效益和经济效益。

审计职业学院　1984年4月,安徽省审计局批准成立安徽省审计干部培训班,为县级事业单位、编制15人,培训规模150人。

1985年2月,安徽省编制委员会同意将省审计干部培训班改为安徽省审计干部学校,规模200人。3月,省政府批准建立安徽审计学校,规模1200人。设立工交基建审计、商粮外贸审计、财政金融审计3个专业。

1987年7月,省机构编制委员会批准安徽审计学校为中等专业学校,核定事业编制30人，与审计干部学校一套机构、两块牌子。

省审计干部培训班创办初期，租用合肥军分区招待所作办公和培训教学之用。1988年，省审计（干部）学校迁入位于马鞍山路与包河大道交汇处的老校区，校区占地60亩，建筑面积18000平方米。

1989年，安徽审计学校面向全省招生，首届统招高中专学生50名，开设工交审计专业。

1990年，招收高中专委培生50名。

1991年，同时招收高中专、初中专委培生，招生数递增到250名，增设普通审计专业。

1996年9月，省机构编制委员会确定审计学校为县级全额预算单位，核定编制70人。

1997年，经审计署和国家教委批准，审计学校面向全国招生，成为全国唯一的审计类中等专业学校。

1998年，学校被安徽省电大列为“注册旁听生”教学点，招收对象为全省审计系统在职人员和审计学校历、应届毕业生，学历为专科。

1999年，安徽审计学校有教职工63人，所有专任教师均具有本科以上学历。学校内设：办公室、教务科、总务科、学生科、膳食科和保卫科，两个教研室，一个审计事务所和一个校办企业。学校总用地面积达到合格标准，教室、图书馆、实验室、学生宿舍、食堂、操场、语音室、微机室等基础设施配套合理齐全，拥有微机、打印机、体育器材等完善的教学设备。有在校生1047人、21个班级，开设普通审计和基建审计两个专业。毕业生由国家分配、就业顺利。毕业生主要去向是：县级审计事务所；企业内审部门；乡（镇）审计室（所）；其他企事业单位。

2000年，社会对中专生需求下降，中专生生源萎缩，为培养高层次审计人才，审计学校与安徽大学联合办学，成立安徽大学审计学校教学点，开办专科层次学历教育，开设审计学、会计学、基建审计3个专业，实现了由中等教育向高等教育的跨越。安徽审计学校在安徽大学指导下，按照高校办学模式，在教学、管理及后勤服务方面进行改革和创新，优化教学和管理队伍，提高教学水平。同时继续招收审计和会计电算化两个专业初中毕业生。至2004年，学校向社会输送大中专毕业生4000余人，为全省审计系统培训干部1800余人次。

2003年，安徽审计学校与合肥经济技术开发区桃花工业园管理委员会签订购地协议，征地333.39亩，建设新校区。

2004年6月，经省政府批准在安徽审计学校的基础上设立安徽审计职业学院，同时撤销安徽审计学校建制。安徽审计职业学院行政上隶属安徽省审计厅，业务上接受省教育厅指导，是全国唯一的公办全日制专科高等审计职业院校，是安徽省培养中高级审计人才的重要基地。省审计厅党组成员、副厅长刘大群兼任院长，徐锋任党委书记。

2006年，安徽审计职业学院新校区一期工程完成，图书馆、教学楼、宿舍楼、食堂、文体中心、运动场等落成，建筑面积40001平方米。9月，学院整体搬迁至新校区。

学院以邓小平理论和“三个代表”重要思想为指导，贯彻落实科学发展观，以办好让人民满意的高等职业教育为目标，围绕审计转型确立办学思路，队伍建设不断加强，教育教学稳步推进。

专业设置方面，学院根据社会需求，围绕审计学、会计学两个优势专业不断拓展。现开设会计（财务会计方向）、会计（税务会计方面）、会计与审计（财务审计方向）、审计业务（基建审计方向）、审计业务（内部审计方向）、审计业务（社会审计方向）、资产评估与管理、财务管理、物业管理、物流管理、市场营销、工程造价、电子商务、商务管理、金融管理与实务等15个专业。在课程建设方面，学院增加专业基础课与专业课的基础上，加大社会实践与业务实践比例，注重学生动手能力的培养，逐步按职业岗位资格要求设置相关课程，提高学生就业竞争力。同时根据不同专业和学科性质特点，积极拓展教学实习基地，加强与市县审计局和相关单位的合作，签订实习实训基地协议。

学院坚持“以就业引导招生，以招生强化就业”的工作思路，强化服务措施，做好就业咨询与指导，为毕业生提供更多的就业信息，提高毕业生就业率和就业质量，实现招生和就业的良性循环。审计职业学院生源充足、生源质量稳中有升，生源结构不断改善，报到率名列全省同类学校之首。

队伍建设方面，本着“引进优化、培养提高”的方针，不断引进高层次、高学历人才，优化师资和管理队伍结构。同时，加快现有人员培养，提高现有人员学历、学位层次和教育教学管理能力。学院有专兼职教师121名。其中，高级职称28人，中级职称61人，“双师型”28人，具有研究生学历或硕士学位的达32人。

内部机构方面，学院现有党政管理机构6个、教学机构4个、教辅机构1个。其中，党政管理机构包括办公室（组织人事处、纪检监察室）、教务处、学生处（与团委合署办公）、财务处、总务处和保卫处；教学机构包括审计系、经济管理系、贸易经济系和基础部；教辅机构包括图书馆（实验实训中心）。

2005年，《安徽审计职业学院院报》作为内部资料性出版物准予登记。

第二节　审计职业培训

教育培训管理　1983年，安徽省审计局成立，设人事教育处，由局主要负责人分管，明确一名副局长协管教育培训工作，人事教育处负责组织实施全省审计干部培训工作，有专职干部具体负责。省审计机关制定干部教育培训规划、年度计划和教学方案，建立健全各项教育培训制度和管理办法。逐步实行分级分层分类培训制度，省审计局负责培训省审计局机关干部和市审计局领导班子成员、县市审计局正副局长，市审计局负责培训其他审计干部。

11月，省审计局制订《安徽省第一期审计干部训练班教学计划》，明确培训目的、内容和培训班纪律。

1985年9月，省审计局制定《安徽省审计干部教育培训工作五年规划》。规划根据审计机关组建初期的队伍状况，提出初步建立起正规教育、在职干部审计专业培训和职工业余学习三者相结合的审计干部教育培训体系，改变审计干部专业知识单一的现状，提高干部学历层次，加速一支培养能够胜任开展各类审计工作的专业队伍。

1991年4月，省审计局制定《安徽省审计系统1991至1995年教育培训发展规划》。规划目标是：根据审计署和人事部门要求，开展审计岗位培训，五年内把全体干部轮训一遍，使70%的干部达到岗位规范要求；开展多种形式的继续教育和学历教育，更新知识，提高技能，1995年前使全省审计机关大专以上学历人员达到50%以上。

1992年4月，省审计局制定《审计干部岗位培训管理暂行规定》。

1994年1月，省审计局制定《安徽省审计教育培训1994至1997年发展规划》。发展规划提出：1997年前将审计机关公务员培训一遍，使审计干部基本掌握岗位必备专业知识；加强和改进审计专业知识培训，使审计干部掌握计算机应用等急需专业的知识；加强审计机关领导干部培训，1997年前将县级审计局正、副局长轮训一遍；实施大专以上学历教育和审计专业继续教育，1997年前审计干部大专以上学历达60%以上。

1994年，审计厅制定《关于建设高素质审计队伍的意见》。

1996年3月，省审计厅制定《安徽省审计教育培训"九五"规划和2010年发展目标纲要》。"九五"规划目标为：实施审计机关公务员岗位培训，2000年以前将所有人员培训一遍；巩固发展审计专业学历教育，创造条件发展研究生教育，使65%以上审计人员达到大专以上学历层次；开展现代科技知识培训，使45周岁以下审计人员掌握计算机操作技术和外语基础知识。2010年发展目标是：完善教育培训体制，建立多形式、多渠道、长制短班并举、系统内外结合的培训格局，提高培训层次和水平，使审计人员专业知识水平进一步提高，知识结构更加优化，能够适应审计工作需要。

1996年，省审计厅制定《关于鼓励审计干部业余学习有关问题的意见》和《关于鼓励审计干部报考研究生的暂行规定》。

2000年3月，制定《2000年—2002年审计干部培训考试工作意见》。

2001年11月，省审计厅制定《2001年—2005年安徽省审计干部教育培训规划》。规划提出的目标：按照不同工作岗位对审计干部思想政治、职业道德、领导素质、业务能力等方面的要求，采取灵活多样的方式，分类分层培训，全面提高各级各类审计干部的政治水平、业务素质、道德修养和综合管理能力；逐步建立健全层次分明、重点突出、形式多样、考培结合的教育培训新格局；强化激励和约束机制，完善审计干部教育培训制度。培训突出五个重点：加强政治理论、法制、职业道德教育，每年党组中心组集中学习研讨时间不少于12天；开展经济知识、世界贸易组织（WTO）相关知识、财经理论、审计理论、审计技术与方法、外语培训，省审计厅5年内举办两次外语培训班、培训100人次;坚持和完善审计干部全员岗位培训,到2003年完成第一轮培训与考试,对厅机关正处级干部和市县（区）审计局长5年内轮训一次,新进入审计机关公务员一年内必须参加为期2周的初任培训;开展现代科技知识、网络知识及计算机应用能力培训,从2001年起,用3年左右时间,使45周岁以下审计人员经过培训达到有关部门规定的等级标准,到2005年年底,全省审计机关培养出80名左右能熟练掌握计算机应用软件的人员。

2002年以后,为贯彻中央关于大规模培训干部的要求,省审计厅先后制定《厅党组中心组学习制度》《关于建设学习型机关的意见》《安徽省审计厅贯彻全省人才工作会议精神的实施意见》《安徽省审计厅关于进一步加强审计机关人才工作的意见》等办法制度,修订《关于鼓励审计干部业余学习有关问题的意见》《关于鼓励审计干部报考研究生的暂行规定》。

2006年8月,省审计厅党组决定全省审计机关实施以作风建设为前提、制度建设为重点、能力建设为核心的“抓建设、练内功、提效能”五年行动计划。依次开展“审计学习年”“审计法制年”“审计质量年”“审计创新年”“审计提升年”系列活动,力争用5年时间,使全省审计干部队伍结构明显改善,审计决策和管理水平明显提高,依法审计能力明显增强,审计工作效能明显改观,形成人人干事、个个敬业、政通人和、和谐共进的良好氛围,推进安徽审计事业再上新台阶。

审计业务培训　1983年审计机关成立,安徽省审计机关干部教育培训工作按照“干什么学什么、缺什么补什么”的原则,最初实行先培训、后上岗的办法。12月1日,省审计局举办第一期全省审计干部训练班,有33人参加。至1984年年底,共举办5期审计干部训练班,培训干部200多人次,侧重审计基础知识和审计基本理论培训。

1986年至1990年,除审计基础知识培训外,还开展了审计专业知识培训,重点培训各类审计业务骨干,省审计局先后举办新调入干部和局长培训班以及文书档案、基本建设审计、外资运用审计、财政金融审计、行政事业审计、农业审计、行政诉讼法等各种专业知识和法律法规培训班、讲座20多期,计培训干部1200多人次。

1991年至1995年,结合审计干部岗位培训,全省审计机关把全员培训与业务骨干培训结合起来,增加行政管理、计算机基础知识等培训内容,全省审计机关举办各类培训班、研讨班200多期,受训面扩大到70%以上,培训干部2300人次以上。

1996年至2000年,全省审计机关除加强计算机基础知识及应用培训外,以会代训形式开展各种审计专业知识更新培训,加大审计相关法律法规、审计规范、现代经济管理、国际国内宏观经济形势、WTO规则、国际审计准则等知识培训,省审计厅共举办各类培训班、研讨班55期。全省审计干部受训面扩大到90%以上,培训干部3000人次以上。

2001年至2005年,针对政府投资审计力度加大以及会计电算化普及,结合审计机关岗位资格和行政执法资格考试,全省审计机关加强了各类岗位业务技能、计算机审计、外语、投资审计、世界贸易组织（WTO）知识的培训。省审计厅开展《中华人民共和国审计法》《国家审计准则》等审计法律法规以及以审计新技术、新方法为内容的岗位技能培训，举办为期一个月以上计算机审计培训班4期。

2001年年底，全省审计人员进行岗位资格和行政执法资格考试。2002年1月8日，省审计厅公布考试结果：全省报考2254人、参考2192人，通过2189人，其中A级1916人，B级273人。省审计厅机关有102人参加考试，其中89人通过A级考试，13人通过B级考试。2001年至2005年，全省各级审计机关培训干部近万人次。

2004年至2005年，省审计厅与合肥工业大学合作举办两期各为期二个半月的固定资产投资审计培训班，培养全省投资审计骨干130多人，并开展了两期经济责任审计研讨班。

2005年至2006年，省审计厅与合肥工业大学联合举办全省计算机审计强化培训班，50人全脱产学习一年，其中厅机关18人参加。

2006年至2007年，全省审计机关实施五年行动计划“审计学习年”“审计法制年”活动。全省审计机关开展大规模的政治理论、审计专业知识、审计法律法规学习培训和廉政教育等活动。其中，省审计厅举办各类培训班、研讨班10多期，培训干部近千人次。除继续加强计算机审计、投资审计、经济责任审计培训研讨外，省审计厅连续两年开展为期10天的全员集中培训，培训内容有：政治基础理论、宏观经济知识、财经法律法规、审计技术与方法等，省审计厅全体干部职工、厅属单位领导班子成员和各市审计局局长200多人参加。为稳步推进审计结果公告制度，省审计厅于2006年、2007年连续两年举办审计公告制度培训班。

上级调学脱产培训　根据省委党校、省直党校、安徽行政学院和审计署干部培训中心安排，省审计厅认真执行各类干部调学任务。

1996年至2007年，省审计厅选派副处级以上干部参加省委党校、省直党校、安徽行政学院和审计署学习达230人次。还选派10名英语基础好的人员参加审计署英语强化班学习，通过全国出国培训备选人员外语考试（BFT）考试。

国内组团外出学习考察　为加强与兄弟省市审计机关的审计业务和学术交流，学习借鉴兄弟省市先进经验，省审计厅组织各类专题审计业务考察团，到兄弟省市审计机关学习考察。加大经济责任审计、投资效益审计、计算机审计的学习考察力度，组织多期考察团到全国同行处领先水平的省市审计机关学习考察。

审计专业职称考试辅导培训　1992年至2003年，省审计厅举办初中级审计专业职称考试辅导培训班10次，举办高级审计专业职称考试辅导培训班5次。

学历教育　1984年，省审计局有7人参加刊大、函大学习，37人参加中专水平的函授学习。

1986年4月，省审计局电大工作站成立。1986至1993年，省审计局电大工作站培养审计专业电大毕业生600人。

1994 年至 1995 年,省审计厅分别与南京审计学院、合肥职工科技大学联合举办了两期审计干部在职审计专业大专班,省审计厅及厅属单位 25 人参加学习并取得学历。

1999 年,省审计厅与安徽大学联合举办审计干部在职研究生课程进修班,全省审计系统 50 人参加学习。

2004 年,省审计厅与合肥工业大学联合举办公共管理硕士(MPA)班,省审计厅机关有 8 人参加学习。至 2007 年年底,省审计厅机关近 80 人取得大专以上学历。

截至 2007 年年底,全省审计机关有在职人员 2821 人,其中研究生学历 87 人,占 3%;本科 1378 人,占 48.9%;大专 1056 人,占 37.4%;中专及高中以下 300 人,占 10.6%。

第十八章　内部审计和社会审计

第一节　内部审计

1984 年 11 月，省政府办公厅批转《省审计局关于建立部门、单位内部审计机构的报告》，提出省直主管部门、大中型企业和各地市县开展内审工作的要求。

内部审计刚起步时，全省仅少数几个省直单位设立内审机构。

1984 年，内部审计处于组建、试审、探索的初期阶段，社会上鲜有人知、缺乏影响力。1990 年，中国实施改革开放，经济快速发展，内部审计逐渐为社会所了解和认同。2001 年以后，省内部审计师协会召开三次表彰大会，两次会员代表大会，每次会议省政府副省长和审计厅领导都到会讲话，各级领导越来越重视内审工作，内部审计的影响力逐步扩大。

1984 年至 1992 年，全省内部审计机构审计 24973 个单位，查出和纠正违纪金融 8.4 亿元，促进增收节支、减少损失浪费 4.9 亿元，查出万元以上贪污贿赂案 107 件，310 人受到党纪政纪处理，224 人移送司法机关追究法律责任。

2003 年至 2007 年，全省内审机构审计 19.8 万个项目，查出损失浪费 20.5 亿元，为单位增收节支 11.7 亿元，提出审计建议 15.6 万条，发现案件线索 245 件。

从内部审计工作前九年与后五年的成果看出，内部审计事业呈现加速发展态势，为服务安徽省社会经济发展，加强单位内部管理发挥了重要作用。

2007 年年底，全省建立内审机构 2190 个。其中，全省上市公司、国有金融单位全部设立内审机构；国有大中型企业、高等院校、三甲医院多数设立内审机构。全省内审机构共有内审人员 15000 余人。其中，大学本科以上文化水平占 38%。具有中级以上职称或注册资格的占 45%。

内部审计人员结构上，上市公司、中央在皖企业、国有大型企业的内部审计人员素质较高：省电力系统 178 名内审人员中，大学本科以上占 70%，42 人取得注册内部审计师（CIA）资格，其中审计部 7 人都具备大学本科以上文化且取得 CIA 资格；中国移动安徽分公司审计人员中，大学本科以上人员占 80% 以上，其中具备 CIA、注册会计师(CPA) 资格人员占 30%；淮南矿业集团 125 名审计人员中，有会计师、审计师，国际注册内部审计师（CIA）、注册会计师（CPA）、工程造价师、评估师和信息技术专门人才。中国银行省分行稽核部 35 人，都具备大专以上学历，其中中级以上职称 29 人，CIA 9 人，

CPA 2 人,专业结构合理。但是市县以下部门内审机构和企事业单位的内审人员素质相对偏低。

同时,全省各市陆续成立内审协会,部分经济发展较好的县也成立内审协会。省内部审计师协会名誉会长由副省长和审计厅厅长担任,审计厅一名副厅长任会长,其余副会长分别由有关单位高层领导担任。至 2007 年,省内部审计师协会团体会员单位已有 240 个,涵盖全省大中型企业、省直单位和中央在皖单位,为服务全省社会经济健康快速发展发挥越来越重要的作用。

内部审计工作的发展,从不为人知到逐步产生社会影响力,成为审计体系中不可或缺的重要组成部分。

内部审计机构　分为内部审计管理机构和内部审计机构。内部审计管理机构,是指省市县三级国家审计机关中、负责管理内部审计机构设置和工作情况的部门。内部审计机构,是指国家机关、企业事业单位、社会团体等,各行业、各部门和各单位内部的审计组织。

1984 年至 1988 年,省审计局综合处负责全省内审工作的指导管理。

1988 年 12 月,省审计局成立内部审计社会审计指导处,定编 5 人,负责全省内审工作的指导管理,解长道任处长。随后,淮南、安庆、芜湖、蚌埠市和宿县行署相继成立内部审计社会审计指导科。

1992 年 5 月,安徽省内部审计学会成立,召开第一届理事会,首届理事 73 人。省审计局党组成员、副局长陈仲祥当选为会长,杨大政、杨裴飞为副会长,解长道、金文林为正、副秘书长。

1993 年,淮南、阜阳等地先后成立内部审计学会。

1995 年 4 月,召开安徽省内部审计学会第二届理事会,省审计厅党组成员、副厅长黄庆禄当选为会长,并当选为中国内审协会常务理事,成为国际内部审计协会会员。尤金圭当选为秘书长,骆安君为副秘书长。

1996 年 6 月,省审计局内部审计社会审计指导处更名为审计管理处。负责全省内部审计工作的管理和指导。

1997 年 11 月,巢湖行署和县审计局,成立“和县内部审计学会”,成为安徽省第一个县级内审学会。

2000 年 1 月,芜湖市成立内审协会。9 月,省审计厅审计管理处撤销,“安徽省内部审计学会”更名为“安徽省内部审计师协会”,承担全省内部审计工作的管理指导和监督。省审计厅党组成员、副厅长黄庆禄任会长,骆安君任秘书长,黄克实任副秘书长。

2002 年 4 月,“安徽省内部审计师协会”举行第三次会员代表大会,聘请省政府副省长黄海嵩,省审计厅党组书记、厅长桂建平为名誉会长。选举省审计厅党组副书记、副厅长王兴如为会长,王祝山、王怀才、王建培、周建成为副会长,张早明为秘书长,杨正工、黄克实为副秘书长。中国内部审计协会会长郑力,省政府副省长黄海嵩,省审计厅党组书记、厅长桂建平等领导到会祝贺。

2003年，会长王兴如当选中国内部审计协会第四届理事会常务理事、中国内部审计协会培训委员会委员，并成为国际内部审计师协会会员。

2004年9月，南陵县成立内审协会，之后繁昌、天长、当涂、铜陵、芜湖、宿松等7个县（市）成立内审协会。

至2007年年底，除六安市外，全省16个市成立了内审协会。

1984年11月，省政府办公厅批转《省审计局关于建立部门、单位内部审计机构的报告》，提出在省直主管部门、大中型企业和各地市县开展内审工作的要求。电力、烟草、邮电、司法、交通、供销等部门开始组建内审机构，淮南、合肥、芜湖、安庆市的内部审计工作也起步发展。

1989年4月，省审计局在省商业厅、机械厅、行管局设立派出机构，冠名安徽省审计局驻xx厅（局）审计室。

1991年，省审计局在省行管局、省交通厅、省机械局等部门设立派出审计处。

1995年，经省政府批准，省审计局、省编委文通知，在省计划委员会、省科学技术委员会、省计划生育委员会、省体育运动委员会、省教育委员会、省对外经济贸易合作厅、省农业厅、省交通厅、省卫生厅、省商务厅、省林业厅、省民政厅、省公安厅、省水利厅、省建设厅、省广播电视厅、省司法厅、省劳动厅、省新闻出版局、省医药管理局、省地质矿产局、省环境保护局、省粮食局、省机械工业局等24个省直部门设立派驻内审机构。

淮南、合肥、芜湖、安庆、蚌埠、铜陵、马鞍山、阜阳、宿县等地政府部门和企事业单位的内审机构建设有了很大发展。

省内大型企业、金融单位、上市公司也逐步成立内审机构。

2000年，政府机关机构改革，省审计厅将派驻省直单位的内部审计机构编制收回，在省审计厅机关内成立8个审计室。

至2007年年底，全省设立内审机构2190个，内审从业人员超过1.5万人。这些机构和人员主要分布在中央驻皖大型企业，中国工商银行安徽省分行、中国建设银行安徽省分行、中国银行安徽省分行、中国农业银行安徽省分行等17家金融机构，省国资委所属37家大型企业中的27家省属大型国企，省内58家上市公司，省市部分机关事业单位。

内部审计业务 1984年至1992年，是安徽省内部审计的诞生成长期。这一时期，在审计机关促进推动下，安徽省各级政府部门和企业事业单位，积极抓好内审机构组建和内审人员配备工作。广大内审机构和内审人员努力探索开拓内审业务领域，在实践中不断加强和改进内部审计工作，在严肃财经纪律、深化企业改革、改善经营管理、提高经济效益等方面发挥积极作用。

开展财务收支审计，严肃财经法纪，维护经济秩序。安徽省各级内审机构把开展财务收支审计作为内部审计工作的重要内容。1984年至1992年，全省内审机构开展财务收支审计 9450 项，查出和纠正违纪违规金额 8.3 亿元。省司法厅、交通厅、商业厅、公安厅通过对所属单位的定期审计，使违纪违规金额逐年下降。省烟草、煤炭、电力、邮电等行业的大型企业加强财务决算审计，促使企业财务收支做到真实、合规、有效。省烟草公司将财务收支审计与财税大检查结合起来，仅 1991 年就查出违纪违规金额 316 万元并及时作出处理。一些单位开展财务收支审计时，注意向内部控制制度和经济效益方面延伸。省地震局在加强科研项目经费审计时，审查经费投入效果，提出改进意见，促进科研项目研制进程。各内审机构通过开展财务收支审计，查处和纠正违纪违规问题，健全内部管理制度，增强自我约束机制，促进企业健康发展。

开展厂长（经理）任期终结审计和企业承包经营审计，促进承包经营责任制顺利实施。1984 年至 1992 年，全省内审机构贯彻执行审计署、省政府关于承包经营审计的规定，按照"抓重点、分级分层次、分工审计"的要求，对 5000 多个单位实施承包经营和厂长（经理）任期终结审计，促进国有大中型企业完善管理，提高经济效益。1990 年，淮北矿务局审计处组织计划、煤质、运销、财务、干部、地测等人员组成联合审计组，开展所属厂矿、处承包经营审计，全面评价被审单位 6 年的工作业绩，反映存在问题，为二轮承包摸清家底。1990 年，省农垦总公司对下属 25 个农场场长（经理）任期终结审计，查出虚报盈亏、乱挤成本等违纪问题 211 万元，引起总公司领导重视。合肥市食品工业公司和机械工业公司对所属企业承包经营审计，发现管理失控、财务混乱、隐瞒亏损等问题，引起合肥市政府和有关部门高度重视，两个厂长被就地免职，经《人民日报》《安徽日报》《合肥晚报》等新闻媒体报道后，在社会上引起强烈反响。

开展经济效益审计，促进企业自主经营、自负盈亏，自我约束、自我发展。1984 年至 1992 年，围绕影响本单位经济效益的因素，发挥技术优势和专业特长，内审机构把经济效益审计拓展到生产经营和技术开发领域，使内部审计逐步由单项、浅层次向综合、高层次发展。淮南矿务局抓住影响煤炭产业经济效益的主要指标，开展产销审计。1991 年查出前三年全局应收产而未收产煤炭 36 万吨，以及赊销炭等问题，为该局增加销售收入 345 万元。安庆石化总厂参加下属化肥厂催化裂化—芳烃抽提联合工艺试验装置试运行，提出投用考核技术问题的审计建议，被采用实施并取得较好的经济效益，审计处获得该项目"双革"奖励。中铁四局对南京 312 国道经济效益审计，从标的合同入手，深入施工现场，做好核实评审，分析施工中存在的问题，提出 8 条审计意见，被审单位引为施工借鉴，强化索赔工作，减少经济损失 280 万元。

这一时期，一些内审机构还积极开展专项审计调查，为领导和有关部门提供决策依据，有的内审机构还审计第三产业，促进第三产业健康发展。同时，安徽省乡镇内审也有了一定的发展，受到人民群众和基层干部的欢迎与支持。

1992 年至 2000 年，是安徽省内部审计的发展壮大期。这一时期，安徽省内部审计队伍不断壮大，独立的审计体制和专业化队伍基本建立，内部审计成为我国审计体系中重要的组成部分。全省内审机构和人员围绕经济工作中心和本部门、本单位工作重点，贯彻“全面审计，突出重点”的工作方针，开展多种形式的内部审计工作，为维护经济秩序，规范经营管理，发挥了重要作用。“人、法、技”建设和内部审计基础工作不断强化。

内部审计地位确立，完善审计监督体系，促进审计事业整体发展。安徽省实行内审制度以来，各部门、各单位的内审机构陆续建立，开展多种类型、多种方式的审计工作，在加强管理、提高效益、建立良好经济秩序等方面发挥积极作用。皖北煤电集团公司实行审计监督的垂直管理体系，各矿和二级公司实行审计派驻制度，增加审计工作的独立性、客观性，为集团公司加强管理发挥积极作用。随着现代企业制度的建立和完善，企业按照市场机制运作，内部审计在大型企业特别是在上市公司中的地位和作用日益突显。合肥丰乐种业作为合肥市较早的上市公司，一直坚持内部审计制度，按照现代企业制度的要求，发挥内部审计在管理决策中的作用，取得较好成效。

围绕宏观经济调控目标，促进提高经济效益。内部审计监督致力于规范单位经济行为，促进企业微观经济的良性发展。省烟草专卖局和省物资集团公司内部审计，通过纠正违规经济行为，减少损失浪费，促进增收节支，为实现企业规划目标奠定基础。中国银行省分行、中国农业银行省分行、中国工商银行省分行、省国元信托投资公司等金融单位，开展中间业务的投入产出效益审计，提出整改建议，为单位提高经济效益作出贡献。省电建一公司根据本单位特点，促进经济平安风险管理，规范开标、评标、定标工作全过程监督，完善基层单位议标项目事前申请审批制度，跟踪审计指标执行情况，推动各项管理工作规范化。

内部审计规范部门单位经济行为，成为经济主体内部重要制约机制。1992 年至 2000 年，市场经济规则和的运作，依法治国、依法治省的要求，对内部审计提出了新要求。卫生系统、民政系统配合国家审计机关对专项援助、救灾资金审计调查，建立内部控制制度，促进工作有序有效运行。随着现代企业制度的建立，投资主体和利益格局多元化，内部审计进行监督评价，建立健全内部运行机制，成为各部门、单位开展工作、保障运行的必然选择。这一时期，内部审计逐步在各单位，特别是大型企业内部确立重要地位。中国电信安徽分公司和淮南矿业集团健全内部审计机构，全方位监督企业内部经济活动，规范企业行为，使内部审计机构成为本单位不可或缺的重要管理和监督部门。

2001 年至 2007 年，是安徽省内部审计的与时俱进期。2003 年 4 月，会员代表大会选举产生新一届“安徽省内部审计师协会”。协会在审计机关指导下，积极推进全省内审工作发展。内审机构与时俱进，吸纳先进的国际内部审计理念和技术方法，审计人员素质和理念明显改善，审计工作水平和质量不断提高，依法审计和服务发展的能力明显增强，内部审计影响进一步扩大。

围绕单位中心工作开展审计，提升内审工作影响。全省内审机构围绕党委、政府的经济工作中心和部门单位的经营目标，以促进加强内部管理，提高经济效益为目标，从生产经营的全局出发，突出重点开展审计。省电力公司立足微观，注意发现和揭示宏观政策执行中存在的问题，加强经济运行中深层矛盾的分析，查找制度建设和内控管理的不足，分析原因、提出改进建议，为领导决策提供真实可靠依据，发挥参谋助手和企业管理的重要作用。铜陵铜峰集团、黄山市供电公司、九华山旅游发展股份公司等单位，积极参与企业改组改制和主业辅业分离工作，促进企业改革顺利进行。

解放思想，更新理念，尝试向现代内部审计迈进。2002 年中国加入 WTO 组织，对国家社会经济发展带来深刻影响。同年，美国“萨班尼斯·奥克斯莱”法案颁布，给中国内部审计工作者带来思想影响。这一时期，全省内部审计工作呈现积极发展与寻求变革的局面。省地质矿产勘查局、省海事局、中国银行安徽省分行、中国农业银行安徽省分行，积极推进内部审计从真实性、合规性的财务审计，向内部控制和风险管理的管理审计转型与发展，建立健全内控考核机制，努力使内部审计向规范化、职业化、全球化发展。省地方税务局、合肥工业大学、合肥市教育委员会、工商银行芜湖市分行、巢湖市建设委员会等单位开展领导干部经济责任期中审计，变事后审计为事前、事中审计，把审计关口前移，向现代审计转型。

探索风险导向审计。在经济全球化趋势深入发展，市场经济体制不断完善，国有企业股份制改革不断深化的时代潮流推动下，实行全面风险管理，追求企业价值，成为企业提高竞争力和持续发展的核心要素。中国移动安徽有限公司制定《安徽移动风险管理办法》，提出风险管理目标和遵循的原则、建设思路，确定评价风险管理方法和控制措施，提供咨询服务等。中冶华天工程技术有限公司和中国化学工程第三建设有限公司，探索开展以风险为导向的管理审计，体现审计目标由消极防弊向积极增利转变，摸索出具有单位特色的内部审计路子。淮南平圩发电有限责任公司开展风险导向审计，关注内部控制，分析揭示关键性的经营风险，评价并改进公司治理程序，使公司保持有效控制。

重视加强经济责任审计。1998 年以前，省直部门单位的经济责任审计一般委托给外部审计组织。1998 年特别是在 2000 年之后，各内审机构在单位高级决策管理层支持下，与单位的组织人事部门合作开展经济责任审计，将经济责任审计从原先的“先审后离”逐步向“任中审计”和“任前审计”推进，加强领导干部的监督管理，促进廉政建设，为领导干部的任用提供参考。马钢集团公司规定，所属二级单位中层领导人员到龄改任非领导职务或者任期内办理调任等事项时均进行经济责任审计。2005 年 9 月，马钢举办“厂处级干部培训班”，专题讲授《关于企业领导人员任期经济责任审计的若干问题》。省教育主管部门，普遍开展校长任期经济责任审计，对校长任期内教育经费收支、债权债务、资产增值或流失、办学效益等进行评价，为考核聘用提供依据。

内部审计工作进一步规范，内部审计工作质量提高。2003 年至 2007 年间，中国内部审计协会颁布《内部审计基本准则》和 27 项内部审计具体准则。安徽省内部审计机构努力学习，积极实践，进一步规范内审工作，提高审计工作质量。安徽丰原集团有限公司践行内部审计准则，制定准则实施细则，规范审计行为。安徽日报报业集团严格按内部审计准则实施审计，把准则作为衡量审计质量的标准，建立审计质量控制体系，促进集团在规范管理、完善内控、防范风险、提高效益和廉政建设方面发挥重要作用。

开展专项审计调查，探索内部审计工作转型。专项审计调查是带有特定目的的审计，通过调查、分析问题，达到解决问题的目的，是内部审计工作转型的重要内容。2001年以来，安徽省部分内审机构探索开展专项审计调查。省消防总队组织开展固定资产审计调查，摸清管理和使用中存在的问题，针对问题综合分析，提出加强和改进管理的意见，为领导决策提供依据。省电力公司围绕公司年度工作重点开展专项审计调查，2004年以来开展社保基金、电力营销、县公司线损管理、技改大修科技工程投资效益、大额资金管理、多产公司个人收入、废旧物资处理、市公司业扩报装业务等专项审计调查，剖析工作中存在的问题，提出审计意见和建议，推动内部审计工作转型。省地方税务局、省电信公司组织开展专项审计调查，取得较好成效，为加强管理、领导决策提供了依据。

这一时期的内部审计工作，发展速度快，审计理念新，审计领域宽，审计手段先进，审计工作规范，逐步吸纳先进的审计理念和技术方法，实现内部审计工作转型。

内部审计管理 1995年8月，省审计厅印发《关于转发审计署关于内部审计工作的规定的通知》。

1996年9月，省审计厅、省经贸委、省体改委印发《安徽省企业内部审计工作暂行办法》。

1999年6月，省政府印发《安徽省内部审计办法》。

2002年4月，省内部审计师协会第一次会员代表大会通过《安徽省内部审计师协会章程》。

2003年6月，省内部审计师协会印发《关于转发内部审计人员岗位资格证书实施办法》和《内部审计人员后续教育实施办法》。

2004年4月，省政府办公厅印发《安徽省人民政府办公厅关于进一步加强内部审计工作的通知》；5月，省审计厅印发《关于学习贯彻〈安徽省人民政府办公厅关于进一步加强内部审计工作的通知〉的意见》；6月，省内部审计师协会印发《〈安徽省内部审计人员岗位资格后续教育管理办法〉（试行）的通知》；7月，省审计厅印发《安徽省内部审计工作考核评比暂行办法》。

2005年10月，省审计厅皖审内审印发《安徽省优秀内部审计项目评选办法》《安徽省内部审计人员岗位资格证书年检办法》；当月，省内部审计师协会印发《安徽省内部审计优秀论文评选办法》。

2007年4月，省内部审计师协会第一次会长办公会议通过《安徽省内部审计师协会常务理事会议事规则》《安徽省内部审计师协会会长办公会议事规则》《安徽省内部审计师协会财务管理暂行规定》。

部门内部审计制度 1984年至2007年，设立内审机构的驻皖中央行业、部门和省直部门，相继制定内部审计制度或规定、办法。如电力部门先后制定 48 个规定、办法。限于篇幅，列举部分有代表性的行业、部门制定的部分规定和办法如下。

省国资委：

2006 年，印发关于《安徽省属企业内部审计管理暂行办法》的通知；

2007 年，印发关于《安徽省省属企业经济责任审计管理暂行办法》的通知。

省电力部门：

2001 年，制定《安徽省电力公司内部审计实施办法》《安徽省电力公司审计工作考核评比办法》；

2003 年，制定《安徽省电力公司重大审计事项报告制度》；

2004 年，制定《安徽省电力公司关于加强县级供电公司内部审计工作的指导意见》；

2005 年，制定《安徽省电力公司审计项目质量评比办法》；

2007 年，制定《安徽省电力公司领导干部任期经济责任审计办法》。

省气象部门：

1994 年，印发《下发安徽省气象部门审计工作暂行规定》；

1997 年，印发《进一步加强我省气象部门内部审计工作意见》；

2001 年，印发《安徽省气象部门内部审计工作考核办法（暂行）的通知》；

2007 年，印发《安徽省气象部门领导干部经济责任审计实施办法》。

省海事部门：

2003 年，制定《安徽省地方海事港航管理、船舶检验局内部审计工作管理办法》；

2004 年，制定《安徽省地方海事港航管理、船舶检验局固定资产投资项目审计管理办法》；

2006 年，制定《安徽省地方海事港航管理、船舶检验局审计质量检查办法》《安徽省地方海事港航管理、船舶检验局审计档案管理规定》；

2007 年，印发《关于实行审计公示制定的通知》《关于实行审计承诺制度的通知》。

中国联通：

2004 年，制定《中国联合通信有限公司建设项目审计暂行规定》；

2006 年，制定《中国联合通信有限公司内部审计工作规范》。

省电信部门：

1999 年，制定《安徽省电信企业关于违反财政法律法规处理若干规定》；

2001 年，制定《安徽省电信审计工作考核办法》；

2003 年，制定《安徽省电信公司工程建设项目审计暂行办法》《安徽省电信公司审计档案管理暂行办法》；

2005 年，制定《安徽省电信有限公司对市分公司派驻审计机构管理暂行办法实施细则》《派驻审计机构人员竞争上岗办法》《省公司对派驻审计机构绩效考核管理暂行办法》；

2006年，制定《安徽省电信有限公司内部审计质量控制实施办法（试行）》；

2007年，制定《安徽省电信有限公司工程建设项目审计办法》《安徽省电信有限公司工程建设项目审计质量检查考核办法》。

省教育部门：

1997年，制定《安徽省教育审计工作“九五”规划要点》《安徽省教育系统内部审计工作规程》《教育系统内部审计人员职业道德及审计组廉政责任规定》；

1998年，制定《安徽省教育系统内部审计基础工作考核暂行标准》；

2001年，制定《关于进一步加强全省教育系统审计工作的意见》；

2006年，制定《关于加强高校内部审计工作的指导意见》。

省税务部门：

2001年，制定《安徽省地方税务系统内部审计暂行办法》《安徽省地方税务系统内部审计操作基本规程》《安徽省地方税务系统内部审计复核办法》《安徽省地方税务系统内部审计项目质量检查办法》；

2002年，制定《安徽省地方税务系统内部专项审计调查规则》《安徽省地方税务系统内部审计人员职业道德规则》；

2003年，制定《安徽省地方税务系统领导干部任期经济责任审计实施办法》《安徽省地方税务系统基建项目审计管理暂行办法》；

2004年，制定《安徽省地方税务系统内部审计公示制度》《安徽省地方税务系统后续审计实施办法》《安徽省地方税务系统内部审计项目督导实施办法（试行）》；

2005年，制定《安徽省地方税务系统内部审计工作考核评比办法》《安徽省地方税务系统内部审计回避制度》；

2007年，制定《安徽省地方税务系统领导干部任中经济责任审计暂行办法》。

省烟草部门：

2001年，制定《安徽省烟草专卖局（公司）内部审计工作规定》《安徽省烟草专卖局（公司）审计工作程序》《安徽省烟草专卖局（公司）关于加强烟草商业内部审计工作的意见》；

2006年，制定《安徽烟草商业内部审计办法第1号—烟叶扶持资金审计办法（暂行）》《安徽烟草商业内部审计办法第2号—全面预算审计办法（暂行）》《安徽烟草商业内部审计办法第3号—专卖罚没收入及打假资金收支审计办法（暂行）》；

2007年，制定《安徽烟草商业内部审计办法第4号—实物资产审计办法（暂行）》。

单位内部审计制度　设立内部审计机构的中央驻皖单位，省直单位、大中型企业制定本单位的内部审计制度。列举部分单位的部分制度如下。

省地矿局：

2006年10月，印发《安徽省地质矿产勘查局内部审计工作规定》。

中铁四局：

2002年6月，印发《中铁四局集团任期经济责任审计实施细则》；

2003年4月，印发《中铁四局集团审计工作评比暂行办法》；

2004年10月，印发《中铁四局集团基建工程项目竣工决算审计实施办法》；

2006年9月，印发《<中铁四局集团工程项目内控制度审计实施办法>（试行）的通知》。

合肥百大集团：

2005年11月，制定《合肥百货大楼集团股份有限公司内审管理细则》《合肥百货大楼集团股份有限公司内审管理制度》。

安徽省立医院：

1993年，制定《安徽省立医院内部审计工作暂行规定》；

2000年，制定《安徽省立医院内部审计工作规定》；

2005年，制定《安徽省立医院建设工程跟踪审计管理暂行规定》。

安徽移动通信有限责任公司：

2006年，制定《安徽移动通信有限责任公司内部控制审计实施办法（暂行）》《安徽移动通信有限责任公司风险管理暂行办法》《中国移动通信集团安徽有限公司审计中介机构考评办法（试行）》《中国移动通信集团安徽有限公司内部审计工作管理办法》；

2007年，制定《中国移动通信集团安徽有限公司经济责任审计管理办法》《中国移动通信集团安徽有限公司财务收支审计管理暂行办法》《中国移动通信集团安徽有限公司内审人员执业行为守则》《中国移动通信集团安徽有限公司县分公司经理任期审计管理办法》《中国移动通信集团安徽有限公司SOX法案内控测试工作管理办法（暂行）》。

安徽大学：

1997年，制定《安徽大学审计工作规程》；

2000年，制定《安徽大学审计工作职责》《安徽大学审计人员守则》；

2002年，制定《安徽大学关于基建、修缮（装饰）工程和仪器设备采购项目实施审计及验收制度的暂行规定》。

内部审计指导管理　1984年至1988年，省审计局综合处负责全省内审工作的指导管理。

1988年12月，省审计局设内部审计社会审计指导处，负责指导管理全省内部审计工作。

1989年元月，根据新颁布的《中华人民共和国审计条例》第28条"内部审计机构或者人员，应当接受审计机关的业务指导"，1995年元月施行的《中华人民共和国审计法》第29条"各部门、国有的金融机构和企业事业组织的内部审计，应当接受审计机关的业务指导和监督"，审计机关加强内部审计的业务指导和监督。

2000年10月，省直机关机构改革，省审计厅撤销内部审计管理指导处和安徽省内部审计学会，成立“安徽省内部审计师协会”，按照“管理、服务、宣传、交流”的职能对全省内部审计工作进行管理和指导。

指导内部审计机构建设 1984年，安徽省内部审计工作起步。到2007年年底，全省共设立内部审计机构2190个，从业人员15000余人。在重点单位和部门组建内审机构。继1989年在省商业局、机械厅、行管局设立派出机构后，1995年在省直24个部门设立审计处；宣传内审工作，指导组建内审机构。利用会议、报刊和内部审计成果等形式，扩大内部审计影响，提高意识。审计机关布置任务时，把组建内审机构作为重要内容，交任务、给政策、压担子，促进设立内审机构；促进企业组建内部审计机构。1989年，省政府发布《安徽省全民所有制工业企业承包经营审计暂行办法》，规定大型企业和重点骨干企业由审计机关审计，其他企业由内审机构审计。省审计局与省经委等6个部门连续4年重申规定，促进企业建立健全内部审计机构。2007年、2008年省审计厅分别与安徽省人民政府国有资产监督管理委员会、安徽省工商业联合会联合发文对国有企业、民营企业的内部审计发展状况进行普查。至2007年年底，全省58家上市公司及省内大型企业马钢、铜陵有色、淮南矿业集团、淮北矿业集团、皖北矿业集团、奇瑞集团、江淮集团、合肥百大等省属大中型企业设立内审机构；四是重视对中央企业内部审计工作的指导，促进建立内部审计机构。

25年来，省内部审计管理组织一直保持与中央在皖单位特别是大型企业的协调和沟通，协助设立内审机构，指导开展内审工作。至2007年年底，省电力、烟草、石化、电信、移动、联通、中铁等中央企业都建立了完备的内部审计机构。

指导开展内部审计理论研讨

1988年，省审计局内部审计社会审计指导处成立后，一直注意指导全省内审机构开展理论研讨活动。

1992年5月成立安徽省内部审计学会以后，每年安排1—2个理论研讨课题。先后开展经营审计、内部审计管理、乡镇内部审计、内部控制制度评价、经济责任审计、风险评估、比价审计等课题研讨。

2000年安徽省内部审计师协会成立后，更加注重内部审计理论研讨活动，每年至少安排2个理论研讨课题。先后研讨公司治理与内部审计、信息环境下的内部审计、经济责任审计、非国有企事业单位内部审计、经济效益审计、舞弊的防范与检查、内控评审、购销比价审计、上市公司内部审计、管理审计、投资审”等14个课题。理论研讨涵盖我国内部审计实践的基本内容。

25年间，组织理论研讨11次，收到论文2116篇，评选出优秀论文515篇。其中推荐审计署或中国内部审计协会交流78篇，获得全国论文评比一等奖2篇，二等奖45篇，三等奖60篇。

组织开展宣传交流活动

自1990年，每年组织2至3次内审工作交流。先后与江苏、广东、福建、浙江、山东、山西、黑龙江、吉林、内蒙古、新疆、西藏、甘肃、宁夏、青海、四川、重庆、云南、广西、湖南、湖北、河南、北京、天津等省份的内审协会、内审机构进行业务交流。组织赴台湾、香港、澳门的境外交流，赴美国、加拿大、澳大利亚、新西兰，以及法国、德国、意大利、荷兰、卢森堡等国家交流，学习境外、国外先进的内部审计理念和技术方法。

1992年，安徽内部审计学会成立，创办《内部审计动态》，宣传报道安徽内部审计工作成果，传递内部审计信息，交流内部审计工作经验，反映内部审计人员精神风貌。

至2002年6月，安徽《内部审计动态》先后编印89期，向省内外发送和交换2万多份。7月，《内部审计动态》改刊为《安徽内审通讯》，增加内容和交换量，改刊后编印58期，发送交换2万余份。

审计署《中国内部审计》杂志创刊后，省内部审计协会（学会）积极组织全省内审人员投稿。1992年至2007年，在《中国内部审计》发表文章36篇。组织《中国内部审计》杂志的通联宣传工作，2003年至2007年连续5年被中国内部审计协会授予"全国内部审计通联宣传先进单位"称号。

内部审计队伍建设 内部审计管理的一项重要工作是抓内部审计的队伍建设，主要是开展内审人员培训，组织参加国际注册内部审计师（CIA）资格考试，实施内审人员持证上岗制度等工作。

组织内审人员培训，协会（学会）举办各种培训班，努力提高内部审计人员的专业能力。先后开展财务收支审计、效益审计、经济责任审计、新会计制度、管理审计、内部控制制度评审、内部审计准则、岗位资格认证、内部审计论文撰写、建设工程审计、注册造价员应试、CIA辅导、领导干部专业知识、内部审计信息化技术等培训。共举办培训班65期、培训5700人次。淮南、芜湖、马鞍山、铜陵、合肥、安庆、蚌埠、黄山、滁州、池州、宿州、阜阳、亳州等市协会，天长市、当涂县、南陵县协会，以及一些行业、部门和大型企业也举办多期内审培训班。省电力公司审计部、省海事局审计部，从2002年始每年都进行内部审计培训。省电信公司、省气象局、省地方税务局、省总工会、中国工商银行安徽分行、中国银行安徽分行、农业发展银行安徽分行、省信用联社、淮南矿业集团、皖北煤电集团等单位，也不定期举办各种形式的培训班。

为支持各地各部门开展培训工作，省内部审计师协会（学会）编印《内部审计法规选编》《内部审计基本准则》《内部审计具体准则》共计2000余册，免费发给各级协会和内审机构作为培训和学习资料。组织购置《内部审计业务》《内部审计技术方法丛书》《内部稽核实践一日通》《国际内部审计理论与实务》《内部审计业务标准》《经济责任审计》《内部控制审计》《受托管理责任与管理审计》《企业风险审计》《审计项目过程管理与质量控制》《国有控股上市公司内控管理与内部审计》《建设项目审计》等培训教材。

组织国际注册内部审计师（CIA）考试，国际注册内部审计师（CIA）是目前唯一为全世界承认的内部审计执业资格，始于1974年。

安徽省于1999年第一次组织35名内审人员赴山东省参加CIA考试。2000年至2002年，组织540人参加江苏考点的CIA考试。2003年，中国内审协会在安徽省合肥市设立考点，全省17个市和省内审协会秘书处设立报名点，当年有380人报名参考。2004、2005年，省审计厅、省教育厅联合向全省高校发文，鼓励在校学生报考CIA，之后每年考生都在500人以上。至2007年年底，全省累计3000余人次报考，361人取得CIA证书，培养了一批内部审计专门人才，促进内审人员熟悉和掌握国际内审计理念和实务操作技术。

实施内审人员持证上岗制度，2003年4月，审计署发布《审计署关于内部审计工作的规定》，确立中国实行内部审计人员岗位资格制度。省内部审计师协会于2003年对第一批8千余名内审人员颁发岗位资格证书。

2005年，对取得证书的内审人员进行第一次年检，2007年第二次年检，两次年检合格人员共达9156人。2004年至2007年，连续4年对全省新任内审人员进行岗位资格认证培训，累计1000余人。岗位资格认证制度，促进了安徽省内审工作职业化建设。至2007年年底，全省12230名内审人员取得岗位资格证书，占全省内审人员80%。

内部审计评比表彰 总结经验、评比表彰、推出先进典型，促进内部审计不断向前发展。1997年5月，省审计厅和省人事厅组织全省内部审计机构和内审人员进行评比表彰。省政府副省长杨多良，审计署审计管理司副司长叶祥训，省审计厅党组成员、副厅长祝德智，黄庆禄等领导参加会议并讲话。全省表彰58个内部审计先进单位和56名先进个人。其中省交通厅审计处、省粮食局审计处、省白湖监狱管理分局审计处、白马山水泥厂审计部、马鞍山钢铁股份有限公司审计部、淮北矿务局审计部、合肥市教委审计处、武警安徽省总队审计部8个内审机构，刘家宇、吕水珍、陈耀华、张彩云、温巧英、孙敬斌、侯玉君7名个人分别被推荐为全国内部审计工作先进单位和先进个人。

2000年2月，省审计厅文，表彰蚌埠市审计局、淮南市审计局、合肥市审计局、巢湖市审计局、芜湖市审计局、铜陵市审计局、滁州市审计局为省内部审计管理工作先进单位，宿州市审计局、马鞍山市审计局为全省内部审计指导先进单位。

2002年4月，省内部审计师协会组织全省内审机构和内审人员评比表彰。省政府副省长黄岳忠，中国内审协会会长郑力，省审计厅党组书记、厅长桂建平等领导到会祝贺。评选出69个内部审计先进单位和63名内部审计先进工作者，8个内部审计管理先进单位。其中，合肥市教委审计处、马钢集团控股有限公司审计部、皖北煤电集团审计处、安徽古井集团审计部、金牛实业股份公司审计部、铜陵有色金属集团审计处6个单位被审计署表彰为全国内部审计先进单位，张金标、耿菡婷、程芳、姚发登、高成鹏、李娟、张俊源7人被审计署表彰为全国内部审计先进工作者。

2005年3月，省内部审计师协会组织全省内审机构和内审人员评比表彰，省政府副省长黄海嵩，中国内审协会会长郑力，审计厅党组书记、厅长桂建平等领导到会祝贺。

全省表彰109个内部审计先进单位和102名内部审计先进工作者。表彰7个全省内部审计管理先进单位，9名全省内部审计管理先进个人。其中:淮南矿业集团有限责任公司审计部、安徽医科大学审计处、安徽省地方税务局监审处、中铁四局集团有限公司审计部、合肥百货大楼股份有限公司审计部、安徽工业大学审计处、蚌埠铁路分局审计处7个内审机构,被审计署表彰为全国内部审计先进单位,李筠、叶青山、方晓明、屠世香、张锦花、褚玉柱6人被审计署表彰为全国内部审计先进工作者。

2007年,省内部审计师协会组织全省内审机构和内审人员评比表彰。省政府副省长黄海嵩,中国内审协会会长王道成,省审计厅党组书记、厅长刘战平等领导到会祝贺。全省表彰132个全省内部审计先进单位，131人全省内部审计先进工作者，12个内部审计管理先进单位，21名内部审计管理先进个人。在此基础上,安徽省电力公司审计部、安徽省气象局审计处、中国移动通信集团安徽有限公司内审部、安徽省地方税务局财务监督处、皖北煤电集团有限责任公司审计处、中冶华天工程技术有限公司审计处7个内审机构,杨丽、蒋满林、周志平、刘敏、操乐勤、张俊富6人分别被推荐参加全国内部审计先进单位和先进工作者的评选。

1992年至2007年,全省716个内审机构和896名内审人员受到各级有关部门的表彰和奖励。2004年至2006年,省内部审计师协会获得省民政厅授予“安徽省先进社会团体”“安徽省示范行业协会”等称号。2005年,省内部审计师协会在全国37个省级内审协会的评比中,被中国内审协会评为“全国省级内部审计协会先进单位”。2004年至2007年,连续4年被中国内审协会授予《中国内部审计》通联宣传先进单位称号。

第二节　社会审计

社会审计是审计监督制度的组成部分。中国市场经济体制建立发展过程中,审计机关对社会审计组织的管理,随着政府职能的转变也相应转变,从直接管理和指导,转变为间接指导、监督和管理。

1988年,国务院颁布的《中华人民共和国审计条例》第三十三条规定:“社会审计组织应当接受审计机关的管理和业务指导”;1994年全国人大常委会通过的《中华人民共和国审计法》第三十条规定:对依法独立进行社会审计的机构的指导、监督、管理,依照有关法律和国务院的规定执行;2006年第十届全国人大常委会第二十次会议修改的《中华人民共和国审计法》第三十条规定:“社会审计机构审计的单位依法属于审计机关审计监督对象的,审计机关按照国务院的规定,有权对该社会审计机构出具的相关审计报告进行核查”。

安徽省社会审计组织随着社会主义市场经济建立和完善,不断发展和壮大。在审计机关的支持和指导下,社会审计组织经历组建初创、巩固发展和脱钩改制的变化历程。

1987年至1988年,社会审计组织组建初创期,主要任务是组建机构,探索社会审计工作路子。

1987 年 4 月，安徽省第一家审计事务所——合肥市审计事务所成立；10 月，安徽省审计事务所成立。当年全省组建社会审计机构 10 个，拥有从业人员 47 人（其中聘用人员 27 人）。47 名从业人员中，管理人员 8 人，具有中高级专业职称人员 9 人，其他业务人员 30 人。全省审计事务所接受委托审计 26 项，其中审计机关委托 3 项，查出违纪金额 94 万元；接受其他单位委托业务 23 项。

1988 年，安徽全省审计事务所增加到 67 个，从业人员 276 人，其中管理人员 69 人，具有中高级专业职称人员 81 人，其他业务人员 171 人。

社会审计围绕“治理经济环境、整顿经济秩序、全面深化改革”的形势需要，开展承包经营审计、厂长（经理）任期终结审计、注册资金验证和年检、清账建账、经济案件鉴定以及参加财税大检查等。当年，全省审计事务所接受委托审计 2604 项，其中接受审计机关委托 48 项，查出违纪金额 436 万元，应缴财政 45 万元；接受其他部门或单位委托 2556 项；培训业务人员 85 人。

1989 年至 1995 年，为社会审计组织的巩固发展期，主要工作是健全机构，充实人员，开拓业务。根据党中央、国务院《关于加快发展第三产业的决定》和省委省政府的要求，审计机关努力适应社会主义市场经济发展的需要，指导社会审计步入繁荣发展期。这一时期，全省审计事务所拓展业务，积累经验，逐步增强适应市场的能力。

1989 年 1 月 1 日，《中华人民共和国审计条例》施行。审计机关依照该条例要求，担负起社会审计组织的管理和业务指导责任。社会审计组织在各级审计机关的管理和指导下，面向社会，开拓业务，提高服务质量，事业得到迅速发展。全省建立审计事务所 105 个，其中省审计局创办事务所 2 个，行署、市局管理事务所 15 个，县（市）局管理事务所 72 个，16 个省市辖的市区也成立了审计事务所。至此，全省县以上社会审计机构的组建工作完毕。全省社会审计从业人员 583 人，其中管理人员 93 人，具有中高级专业职称人员 233 名，其他业务人员 257 人。

社会审计围绕治理整顿和深化改革，全年完成审计项目 26576 个，其中审计机关委托项目 1258 个，查出违纪金额 5159 万元，应交财政 581 万元；接受其他单位委托项目 25318 个，其中咨询服务项目 7652 个；培训审计财会人员 1501 人。

1990 年，社会审计工作从“抓组建、求发展”转向“抓业务、抓质量、抓管理、上水平”。面对企业生产滑坡、市场疲软的困难形势，社会审计坚持为治理整顿和深化改革服务，努力拓宽业务、稳步发展。当年，全省审计事务所共开展各项业务 13702 项，其中审计机关委托 438 项，查出违纪金额 2929 万元，应交财政 343 万元；接受其他单位委托业务 13264 项（其中：审计查证 13225，查证总金额 60.8 亿元）；提供咨询服务 90 项；培训审计财会人员 2347 人；担任审计顾问 292 户。这些业务的开展，使社会审计取得较好的社会效益和经济效益，事务所生存能力有所提高。当年，全省社会审计指导体系和事务所内部管理制度逐步建立和完善。

1991年,安徽省特大洪涝灾害影响企业经济效益滑坡,各事务所克服困难、因地制宜、拓展业务,完成各类审计委托13136项,其中社会各单位主动委托业务占总业务量98.4%。事务所在巩固财务收支审计查证、清理债权债务、企业验资、工会经费拨交审计等原有业务项目基础上,探索和扩大新的业务领域:企业承包经营和厂长(经理)任期终结审计。全省57个审计事务所完成承包经营审计515项;全省有27个审计事务所开展基建工程预决算审计验证;审计咨询顾问业务迅速发展,全省有52个事务所为企事业单位担任常年顾问;接受政府委托,对集体经济组织实行审计监督;五是资产评估业务起步。审计机关加强社会审计项目质量管理,规范社会审计质量,扩大社会审计的社会影响。

审计事务所建设在业务发展中得到加强,全省社会审计机构达到106家,从业人员775人,比上年增长45.7%;80%的事务所达到或超过省审计局提出的人员配备要求。社会审计业务的发展,使事务所积累不断增加,经济实力增强,有的事务所新建或购置办公用房和职工宿舍,办公条件进一步改善。

1992年,党中央、国务院《关于加快发展第三产业的决定》的下发和经济体制改革的不断深化,为社会审计事业发展带来大好机遇,取得突破性进展。全省建立审计事务所111个,建立分所18个,从业人员928人。全年承办委托业务23923项,其中:查证业务20297项,咨询业务1174项。除坚持财务收支查证、经济案件鉴证、注册资金验证年检以及建账建制等业务外,还拓展新的业务领域:有38个事务所承办基建工程预决算审计业务;有14个审计事务所办理国有资产评估业务148项。同时,集体经济组织审计查证业务和审计咨询顾问业务有了长足发展。全省有50多家审计事务所为900多家企业事业单位担任常年审计会计顾问。

当年,全省注册审计师队伍建设有所加强。根据审计署《注册审计师制度(试行)》规定,省审计局成立注册审计师审核委员会,按照规定的申报条件和审核程序,两次审批注册审计师396人,在《安徽日报》和《安徽审计》上公告。

4月12日,根据审计署《关于社会审计工作的规定》,结合安徽实际,省审计局批准成立"安徽省社会审计协会"。该协会是由审计事务所和社会审计工作者组成的社会团体,在省审计局管理和指导下开展工作。

1993年,安徽省社会审计得到较快发展,全省建立审计事务所116个,比1992年增长4.5%;从业人员1011人,比上年增长23.5%;注册审计师人员474人,增长114.4%。这一年,审计事务所的业务大幅度增长,共接受16851个单位委托,承办各类委托事项28898件,比1992年增长21.2%。审计事务所承办委托业务,核减虚假注册资金31183万元,核减高估冒算基建工程款2473万元,取得较好的社会效益和经济效益。全省审计事务所业务收入比1992年增长62.9%。随着国家经济体制由计划经济向市场经济转变,社会审计在社会主义市场经济中的地位和作用日益显现。

为规范审计事务所和社会审计人员的从业资格,省审计局开展资格认证工作,审核认定60家审计事务所具有承办国有企业审计查证业务资格，其中有8家事务所经审计署批准，取得中央企业审计查证资格。按照注册审计师审批条件，全省分3批审核批准注册审计师453名，规范审计事务所承办业务的能力和层次。

全省审计机关通过建立地方性规章，帮助审计事务所拓展业务，使事务所业务范围的深度和广度与当地经济发展各环节紧密契合。同时，审计机关加强社会审计人员的业务培训和职业道德教育，组织事务所工作人员学习《中国注册审计师职业道德规范（试行）》，举办事务所所长培训班。针对审计事务所作为中介机构的特殊性和面对市场激烈竞争特点，省审计局制定《安徽省审计系统以外的部门、单位组建审计事务所的试行办法》《关于对所辖审计事务所的管理办法》等，加强审计事务所的管理指导和监督、严格质量控制。

1994年，围绕中央加快发展第三产业的政策精神，全省审计机关和各审计事务所坚持“服务第一，质量第一，信誉第一”的宗旨，实行目标管理，注重开拓创新，有效促进事务所发展。全省审计事务所完成审计项目32422项，其中：验证企业注册资金总额114.16亿元，核减虚假注册资金7.4亿元；基建工程预决算验证资金13.24亿元，核减高估冒算资金1.44亿元，核减率10.88%。全省审计事务所实现业务收入3558.46万元。全省审计事务所发展到136家、从业人员1768人，固定资产783万元，发展基金644万元，风险基金330万元，社会审计机构的综合实力进一步增强。

根据审计署《关于检查整顿审计事务所和注册审计师的通知》要求，省审计局组织全省审计机关对112个审计事务所的机构、人员、业务质量和内部管理情况进行抽查，并将情况向审计署报告。

1995年，是社会审计事业最繁荣的一年。也是贯彻执行《中华人民共和国审计法》的第一年。安徽省社会审计工作坚持“扩大规模，规范管理，提高质量，再造优势”的方针，社会审计工作取得突破性进展。当年完成审计项目38582项，比1994年增长19%。其中验证企业注册资金129亿元，核减虚假注册资金7.6亿元；基建工程预决算验证资金25.5亿元，核减高估冒算资金2.2亿元，分别比1994年增加92.6%和52.7%，核减率8.6%；资产评估价值总额102亿元；清理债权债务1.3亿元；审计顾问建议被采纳1665项。社会审计在维护市场经济秩序，维护所有者、投资者和经营者合法权益，服务市场经济建设中取得明显社会效益，为安徽经济发展作出积极贡献。同时，社会审计自身也取得较好经济效益，全省审计事务所实现业务收入比1994年增长79.6%，达到6391万元。此外，基建工程预决算审计和国有资产审计业务发展较快，股份制企业、“三资”企业审计和税务代理等业务开始起步。

当年，各级审计机关调整加强审计事务所领导班子，各审计事务所充实人员，社会审计队伍进一步扩大。全省共有审计事务所137家，分支机构120个，从业人员2226人，比1994年增加450人，其中执业注册审计师933人，中级以上职称人员1301人，从业人员的专业结构进一步改善。审计事务所固定资产1957万元，发展基金1835万元，风险基金 802 万元，分别比 1994 年增加 150%、185% 和 143%，社会审计整体实力和竞争力进一步增强。

1996 年至 1999 年，社会审计组织进入脱钩改制、清理整顿时期。1996 年省注册会计师协会与注册审计师协会“两会”联合，社会审计工作由新成立的“安徽省注册会计师协会”统一管理；1997 年至 1998 年，根据国务院指示，注册会计师行业全面清理整顿；1999 年，随着国家机构改革、政府职能转变，按照“政企分开”原则，省审计厅及全省各地审计机关对直管的审计事务所开展“脱钩改制”工作。改制过程中，对事务所存量资产进行清产核资、产权界定和净资产处理。此后，审计事务所按照“中国注册会计师独立审计准则”，依法走向“自主执业、自主经营、自负盈亏、自我发展、自担风险”的路子，体制上与国际惯例接轨，成为独立的社会中介机构。

1995 年 6 月，财政部、审计署根据《中华人民共和国审计法》《中华人民共和国注册会计师法》规定和国务院指示，决定中国注册会计师协会和中国注册审计师协会联合，注册审计师依法转为注册会计师，并由联合后的新的注册会计师协会对社会审计实行统一的行业管理，接受财政部、审计署的监督、指导。这是中国社会审计恢复和重建以后的重大改革举措，是深化经济体制改革的客观要求，是对外开放、与国际惯例接轨的必然结果。

1996 年 12 月 9 日，根据审计署、财政部《关于中国注册会计师协会、中国注册审计师协会实行联合的有关问题的通知》精神，省注册会计师协会秘书处与省社会审计协会秘书处组成新的省注册会计师协会筹备组，实行联合办公。当年，国家宏观经济实行“两个转变”，经济体制从传统的计划经济向社会主义市场经济转变；经济增长方式从粗放型向集约型转变。安徽省审计机关围绕“两个转变”，积极探索建立和完善适应市场经济体制要求的社会审计制度和集约型经济增长方式要求的社会审计运行机制。年底，全省已建立社会审计机构 138 家，从业人员 2523 人，其中执业注册审计师 902 人，其他从业人员 1621 人。

1997 年 2 月 21 日至 23 日，省审计厅、省财政厅在合肥召开“安徽省注册会计师协会特别代表大会”。原审计署常务副审计长（中国注册会计师协会会长）崔健民出席大会并发言。安徽省社会审计工作由新成立的注册会计师协会统一管理。“两会”联合，标志着安徽省社会审计事业进入新的发展时期。

9 月，安徽省审计厅向各行署、市审计局转发全国注册会计师协会秘书长工作会议纪要和《关于清理整顿注册会计师行业的通知》（以下简称《通知》），要求各地审计机关督促帮助审计事务所按照中注协关于清理整顿注册会计师行业的通知要求和省注协的部署，认真做好自查和整改工作。按照《通知》要求，注册会计师和会计师事务所、审计师事务所为清理整顿对象。对注册会计师队伍的清理整顿，重点包括 6 个方面：清理兼职人员。凡党政机关、公检法、企事业单位、社会团体的现职人员，一律不得兼任注册会计师，也不得兼任事务所领导干部。凡已兼任的，1997 年年底前辞去一职；清理跨所执业的注册会计师；清理挂名注册审计师；清理超龄注册审计师；清理长期未接受后续教育的注册会计师；清理违反《注册会计师法》《中国注册会计师执业规范》以及其他规定，应予撤销注册、收回注册会计师证书的其他人员。《通知》还要求：依据《注册会计师法》和事务所审批管理的规定，对事务所是否符合办所条件进行清理；根据独立审计准则、质量控制准则等规定对事务所 1996 年、1997 年执业质量进行清理整顿；依据《注册会计师法》和职业道德准则及有关法律、法规，对注册会计师和事务所 1996 年、1997 年职业道德情况进行清理整顿；依据注册会计师行业管理制度的有关规定，对事务所财务收支管理和会计账目进行清理整顿。

11 月，省审计厅向各行署、市审计局印发《关于进一步加强对社会审计指导监督工作的意见》，其中强调对注册会计师行业的清理整顿，为规范社会审计提供契机。社会审计要有所作为，必须不断提高人员素质，规范行业行为，强化风险意识，扩大经营规模，增强市场竞争力，按照中介行业的客观要求规范和完善自己。各地应支持和配合注册会计师协会做好清理整顿工作。12 月，省审计厅召开厅直属 3 个事务所、各行署、市事务所及部分县（市）审计事务所所长座谈会，研究社会审计发展面临的问题，探讨审计事务所的发展路子。

当年，全国各地注册会计师行业进入清理整顿阶段。

1998 年 1 月，省审计厅印发《社会审计工作的意见》，要求各地审计机关坚持“发展、提高、规范”的方针，积极履行对社会审计机构的监督、指导职责，促进社会审计机构在市场经济的大环境中健康发展。

2 月，省审计厅印发《关于加强对审计机关直属审计事务所指导监督管理的意见》，要求各级审计机关按照财政部、审计署关于审计事务所“挂靠关系不变、财务渠道不变、人事关系不变”的原则，加强对直属审计事务所的指导、监督、管理，切实履行法律法规赋予的职责，加强对直属审计事务所干部任免和财务管理的监督管理，指导直属审计事务所建立和完善内部控制制度，提高执业质量，并积极探索组建联合、股份制、股份合作制事务所的方式方法。

9 月，省审计厅转发审计署《关于署办审计、会计师事务所改制脱钩的实施方案》，审计署要求署办审计会计师事务所在 1998 年年底以前完成改制，实现与主办机关脱钩。

1999 年 5 月，省审计厅成立厅属审计事务所脱钩改制领导小组，厅长桂建平任组长，副厅长解长道任副组长。脱钩改制领导小组下设办公室，设在审计管理处。领导小组按照财政部、审计署统一要求和部署，开展脱钩改制工作。

1987 年至 1999 年 6 月 29 日，隶属于省审计厅的审计事务所有：安徽省审计师事务所、安徽省基建审计师事务所、中外合资安濂（国际）审计师事务所、安徽申信工程造价事务所。具体情况如下：

安徽省审计事务所于 1987 年 10 月经省审计局批准成立，具有资产评估、国有企业审计查证、中央企业审计查证等执业资格，取得建设部“工程预决算审查、编制机构甲级资质证书”。

1999 年 10 月 20 日，该事务所根据省政府办公厅《转发省财政厅关于会计师（审计）事务所脱钩改制实施意见的通知》，向审计厅上报《安徽省审计师事务所脱钩改制实施方案》，提出人员、财务、业务、名称脱钩等事项以及改制后的事务所组建和出资方式等意见。省审计厅 1999 年 11 月 16 日批复，明确脱钩改制前事务所资产的处理意见：以 1999 年 6 月 30 日为产权界定基准日。以该所资产负债表为基准，事务所净资产 159 万元，其中省审计厅直接投入的 35 万元由省审计厅全部收回；其余 124 万元净资产的 40%、即 49.6 万元为审计厅机关所有、上交厅机关；124 万元净资产的 60%、即 74.4 万元，留归改制后的事务所，这部分资产不得量化分配到个人，用于补办社会统筹、养老待业保险、医疗保险等保险费用；1999 年 6 月 30 日前，事务所应收账款的 40% 上交省审计厅，60% 留归事务所；风险基金留归事务所用于承担事务所的法律责任等。11 月 18 日，省审计厅按规定向省国有资产管理局申报产权界定。

安徽省基建审计师事务所于 1994 年 7 月 30 日经省审计厅批准成立，1995 年 5 月开业。该所依法独立开展基本建设工程预决算审计查证业务，获有国有企业审计查证业务资格。1999 年 10 月 18 日，该事务所根据省政府办公厅《转发省财政厅关于会计师（审计）事务所脱钩改制实施意见的通知》，向省审计厅上报《安徽省基建审计师事务所脱钩改制实施方案》，提出人员、财务、业务、名称脱钩等事项及改制后的事务所组建和出资方式意见。省审计厅于 1999 年 11 月 16 日批复，明确脱钩改制前事务所资产的处理意见：以 1999 年 6 月 30 日为产权界定基准日。以该所资产负债表为基准，事务所净资产 137 万元，其中省审计厅直接投入的 10 万元由省审计厅全部收回；其余 127 万元净资产的 40%，即 50.8 万元为审计厅机关所有，上交厅机关；127 万元净资产的 60%，即 76.2 万元，留归改制后的事务所。这部分资产不得量化分配到个人，用于补办社会统筹、养老待业保险、医疗保险等保险费用；1999 年 6 月 30 日前事务所应收账款 40% 上交省审计厅，60% 留归事务所；风险基金留归事务所用于承担事务所的法律责任等。11 月 18 日，省审计厅按规定向省国有资产管理局申报产权界定。

中外合资安濂（国际）审计师事务所 1994 年 5 月经批准成立，安徽省审计师事务所向省审计厅申请，要求成立“中外合资安濂（国际）审计师事务所”。报告称：根据省政府领导关于“创办中外合资的审计事务所，走向世界”的指示精神，经海南省审计局介绍，通过与香港梁学濂会计师事务所洽谈，本着平等互利的原则，同意双方合资成立“安徽安濂（国际）审计师事务所”，总投资 10 万美元，中方投资 70%，港方投资 30%，并草签意向书。合资事务所成立后主要面向“三资”企业开展查证、咨询服务业务。5 月 26 日，省审计厅批复同意。1995 年该所取得承办安徽省国有企业审计查证业务的执业资格。1998 年 3 月，根据财政部《关于中外合作会计师事务所中方事务所体制改革的若干规定》，该所脱钩改制。

安徽申信工程造价事务所 1999 年 6 月 29 日经省审计厅批复同意安徽申信工程造价事务所筹备组报告，成立“安徽申信工程造价事务所”。该所为实行有偿服务，自收自支，独立核算的事业单位，面向社会，接受委托，承办基本建设工程项目的可行性研究、投资估算、项目经济评价、工程概算、预算、结算等业务。省审计厅提供该所 15 万元开办资金和 82 平方米办公场所。

全省社会审计机构 1987 年，全省建立社会审计机构 10 个，从业人员 47 人。其中，管理人员 8 人，中高级职称人员 9 人，其他业务人员 30 人。

1988 年，全省社会审计机构发展到 67 个，从业人员 276 人。其中，管理人员 69 人，中高级职称人员 81 人，其他业务人员 126 人。

1989 年，全省有社会审计机构 105 个，从业人员 583 人。其中，管理人员 93 人，中高级职称专业人员 233 人，其他业务人员 257 人。

1990 年，全省有从业人员 532 名。其中，中高级专业职称人员 211 人，其他从业人员 321 人。

1991 年，全省有社会审计机构 106 个，从业人员 775 人。其中，管理人员 112 人，中高级职称人员 239 人，其他业务人员 424 人。

1992 年，全省有社会审计机构 111 个，从业人员 928 人。其中，管理人员 128 人，中高级职称人员 326 人，其他业务人员 474 人。

1993 年，全省有社会审计机构 116 个，从业人员 1147 人。其中，中高级职称专业人员 474 人，其他业务人员 537 人。

1994 年，全省有社会审计机构 136 个，从业人员 1973 人。其中，中高级职称专业人员 973 人，其他业务人员 795 人。

1995 年，全省有社会审计机构 137 个，从业人员 2214 人。其中，中高级职称专业人员 933 人，其他业务人员 1281 人。

1996 年，全省有社会审计机构 138 个，从业人员 2523 人。其中，中高级职称专业人员 902 人，其他业务人员 1621 人。

1997 年，全省有社会审计机构 137 个，从业人员 2845 人。其中，中高级职称专业人员 943 人，其他业务人员 1902 人。

社会审计规章制度 社会审计管理制度方面，1990 年 1 月，省审计局转发审计署《关于重申审计事务所审批权限和程序的通知》。文件强调：成立审计事务所应当经当地审计机关同意，由审计署或省、自治区、直辖市审计机关批准成立；各地要根据经济发展客观需要，有计划、有步骤、积极稳妥地组建审计事务所。省地（市）审计机关，要制订适当的地域发展计划，防止在一个城市发展过多。建成后业务量不足或人员、资金、办公场所等条件不具备的，地（市）县审计局不上报，省级审计机关不批准；审计事务所设立非独立法人的分支机构，应经管理指导该所的审计机关同意；设立具有独立法人资格的分支机构，按照成立审计事务所的程序、权限报批；各级审计机关发现未按规定批准权限成立的审计事务所,应清理整顿。

2月,中央提出“调整、整顿、改造、提高”的方针,根据审计署《关于社会审计工作的规定》,省审计局、省乡镇企业局联合发出《关于对乡镇企业进行审计监督和鉴证工作的意见》,对全省乡镇企业开展审计监督和鉴证工作提出意见:逐步建立乡镇企业内部审计制度;做好审计监督和鉴证工作;审计监督和鉴证的程序;坚持依法审计和实事求是的原则;实行有偿服务;加强组织领导。

4月,省审计局印发《关于审计系统以外的部门、单位成立社会审计组织等有关问题的通知》,强调防止发展社会审计组织过多过滥,保障审计事务所健康发展,审计系统以外的部门单位要求筹建不同形式的社会审计组织,暂不审批;其他任何部门、单位无权审批;已批准成立的一律无效。

8月,省审计局转发审计署《关于审计事务所申请国有资产评估资格的通知》,要求各级审计机关积极支持审计事务所按照《资产评估机构管理暂行办法》要求的条件和程序,申请领取国有资产评估资格证书。

9月,省审计局、物价局、财政厅根据社会经济发展变化情况,联合发文《关于修订安徽省审计事务所收费标准(试行)的批复》,规定安徽省审计事务所业务收费标准。同时废止1988年6月2日省物价局、省审计局批准的《审计事务所业务服务收费标准(试行)》。省审计局将新的《安徽省审计事务所业务收费标准》印发各地审计局,要求各地审计机关结合当地实际,参照省审计事务所的收费标准,修订所属审计事务所收费标准,报当地物价、财政部门批准后执行。

1991年7月,省审计局印发《安徽省各级审计事务所财务收支管理暂行规定》,对审计事务所的财务体制、财务计划、财务收入、财务支出、收益分配管理、专用基金管理和财产物资管理作出规定,审计机关要加强检查与监督。

1993年,省审计局修订《安徽省各审计事务所财务管理暂行规定》,进一步规范全省审计事务所财务收支管理。当年,省审计局印发《安徽省审计局关于对所辖审计(师)事务所的管理办法》,对省审计局直管审计事务所成立条件、申报程序、业务管理、财务管理和法律责任等事项进行规范。

1994年,省审计局印发《安徽省各审计师事务所分所管理办法(试行)》,规范分所成立审批、业务管理、财务管理以及法律责任等,理顺审计机关与审计(师)事务所及其分支机构的关系。

1996年,省审计厅印发《安徽省审计厅关于规范厅机关与厅属审计事务所业务行为的试行办法》,规范厅机关各处室、各二级单位与厅属审计事务所业务行为,明确机关干部不得在事务所兼职,处室不得直接与事务所联系派人参与业务项目;审计机关不得以任何方式或者以事务所的名义向被审计单位收取费用;根据需要,厅机关统一安排人员帮助事务所办理业务,事务所不得与处室和个人直接发生经济往来等。

1997年11月,省审计厅印发《安徽省审计厅关于进一步加强对社会审计指导监督工作的意见》,要求各地审计机关充分认清社会审计面临的形势,增强机遇感、紧迫感、责任感和工作信心;抓紧制定事务所发展规划;加强事务所队伍建设;督促审计事务所强化内部管理;帮助审计事务所创造良好执业氛围,扩大经营规模;依法加强注册会计师行业的指导、监督;加强审计机关直属事务所的指导、监督与管理。

1998年2月,省审计厅印发《加强对审计机关直属审计事务所指导监督管理的意见》,强调审计机关按照财政部、审计署关于审计事务所"挂靠关系不变、财务渠道不变、人事关系不变"的原则,加强直属审计事务所的指导、监督、管理,切实履行法律法规赋予的职责;明确审计机关对直属审计事务所负有干部任免、调配、考核、奖惩、监督、管理的职权;审计机关应加强直属审计事务所的财务监督等有关事项。

社会审计业务制度方面,1992年2月,省审计局转发审计署《旅行社审计验证工作规程(试行)》,指导事务所对旅行社审计验证工作。

1994年,省审计局印发《安徽省社会审计组织承办国有企业审计查证业务实施办法(暂行)》,规范社会审计组织审计查证国有企业的范围、审计查证的主要内容等。

社会审计指导监督与管理　1991年11月,省审计局转发审计署《执业审计师制度(试行)》和《关于贯彻执行<执业审计师制度(试行)>若干问题的通知》。规定执业审计师应经过考试产生;明确执业审计师资格的审批程序。

1992年1月,省审计局转发省国有资产管理局《安徽省资产评估机构管理暂行办法》,要求各地审计局按照资产评估管理机构的规定,指导审计事务所申领国有资产评估资格证书、配备人员、参加培训、提交有关资料,取得国有资产评估资格。

2月,省审计局制定《安徽省执业审计师制度实施办法(试行)》,发各地审计局,抄送各审计事务所贯彻实施。

1993年2月,省审计局转发审计署《关于印发〈中国注册审计师年度注册考核办法(试行)〉的通知》。

11月,省审计局批准35家社会审计组织具有承办国有企业审计查证业务资格。包括:安徽省审计事务所,合肥市等17个省辖市审计事务所,以及阜阳市、繁昌县、南陵县、濉溪县、怀远县、五河县、岳西县、潜山县、休宁县、歙县、黄山屯溪区、天长县、来安县、太和县、金寨县、绩溪县、宁国县审计事务所。

12月,省审计局批准25家社会审计组织具有承办国有企业审计查证业务资格。包括:淮北市、马鞍山市、铜陵市、宿州市、六安市,以及太湖县、桐城县、安庆市郊区、凤台县、芜湖县、芜湖鸠江区、和县、无为县、庐江县、蒙城县、涡阳县、利辛县、灵璧县、泗县、砀山县、黄山市黄山区、霍邱县、舒城县、青阳县、贵池县审计事务所。

1994年2月,省审计局转发审计署《关于注册审计师资格考核工作的通知》,具体规范注册审计师资格考核,明确注册审计师资格审批要求。

7月,省审计厅批准15家审计事务所具有承办国有企业审计查证业务资格。包括:蚌埠铁路分局、合肥市西市区、合肥市郊区、固镇县、萧县、寿县、霍山县、肥西县、怀宁县、滁州市琅琊区、嘉山县、颍上县、含山县、东至县、广德县审计事务所。

10月21日，根据审计署要求，报告安徽省批准的注册审计师资格认定情况。自《注册审计师制度》发布，安徽省先后五批审批注册审计师，共计2968人。其中，1992年8月17日批准272人，12月31日批准124人；1993年10月4日批准115人，12月11日批准1570人；1994年3月30日批准887人。省审计厅按规定将《批准注册审计师资格备案表》上报审计署，要求认定注册会计师2931人，不予认定37人。

12月，省审计厅批准12家审计事务所承办国有企业审计查证业务资格。包括：安庆石化华夏、安徽省粮食、合肥市中市区、合肥市东市区、肥东县、当涂县、安庆市大观区、安庆市迎江区、宿松县、旌德县、郎溪县、泾县审计事务所。

当月组织开展注册审计师核发新证和年度注册工作。

1994年10月，为推动全省社会审计工作健康发展，促进审计事务所和注册审计师遵守职业道德，严格依法执业，省审计厅决定全省开展社会审计业务质量检查。省审计厅和社会审计协会制定《检查提纲》，将主管审计机关的管理情况以及审计事务所依法执业和内部管理情况列为主要检查内容，并对审计事务所分支机构的执业情况、注册审计师和其他执业人员的业务质量、职业道德等情况进行检查。

1999年5月，按照审计署《审计机关监督社会审计组织审计业务质量的暂行规定》，省审计厅将安徽省《关于监督社会审计业务质量的意见》报告省政府。报告针对审计会计师事务所和注册会计师执业中存在的问题，提出各级审计机关按照管辖范围，对社会审计组织业务质量进行监督检查的意见，以促进社会审计组织提高业务质量，公正执业，公平竞争。

6月，省审计厅转发审计署关于《审计机关监督社会审计组织审计业务质量的暂行规定》，要求地市审计机关开展社会审计组织审计业务质量监督检查，每个地市选择2家事务所列入监督检查计划，计划需选择挂靠审计、财政部门的事务所各1个。此次监督检查，由审计厅统一组织、统一方案、统一上报时间，由审计厅将结果汇总报审计署。全省17个地市检查34个事务所开展的业务质量，其中审计事务所、会计事务所各17个。开展工作前，审计厅举办研讨班，制发检查方案，公布检查和被检查单位名单。

2000年4月，省审计厅再次组织开展社会审计组织审计业务质量监督检查。印发《2000年监督检查社会审计组织审计业务质量工作方案》，明确监督检查目的、内容和重点事项，公布监督检查单位和被检查单位名单。

2001年，省审计厅印发《2001年监督检查社会审计组织审计业务质量工作方案》，向宿州、蚌埠、马鞍山等7市审计局发出通知，统一组织社会审计组织的审计业务质量监督检查。检查重点是对会计师事务所和注册会计师的监督，制止社会审计弄虚作假行为，促进提高社会审计业务质量，保护国家和其他投资者合法权益，推动社会审计健康发展，维护社会主义市场经济秩序。

2003年，为贯彻落实国务院继续大力整顿和规范经济秩序的工作方针，围绕建设

“信用安徽”的目标，促进社会审计组织规范执业行为，提高业务质量和社会信誉，省审计厅统一安排17个市审计局对17个会计师事务所审计业务质量进行监督检查。根据审计署《审计机关监督社会审计组织审计业务质量的暂行规定》，制定《2003年监督检查社会审计组织审计业务质量工作方案》，印发全省各市审计局。检查注册会计师是否按照《中华人民共和国注册会计师法》和《独立审计准则》，实施必要的审计程序，形成正确的审计结论，检查出具的审计报告是否存在重大疏漏或严重不实；检查社会审计组织2003年出具的企业2002年度会计报表审计报告是否真实合法。通过对社会审计组织所出具的验资、资产评估、审计报告等内容的检查，揭示会计师事务所及注册会计师执业中的违法违规行为，对出具报告不实和有重大问题的事务所及执业注册会计师依法予以处理。

社会审计业务培训 1993年3月，省审计局与省社会审计协会联合发出《关于开展注册审计师业务培训工作的通知》，要求全省审计机关、各审计事务所、各地社会审计协会，尽快开展注册审计师业务培训工作，争取三年内将注册审计师培训一遍；明确安徽省建立注册审计师培训制度；培训工作分级分层次进行等。

社会审计总结评比 1989年，安徽省各审计事务所在审计机关管理指导下，认真贯彻党和国家有关经济工作的方针政策，不断拓宽业务领域，取得显著成绩，以良好的业务质量和服务态度，扩大社会影响，促进社会审计事业发展。为鼓励先进，根据省审计局规定的条件和要求，经各审计事务所主管审计局推荐，地市审计机关审查，省审计局批准并通报表彰67个达标先进审计事务所。包括：

合肥市、嘉山县、淮南市、宿县、芜湖市、泗县、阜阳、桐城县、马鞍山市、歙县、铜陵市、怀宁县、安徽省、涡阳县、安庆市、绩溪县、淮北市、太和县、滁县地区、南陵县、宿县地区、颍上县、蚌埠市、界首市、濉溪县、泾县、宁国县、潜山县、天长县、固镇县、宿州市、阜阳县、灵璧县、淮南市、亳州市、繁昌县、砀山县、萧县、合肥郊区、肥东县、当涂县、淮南市、临泉县、金寨县、宣州市、宿松县、蒙城县、青阳县、怀远县、定远县、五河县、和县、铜陵县、无为县、岳西县、枞阳县、巢湖市、休宁县、阜南县、淮南市大通分所、望江县、肥西县、长丰县、东至县、利辛县、定远县、含山县审计事务所。

1990年，省审计局通报表彰39个达标先进审计事务所，鼓励表扬8个审计事务所。达标的39个先进审计事务所是：

合肥市、砀山县、安徽省、舒城县、芜湖市、铜陵县、阜阳、青阳县、淮北市、宿县、滁县地区、亳州市、马鞍山市、宿松县、淮南市、肥东县、宿县行署、桐城县、歙县、无为县、濉溪县、涡阳县、蒙城县、芜湖县、庐江县、泗县、当涂县、巢湖市、太和县、潜山县、岳西县、灵璧县、阜阳县、阜南县、天长县、宁国县、枞阳县、界首市、休宁县审计事务所。

鼓励表扬8个审计事务所是：

合肥市郊区、南陵县、来安县、淮南市审计事务所西部分所、利辛县、长丰县、五河县、绩溪县审计事务所。

1991 年，省审计局通报表彰 32 个先进审计事务所和 12 个达标审计事务所。先进审计事务所是：

合肥市、宿县、安徽省、歙县、芜湖市、灵璧县、阜阳、泗县、淮南市、潜山县、濉溪县、宿松县、马鞍山市、涡阳县、滁县地区、太和县、淮北市、阜阳县、宁国县、岳西县、宿县地区、巢湖市、当涂县、休宁县、砀山县、青阳县、天长县、阜南县、亳州市、无为县、蒙城县、枞阳县审计事务所。

达标审计事务所是：

肥东县、宿州市、铜陵市、萧县、安庆市、太湖县、蚌埠市、舒城县、临泉县、来安县、合肥郊区、东至县审计事务所。

1992 年，省审计局通报表彰 68 个达标审计事务所：

合肥市、泗县、安庆市、蚌埠市、淮北市、宿县地区、马鞍山市、太湖县、芜湖市、舒城县、阜阳、当涂县、濉溪县、肥东县、淮南市、亳州市、安徽省、六安市、滁县地区、蒙城县、铜陵市、宣州市、巢湖地署、繁昌县、合肥郊区、黄山市、宿州市、宿县、临泉县、六安地区、天长县、来安县、枞阳县、潜山县、滁州市、巢湖市、五河县、阜阳县、界首市、合肥市西市区、灵璧县、怀宁县、黄山屯溪区、芜湖县、望江县、涡阳县、砀山县、歙县、肥西县、铜陵县、定远县、庐江县、青阳县、嘉山县、桐城县、无为县、南陵县、霍邱县、淮南市西部审计分所、岳西县、宿松县、太和县、阜南县、萧县、宁国县、颍上县、东至县审计事务所。

1993 年，省审计局通报表彰 76 个达标审计（师）事务所：

合肥市、芜湖市、安庆市、淮南市、淮北市、滁州市、铜陵市、宿州市、马鞍山市、阜阳、蚌埠市、庐江县、淮南煤矿、黄山市、亳州市、巢湖行署、肥东县、六安市、濉溪县、天长市、太湖县、宿县行署、舒城县、阜阳市、六安行署、宿松县、无为县、临泉县、潜山县、宣州市、当涂县、繁昌县、泗县、宣城行署、宁国县、合肥郊区、来安县、霍邱县、含山县、蒙城县、枞阳县、嘉山县、怀宁县、萧县、砀山县、界首市、和县、望江县、芜湖县、肥西县、桐城县、滁州琅琊区、太和县、全椒县、铜陵县、涡阳县、马鞍山雨山区、马鞍山向山区、合肥西市区、金寨县、歙县、东至县、怀远县、岳西县、长丰县、寿县、黄山屯溪区、贵池市、凤台县、巢湖市、祁门县、五河县、灵璧县、青阳县、休宁县、定远县审计事务所。

1995 年 4 月，省审计厅在往年开展“综合实力 20 强”评选办法基础上，增加“全省县（市、区）审计事务所综合实力 10 强”评选内容，印发《全省审计事务所综合实力 20 强、全省县（市、区）审计事务所综合实力 10 强评选办法》，组织开展评选活动。

2000 年 2 月，省审计厅根据 1998 年《行署、市审计机关指导监督内部审计、社会审计考核暂行办法》，对审计管理工作考核先进单位进行通报表彰。受表彰的先进单位是：

蚌埠市审计局、淮南市审计局、合肥市审计局、巢湖市审计局、芜湖市审计局、铜陵市审计局、滁州市审计局。

社会审计质量检查先进单位是：安庆市审计局、黄山市审计局、亳州市审计局。

附　　录

安徽省人民政府关于加强审计监督工作的通知

皖政〔1986〕34号

各行署,各市、县人民政府,省政府各部门、各直属单位:

实行审计监督制度,是社会主义现代化建设和经济体制改革的客观需要,是加强和改善宏观控制的重要手段。为了加强我省的审计工作,特作如下通知:

一、各部门、各单位要严格遵照国务院《关于审计工作的暂行规定》,自觉接受审计监督,主动配合审计机关依法开展审计工作。被审计单位要如实向审计机关反映情况,不得弄虚作假、转移帐证、掩盖真情。对阻挠、拒绝和破坏审计工作的单位,必要时可采取封存帐册和资财等临时措施,并追究直接责任人员和有关领导人员的责任。

二、审计机关的审计报告,应当征求被审计单位意见;审计结论和决定,被审计单位应认真执行,不得敷衍、推诿、抵制不办。被审计单位如对审计结论和决定有异议,应按国务院《关于审计工作的暂行规定》申请复审。复审期间,原审计结论和决定应照常执行。上级审计机关有权纠正下级审计机关不适当的审计结论和决定。

三、应上缴国家的违纪款项,由审计机关在当地工商银行设立专门帐户统一收缴。被审计单位应按审计结论和决定要求的期限上缴。拒绝上缴和逾期不缴的,由审计机关通知被审计单位的开户银行扣缴,银行应予办理。审计机关对收缴的违纪款项,应按财政收入缴库的有关规定,定期办理缴库手续。

四、当前,审计工作要以维护财经纪律为重点,在控制固定资产投资规模和消费基金过快增长、促进党风和社会风气好转方面发挥积极作用。要推行对企业主要负责人调离时实行审计公证、对自筹固定资产投资进行审计的做法。

五、审计人员应当依法审计,坚持原则,敢于斗争,忠于职守,秉公办事,不得滥用职权、徇私舞弊、泄露机密、玩忽职守。审计检查要重客观证据,重政策法规依据;审计报告要实事求是,有理有据,定性准确;审计结论要符合党和国家的政策、法律和规章制度。

六、抓紧建立内部审计机构,实行内部审计监督制度。县级以上各级人民政府的各部门,国家的财政金融机构,大中型企、事业组织,应当按照国务院《关于审计工作的暂行规定》,设立内部审计机构。审计业务少的部门和小型企、事业组织,要设置专职内部审计人员。内部审计机构和专职审计人员的领导关系、职责和工作程序等,按国务院《关于审计工作的暂行规定》和审计署《关于内部审计工作的若干规定》办理。

七、为保证审计机关依法独立行使审计监督权，省审计局要改进对地、市、县审计工作的领导。省审计局作出的决定，制定的审计规章，下级审计部门要认真执行。各地、市、县审计局查出的重要违纪问题，应及时向上级审计局报告。地、市、县审计局办理省审计局委托的审计项目所作出的审计结论和处理决定，要报省审计局备案，重大项目的审计结论和处理决定应经省审计局同意。各级审计局正、副局长的任免、调动和纪律处分，应事先征得上一级审计局的同意。

八、各级政府要加强对审计工作的领导，定期了解和研究审计工作，支持审计机关依法行使职权。要健全审计机构，充实审计力量，将那些党性强，有事业心，懂得财务会计、经济管理和必要的法律知识的干部，选调到审计机关中来。要帮助审计机关解决实际困难，为有效地开展审计监督工作创造必要的条件。

安徽省人民政府

一九八六年五月一日

安徽省人民政府办公厅转发省审计局关于加强审计监督促进企业承包经营的意见

政办〔1987〕49号

各行署，各市、县人民政府，省政府各部门、各直属单位：

省人民政府原则同意省审计局《关于加强审计监督促进企业承包经营的意见》，现转发给你们，请结合实际贯彻执行。

开展国营企业承包经营责任制审计是一项新的工作，各地、各有关部门应当认真研究，在实践中不断总结经验，逐步加以完善，进一步发挥审计监督在为改革服务方面的积极作用。

安徽省人民政府办公厅

一九八七年八月二十四日

关于加强审计监督促进企业承包经营的意见

省人民政府：

近几年，我省各级审计机关在为改革服务方面做了一些工作，但还不能适应形势发展的要求。随着改革的深入，审计机关应当进一步参与改革、支持改革，积极为“双增双节”和深化企业改革服务，促进企业承包经营责任制的发展。为此，特提出如下意见：

一、对国营企业承包经营实行审计监督的主要任务是：主动了解企业承包经营的基本情况；审查核实承包单位的经营成果；查处弄虚作假、损害国家和人民利益的问题。

二、对预算内的国营企业承包经营，按企业领导干部的管理权限，分别由各级审计机关和企业主管部门的内部审计机构负责审计；对非预算内的其它类型企业的承包经营，由各地社会审计组织进行审计。原则上实行一年一审，采用就地审计和报送审计相结合的方式进行，并注意同厂长（经理）离任审计结合起来。

三、明确分工，各负其责。企业承包经营的形式多样，涉及许多部门的工作。审计机关主要负责审计承包企业实现利税目标的真实性、合法性，以及执行国家政策、处理国家、企业和职工三者利益关系的情况。有关承包基数的核定、国家与企业的分配比例、技术改造、资产增值、奖惩办法等，建议分别由企业主管部门及财政、税务、劳动、银行等部门负责。

四、严格掌握政策界限。对符合改革方向的承包经营要大力支持；对弄虚作假、钻改革空子的要严格监督，认真查处；对带有普遍性、倾向性的问题，尤其是侵犯企业合法权益和官僚主义造成国家资财严重损失浪费的问题，应及时、如实地向领导机关及有关部门提出意见和建议；对一时拿不准的问题，要认真研究，积极探索，在实践中总结经验，不要匆忙处理。要以治本为重点，督促有关部门帮助企业做好基础工作，完善内部控制制度，保证企业承包经营责任制的健康发展。

以上意见，如无不妥，请批转各地、各部门执行。

安徽省审计局

一九八七年八月十五日

安徽省人民政府关于发布《安徽省国营企业厂长（经理）任期终结审计暂行规定》的通知

皖政〔1987〕99号

各行署,各市、县人民政府,省政府各部门、各直属单位:

现将《安徽省国营企业厂长(经理)任期终结审计暂行规定》发给你们,请研究执行。

安徽省人民政府

一九八七年十二月二十二日

安徽省国营企业厂长（经理）任期终结审计暂行规定

第一条　为了加强对国营企业厂长（经理）任期业绩的考核监督,保障企业改革顺利进行,根据国家有关规定和我省实际情况,特制定本规定。

第二条　凡实行厂长（经理）任期目标现任制和承包经营责任制的国营企业,厂长（经理）任期届满或任职一年以上离任的,均须进行任期终结审计。

第三条　大中型企业和地方骨干企业,按照隶属关系,由同级国家审计机关审计;其他企业由主管部门的审计机构审计。国家审计机关和部门审计机构（以下统称审计机关）也可委托审计事务所进行审计,但审计结论和处理决定须经审计机关审定签署后下达。

第四条　属于审计范围的企业厂长（经理）任期届满或中止任期离任时,主管该干部的部门应在其任期届满前两个月、中止任期离任前一个月,向审计机关提出审计申请。审计机关应在收到审计申请后三日内发出审计通知书。被审计人所在企业应在收到审计通知书后十日内,向审计机关提供资产盘点、债权债务、被审计人任期业绩等书面材料。审计机关应在收到材料后二十至三十日内完成审计。

第五条 审计应按被审计人任期责任目标或承包经营目标对其进行全面考核、评价。重点是：

（一）主要经济目标是否实现，盈亏是否真实；

（二）企业资产是否完整，经营有无短期行为，有无潜亏挂帐和重大损失浪费；

（三）遵守国家政策、法规情况。

第六条 审计时限，一般以被审计人的任期为限，重大问题涉及以前年度的，可以追溯审计。

第七条 审计结束应作出审计结论，下达审计结论通知书。被审计人有显著成绩的，应建议有关部门表彰、奖励；有问题的，根据其性质和情节，提出给予行政处分或追究法律责任的建议。涉及其他人员责任的，一并提出处理建议。属于企业应纠正的违纪问题，另行下达审计决定通知书。

第八条 审计结论通知书发出前，应将核查的材料交被审计人阅看，被审计人应在两天内签署意见。

被审计人对审计结论如有异议，可在收到审计结论通知书后十日内，向上一级审计机关申请复审。复审机关应在收到复审请后二十日内实施复审并作出结论。复审期间，被审计人暂缓离任。

第九条 审计结论通知书主送申请审计的部门，作为被审计人业绩考核和调任新职的重要依据，同时抄送被审计人和其所在企业。申请审计的部门和企业应将被审计人员调任（离任）的通知书和企业落实审计决定的情况，书面抄送审计机关。

第十条 被审计人和企业应如实向审计机关提供有关情况和资料。拒绝配合、隐匿不报的，按《国务院关于审计工作的暂行规定》处理。属于企业生产技术方面的秘密，审计机关应负责保密。

第十一条 审计机关和审计人员必须实事求是，秉公执法。对玩忽职守、徇私舞弊者，由主管机关给予行政处分；情节严重的，依法追究法律责任。

第十二条 本规定同时适用于拥有国家资产的供销社、二轻企业的厂长（经理）任期终结审计。

第十三条 本规定由省审计局负责解释，并制定实施细则。

第十四条 本规定自一九八八年一月一日起施行。

安徽省全民所有制工业企业承包经营审计暂行办法

（安徽省人民政府令第6号 1989年3月30日省人民政府第8次常务会议通过）

第一条　为正确评价承包经营企业的经营业绩，明确经济责任，保障承包经营责任制的健康发展，根据国务院发布的《全民所有制工业企业承包经营责任制暂行条例》、《中华人民共和国审计条例》的有关规定，制定本办法。

第二条　各级国家审计机关、企业主管部门的内审机构（以下统称审计部门），依据国家有关规定和本办法，对实行承包经营责任制的全民所有制工业企业（以下简称企业）的发包方、承包方及经营者，进行审计监督。

第三条　地方大型企业和重点骨干企业由各级国家审计机关审计，其他企业由各企业主管部门的内审机构审计。国家审计机关和企业主管部门也可以根据需要，将有关审计工作委托社会审计组织进行。

第四条　承包经营审计分监督核实承包期前资产、效益的期前审计；年度承包兑现的期中审计和承包期满的期末审计。

企业实行承包经营前，发包、承包方共同负责资产清点核实和基数确定等，审计部门积极参与。承包年度完结和承包经营期满后，由审计部门进行期中审计和期末审计。

第五条　期前审计的重点是：

（一）企业资产、盈亏是否真实；

（二）承包经营合同（以下简称合同）内容是否合法、完整。

第六条　期中审计和期末审计围绕发、承包双方履行合同的情况进行，审计的重点内容按第七条、第八条的规定办理。期中审计可视需要实行单项或若干项抽审。

第七条　对发包方重点审计：

（一）为企业做了哪些咨询服务工作；

（二）有无严重违反合同条款的行为；

（三）有无严重干扰企业决策给企业造成损失；

（四）有无向企业抽调资金或摊派费用。

第八条　对承包方和经营者重点审计：

（一）经营业绩及留利分配的真实性、合法性；

（二）完成合同规定的经济技术指标和指令性供货计划、技术改造、新产品开发、资产增值任务的情况；

（三）有无违反财经、物价法规及短期经营行为；

（四）经营者工作有无重大过失。

第九条 承包经营审计一般实行就地审计。经济业务较少、帐目简单的，可实行报送审计。

第十条 审计部门审计前，应向被审计单位发出审计通知书。被审计单位应按审计通知书的要求，做好资产清点等准备工作，并向审计部门报送下列资料：

（一）合同及其附件；

（二）清仓盘点和债权、债务清理资料；

（三）规定上交利润（或减亏）基数和递增、分成比例的测算数据资料；

（四）有关经营计划、会计报表和统计资料；

（五）企业经营者年度工作小结或承包期满总结材料；

（六）其他必需的资料。

第十一条 实施审计的时间，自审计部门进点之日起至发出审计结论和决定之日止，不超过三十天。因特殊原因确需延长的，延长期不得超过十五天。

第十二条 审计结束后，审计人员应及时向所属机关提出审计报告。受委托进行审计的，应及时向委托单位报送审计报告。

审计报告上报前，应征求被审计单位及经营者的意见，被审计单位及经营者应在五天内提出书面意见，逾期不提出意见的，视为同意。

第十三条 审计报告应写明被审计单位及经营者的主要业绩，审出的主要问题和处理意见，以及改进工作的基本要求。

第十四条 国家审计机关或企业主管部门的负责人应及时审定审计报告，作出审计结论和决定，并通知被审计单位、经营者及有关单位执行。

对重大事项作出审计结论和决定前，应当征求有关部门的意见。

第十五条 被审计单位及经营者对审计结论和决定如有异议，可以在收到审计结论和决定之日起十五天内，向上一级审计机关申请复审。上一级审计机关应当在收到复审申请之日起三十天内，作出复审结论和决定。

复审结论和决定为终审结论和决定。被审计单位及经营者如有不服，可依法向该终审机关或其上级审计机关提出申诉。

复审和申诉期间，原审计结论和决定照常执行。

第十六条 财政、税务、银行和其他有关部门，应当配合审计部门的审计工作，协助执行国家审计机关的审计结论和决定。

第十七条 审计部门应当建立审计档案，定期检查审计结论和决定的执行情况。对拒不执行审计结论和决定的，依照《中华人民共和国审计条例》的规定予以处罚。

第十八条 审计人员必须公正廉洁，依法办事。对以权谋私、徇情枉法，给国家和被审计单位造成较大损失的，依照《中华人民共和国审计条例》的规定予以处罚。

第十九条 交通、建筑安装、农林、物资、商业、外贸等行业的全民所有制企业实行承包经营的，参照本办法进行审计。

第二十条 本办法自发布之日起施行，由省审计局解释。

安徽省人民政府关于印发《安徽省预算执行情况审计监督暂行办法》的通知

皖政〔1995〕60号

各行署，各市、县人民政府，省政府各部门、各直属机构：

《安徽省预算执行情况审计监督暂行办法》已经省人民政府第83次常务会议通过，现印发给你们，请遵照执行。

安徽省人民政府

一九九五年十一月二十七日

安徽省预算执行情况审计监督暂行办法

第一条　为了做好对本省各级预算执行情况和其他财政收支的审计监督，促进全省财政工作目标的实现，根据《中华人民共和国审计法》（以下简称《审计法》）、《中华人民共和国预算法》、《中央预算执行情况审计监督暂行办法》，结合本省实际，制定本办法。

第二条　各级审计机关在本级政府行政首长和上一级审计机关的领导下，依法对本级预算执行情况，下级政府预算执行情况和决算，以及本级和下级其他财政收支的真实、合法和效益进行审计监督。

第三条　审计机关对财政收支进行审计监督，应当有利于完善国家预算管理体系和监督制约机制；有利于促进各级财政税务部门和其他主管部门依法有效地行使预算管理职权；有利于政府加强财政收支管理；有利于人民代表大会常务委员会（以下简称人大常委会）对预算执行和决算的监督。

第四条　对本级预算执行情况进行审计监督的主要内容：

（一）财政部门向同级各部门批复预算情况，预算执行中预算调整和预算收支变化情况；

（二）预算收支征收部门依照有关法律、法规、规章，征收应征预算收入情况；

（三）按照国家有关规定，办理预算收入退库情况；

（四）财政部门按预算和用款计划、预算级次和程序以及用款单位的用款进度拨付预算支出资金情况，除抗灾救灾预拨等特殊情况外，有无未经批准超预算、无预算拨款；

（五）国库按照国家有关规定，办理预算收入的收纳、划分、留解和预算支出拨付情况；

（六）预备费使用情况；

（七）财政部门依照有关法律、法规和财政管理体制的规定，管理国内外债务及还本付息情况；

（八）依照法律、法规和财经管理体制的规定，拨付补助下级财政支出资金和办理结算情况；

（九）依法应当进行审计监督的其他事项。

第五条　对本级各部门预算执行情况进行审计监督的主要内容：

（一）有关部门向所属单位批复预算和预算变化情况；

（二）有预算收入上缴任务的部门、单位上缴预算资金情况；

（三）预算支出执行情况；

（四）预算支出的事业成果和资金使用效益；

（五）预算资金管理制度；

（六）依法应当进行审计监督的其他事项。

第六条　对本级其他财政收支进行审计监督的主要内容：

（一）财政部门依照有关法律、法规、规章和上级财政部门的规定，管理、使用预算外资金和财政有偿使用资金及其他专项基金情况；

（二）其他各部门（直属单位）依照法律、法规、规章及财政部门的规定，管理、使用预算外资金、有偿使用资金及其他专项基金情况。

第七条　财政收支审计实行上级审计监督和同级审计监督相结合的审计监督制度。对预算执行情况的审计以同级审计为主。

第八条　各级审计机关可以在预算年度内，对预算收支和其他财政收支，进行审计监督。

各级审计机关应当在每一预算年度终了后，对本级预算执行情况和其他财政收支进行审计。

各级审计机关每年第二季度向本级政府和上一级审计机关提出对上一年度本级预算执行和其他财政收支的审计结果报告。

各级审计机关每年于本级人大常委会审查批准本级决算草案前，受本级政府的委托，提出对上一年度本级预算执行和其他财政收支的审计工作报告。

第九条　各级审计机关有权对本级财政收支有关的事项，向有关地方、部门、单位

（包括中央驻皖单位）进行调查。

第十条 财政税务部门和其他部门应向同级审计机关报送以下资料：

（一）本级人民代表大会审查批准的本级预算和财政部门向本级各部门批复的预算，税务部门的年度收入计划，以及本级各部门向所属各单位批复的预算；

（二）本级预算收支执行和税务收入计划完成情况月报、决算和年报，以及预算外资金收支决算和财政有偿使用资金收支情况；

（三）综合性财税工作统计年报，情况简报，财政、预算、税务、财务和会计等规章制度；

（四）本部门决算草案。

第十一条 经本级人民代表大会批准的预算，经本级人大常委会批准的决算，财政部门月、季、年度预算执行情况分析，在报送同级审计机关的同时报上一级审计机关。

第十二条 各级审计机关对财政税务部门和其他部门在组织本级预算执行和其他财政收支中，违反预算的行为或者其他违反国家规定的财政收支行为，在法定职权范围内，依照法律、法规的规定，出具审计意见书或者作出审计决定，重大问题向本级政府提出处理建议，并抄报上一级审计机关。

审计机关下达的审计意见书和审计决定应抄报上一级审计机关和财政税务部门。

第十三条 各级审计机关对本级财政税务部门制定的财经制度和办法，与有关法律、法规、规章和上一级政府的有关规定不一致的，应提出处理建议，报本级政府审查决定，并抄报上一级审计机关。

第十四条 违反《审计法》的规定，拒绝或者阻碍审计检查的，由审计机关责令改正，通报批评或给予警告；拒不改正的，依法追究责任。

第十五条 行署审计局比照省辖市审计机关履行审计监督职责。

第十六条 本办法适用中的问题由省审计厅负责解释。

第十七条 本办法自发布之日起施行。

安徽省建设项目竣工决算审计规定

（安徽省人民政府令第78号1996年12月3日省人民政府第116次常务会议通过）

第一条　为加强建设项目的审计监督，规范投资行际，提高投资效益，保障廉政建设，根据《中华人民共和国审计法》等有关法律、法规、结合本省实际，制定本规定。

第二条　凡使用国家或者本省各级财政性资金、专项资金、计划安排的银行贷款和利用外资等进行的基本建设和技术改造项目的竣工决算，以及国有企业、事业单位使用自有资金进行的基本建设和技术改造项目竣工决算，均应按本规定接受审计监督。

第三条　建设项目竣工决算审计，按项目投资主体的财政隶属关系确定审计管辖范围。

第四条　审计机关应加强对本规定所列建设项目竣工决算的审计监督，并可将建设项目竣工决算审计的价款结算审核委托有工程审计资质的社会中介机构承担。

对社会中介机构办理的建设项目竣工决算价款结算审核工作，审计机关应当加强指导和监督。

第五条　建设项目符合竣工验收条件的，建设单位应当在30日内向审计机关或者受委托的社会中介机构提交竣工决算报表等有关材料。

第六条　建设项目竣工决算审计，以审查项目建设单位投资活动的真实性、合法性、效益性为主，对涉及项目投资活动的设计、施工、供货、银行等单位可进行审计或者审计调查，其主要内容包括：

（一）竣工决算报表的审计；

（二）交付使用的财产的审计；

（三）成本核算的审计；

（四）工程价款结算的审计；

（五）其他需要审计的内容。

第七条　办理建设项目竣工决算审计，审计机关或者中介机构应当自收到竣工决算报表之日起30日内出具审计意见书或者审计报告，对建设项目进行全面评价，并提出意见和建议。

第八条　建设项目竣工决算审计前，建设单位应当暂缓支付占各施工单位申报工程总造价5%–10%的工程款，待建设项目竣工决算审计后清算。

第九条 凡本规定要求进行竣工决算审计的建设项目，其竣工决算未经审计，建设单位不得付清工程价款，有关单位和部门不得批准财务决算和办理竣工验收。

对财政部门核拨资金的建设项目，可在财政部门批准财务决算后，由审计部门按本规定进行竣工决算审计。

第十条 建设项目竣工决算审计中发现的违反国家规定的财政收支、财务收支行为的，由审计机关依照《审计法》及有关法律、法规和规章的规定处理。

第十一条 符合竣工验收条件的建设项目，建设单位违反本规定，拖延或者拒不办理竣工决算或者决算审计的，由审计机关或者有关部门视情节在法定职权范围内处以警告或者项目投资总额 2%–5% 的罚款，罚款最高限额不超过 30000 元。

第十二条 审计机关及其审计人员和社会中介机构办理建设项目竣工决算审计事项，应当客观公正、实事求是、廉洁奉公。对滥用职权、循私舞弊、玩忽职守的，由所在单位或者上级主管机关给予主要负责人和直接责任人行政处分；构成犯罪的，依法追究刑事责任。

第十三条 本规定自发布之日起施行。

安徽省人民政府关于印发《安徽省地方金融机构财务审计暂行规定》的通知

皖政〔1998〕59号

各地级市人民政府、行政公署，各县（市）人民政府，省政府各部门、各直属机构：

现将《安徽省地方金融机构财务审计暂行规定》印发给你们，请遵照执行。

安徽省人民政府

一九九八年十二月十七日

安徽省地方金融机构财务审计暂行规定

第一条　为了加强地方金融机构财务审计，维护金融秩序，促进经济与社会健康发展，根据《中华人民共和国审计法》（以下简称《审计法》）及其实施条例和有关法律、行政法规，结合本省实际，制定本规定。

第二条　本规定所称地方金融机构财务审计，包括：

（一）审计机关依法对地方金融机构的资产、负债、损益进行的审计监督；

（二）审计机关根据本级人民政府的授权交办，对地方非国有金融机构与国家财政收支有关的特定事项进行的专项审计。

第三条　本规定所称地方国有金融机构，是指依法设立的、与本省各级人民政府有财政隶属关系的国有商业银行、国有非银行金融机构以及国有资产占控股地位或者主导地位的银行和非银行金融机构，包括证券公司、信托投资公司、财务公司等。

本规定所称地方非国有金融机构，是指依法设立的，具有法人资格的城市信用合作社及其联合社、农村信用合作社及其县级联合社等金融机构。

第四条　审计机关根据地方金融机构的财政、财务隶属关系，确定审计管辖范围。有关金融法律、行政法规、规章对审计管辖另有规定的，从其规定。

上级审计机关可以将其审计管辖范围内的审计事项，授权下级审计机关进行审计；

上级审计机关对下级审计机关审计管辖范围内的重大审计事项，可以直接进行审计，但是对已经审计的事项不得重复审计。

第五条 审计机关对地方国有金融机构资产、负债、损益进行审计监督，应当遵循下列原则：

（一）有利于落实国家制定的金融政策；

（二）有利于严格执行财经法规，维护财经纪律；

（三）有利于维护国家和地方财政利益；

（四）有利于促进地方国有金融机构加强经营管理与内部控制，实现国有资产保值增值。

第六条 审计机关对地方国有金融机构资产、负债、损益进行审计监督的主要内容是：

（一）各项资产形成、运用、管理的真实、合法和效益情况；

（二）各项负债形成、偿还、管理的真实、合法和效益情况；

（三）所有者权益各项目增减变动、管理的真实、合法和效益情况；

（四）损益的真实、合法情况。

第七条 审计机关对地方国有金融机构资产、负债、损益进行审计监督，主要采取行业审计方式；但是，对重要的审计事项应当实施专项审计。

第八条 审计机关依法对地方金融机构资产、负债、损益进行审计时，可以要求地方国有金融机构按照规定提供与其财务收支有关的下列材料：

（一）财政部门批准的年度财务计划和调整计划的批件；

（二）年度财务报告；

（三）会计凭证、会计账簿、会计报表等有关会计资料；

（四）有关财务和会计管理的制度与办法；

（五）法律、行政法规规定的其他材料。

第九条 审计机关依法对地方国有金融机构资产、负债、损益进行审计时，应当对审计事项作出评价，出具审计意见书；对查出的违反国家规定的财政、财务收支行为，应当在法定职权范围内作出处理、处罚的审计决定。审计机关应当将审计意见书和审计决定书抄送中国人民银行当地分支机构。

审计机关发现地方国有金融机构制定的内部管理制度和办法与法律、行政法规相抵触或者不当之处的，应当提出纠正和完善的建议；地方国有金融机构不予纠正的，审计机关应当提请有关主管部门依法处理。

第十条 审计机关根据本级人民政府的授权交办，对地方非国有金融机构与国家财政收支有关的特定事项进行专项审计时，应当按照授权要求办理。办理终结后，应当向授权的本级人民政府提交专题报告，提出处理、处罚意见或者建议。

第十一条 地方金融机构违反《审计法》及其实施条例和本规定，拒绝、阻碍审计机关依法进行审计的，或者拒绝、拖延提供与审计事项有关的材料的，审计机关应当责令改正；拒不改正的，按照《审计法》及其实施条例等有关法律、行政法规处理。

第十二条　地方金融机构对审计机关作出的审计决定不服的，应当先向上一级审计机关或者本级人民政府申请行政复议；对行政复议决定不服的，再向人民法院提起行政诉讼。

第十三条　审计机关及其审计人员办理审计事项，应当客观公正，实事求是，廉洁奉公，保守秘密。

审计人员滥用职权、循私舞弊、玩忽职守，构成犯罪的，依法追究刑事责任；尚不构成犯罪的，依法给予行政处分。

第十三条　本规定自发布之日起施行。

安徽省人民政府关于印发《安徽省内部审计办法》的通知

皖政〔1999〕24号

各地级市人民政府、行政公署，各县（市）人民政府，省政府各部门、各直属机构：

现将《安徽省内部审计办法》印发给你们，请遵照执行。

安徽省人民政府

一九九九年七月五日

安徽省内部审计办法

第一章　总　则

第一条　为了建立健全内部审计制度，加强内部审计监督，根据《中华人民共和国审计法》和有关法律、法规，结合本省实际，制定本办法。

第二条　本办法所称内部审计，是指部门、单位依法实施内部监督，检查会计帐目及其相关资产，监督与评价财政收支和财务收支真实、合法、效益的活动。

第三条　县级以上地方人民政府审计机关负责指导和监督本行政区域的内部审计工作。

第四条　县级以上地方人民政府各部门、国有金融机构和企业事业单位应当按照国家有关规定建立健全内部审计制度，加强内部审计监督。

第二章　内部审计机构和人员

第五条　下列单位应当设立独立的内部审计机构：

（一）国有金融机构；

（二）国有独资和国有资产占控股地位或者主导地位的大中型企业。

下列部门或者单位按照规定经批准后，可以设置内部审计机构：

（一）财政、财务收支金额较大或者所属单位较多的政府部门和国有事业单位；

（二）国家大型建设项目的建设单位；

（三）法律、法规规定需要设立内部审计机构的其他单位。

审计业务较少的部门、单位，可以设置专职内部审计人员。

第六条　内部审计机构或者人员在本部门行政首长或者本单位法定代表人的直接领导下，依法对本部门或者本单位以及所属单位的财政、财务收支的真实、合法、效益进行审计监督，独立行使内部审计监督权。

内部审计机构应当接受审计机关的业务指导与监督。

第七条　内部审计人员应当具备与其从事的审计工作相适应的专业知识和业务能力。

内部审计人员的专业技术资格的考评和聘任，按照国家有关规定执行。

第八条　内部审计人员办理审计事项，与被审计单位或者审计事项有利害关系的，由本部门行政首长或者本单位法定代表人决定回避。

第九条　内部审计人员依法执行职务受法律保护。任何单位和个人不得拒绝、阻碍内部审计人员依法执行职务，不得打击、报复内部审计人员。

任免内部审计机构的负责人，应当事前征求上级主管部门或者单位的意见。内部审计机构负责人在任职期间没有违法失职或者其他不符合任职条件情况的，不得随意撤换。

第十条　部门行政首长或者单位法定代表人应当加强对本部门或者本单位内部审计工作的领导，对内部审计机构履行职责所必须的经费应当予以保证，为内部审计机构和人员履行职责创造必要的条件。

第三章　内部审计机构职责和权限

第十一条　内部审计机构依法对本部门或者本单位及所属单位的下列事项进行审计监督：

（一）财务计划或者预算的执行和决算；

（二）财政、财务收支及其有关的经济活动；

（三）经济效益和经济责任；

（四）内部控制制度和管理活动；

（五）建设项目预（概）算、决算；

（六）资产运行状况及质量；

（七）上级主管部门或者单位交办的其他审计事项。

第十二条 内部审计机构应当对本部门或者本单位与其他经济组织的合作项目以及投入资产的经营状况、效益等进行审计监督。

第十三条 内部审计机构可以对本行业经济管理中的重要问题开展行业审计调查。

第十四条 内部审计机构根据需要，经本部门行政首长或者本单位法定代表人批准，可以将有关审计事项委托社会审计组织进行审计。

第十五条 内部审计的工作成果，经审计机关测评后，可以作为外部审计的参考依据。

第十六条 内部审计机构应当向审计机关报送内部审计工作计划、工作成果以及重大审计事项审计报告等有关材料。

第十七条 内部审计机构在其审计管辖范围内的主要权限是：

（一）根据内部审计工作的需要，要求有关机构或者单位按时报送财务计划以及预算、决算报表等有关资料；

（二）检查资金和财产，审计会计资料和决算，检测财务会计软件；

（三）对内部审计涉及的有关事项进行调查，并收集有关证明材料；

（四）对违反财经法规和严重损失浪费的行为，经本部门行政首长或者本单位法定代表人批准，可以采取制止措施，并对直接责任人员提出处理意见；

（五）对阻碍内部审计工作的行为，经本部门行政首长或者本单位法定代表人批准，可以采取制止措施，并对直接责任人员提出处理意见；

（六）提出改进管理、提高效益的建议；

（七）根据本部门行政首长或者本单位法定代表人的要求，对本部门或者本单位有关经济活动实行审签。

第四章 内部审计程序

第十八条 内部审计工作的主要程序是：

（一）拟定审计项目计划，经本部门行政首长或者本单位法定代表人批准后实施；

（二）成立审计组，并在实施审计3日前通知被审计机构或者单位；

（三）组织实施审计，对审计中发现的问题，向有关机构或者单位提出改进的建议；

（四）审计终结，提出审计报告，征求被审计机构或者单位的意见，报本部门或者本单位审批；

（五）向被审计机构或者单位送达审计决定书或者审计意见书；

（六）对主要审计项目进行后续审计，检查审计决定或者审计意见的执行情况。

第十九条 被审计机构或者单位应当执行内部审计决定和审计意见，对审计决定或者审计意见有异议的，可以在收到审计决定书或者审计意见书之日起 15 日内向内部审计机构所属部门或者单位提出，该部门或者单位应当及时处理并作出答复。

第二十条 内部审计机构办理审计事项，应当按照档案管理的有关规定，建立审计档案。

第五章 法律责任

第二十一条 被审计机构或者单位违反本办法规定，拒绝或者拖延提供与审计事项有关的资料的，或者拒绝、阻碍检查的，由内部审计机构报请本部门或者本单位责令改正，对直接负责的主管人员和其他直接责任人员依法给予行政处分。

第二十二条 违反本办法规定，打击、报复依法行使职权的内部审计人员，构成犯罪的，依法追究刑事责任；不构成犯罪的，依法给予行政处分。

第二十三条 内部审计人员违反本办法规定，滥用职权、玩忽职守、徇私舞弊，构成犯罪的，依法追究刑事责任；不构成犯罪的，依法给予行政处分。

第六章 附 则

第二十四条 本办法应用中的具体问题，由安徽省人民政府审计机关负责解释。

第二十五条 本办法自发布之日起施行。

安徽省人民政府关于印发《安徽省乡镇审计暂行规定》的通知

皖政〔2001〕第74号

各地级市人民政府、行政公署，各县（市）人民政府，省政府各部门、各直属机构：

现将《安徽省乡镇审计暂行规定》印发给你们，请遵照执行。

安徽省人民政府

二〇〇一年九月一日

安徽省乡镇审计暂行规定

第一条 为了加强乡镇审计，根据《中华人民共和国审计法》（以下简法《审计法》）、《中华人民共和国审计法实施条例》（以下简称《实施条例》）和有关法律、法规，结合本省实际，制定本规定。

第二条 本规定所称乡镇审计，包括：

（一）审计机关依法对乡镇人民政府及所属单位的财政收支、财务收支进行的审计；

（二）审计机关根据本级人民政府的授权交办，对农村集体经济组织与国家财政收支有关的特定事项进行的审计。

第三条 县级人民政府审计机关负责本行政区域内的乡镇审计。

上级人民政府审计机关对县级人民政府审计机关审计管辖范围内的乡镇重大审计事项，可以直接进行审计；县级人民政府审计机关对其审计管辖范围内的乡镇重大审计事项，认为需要由上级人民政府审计机关审计的，可以报请上级人民政府审计机关审计。

第四条 审计机关依法进行乡镇审计，应当有利于提高农业资金的使用效益，促进乡镇财政健康运行，保障农村经济和社会事业健康发展。

第五条 审计机关依法对乡镇人民政府及所属单位的财政收支、财务收支进行审计的主要内容是：

（一）乡镇财政预算的执行情况和决算，以及预算外资金的管理和使用情况；

（二）乡镇预算收入征收情况；

（三）与乡镇财政直接发生预算缴款、拨款关系单位的财政收支、财务收支及预算外资金管理和使用情况；

（四）乡镇人民政府及各机关、事业单位各类收费的征收、管理、使用情况；

（五）乡镇人民政府管理的以及社会团体受乡镇人民政府委托管理的社会保障基金、社会捐赠资金的财务收支情况；

（六）以国有资产投资或者融资为主的基本建设项目、技术改造项目的预算执行情况和决算；

（七）法律、法规规定的其他事项。

第六条　审计机关依法对乡镇人民政府及驻乡镇各单位的财政收支、财务收支进行审计时，有权就审计事项的有关问题向有关单位和个人进行调查，并取得有关证明材料。有关单位和个人应当支持、协助审计机关工作，如实向审计机关反映情况，提供有关证明材料。

第七条　审计机关依法对乡镇人民政府及驻乡镇各单位的财政收支、财务收支进行审计后，按照下列规定办理：

（一）对审计事项作出评价，出具审计意见书；对违反国家规定的财政收支、财务收支行为，情节显著轻微的，应当予以指明并责令自行纠正。

（二）对有违反国家规定的财政收支、财务收支行为，需要依法给予处理、处罚的，除应当对审计事项作出评价，出具审计意见书外，还应当对违反国家规定的财政收支、财务收支行为，在法定职权范围内作出处理、处罚的审计决定。

（三）对违反国家规定的财政收支、财务收支行为，审计机关认为应当由有关主管机关处理、处罚的，应当作出审计建议书，向有关主管机关提出处理、处罚意见。

第八条　审计机关根据本级人民政府的授权交办，对农村集体经济组织与国家财政收支有关的特定事项进行审计后，应当向本级人民政府提交专题审计报告，提出处理、处罚意见或者建议。

第九条　审计机关及其审计人员办理审计事项，应当遵守《审计法》及其《实施条例》规定的审计程序，做到客观公正、实事求是、廉洁奉公、保守秘密。

第十条　乡镇人民政府及驻乡镇各单位应当按照国家规定建立健全内部审计制度，并接受审计机关的业务指导和监督。

第十一条　违反《审计法》及其《实施条例》和本规定，拒绝、阻碍审计机关依法进行审计的，或者拒绝、拖延提供与审计事项有关的材料的，由审计机关责令改正，并可以给予警告、通报批评；拒不改正的，依照《审计法》及其《实施条例》等有关法律、法规处理。

第十二条 对违反国家规定的财政收支、财务收支行为，审计机关在法定职权范围内，区别情况对违法取得的资金、资产按照下列规定处理：

（一）责令限期缴纳、上缴应当缴纳或者上缴的财政收入；

（二）责令限期退还被侵占的国有资产；

（三）责令限期退还被挪用的资金；

审计机关履行职责所必需的经费预算，在本级预算中单独列项，由本级人民政府予以保证。

第十条 审计人员实行审计专业技术资格制度，具体办法按照国家有关规定执行。

审计机关根据工作需要，可以聘请具有与审计事项相关专业知识的人员参加审计工作。

第十一条 审计人员办理审计事项，遇有下列情形之一的，应当自行回避；被审计单位有权申请审计人员回避：

（一）与被审计单位负责人和有关主管人员之间有夫妻关系、直系血亲关系、三代以内旁系血亲以及近姻亲关系的；

（二）与被审计单位或者审计事项有经济利益关系的；

（三）与被审计单位或者审计事项有其他利害关系，可能影响公正执行公务的。

（四）责令限期退还乱收费、乱集资、乱罚款的款物或者其他违法所得；

第十二条 地方各级审计机关正职和副职负责人的任免，应当事先征求上一级审计机关的意见。

第十三条 审计机关负责人在任职期间没有下列情形之一的，不得随意撤换：

（一）因犯罪被追究刑事责任的；

（二）因严重违法失职受到行政处分，不适宜继续担任审计机关负责人的；

（三）因身体健康原因不能履行职责 1 年以上的；

（四）不符合国家规定的其他任职条件的。

（五）采取法律、法规或者规章规定的其他纠正措施。

第十三条对审计机关作出的审计决定不服的，应当先向上一级审计机关或者本级人民政府申请行政复议；对行政复议决定不服的，可以向人民法院提起行政诉讼。

第十四条 审计人员在办理乡镇审计事项时，滥用职权、徇私舞弊、玩忽职守，构成犯罪的，依法追究刑事责任；尚不构成犯罪的，依法给予行政处分。

对审计人员违法取得的财物，依法予以追缴、没收或者责令退赔。

第十五条 本规定应用中的具体问题，由省人民政府审计机关负责解释。

第十六条 本规定自发布之日起施行。

安徽省社会保障资金审计监督办法

（安徽省人民政府令第152号2002年11月20日省人民政府第122次常务会议通过）

第一条　为了加强对社会保障资金的审计监督，保证社会保障资金的安全、完整和保值增值，维护社会公共利益和公民的合法权益，根据《中华人民共和国审计法》、《中华人民共和国审计法实施条例》等有关法律、法规的规定，结合本省实际，制定本办法。

第二条　本办法所称社会保障资金审计监督，是指审计机关依法对政府部门管理的和事业单位、社会团体受政府委托管理的社会保障资金财务收支的真实、合法和效益进行的审计监督。

第三条　接受审计监督的社会保障资金，包括：

（一）养老、失业、医疗、工伤、生育等社会保险基金；

（二）救济、救灾、扶贫等社会救济基金；

（三）发展社会福利事业的社会福利基金；

（四）住房公积金、廉租住房资金；

（五）法律、法规和规章规定的其他社会保障资金。

第四条　省人民政府审计机关主管本省行政区域内社会保障资金的审计监督工作。

县级以上地方人民政府审计机关依照审计管辖范围或者根据上一级审计机关的授权，实施社会保障资金的审计监督工作。

财政、地方税务、劳动保障、民政、房改、卫生等部门，应当按照各自职责，配合审计机关做好社会保障资金的审计监督工作。

第五条　管理社会保障资金的政府部门和事业单位、社会团体应当建立健全内部审计制度，根据需要可以委托社会审计组织进行审计查证。

内部审计机构和受委托的社会审计组织开展社会保障资金审计工作，应当接受审计机关的业务指导和监督，并将审计报告报送审计机关备案。

第六条　审计机关应当定期对社会保障资金年度财务收支预算执行情况及决算进行审计。

审计机关依法对企业、事业单位领导人任期经济责任进行审计时，应当对其任期内所在企业、事业单位社会保障资金缴纳情况进行审计。

第七条 社会保障资金审计的内容包括：

（一）社会保障资金预算执行情况和决算的真实性、合法性；预算调整的真实性、合法性；

（二）征收、管理社会保障资金的政府部门和事业单位、社会团体依法征收社会保障资金项目、标准的准确性和完整性；

（三）社会保障资金缴纳义务人是否按照规定标准，及时、足额地缴纳社会保障资金；

（四）管理社会保障资金的政府部门和事业单位、社会团体是否依法及时、足额地支付社会保障资金；

（五）社会保障资金的管理和营运是否安全、合法，增值是否合规、有效；

（六）社会保障资金结余和专户储存情况；

（七）管理社会保障资金的政府部门和事业单位、社会团体内部审计制度的健全性、有效性；

（八）法律、法规和规章规定需要审计的其他内容。

第八条 审计机关要求被审计单位报送社会保障资金预算执行情况和决算报告以及相关资料，被审计单位不得拒绝、拖延、谎报。

第九条 审计机关应当在实施审计的3日前，向被审计单位送达审计通知书。审计通知书应当载明审计依据、审计范围、审计时限、审计人员的组成等。

第十条 审计机关进行审计时，检查被审计单位的会计凭证、会计账簿、会计报表以及与审计事项有关的文件、资料，检查现金、实物、有价证券，被审计单位不得拒绝。

审计机关进行审计时，有权就审计事项的有关问题向有关单位和个人进行调查，并取得有关证明材料。

第十一条 审计机关有根据认为被审计单位可能转移、隐匿、篡改、毁弃会计凭证、会计账簿、会计报表以及其他与社会保障资金有关的资料的，有权采取复制、拍照等取证措施；必要时，经审计机关负责人批准，暂时封存被审计单位违反社会保障资金管理规定的有关账册资料。

第十二条 审计机关对被审计单位正在进行的违反社会保障资金管理规定的行为，应当予以制止。制止无效的，经审计机关负责人批准，通知财政部门和有关主管部门暂停拨付与违反社会保障资金管理规定的行为直接有关的款项；已经拨付的，责令暂停使用。

采取前款规定的措施，不得影响被审计单位合法的业务活动。

第十三条 审计机关对被审计单位进行审计后，应当对审计事项作出评价，出具审计意见书。对违反社会保障资金管理规定的行为，需要依法给予处理、处罚的，审计机关应当在法定职权范围内作出审计决定或者向有关主管机关提出处理、处罚意见。

第十四条　社会保障资金审计终结后，审计机关应当向本级人民政府或者上一级审计机关提交审计结果报告；必要时，可以向政府有关部门通报或者向社会公布审计结果。

第十五条　被审计单位应当自审计决定生效之日起30日内，将审计决定的执行情况书面报告审计机关。

审计机关应当自审计决定生效之日起3个月内，检查审计法定的执行情况。被审计单位未按规定期限和要求执行审计决定的，审计机关应当责令执行；仍不执行的，申请人民法院强制执行。

第十六条　被审计单位违反本办法规定，拒绝或者拖延提供与审计事项有关资料的，或者拒绝、阻碍检查的，由审计机关责令改正，可以通报批评，给予警告；拒不改正的，按照下列规定追究责任：

（一）对被审计单位负有直接责任的主管人员和其他直接责任人员，审计机关认为依法应当给予行政处分或者纪律处分的，提出给予行政处分或者纪律处分的建议，被审计单位或者其上级机关、监察机关应当依法及时作出决定，并书面通知审计机关；

（二）构成犯罪的，移送司法机关依法追究刑事责任。

第十七条　对被审计单位违反社会保障资金管理规定的财务收支行为，由审计机关在法定职权范围内，按照下列规定处理：

（一）责令限期缴纳、上缴应当缴纳或者上缴的社会保障资金：

（二）责令限期退还被侵占、挪用的社会保障资金；

（三）责令限期退还违法所得；

（四）责令冲转或者调整有关会计账目；

（五）采取其他纠正措施。

第十八条　对被审计单位违反社会保障资金管理规定的财务收支行为负有直接责任的主管人员和其他直接责任人员，审计机关认为依法应当给予行政处分或者纪律处分的，提出给予行政处分或者纪律处分的建议，被审计单位或者其上级机关、监察机关应当依法及时作出决定，并书面通知审计机关。

审计机关在依法查处违法行为过程中，发现违法行为涉嫌构成犯罪，需要依法追究刑事责任的，应当及时将案件移送司法机关。

第十九条　审计人员在社会保障资金审计中，滥用职权、徇私舞弊、玩忽职守的，依法给予行政处分；构成犯罪的，依法追究刑事责任。

审计人员违法、违纪取得的财物，依法予以追缴、没收或者责令退赔。

第二十条　本办法自2003年2月1日起施行。

安徽省审计监督条例

（2005 年 10 月 21 日安徽省第十届人民代表大会常务委员会第十九次会议通过）

第一章 总 则

第一条 为了加强审计监督，维护财政经济秩序，促进廉政建设，保障国民经济和社会健康发展，根据《中华人民共和国审计法》和《中华人民共和国审计法实施条例》等有关法律、行政法规，结合本省实际，制定本条例。

第二条 县级以上地方人民政府审计机关根据审计管辖权限，依法进行审计监督。

审计机关依据法律、法规和国家其他有关财政收支、财务收支的规定进行审计评价，作出审计决定。

第三条 审计机关依法独立行使审计监督权，不受其他行政机关、社会团体和个人的干涉。

第四条 审计机关依法作出的审计决定，被审计单位和协助执行审计决定的有关部门必须执行。

审计机关的审计结果能够满足其他部门履行监督检查职责需要的，其他部门应当利用，避免重复检查。

第五条 审计人员依法执行职务受法律保护。任何组织和个人不得拒绝、阻碍审计人员依法执行职务，不得打击报复审计人员。

第六条 审计机关和审计人员办理审计事项，应当实事求是、客观公正、廉洁奉公、保守秘密，遵守审计纪律和审计回避制度。

第七条 审计机关履行职责所必需的经费，由本级人民政府在年初预算中安排；经费不足时，审计机关可依照法定程序申请追加。

第八条 审计机关根据工作需要，可以在其审计管辖范围内的财政收支、财务收支较大的地区或者重点部门、单位设立派出审计机构。

派出审计机构根据审计机关的授权，依法进行审计工作。

第九条 县级以上地方人民政府应当每年向本级人民代表大会常务委员会提出审计机关对预算执行和其他财政收支情况的审计工作报告。

县级以上人民代表大会常务委员会认为有必要进行专项审计的，本级人民政府应当作出安排，并报告审计结果。

第二章　财政审计监督

第十条　审计机关对本级预算执行情况和其他财政收支情况进行审计监督，并向本级人民政府和上一级审计机关报告审计结果。

第十一条　各级人民政府财政、税务部门和其他部门在预算执行过程中，应当及时向本级审计机关报送有关资料，同时提供相关电子数据，并对所提供资料的真实性、完整性负责。

各级人民政府财政部门应当及时将经本级人民代表大会批准的预算、人大常委会批准的决算和本级财政的月、季、年度预算执行情况分析，报本级和上一级审计机关。

第十二条　审计机关应当逐步对本级各部门的财政收支、财务收支进行效益审计。

第十三条　审计机关应当逐步对本级各部门的决算（草案）报表进行审签。

审签意见可以作为本级人民代表大会常务委员会批准决算的依据。

第十四条　审计机关对下级人民政府预算的执行情况和决算，以及其他财政收支情况，进行审计监督。

第十五条　审计机关根据审计工作需要，可以对与国家财政收支有关的特定事项和专项资金、基金的征集、管理、使用情况，向有关地方、部门、单位进行专项审计调查。

第十六条　县级以上地方人民政府应当每年向本级人民代表大会常务委员会作以下报告：

（一）本级人民政府预算执行和其他财政收支情况的审计工作报告以及上年度审计工作报告中提出的重大问题的整改情况；

（二）已经实施的对本级各部门财政收支、财务收支效益审计的工作报告。

第三章　金融机构和企业事业单位审计监督

第十七条　审计机关对地方国有金融机构和企业，以及国有资产占控股地位的地方金融机构和企业的财务收支进行审计监督的主要内容：

（一）资产、负债、所有者权益和损益情况；

（二）收入、成本费用，利润及其分配、使用情况；

（三）国有资产保值、增值情况；

（四）对外投资情况；

（五）依法缴纳税费情况；

（六）内部管理与控制制度的制定、执行情况；

（七）法律、法规规定的其他事项。

第十八条 审计机关应当对国有资产不占控股地位的地方金融机构和企业的国有资产经营及损益情况，进行审计监督。

第十九条 根据省人民政府的规定或者本级人民政府的要求，审计机关可以对接受财政补贴或者资产涉及社会公众利益的地方金融机构和企业事业单位的财务收支，进行审计监督。

第二十条 审计机关对与本级财政部门直接发生预算缴款、拨款关系的事业单位的财务收支进行审计监督的主要内容：

（一）预算经费收支、结余和专项资金管理、使用情况；

（二）非税收入收支情况；

（三）法律、法规规定的其他事项。

第四章　建设项目审计监督

第二十一条 审计机关对以下列资产投资或者融资为主的基本建设项目和技术改造项目（以下统称建设项目）进行审计监督：

（一）财政性资金；

（二）企业事业单位管理和使用的国有资产；

（三）国有企业事业单位的自筹资金或者银行贷款；

（四）社会公益性资金。

与建设项目直接有关的建设、勘察、设计、施工、监理、采购等单位的财务收支，应当接受审计机关的审计监督。

第二十二条 审计机关对建设项目进行审计监督的主要内容：

（一）招投标活动的财务收支情况；

（二）资金的来源、管理和使用情况；

（三）预算执行和竣工决算情况；

（四）资产交付情况和投资效益情况；

（五）法律、法规规定的其他事项。

第二十三条 审计机关对建设项目竣工决算出具的审计报告和作出的审计决定，作为建设项目竣工后财务结算和国有资产移交的依据。

以财政性资金投资为主的建设项目，未经竣工决算审计的，有关部门不得批准财务决算。

第五章　社会公益性资金和其他专项资金审计监督

第二十四条 审计机关对下列社会公益性资金和其他专项资金的财务收支进行审

计监督：

（一）养老、医疗、工伤、失业、生育等社会保险基金；

（二）救济、救灾、扶贫等社会救济资金；

（三）发展社会福利事业的社会福利资金；

（四）住房公积金、廉租住房资金、房屋专项维修资金；

（五）政府部门管理的和有关组织受政府委托管理的社会捐赠资金、彩票公益金及其他社会公益性资金；

（六）国有土地收益资金；

（七）国际组织和外国政府援助资金、贷款；

（八）农业、环境保护、教育、科学技术、文化、卫生、计划生育、体育等财政专项资金；

（九）法律、法规规定应当接受审计监督的其他专项资金。

前款审计可以延伸到资金使用单位与专项资金直接有关的财务收支。

第二十五条　审计机关对社会公益性资金和其他专项资金进行审计，应当向本级人民政府和上一级审计机关提交审计结果报告。

第六章　任期经济责任审计监督

第二十六条　审计机关对国家机关、国有和国有资产占控股地位的企业和金融机构，有国有资产的事业单位以及管理、使用财政资金的其他单位的主要负责人，在其任期届满或者任期内因故不再担任原职务的，应当进行任期经济责任审计监督；在其任职期间按照国家和省有关规定进行经济责任审计监督。

第二十七条　审计机关实施任期经济责任审计，应当通过对被审计人员所在地区、部门、单位或者企业的财政收支、财务收支等情况进行审计，分清其任职期间在本地区、部门、单位或者企业经济活动中应当负有的责任，提出审计结果报告。

第二十八条　审计机关提交的任期经济责任审计结果报告，作为考核、奖惩、任免被审计人员的依据。

第七章　对内部审计和社会审计的监督

第二十九条　国家机关、地方国有和国有资产占控股地位的企业和金融机构、有国有资产的事业单位和社会团体等单位应当按照国家有关规定建立健全内部审计制度，设立内部审计机构或者配备内部审计人员。

第三十条　审计机关应当对内部审计工作和内部审计协会进行业务指导和监督。

内部审计协会对内部审计工作实行行业自律管理。

第三十一条　社会审计机构监管部门应当依法加强对社会审计机构及人员的指导

和管理，做好业务培训；对其在执业过程中的违法行为应当依法查处。

第三十二条 审计机关对社会审计机构的审计业务质量进行监督检查，并可以向社会公告监督检查结果。

第三十三条 审计机关在审计过程中，发现被审计单位报送的社会审计机构出具的审计证明文件有不实或者有违法问题的，应当依法对被审计单位和社会审计机构予以处理。

第八章 审计机关权限

第三十四条 审计机关依法进行审计监督时，有权要求被审计单位按照审计机关规定的期限和要求，提供下列与财政收支、财务收支有关的情况和资料：

(一)财政收支或者财务收支的报告；

(二)在银行和非银行金融机构设立账户的情况；

(三)内部审计机构出具的审计报告和委托社会审计机构出具的审计证明文件；

(四)与财政收支或者财务收支有关的计算机应用系统资料；

(五)与审计事项有关的其他情况和资料。

审计机关依法实施审计监督检查，被审计单位不得拒绝、拖延提供或转移、隐匿、篡改、毁弃与财政收支、财务收支有关的资料，不得提供虚假的会计信息资料，不得转移、隐匿所持有的违反国家规定取得的资产。

第三十五条 审计机关有权就审计事项的有关问题向有关单位和个人进行调查，并取得相关证明材料，被调查的单位和个人应当配合和协助，不得拒绝。

审计机关就审计事项进行调查时，经县级以上审计机关负责人批准，有权依法查询被审计单位在金融机构开设的账户和存款情况，有关金融机构应当予以协助，并提供证明材料。

第三十六条 审计机关对被审计单位正在进行的违反国家规定的财政收支、财务收支行为，有权予以制止；制止无效的，经县级以上审计机关负责人批准，通知财政部门和有关主管部门暂停拨付与违反国家规定的财政收支、财务收支行为直接有关的款项；已经拨付的，暂停使用。采取暂停拨付款项措施不得影响被审计单位的合法业务活动和生产经营活动。

第三十七条 审计机关发现被审计单位转移、隐匿、篡改、毁弃与财政收支、财务收支有关资料的，有权予以制止，责令改正或者采取措施予以补救，并可以依法进行证据登记保存；必要时，经县级以上审计机关负责人批准，有权暂时封存被审计单位与违反国家规定的财政收支或者财务收支有关的账册资料。

审计机关发现被审计单位转移、隐匿违法取得的资产的，审计机关有权予以制止或者提请本级人民政府予以制止，必要时可以依法申请人民法院采取保全措施。

第三十八条　审计机关有权检查被审计单位运用计算机管理财政收支、财务收支的财务会计核算系统及其有关的其他业务管理系统。被审计单位开发、设计会计核算和财务管理计算机软件，应当设置符合国家标准或者行业标准的数据接口，并留有审计数据接口和必要的工作空间，便于审计机关实施审计。

审计机关发现被审计单位的计算机信息系统不符合国家标准或者行业标准的，可以责令限期改正或者更换，并建议有关部门予以处理。

第三十九条　审计机关实施审计，对审计事项作出评价，出具审计报告；对被审计单位违反国家规定的财政收支、财务收支行为，需要依法给予处理、处罚的，作出审计决定，出具审计决定书；需要由其他有关部门处理、处罚的，出具审计移送处理书。

第四十条　审计机关依法作出的审计决定，自送达之日起生效。

被审计单位或者协助执行审计决定的有关部门应当自审计决定生效之日起 30 日内，将审计决定的执行情况书面报告审计机关。

第四十一条　审计机关应当自审计决定生效之日起 3 个月内，检查审计决定的执行情况。

审计机关应当将审计决定的执行情况向本级人民政府和上一级审计机关报告，并接受同级人民代表大会常务委员会监督。

第四十二条　审计机关应当按照法律、法规和国家的有关规定，向政府有关部门通报或者向社会公布审计结果。

第四十三条　审计机关根据工作需要，可以根据有关规定聘请特约审计员，也可以聘请具有审计专业技术资格和相关专业知识的人员参加审计工作。

审计机关不得将其职责范围内的审计事项委托社会审计机构办理，法律、行政法规另有规定的，从其规定。

第九章　法律责任

第四十四条　被审计单位有违反国家规定的财政收支、财务收支行为的，由审计机关依照《中华人民共和国审计法》、《中华人民共和国审计法实施条例》、《财政违法行为处罚处分条例》等法律、法规规定实施处理、处罚。

第四十五条　被审计单位拒绝、拖延提供与财政收支、财务收支有关的资料的，或者拒绝、阻碍审计检查的，由审计机关责令改正，通报批评，给予警告；拒不改正的，对被审计单位处以 5 万元以下的罚款；对负有直接责任的主管人员和其他直接责任人员建议有关部门和单位给予行政处分或者纪律处分；构成犯罪的，依法追究刑事责任。

第四十六条　审计机关提出的对被审计单位处理、处罚的建议，或者对被审计单位负有直接责任的主管人员和其他直接责任人员给予行政处分、纪律处分的建议，有关单位应当依法进行调查处理，并将结果书面通知审计机关。

第四十七条 被审计单位对审计决定不服的，可以依法申请行政复议；对行政复议决定不服的，可以依法提起行政诉讼。

被审计单位逾期不申请行政复议或者提起行政诉讼，又不履行审计决定的，审计机关可以依法采取下列措施：

（一）责令限期履行审计决定；

（二）通知财政部门、有关主管部门依法核减与应缴款等额的拨款；

（三）依法加收滞纳金；

（四）申请人民法院强制执行。

第四十八条 审计机关实施审计处理、处罚，有下列情形之一的，由本级人民政府或者上级审计机关责令改正；对负有直接责任的主管人员和其他直接责任人员依法给予行政处分：

（一）没有法律、法规和国家其他有关财政收支、财务收支的规定的依据实施审计处理、处罚的；

（二）违反法律、法规和国家其他有关财政收支、财务收支的规定的程序实施审计处理、处罚的；

（三）擅自改变审计处罚的种类和幅度的；

（四）应当移送有关部门处理而没有移送的；

（五）违反法律、法规规定的其他行为。

第四十九条 审计机关的审计人员在审计工作中滥用职权、徇私舞弊、玩忽职守，依法给予行政处分；构成犯罪的，依法追究刑事责任。

第十章　附　则

第五十条 本条例所称效益审计，是指审计机关在对本级各部门财政收支的真实性、合法性进行审计的基础上，审查其使用财政资金所达到的效益和效率程度，并进行分析、评价和提出改进意见的专项审计活动。

第五十一条 本条例所称审签，是指审计机关对本级各部门编制并正式上报财政部门的年度决算（草案）报表的真实性、合法性进行审计，并由审计机关负责人签署审计意见的专项审计活动。

第五十二条 本条例自 2006 年 1 月 1 日起施行

编纂始末

《安徽省志·审计志（1983—2007）》编纂工作是根据安徽省人民政府的部署，安徽省地方志办公室的统一安排，在安徽省审计厅和安徽省审计志编纂委员会的直接领导下，历经8年多，完成全书18章、77节近70万字。全书上限为1983年，下限为2007年。全书资料由范必萱、赵翰博整理汇集，由主编王羚、副主编章笑春总撰、统稿。

盛世修志，修志是“官职”，也是“官责”。本志作为审计文化建设的重要组成部分，其独特的历史文化价值和经世致用的功能以及独特的记录视角，使修志工作成为我们审计人义不容辞的责任。自2007年开始修志以来，省审计厅将其纳入部门发展计划，统一部署、统一调度，切实加强组织领导，为修志工作提供强力支撑。省审计厅成立了安徽省审计志编纂委员会，厅长刘战平、戴克柱先后任主任，副厅长杨寿桃任副主任，委员为全省17个市审计局主要负责人和省厅有关处室、直属机构负责人。省审计厅、省志办于2007年12月6日在合肥召开审计志编纂工作启动大会暨编修人员培训班，省审计厅机关处室、直属机构和全省17个市审计机关负责人、具体编修人员参加了培训，省审计厅时任厅长刘战平和分管副厅长杨寿桃以及省志办副主任刘成典到会并讲话。

2008年4月，本志编纂方案与篇目下发到各有关单位。到2009年10月，搜集初稿资料约80万字。年底，完成资料的收集、分类分解、归纳整合和篇章构架。2010年，本志编撰工作全面提速。3月，编辑室将本志初稿提交给主编、副主编；7月，上报给省志办。2011年10月，省志办组织专家组正式对本志评议稿进行评议。根据专家组的建议，在省志办的指导下，编辑室对本志评议稿进行修改和完善。2014年5月，校稿修改形成送审稿报送省志办。省志办吴静副主任、省志处吴良琴处长、张军编辑对志稿提出审读意见。同时方志出版社也对送审稿提出三审意见。据此本志编辑室对志稿进行修改完善，进厂排版印刷校对，2016年2月形成会审稿。3月14日，省志办与省审计厅共同召开会审会。省志办朱文根主任、吴静副主任、吴良琴处长、张军编辑；省审计厅戴克柱厅长、杨寿桃副厅长，本志主编王羚，副主编方正、费明清、章笑春，编辑刘晖参会。会后，王羚主编根据会审意见对本志会审稿进行了最后修改。

《安徽省志·审计志（1983—2007）》的编撰出版，是有关单位大力支持，各方面通力合作的结果，省地方志办公室朱文根、刘成典、吴静、王晖、吴良琴、张军等领导和专家多次莅临指导。安徽大学外语学院傅悦，省地方志办公室杨永成对目录进行了英文翻译和审核。在此一并表示感谢。

由于编者水平有限，书中错漏之处，敬请读者批评指正。

编　者

2016 年 4 月